O_2-A-12
(O_2-B-$\overline{II}$-1
(O_2-C-$\overline{II}$-1)
(O_2-D-$\overline{II}$)

AGENCE DE COOPÉRATION CULTURELLE ET TECHNIQUE

L'Agence de Coopération Culturelle et Technique, organisation intergouvernementale, créée par le Traité de Niamey en mars 1970, rassemble des pays liés par l'usage commun de la langue française, à des fins de coopération dans les domaines de l'éducation, de la culture, des sciences et de la technologie, et plus généralement, dans tout ce qui concourt au développement de ces pays membres et au rapprochement des peuples.

Les activités de l'Agence dans les domaines de la coopération scientifique et technique et du développement se groupent en quatre programmes prioritaires aux objectifs complémentaires :

- développement du potentiel scientifique et technique ;
- inventaire et valorisation des ressources naturelles ;
- transformation et exploitation des ressources naturelles ;
- autosuffisance des communautés humaines.

Toutes les actions menées dans le cadre des quatre programmes sont complémentaires et ont pour finalité le développement du monde rural. Celles résultant des deux premiers se situent en amont et tendent à renforcer les structures de la recherche appliquée et à favoriser la concertation et le transfert des données scientifiques et des technologies dans des domaines précis prioritaires pour le développement. Les actions du troisième programme se placent à un niveau intermédiaire et oeuvrent pour l'implantation d'un tissu industriel intégré au milieu rural : petites et moyennes entreprises disséminées dans ce milieu, valorisant la production de la terre et de la mer et procurant un travail à une population en rapide croissance. Le dernier programme, enfin, se situe en aval de l'action : il associe les populations elles-mêmes à l'amélioration globale de leur condition par une formation intimement liée à l'action, s'adressant particulièrement aux jeunes et concernant des domaines aussi vitaux pour les ruraux que leur habitat, leur santé, et leur éducation.

ÉTATS MEMBRES

Belgique, Bénin, Burkina Faso, Burundi, Canada, République Centrafricaine, Comores, Congo, Côte-d'Ivoire, Djibouti, Dominique, France, Gabon, Guinée, Haïti, Liban, Luxembourg, Mali, Ile Maurice, Monaco, Niger, Rwanda, Sénégal, Seychelles, Tchad, Togo, Tunisie, Vanuatu, Vietnam, Zaïre.

ÉTATS ASSOCIÉS

Cameroun, Egypte, Guinée-Bissau, Laos, Maroc, Mauritanie, Sainte-Lucie.

GOUVERNEMENTS PARTICIPANTS

Nouveau-Brunswick, Québec.

Secrétariat : 13, quai André Citroën - 75015 Paris-France
Tél. : (1) 45 75 62 41 - Télex : agecoop 201916 F

Groupe de Recherche sur la "viabilité des pays insulaires"

ILES
TROPICALES :
INSULARITÉ,
"INSULARISME"

Actes du colloque organisé à Bordeaux-Talence
du 23 au 25 octobre 1986 par :

J.P. DOUMENGE et M.F. PERRIN
Centre d'Etudes de Géographie Tropicale (CNRS)

J.P. BENOIST
Groupement de Recherches Coordonnées "Océan Indien" (CNRS)

SINGARAVÉLOU et C. HUETZ de LEMPS
Centre de Recherches sur les Espaces Tropicaux
(Université de Bordeaux III)

Collection «ILES et ARCHIPELS» n° 8

Édité en 1987 par le Centre de Recherches sur les Espaces Tropicaux-CRET
Institut de Géographie, Université de Bordeaux III, 33405 TALENCE
avec le concours :
de la Région AQUITAINE
du MINISTÈRE de la RECHERCHE et de l'ENSEIGNEMENT SUPÉRIEUR
du CENTRE NATIONAL de la RECHERCHE SCIENTIFIQUE

et de l'AGENCE DE COOPÉRATION CULTURELLE ET TECHNIQUE

Les opinions exprimées ainsi que les orthographes
des noms propres et les limites territoriales figurant
dans le présent document n'engagent que les auteurs
et nullement la position officielle et la responsabilité
de l'Agence de Coopération Culturelle et Technique.

Réalisation technique

Secrétariat de rédaction : Jean-Pierre DOUMENGE, Gilbert CABAUSSEL,
     Marie-France PERRIN et Françoise PETIT, CEGET-CNRS.
Composition des textes : Corinne DIAZ, Marie GARCIA, Josiane GUILLEMOT, CRET.
Travaux de cartographie : Auteurs ou Geneviève ROUSSEIL, Institut de Géographie,
     Université de Bordeaux III.
Travaux de photographie : laboratoires du CEGET-CNRS et de l'Université de Bordeaux III.
Maquette : Guilène RÉAUD-THOMAS, CEGET-CNRS.
Impression : DENIAUD Frères, 13 rue du Portail, 33800 BORDEAUX.

Dépot légal 4e trimestre 1987

éd. : CRET. 905 081

ISBN 2 905 081 07-5 4

ISSN 0758-864 X

AVANT-PROPOS

Le colloque "Iles, insularité, insularisme" tenu à Bordeaux en octobre 1986 a eu le mérite d'associer pendant trois jours une centaine de personnes travaillant sur la "viabilité" des espaces insulaires tropicaux. Plus de soixante chercheurs français, allemands, suisses, anglais, belges et divers insulaires (des Antilles, de Maurice, des Comores et des Seychelles), ayant des formations variées (naturaliste, géographe, historien, linguiste, économiste, sociologue, ethnologue, politologue) ont échangé leurs points de vue et leurs méthodes sur un monde en pleine mutation, dont on redécouvre depuis quelques années l'intérêt tant géostratégique que scientifique. Ce n'est donc pas un hasard si on comptait parmi les participants de nombreux membres d'équipes du CNRS (en particulier celles du GRECO "Océan Indien" et le groupe de recherche "viabilité des pays insulaires" CEGET-CRET).

Les îles sont le plus souvent des espaces à surface limitée ; toute remise en cause écologique ou sociale y prend un caractère irrémédiable. Les îles sont donc des milieux relativement fragiles. Pour minimiser la vulnérabilité de leur environnement, les sociétés insulaires ont élaboré des règles de solidarité qui leur sont propres. Les insulaires ne sont jamais à considérer comme des "marginaux" d'une norme continentale. Ils cultivent au contraire leurs spécificités, leur "différence". Le caractère créole de nombreuses îles est à la fois trait de solidarité inter-insulaire et affirmation d'une personnalité propre à chaque île.

Les communications et les débats du colloque "Iles, insularité, insularisme" font tout à la fois le point des connaissances actuelles et mettent en valeur les thèmes à privilégier, les axes à suivre pour les années à venir dans le cadre de l'étude globale de la "viabilité" des espaces insulaires :
- les inter-relations entre isolement, morcellement et endémisme,
- l'évaluation du contenu et de la pertinence que les insulaires accordent aux concepts d'"autonomie" et de "dépendance",
- les conséquences en matière d'aménagement et de mode de vie du passage d'une économie rurale associant plantations et horticulture vivrière à une économie urbaine basée sur la prolifération des services et parfois sur des zones franches industrielles,
- la portée politique et culturelle de la théorie sociale du "compromis" et de l'idéologie de la "différence" selon le degré de "viabilité" économique des pays insulaires.

Traditionnellement lieux d'échanges, les îles océaniques tropicales sont devenues des ponts culturels de grande importance à l'échelle du monde contemporain. Récemment, elles ont acquis une nouvelle dimension avec la définition des zones économiques exclusives de 200 milles marins. Il est trop tôt pour évaluer véritablement l'enjeu économique des ZEE, mais comme toute richesse potentielle, elles attirent, elles fascinent et font l'objet d'une grande attention de la part des grandes puissances et des organisations internationales. Compte-tenu de leurs contraintes et de leurs spécificités, les mondes insulaires sont très attachés à leur souveraineté territoriale, mais aussi à des solidarités régionales ou transcontinentales. En ce sens, ils ont valeur d'exemple pour l'ensemble de la planète ; ils doivent, en conséquence, rester des lieux privilégiés d'observation scientifique.

Jean-Pierre DOUMENGE

Collection «ILES et ARCHIPELS»

Responsables des publications

Jean-Pierre DOUMENGE, Coordonnateur du Programme : «Viabilité des petits Etats insulaires» au CEGET (CNRS).

Christian HUETZ de LEMPS, Directeur du Centre de Recherches sur les Espaces Tropicaux de l'Université de Bordeaux III.

Comité scientifique

René BATTISTINI, Professeur à l'Université d'Orléans.

Jean BENOIST, Professeur, Responsable du Groupement de Recherches Coordonnées «Océan Indien» (CNRS) Aix-en-Provence.

Henri BERRON, Professeur à l'Institut d'Aménagement Régional d'Aix-en-Provence.

Joël BONNEMAISON, Directeur de recherches à l'ORSTOM.

Maurice BURAC, Maître de conférence à l'Université Antilles-Guyane.

Gilbert CABAUSSEL, Ingénieur de recherches au CNRS.

John CHAPMAN, Maître de conférence à l'Université Paul-Valéry, Montpellier.

Odile CHAPUIS, Ingénieur d'études au CNRS.

Jean-Pierre CHARDON, Professeur à l'Université Antilles-Guyane.

Edouard DOMMEN, Responsable de programmes à la Conférence des Nations-Unies sur le commerce et le développement.

François DOUMENGE, Professeur au Museum National d'Histoire Naturelle, Président de l'ORSTOM, Paris.

Jean-Pierre DOUMENGE, Directeur de recherches au CNRS.

Jean-Claude GIACOTTINO, Professeur à l'Université d'Aix-Marseille II.

Thierry HARTOG, Maître de conférence à l'Université Antilles-Guyane.

Alain HUETZ de LEMPS, Professeur à l'Université de Bordeaux III.

Christian HUETZ de LEMPS, Professeur à l'Université de Bordeaux III.

Jean KOECHLIN, Professeur à l'Université de Bordeaux III.

Frédéric Von KROSIGH, Professeur de Sciences Politiques à l'Université d'Erlangen, Nuremberg.

Guy LASSERRE, Professeur à l'Université de Bordeaux III.

Françoise LE BOURDIEC, Professeur à l'Université de Nice.

Paul LE BOURDIEC, Professeur à l'Université de Nice.

Michel LESOURD, Maître de conférence à l'Université de Rouen.

David LOWENTHAL, Professeur de Géographie, University College of London.

Jean-Claude MAILLARD, Maître de conférence à l'Université de Bordeaux III.

Jacques MENAUGE, Directeur du Centre National de Documentation des Départements d'Outre-Mer.

Yves MONNIER, Professeur au Museum National d'Histoire Naturelle, Paris.

Yves PEHAUT, Professeur à l'Université de Bordeaux III.

Marie-France PERRIN, Ingénieur de recherches au CNRS.

Guilène RÉAUD-THOMAS, Ingénieur d'études au CNRS.

Alain SAUSSOL, Maître de conférence à l'Université Paul-Valéry, Montpellier.

SINGARAVÉLOU, Professeur à l'Université de Bordeaux III.

Pierre VENNETIER, Directeur de recherches au CNRS.

Pierre VÉRIN, Professeur à l'Institut National des Langues et Civilisations Orientales, Paris.

LISTE DES PARTICIPANTS

M. le Professeur Robert ALDRICH - Department of Economic History,
University of Sydney, SYDNEY NSW 2006 - AUSTRALIA

M. Samouh BAYAN - Agence de Coopération Culturelle et Technique (ACCT),
13 quai André Citroën, 75015 PARIS

*M. le Professeur Jean BENOIST - Responsable du GRECO "Océan Indien",
Pavillon de Lenfant, 346 route des Alpes, 13100 AIX-EN-PROVENCE

*M. le Professeur Henri BERRON - Institut d'Aménagement Régional,
18 rue de l'Opéra, 13625 AIX-EN-PROVENCE CEDEX

M. le Professeur Jean-Marie BOISSON - Institut Régional des Etudes Economiques,
Université de Montpellier I, 39 rue de l'Université, 34060 MONTPELLIER CEDEX

*M. Jean-Luc BONNIOL - Laboratoire d'Ecologie Humaine,
Pavillon de Lenfant, 346 route des Alpes, 13100 AIX-EN-PROVENCE

M. le Professeur Dr Hanns J. BUCHHOLZ - Universität Hannover, Geographisches Institut,
Schneiderberg 50, 3000 HANNOVER 1, den-RFA

M. Maurice BURAC - Université Antilles-Guyane,
Département de Géographie, B.P. 7207, 97271 SCHOELCHER (Martinique)

M. Gilbert CABAUSSEL - Ingénieur, Centre d'Etudes de Géographie Tropicale
(CEGET-C.N.R.S.), Domaine Universitaire, 33405 TALENCE CEDEX

*M. André du CASTEL - Centre des Hautes Etudes sur l'Afrique et l'Asie Modernes (CHEAM),
13 rue du Four, 75006 PARIS

*Mme le Professeur Simone CLAPIER-VALLADON - Université de Nice - Section Psychologie
81 rue de France, 06000 NICE

Mme Myriam COTTIAS - ORSTOM
213 rue La Fayette, 75010 PARIS

*M. le Professeur Paul DE DECKKER - Université Libre de Bruxelles
et Secrétariat d'Etat aux DOM-TOM, Chargé du Pacifique-Sud
B.P. 4642, PAPEETE - TAHITI - Polynésie Française

M. le Professeur Jean DEFOS DU RAU
95 rue Solle, 33200 BORDEAUX

*M. Edouard DOMMEN - Conférence des Nations Unies sur le Commerce et le Développement
(CNUCED, Palais des Nations, 1211 GENÈVE 10 - SUISSE

* : Auteur de communication.

*M. le Professeur François DOUMENGE - Président de l'ORSTOM
213 rue La Fayette, 75010 PARIS   ou
Museum National d'Histoire Naturelle, Chaire d'Ethnologie et Conservation des Espèces
Animales, 57 rue Cuvier, 75231 PARIS CEDEX 05

*M. Jean-Pierre DOUMENGE - Directeur de recherche, Centre d'Etudes de Géographie
Tropicale, (CEGET-CNRS) Domaine Universitaire, 33405 TALENCE CEDEX

*M. le Professeur Dr Ulrich FLEISCHMANN - Freie Universität Berlin, Lateinamerika Institut
Rüdesheimerstr. 54-56, 1 BERLIN 33 - RFA

*M. Hubert GERBEAU - Centre d'Etudes et de Recherches sur les Sociétés de l'Océan Indien
(CERSOI), Université d'Aix-Marseille III,
3 avenue Robert Schuman, 13628 AIX-EN-PROVENCE CEDEX

*M. le Professeur Jean-Claude GIACOTTINO - Institut de Géographie, Université d'Aix-
Marseille II, 29 avenue Robert Schuman, 13621 AIX-EN-PROVENCE CEDEX

Mme Monique GIRARDIN - Centre d'Etudes et de Recherches sur les Sociétés de l'Océan Indien
(CERSOI), Université d'Aix-Marseille III,
3 avenue Robert Schuman, 13628 AIX-EN-PROVENCE CEDEX

*Mme Catherine HEIN - Bureau International du Travail, Service de la Planification de l'Emploi,
1211 GENÈVE 22 - SUISSE

*M. le Professeur Jean HOUBERT - Department of Politics and International Relations,
University of Aberdeen, Edward Wright Building, OLD ABERDEEN A B9 2 UB, SCOTLAND
(U.K.)

*M. le Professeur Alain HUETZ de LEMPS - Centre de Recherches sur les Espaces Tropicaux
(CRET), Institut de Géographie,
Université de Bordeaux III, Domaine Universitaire, 33405 TALENCE CEDEX

*M. le Professeur Christian HUETZ de LEMPS - Directeur du Centre de Recherches sur les
Espaces Tropicaux (CRET), Institut de Géographie,
Université de Bordeaux III, Domaine Universitaire, 33405 TALENCE CEDEX

*M. Jean-Pierre JARDEL - Section Ethno-Sociologie,
Université de Nice, 98 boulevard Edouard Herriot, 06007 NICE CEDEX

*M. le Professeur Guy LASSERRE - Professeur émérite,
Centre de Recherches sur les Espaces Tropicaux (CRET), Institut de Géographie,
Université de Bordeaux III, Domaine Universitaire, 33405 TALENCE CEDEX

M. José LAZCANO - Institut de Géographie,
Université de Bordeaux III, Domaine Universitaire, 33405 TALENCE CEDEX

* M. Norbert LEBALÉ - Conférence des Nations Unies sur le Commerce et le Développement
(CNUCED), Palais des Nations, 1211 GENÈVE 10 - SUISSE

Mme le Professeur Françoise LE BOURDIEC - Institut de Géographie,
Université de Nice, 98 boulevard Edouard Herriot, 06036 NICE CEDEX

M. le Professeur Paul LE BOURDIEC - Centre d'Analyse de l'Espace, UER Civilisations,
Université de Nice, 81 rue de France, 06000 NICE

*M. Daniel LEFÈVRE - Département de Géographie,
Université de La Réunion, 12 avenue de la Victoire, 97489 SAINT-DENIS, (La Réunion)

M. Pierre LEGRIS - Directeur de Recherche, Centre d'Etudes de Géographie Tropicale (CEGET-CNRS), Domaine Universitaire, 33405 TALENCE CEDEX

*M. Michel LESOURD - Laboratoire d'Etude du Développement des Régions Arides (LEDRA) Institut de Géographie, Université de Haute-Normandie, rue Lavoisier, BP 32, 76130 MONT-SAINT-AIGNAN

*M. le Professeur David·LOWENTHAL - Department of Geography, University College of London, 26 Bedford Way, LONDON WC 1H OAP (U.K.)

M. Jean-Claude MAILLARD - Centre de Recherches sur les Espaces Tropicaux (CRET), Institut de Géographie, Université de Bordeaux III, Domaine Universitaire, 33405 TALENCE CEDEX

M. Jacques MENAUGE - Directeur du Centre National de Documentation des Départements d'Outre-Mer (CENADDOM), s/c CEGET-CNRS, Domaine Universitaire, 33405 TALENCE CEDEX

*M. Claude de MIRAS - ORSTOM B.P. 81, 97201 FORT-DE-FRANCE - Martinique

*M. le Professeur Yves MONNIER - Chaire d'Ethno-Sciences et de Biogéographie, Museum National d'Histoire Naturelle, 57 rue Cuvier, 75231 PARIS CEDEX 05

M. Jacques MONFÉRIER - Président de l'Université de Bordeaux III, Domaine Universitaire, 33405 TALENCE CEDEX

M. le Recteur Renaud PAULIAN Hespérides Saint-Christoly, 4 rue Beaubadat, 33000 BORDEAUX

M. le Professeur Yves PÉHAUT - Centre de Recherches sur les Espaces Tropicaux (CRET), Institut de Géographie - Université de Bordeaux III, Domaine Universitaire, 33405 TALENCE CEDEX

M. le Professeur René PIJASSOU - Directeur de l'Institut de Géographie, Université de Bordeaux III - Domaine Universitaire, 33405 TALENCE CEDEX

*M. le Professeur Jean POIRIER - Centre Universitaire Méditerranéen, Université de Nice, 65 Promenade des Anglais, 06000 NICE

M. le Recteur Jean-Pierre POUSSOU - Rectorat de l'Académie de Bordeaux, B.P. 935, 33060 BORDEAUX CEDEX

Mme Rahazelina RALAIARISON - Laboratoire d'Anthropologie Biologique, Université de Madagascar, B.P. 906, ANTANANARIVO 101, Rép. Malagasy-Madagascar

*Mme Guilène RÉAUD-THOMAS - Ingénieur, Centre d'Etudes de Géographie Tropicale (CEGET-C.N.R.S.), Domaine Universitaire, 33405 TALENCE CEDEX

*M. Pierre-Jean ROCA - Ingénieur, Centre d'Etudes de Géographie Tropicale (CEGET-C.N.R.S.), Domaine Universitaire, 33405 TALENCE CEDEX

*M. Jean-Yves ROCHOUX - Observatoire Démographique, Economique et Social de la Réunion (ODESR), Université de la Réunion, 24-26 avenue de la Victoire, 97489 SAINT-DENIS - La Réunion

M. le Professeur Dr Klaus ROTHE - Institut für Politische Wissenschaft, Universität Erlangen - Nürnberg, Kochstrasse 4, 8520 ERLANGEN, DEN- RFA

*M. Premchand SADDUL - Mauritius Institute of Education,
RÉDUIT - MAURITIUS

*M. Alain SAUSSOL - Université Paul Valéry - Département de Géographie,
B.P. 5043, 34032 MONTPELLIER CEDEX

*M. le Professeur SINGARAVÉLOU - Centre de Recherches sur les Espaces Tropicaux
(CRET), Institut de Géographie,
Université de Bordeaux III, Domaine Universitaire, 33405 TALENCE CEDEX

*M. le Professeur René SQUARZONI - Directeur de l'Observatoire Démographique,
Economique et Social de la Réunion (ODESR)
Université de la Réunion, 12 avenue de la Victoire, 97489 SAINT-DENIS - (La Réunion)

M. Pierre USSELMANN - Directeur du Centre d'Etudes de Géographie Tropicale (CEGET-
C.N.R.S.), Domaine Universitaire, 33405 TALENCE CEDEX

M. Pierre VENNETIER - Directeur de recherche, Centre d'Etudes de Géographie Tropicale
(CEGET-C.N.R.S.), Domaine Universitaire, 33405 TALENCE CEDEX

*M. le Professeur Pierre VÉRIN - Institut National des Langues et Civilisations Orientales
(INALCO) - CEROI, 2 rue de Lille, 75007 PARIS

Secrétariat du colloque :

Melle Marie-France PERRIN, avec le concours de : Mme Danielle DAVID, Mme Geneviève
JUNG, Melle Françoise PETIT, Mme Guilène RÉAUD-THOMAS, M. Jean-Pierre VIDAL :
Centre d'Etudes de Géographie Tropicale (CEGET-CNRS), Domaine Universitaire,
33405 TALENCE CEDEX

TABLE DES MATIÈRES

Chapitre IV : Importance du statut et devenir politique des pays insulaires

Conclusion

CONFÉRENCE D'OUVERTURE DU COLLOQUE : LE GÉOGRAPHE ET LES ÎLES

par Guy LASSERRE

Il me revient donc de prononcer cette conférence d'ouverture du Collo-que. Je le dois aux deux organisateurs de cette rencontre -Singaravélou et Jean-Pierre Doumenge- et à leur amitié, ainsi qu'à Marie-France Perrin qui a assuré, avec la maîtrise et le dévouement qu'on lui connaît, le Secrétariat du Colloque.

Avant toute chose, je voudrais saluer M. le Recteur Jean-Pierre Poussou, et lui dire combien je suis sensible à sa présence. Il représente l'Académie et les Universités d'Aquitaine. Mais, lorsqu'il est parmi nous, il reste le collègue historien, le démographe dont les manières d'ausculter les sociétés du passé sont voisines de celles que nous utilisons pour mieux comprendre les sociétés du présent. Messieurs les Présidents d'Universités, MM. les Directeurs d'UFR, MM. et Mmes les responsables d'équipes de recherche sont largement représentés et je voudrais les en remercier. Enfin M. Usselmann a bien voulu mettre la grande salle de conférences du CEGET à notre disposition, et nous l'en remercions.

Il est bon de rappeler que c'est autour de quatre thèmes que les organisateurs ont structuré ces entretiens :

Thème I. La Nature et sa protection en milieu insulaire.
Thème II. Approche historique, sociologique et anthropologique des sociétés insulaires.
Thème III. Aménagement de l'espace et développement des îles : de l'économie de plantations à l'économie de services.
Thème IV. Statut politique et devenir des pays insulaires.

Je suis géographe. Je n'ai aucune compétence particulière pour parler au nom des botanistes, des sociologues, des historiens ou des économistes. Il m'a semblé qu'il n'était pas inutile de réfléchir à la relation hommes-îles perçue par un géographe. Du même coup, cela permettra aux chercheurs relevant d'autres disciplines de mieux saisir l'originalité de leur position. Dans un récent volume de la Collection "Iles et Archipels" (n° 3, 1984) intitulé *Nature et hommes dans les îles tropicales : réflexions et exemples*, les naturalistes - et notamment le Recteur Renaud Paulian- ont clairement montré la spécificité des îles et des écosystèmes insulaires caractérisés par leurs dimensions réduites et leur isolement. D'où l'endémisme biologique insulaire qui est au coeur des réflexions des biologistes. Pour eux, il n'y a pas de problème : les îles existent et constituent des mondes à part.

Il est un second groupe qui a les mêmes certitudes, les membres du Club Méditerranée. Unité des paysages, couleur et température des eaux, palmes et plages, y attirent les touristes par millions. Ces touristes, toujours formés des mêmes espèces et animés des mêmes comportements y constituent des communautés migrantes que pourraient étudier, avec leurs méthodes, les naturalistes. Héliophiles, amis des sables madréporiques, s'inscrivant dans la faune des eaux lagunaires superficielles, ils relèvent aussi de l'écosystème insulaire mais ne s'interrogent pas sur son existence.

Mais le géographe ? Le Recteur François Doumenge notait, dans la publication citée : "Si les caractères insulaires s'affirment même sur des îles de petite dimension toutes proches d'un rivage continental, par contre ils tendent à s'effacer et même à disparaître dès que l'étendue et le volume de la terre émergée augmentent" (p. 9). Et François Doumenge d'exclure du domaine insularien "les grandes îles continentalisées" de plus de 50 000 km² de surface (Cuba, Hispaniola, Sri Lanka, Taïwan...). Je me suis donc reporté au dictionnaire de la Géographie de Pierre George, et voici ce que j'ai lu :

île : "Terre isolée de tous côtés par les eaux" (non point entourée, cernée, mais **isolée** afin de mettre l'accent sur l'isolement insulaire : note de l'auteur de cet article).

insularité : "Caractères géographiques découlant de la situation dans une île".

enfin **insularisme** : absent.

Ces quelques lectures et réflexions m'ont montré qu'il serait bien imprudent de poser d'emblée la question : qu'est-ce qu'une île ? Il faudrait d'abord pouvoir répondre à cette question, comme l'écrit Pierre Gourou (*Pour une géographie humaine*, p. 121). "Mais d'abord qu'est-ce qu'une île, qu'est-ce que l'isolement insulaire ? A quelle étendue limiter la surface d'une île ? L'Australie est-elle une île, et la Nouvelle-Guinée, et Bornéo (Kalimantan), et Madagascar ? Combien de kilomètres de mer faut-il pour qu'une terre soit considérée comme isolée ? Les îles du Danemark sont-elles pour la géographie humaine, des îles ? L'Eubée est-elle une île ? Non ? Mais alors la Sicile ? Vaine recherche et qui ne peut faire espérer aucun résultat valable. Ni la dimension, ni la proximité du continent ne fournissent de critères suffisants".

D'où la conclusion : "Si nous ne savons pas clairement ce qu'est une île, comment pourrions-nous honnêtement parler de caractères insulaires et des effets de ces caractères sur les paysages insulaires". Me souvenant des leçons d'un philosophe conseillant de ne jamais poser la question "pourquoi" -toujours sans réponse- et de la remplacer par la question "comment" qui est la vraie question scientifique... j'aurai envers les îles cette même attitude prudente. Bornons nous donc à saisir les **problèmes insulaires**.

I.- LES PROBLÈMES INSULAIRES

Est une île une étendue de terre cernée d'eau où se posent un certain nombre de problèmes spécifiques dus à l'insularité. Les problèmes insulaires, ainsi approchés s'appellent :

1 - **l'isolement**. Une île est un territoire isolé, avec toutes les contraintes que cela lui impose ;

2 - **l'exiguïté des terres**. On ne peut parler d'îles que de petites îles. Ce point rejoint le précédent, car l'isolement n'existe que si l'île est petite et connaît des problèmes de "viabilité" économique ;

3 - **l'environnement maritime**. Un numéro du Courrier de l'UNESCO, publié en octobre 1986, "Petites Nations, grandes cultures", fait la part belle aux petites îles : l'archipel de corail des Maldives, la Polynésie, les îles de la Caraïbe etc...

L'accord s'est fait spontanément entre auteurs pour n'étudier que les petits pays insulaires où se posent, précisément, les problèmes nés de l'insularité.

II.- LES CONTRAINTES INSULAIRES

De l'isolement, de l'exiguïté des terres et de l'environnement **maritime** résultent un certain nombre de **contraintes** pour ces petites îles.

1 - Ce sont des Etats lilliputiens. Les 16 premiers Etats membres de l'UNESCO, en 1946, avaient, en moyenne, 59 millions d'habitants. Les 16 derniers Etats adhérents n'ont plus que 769 000 habitants. En 1983, une réunion d'experts de pays non alignés s'est tenue à la Grenade et a défini le concept de "petit Etat insulaire" sur la base d'une population inférieure à 1 million d'habitants et d'une superficie approximative rarement supérieure à 4 000 km²... Il a encore fallu abaisser ces normes et accepter **200 000** habitants et **4 000** km² pour cerner de plus près la notion de petits Etats insulaires. Il y a 49 territoires de statuts politiques différents ayant moins de 200 000 habitants et 64 territoires ayant une superficie inférieure à 5 000 km². Parmi ces derniers, tous, sauf 9 sont des Etats insulaires. Ainsi, si l'on utilise le double critère de la superficie et de la population les plus petits pays en développement sont tous insulaires.

2 - Ce sont donc des Etats d'une **viabilité économique** non assurée. C'est un grave problème qui préoccupe les instances internationales. Ces Etats insulaires -quel que soit leur statut politique- s'ils atteignent l'Indépendance restent tout de même en état de dépendance économique et de grande fragilité. Or ce sont des pays qui tentent les grands, moins par suite de leurs ressources et des échanges commerciaux, que par leur situation stratégique intéressante (récemment, les Malouines, Grenade). La récente législation de la mer donne à ces îles la propriété des 200 milles marins qui les entourent (cercle de 360 km de rayon). Les petites îles représentent donc un enjeu stratégique de première importance dans la lutte Est-Ouest.

3 - Ce sont des Etats susceptibles de connaître de profondes mutations démographiques et économiques, problème qui correspond au troisième thème du Colloque. L'île a un **"effet de piège"**, elle engendre un **"effet de trappe"**, d'emprisonnement pour la population. Si l'île est peuplée, elle devient rapidement surpeuplée et entretient un courant d'émigration. Inversement, que l'on applique une politique de contrôle des naissances, et il y a une chute spectaculaire de la population. Le Japon, mais aussi la Caraïbe anglo-saxonne et française en sont de bons exemples. Quant aux mutations économiques elles peuvent être spectaculaires et peuvent s'accompagner de changements de population.

Il apparaît donc clairement que les îles sont fortement dépendantes et que leur destin est commandé par la grande puissance avec laquelle elles ont entretenu naguère des relations de colonisé à colonisateur, ou par la grande puissance qui exerce une hégémonie commerciale et stratégique dans l'espace marin où se trouvent ces îles.

Epoque	Economie	Population
Avant XVIIe	Vivres-pêche	Arawaks et Caraïbes
XVIIe - 1945	Canne à sucre + banane après 1930	Population rurale (blancs, noirs, métis)
Depuis 1945	Départementalisation, Economie de services	Exode rural, croissance urbaine

Tableau I.- *Exemple de mutations économiques et sociales des DOM antillais.*

Que se greffe le sentiment insulariste de fierté territoriale nationale, et l'on comprendra mieux comment se combinent l'**état de dépendance** et l'aspiration à être une **nation autonome**. De cette combinaison résulte l'échec des fédérations insulaires, dont le plus remarquable exemple a été l'échec de la fédération des Antilles britanniques en 1962. On observe donc à la fois le double sentiment de la nécessité de prendre appui sur une grande puissance, et la volonté de rester maître de son destin.

III. - ÎLES ET CIVILISATIONS

Ainsi les îles sont ce que le génie des hommes qui y habitent ou les gouvernent les ont faites. Toute tentative de réflexion déterministe conduit à l'impasse. La diversité des îles tient davantage au rôle de l'**histoire** et des faits de civilisation, qu'au fait insulaire lui-même. L'Angleterre est devenue ce qu'elle est parce qu'elle était placée aux rives de l'Europe du Nord-Ouest, au coeur des grands courants économiques de l'Ancien monde. L'Australie ou la Nouvelle-Guinée doivent leur destin à leur situation dans les solitudes du monde austral. Ces réflexions peuvent être étendues à des îles terriennes, à des pays enclavés qui posent les mêmes problèmes. Ainsi le Bhoutan, royaume himalayen de 47 000 km², 1 400 000 habitants et dont le revenu *per capita* n'excède pas 102 $; ou encore les oasis des déserts. Il faut donc se méfier de toute attitude déterministe à l'égard de l'insularité. Pierre Gourou devient brusquement très sévère pour ceux qui abordent l'étude de la mentalité des insulaires, littérature qu'il qualifie de "Cimetière de sornettes". Il est bien évident que ce ne sont pas les trois îles vénitiennes qui ont conduit la ville à devenir, du XIIe au XVe siècle, la capitale commerciale de la Méditerranée. La grandeur de Venise est due à la politique des Doges et à la puissance des marchands et des navigateurs italiens.

Ainsi la géographie des îles se laisse mal réduire à des lois générales. L'étude des îles conduit à tenir compte de la spécificité de chaque territoire insulaire : situation, relief, climat, végétation, histoire, peuplement, économie. Que l'on s'adonne à cet exercice, et l'on s'apercevra que les lois générales s'évanouissent, que toute généralisation est dangereuse. Affirmer une idée générale, c'est immédiatement voir surgir des dizaines d'exemples qui s'inscrivent en faux contre cette affirmation. Tout y est imprévisible, comme le rebond d'un ballon de rugby. La réflexion géographique la mieux étayée est comme prise à contre-pied par le fait insulaire. C'est à Pierre Gourou qu'il revient de trouver une formule saisissante : ce thème de l'insularité est "un nid de contradictions".

Deux exemples vont nous servir de conclusion et vont souligner la primauté des civilisations sur les facteurs d'insularité. Voici les îles du lac

Tchad occupées par les Buduma. L'adaptation à ce milieu à la fois difficile et privilégié par la présence de l'eau en milieu sahélien, se fait par la répartition du travail entre classes d'âge et par la mobilité selon la hauteur d'eau du lac. Les vieux restent dans l'île mère où se pratiquent l'agriculture sous pluie et l'agriculture de décrue. En saison sèche, les adolescents conduisent les boeufs de race Kuri vers les îles restées vertes parce que plus près du niveau d'eau ; puis ils vont faire des campagnes de pêche et avec l'argent gagné ils achètent des boeufs. Ils ne reviennent avec les boeufs, dans l'île mère qu'après les récoltes d'agriculture sous pluie et de décrue. Les Buduma restent essentiellement des éleveurs dans leur habitat dunaire ennoyé, la pêche étant inféodée à l'élevage et restant secondaire.

Mais c'est le souvenir d'un admirable film japonais de Kaneto Shindo, l'**île nue**, qui me revient en mémoire. Film sobre, en noir et blanc. Tout se déroule sur une petite île rocheuse aux fortes pentes. Une famille s'y accroche et y vit. C'est la vie quotidienne d'une famille de paysans japonais, ses travaux et ses peines. Tout le film est dans le visage buriné par l'effort et brûlé par le soleil du vieux chef de famille. Il construit des terrasses, il arrose, il sème, arrose à nouveau pour pouvoir récolter le riz. Cette île, dont on ne sait rien, devient le symbole d'un pays, d'une civilisation. L'île devient parcelle du Japon rural traditionnel.

Chapitre I

La Nature et sa protection en milieu insulaire

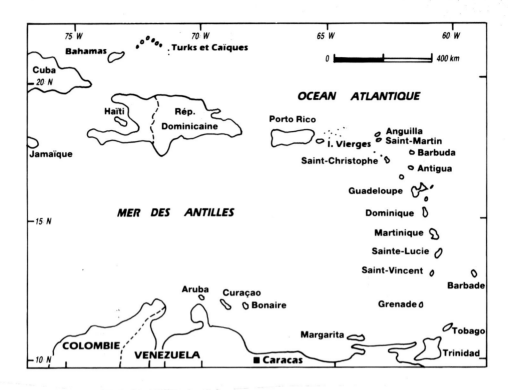

Bassin caraïbe

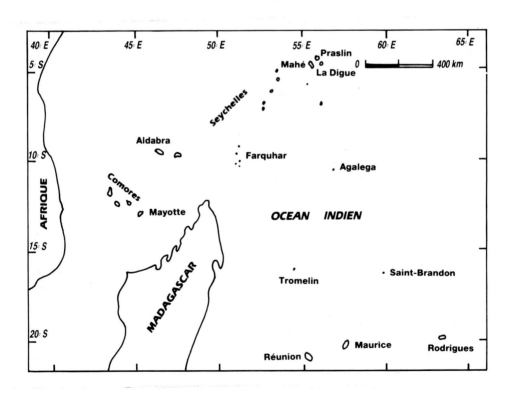

Sud-Ouest de l'océan Indien

QUELQUES CONTRAINTES DU MILIEU INSULAIRE

par François DOUMENGE

L'étude des îles est un sujet d'actualité depuis que les Etats insulaires ont acquis une place sur la scène internationale. Il y a seulement trente ans, la question n'était pas à l'ordre du jour puisque toutes les îles étaient incluses dans des ensembles géopolitiques d'envergure planétaire, donc à dominante continentale.

Au plan physique, une île se définit comme une portion de terre, entourée d'eau, qui reste émergée lors des plus hautes mers. Qu'un moyen de communication quelconque (pont ou tunnel) brise la continuité aquatique et l'île perd sa spécificité. La permanence d'un environnement aquatique crée un isolement naturel, mais ne suffit pas à déterminer l'insularité. Pour ce faire, il faut que l'île soit totalement soumise à l'hydro-climat océanique. Quand une île possède un volume suffisant pour infléchir les spécificités du climat, elle entre dans la catégorie continentale. D'où l'importance du rapport pouvant exister entre la longueur du rivage et la surface de l'île.

I.- DE L'IMPORTANCE DU RIVAGE ET DU CALCUL D'UN INDICE CÔTIER

Le rivage est une interface, une matrice qui joue un rôle analogue à la peau pour le corps humain. La nature du rivage et l'importance de son développement permettent de réaliser une classification de base des milieux insulaires et de mesurer l'ampleur du phénomène de contact "terre-mer". On peut définir un "indice côtier" comme le rapport existant entre la longueur du trait de côte et la surface d'une île. Lorsque cet indice est égal ou supérieur à 1, on se trouve en présence d'une île véritablement océanique (atoll ou île plate avec lagon). A l'opposé, avec un rapport de 1/60, l'île apparaît continentale. Il existe évidemment des degrés intermédiaires.

L'insularité proportionnelle à l'extension du rivage, tient compte aussi de sa morphologie. L'existence d'une passe dans un atoll permet par exemple que le lagon puisse être revivifié par des échanges réguliers avec la masse océanique externe. La présence de récifs coralliens ou de mangroves correspond à des processus d'accumulation particuliers porteurs de richesses biologiques qui influent immanquablement de manière positive sur tout établissement riverain. Au contraire, lorsque le rivage consiste en une falaise, en un simple trait de côte, l'influence de la mer diminue considérablement et la société humaine insulaire se retrouve littéralement "enfermée". Donc, il faut pondérer l'indice côtier par l'étendue de la zone littorale pour définir le degré d'insularité. Et c'est ainsi qu'on dérive de la notion d'insularité vers celle "d'insularisme". La situation qui prévaut dans les îles du Vanuatu est sur ce point particulièrement démonstrative puisque s'y sont juxtaposés pendant des siècles deux types d'hommes, les uns tournés vers la mer, les autres totalement ancrés dans l'intérieur montagnard. Cette dualité éco-sociologique subsiste encore : sur la côte, les populations vivent du produit de la pêche, de la culture du cocotier et d'un peu d'élevage des bovins, alors que dans la montagne, elles s'adonnent principalement à la culture du taro et à l'élevage du porc. La culture de l'igname, lors de l'implantation de la culture du cocotier, a quitté le littoral pour la montagne. Les gens du bord de mer sont chrétiens et alimentent d'importants courants migratoires, tandis que les gens de la montagne restés païens ou devenus millénaristes restent plus sédentaires.

Tout indice côtier a donc une résonnance non seulement écologique, mais sociale dès l'instant où on le pondère par divers éléments de différenciation morphologique ou édaphique. Mais toute île porte en elle quelque chose d'unique que seule l'interprétation des imageries satellitaires de bonne résolution (de type SPOT) permet d'identifier rapidement et de manière rigoureuse, en particulier lorsqu'il s'agit d'en évaluer le degré d'isolement.

II.- A PROPOS DE L'ISOLEMENT

L'isolement détermine souvent un appauvrissement des espèces ou des formes d'endémisme. Ainsi, dans l'espace océanique indo-pacifique, constate-t-on l'existence de 3 000 espèces de madrépores coralliens sur les récifs d'Australie, 2 500 sur la grande barrière qui enserre la Nouvelle-Calédonie, 800 espèces aux Fidji, 200 aux Samoa et une trentaine seulement dans les archipels polynésiens les plus orientaux. De la même façon, dans le Pacifique Sud,les crevettes pénéides ne dépassent pas l'archipel des Fidji. Donc même dans un cadre marin, les espèces ne peuvent vaincre le phénomène de sélectivité provoqué par l'isolement.

L'espace océanique n'est pas continu à l'échelle de la planète. Il existe des discontinuités qui sont fonction de l'importance des distances. D'où l'idée de tester la pertinence d'un indice d'isolement basé sur le rapport existant entre la surface émergée d'une entité insulaire et la zone économique exclusive des 200 milles. S'il n'existe pas d'autre terre à moins de 360 km de la ligne de rivage, une île de 1 km² de surface émergée permet le contrôle d'une zone maritime de 380 000 km². C'est le cas de Clipperton, au large de la côte occidentale du Mexique, ou de la Nouvelle-Amsterdam, dans la partie méridionale de l'océan Indien pour ce qui est des possessions françaises ultra-marines. L'isolement est alors total. Mais plus les îles se rapprochent et moins les ZEE ont la possibilité d'obtenir une extension maximale, donc plus l'indice d'isolement diminue. Lorsque les ZEE de deux territoires insulaires se rencontrent, leur séparation s'effectue suivant une ligne médiane établie à mi-distance des côtes les plus proches. Au-dessous de l'indice 100, il n'existe plus à proprement parler d'isolement insulaire : c'est le cas des îles de l'arc caraïbe et des archipels du Sud-Ouest pacifique. Au-delà de l'indice 1 000, on note au contraire un grand isolement : c'est le cas des Iles Tonga (1 001), Niue (1 505), Wallis et Futuna (1 428), de la Polynésie française (1 540), des Samoa américaines (1 980), ou des îles Vierges britanniques (1 880). Les îles Turks et Caïques (795), l'île Maurice et ses dépendances (782) présentent elles aussi une situation de fort isolement, mais on obtient les valeurs les plus grandes à Kiribati (4 900), aux Bermudes et Cook (7 700), Norfolk (11 000), Nauru (15 000), Tokelau (290 000), Tuvalu (34 000) et à Pitcairn (160 000).

Au-delà de l'extrême diversité des valeurs, on perçoit dans l'analyse de cet "indice d'isolement" un excellent indicateur de la variabilité des réalités géopolitiques : plus l'indice est faible, plus les habitants d'une île doivent tenir compte de leurs voisins et moins leur contrôle des potentialités marines environnantes s'avère vital pour eux ; à l'inverse, plus l'indice est élevé, plus le contrôle des ressources potentielles marines nécessite de grandes capacités humaines et économiques. Il devient donc vital pour toute société insulaire très isolée de participer à un réseau d'échange vaste, à l'échelle planétaire, faute de quoi elle disparaîtra.

III.- A PROPOS DE L'ENDÉMISME

Plus une île comporte de formes de vie endémique, plus l'insertion humaine provoque de déséquilibres. Aussi loin que l'on remonte dans l'histoire, on s'aperçoit que les îles océaniques ont été peuplées bien après les continents les plus proches. Toute colonisation humaine y a une influence prédatrice plus grande qu'en milieu continental.

Par nature, l'insulaire est un "migrateur" : c'est quelqu'un venu d'ailleurs qui, un jour ou l'autre, doit reprendre sa pérégrination. Cette vocation au "voyage" explique le grand dilemme qui se pose à tout insulaire : le désir de rester, de s'enraciner et d'acquérir ainsi une identité bien localisée et l'appel frénétique au départ, la volonté de sortir d'un milieu clos.

Comme il y a encore à l'heure actuelle quelques îles en voie d'émersion sur des arcs volcaniques, on peut saisir les caractères physiques fondamentaux des milieux insulaires et les processus biologiques qui s'y développent. On constate ainsi que plus une île est éloignée d'un continent et moins diversifiées sont les espèces qui y vivent. Même à proximité d'un continent, l'île présente une diversité spécifique inférieure. C'est le cas par exemple des Bahamas par rapport à l'Amérique du Nord.

D'autre part, on y constate l'altération des structures trophiques, c'est-à-dire des chaînes alimentaires donc des associations de prédateurs. Comme en principe, le peuplement d'une île se fait par voie aérienne ou par transfert aquatique, toute une série d'organismes supérieurs n'arrivent jamais à destination. Plus les organismes sont élevés dans la chaîne biologique, plus ils sont handicapés dans leur transfert. Ainsi, constate-t-on que le peuplement végétal est relativement plus abondant que le peuplement animal. Au sein de ce dernier, les invertébrés sont mieux représentés que les vertébrés, les vertébrés supérieurs étant souvent absents. Il y a très peu de mammifères dans les îles océaniques. Des chauves-souris en constituent souvent les seuls représentants.

Les formations biologiques qui ont réussi à s'établir en milieu insulaire se trouvent sans compétiteur. Après une période de foisonnement initial, elles présentent très vite des faiblesses structurelles et se réduisent peu à peu à des formes relictuelles. L'établissement de l'homme et de ses commensaux (en particulier les rongeurs) dans un tel contexte provoque immanquablement un désastre : les consommateurs d'ordre supérieur vont proliférer car disposant de ressources alimentaires inexploitées, avant d'enregistrer un net recul par suite du non renouvellement des ressources trop rapidement amputées.

Toute colonisation d'un milieu insulaire est synonyme par définition de déséquilibre : on constate d'abord un phénomène de prolifération des espèces suivi d'une chute tout aussi brutale. Ceci explique les nombreux échecs de colonisation enregistrés par l'homme. Faute de relation constante avec le milieu terrestre extérieur, le stock génétique des populations végétales, animales, voire humaines s'appauvrit puis dérive : on note la multiplication des phénomènes de consanguinité, conduisant au nanisme ou au gigantisme, entraînant la disparition des espèces. Les chercheurs américains, en particulier McArthur et Wilson ont démontré que dans les îles, le coefficient de disparition des espèces était 10 fois supérieur à ce qu'il était sur les continents. Ceci n'est d'ailleurs pas incompatible avec le maintien dans les îles d'espèces relictuelles qui subsistent bien qu'amoindries en l'absence de prédateurs.

Lorsque la dérive endémique est favorable, les organismes qui ont disparu du milieu continental par suite d'une forte concurrence des espèces peuvent subsister dans une île restée isolée. Il faut se souvenir en effet que les îles actuelles ne sont que des fragments souvent minuscules de terres immenses restées émergées jusqu'à la période néolithique. La remontée du niveau marin au cours des derniers millénaires a réduit considérablement d'énormes plaques continentales. Des représentations cartographiques montrent qu'avant la dernière régression glaciaire, les archipels seychellois ou fidjien constituaient des ensembles continentaux de plusieurs dizaines de milliers de km².

*

En conclusion, il faut donc avoir en mémoire que l'homme établi dans le milieu insulaire exploite un stock résiduel d'espèces et un espace extrêmement étroit, dernier témoin de la transgression flandrienne. La précarité biophysique des îles montre qu'on ne peut traiter le milieu insulaire comme on le fait du milieu continental, faute de quoi on détermine un désastre biologique. Lorsqu'un cataclysme, une calamité naturelle ou humaine se produit sur un continent, la zone endommagée est peu à peu revalorisée par diverses espèces depuis la périphérie. Dans une île, milieu par définition isolé, la catastrophe est au contraire irréversible. Ainsi, à la différence du milieu continental, une île ne peut supporter un accroissement constant et rapide des populations humaines. Il arrive que la migration vers l'extérieur ne suffise plus à retrouver un équilibre (cas de l'île Rodrigues par exemple). Accélération des lois de l'évolution, irréversibilité des phénomènes biologiques, caractère irrémédiable des catastrophes, tels sont les termes qui différencient les milieux naturels insulaires de leurs homologues continentaux.

Sur un continent, les catastrophes naturelles ou humaines sont des phénomènes relativement négligeables car leur développement est lent : un aménagement qui s'inscrit dans la durée arrive toujours du moins en partie, à les maîtriser. Dans les îles, on ne peut faire machine arrière. Ainsi, ramener de la terre végétale à Nauru, maintenant que sa mine de phosphate est en voie d'épuisement, relève de l'utopie. Dans toutes ses entreprises, l'homme doit donc être infiniment plus vigilant sur une île que sur un continent.

DÉBATS

H. GERBEAU.- F. DOUMENGE a parlé de la désertification rapide de Rodrigues et de la nécessité éventuelle d'un départ massif de sa population : doit-on dès à présent envisager une émigration partielle ou totale ? Peut-on d'ores et déjà fixer une date, même approximative pour ce mouvement migratoire ?

F. DOUMENGE.- Rodrigues a du être en état d'équilibre pendant une dizaine d'années, lorsqu'elle accueillait 8 à 10 000 habitants ; actuellement cette île subit la pression d'environ 40 000 personnes ; de ce fait, le milieu naturel est extrêmement dégradé, il n'y a pratiquement plus de végétation naturelle. La sur-densité humaine, entraîne donc un problème comparable à celui d'une population animale menacée d'extinction, par suite d'une croissance de type exponentiel. Dans un avenir très proche, la population de Rodrigues devra ou disparaître - ce qui est impensable à l'ère des communications rapides - ou être nourrie artificiellement, ou encore être évacuée par tranches de 5 ou 10 000 habitants ; on se trouve en effet devant un cas exceptionnel de manque de possibilités de renouvellement des ressources biologiques. Si on n'y prend garde, ce phénomène pourrait se poser rapidement dans d'autres îles tropicales.

E. DOMMEN.- Les îles Phoenix se sont entièrement dépeuplées vers 1950. Les biotopes insulaires sont aussi fragiles que ceux des régions de montagne du milieu continental (faible épaisseur des sols) ; dans une île lorsqu'un biotope précaire est détruit, il n'y a souvent plus de possibilités de régénération, même si les espèces sont encore présentes dans l'île ; cela se vérifie particulièrement en altitude et peut aboutir à l'extinction d'espèces endémiques, animales ou végétales.

D. LOWENTHAL.- La différence tient à la nature du milieu insulaire. Sur un continent on peut désenclaver une région deshéritée par la construction d'une route, d'une voie ferrée, par le transfert massif des populations en difficulté vers une grande agglomération urbaine ; on peut bloquer un processus de dégradation du milieu physique par des aménagements appropriés (reboisement, irrigation...). Dans une île cela est quasiment impossible à réaliser ; faute d'un "volume" suffisant, tout investissement "réparateur" devient prohibitif. A coût égal, l'efficacité de l'intervention est plus faible sur une île que sur un continent. Toute île est une victime potentielle de son isolement. Ainsi, dans le cas de Rodrigues, la solution la moins onéreuse reste le transfert total de la population. Les Anglais ont d'ailleurs déjà pratiqué cette méthode : les Gilbertiens par exemple, ont été transportés aux îles Phoenix, puis aux îles Salomon, et ce malgré d'énormes difficultés socio-culturelles.

J. L. BONNIOL.- Est-ce que l'île de Pâques n'a pas connu dans le passé un phénomène comparable à celui qui se produit actuellement à Rodrigues ?

F. DOUMENGE.- Les sociétés océaniennes traditionnelles ont pratiqué pendant des siècles la régulation des naissances (par infanticide, contrôle de la fertilité des femmes par des plantes, mariages tardifs, interdits, etc...) et ont su conserver un équilibre précaire entre la Nature et l'Homme. Bien sûr, il est arrivé que certains groupes insulaires "implosent" parfois à la suite d'une catastrophe naturelle (tsunami, cyclone) ou d'une expédition guerrière. Une partie de la population quittait alors l'île natale et allait en coloniser d'autres, tandis qu'à Rodrigues le problème posé est d'une autre nature : on a transporté sur cette île il y a deux à trois siècles une population africaine qui a gardé du continent ses habitudes natalistes, déterminant un taux de natalité supérieur à 40 ‰, proche du maximum biologique, faute d'un strict contrôle des naissances ; comme le taux de mortalité est peu à peu tombé à 7 ou 8 ‰, le taux de croissance de la population de Rodrigues se situe autour de 32 à 33 ‰ depuis plus de vingt ans.

A. SAUSSOL.- Le cas de l'île de Pâques est spécifique dans l'histoire de la Polynésie, en raison de son extrême isolement. La croissance démographique semble y avoir abouti à un surpeuplement ; le manque de terres et la difficulté d'organiser des migrations pourraient expliquer la disparition des arbres (attestée par des charbons) et les guerres (renversement des statues) qui ont précédé l'arrivée des Européens. Ceux-ci auraient trouvé une population résiduelle sur les vestiges d'une grandeur passée.

F. DOUMENGE.- Les fouilles effectuées par les chercheurs du British Museum démontrent effectivement qu'à l'arrivée des Européens, les Pascuans étaient en pleine évolution régressive : ils avaient épuisé le potentiel de leur cadre de vie ; ils se trouvèrent ainsi confrontés à la guerre, à la famine et aux épidémies. La surpopulation endémique aboutit en définitive à l'implosion de la société. Les Pascuans actuels sont essentiellement des migrants tahitiens venus récemment, lorsque l'île a été transformée en un vaste pâturage à moutons.

J. P. DOUMENGE.- En général les sociétés humaines ne connaissent pas l'irréversibilité catastrophique de l'évolution du monde animal et végétal, car il y a une réaction sociale. Les catastrophes à signaler proviennent toujours de l'inadaptation qu'ont les hommes venus d'un continent à s'adapter au milieu insulaire. Les insulaires sont fondamentalement des navigateurs ; les Gilbertiens, par exemple, naviguèrent pendant des siècles sur de grands cataramans, avec des jardinières à taros à bord, qui assuraient leur survie. Ils ont ensuite implanté les taros dans leurs nouvelles résidences. Il faudrait donc mieux prendre en compte les comportements des sociétés maritimes de vieille tradition pour éviter les erreurs d'aménagement constatées en milieu insulaire.

Résumé : L'insularité commence lorsqu'une île est totalement soumise à l'hydroclimat océanique. Elle est liée aussi à la nature du rivage et à l'importance de son développement. Lorsqu'une communauté insulaire ignore le potetiel d'ouverture sur l'extérieur de son littoral, alors elle dérive vers "l'insularisme". Cette notion peut se trouver fortifiée par l'isolement, lorsque celui-ci est synonyme d'appauvrissement des espèces et d'apparition de formes d'endémisme. L'espace océanique comporte en effet des discontinuités à l'échelle planétaire. Tout isolement a une double résonance biologique et géopolitique. La précarité bio-physique des îles demande en particulier qu'on ne les traite pas comme des milieux continentaux de faible taille ; toute catastrophe y a des effets irréversibles.

Mots-clés : Milieu insulaire, côte, isolement, biogéographie, Monde, zone intertropicale.

Summary : *Physical constraints specific to island environment.-* Insularity begins when an island is totally subject to the oceanic hydroclimate. It is also linked with the nature of the coast and the degree to which it has been developed. When an island community ignores the potential to open up beyond its coastal region, it drifts towards "insularism". This idea may then be reinforced by isolation, when this becomes synonymous with the degeneration of species and emergence of endemic forms of diseases. The ocean areas do indeed include elements of discontinuity in relation to the planet as a whole. All isolation has dual repercussions - biological and geopolitical. The precarious bio-physical nature of islands requires, in particular that we do not treat them as simply continental environments on a small scale ; a disaster here can have irreversible consequences.

Keywords : Island environment ; Coast ; Isolation ; Biogeography ; World ; Intertropical zone.

Le contact terre-mer

Falaise volcanique : île de Santo Antão (République du Cap-Vert)
(cliché G. Réaud-Thomas)

Atoll des Tuamotu
(cliché J.P. Doumenge)

AMÉNAGEMENTS TOURISTIQUES ET BOULEVERSEMENTS ÉCOLOGIQUES DANS LES PETITES ÎLES : L'EXEMPLE DE SAINT-MARTIN

par Yves MONNIER

Les aménagements touristiques récents, par leur dimension et par les moyens mis en oeuvre, risquent de supprimer les derniers paysages "sauvages" de certaines petites îles et de compromettre définitivement toute restructuration paysagère à partir de la flore indigène. Le cas de Saint-Martin (Antilles) est tout à fait exemplaire à cet égard. Le projet avorté de Port-Caraïbe et la mise en place du complexe de l'Anse Marcel nous donneront la mesure exacte de l'impact d'une grande implantation immobilière sur le paysage.

I.- LES PAYSAGES VÉGÉTAUX EN PLACE

L'extrême diversité des paysages végétaux des milieux insulaires soumis au climat alizéen s'explique d'abord par la singularité de ce climat. Elle résulte également des nuances nées du relief, de la géologie, de l'exposition, de la nature des sols. Elle traduit enfin l'effort de l'homme pour adapter ce milieu à ses besoins (défrichements, aménagements, introduction d'espèces...).

A - Les facteurs de différenciation

1 - Facteurs climatiques

L'Ile de Saint-Martin est soumise à un climat tropical alizéen à deux saisons, une saison pluvieuse réduite aux cinq derniers mois de l'année : août, septembre, octobre, novembre, décembre et une longue saison sèche de sept mois s'étirant normalement de janvier à juillet mais fréquemment interrompue par une période pluvieuse de un ou deux mois en avril et mai (ce fut le cas en

1981). Le partage de l'année en deux saisons essentielles d'inégale durée correspond à une réalité vécue, que le Saint-Martinois exprime en réduisant les situations climatiques à deux types extrêmes, l'Hivernage et le Carême. Toutefois, il n'y a pas dans ces milieux insulaires de "climat moyen". Il y a des années sèches, et des années pluvieuses. Il y a des années où l'île est jaune et des années où l'île est verte (fig.1). Cette variabilité interannuelle se double d'une variabilité spatiale ; ainsi, en 1972, il est tombé 1 596 mm de pluie à Marigot et seulement 656 mm à Orléans, soit moins de la moitié. Enfin, si la dimension réduite de l'île atténue l'opposition entre versant "au vent" (versant atlantique) et versant "sous le vent" (versant caraïbe), il n'en reste pas moins vrai que le littoral oriental de l'île, largement ouvert aux influences alizéennes, est en permanence agréablement venté. Par ailleurs, si la dimension trop réduite ne permet pas d'engendrer des effets de foehn bien marqués, la disposition des

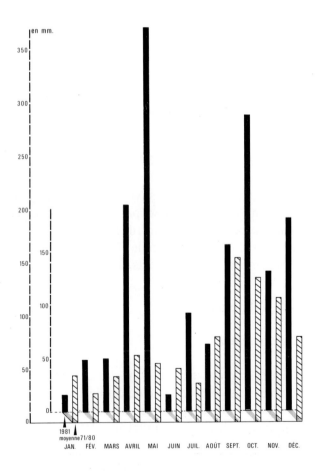

Figure 1.-   Pluviométrie comparée (1981/1971-1980) à la station Quartier d'Orléans.

reliefs et l'orientation nord-sud des lignes de crête renforcent le mécanisme des pluies orographiques et accentuent encore le caractère aride des zones d'abri du versant occidental.

2 - Facteurs édaphiques

La différence entre sols d'origine volcanique et sols d'origine calcaire se traduit par une différence de végétation. Les sols profonds de bas de pente sont susceptibles de porter une riche végétation. L'existence de secteurs en voie de comblement dans lesquels s'accumulent d'importantes masses de matières organiques terrigènes, colmatant progressivement les lagunes piégées à l'arrière d'un cordon littoral, a permis l'installation d'une mangrove. Le bord de mer, soumis aux embruns et au recouvrement des vagues, constitue un monde bien à part.

3 - Facteurs anthropiques

Saint-Martin a longtemps été une île vouée à l'agriculture. Canne à sucre, coton, indigo ont occupé de vastes espaces sur les meilleures terres ; ailleurs se disséminaient les jardins caraïbes destinés à assurer l'alimentation quotidienne des habitants. Et dans les rares secteurs non cultivés, les hommes pratiquaient une intense activité de cueillette et les troupeaux plus ou moins divaguant essayaient de trouver leur nourriture. On comprend alors que le terme de végétation naturelle soit quelque peu abusif. La végétation actuelle n'est qu'une végétation secondaire (fig. 2). Depuis le dernier grand cycle agricole, un siècle environ, et la déprise qui l'a suivi, un équilibre semblait s'établir entre l'homme et le milieu. Le tourisme et la nécessité de créer des structures d'accueil entraînent de nouveaux bouleversements dans le paysage.

B - L'étagement des paysages végétaux

L'étude d'impact réalisée dans le cadre du projet Port-Caraïbe (fig. 3) nous a conduit à étudier la végétation sur le versant ouest de l'île, de la baie Orientale à la Montagne de France (402 m.). Schématiquement, on reconnaît cinq types de paysages végétaux : la végétation littorale, le fourré à cactus, la forêt xérophile à gommiers, une zone de pâturage et de friche, la forêt mésophile.

1 - La végétation littorale (fig. 4)

La végétation littorale en bandes parallèles au rivage traduit la nature hétérogène du substrat, et explique, en partie, la genèse de cette fraction de

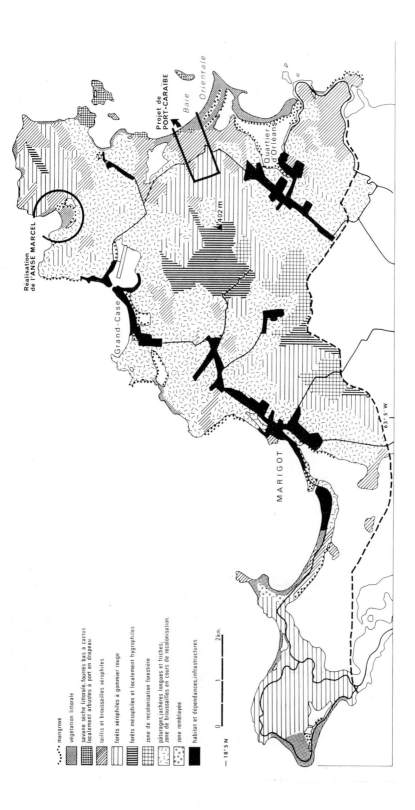

Figure 2.- Végétation et occupation du sol.

l'espace. Ce vaste triangle est une juxtaposition de cordons littoraux à faible courbure qui s'articulent autour d'un pivot : le rocher de Jacob Hodge. Chacun de ces cordons correspond à un dépôt sableux, le plus récent et le moins consolidé étant le plus proche de la mer. Chaque "creux" intercordon à joué le rôle de piège à eau, et à pu donner naissance à une lagune plus ou moins allongée, s'élargissant au fur et à mesure que l'on s'éloigne du rocher, là où l'éventail des cordons a tendance à s'ouvrir. La plus vaste de ces lagunes isole le continent du premier cordon ; devenue saline en voie d'assèchement, la lentille centrale abiotique est entourée d'une auréole de mangrove. Cette saline, aujourd'hui totalement isolée (construction de la route menant à la plage naturiste) peut toutefois se remplir à partir de l'embouchure de la ravine, lors des trombes d'eau qui accompagnent le passage des cyclones ou par l'invasion d'eau de mer lors des grandes marées. Le premier cordon bordant la mangrove, le plus ancien, est un matériau sableux en voie de grésification ; cette lithologie particulière explique le peuplement homogène d'acacias, arbres robustes et peu exigeants en eau.

De la piste à la mer, selon le transect G-H, de la figure n° 4, nous rencontrons les paysages suivants :

- la piste tracée au pied du "morne" s'ouvre dans une végétation dense, épineuse et composite. On y trouve des feuillus et des cactus. C'est une végétation difficilement pénétrable que l'on décrira plus loin. C'est le fourré à cactus ;

- la végétation lagunaire est organisée en bandes parallèles. Autour de la saline piquetée de bois mort, la mangrove à *Avicennia* et *Rhizophora* constitue deux rubans d'une quinzaine de mètres de large chacun qui sans transition cèdent la place à du pourpier puis à des touffes de graminées et de cypéracées dominées par quelques buissons épineux ;

- à la mangrove, succède un peuplement homogène d'acacias ; c'est un taillis d'arbustes multicaules de 2,5 à 3 mètres de hauteur. Le sol (sable blanc) est totalement nu ;

- puis apparaît un peuplement de mancenilliers (*Hippomane mancinella*) d'abord homogène puis mêlé à différentes espèces : mapou (*Pisonia subcordata*) et surtout gaïac (*Guaiacum officinale*), arbres rares car dangereusement surexploités par le passé (pharmacopée, bois de feu et surtout charbon de bois et ébénisterie). Ici, le sous-bois est localement encombré de tiges rampantes d'épineux (graine d'amourette) et de nombreux *Abrus precatorius* (graine l'église) aux gousses pleines de petites graines rouges à oeil noir ;

- la fermeture complète de la végétation littorale est assurée par le Raisin-bord-de-mer (*Coccoloba uvifera*) aux longues branches torturées dessinant des arceaux d'où jaillissent parfois les pointes acérées des *Yucca aloifolia* (Spanish bayonet) ;

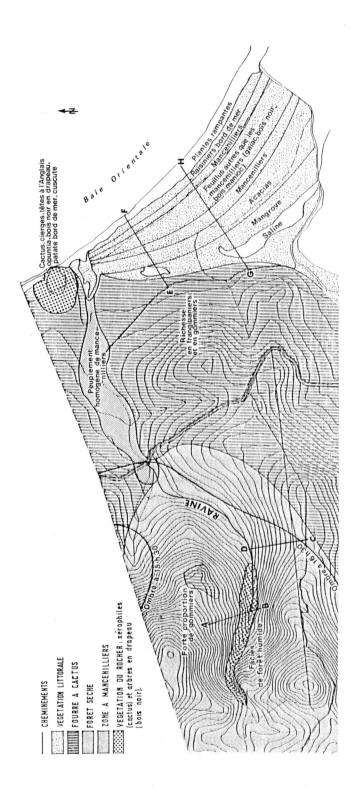

Figure 3.- Etagement des paysages à l'emplacement de Port-Caraïbe.

- la plage souvent striée des longues tiges rampantes de *Ipomoea pes-capreae* associé fréquemment à *Canavalia maritima* (Pois-bord-de-mer) se couvre localement de *Sesuvium portulacastrum* (Pourpier-bord-de-mer) aux belles fleurs roses et aux feuilles charnues mais se hérisse parfois de *Sporobolus virginicus*. Quelques hauts bouquets d'Amarante-bord-de-mer (*Philoxerus vermicularis*) aux couleurs argentées opposent aux précédentes leur structure verticale.

Cette végétation littorale n'a jamais présenté de grand intérêt pour les insulaires. Pourtant, les acacias ont joué et jouent encore dans une faible mesure le rôle de bois de feu. Seuls les gaïacs étaient hautement recherchés. Quant aux yuccas, ils auraient pu être plantés afin de constituer des systèmes défensifs naturels en cas d'invasion.

2 - Le fourré à cactus

La partie basse du morne est couverte d'une végétation nettement xérophytique où l'on reconnaît le bois noir (*Capparis cynophallophora*), le millefeuille (*Zanthoxylum spinifex*), le cactus cierge (*Cephalocereus*), le cerisier pays (*Malpighia punicifolia*), le frangipanier blanc (*Plumieria alba*), le bois Campêche (*Haematoxylon campechianum*) ; le poirier-pays (*Tabebuia pentaphylla*) aux fleurs mauves, le mapou (*Pisonia subcordata*) et le tamarin dépassent nettement les précédents par leurs dimensions. C'est une végétation difficilement pénétrable où les tiges épineuses lianescentes forment de véritables barrières. Aujourd'hui, ce fourré à cactus est fréquenté par les trop nombreux chasseurs de l'île qui parcourent inlassablement les quelques petites pistes aux fonctions mal définies. On y rencontre également les amateurs de cerises-pays qui n'hésitent pas à se donner beaucoup de mal pour faire leur confiture et parfumer leur punch.

3 - La forêt sèche à gommiers (fig. 5)

Cette formation purement forestière, riche d'individus de 10 à 15 mètres de haut, n'exclut pas l'existence de plages à allure de fourré. Les croupes sont occupées par une belle végétation arborée avec gommiers, tamarins et acacias. Le sous-bois est souvent encombré d'une végétation de type xérophile, très fermée. La présence d'épineux et de cactus cierge accroît la difficulté de pénétration due à la densité des tiges. Le fond de la vallée et les bas versants portent des arbres de belle venue notamment des gommiers. Ici, le sous-bois clair est couvert de feuilles mortes ; mais les nombreuses plantules aux feuilles crassulescentes et vernissées et au limbe acuminé, les larges feuilles décimétriques et longuement pétiolées type "palette de peintre" et les longues lianes

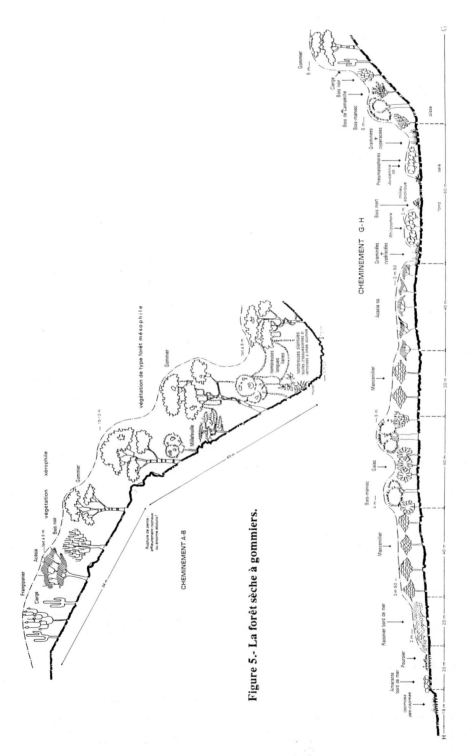

Figure 4.- La végétation littorale.

Figure 5.- La forêt sèche à gommiers.

tissant un véritable filet entre les fûts, évoquent un sous-bois de forêt mésophile. La présence de murettes et de vestiges de banquettes de culture témoigne d'une ancienne mais importante occupation humaine.

4 - La zone de pâturage

Le replat du niveau 140-160 mètres est occupé par une prairie entretenue par le feu et la coupe. Cette "savane" ouverte par l'éleveur a été enrichie en *Panicum purpurascens* et herbe de Guinée. La première parce qu'elle est bien appétée, la seconde parce qu'elle résiste bien à la sécheresse et qu'elle se reproduit spontanément. Ce replat était occupé depuis fort longtemps comme l'atteste la présence de ruines. Les zones de friches d'ancienneté diverse entourant le secteur ont pu être jardins, abris ombreux pour les animaux ou plus simplement des tentatives d'extension du pâturage.

5 - La forêt mésophile

Au-delà du niveau 240, la pente s'accentue. La végétation ligneuse réoccupe l'espace, mais les marques de coupes récentes sont bien visibles dans le paysage. Des jachères d'âges différents forment autant de taches juxtaposées sur le versant. Cependant, le tapis végétal s'uniformise progressivement et on passe à une belle végétation de type mésophile en atteignant le sommet du morne.

II.- L'AMÉNAGEMENT TOURISTIQUE ET SES CONSÉQUENCES SUR LA VÉGÉTATION

A - Le cas de Port-Caraïbe

Sur 100 hectares et sur une profondeur de 1 km, le projet Port-Caraïbe devait modifier radicalement le paysage décrit précédemment.

Sur les **cordons littoraux** était prévue l'implantation de deux grands hôtels (5 000 m² d'emprise au sol pour chacun), et de deux zones commerciales et résidentielles (18 000 m² d'emprise au sol au total) autour de la zone portuaire prévue pour 250 anneaux. Une zone d'activités techniques en limite de terrain adossée au rocher de Jacob Hodge devait regrouper les diverses activités nécessaires au fonctionnement du complexe : bureaux, usines de traitement des eaux, d'incinération des ordures, de dessalement, ateliers de maintenance et de réparation des bateaux, etc... Le reste du cordon était occupé par des dessertes routières, une place prestigieuse, aboutissement d'un mail Est-Ouest, des parcs, et surtout, une partie du terrain de golf qui constituait l'une des pièces maîtresses de ce projet. De l'éventail naturel de verdure, il ne subsistait rien.

L'artificialisation intégrale du paysage faisait disparaître à la fois l'harmonie des formes, l'élégance des courbes et l'un des plus beaux refuges d'espèces végétales (gaïac notamment) et animales.

Naturellement, le promoteur comme les différents aménageurs désiraient recréer un nouvel espace de beauté et d'harmonie où l'arbre aurait sa place. Mais d'arbres, on ne verrait que cocotiers, filaos, flamboyants et amandiers-pays *(Terminalia catappa)*. Peut-être sauverait-on un gaïac du désastre. Hélas, on ne sauve pas une population en sauvant un individu, on retarde seulement sa disparition. Il est juste de reconnaître cependant que les promoteurs de Port-Caraïbe s'étaient préoccupés de ces problèmes d'environnement et qu'ils étaient conscients du caractère fragile de ces milieux. D'autres ont eu moins de scrupules.

La création du Club Orient à la pointe Sud de la baie Orientale constitue la démonstration la plus exemplaire de la dégradation d'un site par une implantation touristique littéralement irrévérencieuse. Sous prétexte de simplicité aucun aménagement paysager n'a été réalisé voire même envisagé. Sur la zone défrichée, des chalets de modèle finlandais (!) en bois de pin, évoquent plus un stalag qu'un village de vacances. De la végétation originelle, il ne reste que quelques buissons ; tout a été impitoyablement saccagé ; aujourd'hui une vague friche à épineux et à *Sporobolus* recouvre d'un pauvre habit râpé la grande tache rectangulaire occupée par le Club. Mais la désertification progresse à partir des sentiers pédestres et des multiples empreintes laissées par les voitures tout terrain. Une réhabilitation du site s'impose avant que l'irréparable ne soit accompli. Il y va de l'image de la partie française de St-Martin.

Le **morne** que traverse l'axe routier actuel au niveau 40 mètres devait être également artificialisé. A l'est de la route, deux zones résidentielles avaient été prévues. Les bâtiments d'une hauteur de 6 mètres -maisons particulières, habitations jumelées, petits collectifs- devaient s'aligner le long des courbes de niveau ; entre chaque groupe d'habitations, couraient des jardins en terrasses. Un hôtel de 5 000 m² d'emprise au sol complétait le dispositif mis en place sur le littoral. A l'ouest de la Nationale 7, deux grands lotissements de maisons individuelles de 3 mètres de hauteur couvraient une surface de 112 500 m² en tenant compte des jardins en terrasses, circulant entre les habitations. Le reste de l'espace devait être réservé aux pelouses du golf excepté quelques îlots non traités ; ces taches de végétation naturelle s'élargissaient de plus en plus au fur et à mesure qu'on s'éloignait des zones habitées : à proximité des lotissements, couvert naturel et couvert artificialisé s'interpénétraient étroitement ; au-delà des lotissements la marque de l'aménageur s'effaçait progressivement. Ainsi de la végétation du morne, ne subsistaient que quelques plages intactes souvent enclavées à l'intérieur des vastes zones engazonnées du golf. La zone des lotissements marquait une sorte de limite au-delà de laquelle la végétation naturelle retrouvait son identité.

Phot.1.- Port-Caraïbe : vue générale du site.
Les cordons sont articulés sur Jacob Hodge. Au 1er plan, le Club Orient ou le "stalag" dans les îles. Au 2ème plan, l'éventail des cordons et leur peuplement végétal spécifique.   (cliché Y. Monnier)

La zone de **forêt sèche** devenait une sorte de réserve foncière. Protégé, cet espace devait être cependant humanisé ; des pistes cavalières et des sentiers piétonniers remontaient le long du versant, des parcours sportifs avec obstacles devaient retarder le moment où les buveurs de coca-cola finissent par ressembler à des sumotori ; huit courts de tennis se dissimulaient dans une clairière et un petit amphithéâtre naturel devait être aménagé pour devenir un lieu de rencontres musicales. Toutes ces interventions auraient tôt fait de transformer la forêt en parc.

Ainsi, comme une pièce de tissu mal assorti, rapportée sur un vêtement, Port-Caraïbe avec ses gazons et ses bosquets bien sages se serait inscrit à l'intérieur d'un cadre géométrique sur un versant tout en douceur et tout en fantaisie. Une telle discontinuité est dommageable à l'harmonie générale du paysage insulaire même, et nous serions tenté d'écrire surtout, si le traitement des 100 hectares a été réalisé avec goût et discrétion (fig. 6) Toutefois, c'est la disparition de la végétation littorale, qui aurait constitué l'aspect le plus négatif de ce projet, en raison de sa spécificité et de son originalité.

B - L'Anse Marcel

A la pointe nord de l'île, le complexe touristique de l'Anse Marcel s'est installé dans un site exceptionnel ; dans une profonde échancrure de la côte, au fond d'une baie superbe dominée par un amphithéâtre de collines, sur une large

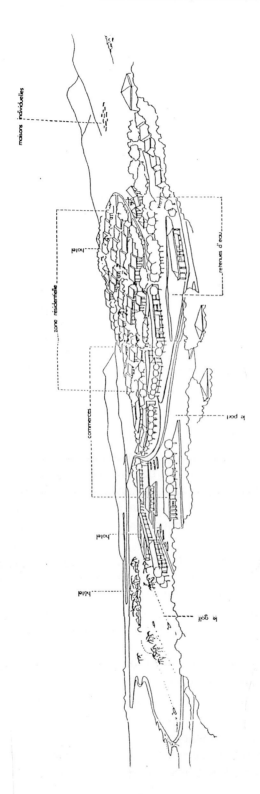

Figure 6.- Projet Port-Caraïbe : croquis d'ensemble.

pastille de remblaiement en forme de demi-lune, le promoteur a choisi d'implanter dans des conditions techniques parfois contraignantes le nouvel ensemble immobilier (fig. 7).

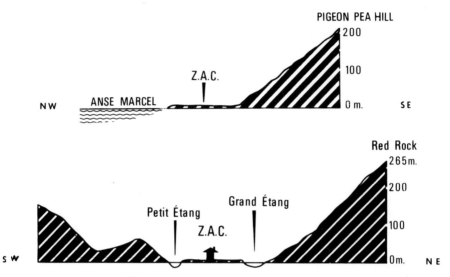

Figure 7 a, b.- Coupes de l'Anse Marcel

La plate-forme de construction largement ouverte sur la mer ne se raccorde pas à l'amphithéâtre montagneux ; une lagune en anneau doublement élargie en étangs au fond de la baie fossile court au pied des collines (fig. 8). Cette lagune piégée joue le rôle de fossé de drainage et de système d'évacuation des eaux de ruissellement durant l'hivernage. L'effet de chasse après remplissage des deux étangs suffit à rompre les barrages qui se constituent parfois au débouché des canaux latéraux. Un tel dispositif se prêtait magnifiquement à l'aménagement, même si cette apparente simplicité recelait quelques vices cachés sous l'impassible mangrove. Le cadre naturel commande l'organisation spatiale du complexe ; rade foraine, plage, zone résidentielle, port et annexes, habitat dispersé sur versant, structureront l'espace selon des niveaux emboîtés, harmonieusement échelonnés de la mer au sommet des collines. Seules les voies d'accès desservant ces différents niveaux échappent en partie à cette disposition horizontale.

Les ensembles végétaux coïncident parfaitement avec les différents éléments constitutifs du cadre naturel   :

- entre la mer et la terre s'étire une barrière continue de *Coccoloba uvifera*, mancenilliers, amandiers-pays tout au long d'une plage striée de *Ipomoea pes-capreae* et de pourpier- bord-de-mer ;

- un taillis uniforme et monotone d'épineux avec quelques tamarins, gommiers, poiriers-pays dépassant le moutonnement végétal ;

- un ourlet de *Conocarpus erecta* et de *Rhizophora mangle* en bordure de la lagune ;

- une formation mixte sur les versants des collines où se côtoient fourré à cactus, forêt sèche en reconstitution, friche confuse et difficile à pénétrer, zone défrichée convertie en pâturage. Toute la végétation de l'amphithéâtre n'est qu'une végétation secondaire et seuls quelques tamarins échappent à la coupe régulière.

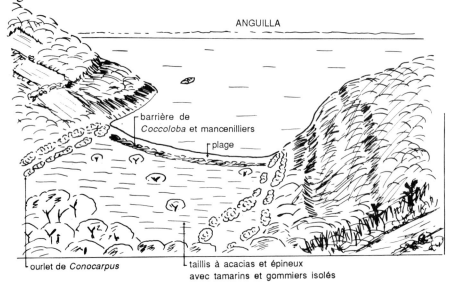

Figure 8.-   Le site de l'Anse Marcel.

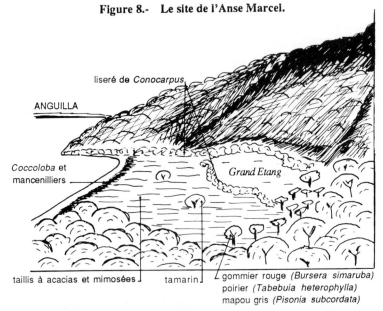

Figure 9.-   L'Anse Marcel : le Grand Etang.

L'Anse Marcel aujourd'hui inhabitée a été abandonnée par les saint-martinois depuis peu si l'on en juge par l'état de la case qui domine l'éperon ouest de la baie. La réoccupation de cet espace et la nouvelle vocation de l'Anse Marcel vont avoir d'énormes conséquences sur le paysage. L'opération débute en 1981. Après l'ouverture coûteuse en 1982-83 d'une voie d'accès au chantier Cul-de-Sac - Anse Marcel, les travaux de défrichement et d'aménagement de la lagune vont être menés en parallèle. En 1984, les premiers bâtiments sortent de terre, en 1985 les hautes grues ont pris place sur le chantier. En décembre 1986, 253 logements dont 52 bungalows seront inaugurés. Les tranches 2 et 3 seront livrées ultérieurement. De la végétation initiale de la zone plane ne subsistent que quelques arbustes de la plage, amandiers-pays, raisin-bord-de-mer, acacias, poiriers-pays. En arrière de ce rideau mince et discontinu seuls quelques tamarins et gommiers ont été épargnés. Quelques gommiers et mapous se sont maintenus -mais pour combien de temps ?- au pied du talus.

*   *

*

Il est naturellement trop tôt pour mesurer toutes les conséquences des aménagements touristiques en cours d'exécution sur la petite île de Saint-Martin. L'Anse Marcel est loin d'être achevée ; Port-Caraïbe n'a pu voir le jour mais un tel site ne pourra rester longtemps inutilisé d'une part parce qu'il est convoité par de nombreux promoteurs, d'autre part parce que l'espace disponible est limité. L'espace utile est l'espace littoral et l'espace littoral est d'autant plus valorisé qu'il présente une plage. Or, la plage de la baie orientale est sans doute une des plus belles plages de l'île. Il serait étonnant que pour des raisons de foncier mal maîtrisé, ce domaine reste en marge de la frénésie immobilière qui agite l'île.

Une des conséquences de l'aménagement touristique en périphérie de l'île est l'artificialisation de l'interface mer - terre. La mise en place de complexes de loisirs en bordure de mer entraînera la disparition de certaines formations végétales bien conservées jusque-là, notamment la mangrove. Très limitée en superficie, la mangrove de Saint-Martin est aujourd'hui une peau de chagrin. S'il est vrai que cette mangrove n'a rien de comparable à celle de la Guadeloupe ou de Martinique, sa présence apportait un élément de variété dans l'île. Aujourd'hui, on l'évacue sans ménagement : le comblement du Doigt-de-Gant à Marigot achevé en 1969, l'agrandissement de l'aéroport de Grand-Case en 1980, l'installation du Club Orient, la création de l'Anse Marcel entraînent l'élimination d'une partie de ces milieux originaux.

Ces interventions, certes trop brutales à notre goût, ont toutefois des conséquences limitées. Si la contraction de l'écosystème est un fait regrettable et dont l'impact écologique est loin d'être négligeable -les mangroves isolées de l'Anse Marcel et de la baie Orientale jouent le rôle de biotope contemporain pour certains oiseaux migrateurs- c'est surtout en terme de paysage que cette contraction de la mangrove doit être mesurée. Dans cette optique, l'appauvrissement de l'île est incontestable et la banalisation du décor irréversible. Les seules formations végétales encore intactes le long du littoral sont progressivement anéanties. La douce géométrie des cordons littoraux sera un jour ou l'autre ensevelie sous le béton froid ou la pelouse entretenue à grand frais. Les voûtes naturelles des raisins-bord-de-mer, les pointes acérées des yuccas, les senteurs délicates mais trompeuses des mancenilliers et l'habit d'arlequin du gaïac disparaîtront pour faire place à l'association propre et médiocre du cocotier et du filao.

Il n'est pas dans notre intention de retarder ou de gêner l'effort d'aménagement touristique de ces petits milieux insulaires qui doivent au contraire saisir l'opportunité de cet "héliotropisme" actuel. Toutefois ces aménagements doivent être écologiquement bien adaptés et esthétiquement bien intégrés. La recherche de ce double objectif passe fréquemment par une réponse unique ; le complexe de loisirs doit se couler dans le paysage actuel et non servir de prétexte à une re-création de décor qui n'est hélas qu'une fade image de carte postale.

Il convient toutefois de faire la part des choses. Certaines espèces végétales sont dangereuses et doivent être extirpées par mesure de sécurité ; un milieu qui doit recevoir des milliers d'individus doit être traité en fonction de cette fréquentation de masse. Dans cette prespective, aménager ou protéger, transformer ou conserver le paysage sont de toute façon des mesures autoritaires qui exigent surveillance. Le tourisme a pris une telle ampleur, le nombre de voyageurs en quête d'originalité ou simplement de tranquillité est tel que les paysages oubliés sont aujourd'hui exceptionnellement rares et une île de la dimension de celle de Saint-Martin n'est en fait qu'une grande aire de promenade parcourue en tout sens et tout au long de l'année. Parler ici de milieu naturel est un abus de langage.

Avant que Nature meure, la création d'un petit parc régional, conservatoire des espèces menacées et musée des paysages, constituerait une décision sage qui ne pourrait que valoriser les ressources touristiques de la petite île.

DÉBATS

SINGARAVÉLOU.- Y a t-il une différence de comportement entre la partie néerlandaise et la partie française de l'île St-Martin quant au respect de l'équilibre écologique du milieu insulaire au travers des aménagements touristiques ?

Y. MONNIER.- En zone française, l'Administration freine les implantations pour essayer de sauver les sites ; les procédures légales sont extrêmement longues. Du côté hollandais, la recherche du profit est maximale, les autorisations de construire sont donc très rapidement accordées ; on rase tout ; puis on construit.

F. DOUMENGE.- Le projet de Port-Caraïbe a échoué à St-Martin car on a voulu transposer dans une île tropicale les moyens et les méthodes d'aménagement de la Côte d'Azur (marina, golf, etc...) mais les aménageurs ont été déroutés par la mangrove et la vase et ont alors abandonné le projet. Si le périmètre de l'Anse Marcel avait comporté plus de vase, son aménagement aurait également été ajourné. Les caractéristiques du milieu tropical insulaire et le centralisme bureaucratique métropolitain ont dans un sens facilité la sauvegarde de la partie française de l'île ; au contraire, les Hollandais, qui pratiquent le libéralisme administrativo-économique et emploient en matière d'aménagement des méthodes américaines mises au point en Floride ou au Texas, vont très vite dans la réalisation des projets ; mais ce faisant ils ont transformé de manière irréversible leur partie d'île en un semi-désert.

J. MENAUGE.- A quelle date les deux projets touristiques de Saint-Martin ont-ils été lancés et pourquoi l'un a échoué et l'autre a réussi ?

Y. MONNIER.- Le projet de Port-Caraïbe a été lancé vers 1979-80. Comme l'a dit F. DOUMENGE l'échec tient au fait que le promoteur a voulu transposer dans une île des aménagements réalisés précédemment sur la Côte d'Azur ; de plus, il n'avait pas la maîtrise du foncier, ce qui est un handicap majeur pour un promoteur. Le projet de l'Anse Marcel a débuté dans les années 80 ; en 1986 les premiers hôtels sortent de terre. Ce décalage tient tout à la fois à la longueur des procédures administratives, aux difficultés rencontrées dans la maîtrise du foncier, aux problèmes techniques liés à la construction d'une voie d'accès à l'Anse Marcel (type route de montagne), enfin à la maîtrise de la mangrove. Ces difficultés ont considérablement majoré les coûts de l'opération. Celle-ci a même failli être abandonnée. Il a fallu attendre l'intervention des "Mutuelles de France", après sollicitation gouvernementale, pour que le projet de l'Anse Marcel devienne réalité.

K. ROTHE.- Vous avez parlé de "banalisation" du processus de catastrophe. Mais qui subit cette catastrophe : le cadre naturel, la faune ou des groupes humains particuliers ? A Saint-Martin, ce n'est en définitive qu'une élite qui a la possibilité de profiter de la Nature tropicale "aménagée".

Y. MONNIER.- A Saint-Martin comme ailleurs, l'homme est condamné à occuper de manière plus ou moins intensive l'espace terrestre et à le massacrer. Dès lors il faut essayer de "limiter les dégâts" en constituant par exemple des zones "réservées" ne serait-ce que pour conserver un potentiel génétique à l'endroit en voie d'aménagement.

P. USSELMANN.- Avec l'existence de Juliana Airport, Saint-Martin est à présent accessible aux plus gros porteurs. Sa fréquentation touristique ne fera que croître.

Y. MONNIER.- L'île de Saint-Martin est totalement "ouverte" ; elle est donc condamnée à devenir une zone de tourisme à haute densité, ce qui ne signifie pas que je condamne l'essor du tourisme dans les îles tropicales : il faut que ces îles profitent de l'opportunité économique actuelle, mais en préservant si possible l'"essentiel" au plan écologique.

F. DOUMENGE.- Si les usines de dessalement d'eau de mer s'arrêtaient à Saint-Martin, pour une raison technique ou financière, il faudrait obligatoirement évacuer toute l'île car il n'y aurait plus d'eau potable. Comme le disait Guy LASSERRE, on est pris dans un processus irréversible. Actuellement, les résidents de Saint-Martin sont à la merci d'une simple panne de courant. Ce type d'incident s'est déjà produit à Saint-Barthélemy, l'ensemble des groupes électrogènes ayant "lâché" le même jour ; or, sans électricité, on ne produit plus d'eau et on ne peut plus assurer le fonctionnement des frigidaires, des congélateurs ou des climatiseurs, devenus indispensables au séjour des touristes. Ainsi le moindre incident technique peut avoir des effets catastrophiques. La logique du système peut aussi révéler des aspects aberrants : si le projet de Port-Caraïbe avait marché, il aurait fallu doubler la capacité de dessalement d'eau de Saint-Martin, non pas tellement pour faire face à l'accroissement des besoins des gens, mais pour l'entretien du golf, dont la présence était jugée indispensable par la clientèle américaine susceptible d'acheter des bungalows.

On arrive à une telle artificialisation en matière d'aménagement insulaire qu'on risque à terme de reproduire les fâcheuses tendances des plates-formes pétrolières : si elles ne flottent pas, elles disparaissent.

J. BENOIST.- En définitive, les îles les plus "aménagées" ne préfigurent-elles pas les futures cités cosmiques ?

Résumé : Les aménagements touristiques récents, par leur dimension et par les moyens mis en oeuvre, risquent de supprimer les derniers paysages "sauvages" de certaines petites îles et de compromettre définitivement toute restructuration paysagère à partir de la flore indigène. Le cas de Saint-Martin (Antilles) est tout à fait exemplaire à cet égard. Le projet avorté de Port-Caraïbe et la mise en place du complexe de l'Anse Marcel nous donneront la mesure exacte de l'impact d'une grande implantation immobilière sur le paysage. Aujourd'hui le fait majeur est l'artificialisation de l'interface Terre/Mer ; c'est précisément un des rares points de l'île qui avaient conservé leur couvert naturel.

Mots-clés : Milieu insulaire, aménagement touristique, littoral, végétation, environnement, Guadeloupe et dépendances, Saint-Martin île.

Summary : *Tourist development and ecological upheaval in the small islands : the example of Saint-Martin.-* The lengths gone to, in developing tourism, are placing at risk the last of the "wild" landscapes of certain small islands, and are jeopardizing for good any restructuring of the native flora. Saint Martin in the West Indies, is a perfect example. The failure of the project "Port- Caraïbe" and the construction of the complex "Anse Marcel" show to what extent this construction programme is being carried out and the impact it has on the local countryside. Today, the major concern is the rendering artificial of the link Land/Sea : which is precisely what has kept the natural vegetation of the island.

Keywords : Island environment ; Tourist complex ; Coast ; Vegetation ; Environment ; Guadeloupe and its dependencies ; the Island of Saint Martin.

Chapitre II

Approche historique, sociologique et anthropologique des sociétés insulaires

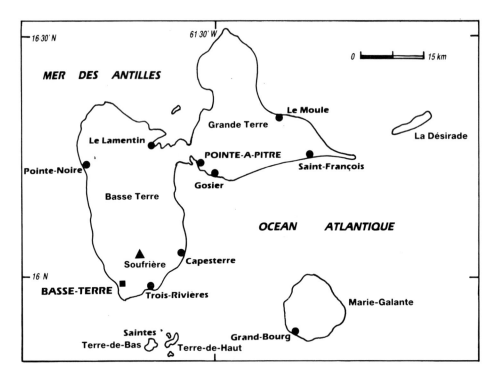

L'archipel guadeloupéen

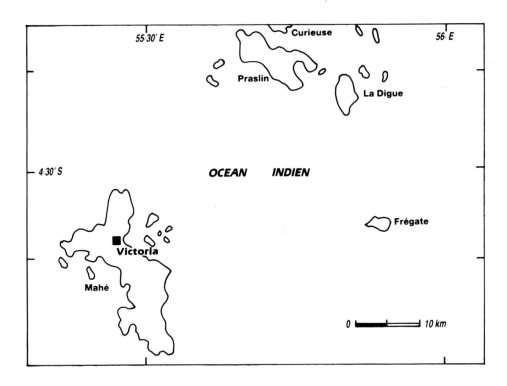

Principales îles granitiques des Seychelles

L'INSULARITÉ COMME DIMENSION
DU FAIT SOCIAL

par Jean BENOIST

Il est si courant d'entendre invoquer "l'insularité" comme explication de diverses caractéristiques de sociétés situées dans des îles, que l'on a tendance à penser tenir effectivement là une dimension significative de ces sociétés. Mais, à y regarder de plus près, il convient de s'interroger et de préciser le sens et les limites de cette forme d'explication.

L'insularité combine, au moins de façon implicite, deux axes indépendants dont la liaison est sous-entendue : l'**isolement** et la **petite dimension.** C'est de toute façon en associant l'un et l'autre que l'anthropologue est amené à prendre en considération l'objet singulier que sont les îles. Il y trouve les conditions d'unité de lieu qui lui sont nécessaires. Bien des travaux parmi ceux qui lui ont apporté des résultats fondamentaux ont été accomplis dans des îles. Tous, comme ceux de Malinovski aux Trobriand, de Firth à Tikopia, de Boissevain à Malte ou d'Ottino à Rangiroa font sentir l'importance de l'insularité dans la vie des peuples qu'ils abordent. Et cependant le fondement de cette importance y reste imprécis.

Les biologistes des populations humaines ont poussé plus avant leur réflexion sur le modèle de l'île. Toute la dynamique évolutive est en effet régie par le jeu de la dimension de la population avec les flux d'entrée qu'elle reçoit. Placé à un extrême, où la petite dimension se combine à un grand isolement, le modèle insulaire offre au théoricien et à l'observateur les conditions optimales de mise en évidence des faits de dérive génétique qui permettent une différenciation rapide des populations. En ce sens, l'isolat est leur véritable objet, plus que l'île elle-même. Et ce n'est que dans la mesure où l'île est un isolat, qu'elle prend sur ce plan une quelconque signification. Et il en va de même, en première analyse, quant au fonctionnement social.

En effet, pour la plupart, les structures de la société n'ont aucune coïncidence avec l'espace insulaire, soit qu'elles le dépassent soit qu'elles le cloisonnent ; et il n'est pas besoin non plus de chercher dans des espaces insulaires pour trouver des sociétés de petite dimension : le niveau technique, l'adaptation écologique et le maintien de barrières culturelles sont bien plus pertinents que le support spatial dans la régulation des dimensions d'une société. Où se situe donc l'incidence significative de l'insularité, s'il en existe une ? Pour répondre, nous devons procéder par étapes, en analysant séparément divers aspects de la question, avant de voir comment ils se combinent dans la réalité.

I.- ISOLEMENT INSULAIRE ET BARRIÈRES SOCIOLOGIQUES

Parmi les barrières qui découpent le tissu de l'humanité en sous-ensembles plus ou moins reliés entre eux, la **barrière insulaire,** si évidente soit-elle, ne possède pas en elle-même de traits qui lui conféreraient une spécificité. Prenons pour point de départ le niveau le plus directement biologique, celui qui concerne les populations humaines comme populations biologiques, se reproduisant, et recevant de l'extérieur des apports qui s'intègrent plus ou moins vite à elles. Entre ces populations, divers mécanismes d'isolement construisent des "barrières génétiques" inégalement franchissables. La barrière géographique que représente la côte de l'île n'est que l'un des nombreux mécanismes possibles d'isolement. Pour la comprendre et la situer à sa juste place, il faut la réinsérer dans l'ensemble des autres barrières génétiques.

Certaines barrières sont subies par la population, sans intervention directe d'un processus social : **barrières géographiques** (mers, cours d'eau, chaînes de montagne) et **écologiques** (déserts, zones glaciales, zones à forte endémie parasitaire). Toutes opèrent apparemment d'une façon analogue aux facteurs d'isolement qui cloisonnent les populations animales et végétales. En réalité, elles dépendent surtout du niveau technologique des sociétés et tout changement de celui-ci les érode.

A ces barrières passives, issues du milieu naturel, s'opposent ou s'additionnent des **barrières actives** directement enracinées dans la vie des groupes sociaux. Là, les barrières expriment la discontinuité de l'organisation sociale ou de la culture et structurent les relations entre groupes en encerclant de façon plus ou moins marquée des sous-ensembles homogènes. Ces barrières peuvent avoir une source interne, en étant maintenues par le groupe qu'elles isolent, lequel veille à ce qu'elles filtrent les intrusions extérieures. Leur source peut aussi être externe, le groupe isolé l'étant par une discrimination active de la part de ceux qui l'entourent. Ces barrières actives n'impliquent pas une séparation spatiale, mais seulement une discontinuité dans les communications (génétiques, sociologiques, linguistiques, religieuses, etc...) entre des groupes qui peuvent être étroitement mêlés dans un même espace. Or elles sont paradoxalement plus efficaces, moins franchissables, que les barrières qui séparent entre elles des populations insulaires, ce qui, d'emblée nous montre combien le fait géographique d'insularité ne doit être interprété qu'avec prudence.

Il en va de même en ce qui concerne la **dynamique de l'isolement.** Les barrières entre groupes humains ne sont jamais absolues et une certaine perméabilité permet toujours leur franchissement (cf. Barth, 1969). Les barrières actives, à support sociologique, répondent de façon bien plus nuancée aux fluctuations historiques des rapports sociaux que les barrières passives, appuyées sur des obstacles naturels. Certaines peuvent se maintenir à travers de très longues périodes de l'histoire, malgré les mouvements de peuples. Le cas des Samaritains ou des sectes immigrées de l'Europe centrale aux Etats-Unis est éloquent : plongés au sein de vastes territoires densément peuplés, ces groupes (Amish, Dunker) ont fermement maintenu leur isolement ; leur histoire sociale, culturelle et biologique se rapproche de celle des insulaires les mieux isolés du monde, comme ceux de Pitcairn ou de Tristan da Cunha. Ces barrières traduisent des rapports sociaux inégaux entre ceux qu'elles séparent. Il peut s'agir de rapports politiques (aristocraties, castes, lignages, élites dominantes) ou culturels. Dans ce dernier cas, les discriminations qui rejettent un groupe ont pour symétrique, souvent plus radical encore, la fermeture d'un groupe, religieux, linguistique, ethnique à tout apport extérieur. La frontière insulaire, qui délimite un espace, n'a alors de sens sociologique que lorsqu'elle coïncide avec la frontière beaucoup plus prégnante qui circonscrit un espace social, au sens où l'entend G. Condominas. Sinon, ce n'est pas au niveau des frontières des groupes humains que les îles peuvent apparaître comme des constituants du fait social.

II.- INSULARITÉ ET PETITE DIMENSION

Même lorsque le champ du social le dépasse, l'englobe et semble ainsi l'annuler, le fait insulaire revient et recroise sur une base territoriale les découpages et les solidarités de la société. Car l'île entre en résonance avec ce qui semble la nier ; regroupant ce que les autres barrières séparent (groupes sociaux ou ethniques, sous-ensembles linguistiques etc...), elle contraint par sa dimension et par le caractère matériel des barrières qui l'enclosent à l'élaboration de relations sociales qui lui sont propres, et qui puisent leur source dans les contraintes qu'elle fait subir à la société : ainsi que l'écrit justement Benedict (1966), un véritable effet de "condensation" de la société fait que les rôles, ailleurs séparés, se téléscopent dans les îles. Par delà toutes les barrières sociologiques, les relations entre deux individus pris au hasard vont ainsi prendre la forme d'une série de **relations dyadiques emboîtées** les unes dans les autres : le même individu est simultanément, et sans autre enchaînement de causalité que l'exiguïté territoriale et le voisinage, à la fois un voisin, un parent, un partenaire de travail, un partenaire de jeu, etc... L'addition de ces relations parcellaires contraint à des relations globales, à des relations *"face-to-face"* où la mise en rapport de deux personnes enveloppe l'échange fonctionnel qu'assure cette relation. Ce type de relations structure généralement la vie sociale des sociétés préindustrielles et disparaît ailleurs. Sous l'effet de la contrainte insulaire, il passe dans le monde moderne, et donne aux relations interhumaines une tonalité propre aux îles, même dans les îles les plus intégrées à la société industrielle. La personne reste primordiale par rapport au rôle. Il en résulte à la fois une forme de convivialité qui frappe ceux qui, issus des grandes métropoles modernes, découvrent la vie insulaire, même là où elle est la plus moderne. Mais cela ne va pas toujours sans effets pervers. Les rapports interhumains ne se font pas seulement sur une base conviviale. Bien des situations (commerce, relations d'autorité) exigent que la part du rôle social surpasse celle qui est laissée au rapport interpersonnel direct. Et les situations insulaires, en freinant la possibilité de dégager clairement cette dimension de la vie sociale, poussent à des solutions inédites ailleurs, qui retentissent sur l'organisation de la société globale.

La contradiction entre l'intensité des relations interpersonnelles et l'exigence de rapports anonymes et fonctionnels peut aboutir à la mise en place d'un double codage où l'apparence de l'objectivité et du respect des règles, s'accompagne de pratiques informelles qui mettent celles-ci en échec. Les décisions se prennent à travers les réseaux personnalisés de relations, puis sont mises pour l'extérieur en conformité apparente avec les règles qu'elles contredisent ou évitent de suivre.

Une autre façon de résoudre la contradiction est de renforcer, au sein de l'île, les coupures sociologiques entre sous-ensembles (groupes ethniques, classes), de telle sorte que puissent s'établir dans certaines fonctions (commerce en particulier) des rapports où la nécessaire distanciation soit maintenue par une barrière sociale. La petite dimension en ce cas n'implique pas tendance à l'unité sociologique ; bien au contraire, elle porte en elle le fondement de coupures en sous-groupes, le fondement d'un pluralisme qui joue à plein lorsque par exemple un groupe de commerçants étrangers (chinois, grecs, syriens etc...) parvient à la fois à s'insérer dans l'île et à y maintenir l'écart nécessaire à ce que les relations interpersonnelles ne perturbent pas les contraintes qu'implique le commerce. Mais l'île n'en cesse pas pour cela de réapparaître, par delà cette dialectique des oppositions et des continuités. Référent commun d'identité, elle marque une appartenance commune qui inclut tous ceux qui y sont nés et qui n'inclut qu'eux. Et à ce niveau aussi elle travaille la vie sociale, force centripète qui dépasse les cloisonnements qu'elle suscite et qui souligne à mille occasions le contraste des "nous" avec les "autres".

Tous les ethnologues qui connaissent bien les îles ne partagent-ils pas à cet égard la constatation de R. Firth (1965) ? Après avoir mis en évidence de façon détaillée les principes de l'organisation territoriale de l'île de Tikopia et leur incidence sur la structure de parenté, il montre que chaque unité territoriale (maison, village, district) est soudée par un haut degré d'intégration de ses membres. Mais ces liens se recroisent. La cohérence de chacune de ces unités ne l'empêche pas de s'insérer dans une communauté moins morcelée qu'il n'y paraît d'abord. Car, par delà ces structures "existent les facteurs de cohésion des activités de la vie quotidienne, le partage d'un même langage et d'une culture commune, tout ce qui est impliqué par les insulaires lorsque, parlant d'eux-mêmes, ils disent "Nous, les Tikopia" se distinguant ainsi des gens de Tonga, de Samoa ou de Santa Cruz, ou de cette créature encore plus étrangère, l'homme blanc" (p. 89).

*   *

*

Dimension du fait social, donc ? La réponse est ambiguë. Au sens où on l'entend souvent, comme donnée déterminante et fortement explicative, l'insularité ne résiste pas à l'examen. Là comme en bien d'autres circonstances, le social dispose d'une autonomie suffisante pour échapper à des contraintes qui le feraient s'édifier sur la base de données naturelles préexistantes. Il les utilise, les adapte ou les bouleverse. Et bien souvent, l'insularité n'est pas située en amont du fait social, mais en aval, effet d'un choix qu'il opère sur des critères qui ne sont ni d'espace ni de territoire. Les mécanismes d'isolement qui prennent leur source dans la société sont plus forts que ceux qui ont pour origine des données naturelles.

Mais si l'île est bien incapable de séparer, n'a-t-elle pas une conséquence plus profonde qu'il n'y paraît dans sa façon de rassembler ? Et, en devenant référence pour l'identité n'entre-t-elle pas alors de plain-pied dans la gestion de relations qu'elle n'organise pas mais qu'elle influence grandement ?

C'est dans la mesure où une société consciente d'elle-même a pu s'édifier sur le socle insulaire offert par la nature que l'île prend son sens dans la réalité sociale. Condition ni nécessaire ni suffisante, le fait d'insularité favorise toutefois l'émergence d'un ensemble social qui ajuste ses frontières aux limites de son espace naturel. Ainsi se résout par un mouvement dialectique l'impossible question posée ici : l'insularité n'est sans doute pas une dimension du fait social, car, par son autonomie, celui-ci l'emporte sur le donné naturel. Mais l'île est un lieu dont le social peut utiliser les limites pour baliser ses frontières.

ORIENTATION BIBLIOGRAPHIQUE

BAKER, P. T.- Environnement and migration on the small islands of the South Pacific. In : UNESCO. Human population and the biosphere.

BARTH, F. (1969).- *Ethnic groups and boundaries*.- Boston, Little, Brown and Co.

BENOIST, J.- Pour une sociologie des barrières génétiques. In : JACQUARD, A. L'étude des isolats.- Paris, INED, pp. 37-42.

BENEDICT, B. (1966).- Sociological characteristics of small territories and their implications for economic development. In : BANTON, M. (ed.) The social anthropology of complex societies.- Edinburgh, Tavistock. FIRTH, R. (1965).- We *the Tikopia, kingship in primitive Polynesia*..- Boston, Beacon Press (réédition de l'ouvrage de 1936).

FOSBERG, F. R. (ed) (1963).- *Man's place in island ecosystem*.. Honolulu, Bishop Museum Press.

UNESCO (1973).- R*eport of an expert panel on MAB Project 7 : ecology and rational use of island ecosystem*. - Paris, UNESCO (MAB Report series, n° 11).

DÉBATS

J. HOUBERT.- Il existe une barrière très nette entre les insulaires qui sont en contact avec l'étranger, au cours de leurs voyages, et ceux qui ne bougent pas de chez eux. On note dans cette coupure une opposition à l'échelle insulaire entre "dominants" et "dominés". L'industrialisation a amplifié cet état de fait tant à la Réunion, qu'à Maurice ou à la Martinique. Par contre aux Seychelles, les insulaires dans leur ensemble voyagent fréquemment à l'intérieur de leur archipel qui a la chance de se situer hors de la zone de diffusion des cyclones à la différence des autres terres de l'océan Indien et de ce fait la coupure semble moins marquée.

J. BENOIST.- Ce qui importe est de savoir si on peut invoquer en permanence une spécificité insulaire pour expliquer et comprendre le fonctionnement de la société des îles. En effet, certains de leurs ressortissants appartiennent à la fois à une société locale et à une société cosmopolite nationale ou internationale et savent parfaitement passer de l'une à l'autre. Le voyage hors de l'île natale procure à ceux qui le font une certaine renommée à l'intérieur de la société locale. Cependant leur participation à la société cosmopolite ne modifie jamais fondamentalement la structure et le fonctionnement de la société locale.

J. HOUBERT.- Néanmoins ceux qui dans une île ont les moyens de voyager et qui reçoivent, voire contrôlent, les influences provenant de l'extérieur, jouent un rôle énorme dans la société insulaire.

J. BENOIST.- On peut noter que lorsque des individus participent à une société nationale ou internationale, le pouvoir des références de leur île d'origine s'estompe.

J. L. BONNIOL.- Aux Seychelles, j'ai constaté la superposition d'une identité d'ensemble et de particularismes locaux, en particulier à La Digue. Dès lors que le poids de l'extérieur est trop important, les insulaires ont la sensation d'une perte de sociabilité et le sentiment d'une marginalisation, d'où, leur sentiment ambigu d'attachement à l'île natale et le désir d'en sortir.

Résumé : Sous une apparence simple, la question posée s'avère en fait infiniment complexe. Seront examinés pour cela l'isolat et ses implications génétiques ou pathologiques, le chevauchement des rôles sociaux au sein des petites sociétés, et les faits culturels pour lesquels priment les relations interpersonnelles directes. A travers cette triple approche, l'insularité apparaît plus comme le produit du fait social que comme son producteur. Imprégnant le vécu de chacun, elle participe à la réalisation d'une identité commune à l'ensemble des habitants d'une île, qui infléchit les oppositions et désamorce certains conflits. Par le détour des consciences, et de l'identité, l'insularité est donc un concept toujours présent dans le champ social des populations vivant dans un cadre insulaire.

Mots clés : Milieu insulaire, société, isolement, Monde, zone inter-tropicale.

Summary : *Insularity as a dimension of the social question.*- Although it appears to be a simple question, it is, in fact, an infinitely complex one. We shall examine isolation and its genetic or pathological implications, the overlapping of social roles within small societies and the cultural aspects in which direct interpersonal relationships predominate. When considering the question by means of this three-fold approach, insularity seems to be more a product of society than its producer. It pervades everyone's experience and contributes to the creation of a common identity for the inhabitants of an island which can shift opposition and defuse certain conflicts. As far as matters of conscience and identity are concerned, insularity is a notion that is always present in the social framework of populations living in an island setting.

Keywords : Island environment ; Society ; Isolation ; World ; Intertropical zone.

Sur le marché de Curepipe (Ile Maurice)
(cliché G. Réaud-Thomas)

Sur le marché de Victoria (Mahé, Seychelles)
(cliché G. Réaud-Thomas)

ESSAI SUR UNE PROBLÉMATIQUE DE LA MYTHOLOGIE ET DE LA PSYCHOLOGIE INSULAIRES

par Jean POIRIER et Simone CLAPIER-VALLADON

Ile-refuge, île fortunée, île sauvage, île verte, (tel est le nom d'une jolie petite île de la Gironde), île d'Eden au-delà des terres, mais que l'on ne "gagne" qu'après avoir surmonté de dures épreuves. Cela depuis l'Antiquité ; toute île préserve une Calypso (la cachée), tout archipel est archipel aux Sirènes et aux Cyclopes. Les contes de fées relaient les anciens mythes et sont porteurs des mêmes symboles. Et la publicité s'en est mêlée ; on connaît la formule : "La femme est une île, Fidji est son parfum".

Nous n'entreprendrons pas ici l'inventaire de ces îles légendaires, nous voudrions faire valoir que la géographie réelle et la géographie mythique se mêlent, et qu'à sa manière la géographie mythique est une géographie réelle dans la mesure où, d'une part la représentation sociale de leur terre chez les insulaires est à la fois réelle et symbolique, et que d'autre part l'île, avant d'être un objet extérieur, est en quelque sorte une représentation intérieure, une projection de certaines tendances fondamentales de la psyché.

Nous voulons ici poser plutôt des problèmes qu'en résoudre en réfléchissant sur l'insularité, non seulement comme fait géographique et social, mais aussi comme variable psychologique en essayant de postuler l'édification de particularismes de la personnalité et des comportements des insulaires. En évoquant la possibilité d'un noyau identitaire, nous mettons cette approche dans la perspective d'une réflexion sur l'importance accrue des facteurs personnels dans les milieux insulaires.

Le problème essentiel, si l'on veut réfléchir sur une psychologie insulaire, est de savoir de quelle insularité on parle ou plus précisément quel est le sujet épistémologique : mythologie universelle de l'île, c'est-dire l'île vue et rêvée de l'extérieur ou l'île vécue, c'est-à-dire fonds commun d'une psychologie des insulaires. Mais cette culture construite et fantasmée de l'insularité, qui peut être très éloignée de la réalité quotidienne, revient aussi aux insulaires dans un rapport circulaire et dynamique. Ils en sont les récepteurs mais aussi les acteurs. Nous essaierons de décrire ces deux aspects de l'insularité : mythe et réalité et de voir comment ils peuvent constituer, l'un et l'autre, des référents de l'identité insulaire.

Iles, insularité, insularisme (Coll. Iles et Archipels N° 8)

I.-   LES INDICATEURS DE L'INSULARITÉ

A - L'île réalité physique et historique

Pour esquisser de façon schématique les caractères de l'insularité, nous évoquerons certains éléments de base d'ailleurs parfois antagonistes.

Le premier indicateur est l'espace. Il existe des îles continentales comme l'Australie, de "fausses îles" comme le Groenland, mais leurs habitants se pensent-ils comme insulaires ? Où se situe la différence géographique entre un écueil en haut fond plus ou moins immergé et une île de plein exercice ? L'océan Indien est sans doute une zone privilégiée pour l'étude de la définition de l'île. La définition, qui doit certainement prendre en compte la dimension spatiale et le critère psychosociologique de l'insularité vécue, fait intervenir cette dimension d'échelle. On sait que les créoles réunionnais et antillais nomment "îlet" un hameau, un relief ou une vallée dont la seule caractéristique est de se trouver isolé dans l'ensemble géographique où il se situe. Cela nous invite à compléter les indicateurs de l'insularité par d'autres éléments que les déterminants physiques.

Nous évoquerons de façon schématique   :

- la contradiction qui existe, en général, entre la faible superficie des espaces immergés, parfois insignifiants, et l'immensité des zones océaniques territoriales élargies aux 200 milles. Avec, en corollaire, le très faible intérêt économique des îles proprement dites et la très grande importance économique, géopolitique, stratégique qui s'attache à ces zones. Le discours social sur les îles reflète cette contradiction ;

- le contraste entre deux approches. Tout d'abord la vision naturiste qui assure le retour aux sources, vers l'Eden retrouvé qui perdure chez les insulaires eux-mêmes dans le rêve de retour à l'authenticité première. Ensuite la vision colonialiste des terres vierges à mettre en valeur et le souci de s'accrocher aux techniques du développement ;

- l'absurdité apparente qu'il y a entre le sentiment d'isolement et d'éloignement et les nouveaux moyens de communication et de transport. Nous avons assisté au cours des vingt dernières années à l'annulation de la distance, grâce à la fois aux jets et aux médias ; c'est de façon presque concomitante qu'est apparu ce nouveau sentiment d'exil et de claustration insulaires qui se traduit parfois en termes de pathologie.

Autant d'éléments qui font partie, à notre sens, du concept vécu d'insularité.

B - Les référents matériels de la personnalité insulaire

Poser le problème de l'existence d'une **personnalité insulaire** ou de constantes psychologiques des habitants des îles, relève à la fois de constatations empiriques et de synthèses théoriques. Depuis longtemps les spécialistes des sciences humaines et sociales se sont préoccupés des liens entre personne et société. Les culturalistes américains avaient montré qu'il y a entre culture et personnalité des rapports réciproques et dialectiques. Le grand apport d'un auteur comme Abram Kardiner (1947) dans sa théorie de la personnalité de base est de montrer la dynamique de la société et du sujet. Cette théorie était une étude originale de l'identité sociale. De son côté R. Linton (1945) définissait la culture comme "la configuration des comportements appris et de leurs résultats, dont les éléments composants sont partagés et transmis par les membres d'une société donnée". Le terme configuration qui connote les idées d'organisation et de modèle laisse apparaître une conception de la culture comme totalité organisée dans laquelle les éléments matériels ont leur place car ils façonnent les modes de vie (Cf. S. Clapier-Valladon.- *Panorama du culturalisme*, Epi. 1976).

Les travaux actuels sur le concept d'identité indiquent l'aspect multidimensionnel, hiérarchique et synthétique du concept. L'histoire du concept d'identité que nous avons étudiée ailleurs (Identité et style de vie. *Sociologie, Ethnologie Revue Languedocienne,* 1986, n° 2) montre que d'emblée, dans les sciences humaines, l'identité est vue sous deux aspects : personnel et social,qui se développent ensemble. Comme le montre A. Mucchielli (*L'Identité*. -Que Sais-je ?- 1986) la définition de l'identité par autrui comme l'édification de l'identité personnelle font appel à plusieurs catégories de référents : matériels, physiques, historiques, psycho-culturels, sociaux. Chez l'individu jouent donc plusieurs noyaux identitaires reliés entre eux et s'exprimant dans le sentiment d'identité. C'est, à notre sens, ce **noyau identitaire insulaire** commun aux habitants d'une île qui peut être partagé par les originaires des diverses îles du monde, qui explique ou peut expliquer cette similitude que de nombreux auteurs signalent ou pressent.

Les travaux théoriques actuels sur l'étude de la personnalité s'orientent vers une définition systémique de la personnalité qui ne permet plus de mettre en doute la relation dynamique et circulaire du monde et du Moi. Dans cette perspective théorique, le noyau identitaire groupal ou ce que d'autres appellent l'identité socio-culturelle, nous paraît constituer un sous système du système-personne, les noyaux identitaires s'emboîtant les uns dans les autres.

Revenons à ce que nous avons nommé le noyau identitaire insulaire ; de quoi est-il fait ? Comme toutes les identités, cette identité insulaire renvoie aux référents matériels, physiques, socio-culturels du milieu. Nous voudrions ici mettre l'accent, tout d'abord, sur les référents primaires en nous démarquant quelque peu de nombreuses analyses sociologiques ou psychologiques qui, pour étudier le Moi, partent volontiers de la position que l'individu occupe dans la société (son statut et son rôle) et de l'organisation du groupe social, bref de l'*homo oeconomicus* et institutionnel. Au contraire,les référents matériels et physiques nous renvoient à l'espace et au temps d'une société.

L'**espace insulaire** est un espace particulier. L'espace, affirmait l'historien F. Braudel, met en cause à la fois toutes les réalités de l'histoire. Si nous voulons étudier le noyau identitaire de toute personnalité, il faut intégrer l'espace et les temps sociaux comme éléments de base. L'espace dans lequel se développe la personne, espace restreint du petit monde personnel mais aussi espace large, celui des lieux et des paysages, espace réel et espace mythique ; même si ces éléments ne préoccupent guère les théoriciens de la personnalité. (cf S. Clapier-Valladon.- *Les théories de la personnalité.* - Que Sais-je ?- 1986).

Certes l'espace est profondément un produit social, mais il me semble qu'en ne voulant pas faire "le jeu des naturalistes" comme le disait Hildebert Isnard, en étudiant l'action humaine, on a peut être oublié les données naturelles et vu dans l'espace, dans les paysages, des créations humaines *ex nihilo*. En même temps, et les médecines dites douces ou naturalistes le rappellent, les hommes sont profondément et héréditairement les enfants d'un terroir. Les sociétés subissent une pesanteur spatiale et matérielle et dans l'île la donnée incontournable est la vieille définition de nos géographies enfantines : "l'île est une terre entourée d'eau de tous côtés", même si l'espace intérieur est profondément modifié par les insulaires. Il y a là un espace brut, naturel, éternel, un espace-impasse et, comme nous le disions plus haut, une contradiction de l'espace. L'espace insulaire est un espace clos qui va donner ses formes et ses limites à la personne et à ses conduites. Notons à cet égard la prégnance de l'espace dans la construction d'un sentiment d'appartenance très fort -nous y reviendrons- mais aussi les particularismes du discours social qui développe volontiers des projets en vase clos, parfaitement irréalistes, opposant comme dans les projets enfantins le Moi et le Monde, ici l'île minuscule et la planète. C'est que la mémoire collective ne peut se départir de ces éléments fondateurs : la mer autour de l'île, la terre, l'eau, le voyage.

La mer autour de l'île et la terre vue de l'immensité maritime, telle est la configuration physique qui constitue les éléments matériels et cognitifs de l'identité insulaire. Solange Thièry, dans le "Madagascar" qu'elle a écrit pour la collection "Petite Planète" se demande : "Comment sait-on que c'est une île ?" En effet. Mais l'essentiel n'est pas ce qu'on vérifie par la vue, c'est que l'on sache qu'on est entré dans une île comme on entre au couvent. C'est que chacun porte en soi une certaine représentation de sa toposphère, de l'espace où il s'insère. De même que l'image du quartier ou du village "habite" l'inconscient, de même on sait qu'on vit en montagne, même lorsque les reliefs ne sont pas visibles et on sait qu'on habite une île même lorsque la mer est loin. Qu'y a-t-il de commun aux brumes de Terre-Neuve et à l'immensité bleue qui entoure les Mascareignes ? Le mythe, nous y reviendrons, se construit sur la représentation du paradis terrestre, îles enchanteresses à l'éternel Eté, morceaux de terre offerts aux voyageurs en quête d'aventure et de dépaysement. Mais l'espace clos de l'île, c'est aussi la mer meurtrière pour y aborder, car il faut bien y venir dans ces îles ! Mer protectrice pour les insulaires (et la symbolique de la quiétude utérine fonde le mythe insulaire) mais aussi mer hostile. Combien de marins ont péri avant d'y aborder. A Saint-Pierre et Miquelon, 600 épaves victimes de l'archipel ont constitué au cours des années une longue dune de 12 kilomètres qui relie les îles Langlade et Miquelon. La mémoire collective a-t-elle oublié les nuits, les jours de navigation angoissante, les marins perdus en mer ? Baies inaccessibles, ou terres largement ouvertes, côtes imprenables ou havres naturels mais qui ont longtemps demandé que l'on se protège des invasions. La différence de destinée de Maurice et de la Réunion est certainement liée à la différence de topographie de leurs côtes.

Le **sentiment d'appartenance** est une importante variable de la construction de la personnalité, il prend sa source aussi bien dans le lien primaire et symbiotique qui est vécu par le nourrisson avec sa mère que par l'intégration postérieure au groupe humain. Ce que l'on appelle l'esprit de groupe, la reconnaissance du Nous, fondent le sentiment d'appartenance. Nous les hommes, disent les Esquimaux et la tendance générale de tous les groupes vivants est la fermeture sur soi (K. Lorenz a étudié le même phénomène chez les animaux). Il est banal de remarquer, mais il faut souvent revenir à ces évidences de bon sens, que le Nous se constitue plus facilement, avec moins de menaces dans un univers protégé, délimité naturellement comme l'île. Pensons à tout ce qui a pu se passer autour de la notion de frontières naturelles. Le sentiment d'insularité est un sentiment d'appartenance particulier et il nous semble particulièrement fort. La constitution et la prise de conscience de ce sentiment d'identité groupale sont facilités lorsque l'individu peut englober la totalité du groupe dans sa vision de son monde propre ; les querelles tribales et autres ne sont alors que des renforcements de la continuité. Jamais autant que dans l'île ne peut jouer le sentiment de différence, moi et les autres, ce qu'Erikson appelle l'identité négative et ce que les psychologues de l'enfant ont bien étudié comme nécessaire étape de la construction du Moi. Ce sentiment particulier d'identité insulaire se perd-il ou se dilue-t-il lorsque l'espace est grand ? Qu'en est-il pour l'île-continent qu'est l'Australie ? C'est peut être là que le mythe vient renforcer la réalité.

"Messieurs, l'Angleterre est une île" ! Adolphe Thiers prononça un jour cette phrase d'une banalité étudiée. Il avait sans doute de bonnes raisons politiques pour rappeler cette évidence. Réfléchissant sur le caractère anglais, la psychanalyste Marie Bonaparte part aussi de cette évidence élémentaire : "Une île est une île, c'est un territoire qu'entoure la mer, situation qui entraîne toutes sortes de conséquences, car matrice universelle de la vie, la mer, dans les mythes et les légendes des peuples, comme dans les rêves des individus, figure volontiers une grande Mère au sein immense. L'Anglais se sentait préféré de cette grande Mère et une grande assurance lui en venait, un grand prestige l'enveloppait... Ce n'était pas non plus par hasard que le peuple anglais ignorait la loi salique, que de grandes reines avaient jadis présidé à ses destinées, quelque influence matriarcale protectrice semblait être montée vers lui des rivages de ses mers" (cf *Mythes de guerre,*1950). Au niveau rationnel l'argumentation de Marie Bonaparte laisse perplexe. Faut-il voir dans les grandes reines britanniques Elisabeth, Victoria des divinités océanes, mères tutélaires déléguées par la mer protectrice ? En tout cas l'insularité est bien ressentie par les autres européens comme le trait dominant du caractère anglais." Non seulement l'Angleterre est une île, mais tout Anglais est une île", a-t-on souvent dit.

L'île est aussi et surtout une terre. En effet nous pensons que si la mer est multiprésente dans les représentations du territoire des insulaires, c'est comme limite, comme borne de la terre. Habiter une île, c'est vivre sur une terre limitée irrémédiablement ; ce n'est en effet que récemment et encore d'une manière relative que l'homme arrive à gagner de la terre sur la mer. L'enracinement dans l'espace revêt dans l'île de grands particularismes. Lorsque l'on regarde par exemple une carte de la Polynésie, cette immensité d'eau semée de fragiles bouchons de terre, ces vides entre les îles, on imagine la recherche de la certitude rassurante d'un sol. Qui a eu l'expérience d'un cyclone dans le Pacifique se demande comment cette immensité océane a bien pu être baptisée pacifique ? Géographes, ethnologues et historiens ont étudié l'importance des juridictions coutumières concernant la répartition du sol, les litiges pour la terre. Notons cette pratique fréquente dans les îles, et que l'on trouve encore en particulier établie à la Réunion, qui distribuait et délimitait la terre "du battant des lames au sommet de la montagne" et qui, au cours des siècles et des partages familiaux, vous fait propriétaire d'une mince lanière de sol. En Polynésie les généalogies récitées disent la succession des générations mais aussi le lien de chacun avec tel morceau d'une île, telle pente d'une montagne. C'est l'ancrage réel et métaphysique de l'homme sur un point fixe. Ancrage dans l'univers ressenti certainement plus nettement à partir du sol quand celui-ci est limité, perdu dans la mer immense.

Un autre **référent matériel** essentiel est, à notre sens, **le voyage**. Une chose nous a toujours frappés lorsque nous séjournons à l'île de la Réunion, c'est l'habitude des Réunionnais de parcourir inlassablement leur île en tous sens. Ils sont toujours sur les routes, tournant dans un sens ou un autre autour de leur minuscule territoire, passant par les hauts s'ils n'empruntent pas la route côtière. L'histoire du Pacifique est celle de fabuleuses migrations à travers cet immense océan. Croisières folles, aventures maritimes, imagination et habileté pour construire pirogues aux voiles d'écorce tressée, balanciers sans équivalents ailleurs. Les spécialistes débattent à perte de vue sur les itinéraires de ces intrépides navigateurs. Le thème du voyage est le contrepoint de l'enracinement et du sol que nous évoquions précédemment. Les départs et les arrivées font partie des rites insulaires : voyez les arrivées à Papeete ou à Saint-Denis.

Départ, rupture, voyage, enracinement dans un coin fragile de sol perdu sur l'eau, tout cela forme un lien ombilical particulier entre la personne et son île.

Mais, de plus, le voyage primitif est aussi le premier voyage qui concerne l'île, voyage créateur de la population, voyage réellement et symboliquement fondateur. Il y a dans les îles et sans doute chez les insulaires, une préoccupation très profonde de retrouver l'ancêtre fondateur, de reconstituer la filiation humaine ; et cela d'autant plus que dans les petites îles cette recherche paraît plus facile, apportant plus de sécurité. Cette recherche de l'ancêtre fondateur se retrouve dans tous les groupes sociaux qui se constituent comme des isolats à fort sentiment d'appartenance. L'ancêtre est à la fois réel et mythique.

II.- LA MYTHOLOGIE INSULAIRE

A - La construction du mythe

Un premier point -sans doute le point de départ- semble hors de discussion ; l'île présente deux aspects étroitement liés : son inaccessibilité et sa fonction stratégique. Ces deux éléments servent de soubassement à l'édification du mythe.

Pendant longtemps les îles sont restées des **terres inconnues**. Pendant toute son histoire l'humanité a été essentiellement terrienne et les grands espaces maritimes ont été infranchissables jusqu'à une époque extrêmement récente par rapport à l'histoire de l'humanité. Pendant toute l'Antiquité et le Moyen Age, la navigation n'a été que du cabotage. L'exploration du Pacifique ne se situe que plusieurs siècles après Jésus-Christ. Deux peuples seulement ont pratiqué la navigation en pleine mer avant les "grandes découvertes" : les Scandinaves et les Polynésiens. Pendant longtemps leur navigation a posé de grands points d'interrogation. On sait à peu près aujourd'hui comment l'impossible a pu être réalisé : grâce à un admirable instrument nautique, la pirogue à balancier, grâce à une profonde connaissance des vents et des courants, grâce à une grande maîtrise de la navigation. De nombreuses îles sont donc demeurées désertes pendant des siècles, naturellement protégées par leurs remparts aquatiques.

Le second caractère est lié à l'**écologie insulaire**. Il prépare directement, nous semble-t-il, à la mythologie tératologique caractéristique des Iles. Caractère paradoxal car il réunit deux contraires : l'île est à la fois le lieu du nanisme et celui du gigantisme. Nanisme : la zoologie nous apprend que les espèces régressent en taille lorsqu'elles habitent en milieu insulaire (hippopotames nains, crocodiles, porcins, équidés). Gigantisme : en même temps que se produit cette régression des espèces, l'île se présente comme le refuge des derniers géants. On connaît les dragons de Komodo, les espèces subfossiles des grands oiseaux terrestres : moa de Nouvelle-Zélande, dodo des Mascareignes. Cette double dérive du milieu insulaire vers des extrémités antagonistes, qui bien entendu n'a rien d'étrange, a pu alimenter les fantasmes. On retrouve dans les mythes cette double déformation : Gulliver trouve des géants à Brobdingnag et des nains à Lilliput.

Un troisième élément est la découverte des **îles à épices** qui va leur conférer définitivement un statut d'exception. C'est sur le commerce des épices qu'a été fondée, pour l'essentiel, la fortune des grandes compagnies, plus que sur celui des esclaves. La Compagnie des Indes a été créée à partir du besoin en épices des divers pays d'Europe. Les risques étaient immenses. Ils ont été à la source de toute une série d'innovations en droit maritime et commercial (du "prêt à la grosse aventure" aux contrats de répartition des bénéfices), mais les profits l'étaient encore plus. On remarquera que, là encore, l'île se présente comme l'assemblage de contraires ; elle est à la fois source de tous les drames, des naufrages et des faillites, et corne d'abondance qui peut déverser des richesses inépuisables. Et peut-être convient-il de verser au dossier une autre forme de production de la fortune presque *ex nihilo*, une autre magie des îles, qui a relayé le miracle des épices : les cauris. Pendant plus de deux siècles, les navires sont allés relâcher aux Maldives et aux Laquedives et ont embarqué des milliers de tonnes de ce petit coquillage en forme de vulve (il a une symbolique appropriée), qui coûtait moins cher que la verroterie et qui a circulé dans toutes les régions d'Afrique noire comme monnaie. Comme souvent dans les sociétés traditionnelles, les cauris avaient une valeur polysémique: fonction économique et fonction symbolique-sacrale étaient mêlées.

Enfin les **premiers habitants** fournissent des éléments au mythe. Là encore on voit réunis les antagonismes. Ceux qui allaient aux Isles étaient les meilleurs et les pires, nombreux étaient les deux à la fois. Les meilleurs par leur courage, leur mépris de la mort, les découvreurs qui, du haut des caravelles regardaient monter les Isles nouvelles, les explorateurs, les missionnaires. Les pires : les négriers, les trafiquants, les pirates, les bagnards (qui sont précisément relégués dans les îles : l'île de Ré pour commencer, l'île du Diable en Guyane, la Nouvelle-Calédonie), les insoumis (les déserteurs qui ne regagnaient pas leur bord après les escales océaniennes et les mutins qui s'emparaient de leur navire, c'est l'histoire de Pitcairn).

Au fondement de cette fantasmisation existent ces divers éléments qui survivent à la perte de leur fonction ancienne. Tous ces contrastes semblent liés à la notion d'insularité. Et ce sont eux qui se retrouvent au fondement de la mythologie. En effet si les facteurs d'ordre matériel sont importants, l'essentiel tient à ce que nous aimerions appeler l'effet de mirage. L'île est bien réelle, mais son insularité dépend de sa représentation consciente et inconsciente. Bien que beaucoup d'îles du bout du monde soient en temps de voyage, plus proches de Paris ou de Rome que ne l'étaient il y a un demi-siècle seulement Nice ou Palerme, elles sont toujours insulaires.

B - Identité insulaire, imaginaire collectif et mythe

En quoi le mythe peut-il être partie prenante de la personnalité ? C. G. Jung a montré que les mythes concrétisaient au cours des âges les expériences de l'humanité et que cet "édifice immémorial" constituait l'inconscient collectif de l'humanité. Nous ne reprendrons pas le vieux débat qui opposa Freud à Jung et leurs disciples. En bref nous dirons qu'actuellement, la querelle d'école semblant apaisée, la notion d'inconscient collectif a droit de cité. En dehors des archétypes jungiens, l'inconscient collectif est vu comme un inconscient ancestral en prise directe avec la mémoire collective. L'inconscient individuel réintériorise, génération après génération, le poids du passé.

Dans cette perspective, l'identité et le Moi se construisent peut-être aussi par une participation au mythe. Après Jung, de nombreux auteurs comme Bachelard, von Franz et récemment Michel Cazenave (cf : La science et l'âme du monde. *Imago,* 1985) estimaient que science et mystique étaient complémentaires, que la connaissance rationnelle s'enracinait dans l'imaginaire. De la même manière l'identité personnelle peut se fonder à la fois sur les référents matériels et physiques, sur la mémoire collective et sur le mythe quand celui ci est aussi prégnant que celui que l'on connaît sur les îles.

On s'aperçoit de plus en plus que l'imaginaire gouverne la vie quotidienne et organise peut-être en profondeur la vie sociale et politique. Le récit imaginaire et mythique des sociétés prend le pas sur le récit réel, même dans les sociétés industrielles où l'on voit le récit fantasmé avoir force d'histoire et résister à tous les travaux démystifiants. L'imaginaire se développe peut-être plus dans les îles et leur monde apparaît comme profondément fantasmé par les habitants en même temps que renforcé par une mythologie généralisée, quasi archétypale, qui vient de l'extérieur, portée et amplifiée par les médias et les publicités de tous ordres.

André Malraux débarquant au Québec s'exclamait : "Mais que disent les poètes ?" Ils sont souvent nombreux dans les îles chantant leur sol, son insularité. La terre surgie du néant, le résumé embelli de ce que l'on sait du monde, le bloc de corail ourlé de vagues, la terre naviguant en solitaire sur l'océan infini, entretenant la légende de chacune. Un voyageur du XVIe siècle, Carpeau du Saussay, déclarait : "Je n'ai point de nom à donner à l'île Mascareigne qui lui convienne mieux que celui de paradis terrestre", tandis que Leconte de Lisle, natif de la Réunion, écrivait : "Il y avait donc une fois un beau pays, tout rempli de fleurs, de lumière et d'azur. Ce n'était pas le paradis terrestre, mais peu s'en fallait, car les anges le visitaient parfois". N'est-il pas étonnant que la petite île de la Réunion ait eu autant de poètes et continue à susciter autant de vocations en ce domaine ? Chanter son île semble une démarche naturelle du Réunionnais.

Le Moi social est aussi fait de cet espace-temps imaginaire. Pierre Sansot nous a montré (cf *La France sensible*, PUF,1985) que notre pays était un fait d'imagination. L'imaginaire collectif fait de rêves, de souvenirs, de commémorations, de mythes, est instituant pour la société et fondateur pour l'homme.

Il faut insister sur le fait que l'île fait partie de notre imaginaire peut-être comme un archétype, en tout cas comme un fond commun, risquons nous à dire, de l'humanité. Désolation de l'île des Trépassés, victoire sur un sort funeste comme celle de Robinson Crusoë, mini-paradis terrestre... Combien sommes-nous à partir vers nos îles en rêve ou en réalité ! Gauguin à Tahiti, Rimbaud au Harrar etc... L'insularité est universellement chargée d'une riche symbolique. Marie Bonaparte l'évoquait, image archétypale de la femme, sa protection est celle d'un univers clos. D. R. Roche étudie cette île-femme et pense que "l'érotisation de l'île trouverait son origine dans la manière dont elle fut investie, et voire, peuplée. Les voyageurs la présentaient comme un Eden, mais pas forcément dans une pureté angélique".

L'amour est îlien... Là encore, l'île restitue le paradis perdu. C'est le thème de la Nouvelle Cythère repris jusqu'à nos jours dans la chanson. Nous n'en donnerons qu'un exemple, le refrain de l'opérette de Francis Lopez, qui s'intitule sobrement "Le Roi du Pacifique" : "Hawaii, Hawaii, Hawaii ; c'est du soleil, c'est de l'amour à l'infini..."

Outre le stéréotype de la sensualité des îles, le vieux mythe de l'abondance : "il se peut, écrit D. R. Roche, que dans les siècles passés la coercition religieuse ait contribué à créer une imagerie de l'île qui, par réaction, renvoie au paganisme perdu et à sa licence, en même temps qu'elle renvoie à la représentation du Paradis terrestre promis à ceux qui furent vertueux et pieux" (cf : L'île-femme (s). *In* : Visages de la féminité, Ed. Université de la Réunion, 1984). L'image de l'île-femme se complexifie en effet, se métamorphose et devient celle multiple et ambiguë de la féminité, peut être aussi parce que la femme est une île.

A cette identité insulaire doublement constituée dans la réalité et le mythe, il faudrait ajouter une insularité négative, celle de l'exil et de la solitude. Sur ce plan aussi, on retrouve le dualisme, l'équivoque, l'ambivalence. Car l'île est le lieu d'asile par excellence, le port et le refuge pour le solitaire et la promesse de l'Autre (qui pour une culture qui préférencie le masculin, est un autre féminin). Iles désertes où la vie loin du monde hostile revient aux sources de l'Eden primitif, mais aussi coupure du monde (on sait l'actuelle difficulté à pourvoir efficacement les postes de gardien de phare). On magnifie parfois les aventures solitaires comme celle du journaliste Georges de Caunes s'imposant comme un cénobite l'épreuve d'un séjour philosophique dans un îlot du Pacifique, avec la seule compagnie de son chien. Le fantasme est bien de couper les ponts, d'être avec soi-même dans l'intimité.

Solitude, coupure, retrouvailles avec soi-même, relations privilégiées avec l'autre se mêlent. Le monde propre de l'insulaire se construit, mélangeant les deux plans et chaque fois le réel renvoie aux fantasmes et réciproquement. Notons par exemple que ce qui définit fondamentalement l'île en dépit de tous les rapprochements et de tous les principes de "continuité territoriale" (telle la fiction qu'on applique à la Corse et qui comporte d'importantes conséquences économiques et juridiques), c'est le privilège d'exterritorialité. L'exterritorialité est l'aspect officiel de la coupure, de l'isolement dans lequel le décrochement du réel rencontre des conditions favorables ; les péripéties politiques et économiques de certaines îles montrent bien combien s'amplifie ici l'irréalisme des idéologies qui font basculer une île de la vie à la mort et poursuivent, jusqu'au surréalisme, les discours politiques.

L'île, c'est la terre de l'au-delà, qui n'est pas réductible à la quotidienneté ou du moins dans laquelle la quotidienneté prend des allures particulières ; elle implique un mode de vie à part, des styles de vie qui lui sont propres. L'exterritorialité est le lieu géométrique où convergent les divers éléments que nous avons cru pouvoir relever. L'insularité c'est l'exception par rapport à toutes les règles, la récompense après l'épreuve, le domaine de la vacance (et des vacances) et de la disponibilité, la promesse de l'autre et de l'ailleurs. Dans le concept d'insularité, les éléments physiques et matériels nous semblent inséparables du mythe et vice versa. Les uns et les autres sont constitutifs de l'identité insulaire. C'est peut-être parce que le mythe est si fort et si fortement enraciné que l'on retrouve des constantes psychiques communes aux habitants de toutes les îles.

DÉBATS

R. ALDRICH.- Un psychiatre de Nouvelle-Calédonie m'a indiqué que les habitants des îles éprouvent le besoin de s'identifier à un autre pays, ou une autre région, à une "mère-patrie", à une aire linguistique ou ethnique, ou à un pouvoir susceptible de leur apporter un certain soutien politique. L'hypothèse est séduisante mais est-elle toujours valable ?

S. CLAPIER-VALLADON.- On peut affirmer que la préoccupation majeure des gens des îles au plan symbolique est la personnalité de l'ancêtre fondateur. Qui est-il ? D'où venait-il ? L'île était-elle vierge avant son arrivée ? Si l'ancêtre fondateur vient d'ailleurs, le mouvement symbolique se déplace vers le lieu d'origine. Bien sûr la préoccupation de l'ancêtre fondateur est présente dans toutes les sociétés, mais elle est renforcée dans les îles, où l'on fantasme très facilement sur l'existence d'une terre originellement inoccupée, transformée par quelqu'un "venu d'ailleurs" après un plus ou moins long voyage. Cet aspect mythologique est nettement affirmé dans les contes insulaires.

Résumé : La mythologie insulaire a toujours existé, mais elle s'est transformée au cours de l'histoire des sociétés industrielles ; elle a constitué l'Ile en lieu d'asile, terre promise, "au-delà" mystérieux garant de toutes les félicités ; son exterritorialité permet à chaque migrant de se refaire une virginité. Pourtant la psycho-pathologie insulaire semble s'être exaspérée à partir de la naissance des sociétés dites post-industrielles ; les syndrômes de l'enfermement dans un "lieu clos" se sont multipliés, cela au moment même où ces lieux n'ont jamais été si ouverts sur l'extérieur. L'Ile, instance du désir, est devenue le lieu privilégié de toutes les ambiguïtés. La duplexité se rencontre dans tous les domaines : le "nanisme" ou le gigantisme des espèces animales ; la vision "naturiste" de l'île, qui assure le retour aux sources vers le paradis perdu et la vision "colonialiste" de la terre vierge ; contradiction spectaculaire entre l'annulation des distances par les jets et les médias et le nouveau sentiment d'exil et de claustration, qui se traduit en termes de pathologie. Contradiction non moins remarquable entre l'insignifiance des superficies terrestres et l'immensité des zones océaniques "territoriales".

Mots-clés : Milieu insulaire, sociologie, structures traditionnelles, isolement, Monde, zone inter-tropicale.

Summary : *Essay on the problematic question of island mythology and psychopathology.*- The myth of the island has always existed, but it has been transformed during the course of the history of industrialized societies, who have represented the Island as a place of refuge, a promised land, the mysterious " yonder" which can guarantee your happiness. As it is beyond all territorial limitations, every migrant can make a fresh start. However, the psycho-pathology of the island seems to have been exaggerated since the birth of the so-called post-industrial societies. Syndromes of being shut up in an "enclosed space" have multiplied, and this is at the very time when these places have become more open than ever to the outside world. The Island as the heart's desire has become the perfect place for all kinds of ambiguity ? This duplexity can be seen in all areas : dwarfism and gigantism in animal species ; the "naturist" vision of the Island, which promised a return to one's paradise lost, and the "colonialist" image of virgin land ; spectacular contradiction between the shrinking of distances due to jet travel and the media, and the new feeling of exile and confinement which can be seen in pathological terms. The contrast between the insignificant areas of land and the vast expanses of the oceanic "territorial waters" is no less remarkable.

Keywords : Island environment ; Sociology ; Traditional structures ; Isolation ; World ; Intertropical zone.

INSULARITÉ ET CRÉOLISATION : APPROCHES THÉORIQUES

par Ulrich FLEISCHMANN

Certaines îles ou archipels ont joué un rôle très particulier dans l'histoire du colonialisme : les îles Canaries, Madère et les Açores, qui, au XVe siècle, ont lancé les premières tentatives d'une colonisation rapide de nouvelles terres ; ensuite les îles du Cap-Vert et São Tomé où les Portugais développèrent, en combinant la culture des cannes avec l'esclavage, un nouveau type d'économie sucrière ; ensuite l'île de Saint-Christophe aux Antilles, où simultanément Anglais et Français firent leurs premières expériences d'une colonisation directe, dirigée et financée par des compagnies commerciales ; au XVIIIe siècle, les îles de l'océan Indien dont l'exploitation était conçue en rapport avec des stratégies géopolitiques globales.

Ce n'est pas par hasard que ces îles marquent des étapes si importantes dans l'évolution du colonialisme moderne. En face de la terre ferme des nouveaux continents aux dimensions incalculables et peuplées de "barbares" hostiles, les îles, tout en faisant partie de nouveaux mondes, s'offraient comme champs d'expérimentation en tant que nature tropicale à dimensions contrôlables : là on développe, à une dimension réduite, toute la technologie des nouvelles cultures ainsi que leur base économique et sociale. Mais hors de ces fins pragmatiques cette prédilection pour les îles correspondait également à certaines représentations, et même, déjà au Moyen Age à des fantasmes : située hors du monde concret, dotée de coordonnées incertaines, l'île se présentait soudainement aux yeux du navigateur errant et fatigué ; c'était "l'île heureuse" riche en eaux et aliments naturels, vierge ou bien peuplée de gens beaux, sains et libres. Au-delà de la satisfaction des besoins immédiats, elle pouvait offrir également les possibilités d'une vie parallèle, soit par l'exemple des sociétés déjà existantes, soit par l'attrait de ressources fabuleuses et inexploitées. L'île devient donc le lieu idéal des romans utopistes qui fleurissaient à cette époque, depuis l'âge des découvertes jusqu'au XVIIIe siècle, et qui présentaient des sociétés d'un ordre parfait, réglé soit par les lois naturelles, soit par la raison.

La découverte réelle de ces "paradis terrestres" attirait d'abord le nombre croissant de ceux qui, soit atteints par l'étroitesse des sociétés féodales, soit par leur propre choix, étaient devenus marginaux et qui cherchaient des espaces inoccupés pour réaliser une vie nouvelle selon leurs besoins ou convictions. Mais ce rêve de pouvoir recréer le "monde" ailleurs, aux confins du monde connu était aussi celui de la bourgeoisie naissante qui souffrait de l'exiguïté de son espace social et géographique. *Robinson Crusoë* roman bourgeois par excellence, montre la logique ambiguë de l'utopie colonisatrice : jeté dans le paradis terrestre par un naufrage, Robinson en tant que bourgeois entreprenant apprend successivement l'utilisation de ses ressources naturelles, y compris l'indigène Vendredi. Il existe donc un lien idéologique entre l'utopie de l'auto-suffisance et l'anti-utopie de la plantation et le lieu de rencontre entre ces deux entités économiques et sociales si différentes semble être l'île, tropicale et "créole".

Cette opposition entre deux formes de société et d'économie contient déjà des notions spatiales aussi opposées, mais qui s'entrelacent et se tiennent mutuellement. La première, dont la problématique est bien connue, est liée à la plantation qui, selon les idées du mercantilisme et de ses suites, devrait s'intégrer, en tant que producteur de denrées tropicales, dans un circuit économique très large : historiquement elle ne devrait produire que pour la métropole et recevoir de celle-ci tous les moyens de sa subsistance. L'autre notion spatiale découle d'une économie de subsistance, qui historiquement précédait les plantations des XVII et XVIIIe siècles et qui, après l'abolition de l'esclavage, offrait un refuge aux populations serviles libérées. Malgré leurs caractéristiques diamétralement opposées, ces différents types d'économie et de société se côtoient, s'interpénètrent même : la plantation maintenait, à l'intérieur de son organisation, des noyaux d'une agriculture de subsistance qui servait à l'entretien des esclaves[1]. D'autre part, ce type de culture produisait également des denrées commerciales comme le café ou la banane à un degré relativement variable suivant les termes de l'échange[2]. Aujourd'hui encore, l'opposition et la complémentarité de ces deux types de culture et de leurs réseaux économiques et sociaux figurent à l'intérieur d'entités spatiales relativement réduites comme celle de la plantation, où dans les zones marginales nous trouvons une polyculture "créole" ; cette division est encore plus nette si nous nous referons à l'espace d'une île entière où l'on peut distinguer entre les plaines qui servent à la monoculture et les "mornes" parsemés de petits

---

1. Cette politique d'obliger les esclaves à vivre de leurs propres récoltes était pratiquée d'abord par les Portugais dans les îles ouest-africaines et au Brésil ; à partir de 1640 les Hollandais, et ensuite les autres nations l'appliquèrent aux Antilles. (cf. Gabriel DEBIEN : Les *esclaves aux Antilles Françaises*. Basse-Terre/Fort-de-France, 1974, p. 178 sq). Evidemment cet usage contredisait les principes mercantilistes selon lesquelles les colonies ne devraient produire que des denrées commerciales. Les administrations coloniales essayaient donc, sans grand succès, de lutter contre cette pratique interdite presque toujours par la loi.
2. Jusqu'à nos jours, les petits paysans antillais font la balance entre la valeur de consommation et la valeur d'échange de leurs produits et déterminent, selon ce calcul, la quantité de terrain accordée à chaque type de culture.

"jardins" créoles[3]. Dans de rares cas, l'un ou l'autre type d'économie peut caractériser une île entière sans pourtant faire tout à fait disparaître l'autre. Ainsi s'expliquent les contrastes entre l'île Maurice et l'île de la Réunion auxquelles l'administration coloniale, à partir de la deuxième moitié du XVIIIe siècle, avait attribué des fonctions différentes : la première était destinée à la production de denrées commerciales ; la dernière devait surtout pourvoir à la production des nourritures consommées sur place ou vendues aux bateaux[4].

Un autre cas d'une telle spécialisation des fonctions économiques entre différents territoires permettra non seulement d'entrevoir comment le fait créole est lié aux circonstances historiques et naturelles de l'exploitation coloniale, mais également comment l'opposition entre île et terre ferme peut y jouer un rôle. Si on passe en revue tous les cas historiques de cultures créoles, il est facile de constater que l'insularité favorise la créolisation ; pourtant il est difficile de démontrer, en se référant à des cas concrets, quelle est la relation entre ces différentes dimensions spatiales, l'implantation de certaines formes d'exploitation économique, et finalement l'éclosion de ces changements culturels qu'on appelle la créolisation. A cet égard, la comparaison entre les deux anciennes colonies portugaises, la Guinée-Bissau et les îles du Cap-Vert nous offre un exemple précieux : ces deux territoires, le premier situé sur le continent africain, le deuxième, un archipel situé à une distance de 400 km, étaient liés historiquement et se caractérisent tous les deux par la présence de langues et cultures créoles qui, malgré des différences considérables, ont des traits communs notables et peuvent de fait avoir une origine commune ou du moins comparable[5]. Pourtant leurs fonctions diffèrent considérablement : en Guinée-Bissau, cultures et langues créoles servent d'instruments véhiculaires dans la communication entre ethnies africaines, où la connaissance de la langue officielle, le portugais, n'est pas encore très répandue. Aux îles du Cap-Vert, par contre, qui étaient historiquement une colonie de plantation et qui servaient même de champ d'expérimentation pour son développement, le créole a acquis des fonctions surtout référentielles, en ce sens qu'il est fortement lié à l'identité locale et insulaire. Les informateurs tendent à souligner les traits particuliers de leurs cultures créoles respectives qui les différencient des autres et ils utilisent plutôt la culture portugaise officielle pour les rapports interinsulaires[6].

3. Cette distinction qui caractérise le paysage des îles créoles, marque également la structure sociale et culturelle : les "gens casés" travailleurs de plantations sont, en général, plus "modernes" que les petits paysans qui les méprisent pourtant. Cf. notre discussion dans : *Das Französisch-Kreolische in der Karibik. Zur Funktion von Sprache im sozialen und geographischen Raum*. Tübingen, 1986, p. 153 sq. et 160 sq.
4. Il est significatif pour la perspective coloniale que, jusqu'à nos jours, on considère la Réunion comme historiquement défavorisée, -"délibérément sacrifiée"- parce qu'elle était destinée aux cultures vivrières diversifiées. (Cf. André SCHERER : *La Réunion*. Paris,1980, p. 31. (Coll. Que sais-je ?).
5. Cf. notre discussion dans : Sprache und Politik auf den Kapverdischen Inseln. *Neue Romania*, 1, 1984, pp. 115-140. Cette question de l'origine et des ressemblances des deux langues créoles, ardemment discutée, revêt une grande importance politique et ne peut donc pas être résolue.
6. Cf. FLEISCHMANN, *op. cit.* Liés au particularisme des différentes îles, ces antagonismes linguistiques ont empêché la standardisation et l'officialisation du créole cap-verdien qui étaient déjà prévues en 1978.

Cette différence de fonction entre la créolité continentale et la créolité insulaire mérite quelques considérations théoriques dont nous ne pouvons qu'esquisser la direction. Elles se réfèrent d'abord au cadre méthodologique sociolinguistique des études créoles, mais il reste sous-entendu que ces particularités liées au développement et au choix des langues s'insèrent dans un ensemble de phénomènes sociaux, économiques ou religieux par des "signifiants" qu'on peut également caractériser comme étant "créoles".

Le fait que les langues créoles des continents ont gardé ou maintenu plus longtemps leur fonction véhiculaire (c'est-à-dire certains traits de pidgin)[7], s'explique d'abord d'une manière relativement simple : en effet, à l'intérieur des espaces vastes se sont toujours maintenues des tranches de la population autochtone qui se soustrayaient à l'impact immédiat de la colonisation et de son circuit de production et de consommation, tout en gardant le leur à une échelle réduite. L'insertion de ces groupes aux espaces plus vastes créés par la colonisation n'était que graduelle et ne mettait pas aussitôt en cause la valeur référentielle de la culture et de la langue autochtones. L'exemple de la Guinée-Bissau qui, certes, est un cas extrême[8], met en relief la lenteur d'un tel processus où le fait créole se présente comme la culture d'une transition arrêtée et stabilisée.

La culture des îles créoles diffère de cette situation, d'abord par le simple fait que toute la population est importée et qu'il n'y aurait, par conséquent pas de culture autochtone. Ceci, pourtant, ne paraît pas être le point essentiel. Nous avons démontré ailleurs[9] que les esclaves qu'on emmenait aux colonies de plantation étaient ethniquement moins hétérogènes qu'on ne le pensait et qu'ils arrivaient à reconstituer partiellement leurs cultures autochtones ou à en créer de nouvelles du même type, comme c'était le cas, par exemple, parmi les nègres "Saramakka" du Suriname. A l'origine des langues et cultures créoles insulaires nous trouvons donc le même besoin d'instruments culturels véhiculaires, et même dans leur forme actuelle ils en portent encore l'empreinte[10]. Si la langue créole aux îles du Cap-Vert a aujourd'hui des fonctions plutôt référentielles, il y aurait donc eu un échange de fonctions et c'est cela qui devrait nous intéresser. Il n'y a pas lieu ici de le mettre en relation avec le développement historique de la plantation insulaire. Il suffit de faire référence aux implications du "modèle pur" d'une économie de plantation tel qu'il a été proposé par Karl Levitt et

---

7. Nous faisons référence à la distinction traditionnelle entre langues pidgins et langues créoles : les premières se développent en tant que langues auxiliaires pour les rapports entre différentes communautés linguistiques et deviennent des langues créoles quand elles sont la langue maternelle de la majorité des locuteurs.

8. La Guinée-Bissau avait été la colonie la plus négligée par les Portugais ; l'impact du colonialisme était donc relativement faible.

9. FLEISCHMANN : Communication et langues de communication pendant l'esclavage aux Antilles. *Etudes Créoles*, vol. VI, Nos 1/2 (1983), pp. 29-46.

10. Les langues créoles et, dans une certaine mesure, aussi les cultures correspondantes, n'ont que peu de normes contraignantes et montrent des structures relativement simples et flexibles, ce qui permet l'accomodation rapide des étrangers.

Lloyd Best[11]. Selon ces économistes la plantation aurait tendance à devenir une "institution totale", c'est-à-dire à englober toutes les capacités matérielles et humaines de production pour les insérer dans le circuit commercial exclusif établi entre la colonie et la métropole. Les îles offraient alors les conditions naturelles qui permettaient de s'approcher le plus possible de ce but : des espaces restreints pouvant être pénétrés et contrôlés presqu'entièrement par ces intérêts coloniaux. Sont rares aux îles les zones non-utilisées et infranchissables, et si elles existent elles ne sont pas suffisamment vastes, riches et protégées pour permettre le développement d'un réseau de production/consommation indépendant, et donc une culture vraiment autonome. Les nouvelles cultures de subsistance se développèrent soit à l'intérieur de la plantation même, soit en marge. Déjà la culture des esclaves "marrons" et plus encore celle de la petite paysannerie qui naissait après l'abolition, n'existaient qu'en relation directe et complémentaire avec la plantation[12]. Il n'y avait donc pas ou peu cette coexistence entre les cultures autochtones et celle introduites par le colonisateur, qui, dans les colonies continentales occupaient des aires différentes et dont l'interpénétration et finalement le "mélange" n'apparaissaient que relativement tard et dans les zones de contact spécialisées. Aux îles, par contre, où la colonisation commençait par la destruction des populations et des cultures antérieures, cette séparation spatiale n'était pas possible ; s'il y avait tentative d'une restitution de cultures quasi-autochtones et quasi-suffisantes, elle se passait à l'intérieur de ce système culturel et social totalisant qui est celui de la plantation.

Dans cette perspective, les cultures créoles, en tant que cultures postérieures à la colonisation n'existeraient qu'en raison de celle-ci ; elles ne seraient que des formes déviantes ou des variantes d'un autre système culturel et économique servant de cadre de référence. Ainsi la relation entre culture créole et culture dominante aux îles représente, à un niveau plus global, une situation qui en sociolinguistique a été décrite par le terme de diglossie, c'est-à-dire la coexistence de deux variantes linguistiques superposées[13] (dans notre cas la langue créole et la langue dominante). Elles sont complémentaires dans le sens que seuls les deux ensembles offrent l'inventaire linguistique complet et nécessaire pour satisfaire tous les besoins de communication.

11. Cf. LEVITT, K. ; BEST, L.- Character of Caribbean Economy. *In* : BECKFORD (ed.) : Caribbean Economy.- Kingston, 1975, pp. 34-60. Le "modèle pur" ne correspond pas nécessairement à des cas historiques particuliers, mais explique à un niveau théorique, les tendances générales d'un tel système économique.
12. Cette dépendance des marrons, caractéristique des îles, a été décrite plusieurs fois. Cf. par exemple : DEBIEN, *op. cit.* (voir note 1), pp. 411-469 ; DEBRACH, Y. Le marronage. Essai sur la désertion de l'esclavage antillais. *Année sociologique*, 3 (1962), pp. 1-112.
13. Cf. FERGUSON, C.A.- Diglossia. *Word*, 15/2, 1959, pp. 325-340 ; FISHMAN, F.- Bilingualism with and without Diglossia ; Diglossia with and without Bilingualism. *Journal of Social Issues*, 23/2 (1967), pp. 29-38. Dans ce dernier article la distinction entre les deux concepts nous intéresse car on peut considérer que la colonisation des continents a sauvegardé, dans une certaine mesure, un bilinguisme linguistique et culturel, tandis que le créole des îles a été diglossique dès son origine.

Si nous poursuivons cette argumentation, nous voyons pourtant que cette perspective ne couvre pas toutes les significations de la créolité aux îles. La défonctionnalisation des langues et cultures autochtones et leur substitution successive par les formes véhiculaires de variante dominante allaient de pair avec l'établissement de la plantation comme institution totale. Si l'expansion fonctionnelle des langues et cultures créoles signale le rapprochement et l'inclusion de tous les groupes ethniques et culturels à cette "institution totale" de la plantation, elle exprime du même coup, dans la mesure où la culture créole diffère de la culture dominante du colonisateur, le besoin d'une distanciation de celle-ci. Parmi les caractéristiques les plus pertinentes des langues et cultures créoles sont comprises celles de leur variabilité et ambiguïté. Ainsi les langues créoles des îles peuvent être parlées d'une manière relativement accessible aux non-Créoles[14] ; mais les créolophones disposent également de stratégies linguistiques qui excluent, selon la forme choisie, non seulement les étrangers mais aussi toute autre personne qui n'appartient pas à un petit groupe local et très restreint. Dans cette double orientation de l'usage social de la langue apparaît, encore une fois, cette opposition entre ses fonctions véhiculaires et ses fonctions référentielles. La question est de savoir laquelle des deux orientations domine dans une communication particulière, dans le comportement linguistique d'un individu, d'une région ou d'une île entière, ce qui implique un grand nombre de variables liées à la mobilité sociale et à la capacité des groupes respectifs de satisfaire les besoins matériels et sociaux du locuteur. Ainsi la départementalisation et le passage à une économie de services, qui sans changer vraiment la structure de la société de plantations, augmentent la perméabilité de son tissu social, amènent une décréolisation graduelle. Inversement, au fur et à mesure que la société dominante ne permet pas d'assouvir ces nécessités primaires, nous trouvons un renforcement du fait créole qui, en tant que valeur référentielle, contribue à la restitution partielle et symbolique des circuits de production/consommation alternatives. Ces tentatives restent pourtant inaccomplies, car elles doivent s'enclaver dans la plantation comme institution totale; elles ne disposent donc que d'un espace restreint et précaire.

Pour revenir, après cette caractérisation -certainement trop brève- du fait créole lui-même aux notions spatiales, il faudrait d'abord les préciser un peu plus dans leur relation avec cet autre concept-clé qui est celui de la production. Il est d'abord important de noter que fondamentalement, notre conception de l'espace repose sur la perception subjective d'un individu ou d'un groupe social, dont l'espace respectif est celui de leur mobilité, soit réelle soit anticipée, et nécessaire pour satisfaire leurs besoins matériels et sociaux. La perception d'un tel espace est donc une condition inhérente à toute production ainsi qu'aux

---

14. Ce double usage du créole avait été mentionné déjà par le chroniqueur de Saint-Domingue, MOREAU de SAINT-MERY dans : *Description ... de la partie française de l'isle de Saint-Domingue.* Réimp. Paris, 1958, t. 1, p. 81.

mécanismes corrélatifs de la distribution et de la consommation, non seulement des biens matériels mais aussi des institutions sociales et culturelles : langue, religion, techniques de fabrication et de l'échange des biens, bref tout le savoir collectif nécessaire pour la survie du groupe.

Pour des raisons heuristiques nous partons donc de l'idéal d'une certaine autonomie de production/consommation à l'intérieur d'un espace relativement isolé. Cette situation est la plus facile à saisir en relation avec les groupes "autochtones" des continents dont nous parlions précédemment : tant qu'il leur reste suffisamment d'espace ils peuvent y maintenir, à un certain degré, une économie de subsistance et une culture correspondante ; l'extension de cet espace dépend d'un certain nombre de variables : nature des besoins, ressources naturelles et, surtout, le niveau du développement technique, qui délimite les moyens d'accès aux espaces plus éloignés.

Il est évident que dans les sociétés industrialisées qui disposent d'une technique sophistiquée de transports et d'informations, l'espace potentiel est devenu presque illimité. Ceci signifie que sa continuité géographique n'importe plus tellement : l'espace devient donc de plus en plus symbolique. Ce n'est pas la proximité géographique (c'est-à-dire les relations personnelles basées sur le voisinage) qui caractérise les interactions, mais les relations basées sur la proximité sociale qui mettent en rapport des personnes souvent inconnues l'une de l'autre et dont les interactions sont réglées selon les normes sociales en jeu. On pourrait donc faire une différenciation entre les espaces concrets et géographiques d'une part et les espaces symboliques et sociaux de l'autre ; notons également que, selon le type de mobilité qui est en jeu, cette même opposition peut aussi être désignée par les termes d'"horizontalité" et de "verticalité"[15].

Ces différences, certes, sont rarement perçues dans notre réalité quotidienne. Pour la plupart d'entre nous la perception d'un espace géographique et concret et celle d'un espace social et symbolique coexistent : les deux se présentent plutôt comme un continuum. L'espace immédiat est limité par un horizon mal défini où se confondent l'espace concret et l'espace symbolique. Les insulaires, pourtant, sont toujours conscients que leur espace immédiat a des limites imposées par la nature. La question est de savoir comment ils perçoivent ces limites. David Lowenthal a comparé avec justesse les Polynésiens qui utilisaient l'océan comme une grande route ouvrant les espaces de l'au-delà, et les Antillais pour lesquels la mer semble plutôt indiquer les confins de leur espace concret[16]. Sont frappantes les notions de cosmologie des Marie-

---

15. Ce concept d'espace que nous avons discuté plus largement dans une autre publication (Zum Problem der Literaturgesellschaft im Karibischen Raum ; LOSADA, A. (éd.).- La Literatura Latinoamericana en el Caribe. Berlin, 1983, pp. 49-115, ici p. 56 ss) n'est pas toujours identique avec celui utilisé dans les sciences géographiques. Il se rapproche encore le plus de celui utilisé dans la "géographie radicale" américaine (Cf. PEET, R. (éd.).- *Radical Geography*.- Chicago, 1977).

16. The Range and Variation of Caribbean Societies. *Annals of the New York Academy of Science*, 83/5 (1960), p. 787 ; cf. le même : *West Indian Societies*, New York, 1972, p. 8 sq.

Galantais qu'André Laplante a rassemblées ; le monde y apparaît comme une succession d'îles : la Marie-Galante, la Guadeloupe, la France[17]. Dans cette énumération manque toute notion de la continuité des espaces et de leur proximité ou distance. Nos propres interrogations d'élèves à Sainte-Lucie et en Martinique au sujet de leur conscience linguistique ont montré un phénomène comparable : le créole est considéré comme une langue locale et non pas comme permettant la communication avec les îles avoisinantes. Les langues étrangères qu'on apprend là ne sont pas vues comme celle de la Barbade ou celle de la Martinique, mais comme celle de l'Angleterre et celle de la France, c'est-à-dire comme instruments véhiculaires prévus pour un espace symbolique lointain[18]. Il apparaît donc que cette frontière hypothétique entre l'espace concret et géographique et celui d'une valeur symbolique et sociale existe aux îles créoles comme une rupture réelle dans la conscience spatiale. Elle est également marquée par une frontière culturelle qui sépare un inventaire culturel considéré comme "local" d'un autre qui paraît comme "universel" ; c'est au dernier qu'on attribue les fonctions véhiculaires d'une manière si absolue que le fait créole ne remplit plus que des fonctions référentielles.

Ce rétrécissement volontaire de la culture créole a des conséquences qui nous paraissent graves ; coupée de toute possibilité d'expansion soit dans le domaine géographique, soit dans le domaine social, la culture créole est traditionnaliste dans le sens qu'elle n'arrive pas à se modifier selon les circonstances. Ne produisant pas sa propre modernisation elle laisse le champ ouvert à la modernisation importée de l'extérieur. L'espace symbolique et vertical acquiert une importance démesurée. Dans les îles rattachées directe-ment à une métropole et qui sont donc relativement riches, il y a le double mouvement spatial qui d'un côté mène les personnes les plus mobiles vers cet espace vertical caractérisé par la ville-métropole, de l'autre l'intrusion de la culture moderne et "universelle" dans les espaces créoles. Ceux-ci, enclavés d'origine, subissent un émiettement ultérieur de leurs espaces jusqu'à leur érosion complète. Ceci se manifeste par la diminution des relations de voi-sinage géographique et la croissance des relations compétitives visant l'espace vertical. Il est significatif que les sociétés pauvres comme celle d'Haïti subissent le même sort d'une manière encore plus dramatique : en effet, la représentation spatiale est caractérisée par la case isolée, entourée du jardin où le paysan essaie, autant que possible, de produire tout ce dont il a besoin pour sa subsistance. L'émiettement de ces espaces paysans s'accentue par l'inter-vention de l'espace vertical qui est représenté par exemple par les avocats et

17. L'univers marie-galantais. Quelques notes sur la cosmologie des Marie-Galantais de la région des Bas. BENOIST, J. (éd.).- *L'archipel inachevé. Culture et société aux Antilles françaises.* Montréal, 1972, p. 207 sq.
18. Cf. FLEISCHMANN : Caribbean Cultural Communication - "International" or "Intra-Regional" ? *In* : FANGER/FURTAK/KONIG/ SANDNER (éds.).- Problems of Caribbean Development. - München, 1982, p. 39.

arpenteurs. Ceux-là, en substituant le savoir et les traditions (l'indivisibilité du "bien mineur") par les lois d'héritage officielles (basées sur le Code Napoléon) provoquent le morcellement des terres familiales qui sont la base de la structure sociale créole. Ainsi avec la réduction dramatique des exploitations agricoles disparaissent les anciens groupements de parentage, ce qui entraîne l'affaiblissement des liens de solidarité du groupe résidentiel, fait que facilite encore l'intervention des représentants de la ville. Ce cercle vicieux accentue un esprit de compétition qui n'est pas seulement une réponse à l'exiguïté réelle des espaces créoles mais reflète également une disposition mentale nourrie des expériences historiques séculaires.

Ainsi nous la trouvons également parmi les pêcheurs qui, comme il l'avait été signalé, se combattent entre eux par tous les moyens : "Tout se passe comme si, malgré le fait que la mer soit une ressource illimitée ouverte à tous, le succès d'un pêcheur portait préjudice à la réussite des autres"[19].

Seul l'espace lointain de la métropole permet de dépasser l'île exiguë. L'homme créole enclavé pour des raisons historiques dans un espace trop étroit, n'arrive plus à utiliser les espaces larges du voisinage qui sont à sa disposition immédiate. Entourés par la mer, les insulaires créoles n'ont pas développé une culture maritime qui, par l'amélioration des techniques d'exploitation aurait permis l'accès à de nouvelles ressources[20].

Cela surprend d'autant plus que les cultures créoles avaient, comme nous le disions au début, une origine véhiculaire et, dans une certaine mesure, nautique. Cette dimension de mobilité spatiale subsistait en parallèle pendant toute l'histoire coloniale quand les esclaves fugitifs en quête de la liberté fuyaient d'île en île et lorsqu'un système efficace et encore relativement peu connu de contrebande liait entre elles les îles relevant de pouvoirs coloniaux différents[21].

Il subsiste encore aujourd'hui des traces de ces larges espaces horizontaux qui apparaissent par exemple dans la migration clandestine des Haïtiens qui migrent d'une culture créole à une autre. Pourtant à l'âge des petits états insulaires et des frontières surveillées, cette perception de l'espace créole disparaît de plus en plus. Le fait créole aujourd'hui est plutôt caractérisé par

19. LEVY, J. K.- *Un village au bout du monde. Modernisation et structure villageoise aux Antilles Françaises.* Montréal, 1979, p. 91. Cf. aussi PRICE, R..- Magie et pêche à la Martinique. *L'Homme,* 4 (1964), pp. 84-113.
20. LOWENTHAL, D. - *West Indian Societies.* New York, 1972, p. 8 sq. "Polynesians and Melanesians, more at home with the ocean, make it a highway instead of a barrier ; but for West Indians (...) the island
21. Cette mobilité horizontale des Antillais échappe souvent à notre attention, parce qu'elle a été presque toujours clandestine. Nous connaissons certaines grandes ondes de migration, comme la fuite d'esclaves d'une île à l'autre, l'émigration des îles "anglaises" vers la Trinité et l'Amérique Centrale, la dispersion des Haïtiens dans toute la région. Pour la perspective européenne elles restent des événements isolés dont l'importance est difficile à évaluer. Cf. FLEISCHMANN, *op. cit.* note 3, pp. 24-47.

l'exiguïté de son espace propre, ce qui mène à une forme d'"implosion" sociale : à une compétition exagérée, au besoin d'une évasion culturelle et finalement à la destruction de son tissu social.

Résumé : Les représentations spatiales évoquées se réfèrent aux sociétés en place dans trois groupes d'îles (les Antilles, les Mascareignes et les îles "portugaises" de la côte ouest-africaine) fortement caractérisées par le "fait créole", phénomène à la fois linguistique et culturel. Le créolophone perçoit son espace linguistique (c'est-à-dire la portée spatiale de son idiome) comme très réduit, ce qui n'est pas considéré d'ailleurs comme un désavantage lorsque cet isolement présumé est compensé par la disponibilité d'un autre instrument linguistique (comme le français, l'anglais, le portugais) ouvrant sur de larges espaces. On voit alors se superposer une "culture universelle" et une "culture locale" bien distinctes. C'est comme si l'omniprésence de la mer marquait une rupture nette dans la continuité des perceptions spatiales et empêchait de cette manière, la constitution d'entités régionales plus grandes. De par leur genèse particulière les langues (et cultures) créoles ont tendance à s'"insulariser" mais elles gardent un caractère plus véhiculaire que les langues "tribales" des espaces continentaux. Elles peuvent même servir d'instrument de structuration d'espaces vastes.

Mots-clés : Milieu insulaire, société, langue, multi-linguisme, créole, Monde, zone inter-tropicale.

Summary : *Insularism and "creolization" ; theoretical approach.-* The spatial representations referred to are the societies established in three groups of islands (the Antilles, the Mascareignes and the "Portuguese" islands off the coast of West Africa) that are very strongly influenced by the Creole phenomenon, which is both a linguistic and a cultural matter. The speaker of Creole sees his linguistic space (i.e. the spatial range of his idiomatic language) as very limited in area, though this is by no means seen as a disadvantage since this supposed isolation is compensated by another linguistic tool (e.g. French, English, Portuguese) which provides openings into much wider areas. We can thus see a "universal culture" superposed quite distinctly on a "local culture". It is as if the ever-present sea marks out a clear division in the continuity of spatial perception and thus prevents larger regional bodies from being formed. By reason of their particular development, the Creole languages (and cultures) have a tendency to "insularize" themselves, but they do retain more of a lingua franca than the "tribal" languages on the wider continental areas. They can even serve as an instrument in the structuration of wide areas.

Keywords : Island environment ; Society ; Language ; Multi-lingualism ; Creole ; World ; Intertropical zone.

MICRO-INSULARITÉ ET PARTICULARISME : APPROCHE COMPARÉE A PARTIR DE CAS ANTILLAIS ET SEYCHELLOIS

par Jean-Luc BONNIOL

Les îles apparaissent pour le chercheur comme un objet d'étude privilégié... Par l'isolement qu'elles entretiennent avec le reste du monde, elles semblent le lieu d'évolutions indépendantes qui ne sont pas affectées par des forces externes, permettant par là à celui qui les étudie de mettre en évidence sur place des réseaux complets d'interactions ou de causalités. D'autre part, grâce au caractère réduit de leur espace, elles offrent l'image d'un monde en miniature et par là paraissent promettre l'accès à une vision d'ensemble... Mais cette impression conjuguée de séparation et de totalité, de "microcosme", n'est-elle pas illusoire ? Le chercheur ne projette-t-il pas sur la réalité ses propres fantasmes, sa propre recherche d'unité et de totalité, et les îles ne sont-elles pas obligatoirement immergées dans des flux qui les dépassent ?

Un tel dilemme apparaît particulièrement affirmé dans le cas des îles créoles de la Caraïbe ou de l'océan Indien. A la différence d'autres îles -tropicales, méditerranéennes- qui s'intègrent dans de vastes aires de civilisation, la mer y constitue une véritable barrière (à la différence peut-être de ce qu'elle représentait, pour la Caraïbe, du temps des Amérindiens). Chacune de ces îles, à la suite d'une histoire mouvementée et unique, semble avoir accumulé les particularités ; les populations et les sociétés qu'elles portent sont enfin d'apparition relativement récente, ce qui peut donner à celui qui les examine la sensation de maîtriser non seulement la variable territoriale, mais aussi temporelle, réunissant ainsi tous les faisceaux de causalité désirables. Mais en même temps toutes ces îles ont été englobées dans un mouvement historique général, celui de la colonisation, qui les a façonnées en fonction d'exigences externes, comme la satisfaction de marchés éloignés... Ce qui fait que l'on peut également avoir le sentiment que le destin de ces îles a été surdéterminé de l'extérieur.

Pour venir à bout d'un tel dilemme, il convient de préciser autant que faire se peut ce qui est le propre de l'insularité -et que l'on doit donc retrouver dans toutes les îles, du fait des phénomènes d'isolement, de limitation de l'espace- et ce qui ressort des effets, particuliers dans chaque cas, de ce contexte général. Il est donc proposé ici d'appliquer ce principe d'analyse au cas de petites îles créoles, deux dans la Caraïbe (Terre-de-Haut des Saintes et la Désirade) et l'une dans l'océan Indien (La Digue, dans l'archipel des Seychelles), leur petitesse leur donnant une plus grande valeur illustrative.

I.- LE CONTEXTE DE LA MICRO-INSULARITÉ

L'examen des îles, surtout des petites îles en marge d'ensembles plus vastes, permet généralement la mise en évidence, dans chaque cas, de particularités originales, voire de particularismes revendiqués... Mais ces spécificités s'articulent à certaines contraintes générales, qu'il est possible de voir à l'oeuvre derrière chaque profil particulier.

A - Caractères et effets généraux de la micro-insularité

On peut ainsi parler d'effets généraux de la micro-insularité, à partir des deux contraintes essentielles de la petitesse et de l'isolement. Une manière de rendre compte des originalités insulaires serait alors de cumuler plusieurs champs d'analyse : d'abord celui dans lequel s'inscrivent ces contraintes micro-insulaires générales, ensuite celui où peuvent s'appréhender les phénomènes "internes" à l'île, qui s'enracinent dans un cadre écologique particulier mais peuvent aussi être le fruit d'évènements aléatoires ; enfin celui où l'on peut saisir l'ajustement entre les forces externes et les évolutions internes, l'île réagissant en fonction de ses propres structures déjà acquises. Ainsi peut être profilée, pour chaque île, une séquence historique unique explicative de ses particularités, lesquelles peuvent retentir dans les représentations indigènes, aussi bien d'ailleurs chez les gens de l'extérieur que chez les insulaires eux-mêmes, aboutissant ainsi à l'émergence d'un particularisme.

Ile/isle/isole... Les mots ont peut-être parfois le pouvoir secret d'évoquer les choses, et la première caractéristique de l'île paraît être l'isolement qu'elle installe avec le reste du monde. Figure majeure de notre imaginaire : là peuvent y survivre des civilisations englouties, s'y dissimuler des pratiques inavouables (*Les chasses du Comte Zaroff*) ou s'y inventer une nouvelle humanité monstrueuse (*L'Ile du Docteur Moreau*). Il ne convient cependant pas de mettre trop l'accent sur l'importance de cet isolement : les vents, les courants, les bateaux existent et la mer -ce corollaire obligé de l'île- peut favoriser les échanges et constituer un trait d'union. Le caractère séparateur de l'île peut donc se révéler beaucoup moins affirmé que celui d'une barrière montagneuse, et certaines vallées constituent des cas d'isolat beaucoup plus nets que bien des îles. Ceci étant dit, il est des situations où la mer fonctionne effectivement comme une barrière, lorsqu'en particulier le groupe insulaire indigène ne dispose pas d'une technologie maritime suffisante pour affronter l'espace océanique : c'est le cas des îles créoles qui, pour des raisons historiques, communiquent mal entre elles ; les pêcheurs, souvent marginaux dans la population, s'y contentent d'une navigation côtière (on ne peut là noter que le contraste avec les grandes expéditions transocéaniques des indigènes du Pacifique...). La maîtrise des communications maritimes y apparaît comme une entreprise menée de l'extérieur, par le pouvoir de la métropole.

L'isolement va de pair avec la limitation de l'espace : il faut ici distinguer entre grandes îles et petites îles. Il semble en effet que l'insularité ne s'exprime véritablement que lorsqu'aux effets de séparation s'ajoutent ceux induits par l'exiguïté... A partir d'une certaine masse territoriale, l'île cesse d'être une île et acquiert une essence continentale : c'est là un thème classique sur lequel il n'est pas besoin d'insister. Les flux internes entre zones diversifiées prennent en fait plus d'importance que la dialectique intérieur/extérieur, essentielle à la problématique insulaire...

Cette problématique ne se déploie donc de manière complète que dans le cadre de la micro-insularité, lorsqu'en particulier correspond à l'île un établissement humain et un seul, lorsque par conséquent elle peut s'appuyer sur l'hypothèse centrale de la coïncidence d'un objet naturel et d'un objet social. Encore faut-il que deux conditions soient remplies   :

- la population établie sur l'île doit dépasser un certain seuil, au dessus duquel le groupe insulaire peut se constituer en tant que tel ; dans le cas contraire, cette population ne peut se reproduire d'elle-même et ne constitue que l'annexe fluctuante -dans la mesure où l'îlot peut être facilement déserté- d'un groupe voisin. Ce fut par exemple le cas de Grand-Ilet, aujourd'hui désert, dont la population gravitait dans l'orbite de celle de Terre-de-Haut des Saintes ; c'est encore le cas d'un bon nombre de minuscules îles des Seychelles dont la population permanente n'est constituée que de quelques familles, voire de quelques personnes, comme les îles Marianne ou Félicité, au large de La Digue ;

- la barrière insulaire doit jouer à plein, induisant pour le groupe un effet de clôture, si bien que ses frontières coïncident avec celles de l'île.

Ces conditions étant réunies, la micro-insularité joue essentiellement au niveau des paramètres démographiques du groupe, dans le sens d'une limitation de l'effectif, même si, par suite d'un effet de "nasse", une situation de surpeuplement peut être vite atteinte (des réflexions enrichissantes pourraient être menées sur le thème : "Malthus et les îles"...). On touche alors à un problème devenu classique en démographie et en génétique des populations, celui de la relation entre les **dimensions** d'un groupe et ses **structures**. Dans un petit groupe, différents réseaux, dont l'entrecroisement sépare habituellement des grappes d'individus, peuvent se rejoindre sur une même personne. La traduction sociale d'un tel phénomène est le cumul des activités et des rôles, trait effectivement bien observable dans les petites îles ; dans le cas des réseaux généalogiques, un même individu -ancêtre ou descendant- peut être rencontré plusieurs fois, ce qui est le signe de l'existence d'une certaine **consanguinité** à l'intérieur du groupe. Autre signe du même phénomène, on constate dans toutes les petites îles un stock limité de patronymes, ce qui entraîne, au niveau des alliances, de nombreux mariages "isonymes", dont la proportion par rapport à l'ensemble des mariages permet d'ailleurs d'estimer grossièrement la consanguinité dans la population...

La séparation incite par ailleurs au phénomène bien connu des naturalistes qu'est **l'endémisme**, c'est-à-dire la conservation, propre à un lieu, d'espèces ou de variétés reliques ailleurs disparues. Bien des îles sont ainsi réputées pour leur plante ou leur animal unique : dans les cas qui nous intéressent, il n'est besoin que de citer l'iguane des Saintes (qu'on trouve également à la Désirade...), la veuve de La Digue (et, non loin de là, le fameux "coco de mer" de Praslin...). Il est tentant de projeter ce phénomène sur le plan des réalités humaines et historiques : ainsi certaines formations sociales, certains modes de peuplement peuvent mieux subsister en certains lieux à l'écart des grands mouvements qui entraînent la société globale. Dans cette perspective, il est possible de considérer une société et une population comme celles de Terre-de-Haut des Saintes comme d'ultimes reliques, survivances ayant traversé les siècles depuis l'aube de la colonisation, exemple concret de ce que peut être une Antille hors des contraintes d'une monoculture d'exportation...

B - Particularités et particularismes insulaires

Cette "atmosphère" générale propre aux petites îles débouche, on le voit, sur des particularités très diverses : le fait de posséder telle espèce relique, d'avoir développé tel trait social ou d'avoir conservé tel trait culturel... L'originalité naît ainsi obligatoirement d'un type d'évolution en vase clos, où ce qui est le propre du lieu peut survivre indemne, sans être dilué dans un brassage indifférentiateur...

Premier élément d'originalité, celui lié au donné physique premier de l'île : relief, sols, climat... Au départ donc un certain nombre de contraintes écologiques qui, en fonction des technologies disponibles, orientent les activités humaines dans tel ou tel sens. Ainsi la sécheresse a constitué un "facteur limitant" pour l'implantation de la canne à sucre dans des îles comme Terre-de-Haut des Saintes ou la Désirade, dont l'histoire économique s'est dès lors complètement écartée de celle des îles à sucre voisines. De plus, à partir d'un soubassement économique particulier, c'est toute la formation sociale insulaire qui s'en trouve affectée : en reprenant l'exemple de Terre-de-Haut des Saintes, on peut constater que l'esclavage y est demeuré un phénomène marginal (induisant par là une histoire du peuplement tout-à-fait originale pour la région...) et que la hiérarchie socio-raciale classique des îles de plantation n'a pu véritablement s'y installer.

Deuxième série d'éléments constructeurs des originalités insulaires, ceux relevant de l'**histoire** propre à chaque île... A partir des contraintes écologiques premières se met en place un ensemble de structures, dont l'articulation en système plus ou moins déséquilibré conduit au mouvement. A ce niveau intervient en outre l'impact de l'évènement aléatoire, parfaitement imprévisible et "irréductible", qui peut retentir sur les formations sociales et se placer au départ de chaînes de causalité structurale. Mais cet impact ne se fait pas au hasard : le groupe réagit à l'évènement, tout comme d'ailleurs aux influences externes, à partir des propriétés mêmes de ses rapports sociaux préexistants, déjà acquis lors d'étapes antérieures de son développement.

Rien de particulièrement insulaire dans tout cela, sinon que les îles le vivent de manière particulièrement paroxystique... Chacune, à partir de son originalité physique première, connaît ainsi une séquence historique unique, particulièrement visible dans les configurations culturelles qui s'y manifestent. Il est devenu banal d'insister sur la marqueterie que les îles des Antilles réalisent en la matière, procédant, au delà de la diversité des cadres écologiques, du contexte colonial, de la multiplicité des métropoles et des vicissitudes des dominations, ayant entraîné la passation des îles dans des mains différentes, à diverses époques, ce qui fait que chaque terre en a retiré un "profil" bien à elle... Il est un dernier fait qui mérite d'être souligné : le poids de l'extérieur ne doit pas se faire trop important, car il risque de gommer de manière définitive ces particularités. C'est là un danger qui guette les petites îles, particulièrement vulnérables, du fait de leur faible volant de population, au laminage exercé par la société globale.

Mais les îles ne se définissent pas uniquement par des données objectives... L'univers des **représentations**, des idées que les insulaires se font d'eux-mêmes, paraît tout aussi déterminant. Car les îles, surtout les petites, celles qu'un groupe humain et un seul peut s'approprier, semblent un cadre spatial particulièrement propice à l'émergence d'un sentiment d'identité à base territoriale. Les données insulaires et leurs corollaires sociaux et culturels sont en quelque sorte majorés au niveau idéologique, majoration jouant un rôle essentiel dans le discours du groupe insulaire sur lui-même. Ainsi se dessinent des particularismes où les justifications idéologiques rejoignent l'endémisme naturel, réactivant par ce biais les barrières insulaires...

II.- *DEUX DÉPENDANCES GUADELOUPÉENNES*

Les petites dépendances de la Guadeloupe présentent toutes un air de famille, marqué par une marginalité partagée par rapport à l'ensemble guadeloupéen. Deux sont ici présentées : Terre-de-Haut, l'une des deux îles habitées du petit archipel des Saintes, au sud de la Guadeloupe, et la Désirade, à l'extrémité occidentale de la Grande Terre. Par bien des aspects semblables, elles développent pourtant chacune à leur manière leur différence...

La donnée commune première, liée d'ailleurs à **l'exiguïté** des deux îles (5 km² pour Terre-de-Haut, un peu plus de 20 km² pour la Désirade) est certainement la sécheresse. La petite superficie des terres, la faible élévation des sommets ne permettent pas une ascension suffisante des masses d'air pour provoquer des chutes de pluie abondantes, comme cela se produit sur les flancs montagneux de la grande île voisine. C'est dans l'existence d'une longue saison sèche, particulièrement bien marquée, que réside l'une des différences essentielles avec le climat de la Guadeloupe, sécheresse encore accentuée par le caractère violent des ondées et l'évaporation due à la faible nébulosité, entraînant un fort déficit hydrique.

La petitesse des îles s'accompagne en outre d'une topographie assez heurtée (édifices volcaniques démantelés à Terre-de-Haut, table calcaire corallienne surélevée à la Désirade) qui se double d'une extrême maigreur des sols. Ces médiocres conditions climatiques et édaphiques suffisent à rendre compte de la vanité des efforts agricoles et du fait fondamental que les deux îles aient pu ainsi échapper à l'extension des canneraies, et donc qu'elles n'aient été affectées que très marginalement par la formation économique et sociale spécifique des îles à sucre.

L'exiguïté cumule enfin ses effets à ceux de l'isolement : les deux îles ont vécu durant leur histoire largement repliées sur elles-mêmes, malgré le poids du monde extérieur, à certaines périodes (lié en particulier aux diverses installations militaires qui ont pu se succéder à Terre-de-Haut, sur cette île que l'on qualifiait de "Gibraltar des Indes Occidentales"... et, dans le cas de la Désirade, à l'implantation, dès les débuts de l'occupation de l'île, d'une léproserie, destinée à accueillir les lépreux de toutes les Antilles). Des communications donc difficiles avec l'extérieur, qui n'ont que lentement progressé et qui, conjuguées avec l'exiguïté et la sécheresse, suffisent à rendre compte des lignes de force d'économies traditionnelles fondées sur la survie.

Mais au-delà de ces caractères communs, induisant une même pauvreté, des **différences environnementales** importantes ont entraîné les deux îles vers des modes d'adaptation tout-à-fait distincts. Le terroir de la Désirade, en particulier sur la petite plaine côtière au sud du plateau de la Montagne, apparaît nettement plus favorable au développement des cultures que les maigres fonds, de surcroît de superficie fort réduite, de Terre-de-Haut. L'île de la Désirade offre ainsi une superficie cultivable beaucoup plus importante, ce qui explique que le développement de l'agriculture y ait été beaucoup plus conséquent. Les liaisons avec la mer semblent par contre plus difficiles : la côte nord de l'île, formée de hautes falaises tombant directement dans les flots, est très inhospitalière ; la côte sud, du fait de l'aspect allongé de l'île dans le sens des vents dominants, est peu abritée : le mouillage y est problématique ; elle est de surcroît frangée tout du long de récifs coralliens rarement interrompus de passes dangereuses. Ce qui explique que la pêche, bien que l'île soit située à proximité de hauts fonds poissonneux, ne soit jamais devenue l'activité prépondérante. Ce qui explique également que l'isolement de l'île paraisse plus important, fait accentué à l'époque de la navigation à voile, par sa position au vent de la Guadeloupe, qui obligeait les navires voulant la rejoindre à d'innombrables bordées...

La position de Terre-de-Haut permettait par contre à ses habitants de se tourner vers les ressources de la mer : l'emplacement était idéal pour l'implantation d'un établissement de pêche, grâce à l'étirement de l'île, le long d'une direction quasi perpendiculaire à la progression de la houle et des vents dominants, protégeant une rade remarquable par son calme permanent. De plus la plate-forme dont l'archipel des Saintes constitue la simple partie émergée est assez largement développée, surtout vers l'est, en direction de Marie-Galante, constituant un territoire de pêche relativement vaste.

Il est donc possible, dans un premier temps, de repérer dans les deux îles les phénomènes relevant des effets généraux de la micro-insularité. Premier élément à relever : dans les deux cas un groupe humain semble bien coïncider avec l'île. C'est particulièrement évident dans le cas de Terre-de-Haut, où un habitat villageois groupé rassemble la plupart des habitants de l'île. C'est plus difficile à affirmer dans le cas de la Désirade, où la population se disperse en "quartiers" tout au long de la plaine côtière méridionale. Il semble cependant que les échanges de personnes entre ces quartiers soient suffisants pour éviter qu'ils ne se referment en sous-groupes isolés : une étude des échanges matrimoniaux sur plus d'un siècle permet d'affirmer que la population désiradienne fonctionne comme un tout par rapport à l'extérieur.

Il est en effet une mesure qui permet de rendre compte du phénomène : celle de **l'endogamie insulaire,** c'est-à-dire la proportion des mariages unissant entre eux des habitants de l'île. Si ceux-ci ont davantage de chances de se marier à l'intérieur de l'île qu'à l'extérieur, les conditions statistiques sont réunies pour que l'on puisse affirmer la coïncidence de l'objet social et de l'objet naturel. Les chiffres ici présentés ne constituent qu'une approche relative du phénomène, pour deux raisons essentielles :

- la première tient à la méthodologie utilisée : tous les mariages des membres du groupe ne sont pas pris en compte; ne sont relevés que les mariages célébrés sur l'île. On peut cependant admettre que les mariages à l'extérieur de l'île ne sont guère significatifs au plan de la dynamique des populations : leurs contractants, à l'exception de quelques cas rarissimes de retour, sont "perdus" pour l'île, et leur destin est de se fondre dans les populations extérieures, qu'elles soient guadeloupéenne ou métropolitaine. Il ne semble pas que joue ici, comme dans les villages de l'ancienne France, la coutume de célébrer les noces au lieu de naissance de la mariée, par suite justement des difficultés de communication ;

      - la deuxième tient aux particularités de l'organisation familiale antillaise. Les alliances légales laissent en effet de côté les individus qui arrivent sur l'île et y procréent, contribuant effectivement au patrimoine génétique de la population, mais sans être mariés... Alors qu'au contraire certaines unions légitimes exogames, pour des raisons diverses, peuvent rester sans descendance sur l'île. Ces réserves étant faites, on constate que Terre-de-Haut connaît une assez forte endogamie (tabl. I), qui fluctue aux alentours des 60 %, sans commune mesure donc avec celle d'une population insulaire très isolée comme Saint-Barthélemy, où elle atteint près de 100 %. On constate également une nette tendance à une plus grande importance de l'exogamie féminine, le nombre des mariés extérieurs l'emportant largement sur celui des mariées. Pour la Désirade, on peut se livrer à des calculs similaires (tabl. II) ; l'endogamie désiradienne apparaît nettement plus forte que celle de Terre-de-Haut, indice certainement de l'isolement plus rigoureux de l'île. Le même déséquilibre s'observe entre les sexes, les mariés extérieurs étant là aussi en nombre plus important que les mariées extérieures. Dans les deux cas également, on constate le caractère réduit de la population qui, à l'heure actuelle, est du même ordre de grandeur dans les deux îles : 1 500 habitants pour Terre-de-Haut, et 1 700 pour la Désirade. Mais ces effectifs similaires ont été atteints au terme d'**histoires fort dissemblables**, où ont joué les différences écologiques originelles.

	1848-1872	1873-1897	1898-1922	1923-1947	1948-1974
Total des mariages	99	78	102	153	210
Le marié est extérieur	19	21	19	31	47
La mariée est extérieure	17	13	9	19	13
Proportion des mariages endogames	62,20 %	64 %	70 %	65,20 %	66,20 %

Tableau I.- *Évolution de l'endogamie à Terre-de-Haut*
(Archipel des Saintes)

	1848-1873	1874-1898	1899-1923	1924-1948	1949-1978
Total des mariages	352	215	212	256	275
Le marié est extérieur	31	30	28	37	53
La mariée est extérieure	11	7	9	2	16
Proportion des mariages endogames	87,40 %	82,70 %	82,50 %	83,70 %	73,10 %

Tableau II.- *Évolution de l'endogamie à la Désirade*

L'occupation humaine date, pour **Terre-de-Haut,** du milieu du XVIIe siècle : il ne semble pas -d'après l'état actuel des connaissances archéologiques-qu'il y ait eu sur l'île un établissement amérindien permanent. De petits colons s'y installent à partir de 1648, mais cette installation devait demeurer fluctuante jusqu'au deuxième tiers du XVIIIe siècle, les habitants devant à certaines périodes se replier sur Terre-de-Bas, plus facile à défendre... Les divers documents dont on dispose donnent jusqu'au début du XIXe siècle des chiffres globaux pour l'ensemble de l'archipel. Ils permettent de se faire une idée de l'évolution d'ensemble et d'avancer néanmoins des hypothèses sur le mouvement de la population à Terre-de-Haut. La population des premières années de colonisation était extrêmement réduite, comme en témoigne le premier dénombrement de 1671 (53 habitants). Mais, à l'extrême fin du siècle, par suite de l'essor de la population primitive et surtout grâce à l'arrivée de nouveaux colons, l'effectif avait déjà plus que sextuplé (344 habitants). Nous n'avons pas de chiffres permettant de jalonner l'essor du XVIIIe siècle, mais l'accroissement dut être régulier et massif, puisque la population triple de 1699 à 1790, s'installant au dessus du seuil des 1 000 habitants pour l'archipel. La première estimation concernant la seule Terre-de-Haut date de 1830 : elle est de 508 habitants, alors que la population d'ensemble pour l'archipel est d'environ 1 100 habitants, n'ayant pratiquement pas augmenté depuis la fin du XVIIIe siècle. On peut donc postuler que le groupe de Terre-de-Haut avait déjà atteint ce niveau des 500 habitants -suffisant pour qu'il puisse assurer son autonomie démographique- dès 1790, et certainement avant cette date. Ce n'est qu'à partir de 1882 (date de l'érection de Terre-de-Haut en commune séparée) qu'on dispose d'une série continue de chiffres. L'effectif est alors de 712 habitants ; il monte à 872 en 1936, date à partir de laquelle le taux d'accroissement annuel devient beaucoup plus fort. La courbe de l'évolution démographique prend une allure de plus en plus abrupte, donnant à l'ensemble une forme concave caractérisée. Cette croissance se poursuit jusqu'en 1967 ; elle est suivie d'une stagnation, voire même d'un léger déclin après cette date : la population de l'île semble avoir atteint là un niveau maximum ; la densité sur Terre-de-Haut (454 ha) atteint pour ces dernières années le chiffre de 320 habitants/km².

L'occupation humaine à la **Désirade** remonte à l'époque précolombienne, mais l'île fut colonisée beaucoup plus tardivement : aucun texte du XVIIe siècle ne la mentionne comme étant peuplée... La première indication sûre date de 1728, au moment de la décision d'y établir une léproserie, l'île "étant peuplée seulement de quelques Caraïbes". Mais l'île est constituée en paroisse autonome à partir de 1754, signe d'une implantation conséquente. En 1763 elle apparaît peuplée de "50 à 60 familles créoles" ; le premier chiffre de population précis est contenu dans un mémoire datant de l'année 1779 : l'île compte alors d'après ce document la population appréciable de 1 100 habitants. D'après les recensements dont on dispose pour l'an IV et l'an V, ce nombre doit être quelque peu minoré, se situant légèrement au-dessus des 900 habitants. Il monte à 1 248 habitants en 1818 et dépasse largement les 1 500 en 1848, d'après une projection faite à partir de l'effectif des esclaves libérés. Lorsqu'on se reporte aux premiers chiffres officiels consignés dans le *Bulletin Officiel de la Guadeloupe*, on se rend compte que cette estimation concorde avec le premier effectif mentionné (pour l'année 1862), effectif qui s'élève à 1 793 personnes... Depuis cette date, la Désirade a conservé une population étale, puisqu'elle compte aujourd'hui environ 1 700 habitants.

Deux évolutions donc fort différentes, l'une caractérisée par une montée constante à partir d'un groupe très restreint, l'autre par une stagnation à partir d'une population ayant atteint beaucoup plus tôt un chiffre conséquent. Cette divergence est certainement à mettre en relation avec la différence des modes d'adaptation écologique ; on peut recourir pour en rendre compte au vieux modèle malthusien du ciseau subsistances/population. Dans un cas le choix prépondérant de l'agriculture -avec pour corollaire, nous le verrons, l'arrivée plus nombreuse d'esclaves- a permis l'implantation précoce d'une population, largement immigrée, nombreuse qui n'a pu progresser au delà d'un certain seuil (environ 1 700 h) correspondant à la capacité de charge de l'île. Cet effectif stationnaire a été obtenu par l'établissement d'un équilibre entre une forte fécondité et des départs massifs, assortis d'épisodes graves de surmortalité, au premier rang desquels il faut placer le choléra de 1865. Dans l'autre cas le choix de la pêche a restreint la population, de manière préférentielle, aux seuls libres : le groupe s'est surtout développé à partir de son seul croît naturel, donc plus lentement, ne dépassant pas les 800 individus en fonction de la technologie traditionnelle utilisée. L'essor récent (passage à 1 400 individus) est parallèle à un saut technologique (introduction du moteur, etc...). L'émigration, malgré son importance, n'a pas suffi à enrayer ce mouvement, grâce au dynamisme formidable des naissances. Cependant, s'il ne se produit pas un nouveau saut technologique, l'effort de pêche ne semble pas pouvoir être augmenté sensiblement, même par une multiplication du nombre des pêcheurs, ce qui implique donc une nouvelle stagnation de la population, tendance vérifiée ces dernières années.

Ce contraste se retrouve en fait dans toute l'histoire sociale, et l'**histoire du peuplement** qui en découle, des deux îles. Un simple coup d'oeil à certains dénombrements de la première moitié du XIXe siècle permet de se rendre compte de la moindre importance de l'élément servile à Terre-de-Haut (en 1830, il constitue les 2/5 de la population totale). On en arrive ainsi à la constatation, essentielle pour comprendre la dynamique particulière du métissage sur l'île, que nous sommes en présence d'une population issue de deux stocks biologiques qui sont en proportion inverse de ce qu'il est courant de constater dans la région, avec une majorité de Blancs par rapport aux Noirs, ce qui en fait un cas presque unique dans la Caraïbe. Ces proportions de départ s'articulent en outre à une **histoire sociale** caractérisée par un manque de netteté des phénomènes de stratification. Rien de comparable en tout cas aux hiérarchies rigoureuses des îles plus vastes où, traditionnellement, une mince élite possédante, héritière de la plantocratie, le plus souvent blanche, occupe le sommet de la pyramide sociale, alors qu'on trouve à la base une masse "de couleur" descendant des anciens esclaves. Les activités sont ici trop fragmentaires ou rétrécies pour opposer valablement des groupes constitués : la terre n'a souvent pas de valeur agricole réelle et la pêche est alors le moyen essentiel d'existence ; elle favorise l'émergence d'un certain égalitarisme qui, par rapport à un territoire maritime non approprié, met l'accent sur les chances et les qualités individuelles... Il en résulte une certaine atténuation de la pratique raciale, dans la mesure où l'absence de domination économique a empêché la constitution d'une véritable hiérarchie socio-raciale. Aussi le métissage a-t-il connu sur l'île une dynamique particulière : le groupe blanc ne s'est pas entouré de barrières qui lui auraient permis de s'isoler du groupe noir minoritaire, ce qui débouche aujourd'hui sur une certaine hétérogénéité des types physiques au niveau familial, quoique la variance phénotypique au sein de l'ensemble de la population soit assez faible, n'allant que du "blanc" au "clair", si bien qu'on peut parler d'un "type" saintois, caractérisé par une faible coloration de peau et la prééminence des traits européens.

Si l'île de la Désirade est elle aussi périphérique par rapport à la formation économique et sociale dominante de la région, elle apparaît cependant un peu comme un "modèle réduit" des îles plus vastes : la présence d'une masse relativement importante d'esclaves (63 % à la fin du XVIIIe siècle, chiffre appréciable mais beaucoup moins élevé cependant que celui de la Guadeloupe à cette date : 80 %...) incite à penser qu'un système de plantation miniature investit l'île au XVIIIe siècle. L'île se consacre en fait au coton, culture relativement adaptée à la sécheresse. Mais ces habitations cotonnières disparaissent après l'Abolition, incapables d'être confrontées au travail salarié, tandis que se met en place une économie traditionnelle fondée sur l'agriculture de subsistance (la culture du coton persiste mais devient très marginale), la pêche (anciennement pratiquée mais qui connaît un fort développement) et l'expatriation temporaire des hommes qui s'engagent comme matelots ou dans les sucreries de la Grande-Terre. Une telle structure économique plaçait sur un pied de relative égalité le Blanc et le descendant d'esclave : le groupe blanc, pour sauver un ordre racial qui seul enregistrait sa préeminence, a pratiqué un strict contrôle des alliances, s'enfermant dans un comportement endogame qui lui a permis de se préserver en tant que tel. Pour finir, cette barrière interne, qu'aucune supériorité économique ne justifiait, a été battue en brèche au bout d'un siècle, avec la multiplication de mariages "mixtes", parallèlement aux bouleversements qui se sont emparés de l'île lors de la période départementale, malgré son isolement.

L'impact des **forces externes** s'est modulé en fonction de ces histoires particulières. Certes, au départ, les deux sociétés insulaires sont nées de l'irruption de l'extérieur dans l'espace de l'île : c'est de l'extérieur que sont arrivés les hommes, libres ou esclaves ; c'est l'extérieur qui a fourni les schèmes sociaux et idéologiques qui leur ont permis de structurer leurs rapports, à savoir une stricte assignation des rôles grâce à l'esclavage et au préjugé de couleur ; c'est encore l'extérieur qui a donné aux îles une fonction dans la société globale : pour Terre-de-Haut une fonction militaire, avec le développement de fortifications et l'installation sur place de garnisons, pour la Désirade une fonction de relégation (implantation de la léproserie en 1728, épisode de la déportation des "mauvais sujets" de 1763 à 1767...). Mais le fait de produire pour l'extérieur a installé la Désirade dans une situation de moindre autonomie par rapport aux évènements survenant dans la société globale. Ainsi l'Emancipation y a-t-elle eu des conséquences plus déterminantes, pulvérisant les petites habitations cotonnières qui avaient réussi à s'implanter sur l'île, alors qu'à Terre-de-Haut l'édifice social de l'île ne fut pas fondamentalement modifié. Les deux îles ont enfin subi les effets de la **modernisation départementale** impulsée de l'extérieur : c'est certainement cette modernisation, et les mutations idéologiques qui l'ont accompagnée, qui est responsable en partie (conjuguée avec une maturation interne) de la fin de l'ordre racial à la Désirade ; c'est cette modernisation qui a pris à Terre-de-Haut les traits d'une invasion touristique qui, bien qu'elle joue largement sur un certain nombre de clichés insulaires, signifie pour le groupe une grave perte d'autonomie...

La perception que les insulaires ont de ces relations avec l'extérieur est essentielle dans la construction de leur identité. Un particularisme naît à la fois des différences objectives qui singularisent l'île, et d'un sentiment de marginalité par rapport à un ensemble plus vaste... Dans le cas de Terre-de-Haut, le processus est particulièrement net, si bien qu'il débouche sur l'émergence d'une véritable identité ethnique. Une telle différenciation s'appuie au premier chef sur la conscience d'une discontinuité phénotypique avec les groupes humains voisins. Si, comme on vient de le voir, l'identification raciale ne structure plus le champ intérieur de communication et d'interaction entre les individus, la "race" garde sa prégnance dans le cadre des relations avec les étrangers. De telles représentations débouchent sur l'idée d'une communauté d'origine, originale pour la région, rationalisée par le mythe de l'origine bretonne. D'autre part, malgré les continuités évidentes qu'on pourrait relever à l'envie dans le domaine culturel entre la Guadeloupe et Terre-de-Haut, les discontinuités, si minimes soient-elles, alimentent elles aussi le discours de la différence, en phase avec le sentiment d'une unité culturelle de l'île. Comme ailleurs les traits culturels pris en compte dans la construction de l'identité sont ceux que les acteurs eux-mêmes regardent comme signifiants : il est des signes manifestes que l'on exhibe, mais d'autres sont ignorés ou refusés ; les Saintois insistent ainsi beaucoup sur la spécificité de leur créole et de leurs techniques de pêche... Par là peut émerger un véritable sentiment d'appartenance, principal opérateur de l'ethnicité, sentiment qui fait une référence constante à l'espace de l'île et à l'attachement à certaines lignées familiales, dont l'origine insulaire est aisément repérable par leurs emblèmes patronymiques.

Les Désiradiens ne bénéficient évidemment pas d'une telle discontinuité phénotypique pour asseoir leur particularisme : bien que la tonalité d'ensemble du métissage y soit plus claire qu'à la Guadeloupe, on trouve chez eux tous les types physiques. De plus, dans la mesure où un groupe blanc s'y est maintenu jusqu'à nos jours, le sentiment d'unité dispose de moins de points d'appui... Mais la même coupure avec l'étranger se retrouve : "vous aurez beau rester des années à la Désirade, vous resterez toujours un étranger"... (témoignage d'une résidente guadeloupéenne). Les Désiradiens disposent eux aussi d'un certain nombre d'originalités culturelles, qu'ils peuvent également exhiber, comme les chants marins que l'on peut encore entendre lors de la fête du 15 août (chants en français, sur des mélodies proches du chant populaire des provinces de l'Ouest). On retrouve finalement un sentiment d'appartenance identique, s'ancrant également dans l'espace de l'île et les lignées patronymiques.

III.- LA DIGUE (ARCHIPEL DES SEYCHELLES)

Afin d'accroître la portée générale de ces réflexions, changeons maintenant d'hémisphère et transportons-nous vers d'autres longitudes, dans l'océan Indien, en abordant le cas d'une autre petite île de même grandeur que les précédentes, celle de La Digue, dans l'archipel des Seychelles. L'île compte aujourd'hui 1 900 habitants, pour une superficie de 10 km². Précisons qu'il s'agit là aussi d'une île créole, ce qui permet de raisonner à partir d'un processus historique de même nature.

Ce processus s'éloigne cependant par quelques traits importants de celui qui s'est exercé aux Antilles. En quelques lignes, essayons de préciser quels sont ces traits de divergence, qui concernent les Seychelles dans leur ensemble. Premier point, ces îles ont connu une **colonisation plus tardive**, puisqu'elles n'ont commencé à être véritablement occupées que dans le dernier quart du XVIIIe siècle ; l'installation humaine à La Digue ne concerne que l'extrême fin du siècle. De plus cette colonisation a été largement une colonisation seconde, puisqu'elle a été menée essentiellement à partir des territoires, eux-mêmes coloniaux, des Mascareignes. Le volant d'évolution y est donc plus limité, et un certain nombre de traits culturels sont en fait hérités d'autres îles.

Deuxième point, l'**isolement** des Seychelles dans leur ensemble est beaucoup plus considérable : leur situation au milieu de l'océan Indien, à l'écart des routes maritimes, explique d'ailleurs leur colonisation tardive. Il faut attendre l'ouverture du canal de Suez pour qu'elles soient fréquentées par des lignes régulières, qui n'ont guère cependant affecté leur repliement tradition-nel ; seule l'ouverture, fort récente puisqu'elle date des débuts des années soixante-dix, d'un aéroport international sur l'île principale a permis une véritable "ouverture au monde"...

Troisième point, les Seychelles semblent fonctionner beaucoup plus que les Antilles sur le modèle de l'**archipel**. Des raisons naturelles et historiques y contribuent : elles sont beaucoup plus pulvérisées en une multitude de petites îles, que leur isolement commun rapproche en un ensemble cohérent ; elles n'ont pas été fragmentées entre plusieurs colonisateurs, fragmentation qui dans le cas des Antilles accroît les originalités insulaires ; leur contraste culturel avec leur deuxième nation colonisatrice, la Grande-Bretagne, auquel se joignait un sentiment de marginalité par rapport à l'Ile Maurice, dont elles ont longtemps dépendu, a permis l'émergence d'une identité seychelloise d'ensemble, qui s'appuyait de fait sur des échanges assez substantiels entre les différentes îles, du moins celles du groupe granitique central. Le fait est confirmé par l'examen de lignées familiales, dont on retrouve des ramifications aussi bien par exemple à Mahé qu'à La Digue. De plus, lorsqu'on prend en compte les Seychelles granitiques, les seules où sont installés des groupes humains constitués, on s'aperçoit que les contrastes écologiques ne sont pas suffisants comme aux Antilles pour opposer les îles entre elles : partout se sont établies les mêmes plantations, en particulier celle du cocotier ; partout donc se rencontre le même type de formation sociale et partant le même peuplement.

Il n'en demeure pas moins que La Digue constitue également un **monde à elle seule.** Ceinturée de récifs frangeants, l'accès des embarcations y a toujours été difficile. Jusqu'à ces dernières années un transbordement devait se faire sur des canots qui seuls pouvaient emprunter l'étroit passage qui a d'ailleurs donné son nom à la portion de l'île qui lui fait face : "La Passe"... Encore aujourd'hui le bateau reste le seul moyen de communication avec l'extérieur ; il ne reste au visiteur pressé que la possibilité de prendre un avion jusqu'à Praslin et de là une "navette" jusqu'à La Digue. De là peut-être l'image de l'île telle qu'elle s'est constituée dans l'esprit des insulaires -une île à la vie calme, retirée, loin des "tumultes" de Mahé- et telle qu'elle est aujourd'hui soigneusement construite à l'usage des touristes, image où jouent justement un certain nombre de clichés insulaires classiques : "petit paradis... le temps s'est arrêté à l'entrée de l'île... La Digue se mérite..." (extraits d'un ouvrage touristique sur les Seychelles ; on retrouve des notations de la même trempe dans tous les prospectus...). Un soin particulier est apporté à maintenir cette représentation d'une île préservée : ainsi il a bien fallu électrifier, ce qui a été fait tout récemment, mais l'essentiel du réseau a été enterré et un câble sous-marin amène le courant depuis Praslin, ce qui évite donc à l'île les nuisances, aussi bien sonores que visuelles, d'une usine de production propre. Dans le domaine des moyens de transports internes, seuls sont autorisés quelques camions et véhicules collectifs et tous les déplacements se font donc à pied, en vélo ou en char-à-boeufs... Ce dernier moyen de locomotion est particulièrement réservé aux touristes, dont le sentiment de nostalgie est également éveillé par les routes de terre battue, douces au pied et à la marche, qui sont les seules que l'on rencontre sur l'île...

Les difficultés d'accès sont donc devenues un véritable atout en faveur de l'île. Elles ne l'ont de toute façon pas empêchée de connaître le même type de développement que les autres Seychelles : en aucun cas La Digue n'apparaît marginale ou défavorisée, ce qui souscrit au modèle de l'archipel développé plus haut. Le cadre physique n'y est pas moins favorable qu'ailleurs : mieux, l'île bénéficie d'une assez large superficie plane, à l'ouest de l'échine montagneuse qui court du sud au nord de l'île, le "plateau" de La Passe et de l'Anse Réunion sur lequel se concentre l'essentiel de la population. Les "glacis" (chaos de blocs granitiques, dont certains tombent directement dans la mer) y sont peut-être plus nombreux qu'ailleurs, mais ils constituent aujourd'hui un attrait touristique supplémentaire (l'île possède dans la propriété de l'Union le plus grand monobloc des Seychelles...). Les pluies (plus de 1 600 mm/an) y sont suffisamment abondantes, bien réparties tout au long de l'année, pour permettre divers types de culture et donner à la végétation un aspect luxuriant : jardins de case, cocoteraies, plantations de vanille, mares, bras d'eau envahis de "songes", mornes couverts de haute futaie,desquels s'échappent vers le soir les énormes "sousouris" qui vont planer au dessus du monde des hommes : on ne peut que ressentir en parcourant l'île le contraste de cette île équatoriale avec la sèche maigreur des petites dépendances guadeloupéennes...

Autre contraste dans le domaine de l'**habitat**. S'il se groupe nous l'avons vu à Terre-de-Haut en un seul établissement, s'il se concentre à la Désirade en quelques quartiers, il est ici complètement **dispersé**... Certes la toponymie différencie des lieux-dits, mais aucune séparation naturelle ne les distingue, du moins dans la zone densément peuplée du "plateau" et des hauteurs avoisinantes, où les cases s'immiscent partout et où s'entremêlent espace bâti et espace agricole. Le Sud de l'île est par contre beaucoup plus désert, de même que la côte est. Mais cette dispersion n'empêche pas, là aussi, un groupe humain de coïncider avec l'espace de l'île. Nous n'avons pas eu le loisir d'appréhender cette fermeture du groupe à partir d'une mesure de la proportion des mariages endogames sur une longue période mais nous avons pu cependant approcher le phénomène grâce à une appréciation grossière de la consanguinité, ce reflet renforcé de l'endogamie (il s'agit ici de la consanguinité apparente, rendue visible par les dispenses accordées par l'Eglise catholique) (tabl. III).

Périodes	nombre total de mariages	nombre de dispenses
1899-1918	146	29
1919-1938	179	13
1939-1958	171	9

Tableau III.- *Évolution de l'endogamie à La Digue*

Une **consanguinité** donc non négligeable, (bien qu'en décroissance avec le temps), est le signe d'un resserrement de la population aux limites de l'île. Là aussi il est possible de remarquer une limitation du nombre des patronymes, dont certains rassemblent de larges pans de population (ce qui n'empêche pas de retrouver certains de ces patronymes à Praslin et à Mahé : le fait témoigne de l'existence de certaines ramifications familiales qui s'étendent à tout l'archipel). Se retrouvent également les mêmes effets de **limitation de l'effectif** : pour des superficies du même ordre de grandeur, on trouve finalement en bout d'évolution des populations aux effectifs fort voisins, avec un léger avantage pour La Digue, dont nous avons pu constater les plus grandes potentialités agricoles. Peuplée de douze familles au début du XIXe siècle, l'île connaît tout au long de son histoire une expansion régulière (si ce n'est un fléchissement dans l'entre-deux-guerres) qui achoppe lors des dernières années à un seuil qu'il semble difficile de dépasser...

Ainsi de 1971 à 1977 la population diminue de 4 % alors que la population globale des Seychelles augmente de 17 %. Attraction de main-d'oeuvre vers Mahé, l'île principale, qui prend le relais d'une émigration plus ancienne, plus sélective et plus lointaine (vers l'Australie en particulier) (tabl. IV).

	Hab.		Hab.
1828	350	1921	1 303
1851	442	1931	1 255
1861	472	1947	1 412
1871	576	1960	1 842
1881	742	1971	1 985
1891	866	1977	1 911
1901	1 074	1981	1 870
1911	1 364		

Tableau IV.- *Évolution de la population à La Digue*

Les **caractères originaux** de l'histoire diguoise s'articulent à ces effets généraux de la micro-insularité. Aperçue en 1748 par Lazare Picaut qui la dénomme l'Ile Rouge du fait de la couleur de ses rochers au soleil couchant, La Digue n'est redécouverte officiellement qu'en 1768, dénommée désormais du nom du vaisseau qui y mouille pour la première fois. Même après la prise de possession officielle (1771), elle reste inhabitée, considérée comme terre de quarantaine. Il faut attendre l'extrême fin du siècle pour que des colons s'y installent de manière permanente. Pas n'importe quels colons, puisqu'il s'agit des "meneurs" du grand soulèvement du Sud à Bourbon en avril-mai 1798, condamnés à l'exil. Queau de Quinssy, déjà gouverneur, les autorise à s'installer sur cette île jusqu'alors vierge : c'est le début d'une active colonisation, puisque même après une amnistie obtenue en 1802, six des nouveaux colons préfèrent rester dans leur nouvelle demeure. Un document fondamental, émanant de la main même de Queau de Quinssy, permet véritablement d'assister à cette fondation insulaire, document dans lequel le gouverneur de la colonie rend compte à son supérieur de la Réunion du travail d'arpentage effectué sur l'île, cartes à l'appui, et des concessions accordées :

"C'est dans cette anse que j'ai fait déposer il y a onze années environ 20 personnes déportées de l'Isle de la Réunion, la plupart cultivateurs, pères de famille, qui se sont établis avec leurs femmes, leurs enfants et quelques esclaves et y ont formé des habitations pour subsister..."

Fondation bourbonnaise donc, et partage primordial de l'île entre des familles dont les patronymes sont encore présents sur l'île. Il serait intéressant de suivre à partir de ces conditions premières l'**histoire foncière** de l'île, qui a dû en fait conditionner toute son histoire sociale. Histoire faite d'émiettements (La Digue, comme toutes les Seychelles est soumise à la "machine à hacher le sol" qu'est le Code Civil napoléonien) mais aussi de regroupements, aboutissant à la création de véritables "royaumes", comme celui qui se constitue au sud de l'île et qui finit par tomber entre des mains étrangères : en 1887 la propriété Union est vendue à M. Hajec Aga Abdool Rassool, d'origine persane, pour une somme de 80 000 roupies... Car il y a en fait deux histoires. L'une dans laquelle se confrontent les descendants des premiers colons et les descendants d'esclaves, le partage entre les deux secteurs se faisant par l'accès à la propriété et la couleur, histoire marquée parfois par les retournements et les coups du sort, rendant alors imprécise la ligne de partage, dans un contexte où l'identité raciale semble jouer un rôle moindre qu'aux Antilles... Nombreux étaient ainsi les petits propriétaires à La Digue, dont la fortune dépendait des aléas de la conjoncture internationale, de sombres périodes débouchant parfois sur des embellies, comme celle du début du siècle, où la vanille fut pour l'île une véritable "moisson d'or"... L'autre dans laquelle apparaissent des représentants du monde extérieur, qui font souvent figure d'accapareurs de terre et sont souvent beaucoup moins acceptés, car ils ne s'intègrent pas dans les réseaux sociaux locaux.

Nous avons cité le cas de la famille Rassool-Hossein, qui est restée plusieurs décennies à La Digue au point d'en affecter la toponymie (deux ruisseaux portent son nom...) pour finir par céder sa propriété de l'Union à un milliardaire allemand... La mémoire collective a gardé le souvenir des *Malbars* spoliers de terres, dont ils s'emparaient à la suite de dettes contractées dans les boutiques qu'ils contrôlaient ; une famille indienne avait ainsi réussi à constituer une autre grande propriété au sud de l'île, autour de l'Anse Coco. Cette appropriation était très mal vécue, et il ne reste plus aujourd'hui d'Indien propriétaire foncier à La Digue... Certains Seychellois enfin ont pu, arrivant de l'extérieur, rassembler des patrimoines fonciers importants, en s'alliant avec des familles locales (comme l'importante propriété située à l'entour du château St Cloud, vieille demeure du début du XIXe siècle).

Le **poids de l'extérieur** s'est certainement accentué lors des années récentes, avec le développement du tourisme et la transformation de la propriété l'Union en ferme d'Etat... De plus, ce qui frappe un observateur externe habitué à l'expression du pouvoir local à travers l'institution communale, est l'absence d'institution politique à l'échelon local, ici insulaire... Pas de structure communautaire villageoise, pas d'entité administrative locale : la société seychelloise apparaît peu encadrée, dans la mesure où l'administration coloniale, dont celle du jeune Etat des Seychelles a pris le relais, était centralisée à

Victoria, et ne déléguait pas ses pouvoirs au niveau local. Si bien que la seule entité administrative présente sur l'île apparaît être la station de police, doublée ces dernières années par le Comité local du S.P.U.P.... Mais certains insulaires savent parfaitement réagir aux pressions externes : le nouveau manager de la propriété l'Union est d'origine diguoise ; c'est en même temps, en tant qu'ancien propriétaire et aujourd'hui principal actionnaire du seul véritable complexe hotelier, l'un des principaux artisans de l'aventure touristique de l'île.

Des spécificités de cette histoire naît un vif **sentiment particulariste**. Les Diguois, fiers de l'être, mettent en avant les qualités particulières de la vie sur leur île : calme, tranquillité, sociabilité, intégration dans des réseaux familiaux d'entr'aide. Ainsi ce représentant d'une des grandes familles de l'île qui, après des années passées en Australie, est revenu goûter la langueur engendrée par l'attente journalière de la chute des cocos –du moins se plaît-il à l'affirmer... Ce sont également des traits culturels auxquels on fait référence : au niveau linguistique, une série de spécificités lexicales diguoises (qu'il serait intéressant de recenser) ; au niveau religieux, le catholicisme massif de l'île (ce qui la différencie de sa voisine Praslin et l'avait fait qualifier de "petite Espagne") ; l'utilisation du "safran" dans la cuisine (il s'agit en fait du curcuma : le terme -et l'habitude- sont d'origine bourbonnaise), d'où le pseudonyme de "safran" que les autres Seychellois avaient l'habitude de donner aux habitants de La Digue ; certaines originalités enfin dans le domaine de la danse et de la musique traditionnelles, comme le "sega authentique" (sega tremblé, certainement d'origine malgache) ou le "dansé baton". Une troupe culturelle s'est constituée sur l'île, pour promouvoir ces formes artistiques locales, troupe qui se taille dans tous les festivals des Seychelles le plus vif succès...

*

Trois îles différentes, trois sentiments semblables de particularismes... Nous avons pourtant constaté dans chaque cas le poids de l'extérieur et observé que les particularités objectives sont largement le produit d'une histoire où l'île tisse ses liens avec la société globale. Cela ne l'empêche pas d'affleurer seule au premier plan des consciences : par la frontière nettement dessinée et permanente qui la sépare de l'élément plat et fluide qu'est la mer qui l'encercle, grâce à l'unité visuelle perceptible qui en découle, l'île est la première entité à laquelle les insulaires s'identifient. Des insulaires qui semblent en fait obsédés par leur espace, et par la relation de cet espace à l'extérieur. Ce qui peut conduire au développement d'attitudes ambiguës... Car la dérive des sentiments est parfois rapide, de l'enfermement subi mais rassurant au désir de fuite...

Résumé : Par l'isolement qu'elles entretiennent avec le reste du monde, les îles semblent le lieu privilégié d'évolutions spécifiques. L'examen de petites îles situées en marge d'ensembles insulaires plus vastes, permet généralement la mise en évidence de particularités originales, voire de particularismes revendiqués. On peut parler d'effets *généraux* de la micro-insularité, à partir des deux contraintes essentielles de la petitesse et de l'isolement. Pour chaque île peut être profilée une séquence historique unique, explicative de ses particularités. Ces dernières peuvent retentir dans les représentations indigènes et aboutir à l'émergence d'un particularisme. Trois petites îles créoles, deux dans la Caraïbe et une dans l'océan Indien viennent illustrer cette idée. A Terre-de-Haut des Saintes, le peuplement de marins (tout à fait original pour la région) a déterminé l'émergence d'un véritable particularisme ethnique. A la Désirade, l'éclatement d'une économie de plantation "miniature" et son remplacement par une agriculture vivrière confortée par la pêche a débouché sur une marginalité identique par rapport à l'ensemble guadeloupéen, sans aboutir toutefois à une même différenciation ethnique. A La Digue, dans l'archipel des Seychelles, on note un processus comparable, même s'il est difficile de parler ici de marginalité, dans la mesure où l'ensemble seychellois, plus éclaté, fonctionne de manière très différente de l'ensemble guadeloupéen. Les caractères originaux de l'histoire diguoise, sa fondation "bourbonnaise" en particulier, expliquent le sentiment des habitants d'être relativement à part.

Mots-clés : Milieu insulaire, anthropologie, isolement, écologie humaine, démographie, Guadeloupe et dépendances, Saintes îles, La Désirade, Seychelles, La Digue.

Summary : *Specific characteristics of small islands : comparative approach based on the Antilles and the Seychelles.-* By virtue of their isolation from the rest of the world, islands seem to be privileged places, developing in their own specific ways. When we examine small islands located at the edges of much larger island groups, we can generally see original particularities revealed, or even a specific local character. We can base our comments concerning the general effects of micro-insularity on the two basic constraints of smallness and isolation. For each island we can outline a unique sequence of historical events which can help to explain its distinctive characteristics. These may have an effect on the representations of the native population and result in the emergence of a specific local character. Three small Creole islands illustrate this idea, two in the Caribbean and the third in the Indian Ocean. In Terre-de-Haut des Saintes, the population of sailors, which is quite unusual for the region, has brought about a true ethnic character. In la Desirade the break up of a "miniature" plantation economy and its replacement by a food-producing agriculture supplemented by fishing has brought about an identical kind of marginality in relation to the main Guadeloupe group of islands, without, however, resulting in the same ethnic differenciation. In La Digue, in the Seychelles archipelago we can see a comparable process, although it is difficult to speak of marginality in this case, as the Seychelles group, which is more dispersed, functions very differently from the Guadeloupe group. The unusual features of La Digue's history, especially its founding by the Reunion dwellers, helps to explain the feeling that the inhabitants have of being a fairly special case.

Keywords : Island environment ; Anthropology ; Isolation Human ecology ; Demography ; Guadeloupe and dependencies ; Saintes islands ; La Desirade ; Seychelles ; La Digue.

LES PROCESSUS DE CRÉOLISATION ET LEUR APPROCHE EN MILIEU INSULAIRE (ANTILLES-MASCAREIGNES)

par Jean-Pierre JARDEL

Le mot créole, employé depuis longtemps pour désigner des réalités physiques, humaines et linguistiques, a donné naissance ces dernières années à de nombreux dérivés, à des néologismes de toute sorte[1]. Certains ont été créés pour mettre en évidence des phénomènes se rapportant aux faits de langue (créolisme, créolophone, créolophonie etc.), d'autres pour désigner un processus ou un mécanisme concernant une évolution linguistique ou socio-culturelle, avec une valeur généralisante (créolisation, créolisé...), d'autres encore pour désigner un état spécifique et une émergence identitaire en même temps qu'un sentiment d'appartenance (créolité, créolitude...).

Le concept de "créolisation" retiendra notre attention, car tout n'est pas clair dans les discours de ceux qui l'utilisent. Il convient donc pour cerner son contenu de retracer sa genèse et de mettre en évidence les différents usages qui en sont faits en fonction des domaines d'application : linguistique, socio et ethnolinguistique, anthropologie et sociologie. On se propose donc, par le biais d'une analyse de textes d'auteurs différents, de montrer quelles sont les diverses acceptions de ce concept et des concepts annexes ou connexes qui le complètent. On tentera également de montrer que le processus de créolisation d'une langue et d'une culture aboutit à créer une créolité latente qui vient s'inscrire dans le champ de l'identité et de l'ethnicité.

On verra aussi que dans leur démarche, les chercheurs se sont d'abord attachés à décrire le processus de créolisation d'une langue avant de s'intéresser au processus de créolisation d'une culture puis, enfin, à celui de certaines communautés appartenant en particulier au monde créolophone insulaire des Antilles ou des Mascareignes.

---

1. Se reporter à la communication de L.F. PRUDENT. *In* : IIIe Colloque International des Etudes Créoles. Sainte-Lucie, 1981.

I.- PROCESSUS DE CRÉOLISATION D'UNE LANGUE

A - La mise en place du concept de créolisation

Quand les linguistes contemporains ont voulu s'intéresser à la genèse des langues créoles ils en sont venus tout naturellement à parler de créolisation. Toutefois, ce concept ne s'est pas imposé tout de suite dans le domaine francophone. Il était absent de la thèse d'Elodie Jourdain[2], publiée en 1956 et, plus près de nous, de l'article "Les créoles" de Pierre Perego (1968)[3]. Cet auteur, bien qu'ayant fait allusion à une évolution réalisée à partir d'un pseudo-sabir unilatéral, ne parle pas de créolisation. Il en fut de même d'André Martinet, qui n'utilisait pas non plus ce concept dans ses *Eléments de linguistique générale* réédités en 1969[4]. Il préferait noter, avec une certaine prudence, que les créoles "ont dû résulter d'un processus particulier dont on s'efforce par la pensée de reconstruire les stades"[5].

Or, quelque temps auparavant, lors d'un colloque sur les Ethnies francophones organisé par le linguiste Pierre Guiraud à Nice, en avril 1968, deux intervenants Albert Valdman et Luc Bouquiaux avaient introduit ce néologisme dans leur communication[6]. Le premier l'avait fait dans le but d'expliquer la genèse et la situation du créole à base lexicale française aux Antilles, le second pour montrer comment un processus de contact pouvait entraîner en Afrique "La créolisation du français par le sango".

En fait, ces auteurs avaient repris et transposé le terme anglo-saxon, que de leur coté Dell Hymes et Mervin C. Alleyne, entre autres, mettaient en évidence à la même époque, à la 2ème Conférence internationale de Mona (Jamaïque)[7]. Le thème général de ce congrès était en effet *Pidginization and Creolization of Languages.* Il se proposait de faire le point sur le double processus auquel plusieurs linguistes nord-américains s'intéressaient depuis la décennie 1950-1960. C'est à ce moment là, comme le signale Morris Goodman[8], que l'usage du concept avait pris une certaine extension.

---

2. *Du français aux parlers créoles.*- Paris, lib. Klincksieck, 1956, 2 vol.
3. Le langage. *In* : Encyclopédie de la Pléiade, pp. 608-619.
4. Paris, A. COLIN, coll. U2, 1969.
5. *Idem, ibidem,* p. 158.
6. *Le Français en France et hors de France. Vol. 1. Créoles et contacts africains.* Actes du Colloque sur les ethnies francophones. (Nice, 26-30 Avril 1968). Paris, Minard, 1969.
7. Les actes du colloque ont été publiés par HYMES, D. *Pidginization and Creolization of Languages.* Cambridge, Univ. Press, 1971, 530 p. Voir en particulier, M.C. ALLEYNE . Acculturation and the Cultural Matrix of Creolization pp. 169-186.
8. Se reporter à son ouvrage : *A Comparative Study of Creole French Dialects.*- The Hague, Mouton, 1964.

Déjà d'ailleurs, à la notion de "creolization", s'ajoutait celle de "de-creolization" que l'on relève par exemple dans les recherches de Raleigh Morgan (1959) sur le créole de Saint-Martin[9] ou de David De Camp[10] sur le véhiculaire de la Jamaïque (1959). Mais parler de créolisation et de décréolisation c'était aussi parler de langages créolisés ayant subi un processus d'évolution de leurs traits au niveau de certains sous-systèmes dans le cadre d'un contact linguistique et socio-linguistique particulier. C'est pourquoi, Robert Hall intitulait un de ses articles, publié dans*Word* (1958)""Creolized Languages and Genetic Relationships", reprenant l'expression utilisée, dès 1933, par Leonard Bloomfield.

Passé dans le domaine de la linguistique francophone le concept fut à son tour utilisé, à partir des années soixante-dix, par les créolistes et les africanistes qui s'intéressaient soit à la genèse des créoles à base lexicale française, soit au processus d'évolution et de modification d'un certain nombre de langages véhiculaires africains. Depuis, le concept de créolisation s'est banalisé et, comme cela arrive souvent dans ce cas, le contenu de son champ sémantique s'est étoffé et, en même temps complexifié, c'est-à-dire obscurci. Désormais, on ne l'applique plus seulement à un fait d'évolution linguistique, mais aussi à un fait de contact et d'évolution socio-culturel.

B - Pidginisation et créolisation

Si l'on se réfère aux travaux de Robert A. Hall[11], la notion de créolisation s'est d'abord bâtie à partir et en opposition à celle de pidginisation. Les deux processus se déroulant au sein de communautés de locuteurs en contact qui n'avaient pas d'idiome commun pour communiquer. Selon R. A. Hall (1958) un pidgin est une *lingua-franca* qui, au cours de son adoption, a été simplifiée et restructurée. Quand ce pidgin est pris comme langue maternelle et que son vocabulaire s'étoffe de nouveau, il devient une langue créolisée. Ainsi, pour R. A. Hall, le processus de créolisation était nécessairement postérieur au processus de pidginisation.

Albert Valdman (1968), reprenant en quelque sorte le discours de Hall, confirmait cette successivité des deux processus en écrivant : "Il faut donc distinguer entre la pidginisation, qui se rapporte à la transformation d'une langue naturelle en langue véhiculaire, et la créolisation qui se rapporte à l'adoption d'un pidgin par une communauté et au processus de stabilisation

9. Structural Sketch of Saint Martin Creole. *In* : Anthropological linguistics, Nov. 1959, pp. 8-20.
10. Social and Geographical Factors in Jamaican Dialects. *In* : Creoles Languages Studies. Le Page, pp. 61-70.
11. Pidgin Languages. *In* : Scientific American, 1959.

structurale et d'enrichissement lexical que cette adoption entraîne"[12]. En outre A. Valdman précisait les conditions socio-culturelles et linguistiques nécessaires pour que fonctionnent ces processus.

Pour que s'enclenche la pidginisation, il fallait qu'il y ait absence de liens sociaux entre le locuteur de la langue apprise et celui qui l'apprend. Or, cette absence de liens sociaux ne serait envisageable que si les deux langues et les deux cultures des interlocuteurs ne sont pas de même niveau. Autrement dit, il fallait qu'il existe un rapport de domination-subordination, ce qui fait que les pidgins auraient été élaborés par les membres de communautés dominées en voie d'acculturation, Par suite, c'est à partir de cette situation diglossique que s'amorcerait le mécanisme de créolisation ; le pidgin, langue seconde, devenant langue première de la communauté dominée.

A partir de ce schéma, certains créolistes, comme par exemple M. Goodman, ont voulu voir à l'origine des différents créoles-français un seul pidgin qui se serait élaboré sur les côtes d'Afrique occidentale. Il s'agit ici des monogénétistes ; pour eux, la créolisation s'opérant ensuite selon des normes et des conditions de diffusion spécifique à chaque aire créolophone. Comme le rappelle Ulrich Fleischmann, pour l'école monogénétiste (K. Whinnon, R. Thomson, D. Taylor, etc.). "la diffusion linguistique est l'agent majeur de l'unité des langues créoles, mais étant basée sur une méthodologie historisante, elle ne s'occupe que des faits de diffusion uniques et accidentels conditionnés par des faits historiques comme, par exemple, l'arrivée des Portugais à tel ou tel endroit"[13].

Trouvant peu satisfaisante cette recomposition de la genèse des langues créoles, les polygénétistes (M. C. Alleyne, R. Chaudenson, etc.) ont voulu démontrer qu'il ne pouvait y avoir un seul pidgin ou proto-pidgin portugais à la base du processus de créolisation, même accompagné d'une "relexification" ou "relexicalisation"[14]. Dans la mesure où il y aurait eu un besoin général de communication entre une multiplicité de groupes en rapport de domination-subordination, ou non, cela aurait entraîné une créativité linguistique dans le cadre même du système servile. Il y aurait donc eu des phénomènes de pidginisation puis de créolisation relativement rapides, c'est-à-dire acquisition d'une langue seconde devenant ensuite langue première pour les populations africaines transplantées. Le processus de créolisation répondait à une carence linguistique, à un vide dans le système de communication, qu'il fallait combler.

12. Créole et français aux Antilles. *In* : Le Français en France et hors de France, Vol.1. Créoles et contacts africains. Annales Fac. des Lettres de Nice, nov. 1969, p.13.
13. Communication et langues de communication pendant l'esclavage aux Antilles. *In* : IIIe Colloque International des Etudes Créoles. Sainte-Lucie, 1981, p. 1.
14. Voir l'utile synthèse de ces problèmes réalisée par L.F. PRUDENT.- *Des Baragouins à la langue antillaise*. Paris, Editions Caribéennes, 1980, pp. 63-85.

Or, selon U. Fleischmann, cette perspective, plus satisfaisante, tendrait cependant à négliger le fait qu'une telle carence de moyens linguistiques ne peut être perçue qu'à travers des situations spécifiques variant en fonction de la dimension et de la structure des groupes concernés. Ce qui veut dire, qu'au niveau de la réalité concrète, il y avait une multiplicité de situations de communication mettant en jeu des individus ayant des compétences et des stratégies linguistiques fort différentes : "qui ne reposaient pas seulement sur les différents degrés de la créolisation et de la décréolisation, mais qui impliquaient également les différentes langues d'origine et des "jargons" plus ou moins éphémères"[15].

Ainsi finalement pour ce chercheur "hyperempiriste" la formation et la stabilisation structurale du créole serait le résultat logique d'une sélection sociale favorisant le code le mieux adapté aux besoins de communication de la nouvelle société. Pour asseoir sa thèse U. Fleischmann signale qu'il est possible d'observer des processus de créolisation en Afrique réunissant des conditions comparables à celles où se trouvaient les communautés dominées des sociétés coloniales des Antilles et des Mascareignes. A coté des langues ethniques et de la langue dominante cible (français, anglais, portugais) se sont constitués des "parlers intermédiaires" véhiculaires, qui seraient le résultat d'une pidginisation-créolisation récente.

Bien que désirant introduire, entre les théories monogénétiques et polygénétiques des observations nécessitant une approche plus nuancée de la genèse des créoles, cet auteur associe également les processus de pidginisation et de créolisation. Or, certaines recherches récentes, comme celles de Gabriel Manessy, montrent qu'ils peuvent être dissociés[16].

C - Créolisation sans pidginisation

G. Manessy, prenant à contre-pied les théories précédentes, affirme que "tout créole n'est pas issu d'un pidgin"[17]. S'appuyant en partie sur certains travaux, dont ceux de R. Chaudenson et de A. Bollée, il croit qu'il n'y a pas eu de pidgin pré-existant, qui aurait été adopté par la population servile, puis créolisé. Le langage d'intercommunication était probablement conditionné par la compétence de chaque locuteur, ne saisissant du discours de l'autre que ce qui correspondait à son propre savoir. Au début, l'intercommunication résultait

15. Communication et langues de communication pendant l'esclavage aux Antilles, *op.cit.* p. 3.
16. Pidginisation et créolisation n'apparaissent donc pas comme deux processus successifs, mais coexistants et parallèles.- *Etudes Créoles*, 6 (2), 1983, p. 42.
17. *Créolisation sans pidgin : variantes approximatives et variétés créolisées.*- Nice, Centre d'Etudes des Plurilinguismes, I.D.E.R.I.C., Univ. de Nice, Nov. 1980. Voir aussi : Le Français d'Afrique Noire, Français créole ou créole français. *In* : CHAUDENSON, R.- Les parlers créoles, Langues Françaises.- Paris, Larousse, Fév. 1978, pp. 91-195.

donc d'un compromis instable, sans cesse récréé, donnant naissance à un agrégat de variantes approximatives de la langue des maîtres, ce que certains linguistes ont appelé un pré-créole continuum[18].

A partir de ce constat, un processus de créolisation se serait opéré au niveau des trois premières générations de "nègres créoles", qui, après avoir pris comme cible la langue du maître, ont stabilisé un langage qui leur paraissait suffisant pour leur communication. Les esclaves n'auraient eu aucun souci de respecter la norme, ou d'approcher la norme de la langue cible. Il leur suffisait de comprendre et de se faire comprendre. Or, ce genre de comportement a été constaté et décrit par Suzanne Lafage[19] à propos du français pratiqué en Afrique par les non-lettrés, et plus précisément, en Côte d'Ivoire.

En outre, en faisant intervenir une argumentation plus psychosociologique que linguistique, G. Manessy croit que la créolisation s'est effectuée surtout au niveau des esclaves domestiques et non pas dans les champs, comme le suggérait M. C. Alleyne. La créolisation serait en effet une réponse des esclaves domestiques aux phénomènes de tension, aux hiérarchies qui existaient entre eux et leurs maîtres. Ne pas respecter la norme du langage des maîtres, sélectionner les variantes les moins "correctes", constituaient une réaction, un refus de participer à un monde inégalitaire. Par contre, construire un langage et communiquer en créole c'était abolir la hiérarchie qu'introduisaient les degrés de correction dans l'usage de la langue cible. Or, ce type de comportement apparaît chez les non-lettrés ivoiriens qui considèrent le "petit-français" d'Abidjan comme une langue neutre, à connotation égalitaire, ce qui n'est pas le cas du français, langue de l'élite.

Avec G. Manessy on s'éloigne, d'une certaine manière, de la thèse de D. Bikerton[20] sur l'origine des langues créoles et sur le processus de la créolisation, qui se rattache aux vues innéistes sur l'acquisition du langage. Cette conception fait appel à l'existence des structures universelles du cerveau humain dans le cadre de l'apprentissage des langues. Selon A. Valdman cette conception innéiste de la pidginisation et de la créolisation, qui ne fait pas l'unanimité, a cependant le mérite "de souligner les facteurs psychologiques que ces processus partagent avec l'acquisition de la langue première par l'enfant et l'apprentissage d'une langue seconde"[21]. Or, avec G. Manessy l'accent est mis plutôt sur les mécanismes analogiques de comportement de la

---

18. Se reporter à : CHAUDENSON, R.- *Les Créoles Français*, Paris. Nathan, 1979.
19. Esquisse des relations interlinguistiques en Côte-d'Ivoire. *Etudes Scientifiques*, (Univ. d'Abidjan).
20. Creolization, linguistic Universel, Natural Semantax and the Brain. *In* : Working Papers in Linguistics.- Honolulu, Univ. of Hawaï, 1974, pp. 126-141. Voir aussi : Les langues créoles. *In* : Pour la Science, sept. 1983, pp. 36-44.
21. *Le Créole. Structure, Statut et Origine*. Paris, Lib. Klincksieck 1978, p. 11.

part de groupes face aux mêmes problèmes communicationnels à résoudre dans le cadre d'une société où émerge une communauté dominante et des groupes dominés en relation de hiérarchie.

D - Décréolisation - néocréolisation - recréolisation

Dans l'évolution dynamique des langues créolisées, au processus de créolisation pourrait succéder un processus de décréolisation. Ce type de phénomène linguistique avait été décrit, dès 1959, par R. Morgan pour le créole de Saint-Martin. Il signalait en particulier qu'au niveau du sous-système phonologique des traits pouvaient être réintroduits là où ils avaient disparu. D. De Camp, la même année, lors de la première conférence de Mona, décrivait pour la Jamaïque un processus de décréolisation de l'idiome à base anglaise, utilisé comme véhiculaire. Cela aurait entraîné l'apparition "d'un continuum linguistique s'étendant du paysan le plus attardé au citadin le mieux éduqué"[22]. Sans vouloir entrer dans les détails, il convient de noter que la mise en évidence d'un tel processus a poussé les linguistes à s'intéresser aux variables intermédiaires, les mésolectes, et à disserter en particulier sur la présence ou non d'un continuum aux Antilles franco-créolophones[23].

A. Valdman a décrit, à partir de plusieurs travaux, ce processus de décréolisation des parlers créoles à base française de la zone caraïbe. Ce phénomène serait relativement récent et marquerait surtout le parler des locuteurs bilingues avec des différences en Haïti et aux Antilles françaises. En Haïti, par exemple, il y aurait dans certains cas dénasalisation. Par ailleurs, certains auteurs notent aussi, pour caractériser ce processus, l'introduction d'un lexique francisant. Cette évolution n'a pas laissé indifférents les linguistes "natifs" qui se sentaient directement impliqués dans une telle dynamique, dans la mesure où ils participent de l'intérieur à la diglossie. Très significatif est d'ailleurs, à ce sujet, le texte de Lambert-Felix Prudent contenu dans le chapitre second de son ouvrage *Des Baragouins à la langue antillaise*[24]. L'auteur y signale le rôle spécifique du chercheur antillais qui désire s'opposer, d'une certaine façon, à la décréolisation pour entreprendre un travail de ce que l'on pourrait appeler, selon la terminologie de Jean Bernabé[25], une "néocréolisation", mais que nous appelerons, pour ne pas confondre, "recréolisation".

---

22. Cité par L.F. PRUDENT.- *Des Baragouins à la langue antillaise*, op.cit. p. 104.
23. Voir, entre autres, l'article de R. CHAUDENSON : Continuum intralinguistique et interlinguistique ; ou bien celui de L.F. PRUDENT : "diglossie ou continuum ?" dans *Sociolinguistique*.- Paris, P.U.F., 1980, pp. 197-210.
24. *Des Baragouins à la langue antillaise*, op.cit. p. 97.
25. Problèmes et perspectives de la description des créoles à base lexicale française. *Etudes Créoles*. Juillet 1978, n° 1, pp. 91-108.

L'examen du processus de recréolisation, phénomène introduit consciemment par une élite native, nous amène à constater, qu'à travers les différentes reconstitutions du processus de créolisation présentées par les linguistes, ce sont surtout des facteurs extra-linguistiques qui ont été pris en compte. Certains chercheurs, gênés par la reconstitution assez floue des conditions socio-historiques et culturelles, dans lesquelles se serait déroulé le début du mécanisme pidginisation-créolisation ou du pré-créole continuum, ont fait appel à des universaux linguistiques. Or, il nous semble tout aussi intéressant de considérer, comme l'a fait G. Manessy[26] à partir de l'observation de certains comportements actuels en Afrique, que le processus de créolisation associe deux phénomènes situés à des niveaux différents. D'une part, le premier phénomène concerne la saisie symbolique par les locuteurs en situation de diglossie ou de polyglossie (cas des esclaves ou d'une majorité d'Ivoiriens non-lettrés, etc...) de la valeur sociale et communicationnelle des idiomes en présence, ainsi que de leur besoin de s'identifier par la langue à un groupe plutôt qu'à un autre.

Il y aurait d'autre part un phénomène qui se situe à un niveau proprement linguistique. Les locuteurs vont pouvoir, ici, agir directement sur les systèmes les plus "malléables" ou les plus ouverts de la langue cible et vont élaborer un véhicule de communication à partir non seulement d'universaux et de contraintes sociales, mais aussi d'un espace de liberté. G. Manessy pense, en effet, que la vigilance méta-linguistique des locuteurs a pu s'exercer efficacement au début de la créolisation sur la prononciation, le vocabulaire, le choix opéré entre plusieurs constructions sémantiquement équivalentes de telle manière que les traits retenus soient relativement éloignés de la langue de base. Or, il nous semble que les types de comportements socio-symboliques et linguistiques décrits par G. Manessy, peuvent, en partie au moins, servir à décrire sinon à expliquer, par exemple, le phénomène de recréolisation animé par le groupe d'Etudes et de Recherches de la Créolophonie et le Comité Banzil.

Compte tenu de la présence d'une situation diglossique, mais aussi d'une différence de situation socio-historique et culturelle, le comportement de ce groupe, vis-à-vis de la langue cible, c'est-à-dire du français, correspondrait partiellement au schéma décrit par G. Manessy, à la fois pour la Côte-d'Ivoire, et pour les Antilles, au début du processus de créolisation. Certains locuteurs, proches du milieu dominant, mais voulant s'y opposer, ou plutôt s'en distinguer, afin de mieux lutter contre l'acculturation-assimilation, se sont tournés consciemment vers le créole qu'ils désirent relexifier. Les termes choisis, comme le fait Jean Bernabé, sont les plus éloignés possible de la langue de base. Il s'agit ici, comme le signale, L. F. Prudent d' "une recherche trans-créole et

26. Créolisation sans pidgin... *op.cit.*

déviante (écart maximal vis-à-vis de l'étymologie et de la norme française, approfondissement des rapports et augmentation des emprunts réciproques entre divers créoles)"[27]. Comme le rapporte encore L. F. Prudent, le comportement des membres de ce groupe de recherche est directement lié à des soubassements idéologiques et symboliques dans le cadre d'une affirmation identitaire d'une spécificité créole. Il apparaît, en effet, que le linguiste natif n'est pas un épiphénomène, il est aussi un acteur dans sa propre société et son action s'intègre à la production d'une culture ou d'une subculture en évolution constante. L'approche du phénomène de créolisation d'une langue ne saurait être séparée du contexte socio-culturel, à condition de bien différencier les niveaux sur lesquels les acteurs ont pu et peuvent agir et ceux où ils n'ont pu et ne peuvent que subir.

II.- *PROCESSUS DE CRÉOLISATION D'UNE CULTURE*

A - Acculturation et créolisation

Ethnologues, anthropologues et spécialistes des sociétés créolophones de l'Amérique des Plantations et des Mascareignes ont fini aussi par introduire dans l'arsenal de leurs concepts celui de créolisation. Ils ne pouvaient ignorer le processus de contact socio-culturel et linguistique qui, dans le cadre du système colonial esclavagiste insulaire avait donné naissance, entre autres, aux langues créoles et, plus largement, à un complexe culturel spécifique.

Cependant, les anthropologues (comme les linguistes), qui s'étaient intéressés, dès l'Entre-deux-Guerres, aux communautés noires du Nouveau-Monde et des Antilles, ne faisaient pas usage de ce néologisme. Ils avaient créé une série de termes pour tenter de décrire les mécanismes et phénomènes de contact entre deux ou plusieurs cultures. C'est ainsi, que fut introduit le concept d'"acculturation", afin de décrire le processus dynamique de perte et d'acquisition d'éléments culturels par des individus et des groupes en contact plus ou moins long, ou plus ou moins permanent.

Melville J. Herskovitz fut l'un des tout premiers à faire usage du mot et à en donner une définition dans son livre *Acculturation, the Study of Culture Contact* (1938). Il a décrit ce processus dans un ouvrage postérieur, traduit en français sous le titre *L'héritage du Noir* [28]. Herskovitz, qui distinguait des degrés d'acculturation, liait la naissance de ce qu'il appelait "les diverses langues hybrides" parlées sur le continent américain et aux Antilles, au processus d'acculturation. S'étant référé aux travaux d'Elsie Clew Parsons aux

---

27. *Des Baragouins à la langue antillaise, op.cit.* p. 111.
28. Paris, Présence Africaine, 1966, pp. 136-169.

Bahamas, à la Jamaïque et au Suriname, et à ses propres observations sur les côtes africaines, il relevait la présence de similitudes dans les constructions de ces langages et ceux des idiomes africains étudiés. Bien que dissertant sur les idiomes de contact, devenus langues premières de plusieurs communautés, il n'avait pas introduit le concept de créolisation pour décrire le processus. Dans la mesure où il qualifiait les créoles de "petit-nègre" (anglais, français, espagnols, portugais)[29] l'idée de créer le néologisme "creolization" ne pouvait lui venir à l'esprit. Si le problème des contacts linguistiques n'avait pas échappé à l'anthropologue, il ne constituait pas, il est vrai, l'objet central de son travail.

Quand on se tourne vers le domaine francophone, les premières recherches de type ethno-sociologique concernant les contacts socio-culturels aux Antilles françaises ont été le fait de Michel Leiris. Or, cet ethnographe, dans son ouvrage *Contacts de civilisations en Martinique et en Guadeloupe* (1955)[30], ne semble pas avoir subi l'influence de l'anthropologie culturelle nord-américaine. A aucun moment de son discours il n'emploie le terme d'acculturation. Il est vrai qu'il s'attachait surtout à décrire les groupes en présence et leur système de relations, plus qu'à reconstruire l'évolution de la société de plantation esclavagiste. Toutefois, voulant définir la société franco-antillaise des années cinquante, il notait qu'elle possédait : "ce parler créole né des contacts entre Noirs (aux langues très diverses et rapidement oubliées, faute de rester groupés entre gens de même origine) et Blancs"[31].

Là encore, l'objet essentiel de M. Leiris n'étant pas d'étudier uniquement les faits linguistiques, il n'a pu aller plus loin dans son développement. Il avait relevé toutefois que dans le cadre d'une affirmation culturelle originale, certains Antillais se tournaient vers le créole. Cependant, s'il n'a pas utilisé la terminologie conceptuelle d'Herskovitz, il a fait allusion, quand même, au phénomène de diffusion et a signalé qu'une loi générale "veut qu'en matière de contacts entre peuples il n'y ait jamais substitution totale d'une culture à une autre, mais que, bien au contraire, la culture reléguée à l'arrière-plan subsiste dans quelques-uns des traits qui lui étaient essentiels, donne une coloration inédite à une partie au moins des traits nouveaux qu'elle adopte et, éventuellement, exerce en retour une influence sur certains points où la culture qui prévaut offre une moindre résistance"[32].

B - Transculturation et créolisation

Ce phénomène d'influence réciproque des cultures en contacts fut mis en évidence, quelques temps après dans une publication marquante pour

---

29. *L'Héritage du Noir*. Paris, Présence Africaine, 1966.
30. Paris, Gallimard ; UNESCO, 1955, p. 192.
31. Contacts de civilisations en Martinique et en Guadeloupe, *op.cit.* p. 113. ·
32. *Idem*, p. 45.

l'approche anthropologique des sociétés antillaises, publiée, en 1966, par Jean Benoist[33]. On y retrouve en effet, dans un article de Vera Rubin, le concept d'acculturation. Posant "les problèmes de la recherche anthropologique dans la Caraïbe"[34], elle évoquait la genèse des cultures créoles. Elle notait qu'à coté du concept d'acculturation existait un autre concept ; celui de "transculturation" mis en avant par le cubain Ortiz en 1940 ; en ce faisant, ce dernier voulait souligner que l'acculturation n'était pas un processus à sens unique, mais qu'il pouvait y avoir échange.

Roger Bastide dans *Les Amériques Noires* (1967)[35] reprenait d'une manière plus systématique et plus critique ces problèmes de contacts culturels. Analysant les théories successives et la démarche de M. J. Herskovitz, il rappelait que ce dernier, après avoir été fonctionnaliste et comparatiste, s'était tourné vers l'école dite "Culture et Personnalité". A la fin de sa vie, il s'intéressait surtout aux mécanismes psychologiques à travers lesquels les Noirs américains et antillais s'étaient ajustés et s'ajustaient au nouveau milieu, par le moyen de leur héritage africain. Il avait lancé l'idée d'une "réinterprétation" de la culture des maîtres, de la culture occidentale à travers l'héritage africain, ce qui avait donné naissance, entre autres, aux cultures créoles des Antilles et à des "syncrétismes culturels".

Comme il arrive bien souvent dans les Sciences Humaines, les théories énoncées sont lourdes d'implications idéologiques. C'est pourquoi des sociologues, comme Frazier, ont voulu voir dans la thèse d'Herskovitz l'idée que finalement le Noir demeurait un Africain et qu'il était inassimilable. Frazier considérait donc qu'il n'était pas possible de parler du passage d'une culture africaine à une culture anglo-saxonne pour les esclaves d'Amérique du Nord, mais du passage de la désorganisation imposée par le Blanc à une réorganisation du groupe nègre, selon les modèles offerts par la société environnante. R. Bastide soulignait que derrière ce débat se trouvait le douloureux problème de l'intégration raciale et l'on pouvait ajouter celui aussi de l'aliénation culturelle, mis en exergue par les partisans de la négritude.

C - Acculturation matérielle et acculturation formelle : les cultures nègres

Quant à R. Bastide il établissait une distinction entre les cultures africaines ou afro-américaines des Bossales et les cultures nègres[36]. L'esclavage détruisait peu à peu les cultures importées d'Afrique, cependant que les nègres

33. *Les Sociétés Antillaises : études anthropologiques.* Montréal, Département d'Anthropologie de l'Univ. de Montréal, 1966, p. 125.
34. *Idem*, pp. 100-114.
35. Paris, Payot, p. 236.
36. *Les Amériques Noires. Les civilisations africaines dans le Nouveau-Monde.* Chapitre II, pp. 29-50.

bossales et les nègres créoles s'apercevaient qu'il existait, malgré les contraintes du système servile, des canaux de mobilité sociale. A l'intérieur même des structures esclavagistes on pouvait passer du travail des champs à la domesticité et dans le cadre de la société globale, il pouvait y avoir affranchissement. Mais pour ce faire, les esclaves concernés devaient accepter les valeurs du système des maîtres, se christianiser, renier leurs croyances ancestrales.

Cependant, remarque Bastide, ces esclaves, même affranchis, restaient dans les strates les plus basses de la société de plantation, séparés et délaissés des Blancs. Ils ont donc formé des communautés relativement isolées à l'intérieur d'une société qui ne leur accordait qu'un statut d'infériorité. Par suite, ces communautés se sont données des règles de vie, également éloignées de celles de l'Afrique et de celles des Blancs, qui niaient leur intégration. Ces règles ont été forgées pour pouvoir vivre une culture propre, en réponse au nouveau milieu dans lequel elles devaient vivre. On rejoint ici, d'une certaine manière, la théorie de l'élaboration du créole avancée par G. Manessy.

On sait aussi que R. Bastide a proposé le principe de coupure pour expliquer qu'un individu, comme au Brésil, puisse participer à deux cultures, à deux systèmes de valeurs, tout en évitant les tensions propres aux chocs culturels. Il aurait donc été possible que les esclaves domestiques, entre autres, puissent, selon ce principe, participer au système relationnel et culturel des maîtres et, au niveau horizontal, à cette culture nègre que Bastide aurait pu appeler créole ou créolisée. Il retenait qu'il y avait eu, en effet, un processus d'adaptation qui incluait celui de l'acculturation. Cette adaptation toujours dynamique se serait opérée à partir de deux types d'acculturation : une acculturation matérielle (portant sur le contenu des cultures en contact) et une acculturation formelle (touchant l'esprit et montrant un changement de mentalité)[37].

D - Créolisation et ambivalence culturelle

R. Bastide, étrangement, n'avait pas fait référence à la formation des parlers créoles pour illustrer les institutions originales et spécifiques des cultures nègres des Antilles. Par contre, Jean Benoist en a dit quelques mots dans son introduction à *L'archipel inachevé* (1972)[38], pour signaler que le créole était un indicateur d'une appartenance à un monde antillais spécifique. Mais, sans trop s'attarder sur ce problème, il signale cependant que les tensions et les polémiques qui entourent l'usage du créole illustrent les effets de l'existence d'une dualité de modèles qui s'affrontent et se combattent au sein

---

37. *Idem*, p. 214.
38. Montréal, les Presses de l'Université de Montréal, 1972, p. 354.

des sociétés créoles. Le fait linguistique et socio-linguistique créole doit être situé parmi les autres faits sociaux, au sein d'un système où il joue un rôle, et qui, à son tour, lui transmet les tensions qui le traversent[39].

L'année même où paraissait l'ouvrage collectif dirigé par J. Benoist, deux auteurs, un psychiatre et un psychologue, G. Boukson et B. Edouard, publiaient *Les Antilles en question*[40]. Ils faisaient également référence à cette dualité de modèle et à l'ambivalence culturelle propres aux sociétés martiniquaises et guadeloupéennes déjà signalée par Frantz Fanon[41]. A partir d'un niveau d'approche concernant les problèmes d'identité individuelle chez les pensionnaires d'un hôpital psychiatrique, dont plusieurs après un séjour en Métropole n'avaient pu se réhabituer à la vie insulaire, ils avançaient le concept de "personnalité créole". Ils débouchaient ensuite sur les phénomènes de recherche d'une identité collective dans laquelle la langue créole était saisie comme un élément structurant et comme le symbole d'une culture spécifique. Il était donc difficile pour ces auteurs de séparer arbitrairement le niveau individuel du tout social dans lequel l'individu façonne sa personnalité tout en contribuant à l'élaboration d'une identité collective et culturelle.

E - Continuum culturel et problématique de l'identité culturelle

C'est à partir des années soixante-dix que ces problèmes de langue, de culture et d'identité commencèrent à être étroitement associés. A cette époque nous avons, en procédant par analogie, introduit l'expression de "culture créolisée"[42]. Nous voulions montrer qu'à une zone d'interférences linguistiques correspondait une zone d'interférences culturelles. Reprenant le mécanisme d'élaboration d'une langue créole, à partir du double processus pidginisation/créolisation, nous décrivions les conditions d'élaboration de cette culture créolisée. Au contact de la culture des colons s'est élaborée une culture seconde "pidginisée" instable,propre aux nègres bossales. Après chaque génération d'arrivants cette culture seconde devenait culture première pour les nègres créoles, autrement dit elle se stabilisait (d'une manière relative) en se créolisant et était adoptée par la communauté entière. Ce processus s'accompagnait, au niveau des individus et des groupes, d'un double phénomène de déculturation et d'acculturation plus ou moins prononcé, avec, pour consé-

39. Sciences Sociales et études créoles (Anthropologie). *In* : Etudes Créoles, Juillet 1978, n° 1, pp. 129-133.
40. *Les Antilles en question. Assimilation et conflit de culture dans les DOM*.- Fort-de-France, Impr. Antillaise, 1972, p. 255.
41. *Peau noire, masques blancs*.- Paris, Seuil, 1952.
42. JARDEL, J.P.- *Du conflit des langues au conflit interculturel : une approche de la société martiniquaise*. Univ. de Nice, 1974. Thèse 3e cycle, ronéo. pp. 216-221. Voir aussi : *Espace Créole*, n° 2, 1977, pp. 63-65.

quence, la constitution d'un continuum culturel[43]. L'existence même de ce continuum culturel posait un problème de reconnaissance d'éléments spécifiques au monde antillais, différents de la culture cible européenne et des subcultures d'origine africaine.

Si nous avions utilisé l'expression "culture créolisée" et décrit en fait un mécanisme de créolisation nous n'avions pas fait usage de ce néologisme. Ce dernier, d'ailleurs, comme celui de décréolisation, serait très chargé d'idéologie, selon Dany Bebel-Gisler[44], surtout quand il est employé dans le domaine du langage. La socio-linguistique et la glottopolitique commençaient à envahir le champ de la créolistique, ceci en rapport avec les problèmes d'affirmation d'une spécificité et d'une identité de groupe. On commençait à décrire l'usage concret du créole (Cl. Lefebvre, J. P. Jardel) et, en même temps, à montrer qu'il était un langage minoré, dévalorisé.

L'usage du créole était donc porteur de significations sociales et politiques, et l'on ne devait pas pour D. Bebel-Gisler, dire ou écrire certaines choses, même se voulant très savantes sur sa genèse ou ses traits caractéristiques. Ainsi, le fait de considérer comme M.C. Alleyne : "la variabilité comme étant une caractéristique du créole, par opposition aux autres langues, n'est pas le moindre des préjugés à l'égard de cette langue d'une majorité dominée, traitée de marginale"[45].

Ainsi dans la mesure où le culturel englobait la langue et sa genèse et rejoignait la problématique de l'identité, il devenait source des conflits. Ce fait rappelle en même temps qu'il est difficile de séparer arbitrairement la langue, saisie comme partie et produit d'une culture, de la communauté à laquelle elle est liée. Il est certain que la reconnaissance du parler créole comme élément constituant et symbolique d'une culture créole permet de conférer aux communautés concernées une identité et une existence culturelle relativement autonomes.

III.- *PROCESSUS DE CRÉOLISATION D'UN GROUPE*

A - La créolisation des Indiens de la Martinique et de la Guadeloupe

Après avoir travaillé d'abord sur la langue, trait spécifique et dynamique d'une culture, puis sur la culture, saisie comme une entité, les créolistes, au sens large du terme, allaient s'intéresser à des groupes, à des communautés

---

43. R. BASTIDE dans *Les Amériques Noires* avait mis en évidence des continuités entre les formes d'expressions culturelles africaines et haïtiennes (p. 35) et fait usage du concept de continuum (p. 19).
44. *La langue créole : force jugulée*. Paris, l'Harmattan, 1976, p. 256.
45. *Idem*, p. 117.

particulières du monde créole. C'est ainsi que, dans un article publié dans le premier numéro d'*Espace créole*, en 1976, Singaravélou examinait "la créolisation des Indiens à la Guadeloupe et à la Martinique"[46].

Partant du postulat de l'existence d'une culture créole, ce qui suppose que le milieu antillais a fonctionné comme un "melting-pot" pendant plusieurs siècles, Singaravélou se demande si toutes les "strates" ont également participé à l'édification de cette culture, et si elles ont été également touchées ? Il étudie donc ce problème à partir de la communauté indienne, immigrée au milieu du XIXe siècle, à une époque où la culture créole était déjà bien installée. Selon Singaravélou : "la créolisation est une forme d'acculturation progressive de ces minorités étrangères, selon des processus plus ou moins longs, selon un rythme plus ou moins brutal. La créolisation est faite d'affrontements et de concessions mutuelles, et elle a abouti à l'acquisition par le groupe minoritaire des habitudes et des modes de vie créoles et de la langue créole"[47]. Cette recherche nous paraît particulièrement intéressante, dans la mesure où elle permettait d'examiner non pas le processus de formation d'un parler créole, mais celui de son adoption. Or, ce dernier processus était celui qui se posait à tous les Bossales à partir du XVIIIe siècle.

En ce qui concerne les Indiens, l'élément essentiel de leur acculturation aurait été l'apprentissage de la langue créole. Les travailleurs indiens auraient parlé le créole dès les premières années de leur séjour aux Antilles, comme l'attestent les rapports de commissaires à l'immigration, ceux des syndics et divers articles de journaux. Il n'y aurait donc pas eu de pidginisation. D'une certaine façon, ces travailleurs indiens se trouvaient dans la même situation socio-linguistique que les Bossales. Les langues indiennes ne pouvaient être utilisées qu'à l'intérieur de leur communauté d'origine, or il fallait communiquer, non seulement avec les maîtres et contremaîtres des habitations, mais aussi avec les Noirs créoles des plantations et des villages et, le cas échéant, avec les "libres".

Ce qui paraît également intéressant dans le processus de créolisation de cette communauté, c'était le comportement volontariste de ses membres pour, d'une part, ne plus parler devant leurs enfants la langue maternelle et, d'autre part, s'efforcer de faire usage du créole. "Les personnes âgées (...) nous ont relaté (...) comment leurs parents et leurs grand-parents attendaient d'être seuls, tard le soir, pour converser en tamoul ou en hindi" écrit Singaravélou[48]. En fait, comme pour les Bossales, la nature et le degré de créolisation variaient selon les individus et les sous-groupes. Il y avait des Indiens qui étaient uniquement en contact avec les travailleurs des champs, d'autres, moins nombreux, avec la

---

46. Voir *Espace Créole*, n° 1, Centre universitaire Antilles-Guyane, 1976, pp. 95-107.
47. *Idem*, pp. 96-97.
48. *Idem*, p. 98.

domesticité qui parlait, selon l'auteur de l'article, un créole fortement francisé. Il y avait aussi, dans ce système relationnel et communicationnel, les interprètes, qui facilitaient l'acculturation par leur rôle de médiateurs et les "viatalous" tenants de la tradition, de la symbolique indienne, qui retardaient la "déculturation".

Mais, la situation changeait au niveau de la deuxième et troisième générations. Si, pour la première génération, il était nécessaire de se créoliser, il semble que par la suite les Indiens aient été poussés vers le modèle français en raison des préjugés raciaux établis à leur égard par la population noire créole. Il y aurait donc eu, assez rapidement, des obstacles à une créolisation-intégration totale, c'est pourquoi Singaravélou parle de créolisation différenciée ? Il apparaît, par exemple, que l'importance numérique des communautés indiennes était très différente selon les îles et que ce fait a eu une certaine influence dans le processus d'acculturation/créolisation. Il est indéniable aussi que le phénomène de créolisation a été plus marqué dans les familles métissées que dans les familles endogames. Cependant, malgré une certaine volonté de retrouver et de faire revivre des traditions culturelles et religieuses indiennes, il semblerait que la dynamique de la culture créole récupère et incorpore ces manifestations dans le processus qu'Ortiz appelait transculturation et que Singaravélou signale comme étant une "indianisation du créole"[49].

B - Créolisation des Tamouls à l'île de la Réunion

Claude Vogel s'est également intéressé à la créolisation d'une communauté indienne à l'île de la Réunion : celle des Tamouls venant de Maurice[50]. Sur un plan théorique il rappelle que le concept de créolisation n'est pas toujours aisé à utiliser hors du contexte linguistique. Cependant les ethno-anthropologues, s'ils l'utilisent, doivent poser comme principe que l'approche des processus de transformation (de créolisation) qui sont engagés dans les sociétés créoles dépendent "d'une part de la connaissance des substrats culturels qui ont pénétré les champs culturels étudiés, ce qui nécessite de donner une définition très large des aires actuelles (l'océan Indien, dans le cas des sociétés créoles des Mascareignes et des Seychelles), d'autre part, de la compréhension des processus de transformation eux-mêmes"[51]. Claude Vogel, reprenant le concept de continuum, que nous avions introduit pour les sociétés créoles des Antilles, pense que ce dernier permet de désigner les produits historiques de ces processus. Le concept de continuum aurait "l'avantage de briser les catégories

49. SINGARAVÉLOU.- *Les Indiens de la Guadeloupe*.- Bordeaux, 1975. Thèse 3e cycle.
50. Les Tamouls de Maurice à la Réunion : continuum et créolisation. *In* : IIIe Colloque international des Études Créoles, Sainte-Lucie, mai 1981, p. 13.
51. *Idem*, p. 1.

hermétiquement fermées et de placer la recherche dans une perspective dia-chronique et dynamique"[52]. Ainsi, il s'est attaché à démontrer que certains traits culturels traditionnels aux Tamouls dans le domaine des pratiques matri-moniales ont évolué en raison du nouveau contexte socio-culturel dans lequel ils se trouvaient. Il a pu constater que parallèlement à l'évolution de leurs choix matrimoniaux leur nomenclature a évolué, s'est créolisée. Au fil des généra-tions, ils auraient réduit l'écart qui les séparait dans ce domaine de la population créole. Il a relevé, par exemple, que sur trois générations, la première peut encore utiliser exclusivement des termes tamouls, la seconde une terminologie créole, mais totalement dénaturée, tandis que la troisième génération fait usage de termes créoles avec leur acception créole, même s'il lui reste encore quelques habitudes culturelles propres à la communauté tamoule.

C - La créolisation dans les communautés de "Petits-Blancs" aux Antilles

D'autres communautés considérées comme marginales ou secondaires dans le monde créolisé des Antilles, centrées sur le système organisationnel de l'Habitation/Plantation, ont retenu l'attention des chercheurs. Jean Luc Bonniol[53], par exemple, a travaillé sur les "Petits-Blancs" des Saintes, de la Désirade et de Saint-Barthélemy. Bien que situés à l'écart du système planto-cratique, ces divers groupes auraient "connu un mouvement de créolisation plus ou moins total". Il s'agit de petites communautés autonomes de pêcheurs, de petits cultivateurs des îles sèches où ne pouvaient se développer les plantations. Malgré un sentiment d'originalité culturelle les membres de ces communautés ont participé et participent à la dynamique de la culture créole dans la mesure où, à quelques exceptions près, ils sont tous des créolophones-diglottes.

Selon J. L. Bonniol le particularisme ethnique de ces groupes ne les empêche pas d'appartenir à l'histoire antillaise : "l'authenticité de leur enra-cinement dans l'espace régional ne saurait être mise en doute. D'autant qu'il existe entre eux et les groupes humains voisins, d'importantes continuités culturelles"[54]. Cette continuité peut se mesurer en premier lieu au niveau des parlers locaux, dont certains seraient plus proches, ou du moins perçus comme tels, du français que du créole ou "parler nèg". Elle peut se mesurer aussi, aux Saintes, au niveau de l'habitat, des croyances, des pratiques magico-religieuses et des fêtes. On retrouve également ces phénomènes de continuité culturelle à la Désirade et chez les Blancs-Matignon de la Guadeloupe.

Cependant, et c'est là à notre avis un des points essentiels, ce continuum culturel, produit du processus dynamique de la créolisation est toujours voilé,

---

52. *Idem*, p. 2.
53. Particularisme ethnique et culture créole dans la Caraïbe : le cas des "Petits Blancs".- *Etudes Créoles*, 3 (1), 1980, pp. 15-33.
54. *Idem*, p. 28.

selon J. L. Bonniol, par la mise en avant d'une spécificité. On veut tout en participant à une culture créole, se différencier. Les travaux de ce chercheur font donc apparaître de nouveau la présence d'une dichotomie entre le niveau de ce qui est (continuum culturel fait d'un ensemble de subcultures auxquelles participent inégalement les membres des communautés considérées) et le niveau de ce que l'on voudrait qu'il soit (plan des idéologies où entre en ligne de compte la dimension raciale et identitaire). Par ailleurs, il pose le problème de la définition même de la culture créole qui devrait être conçue essentiellement "comme un lieu de rencontre où les éléments de diverses origines se chevauchent et s'interpénètrent dans le lent mouvement de dérive qui éloigne les cultures des îles de celles des continents de l'Ancien Monde.."[55]. Or, les communautés blanches des îles périphériques, bien que conscientes d'une certaine originalité culturelle, participeraient à cette dérive, volontairement ou non. Par voie de conséquence, elles participeraient aussi à une créolité[56] en train de s'édifier qui déborderait l'ordre socio-racial antillais traditionnel.

*   *

*

    Ainsi, au concept de créolisation et à ses dérivés (décréolisation, néocréolisation, archéocréolisation, recréolisation) et aux concepts connexes et annexes (d'acculturation, déculturation, transculturation, etc.) sont venus s'ajouter, d'une part, celui de "continuum" et, d'autre part, celui de "créolité". L'arsenal conceptuel des spécialistes du monde créole et plus largement des langues et des sociétés en voie de créolisation, s'est donc étoffé pour tenter de décrire et d'expliquer un phénomène dynamique issu du contact de plusieurs groupes en rapports inégalitaires. Tandis que se développait cette direction de recherche sur la genèse des langues et des subcultures créoles, considérées souvent comme des entités abstraites, sont venus interférer des phénomènes d'affirmation de spécificité ou d'identité. Pour les linguistes et ethno-socio-logues natifs, l'étude du fait créole et de son développement ne saurait être séparée du contexte socio-culturel et politique global dans lequel ils s'inscrivent comme sujet-acteurs. Pour les spécialistes non-natifs (Européens et Nord-américains en particulier) le monde créole est, selon l'expression de

---

55. *Idem*, p. 31.
56. Ce terme semble être le dernier venu dans la panoplie des néologismes construits autour et à partir du mot "créole". G. LEFEBVRE l'utilise dans l'article : Créativité lexicale et créolité à Saint-Barthélemy. *Etudes Créoles*, Vol III, 1980. De même, L.F. PRUDENT utilise ce mot et distingue plusieurs formes de la créolité à partir d'une analyse du fait littéraire créole. Voir : L'émergence d'une littérature créole aux Antilles et en Guyane.- *Présence Africaine*, 121/122, 1982, pp. 109-134.

Claude Hagège[57], un laboratoire. Par son observation et son analyse, ils tentent de construire un modèle générique qui aurait une valeur universelle. Pour l'instant on en est encore éloigné, bien que pendant ces dix dernières années l'approche du processus de créolisation se soit largement affiné, surtout au niveau de la langue. Il pourrait y avoir non seulement des phénomènes successifs de pidginisation-créolisation, mais aussi de créolisation sans pidginisation ou bien encore de pidginisation et de créolisation séparées, nonobstant les phénomènes postérieurs, qui peuvent lui être associés, de décréolisation, de néocréolisation et de recréolisation. Au niveau plus global de l'étude des mécanismes de créolisation d'une culture ou d'une communauté il reste beaucoup à faire dans la mesure où l'appréhension de l'évolution de l'ensemble des traits culturels, en interrelation et aux temporalités diverses,est difficile à saisir. Après avoir abordé le problème d'une manière trop globalisante et réductrice les chercheurs ont voulu l'examiner au sein de petites communautés insulaires en privilégiant tel ou tel trait culturel. Si les résultats obtenus sont encore limités, ils ont le mérite de rappeler que les groupes en contact considérés sont inclus dans une dynamique sociale et culturelle qui les dépasse et qui produit dans les aires créolophones des situations d'ordre symbolique ou idéologique qui ont pour nom   : "créolité", "antillanité" ou bien encore "réunionité".

Résumé : Le mot créole, employé depuis longtemps pour désigner des réalités physiques, humaines et linguistiques, a donné naissance ces dernières années à de nombreux dérivés et à des néologismes de toute sorte. Certains ont été créés pour mettre en évidence des phénomènes se rapportant aux faits de langue (créolisme, créolophone, créolophonie etc...), d'autres pour désigner un processus ou un mécanisme concernant une évolution linguistique ou socio-culturelle, avec une valeur généralisante (créolisation, créolisé...), d'autres encore pour désigner un état spécifique et une émergence identitaire en même temps qu'un sentiment d'appartenance (créolité, créolitude...). Les diverses acceptions du concept de "créolisation", et des concepts annexes ou connexes qui le complètent, sont analysées à travers l'usage qu'en font divers auteurs. On constate de la sorte que le processus de créolisation d'une langue et d'une culture aboutit à créer une créolité latente qui vient s'inscrire dans le champ de l'identité et de l'ethnicité, en particulier aux Antilles et aux Mascareignes.

Mots-clés : Milieu insulaire, langue, multi-linguisme, créole, société, Antilles, Réunion.

Summary : *Processes of "Creolization" : apply in an island environment (West indian Antilles-Mascarene Islands).-* The word Creole has for a long time been used to refer

57. *L'Homme de paroles. Contribution linguistique aux Sciences humaines. Chapitre II; Le Laboratoire créole.* Paris, Fayard, 1986.

to physical, human and linguistic realities, but in the last few years it has given rise to many derivatives and neologisms of all kinds. Some have been coined to highlight phenomena relating to aspects of language (Creolism, Creolophone, Creolophony etc...), others designate a process or a mechanism concerning a linguistic or socio-cultural development with general importance (Creolization, Creolized...), and there are others still, which describe a specific state and an emerging identity along with a feeling of belonging (Creolity, Creolitude...). The various accepted meanings of the concept of "creolization" and other related or connected concepts which complement it are analysed with reference to the use of the term by various authors. It can thus be observed that the process of Creolization of a language and a culture leading to the creation of a latent "Creoleness" is in keeping with the notion of identity and ethnicity, especially in the Antilles and the Mascarenes.

Keywords : Island environment ; Language ; Multi-lingualism ; Creole ; Society ; The West Indies ; Reunion island.

LE FAIT CRÉOLE DANS LA FORMATION DE L'IDENTITÉ NATIONALE EN RÉPUBLIQUE DU CAP-VERT

par Michel LESOURD et Guilène RÉAUD-THOMAS

Indépendante depuis 1975, la jeune République du Cap-Vert est confrontée au problème de sa construction nationale. Ses frontières ne sont pas, comme sur le continent africain, le résultat de partages coloniaux, mais, archipel de 4 033 km², composé de neuf îles habitées et quelques îlots, le problème de son unité est posé à la fois en raison de la jeunesse de l'Etat et de l'émiettement géographique du territoire.

Aux marges de l'Afrique - l'archipel se trouve à 500 km à l'Ouest des côtes mauritano-sénégalaises - marqué par cinq siècles d'histoire au sein du monde colonial portugais, le Cap-Vert présente diverses caractéristiques qui apparaissent comme des éléments fondamentaux de l'affirmation d'une nation cap-verdienne : une communauté linguistique, culturelle et historique, l'appartenance au Sahel africain, un ancrage idéologique et géographique tiers mondiste. Toutefois, des tendances centrifuges existent, qui gênent la réalisation de l'unité nationale : faiblesse des structures d'encadrement et des moyens de développement, clivages géographiques, sociaux et culturels spécifiques des micro-sociétés insulaires.

Le Cap-Vert est l'un des pays les plus pauvres du monde (P.M.A.). Son P.N.B./habitant est estimé en 1985 à 500 dollars U.S. Sa marge de manoeuvre est étroite, et depuis son Indépendance, le pays a toujours eu recours à des financements extérieurs, aide internationale notamment, pour ses dépenses d'investissements. La faiblesse des atouts naturels et humains, l'étroitesse du marché de consommation (330 000 habitants) et la modestie des ressources humaines posent le problème de la viabilité économique de ce petit Etat insulaire. Ce problème est l'un des soucis majeurs pour les responsables de la construction nationale. Mais l'affirmation de la Nation cap-verdienne, dans le cadre territorial et politique né lors de l'Indépendance revêt, aux yeux des dirigeants, une importance équivalente. Dans cette perspective, la *créolité* cap-verdienne, vigoureusement affirmée dans une langue et une culture populaire originales, apparaît à la fois porteuse d'atouts, mais aussi de faiblesse et de risque pour la cohésion nationale et la construction de l'unité.

Après une brève présentation du fait créole cap-verdien, on insistera sur les aspects de la créolité qui apparaissent comme des atouts pour l'affirmation de l'unité du pays puis sur ceux qui, au contraire, semblent être des handicaps pour le jeune Etat.

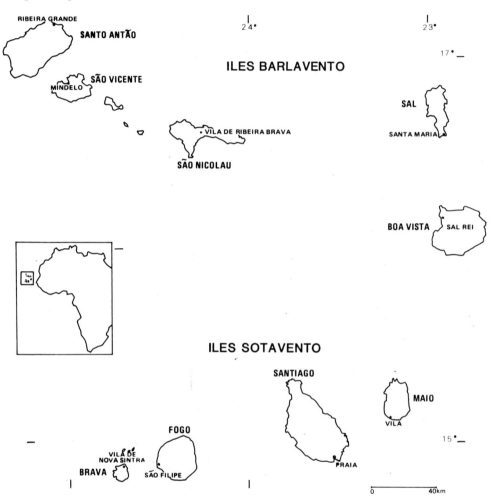

Figure 1.- La République du Cap-Vert : croquis de situation

I.- LE FAIT CRÉOLE EN RÉPUBLIQUE DU CAP-VERT : UN CIMENT NATIONAL

"O Crioulo" est la manifestation la plus éclatante de l'existence d'une nation cap-verdienne. Langue parlée partout et par tous, elle est le support d'une culture originale, et témoigne, au-delà des îles, chez les émigrés de la diaspora, de la "cap-verdianité".

A - Une communauté linguistique

Le *crioulo* est une création multiséculaire, née de la nécessité de dialogue entre les esclaves importés dans les îles depuis la côte africaine et les maîtres portugais. Langue pratique, le *crioulo* s'est formé d'abord au Cap-Vert car c'est là, à Santiago et, secondairement, à Fogo, que se concentraient des hommes et des femmes d'ethnies variées de la côte ouest-africaine. Baltasar Lopes[1], s'appuyant sur des textes anciens, souligne la diversité d'origine des esclaves : Wolof, Serer, Bambara, Lebou, Toucouleur, Fula, Floup, Balante, groupes dominés toutefois par l'élément Manding. Contrairement aux autres parlers créoles d'Afrique, le fond portugais est, dans le *crioulo* cap-verdien, largement dominant. L'apport africain vient surtout de langues du groupe mandé, comme le prouve l'examen des ethnonymes et toponymes les plus fréquents, surtout dans les îles Sotavento[2].

L'expansion du *crioulo* est liée à l'absence de structure d'encadrement, de scolarisation notamment, susceptible d'imposer au peuple le portugais, jusqu'au milieu du XIXe siècle. En effet, le premier séminaire-lycée n'ouvrit ses portes, au Cap-Vert, qu'en 1866. Mais, surtout, la rapide diffusion du *crioulo* est due au rôle que les *lançados,* commerçants trafiquants d'esclaves, ont joué entre les îles et la côte africaine. Ce sont ces hommes, pour la plupart métis, qui se trouvaient, par leur travail, en contact avec les populations africaines. Enfin, les esclaves "importés" dans les îles ont également contribué à la création de cette langue de communication. Là, coupés de leurs racines, toutes ethnies mêlées, ils ont, plus facilement que sur le continent, abandonné la langue de leurs ancêtres et adopté un fond linguistique portugais. Ceci explique que le *crioulo* du Cap-Vert soit moins africanisé que les créoles de Guinée, d'Angola ou du Mozambique. Quoique différent des parlers créoles de l'ancien empire colonial portugais, il peut être considéré comme une variante dialectale de la langue créole des pays d'expression portugaise. Bien que subissant à son tour des variations dialectales, principalement entre îles Sous-le-Vent (Brava, Santiago, Fogo, Maio) et îles Au-Vent (Santo Antão, São Nicolau, São Vicente, Sal, Boa Vista), variantes liées partiellement à l'inégale importance des apports africains, la langue cap-verdienne est l'expression du "melting pot" racial, où l'élément métis est largement dominant (plus de 75 % de la population). Elle apparaît comme un ciment, véhicule d'une pensée et d'une culture originales. Enseignée au Cap-Vert, elle l'est aussi dans les plus importantes communautés d'émigrés. Les luso-africains du Cap-Vert, ethnie africaine originale, se distinguent notamment de celles, beaucoup moins créolisées, de Guinée-Bissau.

---

1. LOPES da SILVA, B.- O dialecto crioulo de Cabo Verde.
2. CARREIRA, A.- Formação e extinção de una sociedade escravocrata, pp. 438-441.

B - La signification du crioulo : un ciment culturel

Le *crioulo* véhicule une culture originale. Cette "cap-verdianité" est constituée d'une communauté culturelle, dont la langue n'est qu'un support. La cap-verdianité est chrétienne, à dominante catholique, ce qui distingue le Cap-Vert de la Guinée-Bissau voisine à dominante animiste et musulmane. La ferveur chrétienne est constamment exprimée, particulièrement dans les campagnes. Les édifices religieux, grands et petits, marquent les agglomérations. Les toponymes, presque tous religieux, de l'ensemble insulaire au moindre terroir, traduisent l'influence et le rôle du pouvoir catholique dans l'archipel. C'est dans l'île de Santiago, à Cidade Velha, que se trouve la plus ancienne église catholique de la côte ouest-africaine et les ruines de la première cathédrale édifiée en Afrique. Les divisions administratives de l'archipel rendent compte de l'organisation territoriale imposée par l'Eglise : entre les *concelhos* (conseils) et les *zonas* (circonscriptions politico-administratives de base) se tiennent les *freguesias* (paroisses).

Contrôlée par le clergé, la société cap-verdienne a été profondément modelée par l'Eglise. Dans les villages, nulle décision, fut-elle familiale, ne pouvait être prise sans consentement du curé. Mariages, baptêmes, dépendaient de l'autorité religieuse. Cette influence est loin d'avoir disparu, même dans les villes. L'Eglise a transmis au Cap-Vert les valeurs et traditions de la civilisation occidentale. La religion catholique fait de la civilisation cap-verdienne une entité bien distincte en Afrique, surtout par rapport aux pays de son environnement proche, à majorité islamique.

La nation cap-verdienne s'exprime dans une littérature et une musique spécifiques, principales activités artistiques développées, surtout depuis le XIXe siècle. La plus grande partie de la littérature est d'expression portugaise, mais les préoccupations, la sensibilité de l'écrit cap-verdien sont largement insulaires, même s'il est possible de les intégrer à la littérature portugaise. Les lieux romanesques sont îliens ; la poésie, largement inspirée des *cantigas* de travailleurs et des chansons populaires, exprime, parmi d'autres, les thèmes de l'écrasement par une nature hostile et du départ du migrant d'îles trop ingrates pour le nourrir. Le mouvement littéraire cap-verdien *Claridade,* né à Mindelo, dans l'île de São Vicente, en 1936, est issu d'une prise de conscience de la culture nationale et de l'action des émigrés dès le début du XXe siècle. Il est d'abord exprimé dans de nombreux journaux tels que *A voz de Cabo Verde* dirigé par P. Monteiro Cardoso et E. Tavares. *Claridade* a largement contribué, par sa réflexion, à affirmer le sentiment national. Mais les préoccupations littéraires cap-verdiennes sont aussi historiques. Parmi les plus passionnés des historiens cap-verdiens, citons Antonio Carreira pour ses nombreux ouvrages et les recherches qu'il a menées sur les fondements esclavagistes de la société cap-verdienne et l'émigration internationale de ses compatriotes.

La musique, au Cap-Vert, est certainement l'expression la plus populaire et celle en laquelle les Cap-Verdiens se reconnaissent le mieux. Aisée à transporter, elle rassemble ceux de la diaspora. Elle est musique nationale. Si elle révèle, dans les *mornas,* des influences du fado portugais, elle est chanson d'amour et surtout de *saudade* d'un peuple meurtri par une nature ingrate et contraint à une émigration trop lointaine. De ses racines africaines, elle tire deux formes musicales de réjouissance, *coladera* et surtout, à Santiago, *funana.*

Archipel créole, le Cap-Vert présente une grande originalité par rapport aux archipels voisins, Açores, Canaries, Madère. Ici, les insularismes ne sont pas moins vivaces, mais ils n'ont pas été confrontés au problème de la construction nationale. Au Cap-Vert, c'est par l'approfondissement de diverses expressions de la créolité, de l'âme nationale, que passe l'affirmation de l'identité cap-verdienne et de l'unité du pays. C'est sur cette créolité que s'appuie l'actuelle action gouvernementale.

II.- LE RENFORCEMENT DE L'ÉTAT-NATION

Dans son combat pour le renforcement de l'unité nationale, l'Etat cap-verdien s'appuie sur l'évocation de la dramatique communauté historique d'un peuple aux prises avec une nature peu généreuse. L'enracinement, la fidélité à un terroir, à une île, à une civilisation paysanne ne sont pas remis en cause par l'émigration : la diaspora cap-verdienne semble, au contraire, une composante majeure de cette civilisation insulaire, et un atout pour le développement du pays.

A - La créolité, esprit de résistance au colonialisme

Jusqu'au milieu du XVIIIe siècle, l'archipel fut un lieu central des échanges esclavagistes : le fondement de l'humanité cap-verdienne procède d'abord du malheur de l'arrachement brutal et définitif au pays natal, et de la dispersion des familles, surtout dans les îles Sotavento (Santiago, Fogo). Dans la seconde moitié du XVIIIe siècle, ce rôle de sinistre plaque tournante se réduisit (en relation avec le déclin de l'empire maritime portugais), les rapports sociaux évoluèrent, et les esclaves obtinrent un statut "élargi" (servage rural, affranchissement). Mais, à partir de 1850, et jusqu'aux années 1960, un nouvel esclavage se substitua au précédent : le déplacement forcé des Cap-Verdiens pour le travail sur les plantations de cacao et de café de São Tomé et Principe. Les conditions de travail y étaient inhumaines et les malheureux passaient brutalement d'un climat aride à l'hyperhumide équatorial. Nombreux furent ceux qui, à l'issue de contrats établis pour trois ans, ne revinrent pas. L'historien

A. Carreira estime que, dans la dernière période de l'oppression coloniale (1941-1970), plus de 50 000 Cap-Verdiens "émigrèrent" dans ces deux îles de l'empire.

La population non-libre du Cap-Vert manifesta très tôt son hostilité à la classe sociale dominante : des esclaves fugitifs, réfugiés dans les montagnes, sont signalés dès le XVIIe siècle. Elle sut profiter des sécheresses pour modifier les rapports primitifs maître/esclave. Des groupes d'artisans noirs ou métis, acquirent rapidement un statut social particulier. Ils se rendirent indispensables dans un pays dominé par une aristocratie pour qui travailler était déroger. La période de l'abolition de l'esclavage ne se traduisit pas par des conflits trop violents, en raison de l'attitude modérée des grands propriétaires face à des esclaves passés depuis longtemps à un statut de servage domestique. En revanche, les révoltes des paysans sans terre, surtout au XIXe siècle, marquèrent l'archipel : révoltes de la misère mais surtout protestation contre l'injustice foncière.

Mais la résistance au colonialisme portugais s'est exprimée surtout à partir de 1956, quand un ingénieur agronome cap-verdien, Amilcar Cabral, créa le P.A.I.G.C. (Partido Africano da Independéncia da Guiné e Cabo Verde). Bien que n'ayant jamais pu déclencher la lutte armée au Cap-Vert, où les conditions géographiques se prêtaient mal à des actions de guérilla, le P.A.I.G.C. a réussi à s'y implanter. L'action clandestine menée par les dirigeants - en majorité cap-verdiens - du Parti, les succès de la lutte en Guinée ont facilité la prise de conscience nationale. Surtout, la personnalité d'Amilcar Cabral fut déterminante : lucide, volontaire, réfléchi, pragmatique, Cabral est apparu comme un des plus remarquables penseurs politiques du tiers monde. Sa doctrine, fondée sur l'incitation du peuple à dominer son destin et réaliser son indépendance politique et économique fait une large place à la culture traditionnelle africaine, utilisant ses aspects les plus positifs. Sans faire l'unanimité, la pensée et l'action de Cabral ont été un ferment. Treize ans après son assassinat et onze ans après l'Indépendance, la pensée du chef révolutionnaire continue d'inspirer l'action de l'Etat, dirigée par les compagnons de lutte de Cabral qui bénéficient d'un large consensus populaire. Dans cet ensemble, le Parti cap-verdien (PAI-CV) apparaît comme le gardien et l'animateur de cette action.

B - La créolité : être d'un terroir ingrat et rude

Les deux tiers de la population cap-verdienne travaillent ou vivent de l'agriculture. Comme la plupart des pays marqués par la colonisation lusitanienne ou ibérique, le monde rural cap-verdien est constitué de trois catégories d'agriculteurs. Les grands propriétaires possèdent les meilleures terres de l'archipel, en particulier les *regadios* des fonds de vallée. A ce groupe très restreint s'opposent deux catégories d'exploitants qui forment la trame de la société paysanne : les petits propriétaires et les paysans sans terre, ces derniers formant 40 % des exploitants.

Que ce soit en faire-valoir direct, en fermage ou en métayage, et le plus souvent en exploitations de type mixte, les paysans sont à la tête de très petites exploitations : la moyenne dans les quatre îles agricoles (Santiago, Santo Antão, Fogo, São Nicolau), qui abritent plus de 90 % des terres cultivées, est de 1,37 ha. La plus grande partie de leur domaine est en cultures sèches : plus grande disponibilité des terres de pente, au contraire des *regadios* confisqués par les grands propriétaires à l'époque coloniale, mais aussi exiguïté et cherté des *regadios* aménageables. Le minifundio ne rapporte guère. Sur une terre familiale en *sequeiro,* le revenu annuel net est de l'ordre de 1 300 FF par exploitation. La très petite taille des superficies exploitées en irrigué interdit des revenus élevés (0,05 ha par exploitation en moyenne, soit un revenu annuel de 1 350 FF). Au total, le revenu moyen d'une exploitation pour les quatre principales îles agricoles est de 2 650 FF.

Cette petite paysannerie, unie dans la pauvreté, l'est aussi par sa lutte contre une nature hostile. Ce n'est pas par hasard que les Cap-Verdiens s'appellent *"os flagelados do ventoleste"*[3]. Le vent d'est, qui souffle dix mois sur douze sur les îles apporte surtout de l'air sec, venu du continent : l'harmattan souffle aussi sur l'océan. La rémission estivale est brève : quelques bouffées de mousson du Sud-Ouest et l'air subhumide remonté loin au nord apportent la pluie.

L'archipel est en effet tout entier compris dans la région des faibles précipitations irrégulières des régions sahéliennes. Bien que les versants montagneux "au vent" des alizés connaissent des précipitations notables, la plus grande partie du territoire, composée de bas plateaux et de vallées, est aride. Les précipitations sont aléatoires : la station de Praia (Santiago, alt. 64 m) a reçu 234 mm en moyenne annuelle pendant la période 1875-1982. L'évolution confirme d'ailleurs une tendance séculaire à la baisse et, entre 1968 et 1982, il n'est tombé à Praia que 125 mm annuels en moyenne. La mémoire populaire fait état de crises pluviométriques qui ont douloureusement marqué dans sa chair le peuple cap-verdien :

1885	42,7 mm
1903	67,9
1920 - 1921	36,6 - 65,3
1947 - 1948	45,8 - 64,9
1959 - 1960	85 - 96,5
1970 - 1974	20,6 - 13,2 - 13,2 - 41,5 - 104
1977 - 1978	21,6 - 88,2
1981 - 1982	79 - 84

3. LOPES, M.- roman - Lisboa, 1985.

Les années anormalement sèches ont beaucoup tué au Cap-Vert. Elles s'accompagnèrent toujours, jusqu'à une date récente, de famines. La première famine est datée des années 1580-1583 *"em que morreu muita gente"* (A. Carreira, 1984). Depuis un siècle, des famines ont eu lieu en :

1894 - 1900
1903 - 1904 (16 118 morts de faim)
1911 - 1915
1916 - 1918
1921 - 1922 (17 595 morts de faim en 1921)
1923 - 1924
1941 - 1943 (24 463 morts de faim)
1947 - 1948 (20 813 morts de faim)

A. Carreira estime que plus de 82 000 personnes sont mortes de faim dans l'archipel dans la première moitié du XXe siècle.

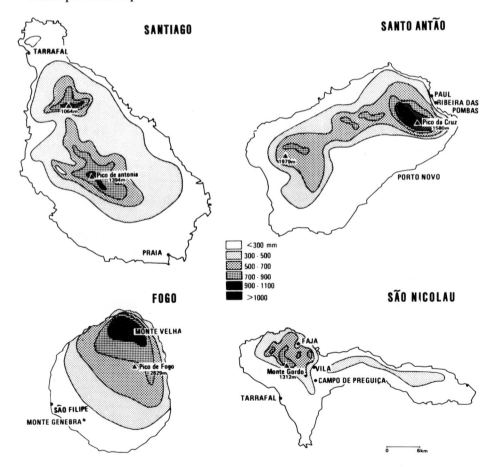

Figure 2.- **Répartition des précipitations dans les îles agricoles de la République du Cap-Vert.**

Dans la lutte pour domestiquer la nature ingrate des îles, ou du moins, en arracher quelques fruits, les Cap-Verdiens, arc-boutés sur une terre difficile, ont élaboré une civilisation paysanne au savoir-faire et à la ténacité remarquables. L'ingéniosité cap-verdienne se manifeste dans des réalisations techniques parfois impressionnantes : mise en valeur de très fortes pentes par l'aménagement de terrasses minuscules, notamment à Santo Antão, laborieux systèmes pour recueillir l'eau tel le captage de minuscules sources à Fogo ou les fines toiles tendues face au vent pour en recueillir l'humidité (Brava). Tout ceci contribue à cimenter cette civilisation paysanne. Mais le fait culturel majeur, celui qui caractérise le mieux la créolité cap-verdienne, est l'existence d'un système de production fondé sur le couple maïs-haricot (*milho/feijão*), base alimentaire de l'archipel[4]. Manuel Pereira Silva parle, pour le Cap-Vert, de "civilisation du maïs"[5]. Il existe toute une symbolique du couple maïs-haricot qui se rapporte à la complémentarité sociale homme-femme dans le contexte de la production alimentaire paysanne[6].

Cette civilisation paysanne évolue sans se renier. Pour le paysan, pour l'émigré qui veut revenir, pour le citadin, l'idéal de la petite propriété paysanne reste très proche. Individualisme, prudence, et par-dessus tout, volonté d'acquérir de la terre, soit pour devenir enfin propriétaire, soit pour agrandir une propriété jugée trop modeste : le paysan cap-verdien a gardé, jusqu'à aujourd'hui, une mentalité de petit propriétaire terrien ; image dominante du "modèle social" que constituèrent, jusqu'à l'Indépendance, les grands propriétaires ? Même si, aujourd'hui ces derniers n'ont plus l'importance d'autrefois et que l'Etat essaie de transformer les mentalités paysannes en promouvant une Réforme agraire, d'autres facteurs jouent encore en faveur de cette vision traditionnelle. En particulier, les importantes disponibilités financières dont jouissent les émigrés sont plutôt investies dans l'habitat rural et le foncier : les émigrés, souvent d'anciens ruraux, négligent les activités "urbaines" et gardent, avec leur village, un lien privilégié. Pour un Cap-Verdien s'il faut être d'une île, il faut aussi être d'un terroir et se sentir paysan parmi les paysans.

C - L'émigration, composante essentielle d'une civilisation insulaire créole

Il y a, selon la revue *Emigrason*[7], davantage de Cap-Verdiens résidant actuellement à l'étranger, que de Cap-Verdiens habitant le territoire de la République. La majeure partie d'entre eux se sont installés aux Etats-Unis

4. Le plat national, cachupa est, malgré diverses variantes, toujours constitué de maïs et de haricots.
5. PEREIRA SILVA, M.- Consul du Cap-Vert en France ; communication personnelle.
6. DEPRAETERE, M.- Milho-Feijão : significação, simbolisme e sociedade. Communication à la Conférence sur la recherche en Sciences Sociales dans le Cap-Vert contemporain. Praia, octobre 1986.
7. Emigrason, n°especial, 10 Anos de Independéncia, 1985. Revista do Ministerio de Negócios Estrangeiros de Cabo Verde.

d'Amérique ; dès le XIXe siècle, les Américains de Nouvelle-Angleterre utilisèrent sur leurs navires baleiniers puis marchands des équipages cap-verdiens. L'émigration vers l'Europe, Portugal excepté, est beaucoup plus récente : elle correspond surtout à la période de forte demande en main-d'oeuvre étrangère et bon marché des Etats industrialisés d'Europe occidentale. Quant à l'émigration africaine (tabl. I), elle est surtout angolaise et sénégalaise, mais cependant assez dispersée.

PAYS	NOMBRE	PROVENANCE
AMERIQUE	255 000	
U.S.A.	250 000	Fogo et Brava
Brésil	3 000	
Argentine	2 000	
EUROPE	82 500/88 000	
Portugal	50 000	São Tiago
Pays-Bas	10 000	São Vicente, Santo Antão
Italie	8 000/10 000	São Nicolau
France	7 000/9 000	
Luxembourg	3 000	
Espagne	1 500/2 000	
Suisse	1 000/2 000	
Belgique	800	
Suède	700	São Vicente
RFA	500	
Norvège	200	São Vicente
AFRIQUE	67 900/76 200	
Angola	35 000/40 000	
Sénégal	22 000/25 000	
S. Tomé et Principe	8 000	São Tiago
Guinée-Bissau	2 000	
Mozambique	700/1 000	
Gabon	200	
TOTAL	405 400/419 200	

Tableau I.- *Destination des émigrants cap-verdiens*

Le fait migratoire cap-verdien contribue à renforcer la cap-verdianité :
- l'efficacité culturelle de l'émigration est importante. Les émigrés ont, à l'étranger, toujours fait preuve d'un remarquable "patriotisme culturel". L'identité cap-verdienne s'affirme face aux autres cultures. Les associations de loisirs, sport, danse, les groupes de femmes et les réunions culturelles, animés par des chanteurs de *mornas* et de *coladeras* maintiennent la cohésion, même

s'il y a tendance à l'éparpillement et à l'acculturation. Des journaux relient les communautés les plus dynamiques. Le Cap-Vert est très fier de voir la langue cap-verdienne enseignée dans les Universités américaines ;

- l'efficacité économique de la diaspora est considérable. Il n'est pas excessif d'affirmer qu'elle contribue à la survie du pays. En effet, aux ressources agricoles, toujours insuffisantes, beaucoup de familles ajoutent les dons financiers que leur envoient les émigrés. Cet argent permet aux familles restées au village, d'acheter de la nourriture et de subvenir à l'entretien et à l'équipement de la maison. De plus, ces ressources extérieures, qui peuvent représenter plus de la moitié du revenu familial, sont indispensables pour le maintien sur place de la population rurale. Elles ont, jusqu'à présent, évité au Cap-Vert d'être confronté au problème de l'exode rural et de l'urbanisation non maîtrisée.

L'ouverture extérieure que constitue l'émigration familiale internationale est source d'information et de capacité critique du peuple cap-verdien à l'égard de sa propre société. Egalement, les communautés de la diaspora, parce qu'elles sont, souvent, bien structurées et composées de membres ayant acquis des qualifications variées dans l'industrie et les services, apparaissent riches de potentialités économiques : la mobilisation de ces ressources humaines, intellectuelles et techniques pourrait permettre la croissance, au Cap-Vert, de nouvelles activités. A l'étranger, les communautés d'émigrés font figure de points d'ancrage d'une politique commerciale internationale.

III.- LA CRÉOLITÉ : FAIBLESSE ET RISQUE POUR LE CAP-VERT ?

La créolité, facteur de cohésion sociale, peut apparaître aussi, par certains aspects, comme une faiblesse pour le Cap-Vert. La créolité est fragile. Les risques d'émiettement culturel sont nombreux, et s'appuyer sur la seule créolité ne peut suffire pour le développement du pays. Mais, au-delà de l'ambiguïté créole, la construction d'un Etat cap-verdien dans l'enracinement africain constitue l'ambitieux objectif des responsables politiques du pays.

A - Des risques d'émiettement

Rares sont les Cap-Verdiens qui connaissent plus de deux îles. Comme tout pays insulaire, le Cap-Vert connaît de nombreux particularismes locaux. Les nuances des mentalités entre *sampadjudos*, habitants des îles Barlavento tardivement peuplées, et *badius* de Sotavento, plus africains, sont un premier clivage. Santiago, Fogo et Brava furent en effet précocement peuplées d'Africains déportés par les esclavagistes portugais. Les îles servaient de relais sur les routes du Brésil et des Caraïbes. Les esclaves y séjournaient quelque temps avant d'affronter les rigueurs de la traversée. D'autres, sélectionnés par les colons, restaient dans les îles. La petite aristocratie portugaise, par exemple celle venue d'Algarve et qui s'installa surtout à Fogo, marqua les îles de ses structures. Les îles septentrionales furent tardivement peuplées, à la fin du XVIIIe siècle, par des éléments européens plus variés : Portugais principalement, mais aussi Britanniques, Français, Hollandais. Les Africains y furent aussi installés en moins grand nombre. Praia, capitale de la colonie, resta toujours sous influence portugaise exclusive. Au contraire, Mindelo, fut, par son port développé par les Anglais, au contact de multiples influences culturelles.

Les variantes dialectales d'une île à l'autre sont une marque territoriale, mais non un obstacle à l'unité. Plus sérieux sont les "provincialismes" de chaque île dans l'archipel, face à l'Etat. Ces provincialismes ne se traduisent jamais par d'irréductibles antagonismes : liés à l'histoire de chaque île, à la sensibilité particulière de ses communautés, aux structures sociales, ils sont largement culturels et économiques. Tous sont, cependant, porteurs d'évolutions que l'on peut qualifier de divergentes. Brava, imprégnée d'idéologie américaine et, physiquement, la plus isolée des îles, est secrète. São Nicolau, très indépendante, attachée à sa liberté de penser, accepte mal le pouvoir de Praia (Santiago). Boa Vista, maigrement peuplée d'êtres attachants mais si attentistes s'oppose à Santo Antão, obstinée, volontaire, attachée à ses structures, et à São Vicente, exubérante, frondeuse, la plus lusitanienne des îles du Cap-Vert. Santiago, la plus africaine avec Fogo, est une île dynamique et dérangeante.

Ces quelques remarques superficielles qui visent à personnaliser les îles sont renforcées par les caractères démographiques et économiques qui opposent, plus qu'ils ne rassemblent, les situations insulaires : degré d'isolement, densité agricole, ressources. Au total, si l'on peut oser cette comparaison, les îles tiennent ici un rôle peu différent des groupes ethno-culturels qui composent les Etats d'Afrique continentale.

Les liens des Cap-Verdiens émigrés avec la mère patrie sont, dans l'ensemble, solides. Cependant, ils varient selon les communautés, les régions d'installation et les causes de l'émigration. Certaines communautés, très anciennes, sont composées de Cap-Verdiens de deuxième, troisième, voire quatrième génération, qui sont nés à l'étranger et ne sont jamais allés au Cap-Vert. Tel est le cas de la communauté cap-verdienne du Sénégal, étudiée par Elisa Andrade, communauté qui a une perception floue des îles, pourtant très proches. Le problème est aggravé par le contexte économique dans lequel évolue la communauté. Si, aux Etats-Unis, les gains relativement importants permettent de maintenir des liens avec les cousins des îles par des voyages et, surtout, par l'envoi de mandats, il n'en est pas forcément de même pour certains émigrés en Europe ou en Afrique : la situation économique des Cap-Verdiens du Portugal est souvent précaire, par exemple.

Des raisons politiques peuvent aussi être à l'origine d'une rupture ou, du moins, de relations très distendues avec l'archipel : la volonté d'indépendance des partisans de la lutte anti-coloniale entre 1960 et 1975, ne fit pas, au Cap-Vert, l'unanimité. Plus tard, la politique du nouvel Etat, jugée trop collectiviste par certains, précipita le départ de nombreux Cap-Verdiens. Certaines communautés de la diaspora sont, aujourd'hui, bien éloignées des préoccupations des insulaires...

B - Le repli créole : un pari impossible à tenir

Pour le Cap-Vert, compter sur la seule créolité pour son développement, est un pari risqué. Certes, il existe une dynamique propre à la micro-société créole, mais le pays est peu peuplé (330 000 habitants en 1986), et son marché de consommation, naturellement étriqué en raison de sa faible masse démographique, l'est encore plus du fait des très modestes capacités financières de la majeure partie des Cap-Verdiens. Seule, la petite minorité composée des élites administratives, commerçantes et agricoles du pays est capable, actuellement, de "tirer" la croissance.

Pour les mêmes raisons, le pays attire peu les investisseurs étrangers et pose des problèmes de rentabilité pour les infrastructures de service. L'identité créole de la nation doit donc avant tout servir à l'ouverture du pays. Il semble que les dirigeants politiques l'aient bien compris, qui jouent de la "cap-verdianité" comme d'un trait d'union entre la culture européenne et "l'africanité". Ils profitent de leur appartenance au monde lusitanien pour renforcer les liens économiques avec l'Europe tout en travaillant à renforcer leur solidarité avec l'Afrique, en revendiquant des racines et une histoire communes.

La créolité cap-verdienne peut-elle réellement servir l'intérêt national ? Dans le domaine économique, un rapprochement avec d'autres entités créoles paraît malaisé : avec l'Ouest atlantique, les distances, la langue, les structures d'échanges sont des obstacles, même si les problèmes d'identité culturelle du monde caraïbe sont assez semblables à ceux du monde cap-verdien. Mais le Cap-Vert indépendant doit aussi gérer l'héritage colonial. Cet héritage colonial comprend des pratiques sociales tranchées, ainsi qu'une perception "raciale" de la société. Deidre Meintel (1984) insiste sur le fait que cette pratique sociale est indissociable de l'idéologie raciale que le colonisateur portugais développpa avant le dernier siècle d'occupation coloniale. En simplifiant, et sans tenir compte, par exemple, des émigrés revenus au pays, on distinguait traditionnellement au Cap-Vert, la bourgeoisie *Gente branca*, composée de grands propriétaires et de hauts fonctionnaires d'origine portugaise. A ces Blancs s'opposait une petite bourgeoisie de commerçants, employés, instituteurs, pour la plupart métis. Enfin, le "peuple", composé de paysans, pêcheurs, ouvriers agricoles sans terre, domestiques, toujours considéré comme sombre ou noir. Cette hiérarchie sociale se trouve incluse dans une mentalité quasi féodale, notamment dans les campagnes. La créolité cap-verdienne est aussi cela, et il n'est pas aisé, pour le jeune Etat, de transformer progressivement cet héritage. Tout repli sur soi ne risque-t-il pas de revitaliser ces clivages sociaux (raciaux ?) que l'équipe dirigeante du pays s'efforce depuis l'Indépendance de faire disparaître ?

C - L'ambiguïté créole

Par sa localisation géographique et son peuplement, le Cap-Vert est un Etat africain. Sa situation géopolitique, son histoire et sa culture en font un carrefour d'influences africaines, méditerranéennes et atlantiques : le Cap-Vert est l'un des points d'ancrage de la lusophonie dans l'espace centre-atlantique. Ainsi se trouve posé le problème des rapports entre le Cap-Vert et ses voisins africains d'une part, et, d'autre part, les relations qu'il entretient avec la "latinité" et, plus concrètement, les Etats européens.

Qui est le Cap-Verdien ? Est-il africain ou latin ? Il n'est pas scandaleux de poser une telle question. Les hommes et les femmes du peuple cap-verdien sont venus de la côte africaine. La culture populaire s'est développée dans le souvenir et la continuation des coutumes et traditions de plusieurs groupes culturels, notamment Manding, Wolof et ceux des "rivières du Sud". La présence, pendant cinq siècles, d'un encadrement portugais, européen, latin a profondément altéré l'héritage africain. Les témoignages les plus carac-téristiques de cette transformation sont la langue, le vêtement, les habitudes religieuses. Certes, beaucoup de traits spécifiquement africains demeurent : traditions culinaires, port des enfants et des bagages, survivances de paganisme, musique. Au total, l'identité créole est latino-africaine davantage qu'africaine et, si la distance culturelle du peuple cap-verdien avec l'Europe est grande, elle l'est aussi avec l'Afrique.

Les Cap-Verdiens eux-mêmes ont du mal à se situer culturellement. Connaissant les influences multiples de leur culture, ils se disent, dans un sourire, avant tout Cap-Verdiens. Cette cap-verdianité s'explique aisément par le poids de l'encadrement imposé depuis cinq siècles par le colonisateur portugais. Il se comprend aussi par référence au rôle de l'élite sociale du pays dans la promotion d'un foyer culturel d'expression portugaise et, secondaire-ment, créole, à Mindelo entre les deux guerres mondiales. Le rayonnement international du groupe *Claridade* dans la lusitanité a contribué à renforcer l'intégration des Cap-Verdiens dans la civilisation européenne. A l'époque, les recherches littéraires et philosophiques de *Claridade* l'ont emporté sur des préoccupations ethnologiques, anthropologiques et historiques, davantage préoccupées des racines africaines du Cap-Vert.

La lutte de libération coloniale a remis en cause le glissement de la cap-verdianité dans la civilisation lusitanienne. Animée par A. Cabral, la guerre qui allait mener les îles du Cap-Vert à l'Indépendance a placé brutalement la créolité face à ses racines populaires. La créolité s'enrichit alors d'une dimension politique qui contribue à redonner à ses sources africaines toute leur importance. Depuis, le Cap-Vert a mis en place une politique d'intégration africaine très vigoureuse. Au plan politique, des tournées présidentielles visent au rapprochement avec plusieurs Etats proches (Mauritanie, Sénégal, Maroc). La solidarité avec les quatre autres Etats lusophones a été renforcée, avec la création d'un "Groupe des Cinq" (Guinée-Bissau, São Tomé et Principe, Angola, Mozambique). Aux plans économique et culturel, le resserrement des liens s'est traduit par l'adhésion à la C.E.D.E.A.O., à l'O.U.A., au Club du Sahel, au C.I.L.S.S.

Cette volonté d'intégration à la communauté africaine est nécessaire. La créolité cap-verdienne est perçue d'une manière ambiguë par l'Afrique. Le Cap-Vert a été longtemps utilisé par les Portugais comme un intermédiaire entre colonisateur et colonisé : les Cap-Verdiens étaient, avec un statut d'assimilados, les petits fonctionnaires de l'Empire, un de ses rouages essentiels dans l'occupation du terrain... Ce rôle a transformé, aux yeux de certains, les Cap-Verdiens en "collaborateurs". Le passé du Cap-Verdien est donc jugé, en Afrique, avec certaines réserves, malgré les écrits et l'action d'A. Cabral, malgré le sort commun d'anciens esclaves.

D'autres éléments expliquent aussi la retenue africaine envers la créolité cap-verdienne : une culture jugée trop différente par rapport à celles des continentaux, qu'ils soient des savanes ou des régions forestières, par rapport à l'espace culturel musulman aussi. Face à l'Afrique de l'Ouest, la modestie du groupe linguistique portugais par rapport aux francophones et anglophones marginalise le Cap-Vert.

Comment, pour le Cap-Vert, utiliser au mieux le ciment culturel de la créolité ? Le jeune Etat cherche depuis plusieurs années à éveiller, à développer la conscience nationale populaire en mobilisant les énergies autour de programmes de lutte contre les obstacles naturels et pour l'aménagement rural : ainsi, du programme de lutte contre l'érosion, avec de grands travaux de barrage des thalwegs des torrents, de réalisation de banquettes sur pentes, ou du programme de reboisement ou de chantiers routiers entrepris pour désenclaver les villages les plus isolés. Les tentatives de développement de travaux coopératifs, animés par l'Institut National des Coopératives vont dans le même sens.

Mais l'Etat cherche aussi à élargir l'horizon des Cap-Verdiens en ouvrant le pays aux multiples influences étrangères, par l'intermédiaire de la diaspora bien sûr, mais aussi en exaltant les racines africaines de la créolité et en oeuvrant, en politique étrangère, pour de multiples rapprochements avec les Etats africains.

Au-delà de son aspect culturel, la créolité cap-verdienne pose le problème de l'organisation du micro-Etat. Celle-ci a été inspirée jusqu'à présent par une politique unitaire et centralisée, dominée par la "région insulaire" de Santiago et Praia, sa capitale politique. Les contrastes de peuplement et d'activités des îles, mais aussi les orientations du deuxième Plan National de Développement (1986-1990) semblent faire évoluer les dirigeants du pays vers une politique plus souple d'autonomie insulaire : Mindelo, ancienne capitale culturelle, voit son rôle de principal pôle économique conforté avec le développement d'activités industrialo-portuaires. L'Etat, à l'écoute de ses îles, met en place des structures permettant à chaque région de mieux exprimer ses problèmes, et la fréquence des tournées de travail des responsables témoigne de ses préoccupations pour que puissent s'exprimer les différences pour une meilleure harmonie.

ORIENTATION BIBLIOGRAPHIQUE

Afrique Asie. Spécial Cap-Vert, n° 286, 1983.
Cabo Verde. Dez anos de desenvolvimento. Ed. Delroisse - Vilo (France) 1985.
CABRAL, N.E.- *Le moulin et le pilon*. Paris, L'Harmattan, 1984.
CHABAL, P.- Guinée-Bissau, Cap-Vert : histoire et politique. *Le mois en Afrique*, Oct. Nov. 1981.
CARDOSO, P.- *Folclore caboverdiano*. Ed. Solidariedade Caboverdiana. Paris, 1983 (réed).
CARREIRA, A.- *Migracões nas ilhas de Cabo Verde*. Universidade Nova de Lisboa, Portugal, 1977.
CARREIRA, A.- *O Crioulo de Cabo Verde. Surto e expansão*. Lisboa,1982. Ed. do Autor.
CARREIRA, A.- *Cabo Verde. Formação e extinção de una sociedade escravocrata*. Praia (C. Verde) Instituto Caboverdiano do Livro. 1983 (2e ed).
DIANOUX, H.J de.- La Guinée Bissau et les îles du Cap-Vert. *Afrique contemporaine*, n° 107, 1980.
DOUMENGE, F.- *Viabilité des petits pays insulaires. Etude descriptive*. CNUCED, 1982.
Emigrason. 10 anos de Independéncia. Breve reflexão. N° especial 5 de Julho de 1985. Revista do Ministerio dos Negocios Estrangeiros, Praia, Rep. de Cabo Verde.
LESOURD, M.- L'Etat et la République du Cap-Vert : construction politique et territoriale d'un petit pays insulaire. Table Ronde "L'Etat contemporain en Afrique". Paris CNRS, CEA, décembre 1985, 20 p. dact. *In* : Actes... (à paraître).
LESOURD, M.- Sécheresse et émigration aux Iles du Cap-Vert. Communication au Colloque "Comparaison des sécheresses dans le Nordeste brésilien et le Sahel africain". Paris, IHEAL, janvier 1986, 14 p. dact.- résumé,*In* : Actes (1987) (à paraître).

LESOURD, M.- Contraintes géographiques de développement d'un P.M.A. insulaire : la République du Cap-Vert. Communication aux journées de géographie tropicale de Pessac. Talence, CEGET-CNRS, février 1986, 13 p. dact., *In* : Actes... 1987 (à paraître).

LESOURD, M.- Permanence de la sécheresse aux Iles du Cap-Vert : l'aménagement rural ou la lutte contre l'irréversible. *Cahiers géographiques de Rouen,* n° spécial "Etudes Sahéliennes 1986" RCP CNRS n° 08 0801, LEDRA, ACCT, septembre 1986, pp. 109-128.

LOPES da SILVA, B.- *O dialecto crioulo de Cabo Verde.* Escritores dos paises de lingua portuguesa. Imprensa Nacional de Lisboa, 1957.

LOPES FILHO, J.- *Cabo Verde. Apontamentos etnográficos.* Lisboa, 1976.

MEINTEL, D.- *Race, Culture and Portuguese Colonialism in Cabo Verde.* Foreign and comparative studies. African Series XLI. Syracuse University (U.S.A.), 202 p., 1984.

Résumé : Petit archipel situé au large de l'Afrique de l'Ouest, la République du Cap-Vert n'a accédé à l'Indépendance qu'en 1975. Si la viabilité économique paraît être le problème majeur pour la construction nationale, l'affirmation de la Nation cap-verdienne revêt, aux yeux des responsables du pays, une importance équivalente. Dans cette perspective, la créolité cap-verdienne apparaît à la fois porteuse d'atouts mais aussi de faiblesses pour le renforcement de l'unité. La créolité cap-verdienne repose sur une langue parlée partout et par tous (créole de portugais). Elle exprime la volonté d'exister dans une nature hostile, l'attachement à la terre insulaire d'une société de paysans, et l'émigration, dont l'efficacité économique est précieuse. Mais cette créolité est fragile, faite de particularismes et d'antagonismes sociaux. Elle est aussi ambiguë, et incomplètement intégrée au monde africain.

Mots-clés : Milieu insulaire, anthropologie, société, langue, créole, Cap-Vert.

Summary : *The "Creoleness" in building the nation of Cap-Vert.-* The Republic of Cap-Vert, a small archipelago situated just off the coast of West Africa, only gained its independence in 1975. Although economic viability would seem to be the major problem in building up the nation, in the eyes of the country's leaders the confirmation of Cap-Vert as a nation is as important an issue. When examined from this point of view, the Creoleness of Cap-Vert seems to bring both strengths and weaknesses for reinforcing national unity : it is based on a language spoken everywhere and by everyone (Portuguese Creole). It expresses itself with a will to exist in the face of hostile naturel condition, in the attachment of this profoundly peasant society to their island lands, and in their dispersal before the precious efficiency of their economy. This Creoleness is precarious, however, as it consists of specific local characteristics and social antagonisms. It is also ambiguous, as it is only partly integrated into the African world.

Keywords : Island environment ; Anthropology ; Society ; Language ; Creole ; Cape Verde Islands.

"Pour un Cap-Verdien, il faut être d'un terroir et se sentir paysan parmi les paysans"...

Village de Fontainhas et son terroir (île de Santo Antão ; Rép. du Cap-Vert)
(clichés G. Réaud-Thomas)

APPROCHE HISTORIQUE DU FAIT CRÉOLE A LA RÉUNION

par Hubert GERBEAU

Le voyageur qui arrive aujourd'hui dans cette île est frappé par l'existence d'une double réalité, qui est en même temps double affirmation : celle d'un fait créole vivant au sein de la population en relative harmonie avec le fait français. Certes les uns s'affirment plus créoles, les autres plus français, une minuscule extrême-gauche revendique une indépendance dure, dirigée contre la France, mais l'important Parti Communiste Réunionnais est plus nuancé dans les diverses versions qu'il envisage de l'autonomie. Le reste du corps politique, s'il sait critiquer, à l'occasion, la conception parisienne de la départementalisation, semble refléter l'opinion du plus grand nombre en affichant une intransigeante fierté nationale et une non moins intransigeante fierté d'insulaire.

L'insularisme est présent dans la vie quotidienne : pointe d'un volcan trouant l'océan Indien, la Réunion n'a que 2 512 km² et se trouve à quelque 10 000 kilomètres de sa métropole. Les rotations quotidiennes d'avions, le téléphone et la télévision relayés par satellite, ont fait oublier depuis peu ce que l'isolement avait pu avoir de contraignant et d'effrayant. Cette longue solitude, depuis les premiers peuplements hasardeux du XVIIe siècle, a sans doute contribué à forger le caractère d'une population qui, malgré sa diversité et ses tensions internes, s'affirme volontiers comme globalement "réunionnaise" ou "créole", semblant considérer dans bien des cas que les deux termes sont synonymes. "La dénomination de "créole" s'est étendue à tous les Réunionnais qui ne refusent pas le terme", écrit Gilbert Aubry. L'évêque de la Réunion fait observer qu'"aujourd'hui les tamouls tiennent à se démarquer tout en parlant quotidiennement la langue créole dans leur immense majorité", mais qu'"il y a quelques années encore le terme de "créole" était synonyme de Réunionnais"[1]. Nuances et subjectivité doivent donc être introduites, dès l'abord,

---

1. AUBRY, G.- La Réunion : une île en Créolie. *In* : La Réunion dans l'océan Indien.- Paris, CHEAM*, 1986, 242 p., pp. 67-78, (cf. pp. 69-70).
* Voir liste des abréviations en fin de texte.

dans une définition d'apparence limpide. Au risque d'accroître la confusion, il faudrait ajouter que des immigrants, fixés dans l'île depuis deux ou trois générations et s'affirmant créoles, ne sont pas perçus comme tels par le vieux fonds de population, qui continue à les désigner par leur appellation initiale : tel est, par exemple, le cas de familles d'origine chinoise. Quand les Européens ont fait souche à la Réunion, l'intégration dans la nébuleuse créole est plus rapide. La naissance du terme "Zoréole" a cependant montré récemment que les Réunionnais savent distinguer les insulaires authentiques de "Zoreilles" en voie de créolisation[2].

Il est des définitions dont la méthode comparative contribue à éclairer le contenu. Mais, en l'occurence, le recours aux autres sociétés coloniales est d'un piètre secours. Epouse de Beauharnais puis de Bonaparte, Joséphine Tascher de La Pagerie est restée pour beaucoup de Français le modèle de la séduisante créole, les connotations attachées à ce terme incluant du même coup naissance aristocratique et clarté du teint. Bien des auteurs de dictionnaires ont conforté cette opinion en définissant un créole comme "Blanc né sous les Tropiques, de parents blancs". En cela, comme on peut le constater en d'autres domaines, ils se sont révélés attentifs à des schémas américains ou atlantiques et ont négligé le domaine de l'océan Indien. Le détour par l'île Maurice leur aurait, par exemple, offert une définition fort différente : "After the mid-1830s the term was used generally to distinguish the non-white, non-Indian immigrant population from the Indian immigrants introduced after 1834"[3]. Ainsi est aujourd'hui dite créole à Maurice, la fraction de population née dans l'île, dont la couleur foncée porte témoignage de racines africaines. Le cas mauricien ne révèle pas seulement une acception très particulière du terme, il montre aussi son évolution : à la fin du XVIIIe et au début du XIXe siècle, "the term referred increasingly only to free non-whites, of African, Indian or Asian ancestry born on the island"[4]. Mais, comme le constate Allen, si on remonte encore plus haut

---

2. Le terme "Zoreille" ou "Zoreil" - dont l'étymologie reste controversée - désigne, à la Réunion, le Français né en Métropole. Directeur des Archives de la Réunion de 1972 à 1976, Annie Lafforgue a réuni ses impressions de métropolitaine dans un livre plein de finesse intitulé *Zoreille à la Réunion*, (Albi, Impr. APOSJ, 1979, 165 p.). Construit autour de trois thèmes, "Les surprises", "les découvertes" et "les leçons", l'ouvrage est préfacé par l'ancien préfet du Département, Paul Cousseran, qui écrit notamment : "Tout jugement porté par les "zoreilles" sur les "créoles" est ressenti comme une agression s'il n'est pas de complète approbation et d'admiration inconditionnelle : "Ah ! le beau pays ! Comme ils sont gentils ! Comme les filles sont belles... " ce qui est une manière de ne rien dire" (p. 11). Dire plus est, à l'évidence, un exercice délicat, eût-on vécu douze ans dans l'île et loué maintes fois beauté et gentillesse. L'auteur de cette petite communication s'y risque, ayant eu l'impression que, dans le cadre de ce colloque, aucun sujet ne sollicitait avec plus d'insistance son attention. La richesse des problèmes à traiter requerrait un jeu croisé de regards: le regard, malheureusement, est ici solitaire, mais s'expose lui-même à être regardé. La subjectivité sera-t-elle absente d'une esquisse, dont la confrontation créole-métropolitain est justement partie intégrante ?
3. ALLEN, R. B.- *Creoles, Indian Immigrants and the Restructuring of Society and Economy in Mauritius. 1767-1885*.- Urbana, University of Illinois, 1983, XII-293 p. dactyl. (p. XI). (Thesis, Ph. D.)
4. *Ibid.*

dans le XVIIIe, on s'aperçoit qu'est dite "créole" toute personne née dans l'île, "white or colored, free or slave". On retrouve ainsi, dans les premières décennies de l'installation française à Maurice, le sens qui va perdurer à la Réunion. Dans le cas de cette si large acception, l'empreinte insulaire semble valorisée : elle serait assez forte pour marquer de certains signes distinctifs les hommes nés sur une même terre, quelle que soit l'origine de leurs pères. Peu ou prou, ces Réunionnais seraient attachés à une même langue, le créole, se reconnaîtraient des goûts communs pour un certain mode de vie, attribuant le qualificatif de "créole" à des données aussi bien matérielles que sociales ou spirituelles : âme, hospitalité, jardin, maison, cuisine...[5]. L'île apportant ainsi un dénominateur commun aux emprunts disparates, voire contradictoires, faits aux multiples contrées dont sont originaires ses habitants, naîtrait une sorte d'unanimisme face au monde extérieur.

Des études comme celles de Robert Chaudenson ont permis de préciser le contenu de notions que les insulaires avaient, nous allons le voir, précocement exprimées. Tout individu né à la Réunion est un "créole", écrit cet auteur[6]. Mais, comme chez G. Aubry, cette définition large est aussitôt nuancée : "Le terme tend souvent à s'opposer à d'autres termes pour prendre un sens plus restreint "individu de race blanche ou métis né à la Réunion". (...) On doit constater que, certes tous les Réunionnais se définissent comme "créoles", mais qu'en revanche, dans la bouche de blanc ou de métis, le terme s'oppose souvent à d'autres"[7]. Poursuivant son analyse, Chaudenson fait observer que la notion d'"étranger", ou "contre-nation", appliquée aux Chinois et aux Indiens musulmans (Zarabes) ou non-musulmans (Malbars), confirme bien dans quel sens restrictif "créole" peut être usité. Telle famille de "contre-nation", comme ces Chinois que j'évoquais, pourra se sentir offensée par une exclusion de la nébuleuse créole à laquelle elle estime appartenir ; en revanche, telle autre -comme les Tamouls (Malbars) signalés par G. Aubry- pourra refuser une

---

5. Sur ce dernier point voir, par exemple, la maîtrise d'ethnologie de Marie Valentin, longtemps enseignante d'anglais à l'Université de la Réunion : *La cuisine réunionnaise*, Saint-Denis, Institut d'Anthropologie et Fondation pour la Recherche et le Développement dans l'océan Indien, 1982, 130 p.. Sans ignorer les traditions particulières, propres aux diverses ethnies, l'auteur veut décrire "le fonds commun des plats que tous les témoins, quels que soient leur origine ethnique et leur niveau économique, reconnaissent comme appartenant à la cuisine réunionnaise" (pp. 10-11). Au terme de cette étude, qui est véritablement analyse d'une créolisation, M. Valentin estime que la cuisine témoigne "de deux influences principales : la française et l'indienne". L'une est "revêtue d'un prestige qui l'impose à toute occasion festive" ; mais, si dans ce repas à la française "les plats ont conservé leurs noms d'origine", les procédés de cuisson "ont quelque peu évolué". L'autre influence donne des repas au riz, avec piment, épices, viandes coupées menu et cuites en sauce, condiments acides ; l'Inde est là présente, mais quelque peu "transformée par le contact avec la France". Dans certaines recettes comme celle du pâté créole -au nom combien révélateur pour notre propos- l'auteur voit la synthèse des deux courants dominants : "La pâte safranée, sucrée et salée, est visiblement d'inspiration indienne", mais "la farce de porc et de poulet porte le vieux nom français de godiveau" (pp. 121-122).

6. *Le lexique du parler créole de la Réunion*.- Paris, H. CHAMPION, 1974, 2 t. (t. 1, p. 106) (Thèse. Lettres. Paris. 1974).

7. *Ibid.*, pp. 106-107.

appartenance, dont il n'était d'ailleurs pas sûr qu'on veuille lui faire crédit. Dépit de celui qui exclut par avance ce qu'il craint qu'on lui refuse, affirmation d'une identité culturelle, devenue récemment plus sourcilleuse ? Les deux hypothèses peuvent comporter du vrai mais il est important de souligner que le texte de Chaudenson se réfère à des observations des années 1970, celui d'Aubry aux années 1980. Dans l'un et l'autre cas la notion de "créole" semble obéir à une sorte de rythme respiratoire, qui étreint mais rejette beaucoup. L'évolution dialectique pourrait cependant changer de sens s'il se confirmait que les exclus d'hier décident aujourd'hui de s'exclure, alors même qu'un monde franco-créole, moins choqué qu'autrefois par les apports africains ou asiatiques, était prêt à les accepter plus nettement avec leurs différences.

I.-   UNE ÎLE DES CONFINS : "HIROPIENS" ET "CRÉOLES" EN MER INDIENNE

A - Un peuplement d'ailleurs

Le grand continent et les faux Indiens de Colomb avaient laissé inassouvi le désir d'épices qui, plus que tout autre, avait poussé les Européens à affronter des immensités marines que, depuis l'Antiquité, les navigateurs occidentaux considéraient avec effroi. Mais, dès le début du XVIe siècle, les promesses que l'Atlantique n'avait pas tenues, semblaient renouvelées -au-delà de tout espoir- par un nouvel espace maritime. L'océan Indien offrait les épices et, de surcroît, l'or, les esclaves et un capital de rêves, dont l'importance ne pouvait être négligée. Certes, le rêve ne tenait peut-être qu'une place restreinte dans les motivations des souverains ibériques et de leurs émules européens ; mais ce n'étaient pas les rois qui mettaient le pied sur des navires, dont la fragilité était telle que ceux qui y risquaient leur vie jusqu'aux antipodes, devaient le faire pour de puissantes raisons. Les profits du commerce, l'honneur du pavillon, motifs de riches et de puissants, avaient sans doute une forte incidence sur l'embarquement d'officiers et de subrécargues. La masse des marins et des aventuriers n'obéissait-elle pas à de plus impérieuses incitations ? Le regretté Dermigny évoquait magistralement, au Colloque tenu à Saint-Denis en 1972, les Européens fatigués de la pauvreté et des tracasseries de leur vieux continent, fuyant police et Eglises querelleuses, se laissant fasciner par les promesses ou les mirages indiens. Là-bas, chacun ne pouvait-il espérer les bienfaits d'un monde à l'envers, prodigue de ses richesses et de sa licence ? Ainsi les Portugais vagabondent les premiers "par la chair comme par l'espace en cet océan dont les rivages leur semblent une immense foire aux femmes"[8]. Ils reconnaissent,

---

8. DERMIGNY, L.- Les Européens aux "Indes" du XVIe au XVIIIe siècle. *In* : Mouvements de populations dans l'océan Indien. - Paris, H. CHAMPION, 1980, pp. 167-185 (en particulier, p. 177).

au passage, les Mascareignes -que les Arabes connaissaient déjà- mais ils les laissent désertes. Bénéficiant du prestige attaché à l'espace indien, l'archipel va aussi bénéficier de cette image de terre offerte dans sa profusion, son innocence primitives. Là survit peut-être le Paradis des premiers temps, celui que Dieu avait offert aux hommes et dont ces îles non souillées paraissent perpétuer le témoignage.

Les récits des premiers navigateurs entretiennent le mythe : la Réunion, en particulier, est présentée comme un Eden où coulent des eaux pures, où vivent de succulents animaux ; la nature y est un jardin, le climat est si salubre que des mourants, portés au rivage, ont recouvré la vie[9]. Lieu d'escale ou d'installations temporaires, l'île n'est occupée de façon permanente qu'à partir de 1663. Elle compte 314 habitants en 1690. Les deux premières décennies ont donné de la petite communauté une image engageante : les Français ne possèdent pas d'esclaves et affichent si peu de préjugés qu'ils s'unissent, bénis par l'Eglise, à des Indo-Portugaises et des Malgaches. On chasse, on pêche, on cueille, on cultive et on élève un peu : Defoe aurait pu, en passant ici, trouver des sources d'inspiration pour son *Robinson*. Mais est-il besoin de voir une île pour l'imaginer ? Pas plus que Defoe, Leguat et Duquesne n'ont visité Bourbon, ils brûlent pourtant d'y installer une république avec des réfugiés protestants[10]. Rêves d'un "ailleurs", habitants venus d'ailleurs, l'île fixe les uns et les autres mais, très tôt, enfante aussi ses propres rêves et une partie de ses propres habitants.

B - L'isolement : naissance d'une société créole

Le grand projet conçu par les réfugiés d'Amsterdam vient d'avorter. Un embryon d'expédition a pris tout de même la mer. Qui parmi les candidats à "l'île d'Eden", aurait pu imaginer les années de cruelle errance qui allaient s'ensuivre ? Leguat raconte le passage devant Bourbon, où l'on ne peut s'arrêter - île réelle devenue mirage- puis le débarquement et le séjour à Rodrigues, la

9. LOUGNON, A.- *Voyages anciens à l'île Bourbon. Sous le signe de la Tortue (1611-1725)*.- Saint-Denis et Paris, 1939, II-234 p. (3e éd., 1970).
10. *Un projet de république à l'Ile d'Eden (l'île Bourbon) en 1689, par le Marquis Henri Du Quesne. Réimpression d'un ouvrage disparu, publié en 1689, intitulé : Recueil de quelques mémoires servant d'instruction pour l'Etablissement de l'Isle d'Eden*, précédé d'une notice par Th. Sauzier. Paris, Dufossé, 1887. En fait, un exemplaire de l'ouvrage de Du Quesne (ou Duquesne), publié sans nom d'auteur chez Henry Desbordes (Amsterdam, 1689, 92 p.) se trouve à Paris, à la Bibliothèque Nationale. Les textes de Duquesne - qui renonça à s'embarquer - et de Leguat, un de ses compagnons d'Amsterdam, ont fait l'objet d'une réédition récente : *Aventures aux Mascareignes : voyage et aventures de François Leguat et de ses compagnons en deux îles désertes des Indes orientales, 1707*, introduction et notes de Jean-Michel Racault. (Suivi de) *Recueil de quelques mémoires servant d'instruction pour l'établissement de l'île d'Eden*, par Henri Duquesne, Paris, Ed. la Découverte, 1984, 243 p. + 8 p. de pl.

fuite à Maurice, l'isolement sur un îlot à proximité d'une terre alors hollandaise, et le retour difficile. Plus d'Eden dans cette odyssée aux Mascareignes qui, d'asile médiocre en asile minuscule, s'achève pour les survivants sur des visions d'enfer.

Qui aurait reproché aux voyageurs du début du XVIIe siècle d'avoir exagéré la bonté de Bourbon, n'aurait pu, du moins, se prétendre trompé sur la nature de ses côtes. Elles apparaissent rudes, inhospitalières, battues par les vagues, chez ceux qui vantent le plus l'excellence de l'île : ainsi sont-elles décrites par l'Anglais Castleton, le Portugais d'Almeida, les Hollandais Verhuff et Bontekoe, qui y relâchent entre 1611 et 1619. Ne pouvoir aborder, être jeté à la côte, couler bas dans une rade foraine, ne compter sur aucun abri par gros temps, tel est, jusqu'au XXe siècle, le programme dont se sait menacé tout capitaine qui conduit son navire à la Réunion[11]. L'absence de port naturel, la fureur des cyclones, l'arrivée inopinée des houles australes contribuent à éloigner les Réunionnais de l'océan. La Bourdonnais, gouverneur général des Mascareignes de 1735 à 1746, accentue cette tendance en décidant de vouer Maurice aux activités maritimes et de demander avant tout à sa voisine une production vivrière. A l'approche de la Révolution, il est devenu manifeste que l'île "tourne le dos à la mer"[12]. Chez ces terriens, la stabilité est plus grande que dans l'île voisine où le ton est donné par la population de Port-Louis ; là se succèdent arrivées et départs, spéculations, enrichissement rapide ou faillite. A. Toussaint indique que parmi les immigrants français venus à Maurice, très peu étaient cultivateurs ; "ils n'avaient pour la plupart qu'un but : faire fortune rapidement et rentrer ensuite chez eux"[13]. En outre, le mouvement des navires, qui maintient dans le principal port des Mascareignes une population flottante de marins, contribue à la croissance du groupe des gens de couleur libres : Maurice en comptait 587 en 1767 ; ils sont 7 133 en 1809. Les liaisons éphémères des gens de mer avec des femmes de couleur sont les principales responsables d'un accroissement, qui reste beaucoup plus modeste à la Réunion[14]. Dans cette île, en 1809, la population libre de couleur représente seulement quelque 2 800 individus ; on estime qu'à la même date les Blancs sont environ 13 500 et les esclaves à peu près 54 000. Ces derniers se

---

11. Nombreux détails dans les thèses de géographie et les travaux de MM. DEFOS du RAU, DUPON, LEFEVRE et ROBERT. Brève synthèse dans : GERBEAU, H.- Les esclaves et la mer à Bourbon au XIXe siècle.- *Etudes et Documents* (Aix-en-Provence, IHPOM) n° 12, s.d. (publication des Actes de la Table ronde tenue à Sénanque en 1979), pp. 10-51 (en particulier, pp. 17-21 : L'île et la mer, un contact difficile).
12. WANQUET, C.- *Histoire d'une Révolution : La Réunion 1789-1803*. - Aix-en-Provence, Université, 1978, 2216 p. dactyl. (Thèse. Lettres. Aix-en-Provence. 1978). Texte revu et corrigé, publié sous le même titre, 3 vol., Marseille, J. Laffitte, 1980-1984 (cf. le passage intitulé : "Une île qui tourne le dos à la mer", vol. I, pp. 102-108).
13. Le rôle du commerce dans le peuplement de Maurice.- *In* : Histoire Générale de l'Afrique, Etudes et Documents 3, Relations historiques à travers l'océan Indien, Paris, UNESCO, 1980, pp. 125-132 (p. 125).
14. *Ibid.*, p. 126.

répartissent entre quelque 1 700 Indiens et Malais, 11 600 Malgaches, 17 500 Africains et 23 000 créoles[15]. Comme on le constate, le groupe d'esclaves nés sur place est alors le plus nombreux. Avec les entraves mises à la traite à partir de 1817 -et malgré la poursuite d'un trafic clandestin- cette tendance à la créolisation des esclaves va s'accentuer jusqu'à l'émancipation de 1848. Ainsi, au début du XIXe siècle, dans une population réunionnaise d'environ 70 000 habitants, la fraction servile représente près de 77 % du total. Comme dans les autres colonies tropicales, le travail de la terre n'a pu être finalement envisagé sans un recours massif à l'esclavage. Le caractère insulaire contribue à donner à cette expérience coloniale sa spécificité mais, nous l'avons vu, Maurice s'insère dans un schéma différent. Plus dissemblables encore apparaîtraient les Antilles, où préexistait une population d'Indiens et où les plantations, fonctionnant d'abord grâce à une main-d'oeuvre d'"engagés" européens, se sont précocement orientées vers le sucre[16]. Ile parmi d'autres, la Réunion participe d'un moule commun mais s'avère aussi profondément originale. C'est au moment où l'Eden des rêves et les "robinsonnades" des précurseurs cèdent la place aux réalités coloniales, que se fixent plusieurs des caractères qui vont durablement marquer la population créole.

C - Un phénotype incertain, des certitudes sociales

En une vingtaine d'années, l'asservissement des dépendants de couleur semble s'être réalisé. Le terme "esclave" fait une timide apparition dans les textes. Un de ces derniers mentionne, en 1687, la première vente humaine qui soit attestée dans l'île[17]. En moins d'un demi-siècle, le paysage social change complètement d'aspect : le groupe servile représente à lui seul 6 573 personnes sur les 8 289 que comporte au total Bourbon en 1735. Reflet d'un changement d'activité, l'afflux d'esclaves est postérieur à 1714 puisqu'à cette date les Blancs, avec 623 représentants, étaient encore majoritaires dans une population qui ne dépassait pas 1 157 habitants. La minutie des études du Père Barassin, qui ont permis l'établissement de ces statistiques, conduit à plusieurs observations fondamentales. La première est que la période d'avant l'esclavage n'a été

15. GERBEAU, H.- Le rôle de l'agriculture dans le peuplement de la Réunion. *In* : Relations historiques..., Paris, UNESCO, 1980, *op. cit.*, pp. 133-142 (p. 135).
16. PLUCHON, P. (dir.).- *Histoire des Antilles et de la Guyane.*- Toulouse, Privat, 1982, 480 p. (en particulier, les chapitres III à V, pp. 53-139, sur les Antilles françaises des XVII et XVIIIe siècles, par Paul Butel). Cf. aussi le t. II de *L'Historial antillais* (dir. par Roland Suvelor, Fort-de-France, Dajani Edition, 1981, 552 p.), notamment les pp. 145-164 d'Alain Blérald sur la "Mise en place du système colonial". L'étude de Gabriel Debien reste fondamentale : *Les engagés pour les Antilles (1634-1715)*, Paris, Société de l'histoire des colonies françaises, 1951, 279 p.
17. BARASSIN, J.- *Bourbon des origines jusqu'en 1714.* - Saint-Denis, Impr. Cazal, 1953, XXI - 448 p. (p. 200). Du même, "L'esclavage à Bourbon avant l'application du Code Noir de 1723", RD, n° 2, 1956, pp. 19-20 : la mention de cette vente concerne un jeune esclave, cédé à un habitant de l'île par un moine portugais de passage.

que relativement idyllique. Les Européens présents dans l'île ont dû s'accommoder des caprices de la nature tropicale, de la rareté des relations avec le monde extérieur et de leurs propres dissensions. Plus menaçant pour leur survie, s'est bientôt avéré le contact avec la communauté malgache. Transplantés à Bourbon avec les premiers Français, les Malgaches disposaient de femmes - dont des voyageurs qui avaient fréquenté la Grande Ile avaient déjà enseigné tout ce que l'on pouvait espérer de leurs moeurs aimables et de leur beauté. Sans prétendre tout expliquer par une rivalité amoureuse, on ne doit pas minimiser ce qui, dans les affrontements du début, s'apparente au combat de mâles luttant pour de trop rares compagnes. En 1663, les Malgaches ont manifesté leur mauvaise humeur en se retirant temporairement dans l'intérieur. Entre 1674 et 1686, l'hostilité prend des formes extrêmes. A en croire des sources qui, malheureusement, émanent toutes de la communauté blanche, celle-ci serait menacée d'extermination. Les "complots" de la communauté adverse sont férocement réprimés. Dans une étude encore inédite, Jean Mas estime que ces affrontements violents vont avoir des conséquences juridiques considérables, pesant notamment sur la genèse de l'état de servitude. Il me semble que les conséquences dans le domaine de la définition -de la perception même- de la couleur, n'en sont pas moins remarquables.

En 1686, il y aurait dans l'île 187 représentants de la population de couleur et 102 Blancs[18]. Quatre ans plus tard, on dénombrait 212 "Blancs" et 102 "Noirs"[19]. Ainsi, par une mystérieuse alchimie, près de la moitié des représentants d'un groupe issu, peu ou prou, de l'Inde et de Madagascar serait devenu blanc. L'hypothèse à formuler est peut-être qu'à un moment où l'esclavage en est à Bourbon à ses premiers balbutiements, le rempart juridique qu'il pourrait offrir à la fraction privilégiée de la population n'est pas encore édifié. Celle-ci, qui vient de traverser une période de plus de dix ans pendant laquelle, estime-t-elle, le groupe malgache a tenté de l'anéantir, n'imagine peut-être pas de meilleure solution que ce bond prodigieux qui, sur place et sans apport notable de l'extérieur, la fait passer d'une situation de minoritaire à la position majoritaire que, nous l'avons vu, elle occupera encore en 1714. Epouses de couleur et enfants métis deviendraient ainsi "blancs" en priorité. Par ce moyen, les Malgaches seraient privés d'alliés potentiels qu'une origine en partie commune aurait pu leur fournir. Les méchants étant désignés comme "Noirs", ne pouvait-

18. "Mémoire du R.P. Bernardin sur l'Ile de Bourbon (1687)", texte publié par A. Lougnon, d'après le manuscrit des AN (RT, t. 4, n° 29, Tananarive, 1939, pp. 57-72 - cf. p. 63.). Le document a été utilisé par J. Barassin : *Bourbon des origines jusqu'en 1714, op. cit.*, p. 137 et "L'esclavage à Bourbon..." *art. cit.*, p. 19. Le R.P. Bernardin ne propose qu'une estimation. La population de couleur comprendrait : 71 Malgaches, dont 14 femmes mariées à des Français, 12 "négresses indo-portugaises", 12 "noirs indiens" et 92 métis, "en majorité des enfants".

19. ANOM, Recensement de 1690, présenté par J. Barassin, notice sur "La Réunion au temps de la Compagnie des Indes", p. 1. (*In* : Atlas des Départements Français d'Outre-Mer, I. La Réunion.- Paris, CNRS et IGN, 1975).

on plus aisément envisager pour eux la servitude, et les y forcer, puisque, d'une part, on avait écarté de leurs rangs ceux auxquels on était lié par le sang ou l'affection, et que, d'autre part, on se trouvait désormais en face du groupe à maîtriser, en position de deux contre un ? Par ses mères fondatrices, le phéno-type du créole blanc réunionnais oscille donc du blanc au brun, dans les premières décennies de sa fixation. Mères salvatrices, dont les flancs ont porté le renfort qu'attendaient peut-être les Français de Bourbon pour affermir leur position sociale, à une époque où une métropole oublieuse dédaignait de l'apporter à cette île infime, occupée presque par hasard en Mer indienne. Ces débuts pionniers n'allaient sans doute pas être sans influence sur la cohésion manifestée ensuite par la société créole devant les intrusions de ceux qui, par leur origine et l'habituelle brièveté de leur séjour à Bourbon, devaient être désignés comme "Hiropiens"[20].

II.- LES VERTIGES DE L'INSULARISME

A - La supériorité de l'Ile

Dans les années 1720, les "habitants créoles" font ainsi observer qu'ils portent depuis plus de quarante ans "le poids du pays" et que les autorités reconnaissent bien mal le mérite qu'ils ont eu à "conserver l'île". Opposant leur connaissance du milieu à l'ignorance des nouveaux venus, les Réunionnais es-timent que ces derniers jouissent d'un traitement de faveur, alors que maints désordres surviennent par leur faute. Ils laissent, par exemple, leurs esclaves devenir marrons et tout piller. Le massacre des dernières tortues est parti-culièrement reproché aux fugitifs ; minimisant leur propre responsabilité dans la destruction des ressources de cueillette, les créoles ont tendance à faire de l'esclave marron le bouc émissaire d'une des mutations qui éloigne à jamais l'Eden -dont ces animaux, offrant libéralement leur chair succulente, étaient un des symboles. Or, les "Hiropiens" sont incapables de courir sus à ces tueurs d'Eden, et c'est une charge de plus pour les premiers habitants que de battre les bois à la recherche des fugitifs[21]. L'idée se forge ainsi précocement que nul mieux que les créoles ne possède la connaissance, donc la maîtrise, de l'île et de ses esclaves. Les insulaires apprécieraient que, dans ce domaine, le modèle qu'ils proposent soit reconnu par une métropole, dont les interventions sont

20. CHAUDENSON, R.- *Le lexique du parler créole..., op. cit.*, t. 1, p. 107, indique qu'on peut encore aujourd'hui entendre les vieilles gens appeler les Réunionnais "Bourbonnais" et désigner les "métropolitains" par le terme "Européen" (prononcé "Ziropien").
21. AN, F3 (collection Moreau de Saint-Méry), 208, p. 273, et 206, fol. 19 : mémoires des 9 décembre 1726 et 9 mars 1727. Ces textes ont été analysés dans la thèse d'A. LOUGNON : *L'île Bourbon pendant la Régence.*- Paris, Larose, 1956, 372 p. + XI pl. (pp. 321-322).

peut-être moins souhaitées dans les affaires intérieures de Bourbon que dans les pays environnants. Là, et particulièrement à Madagascar, la France peut imposer une présence, dont les Réunionnais voudraient être les indispensables relais.

La Grande Ile a d'ailleurs fixé une colonie française à l'époque où Bourbon était encore déserte. Cette dernière a servi, par deux fois, de refuge temporaire à des exilés que le gouverneur de Fort-Dauphin avait voulu éloigner de Madagascar. En 1674 cependant, le massacre d'une partie des colons de Fort-Dauphin montrait à la Compagnie des Indes orientales que l'effort d'implantation qui avait été entrepris depuis 1638 s'avérait plus ardu que ce qu'on avait prévu. L'installation à Bourbon des survivants français enfuis de la Grande Ile n'était pas étrangère à la précocité d'un dessein de colonisation, qui allait trouver chez les Réunionnais des avocats plus éloquents encore que parmi les Métropolitains[22]. Dans les rangs de ces derniers continuaient d'ailleurs à se dresser périodiquement des champions de la cause malgache : prodigues en utopies s'avéraient, par exemple, les dernières décennies du XVIIIe siècle, qui voyaient naître les tentatives d'un Modave, d'un Benyowski, ou encore le projet d'un Burnel[23]. Celui-ci prévoyait, en 1796, le renvoi à Madagascar de 30 000 esclaves qui, formés par leurs années de servitude aux Mascareignes, reviendraient "libres et civilisés" dans la Grande Ile et y seraient les instruments d'une "pacifique conquête"[24]. L'entreprise, pour n'être pas réalisée, mettait cependant en lumière les traits fondamentaux d'une conception colonisatrice, dont certains s'avéraient bientôt caducs, mais dont plusieurs allaient perdurer. Ephémère devait être, par exemple, le lien établi par la traite des esclaves ; éphémère, la conception d'ensemble des relations d'un archipel, partagé en 1815 entre les métropoles britannique et française. En revanche, la supériorité d'un milieu insulaire marqué par l'Occident demeurait une sorte de dogme, de même que ses corollaires -devoir d'enseignement, droit de conquête- survivaient aux émancipations et aux changements politiques. Les relations commerciales entre Madagascar et Bourbon, qui s'étaient développées dès 1724, sous-tendaient ainsi un dessein plus vaste. Certes, les boeufs, le riz, les travailleurs -"engagés libres" après avoir été esclaves- gardaient leur intérêt pour les Réunionnais. Il suffisait toutefois de se reporter, dans les dernières décennies du XIXe siècle, aux déclarations d'un François de Mahy ou d'un Louis Brunet pour comprendre combien enivrait davantage la perspective de

22. SCHERER, A.- *La Réunion*. - Paris, P.U.F., 1980, pp. 9-10 (Coll. "Que sais-je ?") ; ou, mêmes auteur et collection, *Histoire de la Réunion*, 1ère éd. 1965, 3e éd. 1974, pp. 10-12.
23. DESCHAMPS, H.- *Histoire de Madagascar*.- Paris, Berger-Levrault, 1972, 358 p. (pp. 79-91).
24. WANQUET, C.- Quelques remarques sur les relations des Mascareignes avec les autres pays de l'océan Indien à l'époque de la Révolution Française. *Annuaire des Pays de l'océan Indien*, vol. VII, 1980, Aix, Paris, PUAM-CNRS, 1982, pp. 199-245 (p. 214) ; ou, du même auteur, *Histoire d'une Révolution...*, *op. cit.*, vol. 3, p. 207.

faire de la Grande Ile une colonie de la Réunion, en s'aidant des bras et du drapeau français[25]. La loi du 6 août 1896, qui déclare "colonie française" Madagascar et "les îles qui en dépendent", ouvre un immense chantier aux Réunionnais qui, à défaut d'y déverser autant de Petits Blancs que l'auraient voulu les notables, vont s'y tailler une place de choix, par exemple dans les rangs de l'administration[26]. A la croisée de la "nature" et de la "culture", les créoles se sentent investis d'une mission pédagogique, dont ils voudraient que tirent parti aussi bien les responsables métropolitains, auxquels la nature est étrangère, que les Malgaches, dont la culture leur semble indigente. Au hasard d'ouvrages anodins, comme un manuel d'apiculture, apparaît ainsi la différence qu'on entend établir entre les descendants des colonisateurs d'une île déserte, et les colonisés d'une île, dont la taille ne saurait dissimuler qu'en elle tout tient encore à l'enfance : à Madagascar, écrit Paul Hermann, "en aucun temps, les naturels n'ont songé à domestiquer la mouche à miel. C'eût été trop demander à leur paresse invétérée"[27]. Mais la nature de l'enfant est robuste et généreuse ; qu'on s'entremette entre lui, qui ne sait rien, et les bons chefs venus de France, dont la science a été forgée pour d'autres cieux, les fruits ne tarderont pas. Et les moindres bénéficiaires ne seront pas les Réunionnais, dont le milieu naturel, épuisé par des ravages qui, des oiseaux et des tortues, se sont étendus aux arbres et aux sols, aurait grand besoin d'une transfusion de sang : "Il y a quelques années, un administrateur de Madagascar, soucieux de développer, dans la grande île, toutes les branches de l'élevage, ce qui l'honore à juste titre, demandait à Bourbon la variété de mouches qui produisait notre "miel vert". On ne lui avait pas dit que la qualité du miel dépendait de la fleur et non de l'insecte. Je me rappelle cette plaisanterie d'un de mes collègues : "Il n'y a qu'à lui envoyer des "mouches vertes" (...). Rions, mais constatons qu'à Madagascar on travaille à la prospérité publique autrement que chez nous. Madagascar nous a déjà sauvés et nous sauve encore de la famine, alors que nos forêts disparaissent (...). A Bourbon, il faut aller vite dans l'art de détruire ; à Madagascar, il faut aller vite dans l'art de produire"[28].

---

25. FRANCIERE, E.- "Madagascar 1895. Carnet d'un volontaire", publié par Hippolyte FOUCQUE, RD, n° 2, 1956, pp. 137-216. DESCHAMPS, H.- *Histoire de Madagascar, op. cit.*, pp. 181-187 et 227-234.

26. Dans une communication présentée à l'Académie de la Réunion, le 30 septembre 1954, Paul BERG souligne, par exemple, l'existence "d'un **gros noyau français** qui, dans la région Sous-le-Vent de l'île, végète sur une terre devenue trop étroite". Il suggère de "**transplanter le plus massivement possible**" ses compatriotes pauvres et estime que "géographiquement et de par l'Histoire, la **Grande Ile doit être l'exutoire naturel de la surpopulation réunionnaise**" ("Autour du recensement de 1954", texte reproduit *In* : RD, n° 3, 1959, pp. 101-114 - cf. pp. 112-113). Cf. aussi la communication présentée par Yvan-Georges Paillard, en 1979, à la Table ronde de Sénanque "Les échanges de population entre la Réunion et Madagascar à la fin du XIXe siècle : un marché de dupes ?" *Etudes et Documents*, (Aix-en-Provence, IHPOM), n° 12, s.d., pp. 119-146.

27. Académie de la Réunion, Séance du 27 juin 1920 : Causerie. *In* : Apiculture Pratique aux Colonies Tropicales.- La Chapelle-Montligeon, s.d. (c. 1922), pp. 83-90 (pp. 83-84).

28. HERMANN, P.- *Apiculture pratique aux Colonies Tropicales*, 90 p., *op. cit.*, (pp. 8-9).

Ainsi le créole de Bourbon peut devenir, entre le Malgache et le colonisateur européen, l'intermédiaire obligé, le véritable "comprador" que sait être le Juif en Afrique du Nord, le Syrien ou le Libanais en Afrique Noire. Au cours du XIXe siècle, les Réunionnais installés comme traitants à Tamatave ou dans d'autres agglomérations ont d'ailleurs été préparés à ce rôle[29]. Mais les ambitions vont plus loin : France de l'océan Indien, plus durablement que toute autre terre, la Réunion peut exprimer son dessein missionnaire en direction des îles voisines ou de l'Afrique orientale[30] ; elle peut aussi donner l'impression aux étrangers qu'elle organise l'espace en fonction de ses besoins, fussent-ils d'engagés ou d'esclaves[31]. Poursuivant, dans cet espace, une politique franco-réunionnaise, l'île a témoigné, à son échelle, de notions illustrées ailleurs, "destinée manifeste", "fardeau de l'homme blanc". Elle a parfois aussi été sensible à de plus radicales tentations.

B - De la bouderie contre "Hiropiens" ou "Zoreils", à l'indépendance

La lecture de la presse réunionnaise des années 1970-1980 montre la présence obsédante d'un spectre indépendantiste, que d'aucuns vilipendent comme le principal obstacle à la foi en l'avenir et aux investissemements, mais que beaucoup utilisent comme tremplin politique ou comme moyen de pression sur des gouvernements parisiens avares de leurs deniers. Sans vouloir entrer

29. L'importance du rôle joué par le "comprador" dans l'histoire coloniale, a été mise en valeur par Jean-Louis Miège, notamment lors du Séminaire de recherche, réuni à son initiative, sur "Les communautés allogènes dans les territoires coloniaux français - XIX-XXe s." (Valbonne, 22, 23, 24 mai 1986 ; participation au programme international de la Fondation Européenne de la Science, Conseil de l'Europe ; publication d'un volume collectif prévue à Strasbourg). Dans une communication sur "Les minorités chinoises à la Réunion des origines au début du XXe siècle", présentée à cette rencontre, j'ai indiqué que le véritable "comprador" me semblait être, à la Réunion, le boutiquier chinois. Ce dernier, "microbanquier et commerçant de détail" (cf. BENOIST, J.- *Pour une connaissance de la Réunion*.- Saint-Denis, Fondation pour la Recherche et le Développement dans l'océan Indien, 1975, p. 35), sert, par exemple, d'intermédiaire entre Grands Blancs et Petits Blancs. Il contribue au retour de ceux-ci dans la société normative en leur accordant des avances de nourriture. La pitance minimale étant assurée pour la survie, le Petit Blanc doit se préoccuper de rembourser sa dette : un des moyens en sera d'accepter sur la plantation du Grand Blanc un travail que l'esclavage avait fait rejeter. Le Chinois, "allogène" asiatique joue donc, paradoxalement, le rôle de trait d'union entre des "allogènes" européens qui , installés les premiers sur une île déserte, s'en considèrent comme les véritables indigènes.
30. PRUDHOMME, C.- *Histoire religieuse de la Réunion*.- Paris, Karthala, 1984, 369 p. (pp. 203-219). L'auteur a soutenu en 1980 une thèse de 3e cycle à l'Université de Lyon III : La Réunion, *1815-1871. Un essai de Chrétienté*, VII-616 p. dactyl. (cf. pp. 308-341).
31. José CAPELA et Eduardo da C. MEDEIROS, "La traite au départ du Mozambique vers les Iles Françaises de l'océan Indien, 1720-1904", 88 p. dactyl., communication présentée à l'*International Seminar on Slavery in South West Indian Ocean*, Mahatma Gandhi Institute, Moka, Mauritius, 26 février-2 mars 1985 (*L'esclavage dans le Sud-Ouest de l'océan Indien*, publication des Actes en cours). J'ai proposé quelques réflexions sur ces travaux et sur le thème de l'"expansion" réunionnaise au Colloque organisé par le Centre des Hautes Etudes sur l'Afrique et l'Asie Modernes, à Paris, les 24 et 25 octobre 1985 (La Réunion et le temps : une respiration insulaire. *In* : La Réunion dans l'océan Indien. - Paris, CHEAM, 1986, 242 p.- pp. 19-41, notamment pp. 36-38).

dans le champ d'investigations trop immédiates, qui relèvent moins de l'histoire que de la politologie, on peut risquer quelques observations. La notion insulaire de l'indépendance est protéiforme. Elle revêt souvent l'aspect d'un chantage innocent et peut n'être que le fruit de la mauvaise humeur. Plus de trois siècles de cohabitation avec une métropole lointaine ont fait naître bien des impatiences et des rancoeurs. On reprochera à la France et à ses représentants locaux leur ignorance des réalités, leur indifférence aux vrais problèmes ; on stigmatisera tour à tour imprudences et pusillanimité. Ainsi, après avoir réclamé longtemps et avec force la départementalisation, maints hommes politiques s'en diront déçus. Si les uns n'évoquent que réformes, régionalisation, formes diverses d'une autonomie, au contenu fluctuant, d'autres vont plus loin. Comme nous l'avons vu, ils s'avèrent minoritaires, mais l'expression peut s'en trouver aux deux extrêmes : grands notables soucieux d'une indépendance d'action, qui leur permettrait de gérer en maîtres l'aide extérieure, en se débarrassant peut-être de certaines lois sociales et contraintes démocratiques, qu'ils jugent inadaptées au milieu local ; groupuscules révolutionnaires, dont les violences verbales sont relayées et amplifiées par des organismes internationaux. Dans la vie quotidienne, l'agacement contre les "Zoreils" a pris la suite de celui que les "Hiropiens" avaient suscité dès le début du XVIIIe siècle. En provoquant un afflux de fonctionnaires, le statut départemental a augmenté les occasions de frictions. La médiocrité des salaires du secteur privé, la gravité du chômage font davantage ressentir les avantages du secteur public. Nombre de postes, parmi les plus enviables, étant tenus par les "Zoreils", le sentiment de frustration grandit, tandis que la société de consommation multiplie ses provocations et que l'esprit critique s'affirme -développé tant par l'enseignement que par les médias. Irritation, jalousie, colère n'apportent pas forcément un appui aux revendications d'indépendance, tant restent vivaces l'attachement à la France et la claire conscience des avantages liés au statut de D.O.M. Deux exemples ont cependant montré autrefois que la rencontre des rancoeurs insulaires et de la conjoncture pouvait avoir des conséquences politiques non négligeables.

Claude Wanquet analyse la façon dont, à l'époque révolutionnaire, on a "frôlé la rupture", avec l'affirmation d'une spécificité insulaire. Mais l'auteur situe aussi les limites de ce qui était peut-être avant tout un chantage : "Les projets d'indépendance ou de rattachement à l'Angleterre ont paru un moment en passe de l'emporter. Toutefois ils étaient moins envisagés comme une fin que comme un moyen, permettant de lever, au moins temporairement, l'hypothèque abolitionniste ; et leurs partisans ont même pu se dire inspirés par le souci des intérêts lointains de la mère-patrie et le désir de conserver intacte à la Nation française, pour plus tard, une colonie précieuse !"[32].

32. *Histoire d'une Révolution...*, *op. cit.*, vol. 3, p. 513.

Quelques décennies plus tard, l'association secrète des Francs-Créoles affirme à son tour sa détermination "d'assurer l'indépendance de la colonie et de la rendre maîtresse de son propre sort", si la métropole porte atteinte à l'esclavage ou refuse d'accorder à la population une représentation suffisante, ou encore abandonne Bourbon à son propre sort. L'obtention, en 1832, au Conseil Général, de 17 sièges sur 35 par des candidats qui se réclamaient de cette idéologie, montre son succès auprès des électeurs[33]. Cependant le mouvement s'essouffle bien avant que Paris ne concrétise, en 1848, un projet d'émancipation depuis longtemps agité. La tentative des Francs-Créoles n'avait finalement passionné que les moyens propriétaires, pour qui concentration sucrière et abolition étaient synonymes de ruine. La volonté de faire pression sur Paris, à nouveau, l'emportait sans doute sur le désir de rupture. Rompre, n'était-ce pas en effet accroître un isolement, dont les manifestations pouvaient être redoutables ? Dès la naissance, la coupure du cordon ombilical avait été imposée à cette minuscule société, à laquelle le milieu naturel offrait ses ressources à profusion. L'établissement de relations régulières avait paru tenir d'abord plus aux habitudes coloniales d'une métropole, qu'au souhait des insulaires. Mais la dégradation de l'île allait de pair avec la croissance d'une population, qui découvrait par étapes tout ce que l'insularité recelait comme pièges.

C - Une île qui coupe du monde, qui "ensauvage"

La splendeur des cascades et des montagnes qui, dès les premiers récits des navigateurs, avait contribué à la réputation de Bourbon, donnait un aperçu de la nature du relief. Terre cloisonnée, l'île oppose aux relations intérieures les fréquents obstacles de ses ravines et de ses escarpements. Les travaux de géographie, déjà évoqués, ont si minutieusement présenté les difficultés de communication, qu'on ne s'attardera pas sur ce point. On rappellera seulement quelques détails significatifs : un déplacement dans l'île fait, aujourd'hui encore, figure de "voyage" pour des personnes âgées, avec les connotations de durée, d'aléas et de dangers attachées à cette notion ; on pourra aussi trouver dans telle vallée encaissée, dans telle zone isolée d'un cirque, des Réunionnais qui n'ont jamais aperçu la mer. Les destructions opérées par les cyclones, et en particulier l'effet dévastateur des trombes d'eau qui les accompagnent souvent, montrent encore la fragilité d'un réseau routier qui, pour remarquable qu'il soit, reste très exposé, par exemple sur le tronçon vital qui unit Saint-Denis au Port.

---

33. ROQUES, P. L.- 1815-1848. La vie politique à Bourbon. Les institutions et les hommes.- Mémoire de maîtrise, Université de Provence, 1972, 228 p. dactyl. (les pp. 48-102 sont consacrées aux Francs-Créoles). Cf, aussi les volumes d'A. SCHERER déjà cités : *La Réunion*, pp. 62-63, ou *Histoire de la Réunion*, pp. 67-68.

Ainsi, la population de cette île doit vaincre un double isolement, celui qui, globalement, tient à l'océan et celui qui peut être vécu de région à région -voire de famille à famille, dans l'infiniment petit de certains isolats.

Iles dans l'île, les "îlets", portions étroites de terroirs, dont certains sont suspendus au-dessus de l'abîme, illustrent mieux que tout autre site l'extrême fractionnement de certains paysages réunionnais. Miséreux et révoltés, d'origines diverses, y ont trouvé d'ultimes refuges, quand le voisinage des plantations, les hautes plaines de l'intérieur ou les parties plus accessibles des cirques leur étaient refusés. Les grands marrons du XVIIIe siècle y ont fixé des cabanes, quelques cultures. La toponymie porte la trace de ces esclaves en rupture de ban, parmi lesquels se trouvaient une majorité de Malgaches. Les documents apportent peu sur leur vie quotidienne, davantage sur leurs incursions et sur la chasse que les habitants leur font[34]. Le thème de l'affrontement guerrier entre les deux communautés a enflammé les imaginations, celle d'opposants à la domination culturelle ou politique de la France, comme celle de simples conteurs. Il est difficile de démêler aujourd'hui ce que les uns et les autres ont puisé dans d'authentiques traditions orales, de ce qui a été emprunté à un roman, dont l'auteur avait lui-même été captivé, au XIXe siècle, par le récit de ces luttes[35]. A l'époque où écrit Dayot, le marronnage se présente plus comme un petit vagabondage que comme un acte belliqueux. Les marrons du XIXe siècle peuvent tirer parti d'une "shadow economy" dont l'importance semble avoir été méconnue mais la faim ne les épargne pas, et c'est parfois elle qui les reconduit chez leurs maîtres. Alors que l'île est de plus en plus occupée, le marron reste le symbole de la vie sauvage, qui menace plus la société coloniale par le détestable exemple qu'il donne que par ses larcins ou une dérisoire cueillette. Haine de cette part sauvage, qui est refus du travail, refus de la plantation, ou réflexe hérité du XVIIIe siècle, tout rassemblement de quelques marrons signalé dans une partie isolée de Bourbon provoque l'effervescence, voire la convergence de "détachements" armés, envoyés de diverses régions de l'île[36]. L'habitude de ces "chasses" survit à l'émancipation. Elles visent désormais les travailleurs engagés, dont la désertion reste flétrie du nom de "marronnage"[37]. Il n'est jusqu'à l'imaginaire et la piété sur lesquels tentent

34. BARASSIN, J.- La révolte des esclaves à l'île Bourbon (Réunion) au XVIIIe siècle". *In* : Mouvements de populations dans l'océan Indien, *op. cit.*, pp. 357-391.

35. Il s'agit d'Eugène Dayot, qui a vécu de 1810 à 1852, et raconte les combats que se livrent esclaves marrons et "détachements" de Blancs dans un roman inachevé, intitulé *Bourbon pittoresque*. Publié en feuilletons, puis en volume et plusieurs fois réédité, ce roman a eu un grand succès, y compris auprès de certains étrangers, comme C.H. Leal - qui l'a pillé sans citer Dayot, et en prétendant tenir ses récits d'informateurs interrogés sur place.

36. ADR, 73 M 2, lettre adressée le 10 mars 1834 par Lambert, inspecteur de police, au directeur de l'Intérieur, une quinzaine de marrons, disposant d'armes, a construit une sorte de camp retranché à la Plaine des Chicots.

37. ADR, 1542 S 8, lettre du même Lambert, devenu commissaire central, adressée le 1er juin 1855 au directeur de l'Intérieur : des engagés cafres et malgaches, "redoutant moins le froid" que les Indiens, se cachent dans les montagnes où, affranchis "complètement des lois sociales", ils retrouvent "leur existence première".

de peser les employeurs, en faisant servir les images qu'ils proposent du marron à l'apologie de leur propre bonté et de l'excellence du système de plantation[38].

En permettant le retour à la vie sauvage de ceux qui n'ont été transportés à Bourbon que pour y travailler, les parties les plus reculées de l'île collaborent à l'échec d'un plan de perfectionnement qui semblait être la raison même de la colonisation. Ratage d'un investissement et d'une domestication, le marron partage avec le Petit Blanc la réprobation qui s'attache à ceux qui ont transgressé les règles. Descendants des colonisateurs français, certains de ces Petits Blancs, emmurés dès le XVIIIe siècle dans l'isolement et la misère, ont donné à leurs compatriotes l'exemple affolant de "civilisés", non seulement inaptes à coloniser une île, mais ensauvagés, ramenés presque par elle au stade animal. Emigration et réinsertion sociale ont aujourd'hui atténué les formes les plus provocantes d'un naufrage qui, il y a près de deux siècles, scandalisait déjà les contemporains[39]. Au hasard d'une session d'Assises ou d'une enquête scientifique, on peut cependant encore entendre évoquer tel ou tel îlet, où une ou deux familles ne disposant plus que de quelques centaines de mots de vocabulaire, vivent dans une précarité qui les fait parfois plus proches de la Préhistoire que du XXe siècle, et qui contribue à leurs affrontements.

Il est évident que les cas extrêmes de totale pénurie et d'emprisonnement sur un lambeau de terrain ne sont pas représentatifs de l'ensemble de la vie insulaire. Il ne faut cependant pas oublier que l'île, dans son entier, a pu faire figure de prison pour certains groupes sociaux, incapables de la quitter. Dans quelques cas, c'est pour la totalité de la population qu'elle a joué ce rôle, par exemple dans les périodes de grands cyclones ou, plus durablement, à l'occasion de conflits : blocus anglais de l'époque révolutionnaire et impériale ou encore blocus de la Seconde Guerre mondiale. Quelques documents livrent aussi de poignants raccourcis sur ce qu'a pu être la chute de certaines familles dans l'univers des Petits Blancs. Ainsi la correspondance des Mabit, réfugiés sur une plantation du cirque de Salazie, permet de suivre les premières étapes

38. Ainsi, apologie des Adam de Villiers, à l'occasion d'une rencontre avec un marron, dans les années 1830 : un des membres de la famille en publie le récit dans *Le Nouveau Journal de l'Ile de la Réunion* du 8 janvier 1914. Autre exemple, les efforts déployés par le puissant groupe familial Desbassayns-de Villèle pour annexer le culte de la Vierge Noire, à qui les travailleurs demandent en procession l'amour du travail - alors que les traditions populaires attribuent à cette Vierge le sauvetage d'un marron, initiative qui ne peut paraître que coupable à un grand propriétaire (APRPR, Journal de la paroisse et documents concernant la "légende de la Vierge Noire" et la "cérémonie de 1856"). Ces deux exemples ont été présentés à l'*International Seminar on Slavery in the South West Indian Ocean* (cf. *supra*, note 31) : H. GERBEAU, "Les traces de l'esclavage dans la mémoire collective des Mascareignes", 50 p. dactyl.- cf. pp. 15-18 et 23-31 (publication en cours).

39. Nombreux exemples dès la fin du XVIIIe siècle : on en trouvera le détail dans les 3 vol. de la thèse de C. Wanquet, *Histoire d'une Révolution..., op. cit.*, (cf. l'index, vol. 3, p. 601, à "Paupérisme et petits blancs"). "Vermine rongeante pour la colonie", ils "peuplent comme des bestiaux", écrit Ricard de ses malheureux compatriotes (ADR, 57 M 1, document daté du 10 octobre 1821, intitulé "Moyens proposés afin d'utiliser la population inactive de l'île Bourbon" ; Yves Pérotin en a publié l'intégralité *In* : RD, n° 3, 1959, pp. 212-224).

d'un déclin : partis de la région nantaise vers une île qu'ils imaginent riche, parents et enfants découvrent une dure réalité. La servante Elisa la fuit bientôt en s'embauchant chez un prêtre ; le père de famille, séduit par un inconnu, envisage une installation dans un ultime Eldorado, l'île Maurice -qui prend dans ses rêves la place que vient de perdre la Réunion. Plus réaliste, la mère prépare le retour en métropole, essayant d'y trouver un premier refuge pour ses enfants. Les Archives de la Loire-Atlantique sont muettes sur la suite de l'odyssée : embarquement pour une autre île ou pour la France, décès ou naufrage définitif ? La dernière lettre, datée de 1873, ne donne aucune indication sur une issue, dont on trouverait peut-être trace dans d'autres sources[40].

III.- CRÉOLIE, CRÉOLITÉ

A - L'île qui bonifie, qui civilise

Dans le cas des Mabit, comme dans celui des Petits Blancs ou des marrons, la nature semble triompher de la culture, déjouant les diverses formes de greffe que le savoir occidental a mis au point pour domestiquer la sauvagerie des éléments ou de l'Afrique. L'île, pour mirifique qu'elle reste dans certains regards, ou à certains égards, prête la main à une entreprise de destruction quand le maître de jeu s'avère inhabile. Sait-il, au contraire, être bon intermédiaire entre les recettes de l'Europe et les spécificités du milieu, l'île rend au centuple. "Comprador" entre les Malgaches et l'administrateur français, le Réunionnais veut l'être aussi entre ce que sa naissance insulaire lui vaut d'intuition et ce que sa culture française lui apporte d'informations. Le créole averti saura donc, faisant le pont entre deux univers, dompter une île rétive, dangereuse aux ignorants mais prodigue pour ses fils les mieux informés. Exemples parmi d'autres, la production vivrière et la créolisation des esclaves permettent d'illustrer un thème, nourri de réalités mais aussi d'idéologie.

La diversité des microclimats réunionnais autorise, sur une faible superficie, la réussite des produits les plus variés, empruntés tant aux régions tempérées que tropicales. La nécessité de limiter les méfaits d'une quasi-monoculture sucrière a conduit les insulaires à se remémorer les potentialités de terroirs qui, jusqu'aux premières décennies du XIXe siècle, ont fait prospérer des cultures spéculatives variées mais aussi des céréales, dont le riz et le blé, et

---

40. ADLA, Dépôts des notaires, "Dossiers de clients", E XVIII, 211, 14, liasse de 44 pièces. La première lettre est datée de 1867 ; les réponses des correspondants ne figurent pas dans le dossier.

une multitude de légumes et de fruits[41]. Le jardin potager fait la fierté des habitants, riches ou pauvres. Même à l'époque de l'esclavage, y travailler est presque honorable, moins infamant, en tout cas, que servir dans un moulin sucrier, que manier sabre ou pioche sur une plantation. Dans certaines communes, comme Saint-Paul et Saint-Denis, la diversité des "produits du jardinage", leur profusion, renvoient aux images de l'île primitive, prodigue de ses dons. Exubérance qui ne peut masquer la fragilité du milieu tropical, ni même faire ignorer les servitudes d'un isolement qui -à suivre certains auteurs- semble être aussi redoutable pour les cultures maraîchères, que celui dont souffrent les individus réfugiés dans les îlets les plus sauvages. "Les graines potagères que l'on cultive dans l'île, écrit Georges Azéma, lui viennent de France et du cap de Bonne-Espérance. Elles y dégénèrent promptement, et perdent de leur saveur si elles ne sont renouvelées presque tous les ans"[42]. Cette observation d'un créole, membre de la Chambre d'Agriculture de son île, a été effectuée aussi par des métropolitains. Une trentaine d'années avant Azéma, l'ordonnateur Thomas a même donné des détails pittoresques sur cette dégénérescence : si l'on plante des graines recueillies sur place, on n'obtient plus, au bout de quelques récoltes, que des asperges qui ont "la grosseur d'un tuyau de plume", des choux-fleurs qui ont la taille d'oranges, des carottes "qui ne sont plus que des filets"[43]. Thomas, loin de considérer que cette néfaste particularité est propre à Bourbon, l'estime "commune à tous les climats intertropicaux" et s'extasie, parallèlement, sur le fait que "tous les légumes cultivés en France" le soient aussi dans cette île, "et toujours avec succès" : ainsi les asperges, si elles proviennent "de graines récemment parvenus d'Europe, sont aussi belles qu'à Paris"[44]. Tel arbrisseau des régions tropicales, une fois implanté à Bourbon, y connaîtrait même une évolution si favorable que la consommation de sa racine en deviendrait plus aisée : "Dans notre Colonie, écrit Jacob de Cordemoy en 1925, on ne cultive aujourd'hui que les variétés de manioc doux, ce qui laisse supposer que, sous l'influence du climat et de la culture rationnelle, les variétés amères qui auraient pu être primitivement introduites de Maurice se sont transformées en variétés douces, qui ne sont presque jamais toxiques"[45].

---

41. *Histoire*, ADR, 120 M 2, M 4, M 6 et M 8 ; dans le "Tableau des produits du jardinage" pour les communes de Saint-André, Saint-Denis, Saint-Leu et Saint-Paul, on relève, par exemple, en 1827, des dizaines de termes, parmi lesquels : ail, artichaut, asperge, avocat, bananier, betterave, carotte, chicorée, chou, citrouille, concombre, cresson, dattier, figuier, fraisier, fruit à pain, letchis, manguier, melon, navet, oignon, oranger, patate, petit pois, pêcher, piment, poireau, pomme de terre, radis, raisin, rave, tomate.
42. *Histoire de l'Ile Bourbon depuis 1643 jusqu'au 20 décembre 1848*.- Paris, Plon, 1859, 360 p. (p. 344).
43. *Essai de statistique de l'île Bourbon*.- Paris, Bachelier, 1828, 2 tomes (t. 2, pp. 21-22).
44. *Ibid.*, p. 21.
45. BARQUISSAU, R. ; FOUCQUE, H. ; JACOB de CORDEMOY, H. *et al.- L'Ile de la Réunion (Ancienne Ile Bourbon)*. - Paris, Larose, 1925, 288 p. (chapitre de Cordemoy sur la vie et l'évolution économiques, p. 183).

En 1942, cependant, quand la pénurie alimentaire pousse le gouverneur à favoriser la consommation directe de manioc, en freinant la fabrication du tapioca, l'empoisonnement d'un enfant provoque quelque émoi[46]. L'enquête révèle qu'on a attribué au manioc la mort de deux autres enfants, au cours de l'année 1941[47]. Si telle est bien la cause de leur décès, faut-il incriminer un défaut d'épluchage ou de cuisson, un retour de toxicité ? Dans ce cas, l'idéologie aurait une part de responsabilité dans ces empoisonnements. Après les efforts déployés par La Bourdonnais pour populariser l'usage d'un produit considéré avec méfiance, il est devenu de bon ton de vanter les mérites de cette culture vivrière qui résiste aux cyclones et offre de forts tonnages à l'hectare. Thomas affirme : "Il est remarquable que, tandis qu'en Amérique le suc exprimé de la racine est mortel, il est innocent aux îles de France et de Bourbon"[48]. Maillard renchérit : "Cette racine n'a, à Bourbon, aucun des inconvénients qui la rendent quelquefois, aux Antilles, un poison violent, et où on ne la fait cuire qu'après une préparation longue et coûteuse"[49]. Si l'on rapproche ces notations, d'une remarque plus générale faite par Garsault, l'impression se confirme que certains auteurs, certains habitants, attribuent à l'île des pouvoirs quelque peu thaumaturges : le sol et le climat en seraient si excellents, que les produits y ont été supérieurs à ceux des pays d'origine "chaque fois qu'une plante y a été importée et qu'une culture rationnelle a suivi"[50]. Avec Garsault, nous restons bien dans le droit fil de la problématique que nous avons définie : judicieusement alliées, nature et culture font merveille à la Réunion. Mais, pour se référer aussi à l'alliance du climat et d'une "culture rationnelle", Jacob de Cordemoy se révèle plus exigeant homme de science que certains de ses homologues : ayant déjà nuancé son appréciation de la toxicité par un "presque jamais", il poursuit l'analyse et admet que sous certaines influences (sol, altitude, négligence), "le manioc doux redevient vénéneux", même dans son île natale[51].

Si la croyance aveugle en une bonification par l'insularité a pu provoquer des empoisonnements par le manioc, elle a dû, plus certainement encore, conduire à une occultation de certaines réalités serviles. Parmi les plus fermes

46. ADR, 81 M 1, Compte rendu téléphonique du chef de la sûreté au chef de cabinet : l'enfant, âgé de 7 ans, est mort à la Rivière Saint-Louis, le 16 juillet. En marge d'une lettre des parents, adressée au journal *La Démocratie*, le gouverneur a écrit : "Je ne tolérerai pas un essai de torpillage de l'alimentation par le manioc non plus qu'une campagne de presse".
47. ADR, 81 M 1, Rapport du chef de la sûreté, daté du 17 août 1942. Cf. aussi le mémoire de DEA de Sciences politiques de Martin J.C. ESPÉRANCE, *L'île de la Réunion de 1939 à 1945. Etude politique, économique, sociale*.- Faculté de Droit d'Aix-en-Provence et Centre Universitaire de la Réunion, 1977, 2 fascicules, 144 et 29 p. dactyl. (pp. 67-68).
48. *Essai de statistique...*, *op. cit.*, t. 2, p. 18.
49. *Notes sur l'île de la Réunion (Bourbon)*.- Paris, Dentu, 1862, 344 p., annexes et pl., (pp. 200-201).
50. Notice sur la Réunion.- *In* : Exposition universelle de 1900. Paris, Librairie africaine et coloniale, 1900, p. 63.
51. *L'Ile de la Réunion (Ancienne Ile Bourbon)*, *op. cit.*, p. 183.

justifications que les sociétés coloniales ont voulu trouver à l'esclavage, figurent le devoir de "civiliser" des êtres inférieurs et l'impossibilité qu'éprouveraient les Européens de travailler la terre dans des "zones torrides". Un marché serait donc implicitement proposé aux esclaves : vous fournissez un travail que nous ne **pouvons** assurer, nous vous offrons de participer aux bienfaits du modèle occidental. Pour les raisons, déjà évoquées, d'insertion dans un double univers, le Blanc créole considère qu'il sera le meilleur précepteur possible pour l'esclave. Ce dernier sera d'autant plus apte à entendre les leçons qu'il appartiendra à une lignée déjà fixée dans l'île, c'est-à-dire frottée de "civilisation" depuis deux ou plusieurs générations. Levavasseur, prêtre né dans une bonne famille créole de Bourbon, l'entend bien ainsi quand, rendant compte à son supérieur de son apostolat auprès des esclaves, il écrit : "Il y a un bien immense à faire, surtout parmi ceux qu'on appelle les noirs-créoles (...), ils sont intelligents et on en trouve qui s'adonnent avec ardeur à la piété, les autres noirs (...) ont moins d'ardeur pour les choses de Dieu. Cela vient de ce qu'ils sont presque tous d'une intelligence étroite, et en quelque sorte tout chair"[52].

Par la créolisation, l'esclave, devenu plus proche du maître, fait aussi éclater nombre de contradictions inhérentes au système même de servitude. Les évoquer entraînerait trop loin : celui qui devient "intelligent" dans l'esclavage ne porte-t-il pas le fer dans une institution qui n'est plus faite pour lui ? L'ayant "civilisé", peut-on encore justifier les liens qui devaient permettre son éducation ? S'il les dénoue par l'affranchissement, s'il les brise par la révolte, le contrat sera en somme rempli jusqu'à son terme. Mais, si le procédé se généralise, l'esclavage aura vécu. Or, à suivre une analyse de Thomas, la créolisation aurait un autre effet qui serait d'éloigner du travail de la terre ceux mêmes dont la présence à Bourbon s'expliquait par la nécessité de remplacer les Blancs dans cette tâche. Sur le front du travail comme sur celui de la "civilisation", l'appartenance à l'île semble donc devenir pour l'esclave né à Bourbon antinomique de son maintien au sein de l'institution servile : "J'ai dit, écrit Thomas, que les esclaves créoles ne sont employés que dans l'intérieur des maisons, aux travaux sédentaires, aux postes de confiance. Ils ne le sont jamais à la culture, où l'on cherche toujours à n'employer que des Cafres"[53]. Cette affirmation péremptoire de l'ordonnateur vient en réponse à une interrogation d'un membre de l'Académie royale des sciences. Ce dernier a lu dans l'ouvrage de Thomas que le métissage, souvent observé chez les esclaves créoles, fait qu'il "s'en trouve d'aussi blancs, ou presque aussi blancs que les

---

52. ASE, Bte. 232, A I, lettre adressée au P. Libermann, Bourbon, 13 décembre 1842.
53. *Essai de statistique...*, *op. cit.*, t. 1, p. 9, note 1.

Européens"[54]. Y voyant l'occasion de confronter l'expérimentation avec un postulat, Montbret pose alors une question essentielle pour éclairer, non seulement le bien-fondé d'une des justifications de l'esclavage, mais aussi l'avenir de l'institution servile et celui des colonies de plantation : "Il serait intéressant de savoir si ces noirs, si semblables aux blancs, sont employés à la culture comme les autres esclaves, et si l'on a remarqué qu'ils supportassent moins bien ce rude travail. La solution de cette question pourrait servir à résoudre celle de la possibilité de la culture des terres entre les tropiques par des hommes blancs ; car ce mélange d'un quart, d'un huitième ou moins de sang africain, ne devrait pas, à ce qu'il semble, modifier sensiblement le tempérament des individus"[55].

Répondrait-on "oui, ces esclaves créoles, si semblables à leurs maîtres, supportent bien le rude travail de la terre", n'ouvrirait-on pas la voie à des conclusions aussi redoutables pour la fortune de ces maîtres que pour l'évaluation de leur aptitude au travail ? Aussi Thomas coupe court à toute spéculation : les esclaves créoles ne sont **jamais** employés à la culture. Or, maints indices nous permettent d'affirmer le contraire, en particulier d'irréfutables données recueillies dans les minutes notariales. Ainsi, l'examen des actes notariés de l'Etude de Maître Manès nous fournit, par exemple, pour les années 1831-1832 des précisions sur le métier et l'ethnie de 698 esclaves. Mis à part 3 Indiens et 28 Malais -dont la grande majorité travaille dans les champs- on trouve 154 esclaves créoles, dont 92 sont employés à la culture, 167 Malgaches, dont 123 suivent le même sort, ce dernier étant réservé aussi, il est vrai, à 294 des 346 Cafres[56].

Thomas, qui sait que l'institution servile est menacée, défend "la nécessité de maintenir l'esclavage", mais s'avère plus nuancé, au cours de son étude, que dans la réponse qu'il fait à Montbret. C'est ainsi qu'il indique "qu'à Bourbon, ni les Blancs, ni les libres, ni même généralement les esclaves créoles, ceux surtout dont la couleur est un peu éclaircie, ne sont employés aux travaux des champs"[57]. L'abîme qu'il y a entre une affirmation absolue et un "géné-

---

54. Coquebert de Montbret s'exprime en tant que rapporteur d'une commission, chargée par l'Académie de désigner l'ouvrage le plus digne de recevoir le prix de statistique, pour l'année 1827. Ce prix, fondé par le baron de Montyon (dont le nom s'attache aussi au prix de vertu, décerné annuellement par l'Académie française depuis 1782), a récompensé le travail de Thomas. Publié en 1828, ce dernier est précédé d'un extrait du rapport de Montbret, auquel l'ordonnateur apporte, en notes, certaines réponses (cf. t. 1, pp. 3-12).
55. *Ibid.*, p. 9-10.
56. ADR, Not., Etude de Saint-Denis : il est fait mention d'esclaves dans 25 des actes conservés pour ces deux années mais, dans certains cas, de façon trop imprécise. Parmi les 18 métiers cités, on constate qu'avec l'appellation de "noir de pioche", "cultivateur" ou "manœuvre", les Cafres sont, à 85 %, voués au travail des champs. Désignés de semblable façon, 74 % des Malgaches et 60 % des créoles accomplissent des tâches analogues. Nous ne faisons pas figurer dans ces pourcentages les "jardiniers" : peu nombreux, leur sort s'apparente davantage à celui des domestiques qu'à celui des "bandes'" de travailleurs qui peinent dans les champs (on dénombre, parmi les 698 esclaves, 5 jardiniers, dont 3 Malgaches, 1 créole, 1 Cafre).
57. *Essai de statistique...*, op. cit., t. 2, p. 271, 326, 334.

ralement", se creuse davantage quand l'ordonnateur reconnaît que, dans les communes de Saint-Joseph et de Saint-Louis, des représentants de ces divers groupes "cultivent la terre dans certaines circonstances" ; l'auteur ajoutant même que des essais de mise en culture devraient être tentés, dans les Hauts de l'île avec des Européens, et en Guyane avec des "prolétaires" blancs et libres qu'on ferait émigrer de Bourbon[58]. A l'évidence, malgré certaines contradictions, Thomas n'a pas été mauvais observateur, mais peut-être a-t-il, administrateur scrupuleux, été effrayé des conséquences que des abolitionnistes métropolitains ou des agitateurs locaux pourraient tirer de ses observations. Son embarras, visible en cours de texte, cède la place à une apparente certitude quand, en tête du volume, il répond à l'insidieuse question du membre de l'Académie des sciences, sur les esclaves créoles. Toute personne au fait des habitudes de l'île pourrait le démentir. Mais qui, parmi ceux dont la voix serait assez puissante, aura intérêt à rompre un silence, qui est de règle dès que l'institution servile est menacée ? Même s'ils fournissent à la "pioche" un pourcentage moindre que celui des Cafres, les esclaves créoles sont nombreux à travailler dans les champs ; l'idéologie invite à ne pas les voir. Proches des Blancs créoles, dont ils sont souvent les enfants naturels, ces "noirs" sont en fait devenus le conservatoire de plusieurs des mythes par lesquels la société insulaire assure sa cohésion et sa survie. Epuisant, le travail sur la plantation est dit nécessairement servile, donc infâme ; aucun Blanc ne peut s'y livrer sans se rabaissser mais rabaisser aussi son propre groupe. D'une impossibilité morale on fait une impossibilité physique, renforçant ainsi le rempart qui détournera les Blancs miséreux d'une éventuelle tentation. Car, on l'a vu, l'affaire n'est pas que de dignité, elle comporte aussi l'immense danger de souffler à l'Europe l'idée que tout homme peut tenir la pioche, à un moment où les partisans de l'émancipation haussent le ton. Ces esclaves créoles dont, au fil des générations, la peau est devenue si claire -et parfois si blanche- sont séparés du maître par le fossé juridique qui permet à celui-ci de les dire et de les voir "noirs". L'innocente question d'un académicien peut alors produire le même effet ravageur que l'exclamation de l'enfant qui, dans le conte, découvrait qu'un roi, dont les courtisans avaient vanté le vêtement, était nu. Plutôt que d'essayer d'expliquer à des hommes de science que des Blancs sont noirs, n'est-il pas plus simple de satisfaire leur dangereuse curiosité en déclarant exclus des champs tout ceux qui, peu ou prou, ont reçu par leur naissance insulaire, l'empreinte de leurs maîtres ? En affirmant que les esclaves créoles "ne sont employés que dans l'intérieur des maisons, aux travaux sédentaires, aux postes de confiance", n'apporte-t-on pas, en outre, une caution à trois dogmes auxquels la société réunionnaise est attachée : humanité de l'esclavage qu'elle pratique, bonification, par celui-ci, des natures sauvages, valeur civilisatrice de

---

58. *Ibid.*, p. 271, 327, 335-336.

l'enracinement insulaire. Le propos peut être de quelque poids auprès de ceux qui prétendent que l'institution servile avilit tous ceux qui, dominés ou maîtres, vivent à son contact.

B - Un discours traditionnel

L'abolition acquise, le silence reste longtemps de règle sur des sujets que l'esclavage avait rendus tabous. La célébration de l'île, en revanche, connaît de nouveaux développements. Les chantres les plus éloquents en sont sans doute Marius et Ary Leblond. L'hyperbole s'ancre, chez eux, dans les valeurs sûres auxquelles l'histoire et l'agronomie semblent, comme nous l'avons vu, avoir apporté leur caution. Ainsi, présentant la Réunion, rappellent-ils que "les navigateurs du XVIIe siècle l'appelaient Eden" ; ils poursuivent alors : "Sa splendeur n'est point écrasante mais très simplement auguste, doucement éblouissante : paradisiaque"[59]. La diversité des paysages est exprimée en ces termes : "Si le reste de l'Univers se trouvait englouti, l'île de La Réunion suffirait à faire survivre la complexité puissante et exquise de la Terre"[60]. Plus nettement encore que chez les auteurs du XIXe siècle, le thème de l'île thaumaturge est suggéré : "Le soleil n'y tue point ainsi qu'à Madagascar ; des espèces vénéneuses au Mozambique y deviennent comestibles ; les plantes les plus diverses y prospèrent fraternellement. Dans de pareilles conditions, tout ce qu'il y a d'excès s'élimine vite ; la nature est harmonieusement contrainte au chef-d'œuvre : l'île est parfaite"[61].

Pourtant divers ouvrages ont, à l'époque où les Leblond écrivent, déjà mis l'accent sur la détérioration d'un milieu, devenu moins accueillant à l'homme. Ainsi Wickers, dans une thèse de droit publiée en 1911, oppose un autrefois enviable à un aujourd'hui bien médiocre, par exemple dans le domaine sanitaire : les colons des premiers temps, écrit-il, citant Elisée Reclus, "étaient presque nus, vivaient en plein air, ignorant les maladies"[62]. Thème tenace de l'île mirifique auquel n'a pas échappé le célèbre géographe mais que développent aussi des médecins locaux, pour l'opposer à une évolution -dont ils pensent pouvoir désigner les coupables : "Dans ce merveilleux pays, la perle

---

59. Introduction à l'ouvrage de BARQUISSAU, FOUCQUE, CORDEMOY, J. de, *et al.*, *L'Ile de la Réunion (Ancienne Ile Bourbon)*, 1925, *op. cit.*, pp. 1-16 (p. 1).
60. *Ibid.*, p. 2.
61. *Ibid.* Marius et Ary (ou Marius-Ary) LEBLOND : pseudonyme qui s'applique à deux cousins, Georges Athénas (Marius), né à Saint-Denis de la Réunion en 1877 et Aimé Merlo (Ary), né dans le sud de l'île, à Saint-Pierre, en 1880. Partis pour Paris en 1898, ils vont y publier sous une signature commune une abondante œuvre littéraire. Marius est mort à Paris en 1953. Rentré à la Réunion, son cousin y est décédé en 1958 (cf. Jean-Claude RODA, *Bourbon littéraire,* 189 p., fasc. II, Guide bibliographique des prosateurs créoles, Saint-Denis, Bibliothèque universitaire, 1975, les pp. 133-153 sont consacrées aux Leblond).
62. *L'immigration réglementée à l'île de la Réunion.*- Paris, Librairie Jules Rousset, 160 p. (la citation de Reclus se trouve à la p. 8).

de la mer des Indes, d'une salubrité remarquable et vantée, l'immigration a peu
à peu introduit des races variées venant de Mozambique et de la Côte orientale
d'Afrique, de Madagascar et de l'archipel des Comores, des Indes anglaises ou
de Maurice, de l'Extrême-Orient, etc., etc. Ces races successives ont importé
avec elles, en même temps que leurs qualités et leur travail, les maladies qui leur
étaient propres : paludisme, béribéri, variole, choléra (...). En moins de quarante
ans, paludisme, filariose, béribéri etc. ont pu s'implanter à la Réunion. Avant
1860 les auteurs sont unanimes à constater que ces maladies n'existaient
pas"[63].

En réalité, bien avant 1860, certains ont osé mettre en doute la "salubrité
remarquable" du "merveilleux pays". Sous la plume de Montbret, l'Académie
royale des sciences se révèle, en l'occurence, non moins iconoclaste que quand
elle s'interroge sur l'incidence de la couleur sur le travail : "Nous regrettons,
écrit le rapporteur, que M. Thomas ne soit entré dans aucun détail touchant les
maladies de l'une et l'autre des deux races, et de celles qui, suivant ce qu'on
lisait dernièrement dans la *Revue encyclopédique*, rendraient le séjour de l'île
Bourbon plus nuisible que celui du Sénégal, même pour les troupes envoyées
de France"[64].

Taisant ou minimisant les inconvénients qui s'attachent à l'île, Marius et
Ary Leblond exaltent tout naturellement la population qui y a trouvé naissance
-non sans doute en son entier- quelques précisions suffisant à montrer que les
"enchantements" sont le lot de ceux qui, par le goût comme par les ancêtres, se
rattachent à l'Europe, tout en vivant en Mer indienne : "Il y a un **génie créole**,
qui n'est pas le génie colonial. Si vous voulez en sentir le prix, pensez à Leconte
de Lisle ou à Dierx (...). Une philosophie contemplative presque indienne de la
vie, mais énervée ou musclée par l'exaltation française (que le climat rend tout
juste un peu passive) ; l'adoration de la beauté, assez rare chez les coloniaux des
pays neufs ; le goût prédominant de la grâce ; l'art de la politesse ; le besoin

63. Article du Dr LAFONT, directeur du Laboratoire bactériologique de Saint-Denis, publié le 1er mars 1904
(un extrait en est donné par Lucien WICKERS, *op. cit.*, pp. 153-154). S'il est exact que certaines maladies,
comme le paludisme, ne se répandent dans l'île qu'à partir des années 1860 - et contribuent à aggraver les
effets de la crise - il serait simpliste d'opposer à l'insalubrité et au marasme des dernières décennies du XIXe
siècle, un âge d'or qui l'aurait continûment précédé. C'est ainsi que la population avait été durement frappée
par les épidémies de variole de 1729 et 1758. Un bref retour de la maladie avait jeté l'alarme en 1789. Mais
c'était l'Ile de France qui était ravagée en 1792 et 1793 ; les relations entre les deux îles étaient alors coupées,
la terreur qu'inspirait cette maladie aux habitants de Bourbon l'emportant "sur toute autre considération" (C.
WANQUET, *Histoire d'une Révolution...*, *op. cit.*, vol. 1, pp. 54, 474-475, 661-662). Cet auteur écrit (p. 474,
note 8) que, selon PITOT, l'épidémie de 1792-1793 "aurait tué plus de 4 000 personnes sur une population
totale d'environ 58 000" ; le gouverneur Milius, quant à lui, dans une proclamation faite en 1819, estime le
nombre des victimes à 20 000 (D. de N., t. 3, p. 293). Cette année-là, Milius doit d'ailleurs faire face à une
autre menace, une épidémie de choléra, qui décime les Mauriciens et qui, dès janvier 1820, va s'étendre à
Bourbon (*Bulletin Officiel*, proclamations des 27, 28 et 30 janvier 1820 ; ADR, 1 J 11, Journal de Lescouble,
14 janvier-26 février 1820). Ces épidémies, venues de l'extérieur, sont, à l'évidence, loin d'être les seuls
maux qui, au XVIIIe et dans la première moitié du XIXe siècle, affligent les habitants de Bourbon.
64. Extrait du rapport de 1827, publié *In* : Essai de statistique..., *op. cit.*, t.1, pp. 8-9.

d'admirer, surtout l'Européen ; le désir enthousiaste et ensorceleur ; une sorte de langueur musicale ; un goût de sieste artiste pour les sens et la pensée ; la mémoire distillant sans cesse un miel de souvenirs ; une sensualité de l'oeil pour les nuances roses ou azurées ; (...) l'absence d'avarice et même d'économie ; un caractère aryen prononcé ; la révérence de la pureté et l'apothéose de la jeunesse ; un penchant à l'extase ; un natif édénisme qui ne contrarie point la sociabilité"[65].

Poursuivre l'énumération serait accumuler des redondances, dont, comme certains écrivains, des hommes politiques et des journalistes ont utilisé les effets. Plus récemment, des publicistes, spécialisés dans la "vente" des îles tropicales, ont su trouver des accents que n'auraient pas désavoués les plus admiratifs des voyageurs du XVIIe siècle. Les uns avaient voulu émerveiller l'Occident ; les autres ont appris l'art d'en extraire des troupeaux vacanciers, dociles à la tonte[66]. Aussi éloigné de ce dessein que des outrances des Leblond, s'avère le propos de l'actuel évêque de la Réunion, le poète Gilbert Aubry.

C - Unanimisme insulaire et "insularité-monde" : la Créolie de Gilbert Aubry

"Pour nous dont les berceaux sont tissés sous la Croix du Sud..., écrit l'auteur de l'"Hymne à La Créolie", que l'on ne pense pas blanc colonisateur ou noir colonisé. Nos ancêtres sont français, malgaches, africains, espagnols, portugais, indiens, chinois. Sur notre terre se marient tous les pays du monde"[67]. L'île, rappelle G. Aubry, était déserte, elle n'est le monopole d'aucun groupe, elle appartient à tous. Et d'appeler à une unité qui "sera le fruit des libres épousailles où l'amour et le pardon se conjuguent", et qu'il conçoit ainsi : "Solidarité nationale dans l'ensemble français, solidarité locale, solidarité régionale inter-îles loin de s'exclure et de s'opposer doivent s'harmoniser pour le devenir Humain de cette "communauté de destin", de la "Communauté Réunion"[68].

Après une rencontre avec l'évêque, un journaliste parisien souligne la verve avec laquelle son interlocuteur s'exprime en chantre et en champion de la Créolie : "Ici, nous vivons de Créolie comme ailleurs de négritude ou d'Occitanie". A des insulaires qui ont longtemps souffert d'isolement et d'humiliations, il n'est pas inutile de redire la fierté que l'on peut éprouver à être Réunionnais :

65. *L'Ile Enchantée. La Réunion.* - Paris, Librairie de la Revue Française, 1931, 157 p. (pp. 141-142).
66. LASSERRE, G. "Le géographe et les îles", Conférence introductive au colloque de Bordeaux-Talence, 23 octobre 1986 (dont de piquantes réflexions sur le tourisme). Cf. aussi, SERVIABLE, M.- *L'île tropicale : espace fabuleux, espace fabulé.* Voyages Mutualistes Réunion.- Saint-Denis, A.G.M., s.d. (1983), 56 p.
67. La Réunion : une île en Créolie. *In* : La Réunion dans l'océan Indien.- Paris, CHEAM, 1986, *art. cit.,* p. 68.
68. *Ibid.,* pp. 68 et 76.

"O té créol ! Pas besoin la peur !
Dresse la tête, rouv' ton zyeux !"

Se connaître, assumer son identité : "c'est le métissage culturel qui est la donnée fondamentale de la Réunion". Et G. Aubry de poursuivre : "Je suis habitué aux appartenances multiples. Loin de m'être une gêne, c'est un enrichissement". Depuis l'apologie que faisaient les Leblond du "caractère aryen prononcé" des représentants du **génie créole**, l'histoire de l'île a été mieux acceptée. Certes, l'unanimisme de G. Aubry ne fait pas l'unanimité mais qui pourrait dénier à son propos ce qu'il contient de lucidité et de volonté de pacification ? "Le monde entier navigue dans nos corps", affirmation qui permet peut-être de rendre compte de l'harmonie que les tenants de la Créolie veulent établir entre leur condition d'insulaire, leur citoyenneté française et leur ouverture à ce qui peut venir de n'importe quelle partie de l'univers[69].

*   *

*

Paradoxes de l'histoire, l'île dont nous avons vu qu'elle avait pendant longtemps tourné le dos à la mer et s'était, à maints égards, repliée sur elle-même, donne ainsi naissance à une vision oecuménique de l'insularité ; par son globalisme, la Créolie s'offre à être dénominateur commun et lieu d'accueil. L'île Maurice, au contraire, que ses ports naturels avaient ouverte dès le XVIIIe siècle aux vents vivifiants du large a, par deux fois, restreint l'acception du terme "créole"[70]. Même si sa langue connaît une faveur certaine, la minorité créole de couleur a du mal à s'imposer entre une population d'origine indienne, devenue majoritaire, et le groupe fermé des Franco-Mauriciens, auxquels Malcolm de Chazal, un des leurs, semblait penser surtout quand il écrivait : "L'île Maurice est un pâté de roches dans l'océan Indien, où sur un fond de colonialisme négrier, vivote une pseudo-civilisation dont chaque communauté de l'île revendique le monopole (...). Sept mille blancs, sur une population de 460 000, y ont installé leur hégémonie et leurs idéaux (...). La guerre des préjugés est endémique et atroce, surtout pour ce qui est du préjugé de couleur (...). Au sein de ce cloisonnement de races qui ne mène à rien, une chose demeure et persiste : l'intransigeante beauté mythique de l'île"[71].

---

69. Propos recueillis par Hyacinthe VULLIEZ, publiés dans l'hebdomadaire *La Vie,* n° 2136, 7-13 août 1986, pp. 56-58.
70. Cf. *supra*, dans l'introduction, les trois étapes définies par Richard B. ALLEN.
71. *Petrusmok*, Mythe (1ère édit., 1951).- réédit., Port-Louis, Editions de la Table Ovale, 1979, VIII-533 p. (pp. VII-VIII).

Mais des ouvrages récents, comme celui de Toni Arno et Claude Orian, montrent combien aussi l'évolution s'est accélérée dans le sens d'une prise de conscience de l'entité mauricienne[72]. La voie empruntée n'y prendra peut-être jamais le nom de Créolie, cependant, comme à la Réunion, la découverte d'un passé -plus complexe qu'on ne l'avait soupçonné- devient l'acte essentiel de cette progression. "Cette histoire que l'on commence à entrevoir ouvre la porte à un long pèlerinage..."[73]. A les lire de près, certaines pages de Chazal s'avèrent dans ce domaine prodigieusement initiatrices, quand on songe qu'elles se situent dans le temps à mi-chemin de tel ouvrage des Leblond et de tel autre d'un Aubry, et naissent dans un milieu insulaire encore moins préparé que son voisin à certaines synthèses. Par "l'intransigeante beauté mythique de l'île", le poète n'est-il pas conduit jusqu'aux racines de l'histoire de son peuple et, au-delà, jusqu'au surgissement de l'océan, à la naissance du monde ? André Breton, découvrant l'œuvre de Chazal, proclamait qu'on "n'avait rien entendu de si fort depuis Lautréamont". Faudrait-il accorder semblable place au Chazal éveilleur de société, prophète d'un passé à vivre vivant, bien que maintes fois pulvérisé ? "Dans ce pays relié aux dieux par ses montagnes et sa lumière", écrit-il, le langage du noir "est allégorique, délicieusement symbolique (...), le noir pur peut être considéré le plus intelligent habitant"[74]. Provocation de Blanc mauricien, jouant à exaspérer ses compatriotes ? Roborative antithèse opposée par un pédagogue aux thèses, complaisamment établies dans les terres à esclaves, de l'infériorité des Noirs ? Persuasion profonde de qui communique de l'intérieur avec les rythmes essentiels de l'île ? Dernière possibilité qui semble étayée par les appréciations de Léopold Sédar Senghor. Comme le rappelle Jean-Louis Joubert, "le poète-président du Sénégal" a fait organiser à Dakar, en 1973, une exposition des œuvres du "poète-peintre mauricien". A cette occasion, Senghor consacre un discours à son hôte et "lui reconnaît des affinités avec la culture nègre". Comme si, poursuit Joubert, "l'enracinement créole de Chazal l'avait détourné de ses origines françaises et rendu étranger à l'Europe"[75]. Est-ce hasard, le terme "créole" est ici employé dans son acception la plus large, celle qu'elle a aujourd'hui à la Réunion, celle qu'elle avait eu à l'origine à Maurice. N'est-ce pas reconnaître, au-delà des préjugés et des barrières édifiés au fil de l'histoire, un extraordinaire pouvoir unificateur, finalement à l'une comme à l'autre des îles, rendant "créole" toute existence qui s'y est enracinée ?

---

72. *Ile Maurice : une société multiraciale*. Préface d'Uttama Bissoondoyal.- Paris, L'Harmattan, 1986, 182 p.
73. *Ibid*., p. 8 (la phrase est extraite de la préface d'U. Bissoondoyal, qui est directeur de l'Institut Mahatma Gandhi de l'île Maurice).
74. *Petrusmok, op. cit.*, p. 7.
75. Pour une exploration de la Lémurie. Une mythologie littéraire de l'Océan Indien.- *Annuaire des Pays de l'Océan Indien*, vol. III, 1976, Aix, Paris, PUAM-CNRS, 1978, pp. 51-64 (p.51, note 1).

Comme Hugo l'avait fait en France, Césaire a su poser aux Antilles les jalons prophétiques d'un cheminement auquel nombre de ses contemporains pouvaient adhérer ; l'insolence de Chazal est peut-être d'avoir entrepris une telle tâche dans une société qui semblait par avance, et pour toujours, en avoir nié la possibilité. Or voici que, peu d'années après la mort du provocateur, un livre où l'Inde, l'Afrique et l'Europe tiennent la plume, invite au "long pèlerinage"...

Pour le propos envisagé ici, l'île d'Aubry et celle de Chazal ont accompli la totalité de leur fonction ; on pourrait , estimant que la boucle est bouclée, s'en tenir à leur voix. Serait-ce rendre compte de la richesse d'un contenu qui, dans leur oeuvre, reste souvent implicite ? La prodigieuse diversité des fonctions, des chocs, des émois insulaires ont été exprimés par bien des poètes ; en se cumulant, ils ont contribué à donner à l'archipel ce pouvoir global placé par les deux auteurs au coeur de l'analyse. Se priver de leur évocation, serait courir le risque de laisser réduire ce qu'il y a de résolument fondateur, dans la démarche du "nègre" Chazal et du créole Aubry, à une simple fantasmagorie. Depuis longtemps, les Mascareignes ont été saluées comme lieu de poésie. Ce que les insulaires vivaient au quotidien, sans en avoir toujours conscience, a été exprimé par des écrivains, dont la "lecture" semble être un des moyens dont dispose l'historien pour rendre moins indigente sa reconstruction du passé. Multiples facettes d'une île Maurice que l'on découvre, par exemple, dans l'oeuvre de Hart et de Toulet, de René Noyau, Loys Masson ou Edouard Maunick. Multiples facettes de la Réunion, dont les quelques illustrations qui suivent ne donneront qu'une idée bien imparfaite :

> "Minuscule joyau sous le ciel des Tropiques,
> Entre deux infinis, sur les flots magnifiques,
> Bourbon rêve au soleil."

Joyau pour M.H. Pinot, "Eden unique, aux multiples éclats" pour G. Ducheman, l'île est aussi un infime rocher que menace l'immensité : "Bourbon, battu des flots, et dans l'azur perdu" (Myriam Cazalou). Comme l'écrit Michel Beniamino, l'île-Eden, l'île-refuge peut devenir "un espace d'une étroitesse étouffante" où le rêveur court le risque de trouver "un enfer intime", en même temps que la solitude[76]. Ile-prison, donc, pour certains, auxquels le lien colonial devient d'autant plus nécessaire :

> "Pourquoi t'aimé-je tant, ô lointaine patrie,
> France que mes regards ne peuvent contempler
> Que sur des clichés morts ! Quand une Ile chérie,
> De sublimes trésors est là pour me combler ?..."

---

76. *L'imaginaire réunionnais*, thèse de doctorat, Université de Provence, 1985, 871 p. dactyl. (on trouvera aux pp. 65-73 les références des extraits de poèmes cités ici, ainsi que l'interprétation qu'en propose M. Beniamino).

Interrogation d'A. Baret, à laquelle G. Agénor semble répondre, en écrivant :

"Nous nous sentons obscurs et nuls, au bout du monde,
Comme une moisissure au sein de l'Infini
(...) à des milles d'ici, -de notre île perdue,-
Brille un phare éternel qui se nomme Paris."

A l'emprisonnement qui perdure, la réponse sera parfois "l'assoupissement de l'âme", dans lequel M. Beniamino voit une explication possible à la "langueur créole", dont Barquissau disait qu'elle est "l'abri discret où gronde un volcan dont rien n'apparaît". Se trouverait ainsi éclairé le "goût de sieste artiste" indiqué par Marius et Ary Leblond comme composante du "génie créole" et qui pourrait être la sieste décrite par Baudelaire dans "Le spleen de Paris", cette "espèce de mort savoureuse où le dormeur, à demi-éveillé, goûte les voluptés de son anéantissement" ; mais par laquelle il peut aussi trouver harmonie, correspondances, au sein d'"un temple de vivants piliers". Refuge de la vie et de la "mort savoureuse", Bourbon s'offre aussi comme lieu d'éternel repos. Là, s'accomplit le cercle des destinées humaines :

"Tu gardes, O Patrie ! une grave tendresse
    A ceux qui t'ont légué leur suprême richesse :
        La tombe et les berceaux"[77].

Là, se situe pour l'exilé, le pont qui ramène aux générations perdues, le lieu d'un définitif retour :

"Dans le sable stérile où dorment tous les miens
    Que ne puis-je finir le songe de ma vie !"[78].

Les thèmes insulaires se greffent ainsi sur les thèmes universels d'inspiration : mystère de l'existence, amour, arrachement, fuite du temps. Parallèlement se développe une littérature étroitement liée aux spécificités de l'île : volcan, personnages historiques ou légendaires - à travers lesquels s'exprimera, par exemple, un combat contre les préjugés et l'oppression[79]. Devant choisir, et beaucoup sacrifier, il n'était pas possible d'aborder des oeuvres essentielles

77. GAUDIN de LAGRANGE, A.M. de.- La légende de l'île. *In* : Poèmes pour l'Ile Bourbon (écrit en 1935 à la Réunion, ce texte a été publié en plaquette à Tananarive, Imp. de l'Emyme, en 1949 ; Hippolyte FOUCQUE l'a reproduit dans *Les poètes de l'île Bourbon*. - Paris, Saint-Denis, Seghers-Librairie Gérard, 1966, 190 p. - cf. pp. 127-129).
78. LECONTE de LISLE, C. M.- Si l'aurore : *In* : - Poèmes tragiques.- Paris, A. Lemerre, 1884.
79. Abondante bibliographie, cf. en particulier : CHAUDENSON, R. (dir.).- *Encyclopédie de la Réunion*, t. 7, *La littérature réunionnaise*.- Saint-Denis, Livres Réunion, 1980 ; FRUTEAU, J. C. (dir.).- *L'art de dire*.- Saint-Denis, Editions Favory, 1982 (t. 10 de *A la découverte de la Réunion*) ; MARIMOUTOU, C.- *L'île-écriture. Ecriture du désir, écriture de l'île, mauvaise conscience et quête de l'identité dans la poésie réunionnaise de langue française (Albany, Azéma, Gamaleya, Lorraine, Gueneau, Debars)*. - Mémoire de maîtrise, Université Paul Valéry, Montpellier, 1980 ; ROCHE, D. R.- *Lire la poésie réunionnaise contemporaine*. - Saint-Denis, 1982 (Collection des travaux du Centre Universitaire de la Réunion).

comme celles d'Azéma, de Lorraine ou de Gamaleya. Nous avons préféré, par les quelques extraits proposés, illustrer ce qui est peut-être l'axe majeur de la genèse de la Créolie -comme de l'histoire de la Réunion- la dialectique de l'île et de l'ailleurs. Une île, un ailleurs infiniment présents aussi dans le roman réunionnais[80]. Un ailleurs incessamment poursuivi, nourricier, fondateur, qui aspire et renvoie ; qui devient finalement, comme l'île, lieu de désir et de haine. Eux, de dépit tournant le dos à la mer, mais jamais si heureux peut-être, qu'à l'instant d'enjamber la ligne d'écume, créoles du rivage. D'une jambe, partis, de l'autre, insulaires puis, l'écume franchie, pleurant l'exil, exilés ne cessant de reconstruire l'île par tous les artifices[81]. Comme une femme qui, pour garder l'amant, a su le laisser fuir, l'île est lieu de retour. Mais elle sera aussi le champ de toutes les équivoque :

> "Il nous faudra être
> sanglants et lourds
> être fils père amant
> de cette île"[82].

Ne rameutera-t-elle pas, sous le masque, hantises enfouies, vieux démons : filles interdites enfants adultérins, mères à la peau sombre ?

> "Dans ta sueur primitive
> brise de musc
> j'enfouis ma tête
> et les cheveux encore crépus
> frotte mon corps à ta peau blanche
>
> De négresse
> qui danse
> yeux entrouverts
> aphrodisiaque"[83].

80. MATHIEU, M.- *Le discours créole dans le roman réunionnais d'expression française*".- Aix-en-Provence, Université de Provence, 1984, 324 p. dactyl. (Thèse de 3eme cycle) (cf. notamment les ch. I, pp. 15-129, "Discours sur la réalité créole", et II, pp. 130-230, "Le discours idéologique" - dans lequel sont analysées, pp. 131-181, "La louange de la civilisation française" et, pp. 181-221, "La revendication créole").
81. JOUBERT, J. L.- Iles et exils (sur l'imaginaire littéraire aux Mascareignes). *In* : Littératures insulaires : Caraïbes et Mascareignes.- Paris, L'Harmattan, 1983, 186 p. (cf. pp. 117-129). Sur le cas du plus célèbre des auteurs réunionnais : JOBIT, P.- *Leconte de Lisle et Le Mirage de l'Ile Natale*.- Paris, De Boccard, 1951, 116 p.
82. MARIMOUTOU, C.- *Arracher 50 000 signes*.- Saint-Denis, ADER, 1980 ; extrait cité par ROCHE, D. R.- L'île-femme (s). *In* : Visages de la féminité. - Saint-Denis, Université de la Réunion, 1984, 284 p. (pp. 165-176 - cf. p. 172).
83. ALBANY, J.- *Zamal*.- Paris, Bellenand, 1951 ; extrait cité par D. R. Roche, "L'île-femme (s)", *art. cit.*, p. 173. Ce dernier y voit "une confrontation avec une origine refoulée, l'Afrique, évoquée dans ce poème par la présence d'une "Déesse caraïbe", qui appellerait en somme le poète à une danse initiatique à la fin de laquelle se produit une sorte d'échange, une reconnaissance de soi et de l'autre". On peut être tenté de pousser plus loin l'interprétation, surtout quand on se souvient que pour les Antillais la référence aux Indiens Caraïbes est souvent un moyen de valoriser la couleur dont ils sont dépositaires, couleur de liberté, de fierté, alors que celle de l'Afrique est d'humiliation, d'esclavage. Réunionnais installé à Paris, Albany n'usait-il

Carpanin Marimoutou écrira :
> île femme vaincue (...),
> les enfants qui te sont nés
> sont nus à balayer le ciel"[84].

Amour de l'île, révolte contre l'histoire, fascination de terriens pour le départ : le bilan est malaisé à dresser. C'est peut-être dans la diaspora que l'île révèle le mieux sa prégnance. Devenus plus sensibles à de tacites et furtives connivences créoles, les Réunionnais y oublient davantage leurs différences de couleur et d'idéologie. Mais, des Mauriciens aux Antillais, aux Maltais ou aux Corses, la matrice insulaire ne crée-t-elle pas à travers les océans bien d'autres fraternités ? Iles-microcosmes, images d'une planète qui redécouvrirait, avec ses liens de sang, le visage de la première mère, au jardin de la Bible.

pas du masque, familier à ses amis martiniquais, pour exprimer ce qui, dans les métissages premiers de son île natale, tenait à une couleur d'avant la servitude (cf. *supra*, I, C "Un phénotype incertain, des certitudes sociales") ? Mères malgaches et indo-portugaises des origines, respectables pour leur descendance, tant que celle-ci ne courait pas le risque d'être confondue, en raison de son apparence physique, avec les fils d'esclaves, devenaient plus lourdes à porter dès la fin du XVIIe siècle. A en juger par la fureur et l'effroi, que déclenchaient dans la bonne société créole les "révélations" d'un Boucher ou d'un Davelu sur ces mères fondatrices, le risque avait été évacué bientôt par l'affirmation d'une exclusive origine européenne. Ce qui avait peut-être été astuce de Blancs pour renforcer leur groupe à l'aide des métis devenait manifestation, et preuve, d'une mutation physiologique, voulue si aveuglante qu'elle niait sa propre nécessité : ces Blancs se **savaient** blancs depuis toujours et totalement. Qu'en était-il de l'inconscient ? Ne pouvait-il, avec ses "cheveux encore crépus" de fils, rêver de réconciliation avec une mère à "peau blanche de négresse" ? Négresse retrouvée dans son ambivalence d'aïeule libre et de concubine esclave. Avec cette dernière, les chrétiens français n'avaient pas moins forniqué que leurs homologues portugais (cf. *supra* note 8) et peut-être en avaient-ils éprouvé, après l'appel "aphrodisiaque", quelque remords. Remords du pécheur et du père de bâtards esclaves - souvent maintenus en servitude ? Remords de celui qui traite en objet, et parce qu'elle est "négresse", quelqu'un qui ressemblerait à sa mère, et dont les enfants, **métis et esclaves**, seraient comme les frères jumeaux d'un père libre et "blanc" ? A poursuivre cette tentative de décryptage, ne pourrait-on - signe supplémentaire du pouvoir intégratif de l'île - considérer que l'héritage n'est pas totalement étranger à un Marimoutou ? Descendant de travailleurs venus de l'Inde au XIXe siècle, ce dernier se situe en "fils père amant de cette île". Images classiques, peut-être, de l'île tropicale, asile sûr et refermé, sein maternel, en même temps qu'être venu à l'existence par le dit du poète et fille à reconquérir inlassablement, île vierge des origines. Ou alors images plus fortes, jaillies comme semble-t-il, le texte d'Albany, de l'histoire même de Bourbon, mère de ces "enfants nus" ?

84. *Arracher 50 000 signes*, (extrait donné par D. R. Roche, *ibid.*, p. 165).

LISTE DES ABRÉVIATIONS

ADLA	Archives Départementales de la Loire-Atlantique, Nantes.
ADR	Archives Départementales de la Réunion, Le Chaudron, Réunion.
ADR, Not.	Minutier des notaires conservé aux Archives Départementales de la Réunion.
AN	Archives Nationales, Paris.
ANOM	Archives Nationales, section Outre-Mer, Aix-en-Provence (fonds conservés à Paris, rue Oudinot, jusqu'en 1986).
APRPR	Archives privées de la paroisse de la Rivière des Pluies (Saint- François-Xavier,) Réunion.
ASE	Archives privées de la Congrégation du Saint-Esprit, Chevilly.
CHEAM	Centre des Hautes Etudes sur l'Afrique et l'Asie Modernes, Paris.
D. de N.	Delabarre de Nanteuil, *Législation de l'île Bourbon,* Paris, J.-B. Gros, 1ère édit. 1844, 3 t.
IHPOM	Institut d'Histoire des Pays d'Outre-Mer, Aix-en-Provence.
PUAM	Presses Universitaires d'Aix-Marseille, Aix-en-Provence.
RD	*Recueil de documents et travaux inédits pour servir à l'histoire de la Réunion,* ADR, n° 1 à 4, Nérac, G. Couderc, 1954-1960.
RT	*Recueil trimestriel de documents et travaux inédits pour servir à l'histoire des Mascareignes françaises,* 8 t. (subdivisés en 48 fasc.), publiés par Albert Lougnon à Saint-Denis (n° 1-24 et 38-48) ou à Tananarive (n° 25-37), de 1932 à 1949.

Résumé : Après une définition du "fait créole", selon les îles de référence, est abordé le cas de la Réunion, une "île des confins" (peuplée de "gens venus d'ailleurs" allant vers un ailleurs) dont l'isolement a permis la naissance d'une société créole basée sur une grande diversité ethnique et structurée autour des "dires de couleur". Sont ensuite évoquées la supériorité idéologique de l'île qui "coupe du monde", qui "ensauvage", et les bouderies qui s'ensuivirent à l'encontre des "Hiropiens" ou "Zoreils". L'île dans le discours créole "bonifie", civilise. En conclusion, on insistera sur les "furtives et tacites connivences" créoles avant d'esquisser une comparaison avec Maurice, l'ancienne "île-soeur". Puis on s'interrogera sur l'existence à l'échelle du monde, d'un véritable moule ou modèle de référence insulaire.

Mots-clés : Milieu insulaire, société, insularité, anthropologie, histoire, Réunion.

Summary : *Historical approach to the Creole issue in la Reunion.-* A definition of the nature of the Creole, according to our islands of reference, is followed by a look at the case of la Reunion, an "island with boundaries" (inhabited by "people from elsewhere" who are moving on to somewhere else). The isolation of this place has given rise to a Creole society based on a great ethnic and structured diversity around "coloured/collo-qual speech". Next, we deal with the ideological superiority of this island which "cuts off its inhabitants from the world", and makes them into "savages", and the sullenness that was felt towards the "Hiropiens" or the "Zoreils". According to Creole opinion, the island "improves", civilizes. To conclude, we emphazize the "furtive and tacit complicity" on the part of the Creoles, before outlining a comparison with the island of Mauritius, the former "sister-isle", and we shall ask the question whether there exists in the world a true mould or model of reference for an island.

Keywords : Island environment ; Society ; Anthropology ; History ; Insularity ; Reunion island.

PEUT-ON PARLER DE CRÉOLITÉ EN NOUVELLE-CALÉDONIE ? RÉFLEXIONS AUTOUR D'UNE IDENTITÉ INSULAIRE

par Alain SAUSSOL

L'ambiguïté de l'interrogation repose sur l'acception que l'on donne au mot "créole". Au premier degré, il désigne une "personne de race blanche née dans les plus anciennes colonies européennes" (Larousse). Le qualificatif s'est, par la suite, étendu aux mulâtres et aux noirs nés dans la colonie pour les distinguer des esclaves récemment importés. Jusqu'ici la Nouvelle-Calédonie, où existe un peuplement local d'origine allogène plus ou moins lointaine, reste dans la norme. Dans la société coloniale, un mot traduisait cet enracinement : on disait d'un fils de colon né dans l'île que c'était un "niaouli", du nom d'un arbre du pays *(Melaleuca leucodendron)*, symbole de l'enracinement colonial. Dire d'un calédonien de souche, d'un "caldoche", pour reprendre un terme récemment forgé et popularisé par les médias, qu'il est un créole n'est donc pas faux "stricto sensu".

Mais le terme a pris une autre signification, désignant aussi la "langue des noirs de l'Amérique et des îles de l'océan Indien, formée de français, d'espagnol, d'anglais et de mots africains" (Larousse). Dès lors que l'on retient cette acception linguistique, la question est vite tranchée : il n'y a pas de parler créole en Nouvelle-Calédonie. Reste à tenter de comprendre pourquoi et ce que sous-tend cette carence.

Les linguistes considèrent la formation d'un pidgin comme le premier stade de la créolisation. Ce stade a existé en Nouvelle-Calédonie (comme dans d'autres archipels de Mélanésie) au temps des trafiquants et des caboteurs qui ont précédé la colonisation rurale. Il s'agissait d'un pidgin anglais comparable au "bichelamar" ayant cours au Vanuatu, sabir d'autant plus nécessaire que la Grande-Terre calédonienne ne comportait pas moins de 24 aires linguistiques différentes sans qu'aucune ne soit dominante. La situation était donc semblable à celle des premiers temps de la colonisation antillaise où l'on recourait à un "baragouin" mêlé de français pour communiquer avec les Caraïbes. Par la suite, les situations ont divergé. En Nouvelle-Calédonie, ce pidgin ne s'est pas transmis à la génération suivante, supplanté par le français, avec maintien des langues mélanésiennes. En bref : pas de syncrétisme linguistique de type créole, mais juxtaposition de deux systèmes culturels, précolonial et colonial.

La créolité apparaît donc comme le produit d'une fusion ethno-culturelle. Elle est un métissage culturel et incorpore une part de métissage social dont témoignent les populations antillaises. Les deux phénomènes sont interdépendants. Rien de tel en Nouvelle-Calédonie où le métissage physique n'a jamais débouché sur la constitution d'un groupe mulâtre. Le métis calédonien est soit "caldoche" soit "kanak" selon le milieu dans lequel il s'insère. Cette situation n'est pas sans conséquences. Dans les îles créoles, la généralisation du métissage fait que les rapports entre groupes sociaux s'apparentent à des rapports de classes. En Nouvelle-Calédonie, ce sont des rapports d'ethnies. Dans les îles créoles il n'y a pas de coupure interne entre colonisateur et colonisé, mais, au delà des antagonismes locaux, une seule société relativement solidaire face au monde extérieur et affirmant son identité créole. Cette fracture existe en Nouvelle-Calédonie où s'affrontent deux revendications d'identité exprimant l'antagonisme de deux sociétés juxtaposées, source des problèmes actuels.

On peut s'interroger sur la signification de cette absence de créolité en Nouvelle-Calédonie. Ce n'est pas une question de temps. L'expérience a montré qu'un parler créole se forme vite et que son élaboration n'a rien à voir avec la durée d'une occupation coloniale. Le créole du Suriname s'est formé en trente ans, de 1651 à 1680, avec l'adhésion de la seconde génération d'esclaves au créole (R. Chaudenson, 1979).

Les spécialistes des créoles admettent qu'il s'agit d'un problème économique et social, lié à la mise en place de systèmes de production fondés sur la juxtaposition de deux catégories : des propriétaires fonciers et des travailleurs allogènes et asservis. La vieille économie de plantation esclavagiste en est le type le plus représentatif. Il groupait autour de l'habitation et du moulin, dans un contexte paternaliste, une élite quasi-aristocratique et une population d'esclaves. Ce proche voisinage, la participation au même système de production, fusse à des niveaux différents, en facilitant les contacts, favorisaient l'établissement de relations étroites entre catégories, créant une société complexe et variée. La créolité est née dans ce creuset, que l'on retrouve, à des nuances près, aux Antilles, à Maurice et à la Réunion.

En Nouvelle-Calédonie, au contraire, loin de sécréter la fusion, la colonisation a produit l'antagonisme. Il faut en chercher les raisons dans le système de production prépondérant lors des phases pionnières de l'implantation coloniale. Ici point d'économie de plantation. Les tentatives de production sucrière liées à l'immigration bourbonnaise entre 1859 et 1878, ne furent que des essais plus ou moins rapidement avortés[1]. A l'instar de l'Australie, en Nouvelle-Calédonie, la forme pionnière de la colonisation fut pastorale. Il y avait, à celà, plusieurs raisons. D'abord, la difficulté de faire venir de nombreux colons de Métropole, du fait de l'éloignement et de la concurrence de l'Algérie. Les projets de petite colonisation agricole butèrent toujours sur cet obstacle. De plus, l'administration coloniale manquait de moyens. On lui enjoignait de mener une colonisation de peuplement à l'économie. Sans revenus locaux, elle devait, pour approvisionner son budget, vendre de la terre, donc en prendre aux premiers occupants mélanésiens et entrer d'emblée en conflit avec eux. Cette terre, elle devait encore la céder à bas prix aux colons pour les appâter et stimuler une immigration qui se refuse. Cet "appât" s'avérera insuffisant à promouvoir vers l'île un flux migratoire significatif. Mais il va permettre à une poignée de notables, commerçants, cabaretiers, avocats de Nouméa, de rafler tout, en réinvestissant dans le foncier leurs bénéfices urbains. Les superficies aliénées passent ainsi de 1 000 à 230 000 hectares entre 1860 et 1878, tandis que se constituent de grands domaines de 500 à 1 000, voire 5 000 hectares dans les savanes littorales de la côte ouest. Faute de main-d'oeuvre, de capitaux (ils ont servi à acquérir la terre) et de marché local, il ne saurait être question de cultiver de telles étendues. L'élevage hyper-extensif est le seul moyen d'en tirer parti. Il s'avère rentable du fait de ses faibles coûts de production. Le troupeau à demi-sauvage croît librement sur des étendues non encloses, rassemblé une à deux fois par an pour marquer les veaux et procéder aux abattages. La viande se vend à Nouméa auprès de la garnison et des équipages. Après 1864, le Bagne deviendra le principal client. Enfin l'élevage permet l'absentéisme. On confie la "station" à la garde d'un gérant et de quelques "stockmen" (vachers), souvent des libérés du Bagne.

Les effets sociaux et spatiaux de ce modèle pastoral diffèrent de ceux induits par l'économie de plantation de type pré-industriel. Du fait même de son étendue et de son extensivité, la "station" est isolée. Cet isolement est aggravé par le déguerpissement des Mélanésiens qui a souvent précédé la création du domaine (cantonnement) et par l'absentéisme des nouveaux propriétaires dont certains ne visiteront jamais leurs terres. Sur place, le noyau social se résoud à un gérant, ancien forçat le plus souvent, assisté d'un ou deux engagés Néo-Hébridais, donc étrangers au pays. S'y adjoint parfois une femme mélanésienne dévoyée ou arrachée à son groupe d'origine (les rapts de femmes au profit des éleveurs seront à l'origine immédiate de l'insurrection de 1878 à Ouaméni et à Poya). L'embauche de kanaks locaux est rare. On les contrôle mal. La "station" s'est faite contre eux sur leurs terres ou du moins sur leurs territoires. Ils ont peur des boeufs, ces intrus qui dévastent leurs jardins vivriers en saison sèche. Enfin, inclus dans un système économique et culturel qui leur est propre

---

1. Cf. SAUSSOL, A. : Des créoles sucriers en Nouvelle-Calédonie ou l'échec d'une économie de plantation (1859-1880). Paris. *Journal de la Société des Océanistes*, 82, 1986.

et au sein duquel chacun à sa place, ils n'ont nul besoin de s'engager chez les colons. Ils y répugnent du reste et l'embauche mélanésienne ne sortira guère du cadre contraignant des réquisitions administratives. C'est dire que la station latifundiaire n'a aucun effet polarisant. Au contraire, pour les Mélanésiens elle est essentiellement répulsive. Ses habitants, loin d'être des modèles culturels, sont méprisés, qu'ils soient anciens forçats dont on n'ignore pas la condition ou Néo-Hébridais asservis. De fait, ces employés des stations seront souvent les premières victimes des révoltes, avec leurs boeufs, massacrés à coups de sagaie.

En marge de la période pionnière pastorale et souvent postérieure à celle-ci, la petite colonisation paysanne s'est avérée tout aussi ségrégationniste. Ce fut vrai pour les concessionnaires pénaux, anciens forçats promus colons microfundiaires, voués à une petite polyculture manuelle, confinés sur le territoire pénitentiaire et inféodés aux circuits économiques internes du Bagne, constituant de petites sociétés introverties, autonomes et enkystées, dans le tissu insulaire. Ces deux systèmes socio-économiques, microfundiaire et latifundiaire, ont constitué la seule réalité de la colonisation calédonienne jusqu'à l'extrême fin du XIXe siècle. La petite colonisation libre des planteurs de café, accourus entre 1895 et 1903 au nom de la "petite France australe" ne fut guère plus ouverte aux contacts inter-ethniques. Elle puisa sa main-d'oeuvre permanente chez les travailleurs au contrat indonésiens, recourant aux réquisitions de Mélanésiens sous-payés pour les récoltes. Surtout, cette ultime poussée pionnière s'opéra au prix du cantonnement généralisé des "tribus", ouvrant une nouvelle période de tensions et de troubles. En 1903, les réserves mélanésiennes ne couvrent plus que 120 000 hectares et on prophétise la prochaine extinction de ce peuplement autochtone en proie à une grave crise de dénatalité. Tel est le contexte dans lequel s'est mise en place la colonisation rurale calédonienne. Confrontée dès le début à un peuplement précolonial enraciné, suffisamment important pour assurer un contrôle diffus de l'ensemble de l'île et pour résister à l'emprise coloniale même s'il en a reçu le choc, cette colonisation "à l'économie" a dû compter avec lui. Ne pouvant l'asservir elle l'a marginalisé, se bornant à lui rafler ses meilleures terres et à le contenir dans des réserves en attendant sa disparition. Nulle part, tout au long de ce demi-siècle ponctué de révoltes et d'expéditions punitives, on ne voit de possibilité de symbiose. L'équilibre s'établit sur un rapport de forces entre des positions acquises et des positions perdues. Il n'exclut pas la permanence des antagonismes provisoirement occultés et appelés à resurgir au premier basculement du rapport numérique.

Pendant toute leur phase de marginalisation, les Mélanésiens ont été préservés d'une éventuelle assimilation par la ségrégation géographique induite par le cantonnement et par le désintérêt des Européens à leur égard. Même appauvrie, leur culture s'est maintenue. A partir de 1925, avec leur renouveau démographique, ils exorcisent le spectre de leur proche disparition. Désormais il faudra compter avec eux. C'est le moment où commence à se dessiner une politique d'assimilation dont les rouages principaux se mettront en place au lendemain de la Seconde Guerre mondiale avec l'abolition du statut de l'indigénat et l'octroi de la citoyenneté française.

L'assimilation sera le maître-mot des années d'expansion. Aspiration tardive, plus théorique que réelle, maintenant au delà des mots et des intentions proclamées une marginalisation qu'exprime l'extension du système des "réserves", tout en impliquant la négation de la spécificité canaque, ce projet "néo-colonial" ne touchera que des franges de la société mélanésienne, fonctionnaires ou employés au chef-lieu. Le plus grand nombre demeurera à l'écart. Les jeunes gens, plus mobiles, passant alternativement d'un système dans l'autre par le jeu combiné des emplois sur mines, des séjours urbains et des retours en tribu, se trouveront dans une position peu confortable caractérisée par une déculturation sans véritable acculturation, ayant pour conséquence une double marginalisation et un problème d'identité. Ce malaise, occulté par l'euphorie de la croissance économique, combiné avec les effets d'une scolarisation massive et l'accès au niveau universitaire des premiers étudiants mélanésiens, débouchera, après 1968, sur une résurgence de l'identité "kanak". D'abord "confidentielle", cette revendication s'amplifiera quand, à l'euphorie des années d'expansion, succèdera l'austérité de la crise. Elle ne tardera plus à glisser du culturel et du foncier au politique avec l'émergence d'une revendication "nationaliste" dressée contre l'Etat "colonial" et la société "néo-coloniale", aboutissant à une confrontation ethnique.

L'absence de créolité en Nouvelle-Calédonie traduit en réalité une absence d'identité culturelle unique à l'échelle de l'archipel. Elle constitue le révélateur d'une société éclatée, essentiellement dualiste, qui pense son avenir en termes différents et antagonistes. Les "Caldoches" le conçoivent, majoritairement, intégré à l'espace national français, perçu comme protecteur face à la montée en puissance des Mélanésiens. Ils ont réussi à regrouper autour de ce thème l'essentiel des autres minorités ethniques, asiatiques et polynésiennes, qui partagent leur inquiétude. Les Kanaks revendiquent leur propre espace national au nom de leur identité culturelle et politique et de la décolonisation. Ceci les conduit à chercher des solidarités extérieures, mélanésiennes, océaniennes et tiers-mondistes susceptibles d'internationaliser le conflit. Ainsi la fracture interne qui traverse la Grande Terre calédonienne tend-elle à devenir le point de fixation d'un affrontement plus large, à la fois conséquence et facteur dynamisant des tensions centrifuges d'une île écartelée.

DÉBATS

J. P. DOUMENGE.- La Nouvelle-Calédonie présente actuellement une société duale : d'une part, des communautés rurales, autochtones, mélanésiennes, vivant dans le cadre de "réserves" foncières (mises en place entre 1897 et 1903), dont l'enracinement multiséculaire alimente une volonté farouche de diriger la politique locale selon leurs traditions ancestrales, d'autre part, un ensemble pluri-ethnique allochtone, lié depuis la période coloniale (moins d'un siècle et demi) à la mise en place d'un grand élevage et au développement des mines et des activités urbaines, industrielles et de service, qui profite de ses liens multiples avec le "monde extérieur" pour asseoir sa puissance économique et justifier sa prépondérance politique. On assiste donc à l'avènement d'une "créolité" par regroupement des groupes allochtones et de certains éléments de l'ethnie autochtone face à la volonté de monopole du pouvoir émise, dans leur grande majorité, par les représentants des collectivités mélanésiennes traditionnelles.

F. DOUMENGE.- Le Pacifique offre une grande diversité de cas de figures qui permettent de saisir l'extrême complexité du phénomène créole : on constate ainsi que l'économie de plantation qui s'est développée au Vanuatu et aux Salomon n'a jamais entraîné la mise en place de sociétés créoles. Pourtant les populations locales ont adopté comme langue véhiculaire et même comme langue officielle d'Etat, une langue créole, le bichelamar. Aux Fidji, dont l'économie est basée sur la grande plantation sucrière, comme à Maurice, il n'y a pas de créolisation de la société et encore moins de langue créole. En Nouvelle-Calédonie une société créole est en train de s'épanouir ; elle se réalise dans un cadre précis, l'agglomération de Nouméa. Parallèlement, à Tahiti, une société créole se développe autour du phénomène métis, avec pluri-lingualité : il n'y a pas de langue créole ; on passe du tahitien au français, à l'anglais ou au chinois. Cette société créole a pour "moteur" le groupe "demi", c'est-à-dire les métis de Polynésiens, de Français et de Chinois ; cette société englobe de ce fait les communautés françaises et chinoises mais garde une tonalité polynésienne, autochtone très forte. Cette société créole qui est en train de se développer à Tahiti, à Moaréa et dans certaines îles Sous-le-Vent le fait sans recours à un idiome propre, mais avec une mentalité parti-culière, qui a comme ciment les affaires, la spéculation et l'absence d'impôt sur le revenu.

U. FLEISCHMANN.- A ce stade de l'analyse, il convient de différencier le pidgin du créole : le pidgin désigne une langue véhiculaire qui permet à des ethnies différentes de communiquer entre elles ; il n'est donc pas constitutif de l'identité de ces communautés. Au sein de la société prise dans sa globalité, la langue véhiculaire n'a qu'une fonction limitée. Pour que la société puisse être considérée comme créole, il est nécessaire que se réalise une intégration graduelle des différentes communautés ethniques dont les langues d'origine auraient disparu. La société créole n'est pas un modèle monotone ; elle peut affirmer des particularités essentielles dans sa culture matérielle. C'est le cas de la société des îles du Cap-Vert qui évoque les sociétés méditerranéennes si on se réfère à ses constructions en pierre, tout en affirmant sa spécificité dans une tradition nautique ancienne.

F. DOUMENGE.- Le bichelamar n'est plus un simple pidgin ; une littérature et des journaux en bichelamar sont en train d'émerger. La Bible a été traduite en bichelamar et c'est le livre de référence qui devient livre d'instruction primaire au Vanuatu.

A. SAUSSOL.- En Nouvelle-Calédonie, il a existé un pidgin anglais au XIXe siècle (jusqu'en 1880). Par ailleurs, s'il est vrai que Nouméa constitue depuis longtemps un creuset pluri-ethnique permettant d'évoquer les bases d'une créolité, on doit rappeler qu'il fonctionne comme un melting-pot à l'américaine sans déterminer une véritable société créole ; c'est le regroupement de tous les gens qui ne sont pas inclus dans la revendication mélanésienne et qui de ce fait ont peur de devoir quitter le Territoire.

C. HUETZ de LEMPS.- Le cas des Hawaii permet de compléter cette approche de la créolité puisqu'une société créole était en train de s'y développer (même si la langue n'était pas le créole mais l'anglais), comme l'attestent de nombreux travaux d'anthropologues américains des années 1930, avant d'avorter lors de l'ouverture en 1960 des Hawaii sur l'espace Nord américain avec l'accession de cet archipel au rang d'Etat des Etas-Unis. La société hawaiienne se caractérise toujours par sa diversité ethnique, par l'importance du métissage, mais sans qu'on puisse parler vraiment de créolité.

E. DOMMEN.- Il existe aux Fidji une petite communauté métisse dont la culture est européenne mais qui se perçoit comme créole. Il s'agit de planteurs de coprah, dans les îles Lau et Taveuni (étudiés par l'Université du Pacifique sud).

J. L. BONNIOL.- L'exemple tahitien développé précédemment, inciterait à penser que les sociétés créoles apparaissent lorsqu'il y a un continuum, en l'occurrence les rencontres de personnes provenant de diverses communautés, aboutissant à l'existence de "demis". Dans le cadre de sociétés créoles historiques des Caraïbes ou de l'océan Indien, la créolité naît à partir d'une *tabula rasa*, que les îles aient été vierges à l'arrivée des Européens ou que les indigènes aient été exterminés. C'est à partir de cette "table rase" que se met en place le continuum. C'est parce que tout le monde venait d'ailleurs, qu'un type spécifique de société, la société créole, a pu émerger.

J. P. DOUMENGE.- La créolité n'est certainement pas unique et fondée sur un phénomène de table rase, puisqu'en Polynésie Française et récemment en Nouvelle-Calédonie, se mettent en place en milieu urbain des sociétés créoles intégrant des éléments autochtones. Le cadre de vie détermine donc des comportements créoles, sans langue créole à proprement parler.

Résumé : L'ambiguïté de la question repose sur l'acception que l'on entend donner au mot "créole". Si on le limite à une définition linguistique, le problème est vite tranché : il n'y a pas de langue créole dans l'archipel calédonien. Mais il existe un peuplement local d'origine allochtone (européenne, asiatique et polynésienne) implanté depuis plusieurs générations sur la Grande Terre. Il coexiste avec un peuplement autochtone d'origine mélanésienne. En définissant la "créolité" comme le produit d'une fusion ethno-culturelle débouchant sur la création d'une "identité" collective, force est de constater que la Nouvelle-Calédonie n'entre pas dans ce cadre. Cela tient aux conditions mêmes de la colonisation qui ont abouti à créer une société pluri-ethnique éclatée. Cet éclatement concrétisé par l'absence d'identité commune et une juxtaposition sans interférence, vient d'aboutir à un antagonisme entre une revendication "nationaliste" exprimée principalement par les autochtones et une autre "intégrationniste" autour de laquelle se regroupent tous les allochtones. Cette dualité de comportement conduit à se demander si le problème calédonien ne résulte justement pas de l'absence de "créolité".

Mots-clés : Milieu insulaire, société, langue, créole, Nouvelle-Calédonie et dépendances.

Summary : *Can one speak of "Creoleness" in New Caledonia ?*.- The ambiguity of the question lies in what one understands by the word "Creole". If we limit ourselves to a linguistic definition, the question is soon settled : there is no Creole language in the Caledonian archipelago. But there is a local population descended from Europeans, Asiatics and Polynesians which has been settled for a few generations on Grande Terre. They coexist with an indigenous population of Melanesian origin. By defining "Creoleness" as the product of an ethno-cultural fusion, resulting in the creation of a collective "identity", it is obvious that this description does not apply to New Caledonia. This is due to the very conditions of colonization which have led to the creation of a splintered multi-ethnic society. This splintering is reinforced by the absence of a common identity and a juxtaposition without interference, and results in an antagonism between "nationalist" claims, expressed chiefly by the indigenous population, and other "integrationist" claims, around which are grouped those newly settled. This duality in behaviour leads one to reflect on whether the Caledonian problem is not indeed due to this very lack of "Creoleness".

Keywords : Island environment ; Society ; Language ; Creole ; New Caledonia and its dependencies.

Chapitre III

Aménagement de l'espace et développement des îles : de l'économie de plantations à l'économie de services

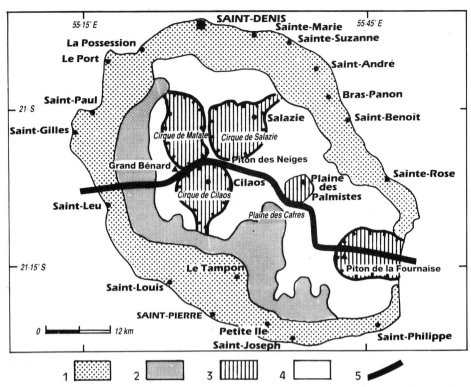

1 : littoral et basses pentes ; 2 : pentes supérieures externes ; 3 : hauts de l'intérieur ; 4 : espace non utilisé ; 5 : limite entre les sous-ensembles Nord et Sud.

Ile de la Réunion

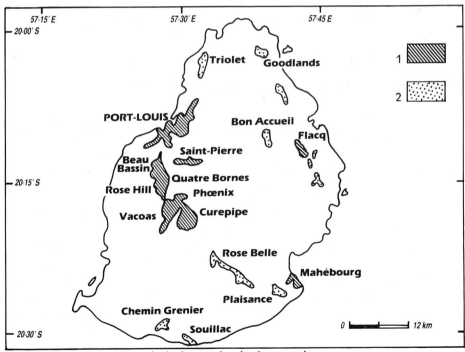

1 : habitat urbain ; 2 : principales agglomérations rurales.

Ile Maurice : principales zones urbanisées

PROBLÉMATIQUE ET PERSPECTIVES DU DÉVELOPPEMENT DES PETITS PAYS INSULAIRES TROPICAUX
de moins de 1 million d'habitants

par Jean-Claude GIACOTTINO

Les petits pays insulaires, dont la plupart ont accédé au statut d'Etats indépendants présentent une très grande diversité de conditions physiques, de potentiels de ressources naturelles, de situations démographiques, de niveaux de développement. Tous cependant, ont appartenu à une puissance coloniale, et ont été plus ou moins marqués par le système de la plantation. Ce qu'il reste de la présence coloniale passée et de ce système varie beaucoup d'une île à l'autre. Les liens avec l'ancienne puissance coloniale n'ont jamais été totalement rompus et ils sont souvent très forts. Ce texte de réflexion traite surtout des 24 pays insulaires tropicaux de petites dimensions énumérés dans le tableau I. A titre de comparaison, quelques allusions sont faites aux DOM et aux TOM français.

I.- DES NIVEAUX DE DÉVELOPPEMENT TRÈS DIVERSIFIÉS

Les niveaux de développement se répartissent sur un large éventail depuis celui des PMA (moins de 400 dollars de P.N.B. par habitant et par an en 1984) jusqu'à celui des pays développés. Aux deux extrémités de l'échelle, deux types peuvent être définis :
- dans le cas des îles dont le niveau de développement est le plus élevé, on observe la prédominance des activités tertiaires, en particulier de celles qui sont consacrées à la satisfaction de demandes extérieures (affaires, loisirs surtout, défense), ce qui implique une forte intégration à l'économie de services occidentale, un transfert massif de fonds privés et publics, de savoir-faire à partir d'une ou deux grandes puissances occidentales ; exceptionnellement une monoproduction minière peut jouer le rôle du Tertiaire. Par contre, l'agriculture n'occupe plus qu'une place réduite ou bien a disparu ; quelques industries de main-d'oeuvre ou même de haute technologie peuvent avoir été créées ;

A - PAYS PERI-AFRICAINS d'Ouest en Est (Extension à l'océan Indien)	Superficie	Zone économique maritime	Population	Densité	P N B (en dollars U.S.)	Espérance de vie	Taux de mortalité infantile ‰
Cap-Vert	4 033 km2	?	321 000	80	320	64	76
Sao Tomé et Principe	964 km2	?	106 000	108	330	64	62
Fernando Poo (partie de la Guinée Equator.)	2 034 km2	?	106 000	52	400	43	136
Comores	1 862 km2	?	382 000	205	320 (1981)	55	91
Seychelles (dont 146,5 km2 pour Mahé)	444 km2	1 M. de km2	64 000	231	2 430	70	27
Maurice et dépendances (1)	2 013,2 km2	1,7 M. de km2	1 000 000	500	1 100	67	32
B - ETAT PERI-INDIEN Maldives	287 km2	?	173 000	602	260	47	88
C - ANTILLES Bahamas Barbade	13 993 km2 430 km2	? ?	226 000 255 000	16,1 593	4 260 4 340	69 72	33 23
Iles Windward (du N au S) Dominique	751 km2	?	72 000	96	1 080	74	20
Sainte Lucie	616 km2	?	134 000	217	1 130	69	30
Saint Vincent et Grenadines (18 km2 à Bequia)	388 km2	?	109 000	280	900	70	56
Grenade (34 km2 pour Cariacou)	344 km2	?	92 000	267	880	69	39

Tableau I.- *Petits pays insulaires tropicaux ayant jusqu'à un million d'habitants et le statut d'Etats indépendants ou d'Etats associés (situation en 1983-84)*

la croissance démographique a été maîtrisée et dans quelques cas l'offre d'emplois est telle qu'on assiste à un retournement du mouvement migratoire avec l'arrivée d'une main-d'oeuvre étrangère ; la vie urbaine imprègne le territoire et la vie sociale, même si le taux d'urbanisation n'est pas des plus élevés à cause de la dispersion de la population facilitée par l'aisance des communications sur ces petits territoires ; la vie culturelle subit fortement l'influence des médias de la puissance dominante. Les pays insulaires tropicaux dans cette situation sont presque tous de petite taille, leur population étant numériquement réduite, quelle que soit par ailleurs sa densité. Ils se trouvent surtout aux Antilles (Bermudes, Bahamas, îles Caïmanes, Antilles néerlandaises, Barbade, îles Vierges U.S.), quelques uns dans le Pacifique (Hawaii,

Iles Leeward Antigua et Barbuda	441 km2	?	79 000	179	1 830	71	25
Saint-Christophe et Névis (Saint-Christophe 176 km2, Névis 130 km2)	306 km2	?	46 000	150	1 390	63	56
Fédération des Antilles Néerlandaises - du Sud : Curaçao, Aruba (1), Bonnaire - du Nord : Sint Maarten, St Eustache, Saba (1) Aruba, 193 km2 a quitté la Fédération le 1er janvier 1986 pour constituer un Etat associé séparé, à l'intérieur du Royaume des Pays-Bas	996 km2	?	259 000	258	4 000	71	25
D - ETATS DU PACIFIQUE Fidji	18 333 km2	1,290 M de km2	677 000	36,8	1 840	68	28
Kiribati	823 km2	?	61 000	73	460	52	49
Nauru	21 km2	?	6 000	285	?	?	?
Salomon	27 556 km2	?	263 000	9,5	660	52	60
Samoa Occidentale (Upolu 1 118 km2 Sawaii 1 708 km2)	2 840 km2	?	163 000	57	± 450	65	51
Tonga	669 km2	362 600 km2	106 000	158	?	63	26
Tuvalu	26 km2	?	7 000	279	± 600	?	?
Vanuatu	12 189 km2	?	131 000	10,7	530 (1981)	55	?

(1) 1 827 km² pour Maurice, 106 km² pour Rodrigues et 40 km² pour Agalega
(?) superficie de la ZEE inconnue de l'auteur.

Polynésie Française, Nouvelle-Calédonie, Samoa U.S., Nauru). Beaucoup de ces îles font partie ou ont conservé des liens étroits avec le pays développé qui les a occupées ;

- à l'opposé, dans les pays insulaires les plus pauvres, l'agriculture fournit une part élevée des revenus et surtout de nombreux emplois ; le Tertiaire de services externes et les industries ne jouent qu'un rôle modeste ; les transferts de l'extérieur sont à la fois limités et discontinus (aides ponctuelles), les indices démographiques sont ceux d'une population en assez forte croissance, le chômage et le sous-emploi sont des plaies sociales permanentes ; l'émigration est souvent la seule solution à ces difficultés. De nombreux petits pays insulaires souffrent de cette situation ; leur taille est variable, de même que leur population. Les plus pauvres sont localisés à la périphérie de l'Afrique ou dans l'océan Indien (Cap-Vert, Sao Tomé et Principe, Fernando Poo, Comores, Maldives) ; un dans le Pacifique (W. Samoa) ; beaucoup n'ont qu'un niveau de développement tout juste supérieur à celui des PMA (entre 400 et 1 000 dollars de PNB par hab. et par an) ; ils se répartissent des Antilles au Pacifique (de Petites Antilles anglophones telles que Saint-Vincent, Dominique, Saint-Christophe, mais aussi les îles Salomon, Vanuatu, Tonga, Kiribati). La plupart de ces pays sont devenus indépendants mais conservent des liens étroits avec l'ancienne puissance coloniale.

Entre ces deux types de situations, des pays insulaires se trouvent, quant à leur niveau de développement, dans une position intermédiaire, présentant une dualité entre un sous-développement qui affecte une population encore nombreuse (ruraux, pauvres des villes) et des éléments disparates d'un développement dont les effets sont très inégaux, bénéficiant plutôt à de nouvelles couches sociales. On constate aussi que cette situation intermédiaire n'est pas récente et remonte à une trentaine d'années ; ces pays ne réussissent pas à s'élever jusqu'à un niveau de développement satisfaisant et progressent insuffisamment ; leurs principales difficultés économiques et sociales demeurent et parfois s'aggravent (tabl. I). Ils sont souvent assez importants par leur superficie et le nombre d'habitants : Maurice, Fidji par exemple. Les îles françaises des Antilles, la Réunion, présentent aussi une structure économique et sociale duale avec un secteur agricole colonial fort et une assez nombreuse population à faibles revenus dans les campagnes et les quartiers populaires des villes, bien que le revenu général moyen soit élevé grâce aux énormes transferts de fonds publics. Le petit Etat d'Antigua et Barbuda ne présente aussi qu'un niveau de revenus intermédiaire alors que le Tertiaire a remplacé l'agriculture coloniale comme dans les petits pays insulaires les plus développés, mais ce Tertiaire se limite au tourisme et à l'activité ralentie d'une base U.S. alors qu'il est multiforme dans les îles les plus développées.

II.- LES OBSTACLES AU DÉVELOPPEMENT

Ces obstacles sont connus et on ne les rappellera que brièvement en insistant d'abord sur ceux qui sont plus directement liés aux conditions géographiques, mais il faut souligner qu'ils sont très variables d'une île à l'autre.

A - Le poids des conditions géographiques

Ressources potentielles qui ne sont pas toujours adaptées aux besoins d'un développement moderne : manque d'énergie, absence de sites favorables au tourisme balnéaire dans les îles montagneuses et pluvieuses ou à l'installation d'équipements de transports extérieurs, manque d'espace et concurrence avec de bonnes terres agricoles pour l'implantation d'équipements d'activités et d'habitat modernes, manque d'eau douce (en particulier dans les petites îles peu pluvieuses), catastrophes naturelles (cyclones, éruptions volcaniques, séismes, sécheresses et inondations).

Situation géographique défavorable par rapport aux grands axes de circulation contemporains ; position d'insularité secondaire par rapport aux pays développés (petite île dépendant d'une île plus importante).

Etroitesse du marché, du capital, de l'initiative en raison de la petite taille de ces pays, surtout ceux dont la population est inférieure à 250-300 000 habitants ; l'étroitesse du marché local rend impossible l'industrialisation sans une large ouverture vers des marchés extérieurs ; les ressources humaines et en capital sont réduites sauf exception (recettes provenant d'un gisement minier par exemple).

B - Le poids de l'histoire et des structures héritées

Les pesanteurs historiques, en particulier, les structures économiques, sociales, les comportements hérités de la période coloniale sont un obstacle fondamental. Son rôle est démontré *a contrario* par l'évolution des îles actuellement les plus développées. Sauf dans le cas de la Barbade, au moment où commencèrent leurs transformations contemporaines, l'économie coloniale s'était déjà effondrée à la suite de crises successives, faisant en quelque sorte place nette pour une économie et une société nouvelles. Les Bahamas, Saint-Martin, en sont de bons exemples. Les pesanteurs historiques touchent aussi les faits sociaux. La stratification sociale rigide caractéristique du système de la plantation ne peut être que la source de conflits et de tensions excessifs, de sclérose dans les comportements, aggravés par l'effet d'insularité et d'isolat. En bref, le poids de l'Histoire et des structures héritées dans les petits pays insulaires n'est pas sans rappeler, toutes proportions gardées, celui du premier âge industriel dans les vieilles régions industrialisées des pays développés qui doivent se reconvertir à une nouvelle économie.

Le poids de l'Histoire ne se limite pas aux structures locales héritées, il s'étend aussi aux relations entre l'île et les puissances extérieures, surtout l'ex-puissance coloniale. L'intérêt porté à sa possession insulaire par celle-ci, la place de cette possession dans l'empire colonial concerné, les différences de toutes sortes entre les systèmes coloniaux pratiqués permettent de mieux comprendre beaucoup de situations actuelles, en particulier d'inégalités de niveaux de développement. N'est-il pas éloquent de constater que les quatre pays insulaires les plus pauvres, Cap-Vert, Sao Tomé et Principe, Fernando Poo (partie de la Guinée Equatoriale), Comores, aient appartenu à deux puissances coloniales devenues secondaires, Portugal et Espagne, elles-mêmes sous-développées relativement aux autres et à une puissance coloniale certes importante, la France, mais avec une place mineure dans l'Empire colonial français et en position périphérique par rapport à une possession majeure, la grande île de Madagascar ?

La différence de niveau de développement entre la Martinique et la Guadeloupe ne remonte-t-elle pas aussi à l'époque coloniale, la première occupant une position dominante par rapport à la seconde dans l'organisation administrative d'alors (siège du Gouvernement Général) et dans l'intérêt discriminatoire que la Métropole portait à ses îles d'Amérique ? On pourrait donner de nombreux autres exemples de telles hiérarchies dans l'intervention coloniale. Ainsi l'histoire de chacun de ces petits pays insulaires pèse lourd et l'on doit constater que les retards de développement accumulés au cours de celle-ci sont difficiles à rattraper.

C - Un ensemble de facteurs concernant les relations extérieures

Les relations avec les anciennes puissances coloniales jouent un rôle considérable ; il faut y ajouter la géopolitique des grandes puissances qui place certains des petits pays insulaires dans le jeu de leurs conflits d'intérêts. Mais contrairement à une opinion assez répandue, les anciennes puissances coloniales et les grandes puissances ne portent pas obligatoirement une attention marquée à tous ces petits pays. L'un des pires obstacles à leur développement est certainement l'abandon ou l'indifférence dans lesquels ils peuvent être laissés ; sans aide ni appuis extérieurs notables, ils sont condamnés à végéter et parfois même à se dégrader dans le sous-développement. C'est le cas des petits pays insulaires péri-africains qui ne sont pas des centres d'intérêt majeurs pour les grandes puissances occidentales, contrairement aux Antilles (cf le plan Reagan de 1983, Initiative pour le Bassin Caraïbe) et aux îles du Pacifique. Ces différences se traduisent fortement au niveau des aides et divers transferts extérieurs.

Bien que tous ces pays soient très dépendants au plan économique des pays développés et des marchés internationaux, les relations entre leur développement et cette dépendance sont complexes. Une mauvaise conjoncture dans les pays développés et sur les marchés ne se traduit pas nécessairement par une crise et une dégradation de la situation économique dans ces pays ; inversement celles-ci ne sont pas toujours la conséquence d'une situation économique difficile dans les pays développés. Les économies de monoproduction ou d'activité dominante,très fréquentes dans les petits pays insulaires amplifient les crises des pays développés ou au contraire leur échappent. Ce qui joue un rôle plus net dans la formation d'obstacles au développement des petits pays insulaires ce sont les situations d'incertitude, voire de conflits dans leurs relations économiques et politiques avec les pays développés. La situation politique intérieure de chacun de ces pays ne doit pas être défavorable au fonctionnement normal de l'économie moderne d'échanges ni aux intérêts vitaux des puissances occidentales. Quelques évènements récents le montrent (Guinée Equatoriale, Grenade).

III.- DES SOLUTIONS ADAPTÉES A L'ÉCONOMIE DE MARCHÉ ET DE SERVICES LA PLUS ÉVOLUÉE

Chaque petit pays insulaire présente par définition des caractères spécifiques et il est donc irréaliste et inefficace de préconiser des solutions uniformes.

A - Des solutions adaptées aux réalités géographiques et aux ressources

Celles-ci doivent d'abord tenir compte de leur taille, de leur potentiel de ressources physiques et humaines. A cet égard, en dépit de leur diversité, il est possible de les regrouper en trois types :

- **les plus importants** regroupant plusieurs centaines de milliers d'habitants sur un territoire de plus de 1 000 km², voire de plusieurs milliers de km² et qui offrent un marché local déjà non négligeable pour des entreprises industrielles implantées sur place, dont les ressources peuvent être appréciables (par exemple Maurice, Fidji, la Réunion, les Antilles françaises) ; les pays dont le territoire est pluri-insulaire (Comores, Guadeloupe, Salomon et beaucoup d'autres pays du Pacifique) n'étant pas nécessairement plus désavantagés que les autres car ils peuvent offrir des ressources plus variées et la vie de relation dans l'archipel peut être un facteur d'animation de l'économie ;

- **ceux de taille moyenne** ayant aux alentours de 100 000 habitants mais dont la configuration géographique présente deux variantes : une petite superficie de quelques centaines de km² (exemple des Petites Antilles anglophones sauf Barbade qui est à la limite entre les "grands" et les "moyens", de Curaçao, de Sao Tomé) ; une superficie de plusieurs milliers de km², souvent plus vaste que celle des pays plus peuplés et répartie entre plusieurs îles (exemple de Vanuatu, des Seychelles, des Maldives). Ces derniers ont plus de possibilités de ressources diversifiées que les premiers aux dimensions très réduites ;

- **les micropays insulaires** de quelques dizaines à quelques centaines de km² et dont la population ne s'élève qu'à quelques dizaines de milliers, voire quelques milliers d'habitants (les Bermudes, Anguilla, Montserrat, les îles Caïmanes, les îles Vierges U.S. et G.B., Aruba aux Antilles, Nauru, Tuvalu, Wallis et Futuna dans le Pacifique etc...). Si quelques uns de ces micropays insulaires ont le statut d'Etats indépendants, la plupart restent des territoires, avec des statuts d'autonomie plus ou moins large rattachés à des puissances dont ils sont les derniers vestiges des anciens empires coloniaux. A priori, ce sont eux qui devraient pâtir le plus de leur petite taille et de l'insularité. Or certains bénéficient, rappelons-le, de revenus très élevés.

Quelques pays sont difficiles à classer dans l'une de ces trois catégories. La Barbade par sa population s'approche des plus importants, mais sa superficie est beaucoup plus petite, les Salomon, les Bahamas sont parmi les plus vastes, presque immenses relativement aux autres si on y ajoute la zone économique marine des 200 000 miles, mais leur population peu nombreuse les rapproche des pays moyens. Peu densément peuplés par conséquent, ils disposent de ressources en sols, en espace utilisable, supérieures aux autres.

Quelles perspectives de développement envisager compte-tenu de la diversité de ces pays, des grandes tendances actuelles de l'économie mondiale, des changements technologiques et techniques, et aussi de l'expérience accumulée dans les relations avec les pays développés (y compris de l'Est) ?

B - L'agriculture ne peut jouer qu'un rôle limité et doit être adaptée aux besoins alimentaires nouveaux.

1 - Crise et déclin de l'économie de plantation

Les pays insulaires les plus vastes, mais aussi de nombreux pays moyens disposent de bons sols (souvent plus de la moitié de leur superficie en surface agricole utile) et d'une pluviométrie suffisante qui peut souvent être améliorée par l'irrigation, les ressources en eau pouvant être mobilisées par des aménagements. Ce potentiel devrait être utilisé au maximum, ce qui est loin d'être le cas, et surtout ne devrait pas être négligé, voire abandonné comme cela se produit là où l'économie de plantation est en déclin sans être remplacée par une agriculture ou un élevage modernes pour le lait et la viande (exemples de terres agricoles abandonnées dans toutes les Petites Antilles, à la Grenade, Ste Lucie et même à la Dominique à la suite du cyclone David de 1979). Avec l'urbanisation, l'élévation du niveau de vie, même minime et la pénétration de nouveaux goûts alimentaires, les besoins s'accroissent et se diversifient en se rapprochant de ceux des pays développés. Or faute de trouver sur place les approvisionnements nécessaires, on importe de plus en plus de produits alimentaires. Dans les pays où le tourisme s'est développé, une partie du bénéfice tiré de cette activité disparaît dans les importations d'aliments pour la population touristique ! Dans les pays les plus pauvres, il s'en faut que la nutrition soit correcte et les besoins potentiels, surtout chez les enfants, sont importants ; sous-nutrition et malnutrition sévissent dans les îles péri-africaines, s'observent dans certaines petites Antilles anglophones, et n'ont pas disparu de Maurice et de la Réunion.

Le problème, qui n'est pas nouveau, de la reconversion des anciennes structures de production agricole et de l'élevage, se pose donc plus que jamais. Non seulement elles sont incapables de faire face aux nouveaux besoins des populations, mais elles sont presque partout dans une situation difficile pour un ensemble de raisons que nous ne pouvons pas reprendre ici. Rappelons seulement que le système économique et social de la plantation n'assure que de maigres revenus aux populations qui en vivent dans ces pays, qu'il ne peut, sauf exception, servir de base à leur développement, que beaucoup d'entreprises sont en difficulté et ne survivent que grâce à la protection tarifaire qui leur est accordée par les Accords de Lomé les associant à la CEE. Mais est-il raisonnable que le sucre produit dans les plus importants de ces petits pays (Maurice, Fidji, Réunion, Guadeloupe, Barbade) continue d'encombrer le marché sucrier de la CEE ? Ne perpétue-t-on pas ainsi des archaïsmes ? Les sommes englouties pour soutenir les prix artificiellement ne pourraient-elles être utilisées à une utile reconversion ? Que penser du côté français des crédits de l'Etat (qui en a fait le compte ?) accordés depuis un quart de siècle à plusieurs reprises à la "restructuration et à la relance (!)" de l'économie sucrière, sans oublier les aides accordées à la suite des dégâts provoqués par les cyclones, étant donné les maigres résultats obtenus ? N'y a-t-il pas en réalité, sous la pression conjuguée de divers facteurs économiques et sociaux une tendance au déclin dans les anciennes colonies de plantation de cette activité héritée ? Faut-il le ralentir et freiner ainsi les nécessaires changements ou au contraire accélérer ceux-ci ?

L'observation des faits montre que ce déclin se produit quand le pays concerné bénéficie d'un certain développement et d'une élévation du niveau de vie ; conséquence d'interventions extérieures (aides diverses, politique de développement entreprise par la puissance tutélaire) cette évolution positive ne doit rien au système de la plantation et s'effectue en dehors de lui. Mais elle n'est pas sans répercussions sur ce système. En effet, les coûts de production des plantations s'élèvent en raison de la hausse des salaires rendue inévitable par effet de concurrence des autres secteurs de l'activité et aussi très souvent à la suite de l'intervention des Pouvoirs Publics ou des organisations syndicales de travailleurs agricoles. Or cette hausse des coûts de production place les plantations des pays où elle se produit dans une position défavorable sur les marchés internationaux par rapport à celles des pays où cette évolution ne se produit pas, leurs coûts de production restant moindres pour des raisons diverses (plantations récentes bénéficiant des derniers progrès agro-techniques comme les exploitations sucrières du Brésil Centre atlantique, plantations de pays où la main-d'oeuvre agricole reste très bon marché à cause du sous-développement et des revenus très bas ou à cause de la pression coercitive exercée sur les revendications salariales et les salaires).

En somme, ce déclin se produit dans les petits pays insulaires déjà trop évolués au plan économique, social et politique, où par contre les plantations souffrent de retards agro-techniques. A ces brèves observations au plan local, il faut ajouter que ces retards sont la conséquence de la longue période depuis la fin de la Guerre de Corée jusqu'en 1974, de bas prix des denrées agricoles tropicales sur les marchés internationaux, qui en réduisant la rentabilité des exploitations a empêché les investissements nécessaires à leur modernisation ou même à leur seul maintien en l'état. Le système de la plantation a donc subi dans les pays qui nous occupent ici, une double pression locale et extérieure à laquelle il a mal résisté et ce ne sont pas les fluctuations très fortes des cours intervenues depuis 1974 sur les marchés libres pour beaucoup de denrées agricoles tropicales qui peuvent inciter à lui redonner une nouvelle jeunesse ; elles sont plutôt décourageantes.

2 - Pour une relance sélective des plantations

Cette remise en cause de l'économie de plantation ne signifie pas toutefois qu'elle soit systématiquement condamnable dans les petits pays insulaires. Il convient de distinguer les situations suivantes :
- dans les pays encore peu développés et peu peuplés disposant de terres favorables, de grandes plantations modernes de denrées banales de grande consommation peuvent contribuer à la croissance de l'économie et du niveau de vie. (cf les plantations de cocotiers de Lever et la riziculture mécanisée pour l'exportation aux îles Salomon) ;
- chez ceux qui ont atteint un certain niveau de développement, ce qui implique un coût de la main-d'œuvre plus élevé que dans les PMA, et qui disposent de conditions naturelles favorables (les cyclones étant malheureusement incontournables), il est possible de préconiser au moins la réhabilitation de plantations anciennes très dégradées et qui ont retrouvé un intérêt marchand (de caféiers, cacaoyers, plantes à essences et plantes aromatiques), éventuellement les développer ainsi que d'autres cultures spécialisées (plantes à fleurs et ornementales, certains fruits et légumes qui disposent à certaines périodes de l'année de marchés avantageux ou d'une clientèle régulièrement attirée par leur consommation dans les pays développés, ce qui suppose un système de transport moderne...). Dans les pays retardataires, ces cultures peuvent être très avantageuses, pourvu que les conditions de leur commercialisation soient correctes. L'association à la CEE de tous ces pays devrait faciliter la mise en œuvre d'un programme de relance et de développement de ces cultures et créer des conditions de commercialisation moins défavorables.

3 - Les avantages de la culture bananière

La culture et la commercialisation bananières bien qu'elles soient très sensibles aux cyclones et coups de vent offrent beaucoup d'avantages économiques et sociaux. Produit de bonne valeur marchande, récolté tout au long de l'année, marchés réguliers grâce à une clientèle fidèle, protection tarifaire et contingents d'importation assurés en Grande-Bretagne et en France pour les bananes des Antilles anglophones et des Antilles françaises, une chaîne de commercialisation et de conditionnement complexe, tout cela crée beaucoup d'emplois permanents et assure des revenus nettement supérieurs à ceux du secteur sucrier. La Martinique, en abandonnant à partir des années cinquante la canne à sucre au profit des bananeraies là où les conditions physiques le permettent, a bien vu les avantages que l'on peut tirer de cette culture ; une évolution semblable s'est produite à la Guadeloupe mais limitée à la côte-au-vent de l'île volcanique de l'archipel pour des raisons climatiques et faute d'aménagements hydrauliques dans les régions moins arrosées. La prise en considération des avantages de la culture bananière ne permet pas néanmoins de penser que l'on puisse l'étendre beaucoup plus dans les îles ou l'introduire avec succès dans d'autres petits pays insulaires tropicaux. La concurrence entre les producteurs est vive sur les marchés internationaux ; les investissements pour la création d'une plantation rentable et de la chaîne de conditionnement et de commercialisation sont très coûteux ; la fréquence des cyclones et des coups de vent dans la plupart de ces petits pays est décourageante.

4 - L'avenir incertain de la production sucrière

La production sucrière de Maurice, Fidji, Barbade, Saint-Christophe, Guadeloupe, Réunion, a un avenir incertain. Dans les quatre derniers pays, elle a reculé par paliers successifs depuis la fin des années soixante ; c'est à la Guadeloupe que son recul a été le plus spectaculaire et elle tend à être marginalisée parmi les autres activités, laissant derrière elle un cortège de sucreries fermées et de terres agricoles délaissées, mises en herbages de faible valeur. Sa situation dans cette île correspond parfaitement au schéma général d'évolution décrit plus haut. A brève échéance, sa disparition presque complète, comme à la Martinique ne serait pas étonnante.

Après une période difficile à la fin des années soixante, elle résiste mieux à la Barbade, à Saint-Christophe et à la Réunion depuis la hausse des cours de 1973-74. A la Barbade, elle s'est spécialisée dans des productions d'épicerie fine (sucres roux et bruns, cassonnade) pour lesquelles existent des marchés assurés ; elle s'appuie aussi sur une forte cohésion des familles de planteurs créoles propriétaires des domaines sucriers ; compte tenu des conditions climatiques la reconversion de leurs terres serait difficile. Néanmoins son maintien au niveau actuel ne se fait que grâce à la protection tarifaire de la CEE, à une forte discipline de la profession et à l'introduction progressive d'innovations (concentration des sucreries, modernisation de la fabrication, hauts rendements des cannes sélectionnées sur place, modernisation de la culture et de la récolte). A Saint-Christophe, elle a été jusqu'à récemment une monoculture exclusive qui constituait sa seule ressource, s'étendant en couronne continue sur les terres fertiles entourant le volcan éteint qui culmine au centre, ultraconcentrée, les terres étant entre les mains de quelques familles et la canne traitée dans une unique sucrerie. Elle a commencé à décliner au cours des années soixante sous l'effet des facteurs généraux indiqués plus haut, et plus récemment à la suite de l'évolution locale de l'économie et des activités (apparition d'activités concurrentes pour l'emploi et les salaires), mais l'économie sucrière occupe encore une position dominante pour les revenus et l'emploi. Le Gouvernement qui a depuis 1972 la haute main sur cette activité est vivement préoccupé par son avenir très incertain car les exportations de sucre restent sans doute pour peu de temps encore la principale ressource du jeune Etat et de la population.

La production sucrière réunionnaise résiste bien au déclin, surtout si on la compare à celle des DOM des Antilles. Pourquoi ? Cette question mériterait un développement approfondi qui dépasse le cadre de la présente réflexion. Nous suggérerons deux facteurs favorables à sa persistance : la moindre intégration de l'île à la nouvelle économie tertiaire destinée à la satisfaction de services externes, ce qui diminue les effets de concurrence observés ailleurs aux dépens de l'économie sucrière, résultant de son éloignement de la Métropole et de ses aptitudes moins favorables en particulier pour le tourisme (peu de sites balnéaires sur le littoral par rapport aux Antilles et aux autres îles de l'océan Indien) ; des facteurs géographiques locaux, à la fois diversité du territoire et cloisonnement, avec pour conséquence des effets d'endémisme au niveau des activités et des comportements des hommes ; c'est ainsi que les deux régions sucrières établies au NE (au-vent) et au S.W. (sous-le-vent) constituent des unités géographiques homogènes, au système économique et social bien structuré ; une volonté commune des Pouvoirs Publics, de la profession et des populations de maintenir cette activité, aucune solution de rechange n'étant envisagée.

Les Fidji et surtout Maurice où "le sucre est le sang de l'économie" conservent tous les caractères d'îles à sucre dont les revenus dépendent d'une manière disproportionnée de la production de canne, de la fabrication et de l'exportation du sucre. Qui plus est, contrairement aux autres îles, la production sucrière a même eu tendance à croître depuis la hausse spectaculaire des cours en 1973-74, encouragée par les Pouvoirs Publics. L'agriculture mauricienne est en réalité une monoculture sucrière et ce n'est que récemment que le nouveau Gouvernement issu des élections de 1982 a entrepris une timide politique de diversification de l'agriculture pour la satisfaction des besoins intérieurs. Comme à Cuba autrefois, la production sucrière exerce à Maurice une sorte de tyrannie historique, économique, sociale, culturelle et même politique. Cette situation résulte bien entendu de la combinaison complexe de nombreux facteurs qu'il ne nous est pas possible de décrire ici longuement. Nous relèverons brièvement parmi les plus importants, l'opinion partagée par la plupart des Mauriciens selon laquelle leur pays serait prédisposé à la culture de la canne à sucre par ses conditions physiques, la fréquence des cyclones écartant d'autres cultures à plus haut risque ; le contrôle par les Mauriciens de la production de canne et de sucre (les terres tout en étant très inégalement réparties leur appartiennent, de même que les sociétés fabriquant le sucre) qui a donné à cette activité une dimension nationale à la fin de la période coloniale et après l'Indépendance intervenue en 1968 (le Parti Travailliste qui a dominé la vie politique pendant 34 ans jusqu'en 1982, s'est "nourri de sucre", s'appuyant sur la masse des petits planteurs et des ouvriers agricoles indiens, la coalition qui lui a succédé depuis lors essayant non sans peine d'échapper à cette véritable contrainte) ; la hausse des prix de 1973-74 et la protection de la CEE a crée l'illusion que la production sucrière était somme toute rentable et pouvait procurer de beaux profits au moment des occasions favorables ; esprit spéculatif mais aussi souci de la garantie persistent donc et contribuent au maintien ; enfin la pesanteur de la situation dominante acquise par l'économie sucrière au cours de l'histoire coloniale oblige le jeune Etat mauricien à puiser d'emblée la majeure partie de ses ressources dans cette activité et à la maintenir pour les conserver faute de solution de rechange rapide. Maurice reste donc enfermée dans l'implacable logique du système des plantations sucrières. Et pourtant cette tyrannie persiste alors qu'elle est loin d'assurer l'essor du pays ou même de maintenir les acquis. Les difficultés auxquelles ce pays est confronté (stagnation des revenus, endettement extérieur, chômage et sous-emploi devenus insupportables) ne pourront pas trouver de solution sans une remise en cause de la place de l'économie sucrière et une modification du système d'exploitation de la terre héritée de la colonisation, qui aboutisse à mieux satisfaire les besoins intérieurs.

A Fidji, la domination sucrière est tempérée par la place tenue par les cultures vivrières sur les terres des paysans mélanésiens et par l'association en rotation avec la canne de cultures vivrières sur les terres exploitées par les agriculteurs indiens ; ce pays bénéficie ainsi de sa double composante ethno-culturelle et de la présence antérieure à l'économie de plantation sucrière -qui a amené les travailleurs indiens- d'une civilisation agraire mélanésienne. La configuration géographique en archipel favorise aussi la relative diversification de l'agriculture non seulement en faveur des vivres mais également d'autres cultures de plantation (cocotiers, fruits et légumes pour l'exportation en conserves ou frais). Le pouvoir politique conservé pour l'essentiel par les Mélanésiens, veille à maintenir l'économie sucrière dans des limites acceptables pour le maintien du fragile équilibre interne de ce pays. Cependant les exportations de sucre représentant 70 % des recettes extérieures, cette activité donne des moyens d'existence à un tiers de la population réparti dans tout l'archipel (grâce aux migrations des coupeurs de canne vers Viti Levu, l'île principale, où se regroupent les deux tiers des superficies en canne) et l'Etat puise une part importante de ses recettes dans les revenus sucriers. Sans être aussi pressante qu'à Maurice, la question de la place disproportionnée prise dans ce pays par cette production aux revenus aléatoires, se pose également. Est-il possible de s'appuyer sur elle pour faire face aux besoins croissants en emplois et à l'aspiration au mieux-être des populations ? Il est permis d'en douter.

5 - Vers une nouvelle agriculture et le développement de l'élevage moderne

La réhabilitation des terres potentiellement agricoles, la diversification des cultures, le développement d'un élevage moderne pour les produits laitiers et les viandes s'imposent donc dans tous les petits pays insulaires. Les autorités politiques en ont très souvent conscience, les programmes de développement prenant en compte la nécessité de la reconversion de l'agriculture de plantation et préconisant la diversification des productions. Ces programmes se préoccupent plus rarement de la réhabilitation du potentiel de production qui met en cause les structures foncières et par conséquent des intérêts acquis. Mais en dépit des intentions affirmées, parfois depuis longtemps, les résultats concrets sont maigres, des tentatives aboutissent à des échecs. Beaucoup d'obstacles se présentent : conditions naturelles favorables à une culture de plantation qui ne le sont plus pour d'autres, ce qui nécessite des aménagements hydrauliques coûteux (obstacle qui se présente surtout pour la reconversion des cultures de canne à sucre des îles tropicales à saison sèche), manque de connaissances agro-techniques et zootechniques suffisantes et difficultés pour la mise au point de variétés et de races d'animaux vulgarisables, manque de modèles d'exploitations agricoles modernes pour les productions alimentaires destinées au marché local et l'élevage, manque de formation des agriculteurs et réticences à l'égard des innovations, rigidité des structures foncières (exploitations familiales trop petites pour intégrer les innovations, grands domaines délaissés par leurs propriétaires plus intéressés par d'autres activités), dans les îles les plus développées désintérêt allant jusqu'au manque de main-d'oeuvre (alors que le chômage sévit !), déficience des circuits de distribution intérieurs. Sans diminuer le poids de ces multiples difficultés qui ne sont pas toutes d'ailleurs propres à ces petits pays insulaires, on pourrait penser qu'elles seraient surmontées s'il existait une puissante volonté des Pouvoirs Publics et des acteurs économiques concernés de réorganiser l'agriculture et de développer l'élevage pour les besoins locaux ; cette puissante volonté pourrait se manifester par une priorité accordée aux investissements et aux programmes de développement appropriés. Tel n'est pas le cas. Il ne faut donc pas s'étonner des médiocres résultats obtenus.

La priorité en réalité accordée dans les plans de développement économique et social de ces pays et les financements effectivement obtenus en faveur d'autres secteurs de l'activité ou de la vie sociale (éducation, santé) que l'agriculture, laissent penser que celle-ci est plutôt considérée soit comme une rente de situation dont on tire profit sans se préoccuper de son avenir, ou bien comme un legs du passé trop décadent pour qu'il vaille la peine de le réanimer pour satisfaire les besoins du temps présent. Aucun de ces pays n'a suivi en ce qui concerne l'agriculture l'exemple de Porto Rico, qui grâce à un programme global de transformation de l'ancienne agriculture de plantation appliqué avec les moyens adéquats sur une longue période a réussi à obtenir des résultats significatifs. En vérité, les terres agricoles, même d'excellente qualité, ne sont-elles pas plus intéressantes pour accueillir un équipement touristique, une zone industrielle, de nouvelles constructions pour les activités et l'habitat, voire une résidence secondaire ? Nulle part plus qu'ailleurs, dans ces petits pays insulaires du fait de leurs dimensions réduites, les effets de concurrence dans l'utilisation du sol ne se font sentir entre l'agriculture héritée du passé et les nouvelles activités nées du processus contemporain de transformation de l'économie et de la société.

C - Les ressources de la mer

Elles représentent l'un des principaux potentiels de l'avenir pour les petits pays archipels. Il faut d'abord noter que, sauf exception, les petits pays insulaires tropicaux ne sont pas situés dans les grandes zones de pêche du globe ; les eaux qui les baignent sans être stériles ne sont pas les plus fertiles en faune utilisable par l'homme. Parmi ces pays, ceux qui ont la forme d'archipels, disposant de vastes territoires marins et reposant sur des plateaux sous-marins sont potentiellement les plus favorisés, non seulement pour la pêche, mais aussi pour l'exploitation d'autres ressources marines à la suite d'aménagements (ostréiculture, pisciculture, algoculture). Dans la plupart de ces pays, l'exploitation locale de la mer ne dépasse pas le niveau artisanal ou semi artisanal. Dans les archipels à la population limitée de l'océan Indien et du Pacifique, la pêche traditionnelle satisfaisait les besoins alimentaires locaux ; partout ailleurs elle est insuffisante et il faut importer jusqu'à plus de la moitié des besoins. Les politiques de modernisation de la pêche traditionnelle n'ont pas été assez efficaces ; les tentatives de création de bases modernes de pêche par des initiatives locales, avec souvent l'appui des Pouvoirs Publics n'ont donné que des résultats médiocres.

En définitive, les seules réussites sont celles des implantations de bases de pêche d'origines extrême-orientales (japonaise, formosane, coréenne) ou européenne mais avec peu d'incidences favorables localement car elles sont conçues pour envoyer la majeure partie des prises vers leurs marchés nationaux ; elles ne participent pas toujours au ravitaillement local.

Dans les petits pays insulaires tropicaux démunis de ressources terrestres, l'exploitation des ressources marines pourrait constituer l'objectif prioritaire de développement (à Kiribati, à Tuvalu par exemple), dans ceux qui sont moins dépourvus et qui ont une structure d'archipel, un objectif important (autres archipels du Pacifique, Maldives, Seychelles, Comores). Mais cela suppose que de nouveaux systèmes techniques de production adaptés aux conditions soient mis au point (l'expérience japonaise pourrait être précieuse) et que des marchés soient ouverts aux productions marines de ces pays. Dans les autres îles aux possibilités plus diversifiées, la pêche peut être une resssource de choix non seulement pour l'alimentation locale mais aussi pour l'exportation, à condition bien entendu qu'elle soit contrôlée par les pays concernés (pouvoirs publics ou intérêts privés) et qu'ils puissent en tirer profit (devises, emplois, création d'industries de conditionnement).

D - Des possibilités de développement limitées pour l'industrie

Les industries n'occupent une place notable que dans quelques uns de ces pays : aux Antilles à la Barbade, à Curaçao et à Aruba, dans l'océan Indien à Maurice, dans le Pacifique en Nouvelle-Calédonie. Elle est moindre aux Antilles françaises, à la Réunion, aux Fidji. Dans les autres petits pays insulaires, les industries restent très modestes.

1 - Disparités et faiblesses des ressources naturelles locales

Quelques uns de ces pays, tous situés dans le Pacifique, disposent de ressources minières qui ont donné naissance à des activités extractives : phosphates à Nauru, nickel en Nouvelle-Calédonie. Pour des raisons économiques et techniques, il n'y a que l'extraction de ce métal qui ait donné naissance à une industrie. La plupart de ces pays sont pauvres en énergie et en matières premières minérales, en attendant l'extraction des nodules polymétalliques qui se trouvent dans les profondeurs de la zone économique maritime (aucun inventaire n'en a été effectué jusqu'à présent). La position géographique de certains d'entre eux a quelquefois donné naissance à une industrie du raffinage des hydrocarbures et même à la pétrochimie : Curaçao, Aruba et Antigua sont de bonnes illustrations de l'utilisation d'îles bien situées sur le parcours des hydrocarbures bruts. Mais il ne s'agit que d'un fait antillais qui met en valeur la position intermédiaire d'îles entre les pays producteurs et les pays consommateurs. Les industries pétrolières n'ont d'intérêt au niveau de la production de richesses et des emplois que si elles atteignent une certaine taille comme dans les deux îles des Antilles néerlandaises citées ci-dessus.

Aucun des petits pays du Pacifique ne dispose d'un tel avantage lié à sa position géographique. Les Comores et les Seychelles au large desquelles passe le flot pétrolier issu du Golfe Persique, pourraient servir de base à des complexes de raffinage, si elles n'étaient pas aussi éloignées des grandes régions consommatrices. La satisfaction des besoins locaux ou d'un groupe d'îles a pu justifier la création d'une raffinerie (exemple de la raffinerie de Fort-de-France à la Martinique pour l'approvisionnement de cette île et celui de la Guadeloupe, mais son intérêt est limité car il s'agit nécessairement d'un établissement modeste).

L'exploitation des forêts a joué historiquement un rôle important dans la colonisation des îles tropicales (exportations de bois précieux aux XVIIe et XVIIIe siècles) surtout celles de l'Atlantique. Mais cette ressource a été vite épuisée ou délaissée à cause de la concurrence des producteurs continentaux ou de la nécessité de conserver les forêts pour la préservation des équilibres naturels. Des débuts de la colonisation il est resté l'habitude d'utiliser le bois pour l'habitat rural et pour l'habitat pauvre des villes, même quand la production locale en bois est insuffisante ; ce qui nécessite des importations coûteuses (nombreux exemples d'un tel déficit aux Petites Antilles, exemple aussi de Maurice qui a été presque entièrement déforestée). Beaucoup de petites îles tropicales n'ont donc plus de forêts susceptibles de permettre l'activité d'une industrie du bois, au plus ne peuvent-elles alimenter partiellement que l'artisanat local pour la menuiserie et surtout l'ébénisterie. Il y a cependant quelques exceptions, ce sont trois archipels encore relativement peu densément peuplés : les Bahamas et les Fidji qui disposent de forêts de pins (*Pinus caribaea*), les Fidji ayant en outre dans les forêts du centre des îles principales de Viti Levu et Vanua Levu des essences exploitables pour les usages les plus divers, et surtout les îles Salomon, qui ont le potentiel le plus important constitué de forêts équatoriales primaires aux essences très diverses. Cet archipel est le seul à posséder une économie forestière jouant un rôle important (2ème rang des exportations en valeur) ; le gouvernement a réussi à mettre en oeuvre une politique forestière permettant une exploitation plus rationnelle et la reconstitution de ressources par la plantation de nouvelles essences utiles. Mais l'exploitation des forêts n'a pas donné naissance à des industries de tranformation et les grumes sont exportées brutes. Cependant le bois est largement utilisé dans l'archipel pour l'habitat, l'énergie et l'ameublement domestique. Aux Fidji, la sylviculture de *Pinus caribaea* par la Fiji Pine Commission (36 000 ha ont été replantés et seront portés à 90 000 ha au début des années 90) et l'exploitation des forêts naturelles permettent d'envisager la construction d'un complexe de traitement des bois (sciage de grumes, agglomérés, pâte à papier, éléments de mobiliers, etc...) l'appui de la CEE et l'ouverture des marchés australiens et néo-zélandais devraient leur permettre d'aboutir. Aux Bahamas, les grandes forêts de *Pinus caribaea* qui recouvrent les plus grandes îles (Grand Abaco, Andros) sont exploitées par des sociétés américaines pour le bois d'oeuvre et la pulpe. Un plan de reboisement des îles orientales a été entrepris.

Dans les autres îles, une politique de la forêt et de mise en valeur des ressources forestières devrait être entreprise avec beaucoup plus d'ampleur qu'actuellement, ce qui suppose des moyens supplémentaires au bénéfice des services publics qui ont la charge de la gestion des forêts dans la plupart de ces pays et des incitations appropriées en faveur des industries de traitement des bois. Les Administrations forestières qui ont été toutes mises en place pendant la période coloniale jouent beaucoup plus le rôle de conservateurs des forêts que d'acteurs économiques développant une ressource potentielle. Leurs programmes de régénération et de sylviculture au profit d'essences utiles sont très timides. Ces pays continueront donc paradoxalement à dépendre d'importations coûteuses pour satisfaire leurs besoins en bois.

2 - L'essor très inégal des industries légères

Ces industries ne jouent de rôle notable que dans quelques pays : soit dans l'ordre, Maurice, Barbade, les DOM français, les Bahamas, les Fidji, Saint-Christophe. La plupart des îles du Pacifique, les îles péri-africaines, les Seychelles, les Maldives, les îles Windward dans les Petites Antilles et les Leeward sauf Saint-Christophe en sont presque dépourvues. En réalité, il n'y a guère qu'à Maurice, à la Barbade, à Saint-Christophe et aux Bahamas que ces industries légères jouent le rôle que l'on attend d'elles dans ces petits pays : créer de nouvelles richesses et des emplois, en s'appuyant sur des marchés extérieurs, c'est-à-dire en faire des pays ateliers. Ailleurs, elles ne travaillent surtout que pour les besoins intérieurs (alimentation, produits et appareils domestiques, habillement, etc...), comme industries dites de substitution, c'est-à-dire remplaçant les importations antérieures des divers objets et produits qu'elles fabriquent désormais.

L'idée d'industrialiser les petits pays insulaires n'est pas neuve. Elle remonte à l'application de la politique rooseveltienne du New Deal à Porto Rico, à partir de la Seconde Guerre mondiale, politique qui a en gros continué d'être appliquée depuis lors. Conçue à l'origine pour une île relativement importante en taille et en population, elle avait été reprise et préconisée au cours des années cinquante par la Commission Caraïbe pour les Antilles britanniques, néerlandaises et françaises. Il faut rappeler ici que c'est à cette époque, c'est-à-dire il y a plus de 30 ans qu'a été mené un effort de réflexion approfondi sur le développement des petits pays insulaires et qu'ont été conçues des mesures qui, depuis lors, ont fait fortune dans des pays sous-développés, qui ne sont d'ailleurs pas toujours de petite taille.

Enumérons brièvement les conditions nécessaires et les mesures préconisées pour l'industrialisation des petits pays :

- disposer sur place d'une main-d'oeuvre abondante, peu coûteuse, ayant reçu si possible un minimum de formation intellectuelle et professionnelle ;

- créer localement un environnement favorable par la construction des infrastructures de base indispensables (voies de communication intérieures et extérieures, adduction d'eau, d'énergie), pouvant aller jusqu'à l'aménagement de terrains destinés à accueillir les nouvelles industries, celles-ci pouvant les utiliser avantageusement ; par des mesures réglementaires incitatives, en particulier dans le domaine de la fiscalité (liberté de circulation des capitaux, rapatriement des bénéfices, taxation légère ou exonération d'impôt sur les bénéfices pour une période déterminée, facilités de crédit, réglementation souple ne présentant pas d'obstacle à la liberté d'entreprendre) ;

- disposer d'un ou plusieurs marchés extérieurs étant entendu que le marché intérieur est insuffisant pour justifier de l'activité de ces nouvelles industries. Si possible, ces marchés doivent être ouverts par des accords favorables (tarifaires et au niveau des contingentements) avec les pays développés (exemple des pays ACP associés à la CEE, exemple des accords bilatéraux entre les Etats-Unis et les îles des Antilles récemment revigorés par l'Initiative pour le Bassin Caraïbe du Président Reagan) ;

- doter la Puissance Publique d'instruments de conception et d'application dans le domaine d'une programmation, voire d'une planification souple de ce développement industriel et même d'instruments d'intervention (établissement de crédit, office public d'aménagement industriel et d'incitation à la création d'entreprises).

Enfin, bien que cela ne soit pas toujours explicite, ces mesures en faveur du développement industriel, pour être efficaces, doivent intervenir dans une situation politique et sociale qui ne leur soit pas défavorable ; elle doit se traduire par la paix intérieure et la sécurité.

Tous les petits pays des Antilles ont adopté la plupart de ces différentes mesures et disposent au moins d'une législation et d'une réglementation incitatives. Les incitations fiscales, souvent très favorables, allant jusqu'à l'exonération totale de toute imposition dans des zones franches sont aussi très répandues aux Antilles. Parmi les îles péri-africaines de l'océan Indien et du Pacifique, la politique d'incitation à l'industrialisation est moins développée, sauf à Maurice, qui a élaboré et mis en oeuvre une politique prioritaire d'industrialisation en reprenant à son compte les mesures énumérées plus haut. A la Réunion, une politique incitative d'industrialisation existe, mais elle est beaucoup plus timide qu'à Maurice, et ses résultats pour un ensemble de raisons qui dépasse ce seul facteur sont beaucoup plus modestes.

Dans les autres petits pays insulaires de ces parties du monde, la politique d'industrialisation n'en est qu'à ses premiers pas. Cela peut se comprendre pour les îles péri-africaines, très sous-développées, démunies de moyens d'élaborer et de mettre en oeuvre une telle politique et ne disposant pour l'instant que de peu d'atouts (le seul notable étant l'abondante main-d'oeuvre et pour le Cap-Vert et les Comores la situation géographique sur de grands axes de communication). Ainsi que pour de très petits Etats-archipels du Pacifique aussi désavantagés que les précédents (Kiribati, Tuvalu, Tonga et un peu moins pour les Samoa occidentales et Vanuatu dont les ressources sont plus notables). Par contre, la faiblesse de la politique industrielle aux Salomon et surtout aux Fidji se comprend moins. Jusqu'à présent, l'industrialisation n'est pas considérée dans ces deux pays comme l'un des objectifs de leur développement ; le sous-peuplement et les ressources en sols fertiles et en bois de Salomon peuvent leur permettre de compter surtout pendant quelque temps sur le développement du primaire, mais aux Fidji la situation de plus en plus défavorable de l'emploi dans les campagnes, l'essoufflement de la croissance du niveau de vie consécutif aux difficultés de l'économie sucrière justifieraient une politique industrielle dynamique. Mais le gouvernement de l'archipel ne semble pas s'engager dans cette voie.

C'est donc Maurice et dans une moindre mesure la Barbade qui offrent actuellement les meilleurs exemples de réussite industrielle. Par sa rapidité et son ampleur, la croissance des petites industries à Maurice est la plus spectaculaire : depuis le début des années soixante, elles ont en effet réussi à devenir le deuxième secteur économique, dépassant même en 1986 en valeur des exportations les produits dérivés de la canne à sucre, la production sucrière restant le principal pourvoyeur d'emplois. Le développement des petites industries a été pendant toute cette période le principal facteur de créations d'emplois. Ce succès est incontestablement dû au regroupement de toutes les conditions favorables citées plus haut auxquelles s'en ajoutent localement d'autres : élite dynamique bien formée capable de fournir des cadres, bilinguisme franco-anglais, pluri-ethnicité qui permet à ce petit pays de disposer d'un véritable vivier d'initiatives et de savoir-faire, remarquable stabilité politique dans le jeu démocratique, encadrement syndical responsable ayant le sens de l'intérêt général. Maurice est donc devenu l'un de ces petits pays ateliers périphériques des grands pays industrialisés de l'hémisphère occidental (par ordre France, Etats-Unis, Grande-Bretagne, R.F.A., Italie, autres pays de la C.E.E) concurrençant avec succès aussi bien les industries anciennes (celles du vêtement par exemple) que les industries nouvelles (électronique) de ces pays et contribuant ainsi à leur désindustrialisation.

Beaucoup plus ancienne puisqu'elle remonte aux années cinquante, l'importance du secteur des petites industries est d'autant plus remarquable à la Barbade, qu'il s'agit du premier secteur "productif" avant l'agriculture et le tourisme, dans un petit pays dont le marché intérieur est très étroit (un quart de la population de Maurice). Mais il a habilement joué de toutes les dispositions d'encouragement et de ses facteurs favorables propres qui ne sont pas sans rappeler ceux de Maurice : une bonne gestion intérieure par un système démocratique parlementaire qui est une micro-réplique du système britannique, des liens étroits avec les grands pays anglo-saxons, une élite locale dynamique, un pays très policé. Il a même su mettre à profit l'essor du tourisme pour encourager certaines industries (bâtiment, habillement et "pacotille touristique").

Les succès de l'industrialisation restent donc limités dans ces petits pays et en définitive, ils sont plutôt un fait exceptionnel. En raison des nombreux obstacles qu'elle rencontre, parmi lesquels leur petite taille n'est pas le moindre, elle ne peut être considérée comme une panacée. Il leur faut trouver de nouvelles ressources dans d'autres secteurs de l'activité.

E - Les atouts du Tertiaire et d'une économie de services

Les faits observés, les résultats obtenus montrent que les activités tertiaires sont efficaces pour créer des emplois et élever le niveau de vie des populations des petits pays insulaires. Trois types d'activités tertiaires peuvent grosso-modo être distingués.

Activités du commerce et des services intérieurs, suscitées et entretenues par d'importants transferts de fonds publics et privés. Les transferts publics s'effectuent soit dans le cadre d'une politique de solidarité nationale (exemple des DOM français), soit d'une politique d'aide prévue par des traités d'association (exemple des aides de la CEE aux pays ACP) ou d'origine politique (exemple de l'Initiative pour le Bassin Caraïbe du Président Reagan). Les ressources provenant d'activités militaires ou péri-militaires de grandes puissances sont du même type avec des effets très semblables : développer le marché de consommation intérieur et les emplois nécessaires à son fonctionnement. Les ressources provenant des envois des émigrés, de leur séjour saisonnier dans le pays d'origine, voire définitif pour leur retraite, peuvent aussi contribuer à l'essor des commerces et services intérieurs. Beaucoup de petits pays insulaires accueillent des installations militaires qui leur rapportent des revenus sous des formes diverses (loyer versé au gouvernement, salaires en partie dépensés localement, fonctionnement de l'installation, etc...). Beaucoup aussi ont vu partir de forts contingents d'émigrants qui envoient des fonds dans leur pays d'origine.

Les DOM français représentent certainement l'une des plus éloquente illustration des effets multiples et multiplicateurs des transferts massifs de fonds publics. Le rôle de leur statut politique dans ces transferts est bien connu et on ne s'étendra pas sur ce point dans le cadre limité de ce texte de réflexion. Rappelons brièvement que la construction des équipements publics, le développement de la Fonction Publique et le "surpaiement" des fonctionnaires et assimilés, les aides sociales diverses, les subventions et aides de l'Etat à différents secteurs de l'activité animent une "économie de consommation" intérieure dont l'essor a été spectaculaire depuis le début des années soixante.

Cette "économie distributive" entretenue par la lointaine métropole a créé de nombreux emplois dans les services, elle a transformé les conditions d'existence de larges couches de la population. L'urbanisation, la constitution d'une agglomération moderne, macrocéphale à l'échelle de chaque île, ainsi que la rurbanisation facilitée par la petite dimension, les fortes densités de population et l'intensité des transports sont les conséquences géographiques les plus évidentes de cette nouvelle "économie distributive" qui tend à remplacer l'ancienne économie de plantation ; l'émergence d'une classe moyenne de plus en plus nombreuse en est la conséquence sociale.

Le tourisme et les activités annexes sont plus largement répandus mais comme les industries, ils sont regroupés dans la plupart des Antilles, à Maurice, aux Seychelles, beaucoup moins dans les îles du Pacifique et presque pas dans les îles péri-africaines. L'inégalité de situations est donc ici très importante. Dans quelques cas (Bahamas, Saint-Martin, Caïmanes), le tourisme a entièrement transformé l'économie, la société, l'organisation du territoire et les paysages. Dans beaucoup d'autres (Maurice, Seychelles, Barbade, Martinique, Guadeloupe), il contribue à la création de nouveaux espaces aménagés, d'un nouveau secteur dynamique d'activités modernes dont le poids n'a cessé de s'accroître, au point de l'emporter sur les autres secteurs. L'évolution récente a conduit le tourisme dans ces pays à une diversification et à une maturité très comparables à celles que l'on observe dans les grandes régions touristiques des pays développés.

Compte tenu des possibilités naturelles offertes par la plupart des petits pays insulaires tropicaux, il est évident que le tourisme et le cortège d'activités qu'il induit représentent un potentiel économique du plus haut intérêt pour leur développement futur. Mais faute de moyens propres et aussi accueillants qu'ils puissent paraître, les plus pauvres ne peuvent compter que sur des initiatives extérieures : des pays développés doivent nécessairement venir les capitaux, le savoir-faire et les clients. Les perspectives d'avenir dépendent donc essentiellement du développement de nouveaux marchés touristiques, elles sont incertaines car elles sont liées à la conjoncture économique des pays développés de l'Occident et aussi parce que la concurrence est vive. Les îles du Pacifique sont a priori bien placées pour de nouveaux développements touristiques en dépit de leur éloignement des marchés potentiels situés en bordure de l'océan Pacifique. La densité des moyens de transport existants, les liens économiques étroits avec les grands centres d'activité modernes des pays riverains sont autant de facteurs favorables a priori. C'est sans doute au niveau de la clientèle potentielle que les perspectives sont les moins encourageantes ; car pour l'instant rien n'assure que celle qui appartient aux pays asiatiques (Japon surtout, mais aussi Corée du Sud, Taiwan, Hong Kong, Singapour) et qui constitue la principale réserve puisse donner les nouvelles cohortes qui se livreraient au tourisme balnéaire dans les îles du Pacifique tropical. Un développement du tourisme à la manière des

Hawaï, mais fondé sur cette clientèle est peu probable à court terme. Il faut donc plutôt prévoir un développement modéré du tourisme dans les petits pays insulaires du Pacifique, la clientèle américaine, néo-zélandaise et australienne restant très certainement prépondérante pour quelque temps.

Les îles péri-africaines proches du continent risquent de ne pas bénéficier de sitôt de revenus touristiques appréciables. Il faudrait concevoir et mettre en oeuvre un véritable plan de développement du tourisme aux îles du Cap-Vert, à Sao Tomé, à Fernando Poo et aux Comores pour obtenir des résultats significatifs à l'échéance de la fin du siècle. La CEE pourrait jouer ici un rôle important, en concertation avec les pays concernés. Tout reste à faire dans ce domaine et seul un appui extérieur massif peut être efficace.

Le tourisme a prouvé son efficacité pour promouvoir le développement de nombreux pays insulaires tropicaux. Il est parfois critiqué parce qu'il perpétuerait et même accentuerait leur dépendance et parce qu'il provoquerait des effets sociaux pervers. Répondons sur ce dernier point qu'il est du devoir des autorités et des responsables professionnels de les éviter et de les combattre ; sur le premier, faisons simplement la remarque suivante : peut-on comparer les conditions de travail sur les plantations de canne à sucre ou d'autres cultures telles qu'elles existaient (et existent parfois encore avec leurs archaïsmes agro-techniques et sociaux) à celles de l'hôtellerie moderne qui a été créée dans ces pays depuis une trentaine d'années ? La réponse va de soi.

Les transports et les services extérieurs peuvent aussi engendrer de nombreux emplois et accroître considérablement les revenus locaux. L'histoire des îles tropicales nous apprend que les transports ont souvent joué un rôle essentiel au cours des périodes de prospérité qu'elles ont connues. Les faits actuels démontrent que la mise en place d'un système moderne de transport et de communication est l'une des principales clefs du développement des petits pays insulaires. Les plus développés ne se trouvent-ils pas au centre d'un réseau dense de voies de transport et de communication ? et les plus démunis à l'écart ? La construction d'un aéroport accessible aux jets gros porteurs, d'un port moderne, a joué dans les îles qui en ont bénéficié le même rôle, pour ne citer qu'un exemple bien connu, que celle du port d'Abidjan, pour la Côte-d'Ivoire moderne. L'ère des transports aériens de masse et rapides, des porte-conteneurs et des télécommunications satellitaires leur ouvre de nouvelles perspectives de développement. Leur équipement systématique par les moyens les plus évolués devrait donc faire l'objet de programmes concertés. Là encore, la CEE pourrait jouer un rôle de premier plan dans les pays qui lui sont associés.

Les activités de services extérieurs qui prospèrent dans certaines îles (Bahamas, Caïmanes, Saint-Martin par exemple) consistent en somme en des activités-relais à l'intérieur du système d'échanges de l'économie occidentale. Elles sont l'expression concrète du libéralisme économique et d'une économie fondamentalement ouverte. Elles sont encouragées, voire incitées par une législation appropriée : liberté de circulation des capitaux et suppression des contraintes fiscales dans ce qu'il est convenu d'appeler les Paradis Fiscaux : facilités pour l'établissement des sociétés, création de zones franches qui sont souvent étendues à tout le territoire et à l'ensemble des activités, en bref, suppression de toutes les entraves qui pèsent habituellement et paradoxalement sur les activités dans les pays occidentaux. L'accueil du siège des sociétés, de capitaux, dont l'origine n'est pas toujours très claire au regard du droit pénal, d'activités commerciales dont certaines sont aussi plus ou moins licites, voire tout à fait prohibées dans les pays occidentaux constitue la panoplie habituelle de ces activités tertiaires. Il faut rappeler ici que le fait n'est pas nouveau. Dès le XVIe siècle, les trafics interlopes ont fleuri aux Antilles et ailleurs. Certaines périodes leur ont été très favorables. Ne citons pour mémoire que celle de la prohibition aux Etats-Unis. Remarquons aussi le lien évident et permanent entre les législations contraignantes en vigueur dans les pays occidentaux et l'essor de ces activités.

Tous les petits pays insulaires qui tentent d'attirer de telles activités ne connaissent pas un égal succès. Il y a beaucoup de paradis fiscaux qui en réalité végètent. Le succès dépend en particulier de la situation du pays concerné sur les grands axes d'échanges et de communication, de l'efficacité du système de transport et de communication mis en place et aussi d'un concours de circonstances, parmi lesquelles les faits politiques jouent un rôle important. Faut-il préconiser la généralisation de ces activités de services extérieurs dans les petits pays insulaires ? Cela n'est évidemment pas possible pour celles qui sont illicites. Par contre, la réponse peut être positive pour toutes les autres.

*   *

*

L'accession à l'Indépendance de nombreux petits pays insulaires tropicaux, leur place privilégiée dans le jeu complexe des relations entre les grandes puissances, l'importance géopolitique de beaucoup d'entre eux, posent avec acuité le problème de leurs ressources et de leur équilibre interne. Sans négliger leurs ressources traditionnelles (agriculture, pêche), il est évident qu'elles ne sont plus suffisantes pour assurer leur développement. Sans négliger les possibilités industrielles, il semble clair aussi que les activités tertiaires sont les mieux à même de créer de nouvelles richesses et des emplois modernes. Leur création suppose un important appui extérieur. Il faut aussi que certaines conditions locales soient réunies : stabilité et consensus politique, niveau satisfaisant de la formation des hommes, des services de santé, des infrastructures (surtout des transports) ; ce qui nécessite un effort général et programmé. Les accords de Lomé ne pourraient-ils servir de cadre à une telle politique de développement global des petits pays ACP qui serait fortement appuyée par la

CEE ? Sans être négligeable, l'aide de la Communauté, très fragmentaire, n'a pas permis surtout aux plus démunis de ces petits pays d'obtenir des résultats significatifs dans la lutte contre le sous-développement[1].

Résumé : Etude consacrée aux petits pays insulaires tropicaux de moins de 1 million d'habitants, tous plus ou moins marqués par le système de la plantation et occupés par une puissance coloniale, mais qui se répartissent entre trois classes de développement économique et social. Les possibilités agricoles et industrielles nécessaires pour développer ces petits pays, étant généralement limitées, il faut compter principalement sur des activités de services créées pour satisfaire des besoins extérieurs (loisirs, affaires, communication, etc...). Ces activités tertiaires se développent toujours en étroite liaison avec les grandes régions économiques des pays développés. En concertation avec les responsables politiques de ces pays, les institutions internationalistes, la CEE, les Etats-Unis, le Japon et d'autres puissances développées de moindre importance, devraient tenter d'élaborer des *plans de développement* au niveau régional (Antilles, îles périafricaines, océan Indien, Pacifique) ou *par groupement des pays présentant une situation rapprochée* par leur géographie, le potentiel de leurs ressources et le niveau de leur développement.

Mots-clés : Milieu insulaire, développement économique, plantation, industrialisation, services, Tiers-Monde, zone inter-tropicale.

Summary : *Problems and prospects for development in small tropical island countries.-* This study is devoted to the small tropical island countries of fewer than one million inhabitants. All were marked to some degree by the plantation system and occupied by a colonial power, but they can be divided into three classes of economic and social development. As the agricultural and industrial potential required to develop these small countries is usually limited, they must count chiefly on the service sector, created to meet external needs (leisure, business, communications, etc...). These tertiary activities are always developed in close collaboration with the major economic regions of the developed countries. The political leaders of these island countries should create a dialogue with international institutions, the EEC, the United States, Japan and other developed powers of lesser importance to try and establish *development plans* at regional level (Antilles, African islands, Indian Ocean, Pacific) or *to group together countries with similar situations* with regard to geography, resource potential and level of development.

Keywords : Island environment ; Economic development ; Plantation ; Industrialization ; Services, Third world ; Intertropical zone.

---

1. La revue *Le Courrier*, publiée à Bruxelles par la CEE et l'association des pays ACP est devenue la meilleure source d'information sur la situation actuelle de ces pays et sur les programmes d'aide de la Communauté dont ils bénéficient.

"Big Ben" sous les Tropiques et immeubles modernes à Victoria
(île de Mahé, Seychelles)
(cliché G. Réaud-Thomas)

Une usine de canne à sucre à l'île Maurice
(cliché M.F. Perrin)

A PROPOS DU DÉVELOPPEMENT INSULAIRE :
BESOINS, INCERTITUDES, RÉSISTANCES

par David LOWENTHAL

La perception des milieux insulaires comporte de multiples facettes. Pour celui qui participe à la société technicienne de l'Europe occidentale et de l'Amérique du Nord, l'"île" évoque, en premier lieu, le loisir, l'évasion du cadre de sa vie quotidienne. Il cherchera à y aller pour se détendre au milieu d'une nature exubérante et au contact d'une population accueillante. Depuis Darwin aux îles Galapagos, jusqu'à Malinowski en Mélanésie, l'observateur des milieux insulaires a toujours eu du mal à se faire prendre au sérieux. L'adolescence insouciante aux Iles Samoá décrite par Margaret Mead semble renforcer ce cliché du chercheur romantique et naïf.

Un autre obstacle apparaît dès qu'on associe au concept d'île la notion de "petitesse" : la petite île, le micro-archipel suggèrent un intérêt minime. Par rapport aux Etats continentaux dont le poids spatial ou démographique est souvent considérable et qui à ce titre paraissent maîtres de leur destin, les îles semblent des mondes minuscules, périphériques, sans influence. De fait, la plupart des îles sont relativement petites. Les petits Etats du monde sont en majorité insulaires. Presque toutes les îles habitées sont peuplées de moins d'un million d'habitants et souvent même de moins de 100 000. Quant aux populations des îles de grande ampleur (telles que le Groenland, la Tasmanie et à la limite la Grande-Bretagne), elles ressentent toujours de manière plus ou moins explicite, leur état d'infériorité par rapport aux continentaux voisins. Il est vrai que si on se réfère aux théories écologiques, l'écosystème des îles apparaît souvent appauvri par rapport à l'écosystème continental le plus proche et il lui est donc difficile de lutter contre l'introduction de nouvelles espèces. Les sciences humaines n'ayant pas encore égalé en rigueur les sciences naturelles, il est encore délicat d'en tirer des conclusions au plan social ou culturel, d'autant plus que les îles présentent une histoire très variée.

Les spécialistes des milieux insulaires s'indignent à juste titre lorsque les îles sont décrites de manière stéréotypée, surtout lorsqu'elles sont perçues comme démodées, excentriques et sans importance. Pour eux, les moeurs insulaires reflètent des problèmes universels, proposant des exemples "à taille humaine" de processus migratoires, d'organisation de l'espace, de la société, de la santé publique, de diffusion d'innovation ou de modèles de développement. Nombreuses sont les populations insulaires qui se méfient des voies traditionnelles du développement et même qui les évitent. Leurs craintes sont souvent fondées ; en luttant contre les effets dévastateurs de certains changements, les insulaires transforment leur cadre de vie en refuge, tant pour eux-mêmes que pour les étrangers de passage.

I.- "DÉSÉCONOMIE D'ÉCHELLE" ET DÉCADENCE INSULAIRE

Il n'est pas question de dénigrer ici les besoins de développement qui sont au moins aussi importants pour les îles que pour les régions continentales. La stabilité institutionnelle en milieu insulaire suffit rarement à assurer un équilibre économique et social, et presque jamais à assurer le bien-être. Au contraire, elle aggrave les "déséconomies d'échelle" encourage les habitants ambitieux et débordant d'activité à quitter leur île d'origine et peut conduire à l'extinction de la société locale. Des centaines d'îles autrefois stables, voire prospères, se trouvent aujourd'hui réduites à un état d'occupation saisonnière par quelques bergers, ornithologues ou marginaux.

Certaines "déséconomies d'échelle" insulaires sont évidentes : les modes de transport sont fragmentés par les côtes. Le transport d'habitants ou de marchandises coûte cher. Une île n'est accessible qu'à certains moments et à un prix considérable. L'insularité entrave aussi la valorisation des ressources naturelles : la productivité se trouve restreinte par la surface de terre limitée ; l'introduction de spécimens de flore et de faune ou de nouveaux modes de culture dégrade l'écosystème des îles ; les habitants n'ont pas les moyens de contrôler le commerce d'exportation, variable mais essentiel. Parfois, le niveau de production d'un article est trop limité pour leur permettre de l'exporter. Montserrat, par exemple, n'a pas pu vendre de bananes de bonne qualité parce qu'elle n'en cultivait pas assez et qu'elle ne disposait pas d'assez de ressources pour payer le prix de bonnes installations portuaires, ni pour attirer les caboteurs reliant régulièrement les îles entre elles.

De même, la petitesse interdit l'usage de certains services publics. La plupart des îles de 10 000 habitants n'ont pas les moyens d'entretenir un hôpital, ni les îles de 100 000 habitants une université, car elles ne peuvent justifier, sur le plan économique, une grande variété de services spécialisés. La Tasmanie n'offre pas de cours professionnels pour les psychiatres ou les vétérinaires, car sa population de 400 000 habitants n'en utilise pas un nombre suffisant. Certaines commodités que l'on considère autre part comme obligatoires, demeurent inaccessibles aux îles. Les routes goudronnées, l'électricité, l'eau courante, le téléphone nécessitent des matériels, des dépenses en capital et des niveaux de consommation souvent situés très au-delà des capacités des îles. Pour relier au réseau britannique les 120 habitants de North Ronaldsay, l'île orcadienne la plus écartée, il a fallu dépenser en 1983, £ 1 million, soit £ 8 000 par habitant.

Ces "déséconomies" ne demeurent pas fixes : peu à peu, elles appauvrissent les îles. La technologie mondiale aggrave constamment leurs difficultés. Même si le nombre de leurs habitants reste stable, le minimum nécessaire pour maintenir les écoles, les hôpitaux ou les centres de commerce en gros est sujet à une croissance rapide. Pendant que les continents voient de grandes écoles remplacer les plus petites, les fournisseurs de marchandises devenir des concessionnaires en gros, et les services se concentrer dans les métropoles, la petitesse des îles les empêche non seulement de s'épanouir dans ces directions, mais les prive aussi de leurs marchés et de leurs services déjà établis mais dépassés par les progrès mondiaux. Ainsi, une île qui, trente ans auparavant, maintenait son autonomie en matière d'éducation, de santé et pour ses moyens d'existence, peut maintenant, sans que sa population ait augmenté, se trouver obligée d'envoyer ses hommes travailler sur le continent voisin, ses enfants y étudier et ses malades s'y faire soigner. Et au fil des années, cette micro-société deviendra de moins en moins viable.

La disparité apparemment croissante qui existe entre les moeurs des insulaires et des continentaux encourage de plus en plus d'habitants à quitter les îles de manière définitive. Ils rêvent de posséder les biens et d'utiliser les services si souvent décrits par les bulletins d'information et les voyageurs étrangers. Ils sont attirés non seulement par de nouvelles formes de travail, mais par un monde qui leur apparaît plus heureux et plus libre. Une fois qu'ils ont connu la façon de vivre dans ces milieux plus étendus et moins traditionnels, beaucoup d'habitants des îles envoyés à l'école sur le continent ne retournent plus vivre chez eux. De jeunes émigrants antillais intelligents "craignent de retourner de peur de ne pas pouvoir supporter l'ennui" de leur monde d'origine. Les Mélanésiens qui restent sur leur île natale trouvent les occupations quotidiennes monotones et dépourvues d'intérêt, et finissent par trouver intolérable l'autorité tutélaire de leurs parents et des responsables de leur tribu. Une fois mis en place, le processus de l'émigration se renouvelle sans cesse. Ses effets sont uniquement compensés par le retour des émigrants arrivés à l'âge de la retraite et par la croissance naturelle locale. Mais les progrès enregistrés ailleurs ne sont pas toujours égalés en milieu insulaire et le désir de voyager peut progresser à une allure effrayante.

Les petites îles sont aussi fragiles sur le plan social que sur le plan économique, et pour les mêmes raisons. Même des pertes ou des déséquilibres mineurs peuvent compromettre la structure sociale. Le départ de quelques ouvriers, de quelques écoliers ou du corps médical peut conduire à la fermeture d'une usine, d'une école ou d'un petit hôpital. Les Orcades extérieures s'évertuent désespérément à retenir assez d'habitants pour qu'elles soient autorisées à garder leur médecin et leur école primaire, car elles savent que la perte de l'un ou de l'autre détruirait rapidement l'unité de leur communauté.

Quoi qu'il en soit, une population insulaire appauvrie par l'émigration ne souffre pas forcément du point de vue matériel, car les envois en numéraire des émigrants dépassent souvent leurs gains acquis auparavant sur place. Mais si l'émigration permet de voir augmenter le niveau de vie des insulaires, elle sape l'économie locale en lui enlevant ses meilleurs bras. Ainsi à Montserrat, faute de main-d'oeuvre, on a pu constater le remplacement de l'horticulture par la pratique extensive de l'élevage et de la culture du cocotier. Peu à peu les broussailles envahirent les pâturages ; la moitié des terres cultivables furent rapidement gaspillées et le niveau de la production agricole de l'île tomba des deux tiers. Dans le même temps les niveaux de santé, d'alimentation, de logement et d'éducation se trouvèrent remarquablement améliorés par les versements des expatriés.

Dans bien des cas, c'est la solitude qui finit par vaincre la cohésion des populations insulaires et non le manque de commodités. Le départ des hommes ambitieux, vigoureux et qualifiés ne laisse que les vieux et les arriérés, les conformistes, les désolés ou même les envieux. Après de trop nombreux départs, ceux qui restent perdent leurs relations sociales et leur dignité, et mènent une vie peu stimulante. Le départ des hommes jeunes et forts finit par réduire l'esprit d'innovation et augmente la dépendance d'une île, car ceux qui restent ne sont pas capables d'affronter les catastrophes naturelles ou même les vicissitudes de la vie quotidienne. Au fur et à mesure que le dépeuplement se développe, le prix des services par habitant augmente, le maintien des routes, des écoles et des diverses fonctions sociales, revient progressivement à la charge d'étrangers, et à la longue, la communauté finit par périr. Le long déclin et finalement l'abandon de Saint Kilda illustrent parfaitement ce processus de lente désagrégation. Nombre de petites îles lointaines ont succombé à un destin semblable ; beaucoup d'autres subiront le même sort dans un proche avenir. Seul le développement peut les sauver de l'attrition de leur fragilité insulaire, de leurs déséconomies d'échelle croissantes et du renforcement de leur sentiment de pauvreté par rapport au monde extérieur.

II.- LES INCERTITUDES DU DÉVELOPPEMENT

Les îles sont menacées par le changement autant que par l'absence de changement. Le développement de nouvelles activités, de nouvelles formes de vie, l'arrivée de populations extérieures peuvent nuire à leur écologie, à leurs réseaux sociaux, à leurs moeurs traditionnelles, au contrôle de leurs ressources ; la préservation des particularismes locaux découle d'ailleurs du contrôle de l'espace local. De vieilles habitudes de cohésion et d'identité éveillent inévitablement l'attention des insulaires sur les dangers de transformation radicale et les poussent à se défendre. Ainsi, les îles rejettent-elles souvent les projets de développement qu'on leur propose de peur qu'ils ne réduisent leurs ressources, détruisent leur folklore, compromettent ou abolissent leur autonomie, en un mot ravagent leur patrie.

Les conséquences sociales du développement sont particulièrement accablantes lorsqu'elles sont formulées par des gens de l'extérieur ou qu'elles sont liées à la venue d'étrangers. C'est pour cette raison que les habitants de Barbuda se sont assurés qu'eux seuls s'occuperaient de l'exploitation des terres, du bétail et de la pêche, et surveilleraient leurs domaines pour empêcher les étrangers de les louer ou de les acheter. Lorsque le Ministère des Colonies de Grande-Bretagne tenta, à la fin du XIXe siècle, d'établir d'autres Antillais pour apprendre aux habitants de Barbuda une agriculture plus spéculative pour soutenir une population plus dense, ceux ci refusèrent sous prétexte qu'ils étaient seuls à savoir cultiver leurs terres et que ces étrangers briseraient l'harmonie locale. Lorsque la menace sur la souveraineté d'Antigua surgit en 1980, les habitants de Barbuda craignirent que les étrangers, venus d'Antigua pour aménager leurs terres, n'aillent épuiser leurs ressources naturelles restées longtemps inviolées et ce faisant, détruire l'intégrité de leur communauté. Ces craintes étaient bien fondées, et aujourd'hui encore la population originelle de Barbuda lutte désespérément pour préserver son contrôle des terres et des ressources insulaires.

L'exemple de Barbuda n'est pas une exception. Corrélativement à la diffusion du développement économique, des moeurs étrangères ont envahi la plupart des îles du Pacifique. Des missionnaires ont débarqué pour diverses raisons, menaçant la culture et l'identité de populations autochtones insulaires. Certaines incursions ont effrité la cohésion ethnique jusqu'à faire disparaître les structures lignagères pré-existantes. Les habitants de l'île de Pâques sont maintenant pour plus de 90 % Européens ou Indiens d'Amérique du Sud. Certaines incursions laissent l'organisation indigène totalement impuissante face à de nouveaux arrivants plus nombreux ou plus entreprenants : c'est le cas aux Hawaii. D'autres rabaissent la culture de l'île à un niveau de stéréotype bon pour les touristes, ou font croire aux habitants que leurs moeurs sont inférieures ou aberrantes.

Le tiers des 200 habitants de l'une des Orcades extérieures est aujourd'hui composé de "colonisateurs" venus du "Continent" britannique depuis la fin des années soixante. Cela démontre à quel point une incursion peut nuire aux coutumes d'une île, même lorsque les immigrants tentent non pas de les transformer, mais de les imiter. Malgré ces bonnes intentions, une violente polarisation se crée entre locaux et immigrants. Les nouveaux venus, assurés et vigoureux, habitués à des normes d'efficacité, prirent l'ascendant au sein de plusieurs communautés, violant ainsi les vieilles coutumes locales grâce aùxquelles l'organisation communautaire était structurée de manière immuable. L'ordre ancestral voulait, en effet, en préservant la continuité et l'uniformité du corps social, éviter la déclaration des conflits internes. Les arrivants avaient pourtant idéalisé les traditions des Orcades, mais ces traditions ne représentaient plus que les traits superficiels de la structure sociale de l'île. Devant l'apathie des insulaires de vieille souche, les immigrants crurent leurs propres valeurs admises, sans prendre conscience qu'ils avaient pu transgresser les normes insulaires. Ils ne se sont pas rendu compte du caractère superficiel de leur conversion aux croyances traditionnelles, dont les éléments essentiels leur échappaient ; ils n'ont pas perçu à quel point les désirs dynamiques, individualistes et réformistes, propres à leur culture urbaine moderne étaient implantés dans leurs coeurs. Ils supposèrent aussi, incorrectement, qu'il suffisait d'apprécier les valeurs d'une communauté pour y participer entièrement. Or, sur la plupart des îles, les relations sociales sont dictées par l'héritage, et non par le choix ; elles exigent donc l'existence de nombreux liens de mémoire et de parenté.

Ainsi, les étrangers qui tentent de soutenir les sociétés des îles en y participant réussissent rarement dans leur tâche. Les populations insulaires assimilent parfois un étranger particulier, mais elles se défient des groupes nouveaux venus par crainte de se voir submergées devant l'énergie et le zèle collectifs affichés généralement par ces derniers.

III.- LES RÉSISTANCES SOCIALES

Que font les habitants des îles pour résister à la force du changement et aux promesses du développement ? D'abord, la conscience profonde de leur fragilité écologique et sociale encourage la formation d'une "intimité contrôlée". La taille et l'isolement de leurs communautés exigent entre les habitants une entente basée sur une complémentarité de rapports économiques et sociaux. Pour que les rouages de la société fonctionnent sans trop de contraintes, les conflits doivent être médiatisés autant que possible. On peut facilement exprimer son désaccord lorsqu'on sait qu'on ne risque pas de revoir la personne incriminée. Ce n'est pas le cas entre insulaires ; on se trouve au contraire en présence d'individus inextricablement liés dans leur vie intime pour le restant de leurs jours. C'est pourquoi les habitants ont cultivé l'art d'atténuer leur hostilité, de diluer leurs opinions personnelles, de désamorcer leurs disputes et d'infléchir leurs différences d'opinion afin de maintenir la stabilité de l'île et de préserver l'agrément mutuel existant entre ses habitants. Lors de discussions, les habitants des îles expriment donc rarement leurs opinions d'une façon catégorique et sont peu disposés à affirmer des idées divergentes. L'assertion est proscrite : les réunions publiques commencent parfois par de longs silences angoissants car chacun a peur de parler le premier. Ce sont ces traits qui forment la base du traditionalisme tant admiré par les immigrants, traits pourtant bien étrangers à leurs propres modes de conduite.

IV.- LES VALEURS D'AUTONOMIE

L'autonomie est un concept important qui permet aux insulaires de se prémunir contre toute menace d'un développement intempestif. Il ne faut pas se représenter les demandes d'autonomie d'une île comme faisant partie d'un chauvinisme vieillot : elles reflètent des stratégies réalistes pour détourner le pillage ou la bienveillante condescendance d'étrangers, et les contraintes qui en découlent. La moindre part de souveraineté rapporte en effet de nombreux avantages. Une île qui se gouverne elle-même peut renflouer ses propres affaires si elles se trouvent en péril. Tout gouvernement, même inefficace ou corrompu, réussit à créer du travail, à engendrer des affaires et à dispenser des fonds. Il peut encourager des projets pour rassembler de l'argent, par exemple par la création de timbres-poste, de pièces de monnaies, de casinos, de refuges fiscaux, de zones de confection ou de vente de produits détaxés. Par ailleurs, la pleine souveraineté permet aux insulaires d'accéder à d'innombrables agences d'aide internationale. Ainsi, lorsque la Grenade choisit en 1968 le statut de pays souverain, on demanda à Eric Gairy, qui dirigeait l'île à l'époque, comment il comptait se débrouiller ; il répondit "si la Grenade ne supporte pas l'Indépendance, l'Indépendance, elle, supportera la Grenade". En tout cas, par la suite, elle réussit certainement à enrichir Gairy !

L'autonomie d'une île sert de tampon contre la parcimonie coloniale. Les Etats plus étendus sont souvent avares et ne distribuent de l'aide à leurs annexes insulaires qu'à contrecoeur, à cause de l'augmentation sensible du coût des services insulaires. En contraste, une île qui a son propre gouvernement peut définir ses propres priorités, et assigner des fonds à des services que certains étrangers trouveraient inutiles ou peu rentables, tout en renonçant à d'autres dépenses plus courantes. Mais surtout, la population insulaire bénéficiant de l'autonomie peut exprimer son identité et en jouir librement, même si elle présente au monde extérieur une image gonflée d'orgueil. L'autonomie permet aux insulaires de lutter contre les injustices du continent par des protestations officielles et ainsi de mobiliser la population contre tout abandon. Il n'est pas étonnant que les 5 000 habitants d'Anguilla et les 1 500 habitants de Barbuda aient choisi le statut de pays souverain, que les ressortissants des Orcades et du Shetland aient prévenu les dévolutionnistes que leurs îles s'engageraient s'il le fallait dans la sécession, emportant avec elles les bénéfices du pétrole de la Mer du Nord ; de même nature est la réaction de Nantucket et Martha's Vineyard qui menacèrent de se séparer du Massachussetts s'il ne leur était pas accordé, par une déclaration fédérale, la protection de leur environnement.

V.- *LE RÔLE DES ÉMIGRÉS*

Les insulaires ne pourraient soutenir leur économie, fortifier leur autonomie et résister au développement extérieur sans l'aide des expatriés. Il est certain qu'au début du processus d'émigration, la perte d'hommes robustes peut menacer la stabilité d'une île, mais leur départ est vite compensé par leurs versements ; la migration puis le retour au pays deviennent souvent deux étapes complémentaires d'un mode de vie établi. Ainsi, à Anguilla et à Barbuda, aux Caïmanes et aux Carriacous, la population migrante équivaut en permanence à la population restée sur place. Le travail à l'étranger fait partie intégrante du cycle de la vie, tout comme les rites d'adolescence, le baptême ou le mariage. Ainsi, beaucoup d'îles survivent-elles en tant qu'entités sociales, bien que leurs effectifs de population semblent leur attribuer un triste destin. Le retour régulier assure la continuité familiale et la participation à la communauté. Ces îles demeurent spirituellement viables.

Les communautés d'émigrants insulaires peuvent soutenir les îles de plusieurs façons. Des réseaux d'obligation envers leur patrie peuvent survivre pendant des générations, comme le démontrent les insulaires de Cook en Nouvelle-Zélande et les Papous d'Australie. Les communautés en diaspora tels les Guamaniens en Californie et les Antillais à Toronto conservent ou copient une si grande partie de leur culture insulaire qu'on peut dire qu'elles enrichissent la société de leur pays plus qu'elles ne la déciment. En effet, les émigrants dont la conscience de soi se trouve renforcée par le succès académique et économique affirment leur identité plus clairement en exil que dans leur pays.

Ces allers et retours fréquents facilitent la réinsertion des migrants lorsqu'ils retournent chez eux. Ceux qui sont partis considèrent l'île comme un havre de calme, loin du tumulte des métropoles, plutôt que comme un endroit sous-développé. Tandis que leur succès à l'étranger renforce le sentiment d'accomplissement des habitants de Barbuda, leur retour renforce les traditions insulaires profondément conformistes.

VI.- *VALEURS TRADITIONNELLES CONTRE RICHESSES MATÉRIELLES*

Les peuples insulaires peuvent souvent résister au développement exogène parce qu'ils sont disposés à sacrifier leurs richesses matérielles pour préserver leurs valeurs spirituelles. C'est le style de vie et non le manque d'aptitude des Tasmaniens qui fait que ceux-ci préfèrent souvent rester chez eux : "vous vous demandez sans doute ce que je fais encore ici", dira un habitant de Hobart ou de Launceston, "alors que j'aurais pu faire fortune à Sydney, à

Melbourne ou à Londres : eh bien, notre priorité en Tasmanie n'est pas l'argent ou le succès ; nous nous intéressons d'abord à notre mode de vie". Cette réponse n'est pas simplement une excuse défensive ; c'est une vérité manifeste basée sur une perception particulière de l'environnement, sur la volonté de maintenir des liens d'entraide et surtout sur des intérêts politiques, économiques, sociaux et familiaux fortement imbriqués. De même, les Orcadiens refusèrent la prospection de l'uranium de peur que le succès ne détruisit leur économie traditionnelle fondée sur l'élevage et la pêche et ne gâchat leurs paysages.

Les planificateurs de l'île de Jersey soulignent la valeur esthétique du secteur agricole traditionnel de l'île, plutôt que ses mérites économiques (l'agriculture ne constitue en effet que 6 % du produit intérieur brut de l'île et concerne moins de 10 % de sa main-d'oeuvre). Mais à Jersey, la vie locale, ses institutions et ses lois coutumières ne survivraient pas sans l'agriculture. La présence d'une collectivité agricole est fondamentale, non parce qu'elle contribue de manière importante à l'économie locale, mais parce que la structure et l'organisation des établissements qui évoluent autour d'elle représentent l'élément central du mode de vie local ; et seul un secteur agricole sain peut préserver ce mode de vie. De ce fait, l'île de Jersey doit lutter contre les contraintes liées à l'afflux des étrangers dont elle a fini par limiter le nombre.

VII.- DÉVELOPPEMENT REJETÉ : LEWIS ET HARRIS

Les récits historiques traitant des îles décrivent les innombrables cas d'efforts coûteux entrepris par des étrangers pour augmenter l'utilisation des ressources traditionnelles ou pour développer de nouvelles ressources. Toutes ces entreprises sont vouées à l'échec par suite de l'attitude des populations locales obstinées mais souvent aussi prévoyantes.

L'une de ces croisades avortées fut celle de Lord Leverhulme qui sauva Lewis et Harris de leurs siècles de sommeil et de pauvreté en transformant les îles Hébrides en un centre industriel comportant des équipements portuaires modernes, des flotilles de pêche, des manufactures textiles et des chemins de fer. Il comptait principalement industrialiser le tissage et la pêche et débarrasser l'île de ses petites fermes apparemment inefficaces. Mais l'idée de Leverhulme que les pêcheurs n'avaient pas besoin de petites fermes et, a contrario que les fermiers n'avaient pas besoin de bateaux, ne parut pas très pertinente aux locaux qui comptaient sur leurs petites fermes pour subvenir à leurs besoins lorsque la pêche languissait ; de plus celles-ci leur appartenaient selon le droit coutumier. Ils sentaient que sans leurs petites fermes, ils ne pourraient plus se livrer aux divers métiers qu'ils avaient l'habitude de pratiquer et qu'ils perdraient leur domicile familial, lieu d'enracinement traditionnel. Finalement, toute l'entreprise de Lewis tourna mal à cause de l'hostilité de Leverhulme envers   les petites fermes dont il n'avait pas perçu la dimension économique et sociale. Leverhulme n'échoua pas parce que Lewis et Harris refusaient l'industrialisation ; ils l'ont bien accepté depuis. Mais Leverhulme crut imprudemment "pouvoir faire tressaillir les îles pour qu'elles se conforment immédiatement aux normes du développement, comme sous l'effet d'une décharge électrique". Sa précipitation éveilla l'hostilité des habitants plus que le contenu de ses propositions. Aujourd'hui encore, les habitants de Stornaway considèrent tout sentiment d'urgence comme déplacé, dangereux et manquant de dignité. Le changement préconisé était peut-être un mal nécessaire qui aurait pu leur procurer des avantages à long terme, mais "ils s'exposaient au châtiment de la loi ancestrale en intervenant dans l'ordre naturel des choses..., seule une évolution progressive pouvait réduire ce risque".

VIII.- A PROPOS DU DÉVELOPPEMENT DIRIGÉ : SHETLAND

Le récit de l'île de Shetland, bénéficiaire du pétrole britannique de la Mer du Nord, se termine de façon moins fâcheuse. Les Shetlandais, longtemps habitués à une vie rude et solitaire, avaient gardé un esprit communautaire prononcé et une économie prospère dans les années 1970. Lorsque le pétrole surgit à l'horizon, l'environnement, l'économie et la structure sociale de Shetland devaient se protéger du risque suivant : pendant qu'un groupe d'individus gagnerait beaucoup d'argent en très peu de temps, les îles seraient gâchées, les communautés divisées, et les industries locales s'écrouleraient dès que leurs ouvriers seraient séduits par les hauts salaires pratiqués dans l'industrie pétrolière même comme ouvriers temporaires. Les autorités de Shetland insistèrent alors pour obtenir des pétroliers l'usage à parité du terminal et s'assurèrent qu'elles deviendraient propriétaires pour moitié de l'entreprise projetée afin de protéger l'environnement et de partager équitablement les profits. Les autorités municipales de Zetland achetèrent ainsi l'emplacement du terminal à Sullom Voe et se réservèrent l'administration du port. Elles demandèrent aussi aux compagnies pétrolières de payer un "impôt de dérangement", calculé sur leur production. Cet impôt devait contribuer au fonctionnement d'une fondation charitable créée pour faire face aux souffrances locales, soutenir les industries régionales et protéger la population insulaire des effets de l'arrêt éventuel de l'extraction du pétrole. Cet impôt rapporta des sommes énormes qui permirent en particulier l'octroi de primes pour les retraités, d'automobiles "Volvo" à contrôle manuel pour les infirmes ; ces déboursements renforcèrent l'esprit communautaire. L'argent rapporté par le pétrole a de plus contribué à améliorer les routes, les écoles, le système d'égouts, et a permis de construire l'immense centre sportif de Lerwick.

Tout ceci ne se passa que grâce à d'astucieuses négociations soutenues par la demande insistante de toute une communauté pour préserver son autorité sur l'île et limiter les plans d'aménagement. Il y eut aussi quelques effets pervers : la vie est devenue plus chère, les industries locales ont perdu en productivité et les habitants considèrent que l'esprit communautaire a été érodé. Ce déclin n'est pas si évident aux étrangers : par rapport à la plupart des communautés du continent, Shetland procure une impression d'intimité merveilleuse. Les nouveaux bâtiments construits grâce au pétrole n'ont pas l'élégance ni le charme visuel des vieilles maisons, mais Shetland montre ce que le développement économique moderne peut accomplir dans le paysage comme dans la vie sociale, une fois maîtrisé par les représentants d'une région qui a conscience de son avenir.

IX.- EST-IL POSSIBLE QUE DES VISITEURS CONTINENTAUX PUISSENT DEVENIR DE VÉRITABLES INSULAIRES ?

Les insulaires ne sont pas les seuls bénéficiaires du maintien d'une intégrité de leur cadre de vie. Deux types de visiteurs en profitent aussi. Pour les expatriés et leurs enfants, l'attachement à l'île d'origine tient lieu d'enracinement. Il est facile de noter à quel point la force et la fréquence de ces liens distinguent les milieux insulaires des berceaux d'émigration continentaux. Pour les autres visiteurs, les valeurs et les modes de vie insulaires correspondent à un besoin d'évasion du monde continental développé. Ces visiteurs sont tout aussi bien des touristes de passage que les allochtones "colonisateurs" qui s'installent de façon permanente. Ces deux catégories de visiteurs menacent les fondements de la vie insulaire qui les avaient attirés au départ. A Nassau, par exemple, les indigènes dépendent maintenant entièrement des visiteurs ; leur héritage a été avili et leurs traditions ont perdu leur authenticité par suite de la fabrication de biens de consommation destinés aux touristes. En perdant leur dignité, les insulaires perdent leur identité.

Pourtant, de nombreuses îles profitent du tourisme plus qu'elles n'en dépendent, surtout celles qui ne bénéficient pas de trop belles plages. Leurs visiteurs, attirés non pas par les plaisirs des activités balnéaires mais par les spécificités culturelles, cherchent à maintenir plutôt qu'à ravager les scènes traditionnelles et les coutumes consacrées dont ils profitent indirectement. Les clichés touristiques reflètent une part de vérité, les îles préservent en effet un plus grand nombre de reliques que les régions continentales équivalentes, et les habitants conformistes demeurent plus proches des vieilles coutumes. Ces qualités évoquent chez les étrangers une nostalgie du passé, même d'un passé qui n'est pas le leur. Ils chérissent les îles en tant qu'enclaves des "vertus" d'autrefois, et les habitants deviennent des puits d'ancienne sagesse.

Les visiteurs qui idéalisent la vie insulaire peuvent aider les habitants locaux à lutter contre la dégradation provoquée par le tourisme de masse. A

Gola, au large de Donaga, une île qui n'offre "ni hôtels, ni bars, ni aucun confort ou luxe urbain", le touriste n'a pas l'occasion de profiter des vacances conventionnelles. Aussi "ce sont surtout les intellectuels qui viennent ici", dit l'un des habitants, "des gens qui ont du respect pour notre mode de vie". Mais même les intellectuels peuvent déranger le milieu par mégarde, bien qu'en général, leur conduite soit plutôt bienveillante pour la culture locale, du moins si on les compare aux touristes "banals". Aussi le Gouverneur de l'île de Pâques suggère-t-il : "nous serions très heureux de recevoir ce que nous appelons **les touristes de culture**, ceux qui viennent ici à la recherche d'archéologie, et pour apprendre, plutôt que pour se précipiter vers de grandes plages magnifiques ou vers un casino".

L'isolement, l'emplacement difficile et l'austérité des îles Feroé, des Orcades ou de la Dominique empêchent le tourisme d'y devenir un vrai fléau. L'île de Pâques compte augmenter le tourisme lentement, pour "préserver la beauté de l'environnement et l'identité architecturale", mais même en doublant ou en triplant les chiffres actuels (2 000 visiteurs par an, pour 2 000 résidents permanents), le tourisme n'y présenterait pas un danger sérieux.

Les étrangers sensibles aux valeurs insulaires peuvent venir renforcer l'esprit de tradition inhérent aux îles. Les insulaires se trouvent ainsi incités à rétablir avec faste certaines coutumes tombées en désuétude : les écrivains, les peintres et les artisans perpétuent et recréent l'histoire locale ; les anciens volumes traitant de l'île sont ré-imprimés. Bien sûr, cette situation comporte des désavantages : l'île a tendance à devenir une reproduction de son propre passé, et présente aux visiteurs une impression exagérée de l'importance accordée à la tradition par la population locale. Ainsi, les habitants d'Ithaque, voulant dissimuler les changements véritables, étalent une fausse orthodoxie socio-culturelle pour la consommation étrangère. A leur retour, les émigrants, comme les touristes, sont charmés par le déploiement de traditionalisme qui masque les vrais désirs des habitants, qui préfèrent le confort moderne. Mais même les reliques fabriquées récemment et la solidarité quelque peu forcée avec les vieilles coutumes peuvent finir par se mêler à l'antiquité authentique et devenir des aspects établis de la vie quotidienne insulaire.

Plus encore que les touristes, les visiteurs qui s'installent pour plus longtemps et ceux qui comptent s'établir pour de bon apprécient les moeurs des îles et s'efforcent de les imiter au lieu de les observer de loin. Comme on l'a déjà montré, ceux qui s'exilent de la vie moderne pour venir participer aux communautés insulaires créent bien des difficultés. Mais les étrangers et les habitants de l'île peuvent en tirer avantage de façon mutuellement profitable. Les postes médicaux dans les Orcades extérieures ont de longues listes d'attente ; de jeunes médecins font la queue pour des exercices d'une variété stimulante dans ces petites communautés tranquilles et amicales. Il en est de même pour les infirmiers et les instituteurs. Et les fonctions précises et si utiles de ces étrangers rendent leur présence fortifiante, dès lors qu'elle ne comporte aucune relation d'autorité, car en définitive le contact entre le monde insulaire et l'extérieur est stimulant.

*   *

*

De par leur variété, les petites sociétés insulaires nous offrent des exemples édifiants de persistance et de changement, et nous montrent comment les peuples s'adaptent habituellement à leur environnement. En milieu insulaire, on peut mieux saisir qu'ailleurs la marge de manoeuvre qui existe dans toute entreprise entre la réussite et l'échec, la survie et la mutation.

Personne ne devrait user de son pouvoir pour préserver les îles comme de charmantes reliques, ou au contraire les forcer à se développer à contrecoeur. Lorsque les valeurs commencent à diverger, les insulaires de naissance devraient avoir la priorité sur les insulaires d'opportunité. Ces derniers disposent d'innombrables îles inhabitées qu'ils peuvent coloniser à leur guise. Les premiers ne peuvent remplacer l'île qui appartient à leurs ancêtres et à leur enfance, à leur réseau familial et à leurs liens de fidélité. Le triste destin des Bikiniens, incroyablement enrichis grâce aux sentiments de culpabilité du Congrès américain, mais qui vivent malheureux sur des sites étrangers, nous rappelle l'importance primordiale qui lie tout homme à sa terre natale et la force accrue de ce lien en milieu insulaire.

Une dernière justification pour restreindre ou résister au développement paraîtra peut-être surprenante : c'est tout simplement l'absence de besoins. L'appauvrissement des îles paraît souvent plus grave qu'il ne l'est véritablement. Les choses de la vie donnent une fausse impression de l'insularité stéréotypée. La petitesse et l'isolement de nombreuses îles leur permettent de trouver des niches économiques privilégiées : la construction de centres bancaires côtiers, de cachettes pour les contrebandiers, de refuges pour les romantiques ou les fraudeurs fiscaux, les parias ou les prisonniers. Napoléon enrichit Sainte-Hélène, Saint-Vincent résista à peine à l'offre de 65 millions de dollars pour servir d'asile à Marcos ; divers territoires antillais ont offert la citoyenneté à de riches Chinois de Hong Kong pour un prix élevé.

Quelle que soit l'explication, les îles ne font pas partie des plus pauvres régions du globe. Les îles et les groupes d'îles composent 25 des 46 pays peuplés de moins d'un million d'habitants et 35 des 40 petits territoires quasi-indépendants, mais ne comptaient que quatre des 31 pays les moins développés en 1982. Et de ces quatre -les Comores, Haïti, les Maldives et les Samoa Occidentales- seule la population de Haïti présente le niveau habituel d'adultes illettrés ; le niveau d'alphabétisation des trois autres était plus élevé que celui de n'importe quel pays sous-développé continental. La conclusion est claire :

le sous-développement de la majorité des îles se situe sur le plan économique, et non au plan social. Malgré de minuscules revenus nationaux bruts et des industries de fabrication négligeables, beaucoup d'îles maintiennent des niveaux de vie que bien des Etats continentaux plus développés leur envieraient.

DÉBATS

P. LE BOURDIEC.- On sait combien les espaces insulaires peuvent être convoités, artificialisés, menacés. Si la protection de l'environnement terrestre est essentiel pour une île, celle de l'environnement marin l'est tout autant. Or, ce dernier est trop souvent détérioré par les interventions humaines, tant d'autochtones que d'allochtones. Ainsi, l'exploitation intensive du corail pour la construction de routes ou d'habitations, et l'alimentation des fours à chaux a-t-elle provoqué la dégradation de l'environnement marin de plusieurs îles des Maldives. Les atteintes ont été accrues, aggravées, accélérées par l'intrusion d'activités nouvelles. Si la pollution chimique est encore rare, les excès commis par les pêcheurs sous-marins, les rejets en mer des eaux résiduaires des zones urbaines et des nouveaux complexes touristiques provoquent de profondes modifications de l'écosystème des lagons. La législation australienne, délimitant des zones protégées sur la Grande Barrière de Corail, peut servir d'exemple aux autorités responsables de la gestion des espaces insulaires et marins.

D. LOWENTHAL.- L'exploitation des ressources marines d'une île n'est préjudiciable à l'environnement que dans certaines conditions de surexploitation. Tant que les pêcheurs artisanaux locaux sont les seuls à y participer, il n'y a aucun risque, car ils prennent toujours garde à maintenir les stocks halieutiques. Lorsqu'au contraire, interviennent des unités de pêche industrielle d'origine extérieure, les stocks peuvent s'épuiser de manière irrémédiable. Les parcs et les réserves peuvent être utiles si les populations locales sont associées à leur gestion. La réserve de forêt pluviale de la Dominique est préservée et maintenue par la population locale qui la présente aux visiteurs et en est très fière car elle connait ses spécificités. Par contre, le parc national de St-John, dans les îles Vierges américaines, a été créé sans tenir compte des besoins des habitants ; ceux-ci refusent de participer à sa présentation ou à son développement et considèrent sa réalisation comme une entrave à leurs intérêts économiques et sociaux.

P. SADDUL.- Des conflits entre développement du tourisme et écologie insulaire ont été évoqués. Doit-on sacrifier le développement à la cause de la protection de l'environnement local ? Quel type d'équilibre peut-on atteindre afin de combiner protection et développement ? Plus on protège l'environnement plus il devient attirant pour les visiteurs extérieurs. A Maurice, il y a certaines "zones touristiques exclusives" basées sur les "4S" (sand, sea, sex, sun), où l'industrie touristique est contrôlée ; chaque hôtel est responsable de la protection du site et du bien-être des populations. Les touristes apportent de l'argent pour le développement du pays, mais il y a clivage avec la population locale.

D. LOWENTHAL.- Pour éviter qu'il n'y ait clivage entre population locale et groupes de touristes, il faut éviter qu'il n'y ait de ségrégation dans l'accès aux plages. A Maurice comme ailleurs, le tourisme peut engendrer des tensions sociales, d'autant plus que les bénéfices tirés de cette activité ne profitent pas aux habitants locaux.

M. BURAC.- Les 1 300 habitants de Barbuda pourront-ils résister longtemps à la pression des promoteurs touristiques déjà installés à Antigua, qui sont attirés par les réserves de langoustes de cette petite île ?

D. LOWENTHAL.- Les Barbadiens ont su résister jusqu'à présent à l'incursion des touristes (ils ne disposent que d'un seul hôtel isolé, sur une presqu'île), grâce à une vieille tradition qui leur réserve la propriété du sol. Mais les enjeux touristiques sont tels que des promoteurs étrangers font miroiter des profits extrêmes auprès des éléments de la population les plus influents afin qu'ils leur obtiennent le moyen de s'implanter durablement dans l'île.

Résumé : Compte tenu de leur taille, les îles peuvent difficilement acquérir certains équipements, ce qui, à la longue, encourage l'émigration de leurs ressortissants, facilite l'appauvrissement du milieu et perturbe le fonctionnement de l'économie et de la société. Les îles sont aussi menacées en permanence par l'immigration de populations continentales dépositaires de modèles de développement rarement adaptés au milieu insulaire, ce qui détermine souvent un climat conflictuel entre autochtones et gens venus de l'extérieur. D'où la nécessité qu'une île soit dotée de l'autonomie politique, si elle est rattachée institutionnellement à un ensemble plus vaste de souveraineté : les termes de priorité d'une société insulaire sont souvent différents de ceux de l'Etat continental auquel elle se réfère.

Mots-clés : Milieu insulaire, développement économique, isolement, société, Monde.

Summary : *Island development : needs, pitfalls, resistance.-* Because of their restricted size, there are certain facilities islands cannot be expected to acquire and this, in the long term, encourages citizens to emigrate, leads to an impoverishment of the environment and disrupts the functioning of society and the economy. Islands are also continually threatened by the immigration of continental populations who want to establish models of development which are rarely suited to the island environment. This often produces an atmosphere of conflict between the indigenous population and those who have come from elsewhere. It is therefore necessary for an island to have the benefit of political autonomy if it is united institutionally with a greater body which has sovereignty : the priorities of an island society are often different from those of the continental State to which it is attached.

Keywords : Island environment ; Economic development ; Isolation ; Society ; World.

CARACTÉRISTIQUES DES EXPORTATIONS DE SERVICES DES PAYS INSULAIRES

par Edouard DOMMEN et Norbert LEBALÉ[1]

I.- LES SERVICES : INTÉRET ACTUEL, DÉFINITION ET COUVERTURE STATISTIQUE

L'intérêt actuel pour les services reflète le développement extraordinaire et la complexité croissante du secteur tertiaire dans les économies nationales et dans les relations économiques internationales. L'on estime que les activités de services représentent environ deux tiers du produit national dans les pays développés, supplantant ainsi l'industrie dans le rôle de moteur de la croissance. Le chiffre correspondant pour l'ensemble des pays en développement est de 51 %. Les services font de plus en plus l'objet de discussions dans les forums internationaux traitant du commerce et du développement[2].

Cependant, le traitement des services dans la théorie économique demeure limité à quelques travaux de pionniers qui nécessitent encore des approfondissements et des adaptations au caractère propre des activités de services. La théorie classique analyse la croissance du secteur tertiaire comme une conséquence du processus de croissance. Certaines analyses récentes tendent à remettre en cause cette théorie. Notamment, elles s'appuient sur l'observation que la taille du secteur des services est considérable et continue de croître tant dans les pays développés que dans les pays en développement avec des différences moins marquées entre ces groupes de pays que pour l'agriculture et l'industrie. Ce qui diffère d'un pays à un autre, c'est la structure

---

1. Les auteurs sont fonctionnaires à la CNUCED. Les vues exprimées sont toutefois celles des auteurs et ne reflètent pas nécessairement celles du secrétariat de la CNUCED. Les appellations employées dans ce document et la présentation des données qui y figurent n'impliquent, de la part du secrétariat de la CNUCED, aucune prise de position quant au statut juridique des pays, territoires, villes ou zones mentionnées, ou de leurs autorités, ni quant au tracé de leurs frontières ou limites.
2. Ainsi, la Conférence des Nations Unies sur le Commerce et le Développement, par sa résolution 159 (VI), a demandé au Secrétaire Général de la CNUCED de poursuivre l'étude des questions relatives aux services, et d'examiner le rôle des services dans le processus du développement tout en prenant en compte la situation spécifique des pays les moins avancés.

du secteur des services[3]. Toute tentative d'analyse du rôle et de la place des services dans l'économie doit d'une manière ou d'une autre surmonter les problèmes posés par la définition et la couverture statistique des opérations de services. Ceci est vrai pour les pays en développement en général et pour les pays insulaires en développement en particulier[4]. Le premier domaine de controverse dans l'étude des services est celui de la définition. Cette controverse subsiste quant à la classification des activités de construction, des activités de services publics (eau, gaz et électricité) ainsi que des activités du gouvernement (administration publique et défense nationale)[5]. Le second domaine de difficultés dans l'étude des services est celui des données statistiques. Les données relatives à la production et au commerce dans le secteur des services souffrent de carences dont les causes sont à attribuer principalement au nombre élevé de systèmes de comptabilité nationale, au manque de désagrégation sectorielle, et à l'insuffisance de données relatives à des services particuliers[6].

S'agissant en particulier de l'échange international des services, la difficulté provient du fait que les services sont assimilés aux invisibles. Or les échanges d'invisibles recouvrent les services facteurs (revenus du travail et du capital) et les services non facteurs. Généralement, lorsqu'on traite de l'échange international de services, seuls les services non facteurs sont pris en compte. Les services non facteurs recouvrent les opérations gouvernementales où sont regroupés les services rendus entre ou par des agents officiels (le plus souvent militaires) et les transferts publics, les voyages (hôtellerie, restauration, transport), les transports (expéditions, services aux passagers, autres transports), et les "autres services" (principalement les assurances autres que sur les marchandises transportées, les communications, la publicité, le courtage, la gestion, les abonnements aux périodiques, les transformations et les réparations, le négoce international de marchandises et les services professionnels et techniques).

Cette note ne traite pas de l'exportation de services de facteurs. Il ne faut néanmoins pas sous-estimer la part de l'émigration dans l'économie de nombreuses îles, ni de la location de terrains ou de droits à des forces armées

---

3. Pour une discussion plus approfondie des problèmes théoriques de l'analyse des services en relation avec le processus de développement, voir le Rapport de la CNUCED : *Les services et le développement*, (TD/B/1008/Rev.1), 1985. Ce rapport constitue un premier effort pour établir une base en vue de considérer les services d'un point de vue interdisciplinaire et dans une perspective orientée vers le développement.
4. Les statistiques économiques concernant les îles individuelles par opposition aux Etats insulaires ne se trouvent pas habituellement dans les sources des Nations Unies qui ne fournissent des données qu'au niveau des Etats.
5. Pour les différentes définitions possibles du secteur des services, voir "le secteur de services : production et commerce, politiques qui influencent les transactions internationales et facteurs sous-jacents", Rapport du Secrétariat de la CNUCED (TD/B/941 et Corr.1), 1983, pp. 20-24.
6. Voir "le secteur des services"..., ibid.

étrangères[7]. Exception faite de revenus de capital du secteur financier offshore, le revenu du capital, en revanche, n'est important somme toute que pour quelques pays insulaires tels Nauru ou Kiribati.

II.- LES SERVICES DANS L'ÉCONOMIE DES PAYS INSULAIRES

Il y a deux aspects qu'il faut envisager lorsque l'on veut traiter des services dans l'économie des pays insulaires : la contribution des services à la production nationale et à l'emploi ainsi que la contribution croissante des transactions internationales de services aux échanges extérieurs des îles.

A - Les services et l'économie nationale dans les pays insulaires

Il a été souligné plus haut que le secteur des services fournissait dans la plupart des pays la plus large part du PIB. En ce qui concerne les pays insulaires, les statistiques disponibles font apparaître la part importante des services dans la production nationale. Comme le montre le tableau I, le secteur des services se situe entre 59 % et 79 % du PIB[8], une part supérieure à la moyenne mondiale (57 %) et largement supérieure à la moyenne des pays en développement (44 %) (tabl. Ia et Ib).

La part des services dans le PIB demeure relativement faible dans les pays qui sont à prédominance agricole (59 % à la Dominique par exemple) par opposition à des îles comme la Barbade, Montserrat ou les Seychelles où le secteur des services contribue pour plus de 70 % au PIB (tabl. Ia).

Le second aspect de la relation entre les services et l'économie dans les pays insulaires concerne l'emploi. Les statistiques disponibles font apparaître que dans la majorité de ces pays, les activités de services constituent une source appréciable d'emplois. Pour l'année 1983, dans la majorité des pays insulaires, les services (hormis la construction) ont contribué pour environ 50 % à l'emploi contre 28 % pour l'agriculture et 20 % pour l'industrie[9]. Une analyse rapide par secteur révèle que le tourisme reste la plus importante source d'emplois directs et indirects dans un grand nombre de pays insulaires. La contribution du secteur offshore (banques, assurances et affaires internationales) ne cesse de croître depuis quelques années.

---

7. Aux Bermudes, les Forces Armées des Etats-Unis fournissent gratuitement des services météorologiques, de gestion de l'aéroport et de sauvetage en mer entre autres. Ces services, qui ne sont pas des services de facteurs, étant payés par l'étranger mais fournis sur place constituent en principe mais paradoxalement des exportations.

8. Les services moins la construction. Quant à l'inclusion ou à l'exclusion de la construction dans la définition des services ainsi que celle des différentes définitions des services en général, voir note 4 ci-dessus.

9. CNUCED, *Manuel de statistiques du commerce international et du développement*, supplément 1985.

Pays	Agriculture	Industrie (2)	Services			
			Total	Commerce de gros et de détail	Transport	Autres (3)
Barbade	6	15	73	27	7	39
Chypre	9	19	60	14	8	38
Dominique	26	9	59	7	8	44
Fidji	17	12	63	15	9	39
Iles Cook (1978)	17	10	73	...	...	...
Malte	4	36	60	14	5	41
Maurice	12	15	68	11	10	47
Montserrat	4	11	79	19	8	52
St-Christophe et Niévès	18	19	60	10	8	42
Ste-Lucie (1982)	12	12	67	17	8	42
Sao Tome et Principe (1982)	28	4	66	10	3	53
Seychelles (1982)	6	10	79	23	11	45
Tonga	30	4	61	16	9	36
Tuvalu (1979)	6	...	60	...	...	...
Vanuatu (1982)	20	13	65	10	3	52
Pays en développement (4)	...	...	44	...	...	...
Monde (4)	...	...	57	...	...	...

Tableau Ia.- *Produit intérieur brut par branche d'activité économique (1983) (en pourcentage)* (1)

Pays	Année	Agriculture	Industries (2)	Services (3)
Antilles néerlandaises	1982	0,3	12,7	77,7
Bahamas	1979	3,2	7,9	75,5
Barbade	1982	8,5	15,9	67,6
Bermudes	1982	0,7	4,9	86,9
Chypre	1982	21,5	21,5	46,4
Iles Cook	1981	29	15,9	51,0
Fidji	1979	3,2	21,6	62,4
Malte	1981	6,5	30,5	56,9
Maurice	1982	29,2	20,9	43,5
Montserrat	1982	9,9	12,9	62,0
St-Christophe et Niévès	1982	50,7	8,9	36,8

Tableau Ib.- *Emploi par branche d'activité économiquee (en pourcentage)*(1)

Source : CNUCED, Manuel de statistiques du Commerce international et du Développement, supplément 1985 ; Fairbairn, Te'o I.J. Island countries, 1985.

(1) En raison des arrondis, l'addition des pourcentages indiqués ne fait pas toujours cent. De plus, la répartition par branche d'activité économique ne fait pas cent, étant donné que, dans plusieurs cas, les groupements industriels indiqués ne comprennent pas les droits perçus à l'importation.
(2) Industries extractives, industries manufacturières, gaz, eau et électricité.
(3) Banques, assurances, affaires immobilières et services fournis aux entreprises, services sociaux et services personnels, branches non marchandes des administrations publiques, autres branches non marchandes.
(4) année1982.

Il a été souvent dit que les îles de plantations constituaient des entreprises excentrées tout autant que des entités politiques. Cette relation intime entre l'activité économique prépondérante et l'administration se retrouve aujourd'hui dans certaines îles à services. Ainsi, aux Bermudes, le Premier Ministre actuel a fait carrière auparavant dans le secteur para-bancaire ; un de ses prédécesseurs dans les années 1960, Sir H. Tucker, avait été chef de gouvernement et de la Banque des Bermudes (une banque commerciale) en même temps. Ce genre de symbiose contribue sans doute à la marche efficace du secteur moteur de l'économie.

B - L'échange international de services

La plupart des îles dépendent des exportations de services pour financer leurs importations. Pour les pays dont les données sur les exportations de services (voyages, autres transports, expéditions et autres services) sont disponibles et comparables, celles-ci sont plus importantes que les exportations de marchandises dans le cas de 10 pays sur 16, le ratio le plus élevé étant 730,4 % (aux Bahamas). Les ratios les plus bas sont ceux des îles Salomon (26,9 %), des Antilles néerlandaises spécialisées dans la réexportation de pétrole (33,7 %) et de la Dominique (48 %), pays à prédominance agricole (tabl. II).

	1984		1984
Bahamas	730,4	Sainte-Lucie	171,7
Antigua et Barbuda	492,5	Malte	150,8
Maldives	486,9	St-Vincent et Grenadines	94,8
Barbade	268,2	Maurice	61,7
Chypre	257,0	Samoa	60,0
Vanuatu	241,9	Dominique	48,0
Fidji	222,7	Antilles néerlandaises	33,7
Grenade	205,5	Iles Salomon	26,9

Tableau II.- *Exportations de services* (1) *en pourcentage des exportations de marchandises pour quelques pays insulaires, 1984.*
Source : IMF, *Balance of Payments statistics*, vol. 36, 1985.
(1) Voyages, autres transports, expéditions et "autres services".

La prépondérance des exportations de services pourrait s'expliquer par l'avantage comparatif dont disposent les petits pays insulaires dans le commerce de services, contrairement à la production de biens destinés à l'exportation, eu égard au peu d'importance des économies d'échelle nécessitées par la fourniture des services. Parallèlement, les progrès techniques intervenus dans les télécommunications ont rendu la décentralisation de quelques activités de services plus économiques, ce qui a bénéficié à quelques pays insulaires.

Toutefois, il faut admettre que les pays insulaires occupent une place marginale dans l'échange international des services. En se référant aux seize pays pour lesquels des données comparables sont disponibles, on observe que pour l'année 1984 leurs importations de services représentaient 0,4 % des importations mondiales, tandis que leurs exportations représentaient 0,9 % des exportations mondiales (respectivement 33 et 23 % pour l'ensemble des pays en développement). La contribution marginale actuelle des îles au commerce mondial de services ne doit pas occulter le fait bien établi que les exportations de services demeurent vitales pour l'économie de ces pays. Pour l'année 1984, et pour l'ensemble des 16 pays pour lesquels des données comparables ont pu être rassemblées, l'échange international des services se résume à 4 grandes branches dans les proportions suivantes par rapport aux exportations totales de services[10] : les "autres services" (57 % des exportations) ; les "voyages" (29 % des exportations) ; les "autres transports" (11 % des exportations) ; les "expéditions" (0,7 % des exportations) (tabl. III).

	1978			1984		
	Export.	Import.	Solde	Export.	Import.	Solde
Antigua-et-Barbuda	38	9	29	197	57	140
Antilles néerlandaises	936	769	167	1 457	1 081	376
Bahamas	819	276	543	1 870	678	1 192
Barbade	250	89	161	683	267	416
Chypre	309	224	85	1 316	625	691
Dominique	4	5	- 1	12	16	- 4
Fidji	208	119	89	499	250	249
Grenade	20	9	11	37	23	14
Iles Salomon	3	22	- 19	24	76	- 52
Maldives	5	2	3	112	80	32
Malte	350	181	169	605	373	232
Maurice	134	179	- 45	226	263	- 37
Samoa	3	7	- 4	12	18	- 6
Sao Tome et Principe	2	4	- 2	-	-	-
Sainte-Lucie	36	17	19	79	34	45
St-Vincent et Grenadines	14	8	6	37	28	9
Tonga	8	9	...	...	...	...
Vanuatu	-	-	-	75	64	11

Tableau III.- *Echange international de services* (1) *pour quelques pays insulaires (en millions de $ US)*

Source : IMF, *Balance of Payments statistics*, Vol. 36, 1985.

(1) Voyages, autres transports, expéditions et "autres services".

10. IMF, *Balance of Payments statistics*, Vol. 36, 1985.

III.- LA SITUATION DE QUELQUES SECTEURS DE SERVICES DANS LES PAYS INSULAIRES[11]

A - Le tourisme

Durant les années 1960, l'industrie du tourisme est devenue la source la plus importante de recettes brutes en devises dans la plupart des pays insulaires, dépassant largement les recettes provenant des exportations de biens. Les dépenses de touristes, en plus de l'infrastructure et des activités de construction liées au secteur, furent à la base de la croissance. A titre d'exemple, à Antigua-et-Barbuda en 1983, la valeur ajoutée directe des activités touristiques représentait 14 % du PIB (au coût des facteurs). Quant à la valeur ajoutée indirecte, elle représentait 7 % de ce PIB. Le tourisme offrait 12 % des emplois et dégageait environ 9 % du revenu fiscal courant du pays. L'expansion du tourisme dans les îles est liée aux facteurs tenant aux conditions climatiques et scéniques favorables et pour la région des Caraïbes à la proximité de deux grands marchés émetteurs de touristes (les Etats-Unis et le Canada). Le tableau IV fournit une indication sur la fréquentation touristique observée dans quelques pays insulaires. A part l'importance de ces flux, le tableau fait ressortir

	1981	1982	1983	Population (1982)
Antigua et Barbuda	198 100	153 800	74 340	79 000
Comores	2 702	9 330	11 481	380 000
Dominique	23 200	22 070	15 350	86 000
Grenade	100 900	83 910	58 290	113 000
Iles Caïmanes	202 611	279 499	...	18 000
Maurice	121 620	118 360	123 820	992 000
Montserrat	21 400	24 900	7 210	11 000
St Christophe et Niévès	45 600	45 540	29 010	77 000
Sainte-Lucie	70 200	105 340	59 200	122 000
St-Vincent et Grenadines	44 700	77 100	30 190	99 000
Seychelles	60 400	47 300	55 900	68 000

Tableau IV.- *Arrivées de touristes dans quelques pays insulaires, 1981-1983.*

Source : The Economist Intelligence Unit, (divers numéros) et CNUCED, Manuel de statistiques du commerce international et du développement, supplément 1985.

11. Cette section reprend des informations contenues dans le texte de DOMMEN, E.- Invisible exports from islands, UNCTAD, *Discussion paper*, n° 9 , 1983.

que l'industrie du tourisme dans les pays insulaires est sujette à des fluctuations qui ne le cèdent en rien aux fluctuations des exportations des produits de base.

Toutefois les retombées nettes du tourisme doivent être diminuées de la part des intrants importés. Dans un petit pays insulaire, la part de ces intrants peut atteindre deux tiers ou plus des recettes brutes (tabl. V). Etant donné le caractère spécialisé et excentré des économies insulaires, il n'est pas étonnant de constater que la part des intrants importés diminue plus le pays est grand, et qu'elle est par conséquent moins importante pour les pays continentaux du tableau V.

Une étude certes ancienne, mais détaillée, de l'économie de Fidji, sur la base du tableau d'échanges intersectoriels, permet de mieux situer la part des importations dans les dépenses touristiques[12]. D'après cette analyse, en 1969 la

	Année	En pour cent des recettes du tourisme international	Observations
a) Pays insulaires			
Antigua et Barbuda	1978	60,5	Effets directs et indirects.
Bahamas	1974	72,6	Comprend les effets induits pour dépenses de ménages.
Bermudes	1975	66,3	Comprend les effets induits pour dépenses de ménages.
Sainte-Lucie	1978	45,0	Contenu direct d'importation.
Seychelles	1980	60,0	
Jamaïque (1)	1982	37,0	Sur les recettes touristiques.
b) Autres pays			
Bénin	1975	35,0	
Kenya	1976	10,0	
Tunisie	1977	13,7	Sur les recettes du tourisme international

Tableau V.- *Contenu d'importation de la consommation touristique*

Source : O.M.T., Etude Economique du Tourisme mondial, 1984, p. 27-28, cité par François Vellas, Economie et Politique du tourisme international, Economica, Paris, 1985, p. 156-157.

(1) Cité comme cas de grand pays insulaire (population supérieure à un million d'habitants).

12. DOMMEN, E.- The economic impact of tourist spending on the economy of Fiji. *In* : Tourism in Fiji, Suva, University of the South Pacific, 1973.

part des importations de marchandises dans les dépenses brutes des touristes était de 33 %, à peine supérieure à la part des importations de marchandises dans les dépenses de consommation des habitants (32,5 %). La part correspondante des dépenses brutes de la production manufacturière était de 31 %, des services de l'administration 29,4 %, du secteur des banques et de l'assurance de 29,3 %, des mines et des carrières de 26,9 %[13]. D'ailleurs, cette forte proportion d'intrants importés laisse espérer qu'il existe une possibilité d'accroissement de la part locale avec la croissance de l'économie, en développant de nouveaux types de rapports avec les firmes transnationales et le potentiel pour des intrants locaux destinés à l'industrie touristique[14].

L'intérêt du tourisme pour la balance des paiements des pays insulaires se trouverait aussi réduit par l'importance des charges en devises liées aux investissements de capitaux étrangers ou des rapatriements à l'étranger des bénéfices effectués par les entreprises d'origine étrangère présentes dans les activités de tourisme ainsi que des frais de gestion payés aux entreprises gérantes des activités touristiques dans les pays insulaires. Sur ce point, on peut observer que cette préoccupation ne concerne pas uniquement l'industrie du tourisme. Le problème se pose dans n'importe quel secteur d'activité, pour autant qu'une société opératrice soit étrangère au pays d'accueil.

D'ailleurs le placement des bénéfices en dehors du pays n'est pas uniquement le fait de capitalistes étrangers. Au contraire, l'économie des petites îles étant précaire et sujette à fluctuations, on pourrait s'attendre à ce que les capitalistes du pays aient un intérêt particulier à s'assurer, en élargissant la distribution géographique de leurs avoirs, tandis que les capitalistes étrangers, ayant déjà par définition une assise ailleurs, pourraient plus facilement se laisser tenter par un réinvestissement dans le pays si les perspectives économiques sont normalement bonnes. Quoi qu'il en soit, la question décisive quant à l'apport du tourisme au développement est la suivante : quel est le coût d'opportunité des ressources locales consacrées à l'industrie du tourisme ?

B - Les relais

Les ports et les services portuaires furent des activités décisives dans l'histoire de beaucoup d'îles. Les services portuaires (pour les avions comme pour les bateaux) ont beaucoup évolué avec l'avancement de la technologie et avec les changements intervenus dans les itinéraires des échanges internationaux. Tant que les moyens techniques pour des traversées maritimes sans escale manquaient, les îles offraient des services au transport dont elles

13. Ces chiffres excluent les intrants en services.
14. SELWYN *et al.- Employment and poverty in the Seychelles.* Brighton, Institute of Development Studies at the University of Sussex, 1980. On y trouve des informations et des suggestions intéressantes sur ce sujet pour les Seychelles.

pouvaient tirer profit. Toutefois, la technologie avance. De tels services devinrent moins nécessaires d'abord à la navigation maritime, et au transport aérien par la suite. Les îles sont alors confrontées au choix d'un marketing actif de leurs services existants pour attirer des navires ou des avions qui autrement ne viendraient pas, ou à celui de trouver de nouvelles activités. Celles-ci pourraient inclure des services comme l'entreposage et la manutention, qui encouragent également l'usage des îles comme facilité d'escale. Le problème qui se pose aujourd'hui dans la plupart de ces îles est de trouver de nouvelles activités de services relatifs aux transports compte tenu de ces changements.

Depuis la fermeture de la base militaire britannique en 1979, Malte a tenté de tirer le meilleur parti des nombreuses installations qui lui ont été cédées (constructions, entrepôts, magasins, quais et autres installations portuaires). Le gouvernement de Malte a accordé au cours des récentes années une attention particulière au développement des installations de stockage et de transbordement des grains. La région de la Méditerranée est importatrice de grains et de céréales (environ 45 millions de tonnes par an), et l'on s'attend dans un futur proche à une augmentation de la demande et donc à une expansion de ces importations. Mais, la plupart des pays importateurs de la région doivent faire face à de sérieuses limitations d'ordre logistique. Le projet de terminal de stockage et de distribution de Kordin, engagé dans la seconde moitié de 1981, d'une capacité de stockage d'environ 86 000 tonnes s'inscrit dans la stratégie à long terme de faire de Malte un centre méditerranéen de transbordement et de distribution[15].

Les Antilles néerlandaises sont devenues un lieu privilégié de l'entreposage (position géographique avantageuse, fiscalité peu élevée, liberté de changes, stabilité politique). L'expansion rapide de cette activité reste liée aux réductions de coûts que permet le stockage temporaire de marchandises, notamment pour les importateurs d'Amérique latine (réductions de coûts financiers résultant des niveaux peu élevés de dépôts préalables à l'importation par exemple). Le gouvernement attache une importance prioritaire à une future expansion des entrepôts.

Le rôle de relais insulaire a pris un nouvel essor récemment avec le transbordement de la drogue. Certaines îles du Nord des Caraïbes participent en particulier à ce commerce. La drogue arrive notamment du continent sud-américain dans des avions d'une certaine capacité, pour être redistribuée dans de petits avions ou embarcations et poursuivre son chemin vers les Etats-Unis. Cette activité est mal reflétée dans les statistiques, à tel point qu'un petit territoire insulaire britannique continue à bénéficier de subventions métro-

---

15. *Malta grain silo project.* document multigr., Economic division, Ministry of Economic Development, October 1982.

politaines pour pallier son dénuement malgré l'opulence évidente des habitants. Ce commerce a d'ailleurs fait l'objet d'un rapport du gouvernement des Bahamas en 1985 qui laisse deviner son ampleur.

Certaines îles du Sud-Ouest du Pacifique servent souvent aussi de relais pour la drogue, mais dans une moindre mesure : le marché australien et néo-zélandais est plus restreint.

C - Les services administratifs et financiers

Les services administratifs et financiers en tant que sources de devises conviennent particulièrement aux petits pays. En raison d'une part du manque de connections internes et d'autre part de l'exportation d'activités non liées entre elles, les petits pays rencontrent peu de difficultés pour concevoir une série d'impôts qui loin d'affaiblir la base fiscale locale existante, l'élargit au-delà de ce que l'économie elle-même pourrait réaliser. Il n'est donc pas surprenant qu'un certain nombre de pays insulaires aient choisi de développer cette forme d'exportation de services.

1 - Les centres internationaux d'affaires

Les centres internationaux d'affaires offshore apparaissent comme des instruments efficaces pour l'expansion et l'exportation des services adminis-tratifs et financiers. Généralement, la taille de l'économie offre relativement peu de place pour des affaires purement locales. Outre la taille de l'économie, d'autres facteurs tels que la stabilité politique, de bons réseaux de communica-tion, une main-d'oeuvre qualifiée, un système fiscal approprié, contribuent à l'attraction et à l'accueil de sociétés étrangères.

Les Bermudes ont réussi un important développement de centres d'affaires offshore. Environ 6 000 compagnies internationales y sont enre-gistrées. Celles-ci emploient environ 6 000 personnes. Leurs activités incluent les services financiers (fonds mutuels et fonds de placement) et les assurances (assurances captives notamment). Les autorités tentent depuis peu de renforcer la position du pays en tant que centre d'affaires offshore par l'introduction de services nouveaux comme en témoigne le lancement (en 1984) d'un système entièrement automatisé de marché à terme[16].

Pour quelques pays insulaires, l'apport économique de l'institution de paradis fiscaux est indéniable. Les îles Caïmanes, devenues récemment (1982) paradis fiscal sont également un centre bancaire spécialisé et comptent environ 455 banques offshore. Les Bahamas sont également un centre financier impor-

---

16. Voir : PEAGAN, N. et WELLES, N.- *Banking on Bermuda*, ibid. Ce système est connu sous le nom de "International Futures Exchanges" ou "INTEX".

tant (250 instituts bancaires à Nassau). Ses lois libérales sur les banques en font un centre important pour les institutions bancaires émettrices d'eurodevises, particulièrement les banques américaines. Avec les îles Caïmanes, les Bahamas détiennent 12 à 13 % du marché des eurodevises. L'activité financière offshore fournit jusqu'à 50 millions de dollars par an de revenus à l'économie et emploie plus de 2 000 personnes aux Bahamas, soit environ 7 % de la force de travail du pays[17].

Ce genre de centre peut provenir de l'évolution d'une économie insulaire de relais ou d'entrepôt. Ainsi, Bahreïn a été traditionnellement un centre de commerce et de services dans le Golfe, ainsi qu'un entrepôt réexportant principalement vers l'Arabie Saoudite, mais ce commerce a été affecté par le développement des ports saoudiens et par une forte concurrence de Dubai. Plus récemment, notamment à partir de 1975, Bahreïn a cherché à consolider sa vocation traditionnelle de fournisseur de services, particulièrement à travers le développement du secteur bancaire offshore. Ce secteur a connu un succès indéniable. A la fin de l'année 1983, l'on comptait à Bahreïn 75 banques offshore ainsi que de nombreux bureaux de représentations de banques étrangères, de nombreuses compagnies d'investissement, de courtage et d'assurance. Depuis 1980, plusieurs banques originaires du Japon, des Philippines, de l'Inde et d'autres parties de l'Asie y ont ouvert leurs portes[18]. Outre le secteur bancaire et financier, il existe à Bahreïn une variété d'autres activités qui sont des sources importantes de devises étrangères (ingénierie). Le renforcement du secteur des services dans ce pays repose essentiellement sur un excellent réseau de télécommunications[19].

Les îles qui jouent le rôle de centre financier offshore se trouvent en nombre dans la région des Caraïbes y compris les Bermudes. Les îles Anglo-Normandes et l'île de Man servent un marché surtout britannique. Les petits pays insulaires du Pacifique ont moins développé ce genre de service, d'une part sans doute parce que la source principale d'affaires potentielles -l'Australie- est réticente par rapport à ces activités ; d'autre part Hong Kong et Singapour ont une considérable avance comme centres pour les affaires d'envergure mondiale cherchant à compléter la couverture des créneaux horaires[20]. Néanmoins, Vanuatu fonctionne comme centre financier. Les îles Cook offrent le cadre légal pour un centre financier diversifié (sociétés,

17. *The Economist Intelligence Unit*, Annual supplement, 1984.
18. Voir :*The Economist Intelligence Unit, Quarterly Economic Review of Bahrain, Qatar, Oman, the Yemens*, Annual supplement 1982.
19. Bahreïn possède une station terrienne pour communication par satellite. En outre le gouvernement a pris part à l'Organisation arabe des communications par satellite (Arabsat), qui a lancé deux satellites en1985. Voir : *The Economist Intelligence Unit, Quarterly Economic Review of Bahrain, Qatar, Oman, the Yemens*, Annual supplement 1984.
20. Singapour, bien qu'étant une île, n'est pas petite (population : 2,5 millions) ; le territoire de Hong Kong (population : 5,4 millions) comprend de surcroît une partie continentale en plus de sa partie insulaire.

banques, assurances) mais il paraît que les activités qui s'y déploient sont actuellement spécialisées dans le financement offshore de sociétés de la région.

2 - Les assurances "captives"

Une compagnie d'assurance "captive" est "une compagnie d'assurance (ou de réassurance) qui est détenue ou contrôlée par une société extérieure au secteur des assurances et qui a principalement été créée pour assurer ou réassurer les risques de la société mère ou de ses filiales"[21]. De plus en plus, les grandes sociétés multinationales sont propriétaires de compagnies captives, auprès desquelles elles assurent leurs propres risques.

L'exemple le plus frappant aujourd'hui de concentration de l'activité d'assurances et plus particulièrement de l'assurance captive se trouve aux Bermudes. L'attrait des Bermudes comme siège de compagnies d'assurance date des années 1940 et 1950. Mais l'émergence des Bermudes comme centre offshore important d'assurance est plus récente et demeure liée à l'éclosion des compagnies d'assurance captives. On y comptait à la fin 1982, 1 200 compagnies enregistrées. Les avantages de la localisation aux Bermudes sont liés aux facilités administratives qu'offre ce pays. Aux Etats-Unis, l'industrie des assurances est réglementée selon chacun des 50 Etats. Pour des grandes sociétés dont les opérations couvrent plusieurs de ces Etats, une juridiction unique a des avantages évidents[22]. Il faut ajouter que les avantages d'exonération fiscale qu'offre une juridiction offshore, permettant d'accroître de façon substantielle les bénéfices, constituent un facteur décisif dans la localisation. Toutefois l'évolution du mouvement des assurances captives devra faire face à certaines réticences des administrations des pays d'origine des firmes mères, comme en témoigne la récente opposition entre les firmes américaines installées aux Bermudes et l'administration fiscale des Etats-Unis à propos d'éventuelles déductions fiscales[23].

L'expansion récente et l'engouement suscité pour les sociétés captives amènent à s'interroger sur leur incidence sur le développement. Une autre interrogation porte sur la possibilité de succès de nouveaux centres de captives offshore à l'instar des Bermudes. Sur ces points, le secrétariat de la CNUCED, par exemple, reste très réservé pour l'ensemble des pays en développement[24]. Les caractéristiques économiques spécifiques des îles permettent-elles d'envisager une attitude plus optimiste ?

---

21. *Incidence des compagnies d'assurance captive sur les marchés d'assurance dans les pays en développement*, Etude du secrétariat de la CNUCED (TD/B/C.3/192), 1984, p. 2.
22. Pour plus de détails sur la situation des activités d'assurances captives aux Bermudes, voir : PEAGAN, N. et Welles, N.- Banking on Bermuda, *Euromoney*, Supplement, Mars 1986, p. 29.
23. PEAGAN, N. et Welles, N.- Banking on Bermuda, *ibid.*, p. 29.
24. Voir : *Incidence des compagnies d'assurance captive…* CNUCED, op. cit.

D - Les pavillons de complaisance

Si près d'un tiers de la flotte mondiale travaille sous un pavillon de complaisance, peu de pays insulaires participent au phénomène. De plus, les îles qui ont offert la libre immatriculation ont connu des expériences diverses. Les données publiées par le secrétariat de la CNUCED à l'issue d'une enquête portant sur cinq pavillons de complaisance (Liberia, Panama, Chypre, Bahamas, Bermudes) indiquent que les pays insulaires ont accru leur part de tonnage de libre immatriculation sur la période 1981-1985[25]. Ainsi, Chypre a vu sa part de tonnage passer de 1,7 % en 1981 à 7 % en 1985. Le taux de croissance le plus important fut celui des Bahamas qui augmentait son tonnage de 0,2 millions en 1981 à 6,9 millions en 1985 lui permettant de détenir 3,4 % du tonnage en 1985. Les Bermudes détenaient 0,7 % du tonnage en 1985. Quelques pays insulaires qui ont débuté en tant que simples places de libre immatriculation, ont par la suite développé des activités économiques plus prononcées dans les transports maritimes (Chypre par exemple).

L'enregistrement des navires hors des grandes nations maritimes reflétait le désir des armateurs d'échapper aux réglementations, aux syndicats, à la fiscalité ainsi qu'aux restrictions commerciales qui étaient devenues d'un coût exorbitant dans leur pays d'origine. Mais la prospérité des centres de libre immatriculation pourrait souffrir de l'évolution récente observée dans le domaine des transports maritimes internationaux. Elle a trait à la volonté des armateurs des grandes nations maritimes auxquels les législations de leurs pays refusent de naviguer sous des pavillons de complaisance, de se mettre dans les mêmes conditions d'exploitation que les flottes de libre immatriculation. La pratique nouvelle consiste à enregistrer leurs navires dans des territoires lointains (des îles en l'occurence) qui sont sous la souveraineté de leurs pays d'origine mais qui ne sont pas soumises aux mêmes législations sociales qu'en métropole. Le règlement concernant la sécurité et la protection de l'environnement n'est en revanche pas assoupli. Cette pratique permet de baisser les coûts de main-d'oeuvre tout en continuant pour les armateurs à naviguer sous leur pavillon national. Ainsi depuis 1983, les armateurs britanniques abandonnent peu à peu les places traditionnelles de libre immatriculation pour l'île de Man, les Bermudes ou les îles Caïmanes. L'on s'attend dans les prochaines années à ce que l'île de Spitzberg dans l'Océan arctique serve de centre

25. Voir : *Review of Maritime transport 1985*, report by the secretaria of UNCTAD (TD/B/C.4/299), 1986, p. 9.

d'immatriculation pour les armateurs norvégiens[26]. Les armateurs français disposent des îles Kerguelen comme centre d'immatriculation[27].

E - Les services d'information et de données

Les services de données incluent le traitement des données, le développement et la vente de logiciels, les services de bases de données et les services de télécommunications. L'importance actuelle des services de données s'explique d'abord par leur contribution aux changements qui s'opèrent dans le *modus operandi* des industries existantes et par conséquent, par le rôle central qu'ils jouent dans la nouvelle révolution industrielle actuellement en cours. Ensuite, les industries de données constituent un segment dynamique en expansion. Enfin, l'on observe que le commerce international de services devient de plus en plus l'infrastructure des activités des firmes multinationales. La circulation transfrontières des données est en train de devenir un outil indispensable pour un nombre croissant de ces firmes dans la gestion de leurs réseaux de filiales à travers le monde.

Cependant, les développements dans les technologies de données et leurs exportations restent encore limités à quelques pays. Des firmes américaines ont tenté d'accroître récemment leurs opérations dans les Caraïbes dans l'industrie des services de données. Ainsi, à la Barbade, cinq des 23 entreprises de la zone franche (zone en principe industrielle) sont dans ce secteur. Dans tous les cas, l'on s'attend à ce que les programmes d'expansion observés dans ces îles se traduisent par une augmentation de cette activité destinée en totalité à l'exportation.

F - Les services divers

D'autres services également offerts par les îles ou pouvant être envisagés pour l'exportation peuvent être mentionnés ici.

L'émission de **timbres poste** qui peut avoir un impact réel dans l'économie des petits pays insulaires. Ainsi, dans le cas de Tuvalu, la vente des timbres à l'étranger dépassait, en 1979, 1 million de dollars australiens (938 000 nets des dépenses), qui couvrent plus que le budget ordinaire du gouvernement (883 000 dollars australiens). Ceci est le cas extrême d'un petit pays (popula-

---

26. *The Economist*, 12 July 1986, ibid. p. 68.

27. Bruno JEZEQUEL écrit à ce propos : "Le statut des marins français travaillant sous pavillon des Kerguelen prévoit qu'ils cotisent toujours aux assurances sociales et conservent leurs avantages sociaux. En revanche, les contrats de travail échappent au code de travail maritime de la Métropole et aux conventions collectives. Sous ce pavillon d'outre-mer, un quart de l'équipage -dont quatre officiers- doit être de nationalité française. Les autres marins, en tant qu'étrangers, ont un statut social plus défavorable." Voir : La restructuration des transports maritimes. Sous le signe des pavillons de complaisance : *Le Monde Diplomatique*, Août 1986, p. 20.

tion : 7 349 habitants en 1979), mais même dans des pays insulaires quelque peu plus importants, la vente de timbres-poste peut être aussi significative : par exemple 8 % du revenu gouvernemental à Tonga en 1981-1982.

Aux îles Cook en 1979-1980, les ventes philatéliques ont rapporté 768 000 dollars néo-zélandais, soit 13 % du revenu du gouvernement à l'exclusion de la subvention budgétaire que lui octroie la Nouvelle-Zélande. Les ventes de timbres-poste sont toutefois aussi exposées à l'instabilité des marchés que d'autres exportations (fig. 1).

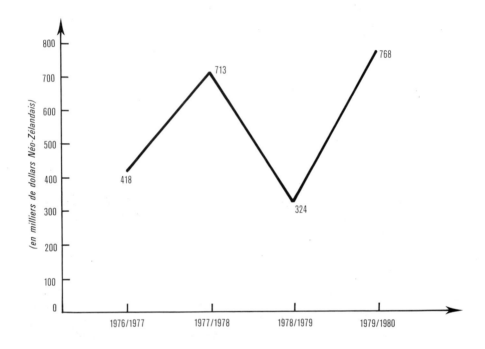

Figure 1.- Recettes philatéliques : Iles Cook
Source : FAIRBAIN, Téo I.J.- *Islands countries*

Quelques pays insulaires fournissent des **services d'enseignement** et des **services culturels** aux étrangers. Ainsi, l'Université St. George à la Grenade forme des étudiants en médecine de trente trois nationalités différentes, qui envisagent de s'engager dans la profession aux Etats-Unis et au Royaume-Uni. De la même façon, Malte offre des facilités d'enseignement pour les enfants des travailleurs étrangers de l'industrie du pétrole de la région méditerranéenne.

Les îles disposent d'endroits favorables pour l'évolution des **espèces animales et végétales.** Ces endroits qui sont visités, contribuent ainsi au tourisme, mais aussi à l'installation plus ou moins permanente de bases scientifiques, comme sur Aldabra (Seychelles) dans l'océan Indien ou dans les îles Galapagos dans le Pacifique.

Certains pays insulaires vendent des **services de transports.** Ainsi aux Maldives, la discontinuité des services de transports maritimes réguliers a amené le gouvernement à développer au début de la décennie 1970 sa propre compagnie de navigation (Maldives Shipping Limited). Les services de cette société nationale constituaient une des principales exportations du pays. Mais la situation de cette entreprise s'est radicalement détériorée depuis lors. Selon le gouvernement des Maldives, la responsabilité en incomberait au code de conduite des transports maritimes négocié sous l'égide de la CNUCED. Ce nouveau code réserve 80 % du commerce aux navires des pays originaires et destinataires, ne laissant que 20 % aux pays tiers. De son côté, le secrétariat de la CNUCED maintient d'une part que le code n'appelle pas une interprétation quantitative si stricte et d'autre part qu'il ne s'applique qu'au trafic de lignes régulières, trafic où la Maldives Shipping Limited n'était guère engagée.

*   *

*

L'importance vitale des services dans l'économie des îles ne fait aucun doute. Ils fournissent dans la majorité des pays la masse la plus importante de la production nationale, des devises et de l'emploi. L'optique que nous avons adoptée pour l'analyse de l'échange international des services nous obligeait à traiter des services non facteurs uniquement. Il est évident que dans le cas d'économies insulaires qui présentent des caractéristiques particulières (taille réduite et spécialisation prononcée), les services facteurs interviennent de façon significative dans leurs recettes extérieures. De ce point de vue les envois de fonds vers ces îles provenant des revenus de travailleurs émigrés auraient mérité d'être pris en considération.

Le phénomène qui retient l'attention reste l'adaptation constante des îles à de nouvelles activités de services, suite à des changements technologiques et suite à des changements intervenus dans la demande, y compris dans le contexte juridico-politique international des affaires. Le renforcement du secteur des services dans les îles devra toujours s'adapter à l'évolution de l'environnement international marqué par la présence des firmes transnationales sur le marché des services.

Depuis la fin du dernier cycle de négociations commerciales multilatérales (Tokyo Round), les pays développés ont indiqué leur intérêt pour engager une négociation sur les services dans le cadre d'un nouveau cycle de négociations commerciales sous les auspices du GATT. Les propositions actuelles visant à "négocier un ensemble amélioré de règles relatives aux services échangés et éventuellement aux investissements étrangers dans les industries de services", auront sans doute des implications sur le développement du secteur des services dans les pays insulaires. Il serait utile pour chaque pays de procéder à l'élaboration d'une étude nationale analysant les activités de services en termes de leur contribution au développement national[28]. L'étude nationale devra également identifier les possibilités d'exportation et les possibilités d'une coopération régionale pour la production et l'exportation des services. Enfin l'étude nationale permettrait de consoliter les positions nationales en vue de préserver l'intérêt national dans les différentes négociations et dicussions internationales sur les services, intérêt vital pour ces tout petits pays insulaires qui auront à veiller à leur visibilité dans cette foire des grands.

DÉBATS

F. DOUMENGE.- La tendance actuelle des activités de service privilégie les îles qui n'ont pas d'habitants permanents : Kerguelen ou les îles du Spitzberg pour l'immatriculation des navires ; Aldabra comme banque génétique, etc... Il est question d'implanter à Clipperton une base-relais pour les grandes flottes de pêche au thon. L'économie de services avait été conçue au départ comme une bouée de sauvetage pour les îles les plus défavorisées ou les plus peuplées. Avec l'appui technologique des communications, elle tend à dériver vers les petites îles vides : il suffit pour cela d'y implanter un relais émetteur-récepteur connecté sur un satellite. Les îles vides présentent moins de contraintes que les îles habitées, en particulier sur le plan fiscal. La France peut ainsi utiliser les Kerguelen, Clipperton, St-Paul, New-Amsterdam.

E. DOMMEN.- Les bases militaires cherchent également des îles inhabitées ; de même le commerce de la drogue. Mais ces activités rapportent des revenus aux pays insulaires.

J. M. BOISSON.- Il est commode de distinguer, pour l'exposé, les "services de facteurs" des "services de services", mais d'un point de vue analytique c'est identique. L'avantage des Kerguelen pour l'immatriculation des navires, est qu'on peut y embaucher des Grecs, des Turcs, des Africains, etc... à faible salaire. De même, les opérations off-shore de banques ou de services d'assurance reposent sur une rente de situation liée à la localisation des îles sur des voies de communication. Le tourisme est lié à un environnement favorable, mais il consomme son capital au fur et à mesure. Toutes ces activités de services sont donc liées à des facteurs favorables. Il s'agit de gérer au mieux - politique fiscale par exemple - ces capacités d'avantages comparatifs.

---

28. La décision 309 (XXX) du Conseil du Commerce et du Développement demande au Secrétariat d'assister les pays en développement qui le souhaitent dans l'élaboration de leur étude nationale sur les services, et ce, dans la limite des ressources disponibles. La Jamaïque, Trinité et Tobago et la Barbade ont demandé l'assistance de la CNUCED pour la réalisation de leurs études nationales.

Résumé : Il s'agit d'une description des services dans le secteur externe des économies insulaires. Elle énumère ceux qui ont contribué à façonner ces économies dans le passé. Elle analyse le rôle actuel des services et leurs perspectives d'avenir. Elle explique la relation entre l'importance du secteur et le choix des services exploités d'une part et la géographie, la technologie et le cadre historique, politique, culturel et juridique d'autre part. Elle souligne l'importance de l'adaptation constante de ce secteur à l'évolution de l'économie mondiale.

Mots-clés : Milieu insulaire, services, tourisme, Monde, zone inter-tropicale.

Summary : *Characteristics of the export of services in island countries.*- This paper is a description of services in the external sector of island economies, and lists those which have contributed to the creation of these economies in the past. The present role of the service sector, and its future prospects are analyzed, and the relationship is explained between, on the one hand, the importance of the sector and the choice of services established, and on the other hand the geography and technology and the historical, political, cultural and legal framework in which they are operating. We stress how important this sector should be constantly adapting to the changing world economy.

Keywords : Island environment ; Industrialization ; Industrial zone ; Free zone ; Third world.

Développement d'activités de services : une banque à Victoria (île de Mahé, Seychelles)
(cliché G. Réaud-Thomas)

L'essor de l'industrie du tourisme : aménagement touristique à Mahé (Seychelles)
(cliché G. Réaud-Thomas)

Personnel de restauration à l'île Maurice
(cliché G. Cabaussel)

LES ZONES FRANCHES INDUSTRIELLES D'EXPORTATION (ZFIE) DANS LES ÎLES

par Edouard DOMMEN[1]

I.- LE PRINCIPE D'UNE ZFIE

La théorie néoclassique du commerce international nous apprend que le libre-échange maximise la prospérité du monde. Néanmoins, dans le monde contemporain les obstacles au libre-échange abondent et prolifèrent, au niveau tant national qu'international. Dans cette jungle, on crée, par ci, par là, une clairière où les règles de l'économie libérale fonctionnent plus normalement, à l'abri d'au moins certaines distorsions. On y trouve l'écho des franchises que des nobles offraient au Moyen Age en Europe à certaines villes ou à certains colons grâce à qui ils espéraient mettre en valeur leurs possessions. Les bénéficiaires échappaient ainsi quelque peu à l'emprise envahissante des obligations féodales. L'essor capitaliste de l'Europe est parti de ces villes libres.

Les ZFIE sont-elles des signes avant-coureurs d'un ordre économique plus libéral, plus ordonné et porteur de prospérité pour le plus grand nombre ? Ce serait une vision optimiste. Quoi qu'il en soit, ces zones n'existent qu'à cause de la confusion administrative et politique qui moule le commerce international : elles supposent l'existence de lourdeurs administratives et d'insuffisances d'infrastructure dans le pays hôte -sinon un terrain industriel quelconque y suffirait- et elles jouent sur les failles des mesures protection-nistes des pays visés comme marchés.

La zone franche industrielle d'exportation peut être définie ainsi : "Aire délimitée administrativement, parfois géographiquement, soumise à un régime douanier autorisant la libre importation des équipements et autres produits en

---

1. L'auteur est fonctionnaire à la CNUCED, mais les vues exprimées sont celles de l'auteur et ne reflètent pas nécessairement celles du secrétariat de la CNUCED.

vue de la production de biens destinés à l'exportation. Ce régime s'accompagne généralement de dispositions législatives de faveur, notamment fiscales, qui constituent autant d'incitations à l'investissement étranger"[2].

A l'origine, les zones franches commerciales étaient des enclaves jouissant de la franchise douanière, qui avaient été établies en vue de faciliter le commerce d'entrepôt. Elles constituaient essentiellement des lieux où des marchandises pouvaient s'entreposer, se conditionner, s'étiqueter et subir d'autres opérations simples en attendant leur réexportation. La plupart de ces zones, telles celles d'Aden, de Hong Kong, de Singapour et de Gibraltar, étaient situées sur les grandes voies du commerce international ou à proximité de celles-ci. Par la suite, des zones franches commerciales ont également été établies, notamment dans les pays développés, pour accélérer la manutention et le dédouanement ultérieur de marchandises destinées à l'importation et ont de ce fait assumé un rôle supplémentaire d'orientation vers les marchés locaux. Les activités à l'intérieur de ces zones ont conservé un caractère essentiellement commercial et ces zones n'étaient pas considérées comme le lieu d'implantation principal des industries manufacturières exportant leurs marchandises ou desservant le marché national.

L'adaptation de la notion de zone franche pour faciliter les industries d'exportation qui dépendent d'intrants importés donne un régime d'importation en franchise qui permet d'éviter les procédures administratives pesantes et la pratique coûteuse des dépôts de cautions. La première ZFIE a été établie à l'aéroport de Shannon (Irlande) en 1959.

Depuis la fin des années 60, on observe une tendance croissante à l'établissement de ZFIE dans les pays et territoires en développement. Les gouvernements les considèrent de plus en plus comme un moyen efficace d'attirer des industries étrangères orientées vers l'exportation, lesquelles sont censées, par leurs investissements et leur activités, apporter ressources investissables, technologie, emplois et devises et contribuer ainsi au développement de l'industrie et des exportations. Dès 1970, huit de ces zones étaient en activité dans des pays et territoires en développement[3]. Currie (1985) dénombrait 79 ZFIE "notables et en fonctionnement" en 1984, dans 35 pays du monde. Sa liste ne comprend toutefois qu'un seul petit pays insulaire : Maurice. D'autres auteurs donnent une liste plus longue : voir tableau I. Maurice est de loin la plus importante des ZFIE de pays insulaires, du point de vue de l'emploi. Cela peut expliquer que Currie s'en soit tenu à ce cas.

La différence peut toutefois provenir de la souplesse du concept de ZFIE. Une telle zone est délimitée administrativement, parfois géographiquement.

2. BASILE et GERMIDIS (1984). Cette définition a été établie à partir des travaux de la CNUCED.
3. CNUCED (1985).

Tant qu'il s'agit de zones industrielles délimitées géographiquement à l'intérieur d'un pays la définition est assez claire[4] ; mais dès qu'il s'agit d'une délimitation administrative, le concept s'estompe. Or, dans 7 des 12 pays cités dans le tableau I, dont la Barbade et Maurice, une entreprise située n'importe où sur l'île peut bénéficier des conditions de ZFIE. Ces pays offrent donc un régime administratif et fiscal favorable aux industries d'exportation distinct du régime normal : c'est cela qui mène à l'appellation ZFIE. D'un tel régime spécial à un régime normal assez simple et peu onéreux pour attirer des industries d'exportation, le pas est en principe petit, mais ce régime normal n'attire pas le label "ZFIE". Dans cet ordre d'idées, les vêtements (CTCI 841) -un produit type de ZFIE- figurent parmi les principales exportations visibles, non seulement de Maurice, de la Barbade et d'Antigua et Barbuda que l'on trouve sur la liste des ZFIE au tableau I, mais encore de Chypre, des Iles Cook, de Kiribati, et de Malte, petits pays insulaires qui ne figurent pas dans ce tableau.

Lieu	Emplois	Année
Afrique et océan Indien		
Maurice*	35 000	1985
Asie et Pacifique		
Bahreïn	4 600	1982
Tonga	1 000	1980
Caraïbes		
Antigua et Barbuda*	...	
Antilles néerlandaises	400	1982
Bahamas	...	
Barbade*	10 000	1985
Dominique*	...	
Montserrat*	100	1984
Saint-Christophe et Niévès*	...	
Sainte-Lucie	...	
Saint-Vincent*	...	

Tableau I.- *ZFIE dans les petits pays insulaires (1985)*
(Source : FROBEL *et al.*,1986, tabl. IV-A.1 et IV-1.)
* Les conditions de ZFIE sont disponibles n'importe où dans le pays.

---

4. Savoir si la zone fonctionne effectivement est une autre question.

L'idée de production "industrielle" introduit un autre élément de souplesse. Cinq des 23 entreprises qui bénéficient du régime de ZFIE à la Barbade s'occupent de traitement de données. Cette activité, que le CITI classe sous le chiffre 8323, compte comme service (division générale 8). Toutefois, plusieurs petits pays insulaires attirent d'autres services par des conditions administratives et fiscales favorables -notamment des services financiers (division CITI 81) ou d'assurance (82)- sans pour autant être classés parmi les ZFIⵔ

II.- LES ATOUTS DES ÎLES

Le rôle d'escale maritime a été déterminant pour l'histoire de nombreuses îles (Malte, Bermudes, Canaries, Açores, Hawaii, Singapour...) et c'est la cause même du peuplement de certaines parmi elles (Maurice, Sainte-Hélène). A une période bien plus récente, surtout entre 1945 et 1975, le rôle de relais aérien a contribué à animer la vie économique de certaines îles (Terre Neuve, Iles Cocos (Keeling), Fidji, Maurice, et Singapour pour qui ce rôle reste notable).

L'économie des petits pays insulaires est toute tournée vers l'extérieur. Au début de la décennie actuelle le rapport entre les importations visibles et le PIB pour tous les pays en développement était de 19 %. Tous les petits pays insulaires, à l'exception de Nauru (17 %), dépassaient cette moyenne : la valeur médiane était de 55 %, et dans presque 20 % des cas, cette valeur dépassait les 100 %[5]. D'ailleurs, de nombreux pays insulaires doivent à leur rôle historique de site excentré d'économies lointaines et notamment européennes le caractère actuel de leur peuplement, et partant leur culture économique. Plusieurs îles des Caraïbes ne jouaient ainsi que le rôle d'entreprises sucrières britanniques pendant une longue période de leur histoire.

Il est parfaitement ancré dans les moeurs de plusieurs pays insulaires de fournir des prestations à l'économie extérieure. Leur infrastructure commerciale, leur système juridique et administratif y sont par conséquent bien adaptés.

Que cherche l'investisseur qui s'établit dans une ZFIE ? De nombreuses enquêtes ont été menées à ce sujet. Le tableau II en reproduit deux à titre d'exemple. Le tableau IIa situe la stabilité politique au premier rang. Le tableau IIb ne l'évoque pas. D'autres études aussi insistent sur ce facteur (Currie, 1985, p. 25). Les petits pays insulaires sont en règle générale parti-

---

5. Les exportations des îles prennent souvent la forme de services, pour lesquels les statistiques sont normalement lacunaires. Les importations qui se composent en majeure partie de biens, sont mieux comptabilisées. Le rapport des importations visibles au PIB offre par conséquent un indice plus fiable de l'ouverture de ces économies au monde.

culièrement stables de ce point de vue, leur gouvernement reposant normalement sur des bases ressenties sur place comme légitimes (Dommen, 1981, 1986).

Critère	Note (a)
1. Stabilité politique	8,2
2. Disponibilité de main-d'oeuvre	6,9
3. Terrain bon marché	6,8
4. Main-d'oeuvre bon marché	6,6
5. Bonne infrastructure (p.e. bons réseaux de transports et de télécommunications)	6,4
6. Gouvernement efficace	6,3
7. Concessions fiscales	6,2
8. Absence de contrôle des changes et possibilité de rapatrier les bénéfices	5,6
9. La possibilité et la facilité d'exportation vers les pays développés	5,2
10. Disponibilité de personnel technique ou qualifié	5,0
11. Situation géographique	4,9
12. Affinités de langue et de culture	4,8
13. Disponibilité de composantes matérielles et de produits semi-finis	4,5
14. Disponibilité de crédits	4,3
15. Taille et potentiel du marché du pays hôte	3,8
16. Relations d'affaires et de famille	3,6
17. Disponibilité de technologie avancé	3,4

Tableau IIa.- *Facteurs qui influencent le choix de pays-hôte. Entreprises transnationales industrielles issues de Hong Kong*
(Source : CURRIE, 1985)
(a) Sur une échelle de 10 (plus grande importance) à 0 (aucune importance)

Les coûts de la main-d'oeuvre ne figurent pas parmi les premières préoccupations des investisseurs. Cela est moins étonnant qu'il ne semblerait de prime abord. Les salaires sont normalement de 10 à 15 fois plus élevés dans un pays développé que dans un pays en développement et jouent par conséquent un rôle appréciable dans la décision générale de se situer outre-mer. Ils sont bien moins importants pour le choix entre un pays et un autre, puisque la différence entre pays d'une même région ne dépasse que rarement 1/2, ce qui peut être plus que compensé par l'effet combiné de la disponibilité de la main-d'oeuvre, sa productivité, les coûts de transport et ce que l'on oublie souvent mais qui est primordial comme composante des coûts : l'élément de coût qui résulte des lenteurs administratives. (Currie, 1985, p. 25).

Facteur	Pourcentage
1. Bonnes relations professionnelles	65,3
2. Main-d'oeuvre disciplinée	63,6
3. Bons transports et communications	57,6
4. Bons salaires	53,0
5. Bonne assistance financière et incitations	49,2
6. Terrains adéquats	46,6
7. Bon accès aux marchés étrangers	34,3
8. Marché domestique important	33,9
9. Moyens pour la recherche et le développement	17,0
10. Environnement propre	16,1
11. Bons services de formation	12,8
12. Bons équipements de loisirs	4,2

Tableau IIb.- *Investisseurs américains aux Caraïbes dans l'électronique et dans le traitement des données.*
(Source : LONG,1986, tabl. I-4)

La disponibilité (tabl. IIa) et la discipline de la main-d'oeuvre (IIb) sont plus importantes. En revanche, la qualification de la main-d'oeuvre, ou la possibilité de formation poussée, figure vers le bas de la liste : la disponibilité de personnel technique ou qualifié figure en 10e place au tableau IIa ; de bons services de formation, 11e place au tableau IIb. Les opérations des entreprises qui s'implantent dans les ZFIE sont intensives en main-d'oeuvre certes, mais simples et répétitives. Le taux de scolarité élevé dont jouissent les populations insulaires (Dommen, 1981b) ne constitue pas, semble-t-il, un atout particulier, au moins directement. Il se peut toutefois qu'il influe sur la discipline de la main-d'oeuvre. Il contribue sans doute aussi à l'efficacité de l'administration évoquée ci-dessus.

Un bon réseau de transports et de télécommunications figure en bonne place parmi les préoccupations des investisseurs (5e au tableau Ia et 3e au Ib). A la fois comme moyen de transport et comme environnement pour l'esprit d'entreprise, la mer et la terre ont connu des évolutions très divergentes pendant différentes périodes historiques. A l'époque pré-industrielle, la mer et les cours d'eau navigables offraient un moyen de transport beaucoup plus efficace que la terre pour les marchandises.

L'ère industrielle a été marquée par des progrès simultanés dans la technique et l'organisation des transports aussi bien maritimes que terrestres, mais les progrès ont été très divergents. Le développement de chemins, de voies ferrées, puis de routes carrossables a amené la création de réseaux très denses de transport terrestre qui ont fini par atteindre les communautés les plus éloignées. Sur mer, en revanche, l'innovation technique a principalement porté sur la navigation au long cours, créant ainsi des conditions qui ont rendu de plus en plus marginaux les petits ports et les îles lointaines.

Bien que les constructeurs d'avions aient étudié les applications potentielles de l'aéronautique de pointe dans les pays en développement, ce marché reste trop restreint pour encourager beaucoup la recherche-développement. Ainsi, non seulement il est très difficile de créer des installations au sol valables pour les générations successives d'avions, mais encore faut-il pouvoir acquérir des types d'avion qui conviennent bien à l'environnement opérationnel des îles, sans parler des ressources à trouver pour les acheter ou les louer, ou le pouvoir de négociation nécessaire à la création d'un réseau rentable qui assure une viabilité financière à long terme.

Autrement dit, la commodité des transports, qui faisait jadis la prospérité de nombreuses îles, ne joue plus en leur faveur. Ce sont les grands centres bénéficiant d'un accès terrestre à leurs partenaires, ou jouissant de grands volumes de marchandises à traiter, qui ont désormais l'avantage. Le tableau III présente quelques exemples de tarifs aériens. A part le tarif, l'entreprise doit

	Normal	Spécial (a)	Distance (km)
Maurice	5,6	-	9 777
Hong Kong	2,7	2,0	9 638
Taiwan	7,9	5,6	9 794
Mexique	4,18	2,5	8 901

Tableau III.- *Tarifs de transport aérien vers Londres, 1984 ($/kg)*
(Source : CURRIE,1985, tabl. V)
(a) Tarif spécial s'appliquant aux genres de marchandises que produisent les ZFIE.

aussi tenir compte de la manutention, des assurances et de la fréquence des liaisons. Moins la fréquence est grande, plus les coûts de stockage sont élevés. Maurice, par exemple, n'est desservie que par un avion cargo chaque quinzaine (Currie, 1985).

A la grande époque du télégraphe, les câbles intercontinentaux passaient souvent par des îles qui servaient de relais (Dommen, 1983, carte 1). Maintenant que les télécommunications se font le plus souvent sans fil, les îles ont aussi perdu cet atout ; pour participer aux réseaux elles doivent consentir des investissements à leur propre charge. Il ne faut toutefois pas surestimer cet obstacle : au contraire le traitement des données constitue précisément des activités de la ZFIE des Barbades. Cinq des 23 entreprises de la zone sont dans cette branche.

L'allègement de procédures bureaucratiques constitue l'un des principes de départ des ZFIE. On pourrait supposer que le niveau d'instruction, la stabilité politique (voir ci-dessus) et l'absence relative de corruption qui s'ensuivrait jouent en faveur des petits pays insulaires. Mais il se peut que ces caractères mêmes rendent superflue la création d'une zone franche clôturée, les conditions normales du pays étant déjà assez libres de tracasseries administratives. D'ailleurs, les ZFIE ne constituent pas une zone géographique délimitée ni à la Barbade, ni à Maurice : les entreprises ayant le statut correspondant s'implantent où elles le veulent sur l'île.

Pour suivre le même raisonnement en sens inverse, dans certains cas les pays hôtes de ZFIE sont connus pour les interventions malvenues des autorités et pour la corruption. On peut de surcroît constater que la plupart des ZFIE se trouvent dans des pays qui sont soit grands, pris isolément, soit situés dans une région continentale disposant d'un hinterland important. Dans ces conditions, les investisseurs ne négligent pas les possibilités de ventes sur le marché local. Les entreprises situées dans les ZFIE égyptiennes écoulent 85 % de leur production sur le marché local[6]. L'hinterland peut servir entre autres de débouché pour les marchandises qui n'atteignent pas la qualité requise pour les exportations. A ce titre, le Sri Lanka a autorisé une verrerie d'une ZFIE à écouler jusqu'à 50 % de ses produits sur le marché local (Basile et Germidis, 1984). Les études de cas que présente Currie (1985) font bien ressortir l'utilité pour le producteur de l'accès au marché local. Les entreprises étrangères investissant dans les "maquiladoras" mexicaines cherchent activement à négocier une ouverture plus grande du marché local à leurs produits.

Néanmoins, les produits des ZFIE visent normalement les marchés des pays développés. Ces marchés s'entourent souvent de clôtures sous la forme de mesures non-tarifaires, et notamment de contingents discriminatoires. Les

---

6. Il convient toutefois de préciser que ces zones n'ont pas de vocation industrielle et que les activités commerciales d'entreposage y sont dominantes (BASILE et GERMIDIS, 1984).

importations dans les ZFIE s'expliquent en partie par la recherche de créneaux dans ces clôtures. Les pays déjà bien établis dans une certaine branche voient leurs exportations coincées par des restrictions qui les visent nommément. Ainsi, par exemple, il est peu intéressant de chercher à développer les exportations de vêtements depuis Hong Kong ou même depuis le Sri Lanka vers les grands marchés occidentaux. De même, paradoxalement, il est aléatoire de chercher à développer des exportations de ces produits à partir de pays qui n'en exportent pas du tout : le couperet des contingents à déclenchement automatique risque de tomber aussitôt. C'est là sans doute une explication de la mésaventure arrivée aux Maldives : en 1980, les Maldives avaient réussi à grand peine à implanter une petite usine de tricots en laine sur l'atoll de Gan[7]. En 1982, les Maldives exportèrent 40 000 douzaines de pull-overs aux Etats-Unis. Ce pays imposa sans tarder un contingent de 25 000 douzaines pour 1983, bien que l'usine ait eu déjà des commandes pour une quantité trois à quatre fois supérieure.

Bref, l'investisseur à la recherche d'un lieu de fabrication a meilleur temps de choisir un pays qui ne soit déjà ni trop grand ni trop petit comme producteur de la marchandise en question. Des relations privilégiées entre le pays en question -ou même entre la ZFIE précise- et le marché visé sont aussi utiles. Ainsi la convention de Lomé rend plus attractives la Barbade comme Maurice. La Barbade jouit en plus d'un accès privilégié au marché des Etats-Unis grâce à la *Caribbean Basin Initiative.*

De nombreux petits pays insulaires jouissent d'une longue tradition de relations économiques intenses avec les pays développés à économie de marché ; ils disposent d'une main-d'oeuvre disciplinée et instruite. Leur système de gouvernement est stable. Autant d'atouts qui, semblerait-il devraient les rendre attrayants comme lieu d'implantation de ZFIE. Et pourtant, parmi tous les petits pays insulaires d'un million d'habitants ou moins on ne trouve que peu qui hébergent des zones de ce genre qui contribuent d'une façon importante à l'économie nationale (tabl. I).

A cela deux raisons : d'abord, les petits pays insulaires ont souvent une telle habitude de l'ouverture au monde et un tel degré d'organisation qu'ils n'ont pas besoin de structures d'exception pour que des entreprises d'exploitation se développent. Ainsi, par exemple, l'industrie du vêtement à Fidji emploie quelque 3 000 personnes et le vêtement constitue une des principales exportations industrielles du pays. Pour cela, elle bénéficie d'un accès privilégié aux marchés Néo-Zélandais et Australien dans le cadre du SPARTECA (Accord commercial régional du Pacifique sud). Il ne s'agit pas de productions d'une ZFIE, et les ventes locales sont en tout cas aussi importantes que les

7. Gan ne figure pas dans les listes de ZFIE, mais il en a plusieurs des attributs.

exportations. Le gouvernement tolère des salaires en dessous de la moyenne dans ce secteur, mais sans lui reconnaître de statut particulier (*Pacific Islands Monthly*, 1986).

Ensuite, la petite taille constitue actuellement un inconvénient sensible. D'une part, les îles ne servent plus d'étape obligée pour les transports long-courrier. Elles doivent être desservies tout exprès, et vu que les progrès techniques des transports maritimes comme aériens favorisent la grande échelle, les petites destinations en pâtissent. D'autre part, il faut une certaine taille pour amortir les coups que délivrent les contingents à déclenchement automatique et pour être en mesure de supporter les frais que nécessite la visibilité internationale dans un monde où l'accès aux marchés est une affaire hautement politique[8]. Enfin un hinterland domestique peut constituer un appoint de valeur.

La ZFIE de Maurice ne constitue donc pas seulement une réussite exceptionnelle parmi les ZFIE du monde, mais aussi une exception parmi les pays insulaires. Il est donc particulièrement heureux qu'une des contributions à ce colloque y soit entièrement consacrée.

ORIENTATION BIBLIOGRAPHIQUE

BASILE, A. ; GERMIDIS, D. (1984).- *Investir dans les zones franches industrielles d'exportation*. - Paris, OCDE, 92 p.

CNUCED. Genève. (1985).-*Manuel de statistiques du commerce international et du développement, Supplément*. - TD/STAT.13.

CNUCED. Genève. (1985).- *Les zones franches de transformation pour l'exportation dans les pays en développement : incidences sur les politiques commerciales et les politiques d'industrialisation*.- TD/B/C.2/Rev. 1, 47 p.

CURRIE, J. (1985).- *Export Processing Zones in the 1980s*.- London, Economist Intelligence Unit, Special report n° 190, 228 p.

DOMMEN, E. (1981a).- *Islands*.- Oxford, Pergamon Press, 130 p.

DOMMEN, E. (1981b).- Some distinguishing characteristics of island states. *In* : Dommen (1981a), pp. 931-944.

DOMMEN, E. (1983).- *Invisible Exports from Islands*.- Geneva, UNCTAD, discussion paper n° 9, 30 p.

DOMMEN, E. (1986).- Military exercises. *In* : Trade and Development, n° 7, (à paraître).

8. Leurs tricots étant confrontés à un contingentement imposé subitement par les Etats-Unis, les Maldives se tournèrent vers le GATT, auquel ils venaient d'adhérer pour la circonstance. Il est toutefois vraisemblable que les coûts de leur participation à des négociations tant à Genève qu'à Washington aient dépassé les bénéfices que le Gouvernement pouvait espérer en retirer.

FROBEL, F. ; HEINRICHS, J. ; KREYE, O. (1986).- *Umbruch in der Weltwirtschaft.*- Rowohlt.

LONG, F. (1986).- *Employment Effects of multinational enterprises in export processing zones in the Caribbean.*- Geneva, ILO, 82 p.

Pacific Islands Monthly, avril 1986.

Résumé : Les zones franches industrielles d'exportation (au nombre de quatre-vingts environ) intéressent actuellement trente-cinq pays dont une dizaine de pays insulaires. Elles ont été conçues comme des moyens de contourner les mesures protectionnistes de grands pays visés comme marchés. Elles bénéficient d'un régime fiscal de faveur. Elles constituent un moyen d'attirer de grands investisseurs dans des zones géographiques jusqu'alors marginales. Les facteurs qui influencent le choix du pays-hôte sont nombreux ; la stabilité politique, la discipline et l'instruction de la main-d'oeuvre, une longue tradition commerciale semblent avantager les petits pays insulaires.

Mots-clés : Monde insulaire, industrialisation, zone industrielle, zone franche, Tiers-Monde.

Summary : *Export processing zones in the islands.*- The Export Processing Zones of which there are about eighty, currently concern 35 countries, of which about 10 are islands. They were devised as a means of bypassing the protectionist measures of the major countries where they had hoped to develop a market. They benefit from preferential tax regulations. They represent a means of attracting large-scale investors to geographical areas which until now have only been marginal. There are numerous factors which influence the choice of host-country : political stability, discipline and good level of education of the work force, and a long commercial tradition would seem to be elements that are of advantage to the smaller island countries.

Keywords : Island environment ; Services ; Tourism ; World ; Intertropical zone.

LES STRUCTURES SPATIALES RÉUNIONNAISES

par Daniel LEFÈVRE

Le Département d'Outre-Mer de la Réunion, situé dans le Sud-Ouest de l'océan Indien par 55° de longitude Est et 21° de latitude Sud, fait partie de l'Archipel des Mascareignes qui comprend par ailleurs les îles Maurice et Rodrigues. Cette île tropicale exiguë (2 512 km² et 207 km de tour), montagneuse (culminant à 3 069 m au Piton des Neiges) et volcanique est restée déserte jusqu'à l'arrivée des Français au milieu du XVIIe siècle. Elle se révèle par conséquent être un véritable champ d'expérience géographique, un laboratoire permettant d'appréhender le processus de formation simultanée de la Société et de son espace. De ce fait, on va chercher dans ce texte à mettre en évidence les différents niveaux d'organisation de l'espace avant d'évoquer succinctement les mécanismes qui régissent la production de cet espace.

I.- L'EXISTENCE DE TROIS GRANDES UNITÉS SOCIO-SPATIALES

Un espace géographique résulte selon la formulation d'Hildebert ISNARD de "l'agencement en structure générative d'un peuplement humain, de ses activités, de ses moyens de communication". L'observation de corrélations qui s'établissent dans la distribution de ces variables pertinentes permet pour la Réunion de définir trois grandes unités socio-spatiales :
   - la première fortement urbanisée, largement tertiarisée, mais toujours sucrière, située sur le littoral et les basses pentes ;
   - la seconde essentiellement rurale, établie sur les pentes supérieures externes des massifs volcaniques de l'Ouest et du Sud, qui présente une économie agricole de transition ;
   - la troisième, elle aussi rurale, implantée dans les hauts de l'intérieur, dont l'économie agricole est à présent ouverte sur le marché insulaire.
   Chacune de ces zones présente une unité d'organisation et de fonction tout en comportant des variations régionales de faciès.

A - La zone urbanisée, tertiarisée et sucrière du littoral et des basses pentes

1 - Caractères dominants de la zone

La zone du littoral et des basses pentes, dont la limite en altitude se situe selon les lieux entre 400 et 650 mètres, rassemble la majeure partie de la population de l'île (85 %). Pourtant elle ne s'étend que sur un peu plus du tiers de la superficie. Sa population fondamentalement multiraciale est généralement à dominante noire ou métisse et comprend souvent une proportion non négligeable de groupes ethniques minoritaires (Indo-musulmans, Chinois et Métropolitains). Une telle structure est en rapport avec le développement de l'urbanisation et de l'économie sucrière. La zone accueille en effet la totalité des neuf agglomérations classées comme villes dans l'île à partir d'un indice synthétique qui prend en compte les fonctions d'encadrement, les activités économiques, l'infrastructure et les équipements de plus de 80 localités. Cette population urbaine, à laquelle il convient d'ajouter celle de la zone balnéaire de Saint-Gilles, regroupe en 1982 près de 55 % de la population de la zone et 47,7 % de celle de l'île. Cette forte urbanisation, qu'accompagne une importante rurbanisation, explique que les activités non agricoles soient devenues dominantes alors même que cette zone comporte l'essentiel de l'espace sucrier dont le monopole économique et social est ainsi remis en cause. La zone littorale rassemble en effet en 1982, 65 % de la surface agricole utilisée de l'île dont 91,5 % de la surface en canne à sucre. Or les agriculteurs y représentent à peine 15 % d'une population active occupée alors que les salariés du seul secteur public y constituent plus du tiers des emplois. Les exploitations de 50 hectares et plus couvrent moins du tiers de la surface agricole utilisée ; ceci témoigne de l'affaiblissement de la grande plantation, intégrée ou non.

2 - Les faciès régionaux

Cette homogénéité d'ensemble de la zone littorale n'exclut pas pour autant l'individualisation de faciès régionaux largement en rapport avec l'inégal niveau d'une urbanisation qui constitue le caractère majeur de l'organisation spatiale.

a - Le faciès urbain du Nord : un espace homogène et hégémonique

Le faciès urbain du Nord-Ouest qui réunit 153 000 habitants prend appui sur Saint-Denis, la **métropole régionale**. Installée au Nord de l'île, cette "capitale" insulaire compte en 1982 près de 110 000 habitants, soit 21 % de la population de la Réunion. L'espace s'ordonne à partir du noyau administratif et commercial qui se développe au nord en bordure du littoral.

L'amphithéâtre de massifs montagneux qui entoure la ville n'a sans doute pas empêché un processus d'urbanisation au profit des résidences aisées qui gagnent les pentes méridionales (Saint-François, le Brûlé) et se sont installées à 600 mètres d'altitude dans le massif de La Montagne, plus à l'ouest. Mais c'est tout naturellement que la ville s'étend aux dépens des terres à canne à sucre de la plaine orientale où surgissent des cités de logements sociaux auxquelles se mêlent selon un processus classique d'exurbanisation, des services décentralisés, des entrepôts, et des entreprises industrielles.

Une telle structure est révélatrice des fonctions et du poids économique et social de la métropole régionale. Ces fonctions demeurent essentiellement tertiaires en dépit du développement des zones industrielles : en 1982, le secteur tertiaire regroupe 84,2 % de la population active occupée résidente et près de 85 % des actifs ayant un emploi dans la commune.

Saint-Denis ne possède toutefois pas l'outil indispensable que représente, dans une économie extravertie, un port de commerce international. Celui-ci est installé à la Pointe des Galets. Ce port artificiel, situé à une vingtaine de kilomètres de la capitale, est relié à cette dernière par une route à quatre voies construite au pied d'une falaise instable, qui représente un véritable défi lancé par l'homme à la nature. Ce centre portuaire (30 000 habitants), qui possède les plus importantes zones industrielles de l'île, s'est remarquablement développé et transformé depuis une quinzaine d'années : la ceinture de bidonvilles a fait place à un habitat composite de collectifs verticaux et horizontaux où se mêlent les classes moyennes et pauvres.

b - Le Sud : un faciès régional équilibré

Le faciès littoral Sud s'étend de la commune de Saint-Leu au Nord-Ouest à celle de Saint-Philippe au Sud-Est et rassemble, en 1982, près de 143 000 habitants, soit environ 28 % de la population insulaire : il constitue de ce fait la plus forte concentration d'hommes après celle du faciès du Nord. Cette population s'individualise au Sud-Est (communes de Saint-Joseph et de Saint-Philippe) par l'importance de son peuplement blanc.

Le Sud s'organise autour de la ville de Saint-Pierre, sous-préfecture de 22 000 habitants dotée du plus moderne hôpital du Sud-Ouest de l'océan Indien, qui a su garder une certaine autonomie commerciale vis-à-vis de la capitale et joue le rôle de centre régional d'équilibre. Ce centre est relié par une route à quatre voies à la ville du Tampon située à 600 mètres d'altitude. Il accueille l'essentiel des équipements scolaires de la région et des résidences des classes aisées de la population. Les petites villes littorales de Saint-Louis à l'Ouest (10 000 habitants) et de Saint-Joseph à l'Est complètent une armature urbaine bien étoffée qui regroupe 44,4 % de la population d'un faciès qui est après celui du Nord le plus urbanisé. L'arrière-pays saint-pierrois est également une riche région agricole où la présence de la canne à sucre n'exclut pas une diversification de la production, tout particulièrement sur la commune de Petite Ile.

*c - L'Ouest : un développement qui profite avant tout au littoral saint-
paulois*

A l'Ouest (68 000 habitants), le littoral urbanisé, qui a reçu l'essentiel des
aménagements touristiques de l'île, est séparé de la zone de culture de la canne
à sucre par des étendues herbeuses peu utilisées par l'homme. Saint-Paul est une
petite sous-préfecture de 12 000 habitants quelque peu somnolente en raison de
la proximité de Saint-Denis et du Port. Saint-Gilles, qui possède le lagon le plus
développé de l'île, est la principale station balnéaire de la Réunion. Sur
quelques kilomètres, se mêlent des résidences (principales pour les trois-quarts
d'entre elles), des équipements hôteliers destinés à accueillir une clientèle
internationale et une infrastructure orientée vers un tourisme local et social
(Villages-Vacances-Familles, camping, colonies de vacances…). Il en résulte
depuis une dizaine d'années un spectaculaire développement des activités
commerciales.

*d - Le Nord-Est : un espace sucrier homogène où la pénétration des
activités tertiaires a été plus lente*

Le Nord-Est (92 000 habitants) apparaît encore comme un espace où la
grande plantation intégrée, à laquelle correspondent des noyaux importants de
peuplement indien, est bien représentée ; la culture de la vanille est complémentaire de celle de la canne à sucre, tandis que peuvent se développer des
cultures maraîchères (plaine littorale de Saint-André) et fruitières (sur le flanc
des versants des ravines).

L'influence de Saint-Denis qui s'exerce directement sur la plus grande
partie de ce faciès régional a limité pendant longtemps le développement des
deux petites villes concurrentes que sont Saint-Benoît (10 000 habitants) qui,
grâce à son statut de sous-préfecture, a bénéficié de l'implantation d'équipements administratifs et socio-culturels, et Saint-André (15 000 habitants) dont
la population croît très rapidement ce qui a entraîné la restructuration de son
centre ville. Au total, les deux villes rassemblent 27 % de la population du
secteur Nord-Est. Le taux d'urbanisation est donc comparable à celui noté dans
le secteur Ouest, mais il reste inférieur à ceux enregistrés dans le Nord et le Sud
de la zone.

B - La zone rurale des pentes supérieures externes, du sud et de l'ouest, à économie agricole de transition

1 - Les fondements de l'organisation spatiale

La partie supérieure des pentes externes orientales des deux massifs
volcaniques qui constituent l'ossature montagneuse de l'île, massif volcanique

éteint du Piton des Neiges à l'Ouest et massif actif du Piton de la Fournaise à l'Est, n'ont guère été aménagées par l'homme : la forêt succède à la canne à sucre qui monte jusqu'à 400-500 mètres d'altitude. Il n'en est pas de même pour celles de l'ouest et du sud : à partir d'une altitude d'environ 600 mètres, la culture de la canne à sucre s'intègre, avant de disparaître, dans une polyculture mixte associant des cultures secondaires de plantes à parfum, géranium et vétiver pour l'exportation, des cultures céréalières (maïs), maraîchères, fruitières et des productions d'élevage destinées pour une large part au marché local. Le peuplement, composé de petits exploitants blancs, propriétaires ou colons-métayers, reste sans doute important mais les densités de population diminuent avec l'altitude. L'armature urbaine est faible : de gros bourgs ruraux s'alignent le plus souvent le long de routes parallèles au rivage. Au total la région regroupe environ 45 500 habitants, soit moins de 9 % de la population insulaire.

2 - Des transformations plus avancées dans le Sud

Tout comme sur le littoral, le système des pentes supérieures externes des massifs volcaniques est loin d'être monolithique et de multiples micro-pays s'individualisent du nord-ouest au sud-est. La politique de diversification des cultures et de développement d'un élevage sur prairies naturelles ou artificielles porte pleinement ses fruits dans les hauts du Tampon, où les résidences secondaires s'installent le long de la route de la Plaine des Cafres. La culture du vétiver prend souvent le relais de celle du géranium dans les hauts de Montvert, Petite Ile et Saint-Joseph, ces derniers constituant à bien des égards une périphérie attardée. Les hauts de l'Ouest qui souffrent de la sécheresse demeurent encore davantage orientés vers le système traditionnel de polyculture dominé par le géranium ; exception faite dans les hauts de la Chaloupe Saint-Leu où le développement de l'élevage paraît bien parti.

C - La zone rurale des hauts de l'intérieur, à économie agricole ouverte sur le marché insulaire

1 - L'homogénéité d'ensemble

Les hauts de l'intérieur sont peu peuplés. Environ 15 000 habitants, soit moins de 3 % de la population insulaire, s'accrochent sur les "îlets", plates-formes subhorizontales découpées dans le fond des trois cirques qui occupent l'emplacement de l'immense caldeira du massif du Piton des Neiges, ou sont installés à la Plaine des Palmistes, plateau en forme de cuvette, situé à 1 000 mètres d'altitude sur le seuil séparant les deux massifs volcaniques. Cette population composée à 80 % de "petits Blancs" pratique une polyculture pour une part encore vivrière. Toutefois la mise en place d'une infrastructure routière de pénétration, sans cesse améliorée, a contribué à rompre l'isolement tout relatif des communautés humaines en permettant d'intégrer la production agricole à l'économie marchande et en favorisant le développement du tourisme de "changement d'air". Cependant la faiblesse de l'armature urbaine répond à celle du peuplement et les emplois non agricoles des actifs résidents qui ont tendance dans bien des cas à devenir dominants sont le plus souvent non qualifiés et peuvent être exercés sur le littoral.

2 - Des faciès possédant une forte personnalité

Les espaces constitutifs de cette zone possèdent chacun des caractéristiques qui leur sont propres. Le cirque de Salazie situé à l'Est est le plus peuplé (6 467 habitants en 1982), le plus riche et le plus ouvert : participant encore à l'économie sucrière, il produit des surplus importants de cultures maraîchères évacuées vers le littoral. Hellbourg, situé à 987 mètres, qui compte 600 habitants, est le centre le plus actif. Toutefois, et de manière quelque peu paradoxale, ce cirque est celui où les conditions de vie laissent le plus à désirer, exception faite bien entendu du cirque de Mafate.

Le cirque de Cilaos, plus sec, où les terres ont été souvent érodées par des défrichements intempestifs, est plus pauvre malgré le développement de certaines productions ou activités de renommée locale : culture des lentilles et de la vigne, broderie artisanale et exploitation de sources thermales. Près de la moitié de la population qui compte 5 736 habitants se regroupe dans le gros bourg de Cilaos, qui a des allures de petite ville et qui s'anime en période de vacances. Le cirque de Mafate est le seul des trois cirques à être encore enclavé et se dépeuple régulièrement : 500 habitants sont regroupés dans quelques îlets. Enfin, la Plaine des Palmistes (2 000 habitants) a pour caractéristique son orientation vers l'élevage et l'emprise qu'exercent sur l'espace les résidences secondaires qui sont aussi nombreuses que les résidences principales.

D - De fortes disparités régionales

Au total, cette division zonale laisse apparaître de profondes disparités socio-spatiales qui s'établissent au profit du littoral et des basses pentes et au détriment des hauts. Ainsi, la première zone, qui s'étend sur 36 % de la superficie insulaire, concentre 88,3 % de la population de l'île (1982), la totalité des villes, 64,7 % de la surface agricole utilisée (1982), 96,7 % des entreprises industrielles, 93,82 % des entreprises commerciales (dont 98,6 % du commerce d'import-export et de gros), et 94,9 % des entreprises de services (dont 64 % des hôtels) (1985). Cette forte domination se trouve renforcée par le développement macrocéphalique de la métropole régionale, Saint-Denis, qui regroupe 21,1 % de la population, 27,3 % des actifs résidents, 24,1 % des emplois secondaires, 40,4 % des emplois tertiaires en 1982 et 26,3 % des entreprises commerciales dont 73 % de celles d'importation et de gros, 34,4 % des entreprises industrielles, et 39,75 % des entreprises de service dont 71,2 % de celles de finances et assurances en 1985. De ce fait les disparités économiques inscrites dans l'espace géographique induisent des disparités sociales d'intensité comparable : en 1976-1977, le revenu moyen par habitant était dans la capitale trois fois supérieur à celui des espaces des hauts .

II.- LA FORMATION DE DEUX SOUS-ENSEMBLES RÉGIONAUX

Les unités socio-spatiales précédemment définies ne constituent pas des géo-systèmes fermés mais sont en relation les unes avec les autres sur la base de rapports complémentaires ou inégaux. Lorsque ces relations sont suffisamment ténues, des sous-ensembles régionaux se mettent en place, commandés par la métropole régionale ou un centre régional d'équilibre, formant alors de véritables "régions polarisées". La question de l'intégration des grandes unités socio-spatiales et de leurs faciès régionaux au sein de l'entité insulaire réunionnaise est double. La macrocéphalie de la métropole régionale est-elle dans un cadre insulaire exigu un facteur décisif de déséquilibres graves où s'opposent un centre et une périphérie, l'écart se creusant au fur et à mesure qu'on s'éloigne de Saint-Denis, c'est-à-dire aux extrémités d'altitude et du Sud-Est ? Les deux zones rurales superposées qui prennent appui sur les massifs volcaniques sont-elles en situation de complémentarité harmonieuse avec la zone urbanisée et tertiarisée du littoral ou constituent-elles des espaces périphériques passifs et marginaux ?

A - Les mécanismes d'intégration régionale

Les mécanismes d'intégration régionale peuvent être mis en évidence par l'analyse des flux d'hommes et de produits, combinée à la mesure (par différentes méthodes quantitatives) des aires d'influence des centres régionaux.

1 - Les déplacements des hommes

a - Les migrations définitives de 1975 à 1982

Les migrations définitives sont complexes. Elles reposent sur plusieurs facteurs pouvant jouer de manière inégale dans le temps : marché de l'emploi, coût du foncier et avantages écologiques des sites de résidence. C'est ainsi que la métropole régionale, Saint-Denis, étend son influence sur l'ensemble des communes de l'île et plus particulièrement sur celles du Nord-Est et du Nord-Ouest. Toutefois, à partir de 1975, le solde migratoire de la capitale devient négatif. Le coût élevé du foncier fait que ceux qui trouvent un emploi à Saint-Denis peuvent préférer continuer à habiter à l'extérieur ou émigrer vers les communes voisines. Par ailleurs "l'effet Dakar" semble jouer ici un rôle non négligeable : la commune de Saint-Denis qui accueille 21,1 % de la population insulaire concentre 31,6 % des sorties de population et 25 % du solde migratoire externe négatif. Trois autres communes ayant un centre urbain important étendent leur influence sur un nombre élevé de communes : Le Port, Saint-Pierre et Le Tampon. Le Port est la ville la plus attractive de l'île, recevant 8 % du total des migrants alors qu'elle ne possède que 6 % de la population insulaire. Le solde migratoire positif de la ville de Saint-Pierre est nettement moins élevé que celui de celle du Tampon qui, située à 600 mètres d'altitude, est devenue une ville résidentielle pour les personnes travaillant sur le littoral.

Il est donc possible de dresser un bilan des flux. Le Sud formé de dix communes s'étendant des Avirons à Saint-Philippe (y compris le Cirque de Cilaos) apparaît comme relativement homogène et conserve environ 60 % de ses migrants. Le Nord exerce par l'intermédiaire des deux villes de Saint-Denis et du Port, une influence qui s'étend sur le Nord-Est et l'Ouest. Le Nord-Est connaît d'importants mouvements migratoires internes et entretient des relations privilégiées avec la métropole régionale. L'Ouest apparaît écartelé : Saint-Paul se situant dans la mouvance du Nord tandis que les mouvements migratoires de la commune de Saint-Leu se partagent entre le Nord-Ouest et le Sud.

b - Les migrations de travail

Les changements définitifs de résidence induisent bien souvent des migrations de travail, dont l'analyse permet de préciser les contours des aires d'influence des centres qui jouent un rôle majeur dans les mouvements de population. L'étude comparée des effectifs d'actifs résidents et d'actifs ayant un emploi met en évidence le fait que seulement trois communes, à savoir Saint-Denis, Le Port et Saint-Pierre ont un solde migratoire positif. Elles constituent des pôles d'emplois attractifs vers lesquels se dirigent les principaux flux migratoires. Onze localités situées tant à l'Ouest qu'à l'Est de l'île, tout en incluant les communes des hauts de l'intérieur de Salazie et de la Plaine des Palmistes, envoient plus de 40 % de leurs émigrants (seuil retenu pour définir les mouvements pertinents de population) vers les communes de Saint-Denis et du Port. La commune de Saint-Pierre draine les migrations de travail du Sud de l'île, de Saint-Louis à Saint-Joseph. Les migrations de travail sont plus diversifiées dans les communes du Sud-Ouest (Etang-Salé, Avirons, Saint-Leu et Trois-Bassins), de la périphérie Sud-Est (Saint-Philippe et Sainte-Rose) et de Cilaos où l'influence de l'un ou l'autre des deux principaux pôles attractifs est moins nette. Par relais interposés, de Saint-Louis à l'Ouest et de Saint-Joseph au Sud-Est, la zone d'influence de Saint-Pierre peut-être ainsi élargie des Avirons à Saint-Philippe, le cirque de Cilaos en restant exclu.

2 - Les échanges de produits et de services

L'analyse des échanges de produits et de services (mesurés selon une méthode d'enquête dérivée de celles utilisées en métropole par Piatier et Barbier) confirme pleinement les résultats des études de migrations de population. Elle fait apparaître le rôle prépondérant des deux centres régionaux de Saint-Denis et de Saint-Pierre et celui non négligeable quoique inégal des centres relais que constituent les sept autres villes qui composent l'armature urbaine réunionnaise : Saint-André et Saint-Benoît au Nord-Est, Le Port et Saint-Paul à l'Ouest-Nord-Ouest, Saint-Louis, Le Tampon et Saint-Joseph au Sud. Les déplacements s'effectuent tout naturellement des hauts et de la zone en arrière du littoral en direction des centres urbains installés sur le littoral. Il en résulte une indiscutable intégration des hauts dans l'ensemble insulaire.

3 - Les migrations de loisirs

Cette intégration apparaît également au niveau des migrations de loisirs. Le développement du tourisme balnéaire n'a pas fait disparaître, loin s'en faut, les traditionnelles vacances de "changement d'air" dans les hauts, c'est-à-dire en montagne : une enquête réalisée par l'Institut de Développement Régional en 1985 révèle que la montagne attire 17 % des vacanciers, soit une proportion voisine de celle de la mer (19 %). Les hauts accueillent 35,8 % des résidences secondaires de l'île, louées ou possédées par des habitants du littoral. L'équipement hôtelier de montagne demeure sans doute modeste sans être négligeable pour autant : 33 % des établissements et 23,3 % des chambres. Enfin la majeure partie des gîtes ruraux, maillon du tourisme social, est implantée dans les hauts. Il en résulte des migrations de loisirs du littoral vers la montagne, qui s'effectuent principalement en fonction de la règle de la plus grande proximité géographique : les habitants du Nord et de l'Est se dirigeant vers le cirque de Salazie et la Plaine des Palmistes, et ceux du Sud vers le cirque de Cilaos et la Plaine des Cafres.

Au total, l'analyse des flux d'hommes et de marchandises fait apparaître un partage de la Réunion en deux sous-ensembles. Le premier, centré sur Saint-Denis, la métropole régionale, s'établit au Nord de l'île ; il s'étend de la commune de Trois-Bassins à l'Ouest à celle de Sainte-Rose à l'Est-Sud-Est. Le second se met en place au Sud, autour de Saint-Pierre, centre régional d'équilibre, et englobe les communes allant de Saint-Leu à l'Ouest à Saint-

Philippe au Sud-Est. Ce découpage rejoint pour l'essentiel celui proposé par A. Baque, qui a tenté dans une approche théorique, de cerner les contours des aires d'influence des communes en utilisant la formule de la loi gravitaire de Reilly qui prend en compte les effectifs des entreprises inscrites au fichier consulaire. Les centres relais du sous-ensemble Nord, Le Port et Saint-Paul au Nord-Ouest ainsi que Saint-André et Saint-Benoît au Nord-Est, possèdent des aires de rayonnement de taille inversement proportionnelle à leur proximité de la métropole régionale. La domination moins exclusive de Saint-Pierre au Sud laisse place à une répartition plus harmonieuse des aires d'influence secondaire des centres relais de Saint-Louis, du Tampon et de Saint-Joseph. Mais ces deux sous-ensembles pèsent-ils d'un poids comparable à l'échelle de l'île ?

B - Les disparités

La puissance des deux sous-ensembles est marquée du sceau de l'inégalité, dans la mesure où la métropole régionale de Saint-Denis exerce son influence sur l'ensemble de l'île, et que le centre régional d'équilibre de Saint-Pierre n'est lui-même qu'un relais de cette métropole. Il convient donc de mesurer le poids régional et les disparités entre les deux sous-ensembles, que tout schéma d'aménagement global de la Réunion devrait prendre en compte.

1 - L'inégale répartition de la population

La population se répartit de manière inégale entre les deux sous-ensembles. Le Nord regroupe 318 501 habitants en 1982, soit 61,7 % de la population insulaire tandis que le Sud n'agglomère que 197 297 habitants, soit 38,3 % de cette population. Les treize communes qui constituent le sous-ensemble du Nord concentrent sans doute une part plus importante de la surface insulaire (57,6 %) que les onze communes du Sud (43,4 %), ce qui fait que les densités brutes sont respectivement de 221 habitants et de 186 habitants au kilomètre carré. Toutefois le partage de la surface agricole totale (S.A.T.) des exploitations et celui de la surface agricole utilisée (S.A.U.) s'effectuent en 1981 à parts à peu près égales :

S.A.U. : Nord = 50,1 % ; Sud = 49,9 %
S.A.T. : Nord = 49,7 % ; Sud = 50,3 %.

Ainsi le Sud ne présente-t'il pas de caractères écologiques particulièrement défavorables : la surface agricole totale des exploitations y couvre 34,7 % de la surface totale contre seulement 25,8 % dans le Nord. Le Sud est tout simplement moins peuplé et les densités rapportées aux surfaces agricoles totale et utilisée y sont plus faibles que dans le Nord :

Densité au km² de S.A.U. : Nord = 1 180 ; Sud = 734
Densité au km² de S.A.T. : Nord = 844 ; Sud = 536.

Une telle situation résulte d'une moins grande urbanisation du Sud par rapport au Nord. La population urbaine du Nord s'élève à 182 396 habitants (74,2 % de la population urbaine insulaire) et celle du Sud à 63 458 habitants (28,8 % de cette population). L'agglomération de Saint-Denis représente à elle seule 78,3 % de la population urbaine du Nord de l'île. Les taux d'urbanisation sont donc très différents dans les deux sous-ensembles : 57,3 % dans le Nord et 32,2 % dans le Sud. Un tel écart est bien entendu générateur de disparités économiques et sociales, d'autant plus que le Nord possède une population légèrement plus jeune : la classe d'âge des moins de huit ans y représente 16,4 % de la population, contre 15,8 % dans le Sud.

2 - Les disparités économiques

- Moins peuplé, le Sud comporte moins d'**emplois** que le Nord ; d'autre part ce Sud propose des activités qui sont davantage orientées vers l'agriculture (tabl. I).

	Nord		Sud	
	Nombre	%	Nombre	%
- Population active occupée résidente :				
. Secteur primaire (%) H	8 866	50,98	8 524	49,02
. Secteur secondaire (%) H	12 001	62,36	7 241	37,64
. Secteur tertiaire (%) H	55 641	68,62	25 435	31,38
. Secteur primaire (%) V	-	11,58	-	20,68
. Secteur secondaire (%) V	-	15,68	-	17,57
. Secteur tertiaire (%) V	-	72,72	-	61,73
. Ensemble des actifs (1)	77 088	65,05	41 402	34,95
- Population active occupée par commune de travail (2)	78 840	66,95	38 902	33,05

Tableau I.- *Structure des populations actives*
Source : R.G.P. 1982. Calcul : D.L. ;

H : % horizontaux ; V : % verticaux ; (1) y compris les non déterminés ; (2) total des actifs : 117 742 dont 201 non déterminés répartis proportionnellement entre le Nord et le Sud. Il reste 748 résidents dont le lieu de travail est probablement externe.

- **La répartition du produit agricole brut** entre les deux sous-ensembles régionaux est à peu près conforme à celle de la surface agricole utilisée et par conséquent relativement équilibrée (tabl. II). Toutefois les productions se répartissent inégalement selon les sous-ensembles (tabl. III).

Sous-ensemble	S A U (%)	P A B (%)
- Nord..............	50,1	49,05
- Sud.................	49,9	50,35

Tableau II.- *Répartition de la surface agricole utilisée et du produit agricole brut par sous-ensemble en 1980.*

Activités de production	Nord		Sud	
	P A B	%	P A B	%
- Canne.......................	212 425	52,36	193 200	47,64
- Géranium...................	7 753,8	56,44	5 981,9	43,56
- Vétiver......................	-	-	9 476,4	100
- Vanille......................	2 427,8	70,53	1 013,7	29,47
- Tabac.......................	360,4	17,98	1 643,2	82,02
- Sous-total cultures industrielles d'exportation...	222 968,1	51,34	211 314,4	48,66
- Céréales (maïs).............	9 722	60,01	6 478	39,99
- C.V.M.......................	28 539	37,35	47 860	62,65
- Cultures fruitières..........	15 820	56,09	12 380	43,91
- Viande......................	44 830	43,65	57 870	56,35
- Lait.........................	3 200	39,50	4 900	60,50
- Volailles et divers..........	32 610	51,59	30 590	48,41
- Sous-total cultures marché intérieur.............	134 721	45,69	160 078	54,31
- Grand Total.................	357 689,1	49,05	371 392,4	50,95

Tableau III.- *Répartition du produit agricole brut (en milliers de Francs) par activité agricole et sous-ensemble en 1980*
Source : ADEEAR. Calcul : D.L.

Le Nord de l'île de la Réunion compte plus que le Sud pour ce qui est des cultures industrielles dont la production est en principe exportée (exception faite du tabac) : 51,3 % contre 48,7 %. Le Nord l'emporte tant pour le produit brut tiré de la canne à sucre (52,4 %), que pour celui du géranium (56,4 %) ou de la vanille (70,5 %). Le Sud arrive en tête pour le vétiver (100 %) et le tabac (82 %). Mais le rapport existant entre la surface agricole cultivée, la production et le produit agricole brut qui en est tiré est variable d'une culture à l'autre (tabl. IV).

	S A U		Production		Produit agricole brut	
	Nord	Sud	Nord	Sud	Nord	Sud
- Canne à sucre..	57,86	42,14	53,56	46,44	52,36	47,64
- Géranium.......	56,6	43,40	56,44	43,56	56,44	43,56
- Vanille..........	53,95	46,05	70,54	29,46	70,54	29,44
- Tabac............	25,32	74,68	18,23	83,86	17,98	82,02

Tableau IV.- *Rapport S.A.U., Production et PAB pour les cultures principales*
(Source : ADEEAR. Année 1980. Calcul : D.L.)

Pour la canne à sucre, le Sud se trouve dans une position relativement favorable puisque avec 42,1 % de la surface cultivée, il reçoit 47,6 % du produit agricole brut en raison de rendements élevés qui s'expliquent essentiellement par des conditions climatiques favorables. De même les caractéristiques climatiques sont plus favorables à la culture du tabac dans le Sud qui avec 74,7 % de la surface concentre 82 % du produit agricole brut. Le Nord pour sa part a une position prééminente pour la vanille : 54 % de la surface agricole cultivée, 70,5 % du produit agricole brut. Le Sud est en position dominante pour les productions destinées au marché intérieur (54,3 % contre 45,7 % pour le Nord) : 62,7 % pour les cultures vivrières et maraîchères, 56,3 % pour la production de viande et 60,5 % pour le lait. Au total, le produit agricole brut du Sud de l'île est légèrement plus élevé (51 %) que celui du Nord (49 %). Compte tenu de leur inégal peuplement, le produit agricole brut par habitant est de 1 882 Francs au Sud et seulement 1 123 Francs au Nord. En définitive, la structure du produit agricole est nettement différente dans les deux sous-ensembles (tabl. V).

Si le Nord de la Réunion constitue le cadre principal d'implantation des cultures industrielles d'exportation, le Sud s'engage sur la voie de la diversification de ses productions agricoles, celles destinées au marché intérieur représentant dès à présent 43,1 % de son produit agricole brut.

	Nord	Sud
- Canne à sucre............................	59,38	52,02
- Géranium..............................	2,16	1,61
- Vétiver..............................	-	2,55
- Vanille..............................	0,67	0,27
- Tabac...............................	0,10	0,44
- Sous-total cultures industrielles d'exportation............................	62,33	56,89
- Céréales (maïs)......................	2,71	1,74
- C.V.M..............................	7,97	12,88
- Cultures fruitières....................	4,42	3,33
- Viande.............................	12,53	15,58
- Lait................................	0,89	1,31
- Volaille et divers.....................	9,11	8,23
- Sous-total cultures marché intérieur..	37,66	43,10
- Grand Total.........................	100	100

Tableau V.- *Répartition du produit agricole brut en 1980*
(Source : ADEEAR. Calcul : D.L.)

- Pour l'essentiel le déséquilibre économique existant entre le Nord et le Sud de la Réunion se réfère aux **activités secondaires et tertiaires** (tabl. VI).

Le Nord regroupe 68,4 % des entreprises industrielles de l'île. On compte en moyenne une entreprise pour 649 habitants alors que dans le Sud il y en a seulement une pour 869 habitants. Toutefois, l'artisanat est réparti de manière égale entre les deux parties de l'île (tabl. VII).

La domination exercée par le Nord est souvent plus sensible dans le secteur tertiaire en raison du poids de la métropole régionale détentrice de pouvoirs de commandement s'exerçant au niveau insulaire. C'est ainsi que le Nord possède 73,3 % des commerces d'importation et de gros, et 83,5 % des établissements financiers et d'assurances. Ses établissements bancaires effectuent plus de 70 % des prêts insulaires.

	Nord		Sud	
	Nombre	%	Nombre	%
- Industrie :				
. Sucrerie et distillerie...............	12	80	3	20
. Bâtiments et Travaux Publics....	227	66,37	115	33,63
. Autres..................................	252	69,80	109	30,20
. Sous-total............................	491	68,38	227	31,62
- Commerce :				
. Importation et gros.................	359	73,26	131	26,73
. Détail alimentaire...................	2 112	57,68	1 549	42,32
. Détail non alimentaire.............	1 584	67,69	756	32,31
. Sous-total............................	4 055	62,47	2 436	37,53
- Services :				
. Finances, assurances..............	66	83,54	13	16,45
. Tourisme et transports...........	569	64,07	319	35,93
. Autres..................................	729	76,33	226	23,67
. Sous-total............................	1 364	70,96	558	29,04
- Grand total............................	5 910	64,72	3 221	35,28
- Habitants pour un commerce......	79	-	81	-
- Habitants pour une entreprise industrielle............................	649	-	869	-
- Habitants pour un service.........	233	-	356	-

Tableau VI.- *Répartition des entreprises inscrites au fichier consulaire en 1985*
Source : Chambre de Commerce et d'Industrie de la Réunion. Calcul : D.L.

3 - Les disparités sociales

Les disparités économiques induisent des disparités sociales de valeur comparable. Le secteur tertiaire fournit 77,5 % du produit intérieur brut de l'île.

	Nord		Sud	
	Nombre	%	Nombre	%
- Entreprises artisanales en 1983	2 680	61,89	1 650	38,11
- Nombre d'habitants par artisan	119	-	120	-

Tableau VII.- *Répartition des entreprises inscrites à la Chambre des Métiers en 1983*

Compte tenu du fait que ce secteur regroupe 72,7 % des actifs résidents dans le Nord et seulement 61,7 % dans le Sud, le produit intérieur brut par habitant en 1982 est 1,23 fois plus élevé dans le Nord que dans le Sud (soit respectivement 26 081 F et 21 038 F selon nos estimations). Compte tenu de la présence de Saint-Denis, la part des actifs dans la population en âge de travailler (de 15 ans et plus) est plus élevée dans le Nord que dans le Sud. Grâce à la multiplicité des activités urbaines, le taux de chômage rapporté à la population active est plus faible dans le sous-ensemble septentrional que dans le méridional :
- Taux d'activité (%) : Nord = 36,26 ; Sud = 31,14
- Taux de chômage (%) : Nord = 29,26 ; Sud = 35,11.

L'inégalité des chances est plus importante dans le Sud que dans le Nord : 21 % de la population âgée de huit ans et plus est analphabète dans le Sud, 17 % seulement dans le Nord. Globalement les conditions de vie demeurent moins satisfaisantes dans le Sud que dans le Nord (Tabl. VIII).

	Nord	Sud
- Eau à l'intérieur..................	74,34	63,68
- Electricité........................	81,29	73,51
- Gaz..............................	73,26	72,33
- Tout-à-l'égout..................	45,22	37,24
- Réfrigérateur....................	71,36	64,92
- Congélateur.....................	11,97	9,31
- Machine à laver le linge.......	30,30	25,85
- Cuisinière avec four............	59,40	51,22
- Téléphone.......................	28,15	16,89
- Climatisateur...................	5,70	2,23

Tableau VIII.- *Taux d'équipement des résidences principales dans les sous-ensembles en 1982*
Source : R.G.P. 1982. Calcul : D.L.

III.- LE PROCESSUS DE MISE EN PLACE DES STRUCTURES SPATIA-LES ET LES PERSPECTIVES DE DÉVELOPPEMENT RÉGIONAL

L'organisation de l'espace réunionnais présente de nettes disparités tant au niveau des grandes unités socio-spatiales (la zone urbanisée et tertiarisée du littoral dominant les zones rurales des pentes et des hauts) qu'entre partie Nord et partie Sud de l'île. Le Nord possède la "métropole régionale". Il apparaît donc plus puissant que le Sud qui prend appui sur le centre d'équilibre de Saint-Pierre. La clé de cette organisation contemporaine de l'espace réunionnais est à rechercher dans l'application successive de deux projets de Société, l'un colonial et l'autre d'intégration à la Métropole, d'où l'émergence de structures spatiales polygéniques dans un cadre écologique contrasté.

Le **projet colonial français** répondait à l'origine aux exigences des nations européennes à l'aube des temps modernes : colonisation rimait avec tropical et reposait sur une division du travail entre les deux principales îles de l'archipel des Mascareignes, Maurice et la Réunion. La Réunion devait être mise en valeur pour tout à la fois assurer le ravitaillement de l'île voisine et des navires qui y relâchaient, fournir des produits agricoles d'exportations et bien entendu subvenir aux besoins de ses habitants composés de colons blancs et d'esclaves venus de Madagascar, d'Afrique Orientale, voire de l'Inde. La mise en place d'un système économique extraverti, tout autant que le caractère montagnard de l'île, explique que l'aménagement ait pris appui sur le littoral et tout particulièrement sur les points d'ancrage qui y sont établis. Le choix de la monoculture sucrière d'exportation pour la Réunion après la partition de l'archipel des Mascareignes en 1815 va conduire à un étagement des activités en fonction des zones biogéographiques préétablies. Ainsi une économie et une société de plantation bipolaire, où les engagés indiens figurent désormais en bonne place, s'établissent sur le littoral tandis qu'une économie paysanne conduite par des petits Blancs s'installe sur les pentes externes des planèzes et dans les caldeiras des massifs volcaniques. En réalité le front pionnier sucrier avance en altitude ou recule selon la conjoncture économique. La crise de l'économie sucrière est à l'origine de l'introduction à la fin du XIXe siècle des plantes à parfum (géranium et vétiver) sur les pentes supérieures externes des volcans de l'Ouest et du Sud qui vont alors s'individualiser en tant qu'unité socio-spatiale de transition entre la région littorale d'agriculture de plantation et celle des hauts de l'intérieur où persiste une polyculture d'auto-subsistance. L'absence sur le littoral de sites naturels favorisant de manière indiscutable l'installation d'un bon port va mettre en concurrence plusieurs centres : celui de Saint-Pierre au Sud va contester pendant longtemps à celui de Saint-Denis au Nord son rôle de "capitale". Le choix politique qui a fait de Saint-Denis, dès le XVIIIe siècle, la métropole régionale est sans doute irréversible, mais le centre de Saint-Pierre parviendra à conserver une certaine autonomie qui lui permettra de s'affirmer ultérieurement comme un pôle régional d'équilibre.

La **départementalisation,** décidée en 1946 va transformer profondément les structures économiques, sociales et spatiales de l'île. Une économie pseudo-industrielle ou de services succède à l'économie de plantation. Une telle évolution favorise bien entendu la zone urbaine du littoral et des basses pentes qui accueille les villes héritées de la période coloniale et ceux des bourgs qui accèdent à ce statut par suite des effets de la départementalisation. Les hauts apparaissent dans un premier temps comme les laissés-pour-compte de cette départementalisation : il en résulte une "érosion" humaine marquée par l'exode rural et le développement d'une "friche" sociale. Les autorités prirent alors conscience d'un risque évident de désertification d'autant plus préjudiciable que l'île souffre d'un surpeuplement qui n'est pas loin d'être absolu, la densité de population s'élevant à 811 habitants par kilomètre carré cultivé alors que l'agriculture demeure un des principaux secteurs d'activité de production. Le plan d'aménagement des hauts élaboré en 1976 va permettre de développer les infrastructures et d'amorcer une reconquête agricole. Sur bien des points, les hauts ne font plus figure aujourd'hui de régions attardées : ouverture progressive de l'agriculture sur le marché intérieur insulaire, développement des activités de loisirs et niveau souvent satisfaisant des équipements publics et para-publics. Toutefois il convient de s'interroger en formulant deux remarques. Ce plan n'a-t-il pas été trop tardif ? Que l'exode rural se maintienne aggravant au fil des ans la faiblesse du peuplement et le processus de modernisation des structures socio-spatiales peut être remis en cause. Par ailleurs l'aménagement des hauts ne devrait être qu'un volet d'un schéma d'aménagement du territoire prenant en compte l'intégration de ces hauts dans l'ensemble insulaire. L'élaboration de ce plan paraît d'autant plus souhaitable que les hauts des pentes externes s'inscrivent en général à l'intérieur de cadres territoriaux communaux prenant appui sur le littoral. Par ailleurs, un tel plan devrait déboucher sur des actions concertées visant à réduire les déséquilibres existant entre les deux sous-ensembles régionaux. Constitués de manière spontanée, ces déséquilibres s'effectuent en définitive au détriment du Sud.

ORIENTATION BIBLIOGRAPHIQUE

CHAMBRE DE COMMERCE ET D'INDUSTRIE DE LA RÉUNION. Fichier Consulaire.

DEFOS DU RAU, J.- *L'île de la Réunion. Etude de Géographie humaine.* (Thèse de Doctorat d'Etat). Bordeaux, 1960.

DIRECTION DÉPARTEMENTALE DE L'AGRICULTURE.- *Recensement Général de l'Agriculture,* 1981.

DUPON, J.F.- *Contraintes insulaires et fait colonial aux Mascareignes et Seychelles.* 4 vol. Lille, Atelier de Reproduction des Thèses, Université de Lille III ; Librairie Champion, 1977.

LEFÈVRE, D.- *Saint-Pierre de la Réunion. La ville, sa campagne et sa région.* Etude de Géographie humaine. Saint-Denis de la Réunion, 1975.

LEFÈVRE, D.- La Réunion. *In* : Encyclopaedia Universalis. Paris, 1984 (2e Edition).

LEFÈVRE, D.- *L'organisation de l'espace à Maurice et à la Réunion. Etude de Géographie comparée.* Université de Nice, 1986, 4 511 pages dactyl. (Thèse de Doctorat d'Etat).

Résumé : L'île de la Réunion comporte trois grandes unités socio-spatiales : une zone littorale fortement urbanisée, cadre de développement de multiples activités tertiaires, mais aussi cadre principal de la culture de la canne à sucre ; une zone rurale implantée sur les pentes externes des massifs volcaniques du Sud et de l'Ouest où s'exprime une économie agricole de transition (associant horticulture maraîchère et vivrière, plantes à parfum, plantations fruitières ou de canne à sucre) ; enfin une zone intérieure de hautes terres, les "Hauts", peu peuplée (essentiellement des "petits Blancs"), où on continue à pratiquer une polyculture principalement vivrière. Ces zones ne constituent pas des géo-systèmes fermés, puisqu'entretenant entre elles des courants d'échange plus ou moins hiérarchisés, ce qui permet de mettre en évidence à l'échelle de la Région de la Réunion "deux sous-ensembles" et de juger du pouvoir d'attraction du chef-lieu (Saint-Denis) sur les différentes unités spatiales élémentaires présentes dans l'île.

Mots-clés : Occupation des sols, zonage, canne à sucre, zone influence urbaine, Réunion.

Summary : *Spatial structures in Reunion.-* The island of Reunion is made up of three major socio-spatial units : a highly urbanised coastal zone, site for the development of many tertiary activities and also principal site for the cultivation of sugar cane ; a rural zone, established on the outer slopes of the volcanic massifs in the South and the West, where there is a transition agricultural economy (a combination of market garden and food-producing horticulture, plants for perfume, plantations of fruit or sugar cane) ; lastly there is the zone covering the interior, the uplands or "Highlands", which are sparsely populated (mainly by the poor European colonials) and where mixed farming is practised, mainly food producing crops. These zones do not form closed geo-systems as between them there is a regular, though hierarchical current of exchange maintained. This reveals two sub-groups in the region of Reunion and enables us to judge the power of attraction of the principal town, Saint-Denis, over the different elementary spatial units present in the island.

Keywords : Land use ; Zoning ; Sugar cane ; Urban economic zone ; Reunion island.

L'espace urbanisé des zones littorales : Saint-Denis de la Réunion
(cliché G. Réaud-Thomas)

Mise en valeur des pentes supérieures externes de la Réunion : culture de géranium
(cliché G. Réaud-Thomas)

DU SUCRE AUX SERVICES
OU DU DÉVELOPPEMENT ÉCONOMIQUE
A LA RÉUNION !

par Jean-Yves ROCHOUX

L'économie actuelle de la Réunion est le résultat de la collision entre une économie sucrière traditionnelle, issue de l'économie de plantation du XIXe siècle, et un processus d'intégration à l'économie métropolitaine qui prend plus particulièrement la forme de la départementalisation, depuis 1946 ; cela va donner une économie réunionnaise dominée largement par le secteur des services et qui présente un déficit commercial considérable. En fait l'examen de la formation de cette économie insulaire montre une succession de chocs externes et d'adaptations locales qui constituent l'essentiel de son histoire. La présentation de cette histoire nous semble donc devoir permettre de mieux apprécier et éventuellement de relativiser l'importance du défi économique actuel. En effet l'île de la Réunion se trouve confrontée à une agression externe, à savoir l'intensification de la concurrence extérieure du fait des difficultés de l'économie métropolitaine et de l'économie mondiale en général et à une contrainte interne de première grandeur, à savoir une évolution démographique défavorable[1] qui contribue à faire progresser dans des proportions importantes le chômage[2].

Nous présenterons d'abord un rapide historique de la constitution de l'économie de plantation, ensuite nous développerons la période "départementale", de 1946 à nos jours, et enfin nous examinerons la situation actuelle avec ses faiblesses et sans doute ses points forts.

---

1. Le taux d'accroissement naturel de la population est encore de 1,9 % en 1984 et certaines études, réalisées également en 1984, envisageaient 100 000 chômeurs en 1989 soit près de 44 % de la population active ; sur ce point il est possible de se reporter à SQUARZONI, R.- *Emploi et IXe Plan à la Réunion : vers une société de chômage généralisé. n° 1*, juin 1984, Observatoire Démographique Economique et Social de la Réunion.
2. On estime qu'il y a 72 000 chômeurs au sens du recensement le 31 décembre 1985, soit 37 % de la population active, contre 54 000 et 31 % en mars 1982. Ces données sont extraites de *Faits et chiffres réunionnais, édition 1986*, Chambre de Commerce et d'Industrie de la Réunion, Institut de Développement Régional et Conseil Régional, Région Réunion, pp. 56-57.

I.- UN PEU DE CAFÉ ET BEAUCOUP DE SUCRE !

Si l'histoire économique de la Réunion avant la Seconde Guerre mondiale est dominée par les heurs et malheurs d'une économie sucrière, elle ne se réduit pas à cela : il y a aussi une période "café", des tentatives "vanille" ou "épices" et même une période "céréales". En effet la Réunion commence sa carrière d'économie de plantation avec le café ; en 1717 la Compagnie des Indes, sous l'impulsion de Law, lance un plan de mise en valeur qui repose sur la culture du café et après une période d'adaptation toutes les pentes de l'île, au-dessous de 400 mètres, sont couvertes de caféières ; la production augmente très rapidement, de 125 tonnes en 1727 elle passe à 250 t en 1735 et à 1 250 t en 1744. La Compagnie des Indes assure la commercialisation du café en métropole, mais en contrepartie elle a le monopole de l'introduction des marchandises à Bourbon, ce qui lui permet la réalisation de bénéfices considérables.

En 1765 ce système des compagnies privilégiées est abandonné et cela provoque un développement considérable du commerce colonial ; seulement le café réunionnais n'est plus protégé : sa qualité irrégulière, l'éloignement de l'Europe et la concurrence des Antilles le condamnent à terme. Aussi les responsables économiques de l'île Bourbon vont tenter de mettre en place des productions nouvelles, c'est d'abord la tentative de restauration d'une nouvelle culture d'exportation pour la métropole : les épices ; mais cela n'est toujours resté qu'une culture d'appoint qui va pratiquement disparaître après 1857 et le salut de l'île va venir en fait de l'extension massive des cultures vivrières : blé, riz, maïs et légumes secs. Il s'agissait pour l'île Bourbon, l'ancien nom de la Réunion avant 1793, de tenir son nouveau rôle de "grenier des Mascareignes" au service de l'île de France, l'île Maurice aujourd'hui. L'économie de l'île pouvait alors sembler relativement saine mais, en fait, son équilibre allait être considérablement perturbé par l'incohérence de la politique suivie par les administrateurs royaux ; ceux-ci uniquement soucieux d'assurer l'approvisionnement de l'île de France lui réservaient les marchandises et les esclaves de bonne qualité et acceptaient ou refusaient d'acheter, en fonction de ses seuls besoins, les récoltes des colons de Bourbon. Il s'agit là d'une expérience originale, d'une situation exceptionnelle avec des exportations de produits vivriers au profit d'un pays de la zone, des échanges Sud-Sud à la fin du XVIIIe siècle, mais aussi d'un développement fragile à la merci de décisions administratives extérieures défavorables.

Après la remise de l'île Bourbon au gouvernement français par les Anglais en 1815, la situation est radicalement différente : si l'île est libérée de la tutelle de l'île de France, devenue anglaise, elle a également perdu le débouché traditionnel de ses exportations vivrières alors que le café est toujours fortement concurrencé par la production antillaise et que les caféières ont été détruites par les cyclones de 1806-1807. Les habitants de Bourbon doivent à nouveau repenser toute leur activité économique. Après la perte de Saint-Domingue et de l'île de France, la France manquait de sucre malgré le développement de la production betteravière : la nouvelle spécialisation de l'île Bourbon sera la culture de la canne à sucre. Les caféières furent replantées de canne à sucre et de nouvelles terres furent défrichées pour planter encore de la canne à sucre : en 1823, 4 200 hectares sont consacrés à cette nouvelle spécialisation, 8 200 ha en 1826 et 55 200 ha en 1853. En 1860, la canne à sucre est devenue la monoculture de l'île : elle occupe 68 % des terres cultivées, soit 62 000 ha et la production de sucre atteint 73 000 tonnes ; le prix du sucre, en hausse importante, assurait la prospérité de l'économie réunionnaise. Celle-ci est réellement devenue une économie de plantation avec les trois secteurs caractéristiques[3] : le secteur de plantation avec la canne à sucre, le secteur commercial d'import-export charnière entre la métropole et l'île et enfin le secteur domestique tourné vers le marché local et qui ne comporte que de petites entreprises agricoles ou industrielles du fait de l'étroitesse du marché et de la pression des importateurs.

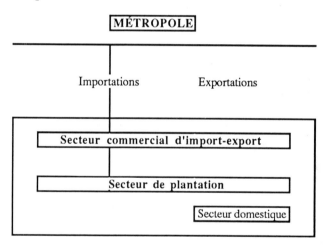

Figure 1.- L'économie de plantation à la Réunion

A partir de 1863 le piège du sucre se referme : le sucre de betterave métropolitain et le sucre de Cuba concurrencent la production réunionnaise ; la baisse des cours du sucre qui s'en suit, la maladie de la canne et le paludisme qui décime la main-d'oeuvre vont avoir raison d'un édifice rendu fragile par le recours systématique au crédit hypothécaire, en 1870 la production de sucre tombe à moins de 24 000 tonnes. Ensuite le percement du canal de Suez et, à partir de 1880, l'intérêt du gouvernement français pour Madagascar vont porter

---

3. Ceux de LLoyd BEST dans : Outlines of a Model of Pure Plantation Economy, *Social and Economic Studies*, 17 (3), septembre 1968, pp. 281-326.

un coup fatal à l'île de la Réunion et à son économie en s'ajoutant à la crise sucrière locale. Malgré des efforts de productivité, de 1860 à 1900, les superficies consacrées à la canne diminuent de moitié, mais la production de 20 % seulement et en dépit de la recherche de nouvelles cultures d'exportation comme la vanille ou les plantes à parfum, "la Réunion se mourait lentement"[4].

Mais la Première Guerre mondiale va donner un coup de fouet à l'économie réunionnaise, car l'ennemi occupe les régions betteravières : la production de sucre augmente et surtout son prix progresse sensiblement ; en 1915 les exportations de produits de l'île représentent 22 millions de francs et 77 millions en 1920 ; si l'on considère qu'à cela s'ajoutent des réexportations sensibles, 2,3 millions de francs en 1920, on comprend que des capitaux importants soient disponibles. Il furent consacrés à la modernisation des techniques industrielles et à l'amélioration des façons culturales : la production sucrière passe de 42 000 tonnes en 1920 à 110 000 tonnes en 1940. La situation était tellement favorable que durant les années 1930, pour la première fois depuis un siècle, la balance commerciale réunionnaise fut équilibrée.

Cette revitalisation fut provisoire et la Seconde Guerre mondiale va faire rechuter l'économie de la Réunion du fait de l'autarcie imposée par le blocus britannique ; la production de sucre n'est plus que de 13 000 tonnes en 1944, la situation économique générale est désespérée, l'état sanitaire déplorable et l'administration déficiente. Il apparut clairement alors qu' "il fallait doter l'île d'institutions modernes, faire disparaître les dernières séquelles matérielles et morales du travail servile ou semi-servile, repenser le système économique, redonner vigueur physique et morale à toute une population, en un mot repenser l'île dans une autre optique que celle de la colonisation"[4] ; cela va être la départementalisation.

II.- DES SERVICES DANS LE SUCRE !

La loi de départementalisation du 19 mars 1946 concrétise une promesse, faite par le roi à l'origine de la colonisation et reprise ensuite par la République, à savoir qu'il ne saurait y avoir de différence entre les habitants de la métropole et ceux de la Réunion ; du fait du lourd passé colonial et des particularités géographiques et climatiques, l'assimilation n'a été ni immédiate ni même complète à terme, cela n'était pas possible, ni sans doute souhaitable. Néanmoins cette départementalisation va avoir des effets considérables non seulement par la mise en place d'une infrastructure économique moderne comme le réseau routier, l'énergie et le réseau électriques, les aménagements portuaires, l'aéroport, le téléphone,... mais aussi du fait des dépenses de

---

4. SCHERER, A.- *La Réunion*. Que sais-je ?, n° 1846, PUF, p. 85 et p. 96 ; nous avons largement utilisé cette source bibliographique pour le développement relatif à la période qui précède la Seconde Guerre mondiale.

fonctionnement, salaires et achats divers, et des revenus sociaux distribués par l'administration publique métropolitaine. L'espoir des partisans de la départementalisation est de nature "keynésienne" : le moteur externe constitué par les administrations publiques et la masse de leurs dépenses[5] doit entraîner l'économie réunionnaise par un effet de multiplication de ses dépenses et faire progresser ses revenus et ses activités productives. Cette masse considérable de dépenses supplémentaires au profit de l'économie réunionnaise n'aura pas exactement les effets attendus mais elle va contribuer sans conteste à améliorer considérablement la situation initiale, aussi bien en matière d'équipements collectifs qu'en matière de revenus individuels.

Les agrégats de la comptabilité nationale rendent bien compte de cette progression sensible de l'activité économique qui se traduit par une hausse importante du revenu moyen lui-même : le Produit Intérieur Brut par tête est de 1 910 francs en 1955 et de 27 740 francs en 1984, soit une multiplication par près de 15 en 29 ans[6]. On peut noter que de 1950 à 1980 le SMIC horaire a été multiplié par près de 28, contribuant ainsi à diminuer l'inégalité des revenus et le pouvoir d'achat du smicard s'est ainsi nettement amélioré[7]. Sur ce point, le moteur externe a fonctionné, les revenus ayant été multipliés de manière importante, mais cela n'est qu'un aspect des choses, l'avers de la pièce qui a aussi un revers : trop peu de revenus sont générés localement, car la production locale est trop faible ; par conséquent le maintien de ce niveau de vie élevé passe toujours par l'apport net des dépenses des administrations publiques métropolitaines[8] (tabl. I).

	en 1950	en 1970	en 1980
Riz ordinaire (kg)	4	21,5	38,5
Oeuf (unité)	10	36	110
Electricité (kwh)	8	32	357

Tableau I.- *Quantité achetée avec un jour de travail payé au SMIC*

---

5. Il y a bien sûr une dépense nette des administrations, les recettes ne compensant que très partiellement les dépenses : les dépenses totales sont de 10,9 milliards de francs en 1984, pour des recettes de 4,5 milliards de francs ; se reporter à : SQUARZONI, R.- Quarante ans de départementalisation : une révolution pacifique. *L'Economie de la Réunion*, INSEE, n° 23, mai-juin 1986, p. 4.
6. *Faits et chiffres réunionnais, édition 1986*, op.cit., p. 64.
7. Comme l'indique le tableau de la page suivante tiré de : LAURET, E. ; PAYET, S.- *Quel avenir pour la Réunion ?* juillet 1982, p. 79.
8. ROCHOUX, J.Y.- Une région française sous les tropiques : la Réunion. *Revue d'Economie Régionale et Urbaine*, n° 4 (1984), pp. 583-586.

La bonne compréhension de ce demi-échec passe par l'examen d'une autre catégorie d'effets, plus structurels. C'est ainsi que l'évolution très favorable du niveau de vie a été accompagnée d'une modification spectaculaire de la structure de l'activité économique réunionnaise, modification caractéristique des effets locaux de la départementalisation : la réduction très importante du secteur primaire et la stagnation du secteur secondaire sont compensées par la progression extrêmement rapide du secteur tertiaire. Ceci est particulièrement évident si l'on observe la répartition de la population active (tabl. II).

Secteur \ Année	1946	1954	1961	1967	1974	1982
	Structure de la population active par secteurs à la Réunion (en pourcentage)					
Primaire	66	55	44	30	21	15
Secondaire	19	25	21	22	20	16
Tertiaire	15	20	35	48	59	69

Tableau II.- *La population active par secteur à la Réunion*
Source : INSEE. Recensement de la population.

L'injection de sommes importantes dans une petite économie insulaire tournée traditionnellement vers sa métropole a pour effet essentiel d'augmenter les importations venant de cette métropole, les producteurs locaux étant gênés par l'étroitesse du marché local et l'activité industrielle étant alors particulièrement périlleuse. La multiplication keynésienne des revenus s'est bien produite mais au profit de producteurs métropolitains pour l'essentiel : cela est normal dans une petite économie par nature ouverte puisque régionale et dans une ancienne économie de plantation donc peu disposée, a priori, à répondre à une demande "occidentale". Au total, la rapidité et l'importance de la tertiarisation sont donc directement liées, à la Réunion, à la départementalisation. Il est donc logique que l'essentiel des emplois se situe dans le tertiaire, 68,9 % en 1982, car il s'agit d'emplois publics générés directement par la mise en place de l'infrastructure administrative départementale, 35 % du total, ou d'emplois induits pas les dépenses dans des entreprises le plus souvent commerciales[9]. Le

9. Il y a près de 11 500 salariés dans le commerce sur 63 000 au total en 1985 exerçant dans une entreprise soumise au régime d'assurance chômage, *Faits et Chiffres Réunionnais - Edition 1986*, op.cit., p. 54.

secteur primaire en décroissance "naturelle" connaît pour sa part des difficultés particulières et supplémentaires du fait de sa monoproduction de canne à sucre et de la nécessité de sa reconversion alors que le secondaire industriel reste fragile et que le bâtiment-travaux publics dépend très directement des commandes publiques. Il est donc également logique que subsiste un chômage important et que la balance commerciale soit particulièrement déséquilibrée avec un taux de couverture de 14,1 % en 1985[10] : ces deux faits s'expliquant par la faiblesse de l'activité productive locale en termes d'emplois-revenus et de production.

Il est évident aujourd'hui que la départementalisation ne pouvait avoir les effets "keynésiens" attendus du fait des spécificités réunionnaises[11], à savoir qu'il s'agit à la fois d'une petite économie ouverte sur la métropole et d'une économie de plantation sucrière en difficulté, mais il n'en reste pas moins que des transformations considérables ont été réalisées[12] et que certaines évolutions récentes peuvent peut-être laisser espérer un futur moins "dépendant" que le présent.

III.- LE DÉVELOPPEMENT PAR LES SERVICES   ?

La croissance des revenus à la Réunion passe donc par la croissance de l'apport financier des administrations publiques métropolitaines et de ce fait par le développement du secteur tertiaire ; il s'agit toujours d'une économie à moteur externe. Cela conduit souvent les commentateurs à souligner l'importance du rôle de l'Etat dans l'économie locale[13], qui se trouve "portée" par les grands projets d'infrastructure ou "ralentie" par la rigueur budgétaire. C'est une situation délicate sur le plan économique que ce développement par les dépenses des administrations publiques métropolitaines ; il s'agit en effet d'un

10. CHEUNG CHIN TUN, Y.- Commerce extérieur de la Réunion en 1985 : croissance modérée des importations. L'Economie de la Réunion, INSEE, n° 23, mai-juin 1986, p. 13.

11. Dans d'autres Départements d'Outre-Mer le processus peut-être différent, se reporter sur ce point à CRUSOL, J.- Economies insulaires de la Caraïbe. Editions Caribéennes, 1980, pour les cas de la Martinique et de la Guadeloupe ; mais il y a quand même certaines caractéristiques communes qui sont liées essentiellement au passé semblable d'économie de plantation et à son contact avec l'économie métropolitaine par l'intermédiaire de ce que Jean CRUSOL nomme le "Nouveau Secteur Vertical", pp. 308-315.

12. Même s'il faut préciser qu'elles sont surtout sensibles à partir des années soixante, avant cela, comme le remarque René SQUARZONI "la France métropolitaine ne va pas renier l'engagement pris en 1946,..., mais elle va en repousser longtemps l'"exécution", dans "Quarante ans de départementalisation..., op.cit., p. 3.

13. Ainsi dans Panorama, Edition 1985, Supplément à L'Economie de la Réunion n° 19, septembre-octobre 1985, INSEE, on trouve le titre et le commentaire suivants "1984 : pas plus d'Etat , pas plus de croissance non plus... Les dépenses des administrations jouent un rôle moteur essentiel sur l'économie réunionnaise", p. 4.

14. A ce sujet consulter : MOMAL, P.- La Réunion : une économie sur des échasses. Economie et Statistique, n° 188, 1986, revue mensuelle de l'INSEE, pp. 55-65.

développement relativement invertébré, presque totalement dépendant[14] et il semble impossible de trouver une solution au problème actuel de l'emploi dans cette direction : il faudrait pour cela majorer dans des proportions très importantes l'apport financier métropolitain alors que l'Etat est plutôt soucieux de diminuer ses dépenses et cela ne modifierait sans doute pas, même à terme, le mode de fonctionnement de l'économie réunionnaise. Mais il n'est pas certain que la situation actuelle soit aussi bloquée qu'elle peut le sembler après cette première analyse globale. Il apparaît au contraire qu'un examen plus détaillé puisse faire apparaître des évolutions favorables, porteuses de développement, mais qui devraient sans doute être encouragées.

Pour tenter de mettre en évidence ces raisons d'espérer, il faut examiner l'évolution récente et la répartition actuelle de la valeur ajoutée brute. Sans surprise on note de suite l'importance des administrations et du commerce ainsi que la place modeste des autres industries. Mais, cela est plus étonnant, il faut aussi remarquer la très faible place prise par le sucre en 1982 : 1,8 % pour la seule industrie sucrière et si l'on tient compte de l'ensemble de la filière "sucre", c'est-à-dire si on l'augmente de la part relative à la canne à sucre, cela ne dépasse pas 5 % du total de la valeur ajoutée brute en 1982 contre environ 10 % en 1970 ; l'économie réunionnaise n'est plus une économie sucrière, elle n'est qu'une ancienne économie sucrière. Si l'examen est centré sur l'évolution de 1970 à 1982 (tabl. III), il est important de mentionner la stagnation de la part des administrations, la régression relative du commerce et les progrès des autres industries ; il s'agit en fait surtout des progrès de l'agro-alimentaire hors sucre-rhum-alcool dont la part passe de 3,1 à 4,7 %. Enfin la progression du tertiaire sur la période tient essentiellement à l'avancée des services marchands qui passent de 10,4 % à 15,6 % du total et si l'on considère que l'activité de services

Secteurs	1970	1982
Agriculture et pêche	6,90 %	6,90 %
Sucre, Rhum, Alcool	3,60 %	1,80 %
Energie	1,60 %	1,90 %
Bâtiment, génie civil et agricole	8,10 %	5,30 %
Autres industries	5,90 %	7,60 %
Commerce	18,80 %	13,30 %
Administrations	30,80 %	31,00 %
Autres services	24,30 %	32,20 %

Tableau III.- *Structure par secteurs de la valeur ajoutée brute*
Source : INSEE

est tout aussi "productive"[15] que la fabrication purement industrielle, on doit penser qu'il s'agit là d'une évolution extrêmement positive. Au total l'économie réunionnaise sort de sa situation d'économie sucrière, progresse en matière industrielle et développe une activité importante de services marchands ; il y a là un faisceau d'évolutions favorables particulièrement intéressantes même si les activités correspondantes sont encore relativement modestes et si de ce fait cela ne se traduit pas encore dans la structure du commerce extérieur de l'île : le sucre représente en 1985 encore près de 80 % du total des exportations[16].

Ces évolutions favorables peuvent être confirmées par la mention d'un certain nombre de faits qui nous semblent significatifs à la fois du dynamisme actuel de certains acteurs économiques et en même temps des difficultés rencontrées pour la généralisation de ce dynamisme porteur de compétitivité et donc de développement. Pour ce qui est tout d'abord de l'agriculture, sa stagnation relative dissimule en fait des situations et surtout des évolutions très diverses ; cela va de l'activité archaïque du colon planteur de cannes sur quelques hectares à l'activité "haute technologie" du producteur de roses sous serres avec brouillard artificiel destinées à l'exportation. Il en est de même du secteur considéré comme traditionnel, celui du sucre : il y a en fait deux économies sucrières, l'une moderne avec des cannes replantées périodiquement, l'utilisation d'engrais et de la mécanisation, l'autre archaïque qui s'apparente plus à de la cueillette qu'à de l'agriculture[17].

Dans l'industrie, cette dualité secteur moderne et compétitif - secteur archaïque et inadapté est sans doute moins flagrante mais il est quand même possible de relever certaines différences significatives. C'est ainsi que certaines entreprises non protégées par l'octroi de mer semblent faire preuve d'un dynamisme considérable aussi bien sur le marché interne qu'en matière d'exportation ; par contre d'autres, protégées cette fois, semblent se contenter de leur situation de quasi-monopole sur l'île, ce qui est somme toute normal. L'octroi de mer nous semble avoir un effet pervers lorsqu'il est maintenu au-delà de la période de protection éducative, car il interdit alors pratiquement à l'activité protégée d'atteindre une compétitivité suffisante par rapport au reste du monde et il limite de ce fait l'apport de valeur économique que pourrait générer cette activité.

Dans le secteur tertiaire il est certain qu'il faut éclater la catégorie pour faciliter une véritable compréhension de l'activité correspondante et de son évolution ; nous avons déjà mentionné l'importance prise par les services marchands mais il faut tout particulièrement noter les progrès des secteurs transports et télécommunications, leur part dans la valeur ajoutée brute passe

15. NUSBAUMER, J.- Les services : nouvelle donne de l'économie. *Economica*, 1984.
16. "Commerce extérieur de la Réunion en 1985...", op.cit., p. 13.
17. *Etude préparatoire à une opération intégrée de développement.* SCET AGRI, IDR Réunion et BETURE SETAME, juillet 1985, p. 61.

de 3 à 4,7 % de 1970 à 1980, et de l'informatique : il y a près d'une trentaine de sociétés de service et de conseil en informatique à la Réunion et différents serveurs locaux en plein développement[18].

Au total, si les services "administratifs publics" occupent beaucoup de place à la Réunion, assurent une part essentielle de l'activité économique et ont largement pris le relais d'une activité sucrière résiduelle, il ne faut pas considérer que les autres activités sont négligeables : l'industrie agro-alimentaire hors sucre est aussi importante que la filière sucre en terme de valeur ajoutée brute et les services marchands représentent la moitié de celle des services des administrations. De plus des unités de production modernes et compétitives existent dans tous les secteurs, qu'ils soient traditionnels, comme le sucre ou l'agriculture, ou plus récents comme l'informatique ou la bureautique et font quotidiennement la démonstration de la maîtrise, par le personnel et ses dirigeants, d'une haute technicité.

*   *

*

Pour les responsables politiques, tout le problème est donc d'encourager, de soutenir le secteur moderne en devenir et de faciliter l'adaptation ou la suppression du secteur archaïque ; aujourd'hui cela passe peut-être surtout par un effort de formation plus que par la mise en place d'infrastructures matérielles. Remarquons enfin que les activités porteuses de développement sont souvent, actuellement, des activités de services ou des activités qui en incorporent une grande quantité et que de ce fait, il est urgent d'oublier la distinction entre l'activité industrielle ou agricole qui serait seule productive et celle des services qui ne le serait pas : ce partage ne doit plus apparaître notamment dans les mesures de politiques économiques incitatives ; à cette condition il est possible que le développement de l'économie réunionnaise passe par les services[19].

DÉBATS

M. BURAC.- Quelle est la place de l'emploi domestique à la Réunion et quelle en a été l'évolution récente ?

18. CHEUNG CHIN TUN, Y. ; GOFFARD, F. ; MANSOURALY, H.- Elle court, elle court... l'informatique professionnelle. *L'Economie de la Réunion*, n° 22, mars-avril 1986, p. 4.
19. Certains auteurs américains soulignent déjà l'importance des exportations de services pour les régions les plus importantes et les conséquences que cela doit avoir sur la politique industrielle ; à ce sujet se reporter à : BEYERS, W.B. ; ALVINE, M.J.- Export services in postindustrial society. *Papers of the Regional Science Association*, Vol 57, 1985, pp.33-45. On peut également consulter un numéro spécial de *Recherches Economiques et Sociales*, n° 9, premier trimestre 1984, pour les résultats de différentes études conduites en France sur les services en matière de théorie, d'analyse ou de prospective.

J. Y. ROCHOUX.- L'emploi domestique à la Réunion est en régression rapide, car la charge financière correspondante a beaucoup augmenté : en effet, les revenus des employeurs potentiels plafonnent et le SMIC a augmenté à plusieurs reprises. De plus, la syndicalisation croissante des employés rend plus difficile les ruptures de contrat.

J. MENAUGE.- Selon la structure démographique de la Réunion, il y a plus de femmes que d'hommes. Le chômage, qui dépasse 30 % et concerne beaucoup de jeunes, y est-il masculin ou féminin ?

J. Y. ROCHOUX.- Le chômage est plutôt féminin, mais il y a eu beaucoup de pertes d'emplois masculins.

H. GERBEAU.- Le relatif équilibre de la balance commerciale, constaté à la Réunion avant la Seconde Guerre mondiale, signifiait une profonde pénurie et un niveau de vie très bas pour la majorité de la population : Jean DEFOS DU RAU l'a bien montré dans sa thèse : l'analphabétisme, l'alcoolisme, les endémies et diverses carences étaient alors très répandus. Ce n'était donc pas un âge d'or qui pourrait être opposé aux déséquilibres actuels de la balance commerciale de la Réunion.

F. DOUMENGE.- On trouve à la Réunion l'exemple d'implantation d'activités nouvelles dont la technologie est très bien maîtrisée, mais qui est bloquée par les aléas d'un marché extérieur insuffisamment étudié : il s'agit de l'élevage industriel de tortues vertes marines *(Chelonia mydas)* de la ferme Corail de Saint-Leu, un des plus performant au monde qui a produit jusqu'à 10 000 tonnes par an tant pour la carapace que la chair, toutes deux d'excellente qualité. Or, sur le marché mondial, les produits provenant des tortues sont protégés par la convention de Washington : on ne peut donc exporter ni la chair, ni l'écaille, même vers des pays consommateurs. Les Réunionnais ne sont pas habitués à manger de la tortue ; les restaurants parisiens n'ont pas une demande suffisante ; la Polynésie, où il y a une demande, est trop éloignée. Les démarches entreprises pour faire exclure la tortue verte de la Convention de Washington ont échoué jusqu'à présent, sous la pression de groupes écologistes.

J. M. BOISSON.- La compréhension du fonctionnement des économies insulaires reste très limitée, malgré l'amélioration des informations statistiques, en particulier dans les DOM. Les instruments d'analyse économique habituels ne permettent pas d'interpréter l'évolution récente ou future des DOM.

C. de MIRAS.- Dans les DOM, lorsque l'économie de plantation cannière décline, l'ensemble de l'économie de production s'effondre ; mais le centre de gravité de l'économie des DOM a basculé, passant grâce aux transferts publics de la valeur ajoutée locale à la valeur importée. Ces îles connaissent régulièrement des échecs en matière de production. Les chiffres manquent parfois pour effectuer des analyses statistiques ; de plus, les modèles traditionnels (économie de plantation, production, valeur ajoutée...) ne sont plus opérationnels. Il faut de nouvelles approches, telle que l'économie politique, la circulation des valeurs qu'illustrent bien les transferts.

J. MENAUGE.- L'économie sucrière réunionnaise s'est maintenue à plus de 200 000 t/an ; elle n'est donc pas comparable à celle de la Martinique qui est tombée à moins de 10 000 t/an. Les conditions naturelles et les rendements industriels sont plus favorables à la production sucrière à la Réunion qu'en Martinique. On ne peut donc pas parler d'un "modèle DOM" marqué par l'effondrement des activités agricoles et l'émergence d'un large secteur de services. Nous avons là un nouvel exemple de spécificité insulaire, dans un cadre institutionnel homogène, celui des DOM.

Résumé : L'économie réunionnaise contemporaine est le résultat de la collision entre une *économie sucrière* traditionnelle qui trouve son origine dans l'économie de plantation du XIXe siècle et un processus d'intégration à l'économie métropolitaine sous la forme de la *départementalisation depuis 1946*. Cette économie présente aujourd'hui un niveau de vie relativement élevé, une industrialisation de peu d'ampleur, des exportations, quasi-exclusivement de sucre, en régression et une activité économique très largement dominée par les opérations relatives aux services ; *l'activité tertiaire* représente près de 80 % de la valeur ajoutée brute générée dans l'île. Il ne reste plus que le développement totalement périphérique et parasitaire induit par un apport financier métropolitain. *Les services sont partout* et notamment dans les objets produits par l'industrie. Les possibilités de développement sont, sans doute, contenues dans les nouvelles activités qui mêlent étroitement les biens matériels et les services. A partir du cas réunionnais, on cherchera à définir la *place des petites économies insulaires* dans le cadre d'une économie de services d'échelle mondiale qui comporte infiniment moins de contraintes que l'économie industrielle "classique".

Mots-clés : Canne à sucre, services, développement économique, Réunion.

Summary : *From sugar to service sector : the economic development in Reunion.*- The contemporary economy of Reunion is the result of a collision between a traditional *sugar-producing economy*, which had its origins in the plantation economy of the nineteenth century, and a process of integration into the economy of France as a result of *departmentalization since 1946*. This economy today provides a fairly high standard of living ; industrialization on a small scale only ; exports, consisting almost entirely of sugar, on the decline, and economic activity very largely dominated by operations related to the service sector. *Tertiary activity* represents almost 80 % of the gross domestic product of the island. There only remains the totally peripheral and parasitical development brought about by a financial contribution from France. *The service sector is everywhere*, especially in objects produced by industry. Possibilities for development doubtless exist in the new activities which combine together material goods and services. Basing our ideas on the example of Reunion, we shall try to define *the place of the small island economies* in the context of a service economy on a world-wide scale in which there will be infinitely fewer constraints than in the traditional industrial economy.

Keywords : Sugar cane ; Services ; Economic development ; Reunion island.

L'EMPLOI A LA RÉUNION : QUELQUES RÉFLEXIONS ET PROPOSITIONS

par René SQUARZONI

A la Réunion, la prise de conscience récente mais désormais généralisée d'une situation démographique exceptionnelle aboutit à une attention obsessionnelle portée à l'Emploi et à un discours incantatoire sur le Développement. L'amélioration considérable de la qualité et de la quantité des informations économiques et sociales, qui s'est produite au cours des cinq dernières années, rend difficile, voire vaine toute tentative pour renouveler la réflexion sur l'Emploi à la Réunion, car on arrive à une connaissance sectorielle des activités qui laisse peu d'incertitudes... et peu d'espérance.

Sur la période que nous privilégions pour la réflexion, de 1954 à 1982, c'est-à-dire de la Réunion de la plantation à la Réunion de la solidarité, les grandes évolutions de la population active employée ont été mises en évidence, aussi bien en effectifs qu'en pourcentages :

Secteur	1954	1961	1967	1974	1982
Primaire	43,5	38,6	27,9	23,2	17,6
Secondaire	19,7	18,5	20,6	21,3	19,7
Tertiaire	16,5	31,2	45,5	65,0	81,6
TOTAL	79,7	88,3	94,0	109,5	118,9

Tableau I.- *Structure des effectifs employés par secteur à la Réunion.*
Source : INSEE - ODESR

Unité : le millier

Secteur	1954	1961	1967	1974	1982
Primaire	54,6	43,8	29,7	21,2	14,8
Secondaire	24,7	21,0	21,9	19,5	16,5
Tertiaire	20,7	35,2	48,4	59,3	68,7
TOTAL	100 %	100 %	100 %	100 %	100 %

Tableau II. *Structure relative des emplois par secteur à la Réunion*
Source : INSEE - ODESR

Unité : le pour cent

Il y a quelques imprécisions et quelques variations dans les données. Tout d'abord, les recensements n'ont pas tous été conduits et exploités avec la même précision. Ensuite, la population active mesurée a été celle employée dans la semaine précédant le recensement (P.A.E.S.) sauf en 1974 : il s'agissait alors de la P.A.E.A., population active employée dans l'année. Ajoutons que les moments choisis pour le recensement ont été parfois en pleine activité du secteur canne-sucre (1961, 1974) ou en plein sommeil (19 mars 1982).

Cela invite à la prudence et conduit à refuser les débats sur les variations minimes, mais cela ne remet pas en cause les grands constats qui s'expriment par des variations ou des stabilités qui ne sont pas influencées par des défauts d'optique. On voit clairement :

- la vigoureuse, l'exceptionnelle progression globale des emplois, augmentés de 40 000 entre 1954 et 1982, croissant donc de 50 %. Durant la même période, en Métropole, le gain a été de 5 % environ ;
- le spectaculaire recul de l'agriculture qui perd 26 000 actifs et ne fournit plus qu'un emploi sur sept ;
- l'impressionnante stagnation de l'industrie et du bâtiment autour de 19 à 20 000 emplois, ce qui représente aujourd'hui un emploi sur six ;
- l'irrésistible montée en puissance du tertiaire, seul fournisseur d'emplois supplémentaires (65 000) et donc source de toute la croissance nette de l'emploi, jusqu'à en représenter sept sur dix.

Les variations croisées de l'agriculture et du tertiaire, et la stabilité de l'industrie et du bâtiment définissent par leur combinaison une trajectoire très particulière de l'activité à la Réunion : un passage direct d'une société "pré-industrielle" à une autre "post-industrielle" sans le segment central de l'industrialisation. Ce raccourci est stupéfiant de rapidité : moins de trente années, une génération à peine, ont suffi.

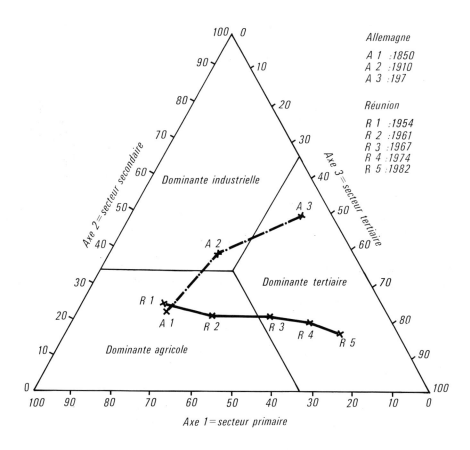

Figure 1.- Evolution trisectorielle de la population active employée à la Réunion (1954-1982) et en Allemagne (1850-1970)

L'évolution présentée en graphique triangulaire (fig. 1) entre la Réunion et l'Allemagne (exemple-type de l'industrialisation tardive et intense) illustre le propos : l'évolution classique a pris plus d'un siècle en général. Ces données de plus en plus vulgarisées contribuent à rendre caduques les idées-reçues et les formules toutes faites. Il faut le reconnaître, à la Réunion, l'affirmation de :

- la vocation agricole est une erreur. A moyen terme, il restera une douzaine de milliers d'emplois dans le secteur primaire. Et le revenu moyen ne sera décent que si l'on compense l'exiguïté de la surface disponible et les défauts des sols par des efforts d'infrastructure encore soutenus et par des prix d'écoulement généreux ;

- la croissance industrielle est un rêve. Dans quelques années, ce serait un grand succès d'atteindre plus de 25 000 emplois dans le secondaire, dont la moitié sans doute dans le bâtiment. Sans ressources naturelles, avec les handicaps d'un marché réduit et de rémunérations élevées, la Réunion est un non-lieu d'industrialisation ;

- l'hypertrophie du tertiaire est une illusion. L'effondrement de l'emploi rural, la stagnation de l'emploi industriel trompent l'oeil en modifiant les termes de la comparaison. Sans même évoquer la faiblesse numérique des fonctionnaires militaires, il faut souligner que la Réunion présente une densité de fonctionnaires civils inférieure à la moyenne nationale : cela est d'autant plus net que la proportion des moins de vingt ans, consommateurs de services d'éducation, ferait attendre l'inverse. Quant au tertiaire privé, sa croissance est soumise à la sanction du marché, or les créations d'entreprises et d'emplois l'emportent sur les disparitions dans cet espace économique.

A partir de cet état de choses, nous souhaitons simplement éclairer quelques aspects de l'évolution de l'emploi peu fréquemment mis en lumière et qui sont dans le champ de nos recherches. Puis, formuler quelques propositions autour de choix collectifs ou institutionnels qui doivent être faits avec clarté dans le cadre de la lutte pour l'emploi dont les justifications sont d'autant plus grandes que les solutions sont peu évidentes.

I.- LA RÉPARTITION DES EMPLOIS SELON LE SEXE

Cette approche de l'emploi, sans être exceptionnelle, est moins fréquemment proposée que d'autres, or elle met en évidence une transformation récente mais soutenue du rapport entre les cohortes masculines et féminines au travail.

Sexe	1954	1961	1967	1974	1982
Hommes	63,1	70,1	71,0	75,6	77,6
Femmes	16,6	18,2	23,3	33,9	41,3
TOTAL	79,7	88,3	94,0	109,5	118,9

Tableau III.- *Structure des effectifs employés par sexe à la Réunion*
Source : INSEE - ODESR

Unité : le millier

Concentrée sur les vingt cinq dernières années, depuis 1960, et mesurée depuis par quatre recensements, la progresssion numérique des emplois féminins est clairement très supérieure à celle des emplois masculins. De 1961 à 1982, les femmes occupent 23 300 emplois supplémentaires et passent du cinquième au tiers du total alors que les hommes ne prennent que 7 500 emplois de plus et perdent 14 % du marché des emplois.

Sexe	1954	1961	1967	1974	1982
Hommes	79,2	79,4	75,5	69,0	65,2
Femmes	20,8	20,6	24,5	31,0	34,8
TOTAL	100 %	100 %	100 %	100 %	100 %

Tableau IV.- *Structure relative des emplois par sexe à la Réunion*
Source : INSEE - ODESR

Unité : le pour cent

Une visualisation très expressive de ce phénomène est fournie par la série des pyramides des âges présentées à la même échelle et par tranches quinquennales d'âges, de 1961 à 1982 (fig. 2). Le changement partiel, mais déjà accentué, de type de société est bien perceptible à la simple observation du passage d'un quasi plein emploi masculin à un chômage généralisé à tous les âges, alors que l'on remarque le glissement progressif d'une quasi absence féminine à une présence croissante rendue plus impressionnante par la progression du chômage masculin[1]. Mais il faut veiller à compenser l'impression fournie par les tableaux et les pyramides des âges, qui n'expriment que des variations nettes, en rappelant qu'il y a en réalité une série de balances d'emplois en gains et pertes, dont les soldes se combinent algébriquement, pour donner la croissance nette des effectifs masculins et féminins. En prenant pour critère les catégories socio-professionnelles, on obtient une illustration de cette réalité et un complément d'information (tabl. V, sur la répartition des catégories socio-professionnelles par sexe à la Réunion).

Un commentaire rapide, renonçant à une exploitation ligne par ligne, peut être centré sur des constatations majeures au niveau de ce tableau. La faible progression globale de l'emploi masculin est expliquée par la perte de 20 000 emplois dans l'agriculture, ce qui fait s'effondrer le gain brut de 27 500 emplois dans les autres catégories socio-professionnelles[2].

1. Dans chaque tranche d'âge entre 20 et 60 ans, il faut veiller à interpréter différemment la partie blanche qui relève du chômage chez les hommes, mais qui mêle chez les femmes celles qui sont au foyer et celles qui sont au chômage. En 1961, les femmes au foyer prédominent ; en 1982, la situation est plus équilibrée entre les deux catégories.
2. Il va de soi qu'une subdivision des catégories socio-professionnelles en sous-catégories plus fines fait apparaître une pléiade de balances d'emplois dont les soldes par somme algébrique forment le solde de la catégorie globale. En fait, il y a une multitude de pertes et de créations d'emplois tout au moins dans certaines catégories, cela ne vide pas de sens les remarques présentées dans le texte.

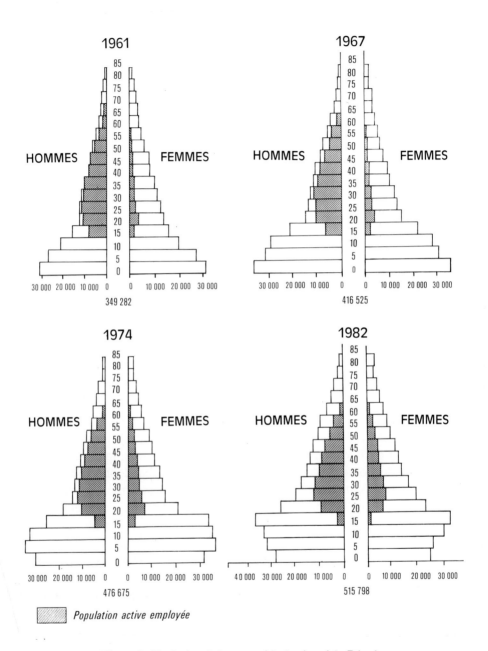

Figure 2.- Evolution de la pyramide des âges à la Réunion

Source : INSEE

On relève que chez les femmes le gain brut d'emplois n'atteint que 25 000, mais que la faiblesse des pertes, inférieures à 2 000 emplois, laisse un solde exceptionnel. On a alors le sentiment que les femmes n'avaient rien ou peu à perdre comme emplois alors que les hommes sont inévitablement les

Catégories socio-professionnelles		Hommes	Femmes
Exploitants	1961	15 186	737
	1982	9 422	502
agricoles	Solde	- 5 764	- 235
Salariés	1961	20 526	1 777
	1982	6 227	190
agricoles	Solde	- 14 299	- 1 587
Patrons,	1961	5 458	1 964
prof. libérales,	1982	10 948	4 190
cadres supérieurs	Solde	5 490	2 226
	1961	1 543	2 547
Cadres moyens	1982	6 546	8 011
	Solde	5 003	5 464
Employés	1961	3 926	2 620
	1982	10 659	12 214
	Solde	6 733	9 594
Ouvriers	1961	21 010	1 502
	1982	27 504	5 301
	Solde	6 494	3 799
Personnel	1961	1 524	6 835
	1982	3 522	10 776
de service	Solde	1 998	3 941
Divers :	1961	947	238
	1982	2 795	176
armée, clergé…	Solde	1 848	- 62
	1961	70 120	18 220
TOTAL	1982	77 623	41 360
	Solde	7 503	23 140

Tableau V.- *Répartition des catégories socio-professionnelles par sexe à la Réunion, de 1961 à 1982.*
Source : INSEE - ODESR

victimes du déclin des secteurs traditionnels. Sur la période la plus récente que l'on puisse étudier, 1974-1982, les données confirment cette impression (tabl. VI). C'est le même constat d'une compensation très forte chez les hommes entre 8 900 emplois gagnés et 7 300 perdus chez les exploitants et salariés agricoles, mais aussi chez les ouvriers. Du côté féminin, les 9 900 emplois supplémentaires ne sont écornés que par la perte de 1 600 dans le personnel de service et le salariat agricole. Sur cette période, le partage des emplois supplémentaires s'établit dans un rapport hommes-femmes de 1 à 5.

Catégories socio-professionnelles		Hommes	Femmes
Exploitants	1974	11 133	395
	1982	9 422	502
agricoles	Solde	- 1 711	107
Salariés	1974	11 017	497
	1982	6 227	190
agricoles	Solde	- 4 790	- 307
Patrons,	1974	8 919	3 153
prof. libérales	1982	10 948	4 190
cadres supérieurs	Solde	2 029	1 037
	1974	4 643	6 099
Cadres moyens	1982	6 546	8 011
	Solde	1 903	1 912
	1974	7 369	6 955
Employés	1982	10 659	12 214
	Solde	3 290	5 259
	1974	28 310	3 698
Ouvriers	1982	27 504	5 301
	Solde	- 806	1 603
Personnel	1974	2 226	12 116
	1982	3 522	10 776
de service	Solde	1 296	- 1 340
Divers :	1974	2 370	144
	1982	2 795	176
armée, clergé...	Solde	425	32
	1974	75 987	33 057
TOTAL	1982	77 623	41 360
	Solde	1 636	8 303

Tableau VI.- *Répartition des catégories socio-professionnelles par sexe à la Réunion, de 1974 à 1982.*

Source : INSEE - ODESR

De plus, la lecture attentive des deux tableaux par catégories socio-professionnelles, décalés par leurs périodes d'observation, révèle la situation critique de l'emploi masculin à la Réunion. Compte tenu des pratiques qui réservent aux hommes les emplois exigeant de la force et de la résistance physique ou exposant aux intempéries, aux conditions pénibles, l'emploi masculin bénéficiait des emplois agricoles (notamment la canne), industriels (le sucre) et dans le bâtiment et les travaux publics. L'évolution de longue période provoque l'effondrement de l'emploi dans le secteur de la canne et du sucre, la conjoncture de ces dernières années a réduit celui offert par la construction et l'équipement : cela vide les plus gros gisements d'emplois masculins. En revanche, l'emploi féminin peu développé compte tenu des fonctions maternelles et domestiques qui occupaient abondamment les femmes, partait sans domaines réservés importants, à l'exception peut - être des emplois de personnel de service, c'est-à-dire femmes de ménage.

Or, le développement du tertiaire qui s'établit a priori dans la compétition égalitaire des sexes, se révèle doublement favorable aux femmes :

- elles obtiennent de meilleurs résultats dans le système d'éducation-formation, et sont donc favorisées dans les sélections par niveaux de connaissances ;

- elles occupent massivement des emplois "réservés aux femmes", abondants dans les emplois de bureau (secrétariat), les commerces (vendeuses, caissières), les services éducatifs, sociaux, sanitaires (institutrices, assistantes sociales, infirmières par exemple).

Et même dans l'industrie, la P.M.I., notamment en agro-alimentaire et boissons, propose des tâches et des conditions de travail qui n'excluent pas les femmes, au contraire. Le seul titre de gloire masculin semble être acquis par la conquête majoritaire des emplois les plus élevés, les mieux rémunérés. Sur les deux périodes, on constate que si les femmes prennent bien plus de la moitié de la création des postes d'employés, si elles font encore jeu égal au niveau des cadres moyens, elles n'obtiennent pas plus du tiers des postes de patrons, de professions libérales, ou de cadres supérieurs.

Mais l'examen de ce point particulier débouche sur le constat d'une importation massive de personnes diplômées et expérimentées dans la catégorie des patrons, professions libérales et cadres supérieurs, ce qui ouvre sur une deuxième approche, à certains égards complémentaire, en fonction de l'origine des actifs employés.

II.- LA RÉPARTITION DES EMPLOIS SELON L'ORIGINE

Cette analyse de l'emploi, sans être interdite, n'a pas fait jusqu'à présent l'objet de publications de vulgarisation précises et détaillées. Elle provoque a priori une inquiétude et une gêne qui ne sont ni ridicules ni parfaitement justifiées : il est naturel de craindre la révélation de "l'accaparement" des emplois nouveaux et supérieurs par les derniers venus, mais il est illusoire d'espérer masquer la perception globale de l'arrivée d'une grosse vingtaine de milliers de métropolitains à la Réunion au cours du dernier quart de siècle.

Il est sans doute temps de mesurer l'impact de cette immigration récente et concentrée dans le temps et l'espace socio-économique. Faiblement présents à l'aube de la départementalisation et jusque vers 1960, les Métropolitains forment aujourd'hui une des petites minorités de la population que les recensements mettent en évidence : au nombre de 1 722 en 1954 et de 3 043 en 1961, ils sont 21 270 en 1982. Au sens large[3], le groupe métropolitain comptait sans doute 25 000 personnes en 1982 et dépasse probablement les 30 000 personnes à la fin de 1985.

Au niveau de l'emploi, les tableaux VII et VIII proposent une reprise de la distinction par sexe avec l'appoint de deux indications d'origine, natifs de la Réunion et autres, cela sur les deux périodes précédemment proposées : 1961-1982 et 1974-1982. Si la catégorie des natifs de la Réunion est simple à étudier, celle des "autres" exige deux précisions :

- en terme de stock, cette catégorie contient des immigrés anciens, notamment originaires des Indes (surtout Musulmans) et de Chine. Cela se remarque aisément dans la catégorie des patrons de l'industrie et du commerce ;

- en terme de flux, les variations ne contiennent pratiquement que des métropolitains au sens large. La seule exception notable tient à une petite immigration indio-océanique (Comores, Madagascar, Maurice) perceptible dans les catégories ouvriers ou personnel de service.

Le commentaire rapide du tableau VII, portant sur la période 1961-1982, peut partir des constats globaux. Si l'emploi des natifs de la Réunion, hommes et femmes réunis, progresse nettement de 84 500 à 103 500 environ, cela vient totalement de la percée féminine qui permet l'obtention des 19 000 emplois supplémentaires :

- la cohorte masculine stagne très près de 67 000 emplois, la perte de 156 emplois n'ayant aucune signification, compte tenu de la marge d'erreur. Tout se passe comme si les progrès variés de l'emploi masculin étaient anéantis par les reculs dans le secteur agricole, ce qui provoque un surplace impressionnant ;

---

3. Par cette expression, nous voulons indiquer en premier lieu que les valeurs proposées contiennent les adultes et les enfants, les hommes et les femmes et pas seulement au sens commun les hommes employés. Ensuite, il nous semble qu'au sens ethno-culturel, le groupe métropolitain doit être étendu aux natifs européens d'Algérie et des anciennes colonies françaises, voire des DOM et des TOM, ainsi qu'aux enfants nés à la Réunion dans les foyers "métropolitains". Bien entendu, comme tout groupe ethno-culturel, celui-ci a des frontières rendues de plus en plus floues par l'assimilation et les mariages externes.

- la cohorte féminine, en revanche, n'est que faiblement touchée par les pertes liées au déclin agricole, qui ne forment pas le dixième des gains nets d'emplois.

Catégories socio-professionnelles	Période	Hommes			Femmes		
		Natifs	Autres	Total	Natives	Autres	Total
Exploitants agricoles	1961	15 133	53	15 186	732	5	737
	1982	9 375	47	9 422	491	11	502
	Solde	- 5 758	- 6	- 5 764	- 241	6	- 235
Salariés agricoles	1961	20 420	106	20 526	1 772	5	1 777
	1982	6 197	30	6 227	189	1	190
	Solde	- 14 223	- 76	- 14 299	- 1 583	- 4	- 1 587
Patrons de l'industrie et du commerce	1961	3 838	1 098	4 936	1 774	106	1 890
	1982	5 058	1 107	6 165	1 854	364	2 218
	Solde	1 220	9	1 229	70	258	328
Professions libérales, cadres supérieurs	1961	275	247	522	54	20	74
	1982	1 628	3 155	4 783	765	1 207	1 972
	Solde	1 353	2 908	4 261	711	1 187	1 898
Cadres moyens	1961	1 254	289	1 543	2 321	225	2 547
	1982	4 452	2 094	6 546	6 113	1 898	8 011
	Solde	3 198	1 805	5 003	3 792	1 673	5 464
Employés	1961	3 402	524	3 926	2 370	250	2 620
	1982	9 784	875	10 659	11 247	967	12 214
	Solde	6 382	351	6 733	8 877	717	9 594
Ouvriers	1961	20 666	344	21 010	1 474	28	1 502
	1982	25 919	1 585	27 504	5 216	85	5 301
	Solde	5 253	1 241	6 494	3 742	57	3 799
Personnel de service	1961	1 472	52	1 524	6 806	29	6 835
	1982	3 246	276	3 522	10 585	191	10 776
	Solde	1 774	224	1 998	3 779	162	3 941
Divers : armée, clergé...	1961	491	456	947	178	60	238
	1982	1 136	1 659	2 795	101	75	176
	Solde	645	1 203	1 848	- 77	15	- 62
TOTAL	1961	66 951	3 169	70 120	17 491	729	18 220
	1982	66 795	10 828	77 623	36 561	4 799	41 360
	Solde	- 156	7 659	7 503	19 071	4 069	23 140

Tableau VII.- *Répartition des catégories socio-professionnelles par sexe et origine, à la Réunion, de 1974 à 1982.*

Source : INSEE - ODESR

La progression des actifs employés, nés hors de la Réunion, n'est pas écrasante en valeur absolue puisqu'elle s'élève à 11 700 emplois grâce à une variation de 3 900 emplois de 1961 à 15 600 en 1982. Mais en valeur relative, c'est une croissance de 300 % contre 22 % pour l'emploi réunionnais et un passage de 5 % à 13 % de l'emploi global entre 1961 et 1982. Par sexe, l'évolution est contrastée :

- le groupe masculin grossit de 7 650 emplois, ce qui représente tout le croît de l'activité des hommes à la Réunion et une augmentation de 250 % en vingt ans ;

- le groupe féminin s'enfle de 4 050 emplois, ce qui le multiplie presque par 7 (580 % de progression) mais cela ne forme que 17,5 % de la variation de l'emploi des femmes à la Réunion.

En renonçant ici encore à une analyse ligne par ligne du tableau VII, assez facilement exploitable par tous, nous ferons deux remarques relatives aux catégories patrons de l'industrie et du commerce, et professions libérales et cadres supérieurs :

- l'industrie, le commerce, l'artisanat ont fourni un supplément de postes de patrons principalement aux natifs de la Réunion. Cela est, par exception au constat général, plus vrai chez les hommes que chez les femmes : progression de 1 220 contre 70 à l'intérieur du groupe né à la Réunion. A l'inverse, dans le groupe d'origine extérieure, la stagnation masculine contraste avec une certaine croissance féminine qui représente 250 emplois environ[4] ;

- les membres des professions libérales et les cadres supérieurs étaient en 1961 majoritairement Réunionnais de naissance : 324 contre 267 originaires de l'extérieur. L'exceptionnel développement de cette catégorie, passant de 600 à 6 750 emplois en vingt ans, a été permis par l'importation du capital humain nécessaire : 4 100 postes supplémentaires occupés par des personnes nées hors de la Réunion pour 2 050 pris par des natifs de l'Ile, soit un rapport de 2 pour 1.

Le tableau VIII confirme, sur la période 1974-1982, les observations précédentes, et même les amplifie parfois. Au niveau de l'emploi des Réunionnais de naissance, la progression globale atteint 4 900 emplois, mais au terme d'une compensation entre 1 700 emplois masculins perdus et 6 600 féminins gagnés :

- le groupe des hommes subit le choc supplémentaire provoqué au cours de cette période par le repli des emplois ouvriers, lié à la crise du bâtiment et à la modernisation de l'industrie sucrière. Cela s'ajoute au classique recul agricole et interdit la stabilité de la balance des emplois masculins ;

---

4. Il faut noter cependant qu'en vingt ans, par succession des générations, certains commerçants musulmans ou chinois de 1961, nés hors de la Réunion, ont été remplacés par leurs fils, nés dans l'île.

Catégories socio-professionnelles	Période	Hommes			Femmes		
		Natifs	Autres	Total	Natives	Autres	Total
Exploitants agricoles	1974	11 108	25	11 133	388	7	395
	1982	9 375	47	9 422	491	11	502
	Solde	- 1 733	22	- 1 711	103	4	107
Salariés agricoles	1974	10 983	34	11 017	496	1	497
	1982	6 197	30	6 227	189	1	190
	Solde	- 4 786	- 4	- 4 790	- 307	0	- 307
Patrons de l'industries et du commerce	1974	4 763	1 045	5 808	1 722	288	2 010
	1982	5 058	1 107	6 165	1 854	364	2 218
	Solde	295	62	357	132	76	208
Professions libérales et cadres supérieurs	1974	995	2 116	3 111	410	733	1 143
	1982	1 628	3 155	4 783	765	1 207	1 972
	Solde	633	1 039	1 672	355	474	829
Cadres moyens	1974	3 307	1 336	4 643	4 906	1 193	6 099
	1982	4 452	2 094	6 546	6 113	1 898	8 011
	Solde	1 145	758	1 903	1 207	705	1 912
Employés	1974	6 768	601	7 369	6 338	617	6 955
	1982	9 784	875	10 659	11 427	967	12 214
	Solde	3 016	274	3 290	4 909	350	5 259
Ouvriers	1974	27 501	809	28 310	3 621	77	3 698
	1982	25 919	1 585	27 504	5 216	85	5 301
	Solde	- 1 582	776	- 806	1 595	8	1 603
Personnel de service	1974	2 126	100	2 226	12 000	116	12 116
	1982	3 246	276	3 522	10 585	191	10 776
	Solde	1 120	176	1 296	- 1 415	75	- 1 340
Divers : armée, clergé...	1974	947	1 423	2 370	88	56	144
	1982	1 136	1 659	2 795	101	75	176
	Solde	189	236	425	13	19	32
TOTAL	1974	68 498	7 489	75 987	29 969	3 088	33 057
	1982	66 795	10 828	77 623	36 561	4 799	41 360
	Solde	- 1 703	3 339	1 636	6 592	1 711	8 303

Tableau VIII.- *Répartition des catégories socio-professionnelles par sexe et origine, à la Réunion, de 1974 à 1982.*
Source : INSEE - ODESR

- le groupe des femmes supporte en revanche aisément le début du déclin des emplois de personnel de service, expliqué par toute l'évolution socio-économique. Malgré ce handicap, le gain net est important et dans la catégorie ouvriers, la situation est à l'inverse de celle observée chez les hommes; et cela tient aux progrès de la petite et moyenne industrie légère.

La progression de l'emploi des résidents nés hors de l'Ile est vive. Avec un peu plus de 5 000 emplois, elle représente une courte majorité des emplois supplémentaires, alors que sur la période 1961-1982, avec un gain de 11 700 emplois, cette progression ne formait que 38 % du gain global. Par sexe, au-delà de l'observation générale de l'absence de déclin sectoriel, on observe toujours une forte primauté de la croissance masculine, deux fois plus élevée en valeur absolue que celle des emplois féminins. Cela permet de souligner une nouvelle fois l'autonomie des évolutions constatées par sexe, entre les natifs et ceux d'origine extérieure.

L'ensemble des observations proposées sur la longue et sur la moyenne périodes retenues, selon les deux critères de sexe et d'origine, appelle en conclusion quelques affirmations et quelques suggestions.

III.- PROPOSITIONS CONCERNANT L'EMPLOI A LA RÉUNION

La première des propositions ne peut pas être autre chose qu'une demande de réalisme. Tout en comprenant fort bien la position des responsables administratifs auxquels la durée de leur séjour ne permet pas toujours de s'attacher aux problèmes fondamentaux, et la position des hommes politiques dont le discours contient nécessairement des promesses et des espérances, il convient sans doute que la réflexion surtout, mais le discours également, soient marqués par la prise en compte des dynamiques à l'oeuvre à la Réunion. En effet, depuis le dernier cliché complet et précis fourni par le recensement de mars 1982, au cours des quatre dernières années les évolutions se sont poursuivies comme l'indiquent les études et statistiques sectorielles, les informations multiples perçues "sur le terrain" :

- le déclin des emplois du secteur primaire s'est poursuivi, brièvement accentué par la sécheresse des années 83-84 ; la stagnation des effectifs du secteur secondaire reste de mise, dans une balance où la crise du bâtiment et la modernisation sucrière compensent l'expansion de la P.M.I. ; la croissance des emplois du secteur tertiaire, qui s'est peut-être ralentie, est provoquée par un complément de déploiement administratif, la pratique du partage des emplois communaux, la diversification des activités dans l'artisanat de service et le tourisme ;

- la compétition pour l'emploi ne s'est pas atténuée entre les femmes et les hommes, sans doute même gagne-t-elle en intensité. Son ressort fondamental se trouve dans une nouvelle conception que les femmes ont de leurs fonctions et qui réduit fortement le domaine traditionnel, maternel et domestique, au profit d'une extension vers l'activité économique et les responsabilités sociales, l'ancien territoire masculin : les jeunes générations sont de plus en plus imprégnées de ces nouvelles valeurs et les Réunionnaises s'enhardissent constamment dans leur prétention à des emplois plus divers ou plus élevés. On constate d'ailleurs chez les employeurs un accueil de moins en moins réservé devant des embauches féminines, ce qui correspond à la validation progressive des efforts d'éducation-formation, de maîtrise de la fécondité, d'adaptation professionnelle des femmes ;

- l'implantation métropolitaine à la Réunion s'est poursuivie et implique le maintien d'un partage des emplois supplémentaires sans doute à égalité, entre la main-d'oeuvre native et extérieure. Cela reste expliqué par le besoin d'importer du capital humain chaque fois que l'on veut transférer et diffuser des progrès techniques dans tous les secteurs d'activité. Si l'on repère aisément ce qui tient aux exigences de formation initiale, peut-être sous-estime-t-on ce qui est lié à l'expérience professionnelle indispensable : cela distingue souvent encore, à diplôme égal, les Réunionnais et les Métropolitains et ne peut être résolu instantanément. Enfin, le groupe métropolitain a atteint, par sa taille et son ancienneté, le niveau d'un foyer d'appel, qui provoque la venue et la diffusion professionnelle de parents et d'amis métropolitains, à des niveaux de qualification parfois modestes, dans des secteurs nouveaux, citons l'artisanat et le tourisme.

Il nous semble qu'aucune estimation de la situation présente de l'emploi et du chômage ne devrait esquiver la prise en compte des constats précédents. De même, toute réflexion à moyen terme doit intégrer l'impact prévisible des dynamiques exposées, car il semble peu probable que soient remis en cause prochainement certains principes d'organisation sociale ou d'évolution économique tenant à l'appartenance de la Réunion à la République française et à son intégration à la C.E.E., notamment :

- l'égalité devant l'emploi, sans distinction de sexe ou discrimination d'origine ;

- l'accès au progrès technique et aux gains de productivité, sans réserve.

Et même le constat qu'il faut bien faire sans naïveté, de l'existence ici ou là d'entorses aux principes précédents ne fait peut-être que souligner les constats de base. Peut-on, en effet, en période de rigueur, durant laquelle l'efficacité est plus encore nécessaire, aller très loin dans des pratiques de refus d'amélioration du matériel et des méthodes pour sauvegarder ou augmenter des emplois, dans des sélections de personnel guidées par le souci de réunionniser ou de masculiniser aux dépens des qualifications et des compétences ? Aucun secteur d'activité, privé, public ou mixte n'a de marges de liberté très importantes ou durables dans ces domaines.

La seconde proposition consiste, sans goût du paradoxe, à inviter à une réflexion-action destinée à intervenir sur les évolutions en cours, afin d'en réduire et d'en retarder les conséquences gênantes, afin d'en abréger éventuellement la durée. Exactement comme il convient de lutter contre le déclin de l'emploi dans l'agriculture ou contre la stagnation dans le secteur industrie et B.T.P., il faut essayer d'aménager des réponses aux questions embarrassantes posées par le partage déséquilibré des emplois entre hommes et femmes, entre natifs et originaires de l'extérieur. S'agissant du soutien qui peut-être mis en place pour favoriser l'emploi masculin, sa justification est fournie par le problème psychologique et social que provoque un chômage masculin généralisé à tous les âges et massif chez les jeunes, dans une société qui a certes accepté à peu près la transformation du rôle et du statut de la femme, mais sans modifier la conception de l'homme responsable devant sa famille de l'apport du revenu de base. Disons-le immédiatement : il ne s'agit pas, à l'évidence, d'entamer une croisade pour le retour des femmes au foyer, mais d'être attentif au besoin de validation économique et sociale des hommes. Les possibilités de réaction à court terme et moyen terme sont peu nombreuses mais méritent d'être explorées :

- une diffusion de l'information de base sur l'évolution du ratio d'emplois hommes-femmes à la Réunion, auprès des décideurs d'embauche serait justifiée, comme toute campagne d'information, par le souhait d'un exercice éclairé de la responsabilité de donneur d'emploi. Chaque "patron" (chef d'entreprise, maire...) en retiendrait à son niveau de décision ce qui lui semblerait bon pour la gestion de son institution d'abord, pour l'équilibre social ensuite ;

- le partage de l'emploi est déjà pratiqué assez couramment, notamment par les mairies, sur des postes de travail à bas niveau de qualification[5]. La généralisation du partage, par l'usage du temps partiel ou du roulement, offre encore une réserve modérée d'emplois masculins mais une solution médiocre en termes de revenus, car on débouche sur des fractions de bas salaires peu gratifiantes pour des chefs de famille ;

- le soutien du principal secteur à forte masculinité est implicitement réalisé à travers la lutte contre l'exode rural. La relance de certains autres peut trouver dans la défense de la part masculine des emplois un argument supplémentaire : le bâtiment et les travaux publics, l'artisanat de production sont les exemples-types. Dans le cas des B.T.P. en particulier, la relance de la construction de logements de standing ou sociaux peut à la fois fournir des équipements durables satisfaisant un besoin fondamental et atténuant une

---

5. Une étude des pratiques de partage des emplois communaux à la Réunion au cours des cinq dernières années serait intéressante. Elle n'est sans doute pas réalisable, compte tenu de la politisation réelle et supposée qui a accompagné ces opérations de solidarité entre les plus modestes ; cela est regrettable, car il y a là un phénomène objectivement original et important.

pénurie indiscutable, et apporter vite un fort volume d'emplois masculins, stables, accessibles avec des niveaux de qualification faibles ou modérés : l'orientation de l'épargne locale vers la construction sur place et le renforcement des concours publics aux programmes sociaux sont les clés connues d'un problème principalement financier ;

- une prise de conscience par les adolescents et les jeunes garçons de la progressive déroute qu'ils subissent face aux jeunes Réunionnaises, est peu vraisemblable. Toutefois, comment refuser l'idée d'une information méthodique en milieu scolaire sur la réussite différentielle des filles et des garçons à la Réunion dans le processus formation-emploi-revenu ? Cela ne modifiera pas sans doute la tendance lourde mais peut avoir un impact sur une frange des jeunes Réunionnais, déjà soucieux de réussite individuelle.

Présentées sans volonté de dorer la situation, ces mesures en faveur de l'emploi masculin sont manifestement d'un impact limité, mais il en va ainsi de toutes les actions qui ne sont que des palliatifs, des manoeuvres de retardement face à des évolutions (ici, la féminisation des emplois) qui ne peuvent être refusées et qui ne doivent pas être combattues.

En ce qui concerne d'autre part, le soutien qui peut être mis en place pour favoriser l'emploi des Réunionnais de naissance, son fondement repose en premier lieu sur le souci "naturel" de fournir autant que possible une insertion socio-professionnelle sur place aux originaires de l'Ile et d'éviter la tension créée, dans un espace à chômage élevé, par l'occupation d'emplois, souvent les plus stables et les mieux rémunérés, par de nouveaux venus. Plus profondément, la migration croisée qui a provoqué en un quart de siècle la formation d'un groupe de Réunionnais en Métropole fort de 130 000 personnes environ, et d'un groupe métropolitain à la Réunion atteignant la trentaine de mille, exprime avec force le décalage existant entre les niveaux de formation des populations concernées. L'échange inégal en nombre et inversement en qualification a été provoqué par la faiblesse originelle de l'appareil de formation à la Réunion dont le développement a reposé sur une présence métropolitaine travaillant à un rattrapage progressif.

Dans la logique même de la venue rapide et massive d'un encadrement métropolitain, il faut intégrer la réduction lente de sa justification par la formation d'alter-ego réunionnais, substituables peu à peu. Alors, l'action en vue d'une réunionnisation progressive de certaines catégories d'emplois n'est pas de même nature que celle proposée pour soutenir l'activité masculine : là, il s'agissait d'une action de retardement alors qu'ici il y a une tentative d'accélération d'une évolution promise. Disons-le immédiatement : il ne s'agit pas, bien entendu, de provoquer le départ brutal des Métropolitains, mais d'être attentif au besoin d'insertion sociale locale des jeunes diplômés et d'être vigilant à maintenir les conditions du remplacement progressif des Métropolitains. Au fond, dans une schématisation simple, si l'on associe la venue progressive des Métropolitains à l'existence d'un décalage technico-culturel entre l'espace européen et l'espace réunionnais, on peut présenter une évolution théorique en deux phases :

- la première, largement entamée, est caractérisée par le développement du groupe métropolitain à partir d'un faible niveau de présence, en raison de l'apport de savoirs à mettre en oeuvre et à transmettre. Peu à peu, l'action d'éducation-insertion fait apparaître des Réunionnais d'origine substituables aux Métropolitains. Mais pendant longtemps, le flux d'arrivants reste supérieur au flux des remplaçants locaux : c'est la phase d'invasion ;

- la seconde encore à venir, serait définie par le déclin du groupe métropolitain jusqu'au taux de brassage interrégional constaté un peu partout en France. Cela signifierait que l'arrivée de détenteurs de savoirs nouveaux deviendrait plus faible que le flux de réunionnisation des emplois : ce serait la phase de reconquête.

Ce schéma très intellectuel, c'est-à-dire utile à la réflexion, repose sur l'hypothèse d'une présence métropolitaine exigée par et limitée à la seule infériorité technico-culturelle de la Réunion. Cela ne rend compte bien entendu que de l'essentiel du problème, pas de sa totalité, et de plus dans ce système d'analyse, il faut souligner l'existence de trois obstacles possibles au déroulement des deux phases énoncées :

- rien ne garantit que les Réunionnais d'origine à niveau de formation élevé choisissent de travailler à la Réunion. Une fraction notable d'entre eux a préféré pendant longtemps faire carrière en Métropole, dans l'espace économique et social de référence par rapport à la formation de haut niveau reçue. Même si la volonté de vivre à la Réunion est devenue plus fréquente chez les jeunes diplômés natifs de l'Ile, en partie d'ailleurs du fait de l'occidentalisation du mode de vie, il reste une fuite vers l'extérieur, pas toujours volontaire, dans le flux de réunionnisation ;

- rien n'assure que les Métropolitains restent de passage à la Réunion, dans une rotation d'engagements sur trois à cinq ans environ. Une tendance à la sédentarisation des Métropolitains semble s'exprimer de plus en plus qui entraîne un gel prononcé de certains emplois par des actifs jeunes. Cela est en premier lieu inévitable : dès lors que dans un système de roulement, une fraction des migrants s'installe, elle ne peut que croître par cumul, à chaque tour de la roue. Cela est en second lieu amplifié par des évolutions structurelles et conjoncturelles en Métropole : dans certaines professions, libérales notamment, la saturation récente rend très difficile le retour pour des Métropolitains installés à la Réunion, mais cela est valable dans bien d'autres professions et métiers. Bien souvent, désormais, les derniers arrivants ne conçoivent plus leur séjour comme un brève étape de début de carrière, mais comme une opportunité d'installation à durée indéterminée ;

- rien ne prouve que le dispositif d'éducation-formation mis en place à la Réunion soit déjà à même de produire beaucoup de Réunionnais d'origine à substituer aux Métropolitains. Cela provient en partie de la jeunesse de ce dispositif et du rattrapage immense qu'il devait assurer : en une trentaine d'années on ne compense pas trois-quarts de siècle de retard même avec une impressionnante dotation en moyens matériels et humains[6]. Cela tient aussi à la progression des niveaux de diplômes exigés, croissant au fil du temps, pour accéder à certains emplois : il y a une sorte de course poursuite entre les diplômes produits et ceux exigés, ce qui allonge la période de rattrapage[7]. Enfin, toute l'attention nécessaire n'a peut-être pas été portée au processus de reconquête des emplois métropolitains qui n'a rien d'illégitime s'il est conduit dans les limites du régionalisme observé partout en France métropolitaine : la spécificité de cet objectif était étrangère à une démarche orientée sans doute plus vers la reproduction du modèle d'éducation-formation métropolitain et vers la préparation à des emplois disponibles en Métropole en général.

L'ensemble de ces remarques nous conduit à prévoir l'implantation de longue durée d'un groupe métropolitain sédentarisé et à repousser très loin le déclin numérique de cette petite minorité qui n'a pas encore atteint son expansion complète. Dans l'histoire du peuplement réunionnais, la seconde moitié du XXe siècle sera marquée par deux événements : la formation d'un flux migratoire important vers la Métropole, totalement neuf, et la réapparition d'un apport de Métropole, lointain parent d'une fraction du peuplement original. Toutefois, ces observations n'interdisent pas une réflexion sur les voies et les moyens d'un soutien à la reconquête d'une partie des emplois occupés par des Métropolitains. Ce soutien a d'autant plus de raison d'être provoqué qu'il s'agit d'emplois existants, souvent stables et bien rémunérés, présentant donc en période de rigueur des caractéristiques remarquables. Quelques propositions simples et complémentaires :

- entretenir la mobilité des Métropolitains pour conserver une forte fréquence d'occasions de substitution. Dans cet ordre d'idées, aucune action n'est possible sur les professions indépendantes, patrons et professions libérales, par définition même. En revanche, dans le cas plus général des cadres privés ou publics, on peut imaginer des interventions. Les unes pourraient favoriser des contrats de travail à moyen terme (4 à 5 ans) compatibles avec

---

6. Dans l'enseignement secondaire, on comptait en 1960 deux établissements, une centaine d'enseignants et une production d'une centaine de bacheliers. En 1985, les collèges et lycées, classiques et techniques, passent la vingtaine, les enseignants sont plus de 4 000, et les bacheliers environ 1 800 par an.
7. L'exemple type est fourni par la réforme récente de l'accès à la formation d'instituteurs qui est désormais ouverte sur concours aux titulaires d'un DEUG. A la Réunion, le recrutement, toujours important en raison de l'abondance des enfants à scolariser, pouvait ces dernières années s'effectuer à peu près correctement au niveau des bacheliers ; en revanche il semble impossible de fournir désormais 150 à 200 lauréats locaux au concours de recrutement post-DEUG, lorsque l'on sait que l'Université de la Réunion produit 200 diplômés de DEUG dont la plupart ne sont pas tentés par l'enseignement primaire.

l'efficacité professionnelle et maintenant la libération régulière des postes dans le secteur privé et semi-public. Les autres pourraient introduire des incitations au retour en Métropole pour les fonctionnaires dont le statut interdit la contractualisation, même déguisée : à l'occasion du nettoyage si nécessaire des réglementations relatives aux déménagements, aux primes d'éloignement, aux congés bonifiés, aux indexations, des mesures simples et sans brutalité pourraient le permettre[8] ;

- limiter le recours aux Réunionnais d'origine de qualification insuffisante pour éviter une efficacité moindre et une mauvaise image de marque de la main-d'oeuvre locale. Tout ce qui a été dit précédemment est favorable à la substitution des natifs aux Métropolitains dès que possible, c'est-à-dire à diplômes et compétences comparables. En revanche, on ne peut guère être favorable à une anticipation par une embauche marquée d'une sous-qualification. Dans différents secteurs, de l'éducation ordinaire ou spécialisée, de la formation des jeunes et des adultes, cette pratique a semblé souvent pénalisante, a exigé des efforts considérables de post-qualification, et surtout a conduit à une comparaison avantageuse globalement pour les Métropolitains, ce qui est sans doute dangereux par rapport à l'objectif poursuivi ;

- soutenir la mise en place à la Réunion de formations d'import-substitution de cadres moyens. A partir du constat de la constitution d'un groupe de Métropolitains de qualification semblable à la Réunion, il faut étudier la préparation sur place à cette qualification. Cela a déjà été réalisé pour les infirmières, les éducateurs spécialisés, les assistantes sociales, cela pourrait l'être pour les conseillers d'information et d'orientation, les formateurs, les métiers du sport. Cela passe par une meilleure observation de l'évolution des emplois par qualification, l'acceptation de structures de formation plus coûteuses et moins durables que leurs homologues en Métropole ; mais en regard des budgets et de l'efficacité de certaines actions, l'effort supplémentaire est bien modeste et la décentralisation rend responsable de la répartition des moyens de formation ;

- reprendre la réflexion sur les conditions d'accès des jeunes Réunionnais aux emplois de cadres supérieurs publics ou privés, exigeant des diplômes de type Bac + 4 et un concours d'accès. A partir d'une étude prospective de ces postes, orientée sur la meilleure connaissance des effectifs actuels et futurs, des rotations observées de titulaires métropolitains, il sera possible de dégager des gisements d'emplois supérieurs à reconquérir. A partir de là, une analyse des moyens disponibles et des conditions d'efficacité, permettra d'arrêter des stratégies visant à renforcer la réussite des jeunes Réunionnais. Une partie de la réflexion sera centrée sur les emplois

---

8. Des propositions précises n'ont pas leur place dans cet article qui doit rester général et bref. Elles pourraient être exprimées dans un autre contexte.

d'enseignants du secondaire, et sur la place de l'Université de la Réunion dans le dispositif de formation-concours. Ici encore, le coût du travail préparatoire et des probables mesures de soutien ne semble pas a priori décourageant, face au coût d'exploration de certaines ressources ou de certaines activités.

Toutes ces observations sont proposées en respectant autant que possible la réflexion introductive de ces conclusions : accepter la Réunion telle qu'elle est et telle qu'elle va être à moyen terme, selon toute vraisemblance ; puis refuser de laisser se produire sans frein des évolutions porteuses de désagréments, connues mais rarement analysées sans fard.

L'ultime propos, produit de la relecture de cet article, sera pour tempérer l'examen de la promotion professionnelle des femmes et des Métropolitains à la Réunion en termes d'inconvénients seulement. Pour qui sait faire de diversité richesse, et à la Réunion on est bien placé pour cela, comment refuser d'admettre l'enrichissement que cela représente ?

Résumé : L'évolution des emplois à la Réunion au cours des trente dernières années et pour le moyen terme à venir, est claire : déclin prononcé du secteur primaire, stagnation à un bas niveau du secteur secondaire, croissance puissante du secteur tertiaire. Il sera fait état de certaines transformations structurelles qui ont été jusqu'à présent peu étudiées et faiblement intégrées dans les actions économiques à savoir le partage de la création nette d'emplois qui s'est fait en faveur des femmes au détriment des hommes et l'arrivée de Métropolitains, destinée à fournir le capital humain exigé par le processus de départementalisation au niveau des services publics et des entreprises privées, qui a accentué la stagnation de l'emploi masculin pour les natifs de l'Ile. Si la féminisation progressive de la population active n'est guère susceptible d'être contrôlée et doit être sans doute simplement accompagnée de mesures de soutien de l'emploi masculin, en revanche, une politique de reconquête des emplois par les Réunionnais d'origine offre plus de perspectives tout en étant élaborée dans le respect des traditions d'égalité devant l'emploi : cela passe évidemment par une reformulation des actions de formation moyenne et supérieure.

Mots-clés : Développement économique, emploi, catégorie socio-professionnelle, Réunion.

Summary : *Employment in Reunion : some reflections and proposals.-* Employment in Reunion over the last thirty years and for the future, in the medium term at least, is clearly going to show a pronounced decline in the primary sector ; stagnation at its current low level in the secondary sector, and powerful growth in the tertiary sector. We shall instance certain structural transformations which until now have not been studied in any detail nor integrated into economic action. For example, there is the distribution of the net increase in employment in favour of women, to the detriment of men, and the arrival of people from the French mainland to supply the human capital needed for the process of departmentalization in the public services and private enterprise. This has accentuated the stagnation of the employment situation for men who are natives of the island.

The progressive feminization of the working population cannot be controlled, and should no doubt simply be accompanied by measures to support male employment. On the other hand, a policy of winning back jobs for those originating from la Reunion has more chance of success, respecting as it does the traditions of equality in employment : this can be achieved by restating training opportunities at middle and higher levels.

Keywords : Economic development ; Employment ; Socio-professional class ; Reunion island.

LES PETITES ACTIVITÉS DANS LE DÉVELOPPEMENT DES HAUTS DE LA RÉUNION : LE CAS DES CHAMBRES D'HÔTES

par Henri BERRON

Des circonstances historiques particulières ont présidé à l'occupation et à la mise en valeur des Hauts de la Réunion ; il convient d'en faire un bref rappel puisque les problèmes que connaissent aujourd'hui encore les populations qui habitent ces régions ne peuvent être compris sans en tenir compte : débrouillardise en marge d'une réglementation subie, voilà bien une attitude anciennement ancrée dans cette partie de l'île.

Le peuplement des Hauts s'est fait par rejet de la ceinture côtière (la plus facile à mettre en valeur ; ailleurs, le relief est généralement très tourmenté) d'abord d'esclaves "marrons"[1], puis de familles de souche européenne ruinées par l'abolition de l'esclavage (perte de la main-d'oeuvre gratuite) ainsi que par la concentration des meilleures terres entre les mains de quelques riches propriétaires se vouant à la monoculture de la canne à sucre ; cette seconde vague de reflux vers les Hauts, celle des "Petits Blancs", concerne des effectifs importants (jusqu'aux 2/3 de la population totale, vers le milieu du XIXe siècle, semble-t-il) augmentés encore de bon nombre d'esclaves affranchis recherchant, eux aussi, l'accès à des terres non encore appropriées.

Les conditions sanitaires, économiques et de confort de cette population resteront extrêmement précaires jusqu'à l'après guerre, lorsque le statut de département fut accordé à l'île (1946) mettant fin à un régime économique et social de type colonial. Jusqu'à cette époque, les Hauts demeureront mal intégrés à la vie de l'île, malgré quelques productions spécifiques telles que les plantes à parfum : leurs populations présenteront des caractéristiques d'isolement, dans un milieu insulaire lui-même isolé de la Métropole ; à cet égard, le terme d'"îlet" désignant les écarts les plus reculés dans les cirques de Cilaos et de Salazie est significatif.

---

1. Terme toujours en usage à la Réunion et qui désigne toute activité non déclarée ; viendrait du mot espagnol "simarone".

Aujourd'hui, une quarantaine d'années après la départementalisation, malgré les gros efforts consentis notamment en matière d'amélioration de l'état sanitaire, d'aides sociales, de désenclavement..., une disparité importante subsiste que veulent, sans y parvenir, effacer les tentatives successives d'aménagement dans les Hauts. L'erreur commise par celles-ci n'a-t-elle pas consisté à vouloir intervenir ici comme dans la région côtière de laquelle les Hauts ne seraient qu'une dépendance ? Ne vaudrait-il pas mieux imaginer un essor reposant sur le potentiel dynamique de la population locale, condition importante de réussite d'un développement endogène ? Telles sont les questions que l'on se pose à présent. Plusieurs études récentes ont cherché à mieux connaître ce potentiel et l'étude de cas qui suit se veut une modeste contribution à une meilleure prise en compte de l'esprit d'initiative des habitants des Hauts.

*

*   *

Tirer partie de l'étagement des climats dans une région dont la côte est sous un régime tropical, souvent humide, et qui possède des sommets culminants aux alentours de 3 000 m, où le thermomètre chute parfois au dessous de zéro degré, on y a pensé très tôt, déjà. Aux abords des principales agglomérations (St-Denis surtout), ce fut à partir de 1850 l'occupation progressive des pentes où l'effet de la fraîcheur se faisait déjà sentir (par exemple le Brûlé) ; ailleurs, furent investis les sites propices au thermalisme (Cilaos, Hell-Bourg)[2], ou reconnus pour leurs températures clémentes durant les mois d'été : on y construisit les résidences de "changement d'air", habitations secondaires fréquentées durant les fins de semaines, de décembre à février, par une classe terrienne aisée de la frange littorale. Depuis, le "changement d'air" s'est généralisé, surtout avec l'accès de la plupart aux congés payés.

Ce besoin de fuir les chaleurs estivales des Bas, ainsi que l'engouement récent pour les randonnées pédestres[3], ont été mis à profit par certains habitants des Hauts qui aménagent dans leurs demeures des tables et des chambres d'hôtes. Bien entendu, les actions d'incitation et les aides octroyées par les programmes de développement imaginés par les pouvoirs publics vont dans ce sens ; mais, pour des raisons sur lesquelles nous reviendrons, des initiatives "marrons" ont vu le jour ici et là ; et c'est l'une d'elles que nous allons prendre comme modèle, sachant que chaque cas est particulier, aucun ne recouvrant toutes les ressources de l'esprit d'entreprendre qui caractérise ces initiatives.

2. Le premier guide touristique édité à la Réunion par l'Office du Tourisme date de 1911.
3. A partir de 1960, balisage de sentiers de randonnée. Le G.R.R.1 relie les trois cirques montagneux de l'île à la fin des années 70.

La chambre d'hôte de Mme A. se situe Plaine des Cafres, à 1 600 m d'altitude, à proximité du départ de la route forestière permettant l'accès au volcan du Piton de la Fournaise. Mais elle tire également parti de la présence, non loin de là, du Père D. dont la renommée d'exorciseur s'étend sur toute l'île : on vient de loin pour le consulter et Mme A. peut offrir gîte et table aux clients du Père, ceci a fortiori qu'il ne semble exister dans un rayon de plusieurs kilomètres aucune autre installation d'accueil. Les allées et venues sont telles que Mme A. a ouvert, dans un bâtiment spécialement conçu à cet effet, une boutique alimentaire où l'on peut trouver l'essentiel (y compris des boissons glacées) ; les P.T.T. ont apposé sur le mur de cette boutique une boîte aux lettres.

La case d'habitation est quant à elle beaucoup plus ancienne ; elle date d'environ 1936 et les A. l'ont construite en partie à l'aide de matériaux récupérés sur une ferme qu'ils occupaient précédemment plus haut dans la Plaine. Elle n'a qu'un niveau ; elle est constituée de tôles peintes en vert, clouées sur une armature de bois ; le toit à quatre pans est également en tôles peintes et le grenier qu'il délimite au-dessus du plafond ne semble pas accessible ni utilisé. Ses dimensions sont si réduites qu'elle ressemble, dans son jardin joliment fleuri et entouré d'une clôture ouvragée, davantage à une maison de poupée qu'à une véritable habitation. En fait, des dépendances lui ont été ajoutées par la suite -en fonction des besoins du ménage et selon ses ressources financières- dans lesquelles on ne retrouve malheureusement plus le cachet des cases créoles : béton, parpaings, enduits de ciment, toits terrasses... abritent des pièces auxquelles le visiteur n'a pas accès ainsi que les sanitaires qui ne sont raccordés ni à un réseau de distribution d'eau (le seau est utilisé) ni à l'égout (puits perdu ne fonctionnant pas correctement). Mme A. préfère cuisiner dans un abri aménagé spécialement dans la cour, autour duquel se rassemblent les membres de la famille lorsqu'ils sont désoeuvrés, plutôt que dans la pièce pourtant affectée à cet usage dans la partie récente de la construction.

Le client est reçu au salon et, pour l'occasion, Mme A. en ouvre les volets ; sur un sol couvert de linoléum rouge, des fauteuils, un canapé en skaï sont disposés autour d'une table basse agrémentée d'un bouquet de fleurs du jardin ; chaque place assise est marquée d'un coussin brodé et d'un napperon, également finement brodé, à hauteur de l'appui de la tête ; disposés dans un coin-repas, une grande table et ses chaises, un petit buffet et un réfrigérateur sur lequel trônent, bien en vue, le téléphone et une machine à café, complètent l'ameublement du séjour qui est réservé par la famille A. pour recevoir les clients et les visiteurs de passage.

L'accès à la chambre d'hôte se fait par l'extérieur ; celle-ci se trouve dans la partie la plus ancienne de la case, ce qui lui vaut probablement un magnifique plancher de larges lames d'un bois bien travaillé, peint en rouge et verni ; les murs sont badigeonnés d'une peinture vert amande couvrant les panneaux qui les constituent et leurs couvre-joints ; le plafond ne diffère des murs que par la couleur rose dont il a été enduit ; il est très bas : environ à 1,90 mètre du sol. Bien que toute petite, cette chambre semble contenir l'essentiel du mobilier le plus luxueux de la famille : une immense armoire à glace[4], dont on se demande comment il a été possible de la faire entrer dans la pièce, couvre tout un pan de mur ; en face, un lit en 140 et une table de nuit assortie ; le long d'un troisième mur, un lit en 90. La literie semble neuve, elle est de bonne qualité ; une descente de lit a été disposée au sol et, sur la table de nuit, une carafe d'eau, un verre, une serviette de toilette ainsi que l'omniprésent bouquet du jardin témoignant de l'amour des populations des Hauts pour les fleurs. Des voiles de tergal masquent la porte-fenêtre donnant sur le jardin ainsi qu'une large fenêtre pourvue de claustra vitrés communiquant avec le séjour d'où parvient le bruit de la sonnerie et du mouvement d'une horloge chinoise. Une autre ouverture, sans porte, donnant sur le reste de la case et par laquelle pénètrent les échos du programme du récepteur de télévision familial, n'est obstruée que par l'écran sommaire d'un rideau à mouches. Enfin, malgré la densité du mobilier et malgré ses trois ouvertures, la chambre a été décorée d'un assortiment de coquillages vernis présentés sous forme de tableaux encadrés de bois et d'un calendrier suranné en lames de bambou tressées offert par le libre-service Lee Fung Kaï du Tampon. Une ampoule nue sur des fils électriques tirés récemment donne l'éclairage.

En quoi ce gîte diffère-t-il d'une chambre d'hôte déclarée ? Nous allons le montrer à partir d'un logement qui nous a été proposé à une altitude plus basse, plus près du littoral (il intéresse donc aussi bien les amateurs de changement d'air que ceux qui entendent rester en contact avec les activités liées aux villes de la côte).

La chambre d'hôte de Mme B., ainsi que sa table, sont signalées par un panonceau visible de la route ; elles figurent dans les listes distribuées par les organismes s'occupant de tourisme. Il s'agit d'une chambre propre, bien arrangée, mais sans beaucoup de caractère : les parois sont de tôles (isolées des murs extérieurs), le sol recouvert de gerflex ; un recoin est occupé par un lave-main caché par un petit rideau ; deux couchettes superposées, un lit en 90 et une petite armoire en contre-plaqué occupent l'essentiel de la pièce. Une salle de bain partagée avec les habitants est accessible en traversant le salon : l'eau chaude y est disponible. Les seules notes exotiques sont un tabouret du Gol[5] et le lit en 90 de fabrication artisanale (fers à béton soudés dont certains, constituant le sommier, n'ont pas la place qui conviendrait le mieux pour un sommeil confortable). La modernisation de l'habitation de Mme B., pour laquelle elle a probablement obtenu une aide, s'est faite par construction, à côté de l'ancienne

---

4. L'étiquette auto-collante d'origine certifiant qu'il s'agit bien de glace polie n'a pas été enlevée.

5. Les chaises et les tabourets du Gol sont fabriqués à l'aide de tours rudimentaires, actionnés au pied, caractéristiques de la région de St-Louis. Leurs sièges sont faits de paille des rives de l'étang du Gol.

maison, d'une case Tomi[6] qui semble presque exclusivement réservée à la location en chambres d'hôtes (et à l'accueil des membres de la famille partis en ville). La vie quotidienne continue de se dérouler dans la vieille demeure qui a même été améliorée pour cela par accolement d'un vaste hangard au sol de terre battue qui tient lieu de salle à manger et d'une cuisine équipée de tout l'électro-ménager moderne complétant l'ancienne cuisine encore utilisée dans la cour.

De toute évidence, ce sont les commodités de la case Tomi qui permettent à Mme B. de jouer la carte de la chambre d'hôte déclarée ; de plus, les démarches déjà faites pour la modernisation de son habitat lui auront probablement ôté les craintes et les réticences[7] dont fait preuve Mme A. vis-à-vis de l'Administration ; enfin, l'exploitation agricole de la première est plus florissante ; elle pousse donc probablement davantage au modernisme.

Du point de vue de la clientèle, l'existence des deux types de chambres d'hôtes, que les Autorités tolèrent, semble une bonne chose. En effet chacune de ces formules peut intéresser l'une des deux principales catégories d'utilisateurs : le résident réunionnais et le touriste étranger à l'île.

Nul doute que le Réunionnais préfèrera la formule proposée par Mme B. ; il est en effet connu dans les Hauts pour être difficile, exigeant[8]. Or le propriétaire d'une chambre d'hôte déclarée est tenu de proposer à ses clients des lieux se conformant aux normes de modernisme généralement admises ; il fait donc un effort pour imaginer ce qui pourra leur plaire.

Le touriste venu d'ailleurs préfèrera, quant à lui, plus de spontanéité ; dans le logement de Mme A., il pourra mieux qu'ailleurs retrouver un peu de ce qu'est la vie des Hauts pour ses habitants[9].

Cependant, dans les deux cas, l'accueil est chaleureux : Mme A. vient spontanément, lorsque ses tâches agricoles l'amènent près de la ferme, s'installer dans le salon en invitant ses hôtes à faire de même afin d'avoir quelques instants d'échanges au cours desquels elle explique son mode de vie et s'intéresse à celui des étrangers ; de même, chez Mme B., la grande salle à manger est le lieu où les membres de sa famille restent, après les repas, pour s'entretenir avec leurs clients. Toutes deux tiennent un livre blanc, échangent

---

6. Type de cases préfabriquées, capables de supporter les principaux cyclones et répondant aux normes de modernité, vendues à la Réunion.

7. Les réticences sont bien entendu encore plus grandes lorsqu'il s'agit de convaincre les petits planteurs des Hauts d'ouvrir des Gîtes Ruraux.

8. L'enquête de la D.D.A. a montré que lorsqu'il loue une résidence de "changement d'air" à la Plaine des Cafres, il exige que ce soit une résidence secondaire (plus moderne) plutôt qu'une résidence principale traditionnelle, abandonnée, pour la circonstance par ses habitants qui vont provisoirement loger chez des parents.

9. Malheureusement, sur le plan alimentaire, la nature et l'authenticité de ces contacts semble inversée : au client réunionnais seront servis les plats traditionnels de l'île (et il faudra se donner du mal pour bien les préparer alors qu'on tentera (hélas) de se conformer à ce que l'on croit être les goûts des étrangers à l'île en leur offrant des plats à base de conserves, plus onéreux et bien moins pittoresques, mais correspondant davantage à l'idée que l'on se fait ici du modernisme.

des adresses et entretiennent parfois une correspondance avec des visiteurs venus de St Denis ou de la Métropole, ces contacts n'étant pas sans une incidence heureuse sur le désenclavement psychologique de cette île dans l'île que sont les Hauts.

Si Mme B. fait preuve d'une organisation rationnelle cherchant à tirer parti des aides offertes par l'Administration, Mme A., quant à elle, fait plutôt preuve de débrouillardise, poussée qu'elle est par une profonde volonté d'améliorer sa condition et celle des siens. Lorsque l'Administration tolère, dans des cas comme celui-ci, l'apparition d'activités "marrons" en marge d'une réglementation, il faut le reconnaître peu adaptée, elle favorise probablement un lent processus d'améliorations qui pourra conduire vers une véritable intégration de populations aujourd'hui encore un peu d'un autre monde.

Ce processus en cours fut pour Mme A. à peu près le suivant : tout d'abord, elle sut profiter du voisinage du Père D. dont la clientèle très nombreuse nécessitait pour chacun de longues heures d'attente ; Mme A. s'est donc proposée d'assurer, moyennant finances, le tour d'attente des patients qui le souhaiteraient[10] ; les quelques revenus qu'elle retira de là lui permirent d'agrandir peu à peu sa maison et de louer, à l'occasion, une chambre d'hôte à une clientèle informée par le bouche-à-oreille. Ces nouveaux revenus permirent probablement l'ouverture de la boutique qui elle-même, par les affaires (mêmes limitées) qui s'y font, permet à Mme A. de construire une étable (en auto-construction), d'aider des membres de sa famille à faire fonctionner une fromagerie, etc.

Il y a bien là présence d'un potentiel de dynamique locale qui peut générer un essor correspondant à un développement endogène ; et celui-ci, dans le cas étudié, repose sur la femme à laquelle l'homme laisse le soin de s'occuper des chambres et des repas et qui trouve par cette activité une meilleure insertion dans la vie économique de la famille.

Mais, hélas, l'aménageur est généralement réticent, au mieux réservé, lorsqu'il entend suggérer un développement à cette toute petite échelle, celle du secteur informel des activités. Peut-être n'est-ce qu'un malentendu puisque l'expression "secteur informel" a reçu des définitions bien diverses dont certaines sont injustement restrictives. Il ne s'agit nullement de la réduire à des activités individuelles de débrouillardise, à des activités de misère[11].

10. Aujourd'hui encore, elle met à la demande son matelas dans le break familial et va le garer pour la nuit dans la file d'attente devant le presbytère du Père D. Au matin, son client viendra la relever et attendre lui-même son tour de consultation.
11. Ce type d'activité ne pourrait, bien entendu, pas conduire à quelque développement que ce soit. Signalons l'une d'elles, à la Réunion. Il y a quelque temps la compagnie Air-France distribuait des coffrets-repas à ses passagers des vols économiques. Les coffrets en excédent étaient chargés à l'aéroport de Gillot à destination de la décharge, sur un camion qui était pris d'assaut par les quelques clochards bien informés de l'île ; on les retrouvait, consommant leurs coffrets-repas, confortablement installés sous un palmier.

Au contraire, il fait appel à une véritable organisation (même peu visible), à divers intermédiaires, à une consommation pour son fonctionnement auprès du secteur moderne, et rend un véritable service ; ainsi, Mme A. possède un mobilier de facture industrielle ; elle est abonnée au téléphone, à l'électricité ; les matériaux de construction nécessaires pour son étable, pour sa boutique, pour les annexes de sa maison proviennent eux aussi du secteur moderne ; les initiatives qu'elle prend ne se font donc pas en pure perte pour le circuit économique de sa région sur laquelle elle ne vivrait qu'en parasite. Au contraire, elle tente avec ses moyens limités de mener avec les siens des activités leur permettant de vivre tout en répondant à des besoins réels.

* *

*

La petite activité, déclarée ou non, semble donc bien une solution parmi d'autres pour aider à la généralisation d'un mieux-être dans les Hauts de la Réunion. Que la chambre d'hôte "marron" manque de confort par rapport à celles qui sont déclarées ne semble pas très important puisque, à tarifs sensiblement égaux, le client saura bien faire un choix et les lois de la concurrence pousseront bien, peu à peu, à une amélioration du service offert. Cette dernière ne peut d'ailleurs se faire qu'à partir de comparaisons, à partir d'exigences exprimées par la clientèle. En effet, actuellement, Mme A. offre en location ce qu'elle possède de mieux dans sa case et elle n'imagine peut-être pas ce que l'on peut souhaiter d'autre : ainsi ne soupçonne-t-elle probablement pas le fort désagrément, pour son locataire non acclimaté, résultant d'un courant d'air permanent qui traverse la case la nuit, portant la température intérieure à 5°C seulement au mois de décembre (qui n'est pourtant pas le plus froid !)[12]. Calfeutrer portes et fenêtres n'est pas techniquement difficile à réaliser ; encore faut-il en arriver à concevoir que c'est nécessaire.

Aménager actuellement dans le domaine des activités non déclarées pourrait consister d'une part à attirer l'attention sur certaines de ces exigences, d'autre part à inciter à l'initiative par des mesures habilement dosées, enfin à exercer un contrôle devant prévenir les abus préjudiciables au but poursuivi de l'amélioration des conditions de vie dans les Hauts.

ORIENTATION BIBLIOGRAPHIQUE

BERRON, H. (1985).- *L'aménagement des Hauts de la Réunion*. Recueil des séminaires d'aménagement comparé. Aix-en-Provence, Institut d'Aménagement Régional - Université d'Aix-Marseille III.

---

12. Ceci explique peut-être les quintes de toux nocturnes suspectes dont est saisi un membre de la famille dans une chambre voisine.

BINET, F. (1979).- *Tourisme et loisirs dans les Hauts - Plaine des Cafres, Plaine des Palmistes*. St Denis, A.D.E.E.A.R.- D.D.A., 35 p., inédit.

MAISON, B.- *Economie "informelle" en zone rurale défavorisée : les Hauts de l'île de la Réunion*. Aix-en-Provence, Institut d'Aménagement Régional, Université d'Aix-Marseille III. (Thèse 3e Cycle. Aix-en-Provence. 1986).

LA RÉUNION. *Comité Régional au Tourisme de la Réunion*. (1985).- *Points de repères 1977-1984*. St Denis, C.R.T.- C.R.O.A.T. 23 p.

LA RÉUNION. Direction Départementale de l'Agriculture. (1983).- *Eléments de réflexion et d'orientation pour l'élaboration d'un schéma régional de tourisme et de loisirs en milieu rural*. St Denis, D.D.A., 174 p., inédit.

Tourisme et communication. *Revue de la Chambre de Commerce et d'Industrie de la Réunion (St Denis)*, n° 50, 84 (1), 1984, pp. 6-23.

DÉBATS

H. GERBEAU.- Le terme "marron" est très riche de connotations à la Réunion : des personnes d'origines diverses s'étant réfugiées dans les Hauts (esclaves révoltés, petits Blancs, etc...) ; école "marron", créée clandestinement ; poule "marron", échappée de son poulailler. Dans le cas des chambres d'hôte "marron" des Hauts, nous retrouvons ces concepts de liberté et d'activité clandestine, appliqués à une économie de l'ombre, qui échappe aux statistiques. Ce terme "marron" est aussi employé en Haïti ; on pourra se reporter aux ouvrages de Jean FOUCHARD : *les marrons du syllabaire* et *les marrons de la liberté*.

Résumé : Les Hauts de la Réunion sont connus pour leur isolement, les aménageurs cherchent à les intégrer à une économie insulaire moderne basée essentiellement sur la plantation de la canne à sucre qui occupe les meilleures terres de la frange littorale : or, aucune activité importante ne semble pouvoir y être aujourd'hui bien développée. Pluriactivité et activités relevant du secteur informel sont probablement en mesure de donner aux ménages la possibilité de tirer un meilleur parti des ressources variées de leur région, au marché limité. C'est notamment le cas des chambres d'hôtes qui se développent en marge ou non de la légalité et qui, loin d'être les seules manifestations d'un réel esprit d'entreprendre présent chez une partie de la population, ne représentent qu'une fraction des initiatives dans lesquelles on peut entrevoir un ferment de développement. Plus qu'un inventaire exhaustif, on s'est attaché à donner un aperçu qualitatif des initiatives du secteur informel afin de mettre en évidence leur signification et les interrelations qu'elles ont avec le secteur moderne des activités.

Mots-clés : Tourisme, secteur informel, Réunion.

Summary : *Small-scale activities in the development of the highlands in Reunion : rooms for paying guests.*- The Highlands of Reunion are well known for their isolation. Developers are trying to integrate them into a modern island economy, based essentially on sugar cane plantations which occupy the best land on the coastal fringes. It would appear that no important activity can be developed there with any success. Taking on a variety of activities, and activities which derive from the informal sector are probably the best means of providing households with the possibility of obtaining more from the varied resources of their region and from the limited market.This is so in the case of the rooms for paying guests which are developing on the fringes of legality, or just outside it, and which are far from being the only manifestations of a true spirit of enterprise by a sector of the population, as they represent only a fraction of the innovative schemes that can be observed in a true ferment of activity. Rather than present an exhaustive inventory we wanted to give a qualitative idea of the initiatives in the informal sector, in order to see their significance and the interrelations that may exist with the modern sector of activities.

Keywords : Tourism ; Informal sector ; Reunion island.

Cilaos, station climatique et touristique des Hauts de la Réunion
(cliché M.F. Perrin)

Cirque de Cilaos
(cliché M.F. Perrin)

DISPARITÉS DANS LE DÉVELOPPEMENT RÉGIONAL DE L'ÎLE MAURICE : UNE APPROCHE GÉOGRAPHIQUE ET ÉCONOMIQUE

par Premchand SADDUL

L'île Maurice, d'environ 1 860 km² de superficie, est située sur le 20e degré de latitude sud, dans le sud-ouest de l'océan Indien, à 200 kilomètres de l'île "Soeur" de la Réunion. L'histoire socio-économique de Maurice s'établit sur moins de quatre siècles ; ce n'est en effet qu'à la fin du XVIe siècle que l'île fut découverte par les navigateurs européens.

Après 250 années d'administration coloniale, menée successivement par les Hollandais, les Français et les Anglais, et après 18 années d'Indépendance, l'île Maurice présente un dynamisme démographique exceptionnel : c'est une des îles les plus densément peuplées (515 hab/km²), comparable à Malte, aux îles Bahamas, à Singapour ou à Hong Kong. Cette réalité constitue une contrainte pour le développement planifié dans la mesure où l'île Maurice est limitée en superficie ; la distance la séparant des marchés internationaux est grande et surtout elle est vulnérable au plan agro-climatologique et elle dispose de ressources limitées.

I.- PRÉSENCE DE TROIS ZONES GÉOGRAPHIQUES MAJEURES

A - La zone côtière

C'est une aire d'une grande importance économique et socio-culturelle. Grâce à des "ressources" telles que le soleil, la plage et la mer, le paysage économique est dominé par un système de développement bi-polaire, partiellement primaire, partiellement tertiaire. Les principales activités du secteur primaire sont la pêche, et à un moindre degré l'extraction du sel et la préparation de la chaux. Le secteur tertiaire est essentiellement basé sur le tourisme qui a pris tout récemment une dimension considérable.

Les régions côtières constituent avant tout une zone résidentielle. Le contraste entre l'utilisation de parcelles donnant sur la mer et de celles tournées vers l'intérieur de l'île est énorme. Etre propriétaire d'un terrain sur le littoral a une signification socio-économique évidente puisqu'une toise se vend plus de 1 000 FF en bordure de plage, surtout si le terrain est situé à proximité d'un complexe hôtelier. Aussi les villages côtiers se sont-ils développés en retrait de la plage. Vers l'intérieur, l'aménagement varie en fonction de la fertilité du sol, de la variabilité de la pluviométrie et du réseau routier. Souvent leur valeur marchande ne dépasse pas 100 FF la toise.

B - Les plaines

En deçà de la côte, les régions de faible altitude (moins de 200 mètres) sont d'une importance considérable pour le développement du pays. La majorité des activités agricoles et la plupart des villages y trouvent place. Géologiquement, ces plaines sont formées de nombreuses couches de lave basaltique issues de quelque vingt cratères qui se situent tous le long d'un axe NNE-SSW. A l'exception de quelques coulées relativement récentes, les laves ont donné naissance à des sols fertiles sur lesquels se développent principalement aujourd'hui les activités agricoles. Les plaines, à l'exception de celle de Port-Louis, constituent la région rurale de l'île Maurice. Ces plaines ont une plus grande extension au Nord et à l'Est qu'au Sud et à l'Ouest.

C - Le plateau central

Le "plateau central" ou "les hauts" constitue la troisième zone géogra-phique de l'île Maurice. Cette zone se situe au-dessus de 200 m d'altitude et couvre environ 50 % de l'île. Elle peut être subdivisée en deux sous-ensembles : un plateau d'altitude modérée (200-700 m) et "les hauts" au-dessus de 700 m qui constituent le "château d'eau" du pays. Compte tenu de la direction des vents alizés du Sud-Est, l'alignement principal du plateau central (Ridge) a même un effet déterminant sur la distribution et l'intensité des précipitations sur le reste du pays.

II.- LES RÉGIONS ÉCONOMIQUES

Les régions économiques recoupent assez largement le découpage géographique. On distingue les côtes (qui ont une superficie restreinte), de l'intérieur rural et de la zone urbaine. Chaque région constitue un espace économique plus ou moins homogène qui a connu des types de développement différents durant les périodes coloniale et post-coloniale avec pour effet la mise en place de structures socio-économiques spécifiques.

L'urbanisation est limitée à un "couloir" étroit en forme de croissant qui s'étend de Port-Louis à Curepipe. Si on excepte Port-Louis, toutes les agglomérations se trouvent donc dans le même district, celui des Plaines Wilhems. Le reste de l'île, soit sept districts, a un caractère rural nettement affirmé et couvre environ 80 % de la surface de Maurice. L'agriculture y est l'activité dominante. L'idée d'un déséquilibre régional se trouve renforcé par le fait que la principale agglomération de chaque district n'est jamais une véritable ville, comme dans de nombreux pays continentaux où il existe des "capitales" ou chef-lieux de régions.

En ce qui concerne l'administration régionale, les villes sont relativement mieux organisées : elles ont leur conseil municipal, tandis que les villages sont administrés par les conseils du village. Ces conseils ont la responsabilité de donner aux habitants un service de base adéquat. Le système de distribution du pouvoir politique ou administratif peut être considéré comme inégal et a des implications sociales et économiques significatives. Cette inégalité est évidente dans la mesure où le gouvernement central dépense à peu près 6 FF par habitant en zone urbaine et moins de 1,50 FF dans les régions rurales. Les citadins payent régulièrement la taxe immobilière qui vient s'ajouter aux subsides du gouvernement pour mieux développer les centres urbains. Les habitants des villages, par contre, sont exemptés de la taxe immobilière. Quand il est question d'introduire une taxe rurale, certains politiciens s'y opposent uniquement pour satisfaire leur électorat. Il existe donc une énorme distorsion entre les villes et les villages, en matière de réseaux collectifs et d'infrastructures publiques.

On trouve souvent dans une même région des inégalités dans le paysage socio-économique et surtout au plan des infrastructures. Les hommes politiques essaient de faire ressortir cette inégalité en parlant de ghettos, d'"apartheid" régional ... En fait, globalement le Nord du pays a mieux profité que le Sud de la mise en place d'équipements collectifs. Ceci se traduit par le nombre et la dimension des villages et surtout par le réseau routier. Dans le Nord du pays et dans l'Est de Maurice, des agglomérations se sont développées et l'on peut percevoir l'existence d'une amorce d'urbanisation. Dans le Sud du pays, à part le fameux "triangle du développement " représenté par les trois "pôles de croissance" de Rose Belle, Mahébourg et Souillac, il existe de vastes périmètres qui n'ont pas été développés au mieux de leur potentiel par suite de conditions géographiques et climatiques localement difficiles.

Pourquoi environ 50 % de notre population se trouvent-ils dans la région urbaine qui ne couvre que 20 % du pays ? Pourquoi cette évidente inégalité dans le développement régional entre zones urbaine et rurale, et entre localités d'une même région ? C'est l'histoire qu'il faut interroger pour trouver les causes de ce déséquilibre dès le premier stade de la véritable colonisation de l'île, celle des Français.

III.- LES ÉTAPES DE L'ORGANISATION ÉCONOMIQUE DE L'ÎLE
MAURICE DURANT LA PÉRIODE COLONIALE

A - Mise en place et développement de Port-Louis et des autres centres urbains

Au début de l'occupation de l'île par les Français, les deux centres d'attraction et de développement se situaient dans les baies de Grand-Port (Port-Bourbon) et de Port-Louis dotées d'infrastructures portuaires. Port-Louis offrait la position la plus avantageuse du point de vue stratégique et commercial ; on y établit le port principal puis la capitale initialement située à Mahébourg. C'est en 1725 que Mahé de La Bourdonnais débarqua à l'Ile de France comme commandant des forces françaises de l'océan Indien et Gouverneur de l'Ile de France. Il est considéré comme le bâtisseur de Port-Louis. Avec l'aide de quelque 300 à 400 esclaves, il travailla dur pour faire de Port-Louis un excellent port sur la "route des Indes" où l'influence française était en train de devenir de plus en plus pressante. C'est en fait Port-Louis qui donna à Maurice la renommée d'être "L'Etoile et la Clef de la mer des Indes". Ce port peut être considéré comme la pierre angulaire du développement urbain de l'île Maurice et du type de société et d'activités économiques qui s'y trouvent liées.

Le développement du port engendra un trafic important de la marine marchande particulièrement durant la seconde moitié du XVIIIe siècle. Dès lors que les droits d'entrée dans le port furent abolis, le commerce maritime de l'océan Indien prospéra ; Port-Louis devint le port le plus important et le plus attractif pour le stockage des marchandises à destination de l'Asie et l'Europe. "La liberté du commerce ramena l'abondance comme par enchantement et créa le boom économique. Tous les Français furent en effet admis à commercer librement dans les mers au-delà du Cap de Bonne Espérance" (J.M. Filliot, 1974). Environ 250 navires entrèrent ou sortirent du port annuellement entre 1783 et 1803 ; le trafic porta sur 700 en 1865 lorsque le stockage représentait 70 % de l'activité économique de l'île. Au XVIIIe siècle, il y avait 15 000 habitants à Port-Louis. Deux siècles plus tard, Port-Louis en compte dix fois plus.

Au début du XIXe siècle quand une expédition française arriva à l'Ile de France, un voyageur écrivit : "C'est un fait indéniable que Paris est moins éloigné de l'Ile de France que de Bordeaux" (*In* : J.M. Filliot, 1974). Plusieurs raisons contribuèrent à l'émergence d'autres agglomérations situées dans le district des Plaines Wilhems : entre autres, les épidémies et l'étendue de la malaria (le paludisme), le climat et la construction des lignes de communication. L'épidémie de malaria qui éclata aux abords de 1860 provoqua une émigration en masse de Port-Louis vers les hautes régions des Plaines Wilhems, sur la périphérie des villages qui s'y trouvaient déjà et où le risque de malaria était moindre par suite d'un climat plus frais et d'un sol mieux drainé. C'est donc la qualité du climat qui motiva l'émigration vers les plateaux des Plaines Wilhems ; les Blancs s'établirent à Curepipe, sur les plus hautes terres tandis que les mulâtres se fixèrent dans les villages en contre-bas. Graduellement les petits villages de Beau Bassin, Rose Hill, Quatre Bornes et Curepipe, puis Vacoas, Phoenix, devinrent des noyaux économiques qui furent plus tard reliés par la route et ensuite par le chemin de fer Port-Louis - Mahébourg.

Le développement de Port-Louis comme important pôle de croissance donna lieu à la formation d'une zone urbaine continue (conurbation Port-Louis - Plaines Wilhems) le long de cette artère économique caractérisée par les lignes de communication et la formation de ces pôles de croissance secondaires. La coalescence de ces pôles et la formation de cette zone urbaine étaient inévitables car le développement social et économique devait s'étendre au long de cette artère sous l'influence de Port-Louis. François Perroux cité par D. Doorga (1981) écrit : "La croissance n'apparaît pas partout à la fois. Elle se manifeste en des points ou pôles de croissance avec des intensités variables ; elle se répand par divers canaux et avec des effets terminaux variables".

B - L'émergence d'une île Maurice rurale

Les Français, sous l'impulsion de leurs gouverneurs, ont beaucoup fait pour introduire le blé, le maïs, le café, le riz, l'indigo et le coton, qui pouvaient être cultivés au même titre que la canne à sucre. Ils concevaient une économie mixte, fondée principalement sur le grand trafic maritime, accessoirement sur l'exportation des productions agricoles locales. Evidemment, les aires Port-Louis - Montagne Longue, Port-Louis - Moka et une partie de Flacq furent les premières à être mises en valeur. Ceci a une importance capitale, car les secteurs Nord, Centre et Ouest ont été favorisés dans leur développement initial au détriment du secteur Sud, constituant ainsi la base d'un développement régional déséquilibré. A la fin du XVIIIe siècle, tous les établissements humains étaient étroitement liés à la culture de la canne à sucre et à sa transformation dans des sucreries. L'élan donné à la canne à sucre par le gouverneur La Bourdonnais permit l'établissement de villages à travers toute l'île Maurice. A ce sujet Rouillard écrivit : "C'est sous le gouvernement de Mahé de La Bourdonnais en 1743 que l'industrie sucrière a été établie de façon définitive à l'Ile de France. Il encouragea les colons à cultiver la canne et créa la première sucrerie à Villebague" (Rouillard, 1964). A la fin du XVIIIe siècle, la canne à sucre supplanta définitivement l'indigo. "A ce moment, les révolutions de St. Domingue, en désorganisant l'industrie sucrière des Antilles, provoquèrent une pénurie de sucre sur le marché français et déterminèrent les planteurs de l'Ile de France à se spécialiser dans la canne : la disposition sucrière de l'île avait triomphé" (J.M. Filliot, 1974). A cette époque il y avait une quinzaine de sucreries en fonction à l'île Maurice.

C - Le triomphe d'une économie basée sur la monoculture sucrière

Lorsque les Anglais contrôlèrent l'île à partir de 1810, ils suscitèrent une nouvelle impulsion économique. Les activités commerciales étant en net déclin, ils concentrèrent leurs efforts sur le développement de l'industrie sucrière. Ainsi se développa une économie de monoculture. Les Anglais étaient intéressés à fournir du sucre à la Grande Bretagne et ils considéraient que les cultures du coton, du café et des épices étaient plus aléatoires, compte tenu des conditions climatiques locales. En 1820, environ 100 usines sucrières étaient en activité.

District	Nombre de sucreries en 1820	Nombre de villages (population actuelle)	
		Villages de 5 000 à 9 999 hab	Villages de ≥ 10 000 hab
Pamplemousses et Rivière du Rempart	30	27	8
Flacq	20	20	3
Plaines Wilhems	20	-	-
Savanne	10	9	2
Grand-Port	10	14	1
Moka	3	12	1
Rivière Noire	4	8	0
TOTAL	97	90	15

Tableau I.- *Distribution géographique des sucreries*

Le tableau présentant la distribution géographique des sucreries nous montre clairement que 70 % des usines étaient localisées à Pamplemousses et à Rivière du Rempart, dans les deux districts du Nord, ainsi qu'à Flacq et à

Plaines Wilhems, où se développèrent de nombreux villages. Les secteurs du Nord et de l'Ouest furent au départ avantagés car ils étaient plats, donc faciles à viabiliser. Savanne et Rivière Noire ont connu un retard dans le développement de leurs usines sucrières. Dans son livre "Histoire des domaines sucriers", Rouillard mentionne : "malgré les efforts de colonisation, le quartier de la Savanne fut le dernier à être établi" ; quant à Rivière Noire, "les essais de sucreries ont peu réussi dans cette partie de l'île et les habitants semblent devoir se fermer à la canne". Le terme "Savanne" est très significatif de la façon dont les premiers colons ont considéré cette région, qui néanmoins, offre une grande étendue de terre fertile et un climat favorable à la culture de la canne à sucre. En fait les communications étaient difficiles avec Port-Louis, à cause de la présence de montagnes dans l'intérieur et par suite de la difficulté de revenir au vent en bateau en doublant le Morne Brabant. Un sentier Port-Louis - Grand Port ne fut établi qu'après 1810.

A partir de 1825, le sucre mauricien était exporté en Grande Bretagne aux mêmes conditions que pour les îles Caraïbes : ceci engendra un grand développement de l'industrie sucrière et la réputation de l'île Maurice comme colonie ayant une économie forte basée sur l'agriculture d'exportation. Ainsi naquit une nouvelle classe sociale, celle des planteurs de canne et des entrepreneurs sucriers qui, petit à petit, supplanta la communauté des commerçants qui opéraient dans les régions urbaines. Durant la période de 1820 à 1830, le nombre d'usines sucrières passa de 100 à 180, donnant plus d'ampleur au développement villageois.

Après l'abolition de l'esclavage en 1835, un contingent important d'immigrants indiens arriva dans l'île : 45 000 travailleurs agricoles débarquèrent en trente ans. Dès lors on remarqua une nette augmentation de la superficie plantée en canne à sucre ; les effectifs villageois augmentèrent à leur tour, le village devenant le cadre de vie privilégié des Indiens, d'où l'importance qu'ils auront ultérieurement dans la vie politique de l'île. Le nombre de sucreries fut porté à 260 en 1858, la production sucrière atteignant alors 100 000 tonnes.

Nord	119
Centre	103
Sud	88

Tableau II.- *Nombre de sucreries en 1850*

Les villages aux alentours des usines se développèrent, les immigrants indiens vivant dans les camps situés à leur périphérie. Entre temps, "l'émancipation des esclaves" libéra une masse d'hommes et de femmes qui abandonnant presque complètement le travail de la terre s'en allèrent fonder au bord des routes et sur le littoral de nouvelles agglomérations qui graduellement devinrent elles-mêmes de véritables villages. Le nombre de communautés de pêcheurs et d'artisans se multiplia près de la côte. Avec la concentration des domaines de canne et la consolidation des infrastructures sucrières (fin du XIXe siècle, début du XXe siècle), les exploitants indiens et les sirdars firent acquisition de terrains, moins fertiles, longeant les grands établissements sucriers pré-existants. Ainsi se développa un nouveau processus d'aménagement agricole dans l'île (consulter à ce sujet un rapport publié par l'ENDA-Océan Indien, avec la participation active du Professeur Jean Benoist, intitulé "Regards sur le Monde Rural Mauricien").

Le sucre domine donc très largement le paysage agricole du monde rural. Les 20 établissements sucriers actuels possèdent plus des trois cinquièmes des 246 000 arpents de terres consacrés à la culture de la canne ; 90 000 arpents seulement sont possédés par quelque 350 petits planteurs. Les établissements sucriers sont aussi les usiniers et tirent leurs bénéfices principalement des activités d'usinage plutôt que de la culture de la canne.

Cette situation de l'économie agricole renforce le caractère dualiste de l'île, ce qui est le propre de la plupart des pays en voie de développement. A l'île Maurice, la zone urbaine rassemble des activités industrielles et de service très diversifiées : c'est le secteur "avancé" du pays. Les régions rurales, où dominent les activités primaires, peuvent être considérées comme "en retard". Il s'ensuit de manière irrémédiable des échanges inter-zonaux d'inégale valeur. Ici comme ailleurs le montant de l'investissement, les profits et la croissance potentielle sont supérieurs dans les villes par rapport aux villages. Les Mauriciens d'origine française, ceux de la communauté musulmane, les Chinois, les Créoles et les Hindous appartenant à la "haute société" possèdent et gèrent un certain nombre de grosses entreprises dans les villes et ont créé ainsi un secteur privé puissant. A travers les affinités culturelles et ethniques, la majorité des employés qui souvent proviennent des mêmes milieux, touchent un salaire plus élevé que leurs concitoyens dans le secteur public. Par ailleurs, les Chinois et les musulmans ont acquis un certain nombre de propriétés situées dans des "points stratégiques" des régions rurales. On trouve dans la plupart des zones rurales ou résidentielles, plusieurs magasins gérés par des Chinois. Les villageois s'approvisionnent dans ces magasins qui à leur tour s'approvisionnent auprès des grossistes chinois de la capitale. Il y a donc un flux constant de capitaux des régions rurales vers la zone urbaine.

Parallèlement on assiste à la constante migration des familles de la moyenne bourgeoisie vers les villes, en quête d'un meilleur avenir pour leurs enfants. Le cas de la migration des habitants du "morcellement" de St André vers le lotissement de St Jean, quartier résidentiel riche et moderne situé dans le secteur de la ville de Quatre Bornes, est symptomatique. D'où l'élargissement de l'écart de développement perçu entre les régions rurales et la zone urbaine.

IV.- LE DÉVELOPPEMENT RÉGIONAL DE L'ÎLE MAURICE INDÉPENDANTE

Lorsque l'île Maurice accéda à l'Indépendance en 1968, la chance fut offerte au Gouvernement de déterminer sa propre destinée à la fois dans le domaine économique et social. Le pays était conscient de la disparité dans le niveau de développement entre les régions rurales et la zone urbaine. Il existait certaines localités où le niveau de vie était bien au-dessous de la norme. Les objectifs principaux du nouvel Etat furent dès le départ la création d'emplois, la diversification de l'économie et l'amélioration du niveau de vie des villages les plus pauvres. Afin d'avoir un développement approprié pour les trois zones précédemment définies, une série de plans de développement fut élaborée avec en point de mire, la création d'une "Société juste, équitable et stable" (voir le plan 1971-74).

Parallèlement à la promotion du tourisme, deux programmes de développement prioritaires furent élaborés : l'industrialisation en milieu urbain et un projet de développement propre aux régions rurales.

A - L'émergence d'un secteur manufacturier consolidant la prééminence économique des villes

C'est dans les années 1960 que l'île Maurice commença à prendre conscience de sa démographie galopante. On se mit à parler de diversification économique. On ne pouvait plus vivre avec le concept économique de l'époque qui était une tonne de sucre par habitant.

Après l'Indépendance, l'idée maîtresse de la stratégie du développement national était l'intensification à outrance du processus d'industrialisation. Cette politique agressive de l'industrialisation avait été élaborée dans le "plan document 1970-1975" comme l'instrument primordial de lutte contre le chômage étant donné que l'agriculture ne pouvait à elle seule générer le nombre d'emplois requis.

Une Zone Franche d'Exportation (Export Processing Zone) a été créée en 1970. Le gouvernement lança des campagnes de promotion en offrant des incitations fiscales généreuses afin d'encourager les investisseurs étrangers. Pour en bénéficier, il suffisait à l'investisseur étranger de présenter un projet affichant une certaine technologie, une expérience industrielle, un marché extérieur et la création d'emplois. Avec la venue des investisseurs étrangers, le nombre d'usines manufacturières passa de 30 à 318 entre 1970 et 1986 et le nombre d'emplois de 7 660 à 61 700 au cours de la même période (*Economic Indicators*, Mars 1986). En 1985, l'exploitation des produits manufacturiers représentait 52,3 % des recettes totales d'exportation réléguant le sucre à la deuxième place. Le tableau suivant illustre la croissance de l'industrie manufacturière par rapport à l'agriculture.

	Agriculture	Industrie manufacturière
1976	64 200	29 350
1985	52 650	80 000

Tableau III.- *Emplois dans le secteur agricole et manufacturier*

L'analyse de la répartition géographique des zones industrielles à la fin des années 1980 révèle une concentration qui provient tout à la fois des facilités d'infrastructures de la localisation de la main-d'oeuvre disponible, de la proximité du port exportateur, des disponibilités en main-d'oeuvre féminine, mais aussi de la politique d'investissements pratiquée par le gouvernement mauricien. La localisation des zones industrielles en milieu urbain devait avoir des conséquences socio-économiques très importantes à l'échelle de l'île, en consolidant les disparités régionales du développement en faveur des régions urbaines. La répartition régionale des emplois manufacturiers en 1977, s'établit comme suit : régions urbaines 88 %, régions rurales 12 % (MATIM, Octobre 1978, Cahier n° 4.2).

B - Le Programme de Développement Rural

Financé par la Banque Mondiale, un programme a été mis en place avec pour objectif, la promotion du développement rural dans les zones les plus pauvres du pays. C'était un programme global de reconstruction rurale visant à stimuler le processus de développement non seulement à partir "du haut" mais également par "le bas", afin d'inciter les paysans à prendre par eux-mêmes les responsabilités de leur propre croissance et de leur développement. Ce programme visait aussi à l'amélioration de la qualité de vie en offrant les agréments de base, et les facilités d'infrastructures, en particulier en matière sanitaire. Ainsi, les offres d'emplois ont été créées à travers des projets de petites entreprises. Le Programme fut étendu à 98 villages couvrant 420 petites localités. Un coup d'oeil à la distribution de ces 98 villages démontre clairement que, en terme d'indice de pauvreté, le district de Rivière Noire apparaît comme étant la région la plus sous-développée de l'île suivie par le Sud et l'Est.

Le développement de l'infrastructure de base allait éventuellement aider le gouvernement dans sa politique de décentralisation des activités économiques des régions urbaines vers les régions rurales. Selon les indications recueillies, en dépit de quelques objectifs réalisés, le résultat global a été en-dessous des espérances. Pour expliquer ce demi-échec les raisons avancées sont : le système de pondération utilisé comme indicateur destiné à identifier et à sélectionner les villages est contestable (les besoins varient de village à village) ; les villageois eux-mêmes n'ont pas été consultés quant à leurs besoins spécifiques. Cependant, on a avancé que les habitants des villages ne sont pas en mesure d'identifier leurs propres besoins destinés à l'amélioration de leur bien être socio-économique. Ainsi la portée du plan du développement rural fut-elle limitée, d'autant plus qu'un certain nombre d'équipements et d'infrastructures ne sont pas utilisés convenablement. Dans plusieurs cas, les habitants n'ont pas été suffisamment formés et motivés pour s'en servir correctement.

En 1985, une deuxième phase de Programme de Développement Rural fut lancée sur des bases d'orientation différentes. Les objectifs principaux sont d'aider la mise en place de certains projets du gouvernement notamment dans le domaine agricole et dans le secteur des petites entreprises. Le Programme vise à promouvoir, du moins on l'espère, l'amélioration du niveau de vie et à limiter l'écart entre les régions rurales et urbaines. C'est peut être avec cette idée précise que le 25 Août 1986, le Premier Ministre Mauricien qui procédait à la pose de la première pierre d'un Centre communautaire dans un quartier rural devait dire : "Le budget pour l'exercice 1986-87 prévoit des fonds pour pourvoir les habitants des villages de tous les charmes possibles dont ils ont de tout temps été privés" (*L'Express*, 26.8.86).

Ce sont des bons mots de politicien. Un constat remarquable est le fait que la politique a favorisé les districts du Nord du pays (Pamplemousses et Rivière du Rempart) au détriment de ceux du Sud. Ceci est dû, en partie, au fait que de nombreux politiciens et surtout des "Senior Ministers" viennent du Nord, y compris les deux Premiers Ministres : Sir Seewoosagur Ramgoolam dont la circonscription était dans le district de Pamplemousses et son successeur Mr. Aneerood Jugnauth, le Premier Ministre actuel, qui a été élu à Rivière du Rempart. Ces politiciens ont beaucoup milité pour "leurs régions" c'est-à-dire le Nord. On avait même proposé de construire le nouvel aéroport international dans cette partie de l'île.

C - La planification du développement dans les années 80

L'échec des plans de développement dans la perspective de resserrement des inégalités régionales est évident. Dans les plans précédents (1970-75 et 1975-80) l'accent avait été mis sur la promotion de la justice sociale. Mais il fut remarqué que les tentatives de promotion de l'industrialisation à travers les incitations fiscales et les concessions à l'investissement sont très souvent assimilables à des subventions substantielles des "riches". Nombreux sont les économistes qui ont affirmé que l'inégalité régionale dans le développement économique est une réalité dans la plupart des pays en voie de développement. Cependant, on s'accorde à dire qu'un équilibre général peut être atteint à l'île Maurice compte tenu de sa petite taille qui facilite les flux d'idées et les communications à travers des infrastructures bien organisées.

Cet équilibre et la création d'une "Société juste et forte" peuvent être atteints si certains des objectifs, fixés dans le plan 1981-1987 et proposés par la Mission d'Aménagement du Territoire de l'Ile Maurice (MATIM) tels que la création de trois pôles majeurs de croissance (Rose Belle, Centre de Flacq et Goodlands) et des pôles secondaires (tels que ceux de Triolet et Souillac) peuvent être réalisés. Avec la création des "pôles de croissance", la politique de décentralisation industrielle du gouvernement devient ainsi une réalité. Ces trois pôles majeurs de croissance sont tous bien situés ; ils recruteront leur main-d'oeuvre dans les villages environnants, donc à faible distance. Les hommes politiques vont certainement voir cela avec une certaine appréhension et peut être avec suspicion ; les partis politiques vont probablement intervenir afin d'influencer les flux migratoires à leur avantage. A ce jour, ce modèle de planification régionale destiné à la redistribution de la population et de l'emploi afin de mieux partager les fruits de la croissance, n'a pas encore été appliqué.

Le gouvernement de Maurice n'a pas donné suite à ce modèle de développement proposé par la MATIM. Par contre il a créé de nouvelles zones industrielles. Il y a eu cependant quelques essais pour décentraliser le secteur industriel.

ORIENTATION BIBLIOGRAPHIQUE

BURTON, B. (1961).- *Indians in a plural Society. A report on Mauritius.*- London, H M S O.

DOORGA, D. (1981).- *A strategy for Industrial Development- A study exemplified by reference to Mauritius.*

FILLIOT, J. M. (1974).- *La traite des esclaves vers les Mascareignes au XVIIIe siècle..* - Paris, ORSTOM.

MAURITIUS. Ministry of Economic Planning & Development.- *Development plans 1971-75, 1976-80, 1980-82, 1984-86..*

ROUILLARD, G. (1964).- *Histoire des domaines sucriers de l'île Maurice.*. Port-Louis, Govt. Printing.

TOUSSAINT, A. (1977).- *Le mirage des îles. Le Négoce français aux Mascareignes au XVIIIe siècle.* Aix-Provence, EdiSud.

TOUSSAINT, A. (1974).- *L'Océan Indien au XVIIIe siècle.*. Paris, Flammarion.

TOUSSAINT, A. (1973).- *Port-Louis a tropical çity.* London, George Allan & Unwin.

Résumé : L'île Maurice, 1 860 km² présente trois zones géographiques majeures : une zone côtière, puis, en deçà du littoral, une zone de plaines, enfin un "plateau central" ou zone des "hauts". La zone littorale est essentiellement touristique ; elle comporte aussi la capitale, Port-Louis. L'intérieur est principalement rural (seul le district des Plaines Wilhems est urbanisé) ; il est moins bien équipé. Ces déséquilibres spatiaux comportent des causes historiques : développement majeur de Port-Louis à l'époque française, développement des plaines intérieures pour la culture de la canne à sucre et la transformation de son produit, à l'époque anglaise, mise en place d'une planification régionale depuis l'Indépendance avec la promotion simultanée du tourisme, d'une zone franche industrielle d'exportation et d'infrastructures de base en milieu rural permettant l'implantation de "pôles de croissance" décentralisés.

Mots-clés : Occupation des sols, zonage, développement économique, Maurice.

Summary : *Disparities in the regional development of the island of Mauritius : a geographical and economical approach.*- The island of Mauritius, with an area of 1,860 km² has three main geographical zones : a coastal zone, then back of the littoral a zone consisting of plains, and lastly a "central plateau" or "upland" zone. The coastal area is basically for tourists, and includes the capital, Port Louis. The interior is chiefly rural, only the district of Plaines Wilhems being urbanized, and has fewer facilities. There are historical reasons for this spatial imbalance : main expansion of Port Louis under the French, development of the plains of the interior for the cultivation of sugar cane and for converting the product, in the time of the English. Regional development plans have been established since Independence with the simultaneous promotion of tourism, Export Processing Zone and basic amenities in the rural areas, to make it possible to introduce decentralized "poles of development".

Keywords : Land use ; Zoning ; Economic development ; Mauritius.

Une zone urbanisée : Port-Louis
(cliché M.F. Perrin)

Un aspect de la monoculture sucrière
(cliché Singaravélou)

TENTATIVES DE DIVERSIFICATION D'UNE ÉCONOMIE DE PLANTATION : LE CAS DE L'ÎLE MAURICE

par SINGARAVÉLOU

L'économie mauricienne a été dominée depuis près de deux siècles par la canne à sucre et l'industrie sucrière. Jusque vers la Seconde Guerre mondiale, la plantation a été l'élément dominant de l'économie insulaire. Ainsi, en 1950, la canne à sucre occupe 90 % des superficies cultivées et l'industrie sucrière est structurée autour de 38 usines en 1938. La modernisation et la concentration de l'agriculture de la canne et de l'industrie sucrière commencées avant 1945 se poursuivent bien après. Dès la fin de la Seconde Guerre mondiale, le souci de diversifier l'économie mauricienne apparaît dans les préoccupations des Pouvoirs Publics afin de diminuer la dépendance à l'égard du monopole sucrier. Cette préoccupation s'accroît après l'indépendance de l'île en 1968. La diversification économique se poursuit dans trois directions et en trois étapes : une production agricole plus variée, le développement industriel, la promotion du tourisme. Sans vouloir faire une étude exhaustive de ces trois secteurs d'activités récentes, la présente étude vise à présenter l'essentiel des efforts réalisés et le bilan actuel des résultats obtenus. La mesure des difficultés rencontrées permettra d'évaluer les conditions de viabilité d'un petit Etat insulaire en transition, d'une économie de plantation héritée de la période coloniale à une économie plus équilibrée et variée, adaptée aux besoins du pays et aux relations avec le monde moderne.

I.- LA DIVERSIFICATION AGRICOLE

La diversification de la production agricole a été engagée, dès les premières années de l'après-guerre. Les principaux domaines sont la culture du thé, les cultures des fruits et légumes, l'élevage et la pêche.

A - La culture du thé

La culture du thé, introduite au cours du XIXe siècle n'a connu qu'une faible croissance jusqu'à la Seconde Guerre mondiale ; une centaine de producteurs livraient environ deux cents tonnes produites sur près d'un millier d'hectares. Le plus important projet de développement agricole lancé par les Pouvoirs Publics est celui de la culture du thé, afin de mettre en valeur des terres nouvelles, appartenant à la Couronne ou au Domaine, non défrichées jusqu'alors. Localisée sur les terres hautes, la culture du thé serait une culture complémentaire et non concurrentielle de la canne à sucre. Par ailleurs, elle permettrait de satisfaire les besoins locaux hérités de l'influence britannique et de fournir des emplois à une main-d'oeuvre agricole pléthorique.

L'essor de la culture du thé s'accompagne de la création de structures para-étatiques : en 1947, la "Tea Division" ; en 1964, le "Tea Development Project" ; en 1970, la "Tea Development Authority" ou TDA. Ce dernier organisme est chargé de coordonner toutes les activités concernant l'économie du thé. Il a mis en place, à partir de 1971, des exploitations de 1 à 1,5 ha attribuées à de petits planteurs, logés dans de nouveaux villages, et regroupés au sein de coopératives chargées de la vente du thé à l'usine. Après une dizaine d'années d'atermoiements et de difficultés financières, la TDA a entamé en 1983, sur les conseils de la Banque Mondiale, une politique de redressement et de restructuration de l'économie du thé.

La superficie cultivée en thé en fonction des catégories d'exploitations est donnée dans le tableau I.

Nature des exploitations	S (ha)		%	
	1981	1985	1981	1985
Propriété-usine	598	196	15	5
Planteurs privés	411	883	10	22
Exploitations de la TDA	2 914	2 814	74	72
Station expérimentale	30	30	1	1
Total	3 953	3 923	100	100

Tableau I.- *Superficies et exploitations de thé à Maurice*
(1981 et 1985)

On note que les propriétés d'usine ont diminué des deux-tiers tant en superficie qu'en pourcentage au cours des cinq dernières années, alors que la superficie totale cultivée en thé n'a guère changé, se situant aux environs de 3 900 ha. Par contre les planteurs privés ont vu leur superficie multipliée par deux, de 1981 à 1985. Les exploitations dépendant de la TDA diminuent légèrement en superficie, et couvrent 2 814 ha en 1985 ; cette diminution a été amorcée dès la fin des années soixante-dix : 4 166 ha en 1977. Dans cette catégorie, la part de la superficie cultivée en faire-valoir direct par la TDA a fortement diminué, surtout depuis l'application du Plan de redressement de 1983. En 1981 la part du faire-valoir direct était de 65 %, et en 1984, elle était tombée à 16 %.

La répartition selon la taille des exploitations indique que 97 % d'entre elles ont moins de 1,3 ha et recouvrent 77 % de la superficie. Deux plantations ayant chacune plus de 211 ha couvrent plus de 517 ha. Au total 4 834 exploitations cultivent le thé sur 3 907 ha. La production de thé vert n'a cessé de croître au cours des cinq dernières années : 25 044 tonnes en 1981 et 45 291 tonnes en 1985. Cette progression caractérise également le thé noir sorti des usines. En 1981, la production totale était de 4 334 tonnes, et en 1985, de 8 115 tonnes. Le développement de la culture du thé s'est accompagné de la multiplication des usines : en 1943, on comptait cinq usines, et en 1985, huit, dont la capacité moyenne unitaire dépasse 1 000 tonnes. Trois d'entre elles produisent 70 % de la production insulaire :

Dubreuil :   2 506 tonnes 31,0 %
La Chartreuse : 1 879 tonnes 23,2 %
Bois Chéri :   1 256 tonnes 15,5 %

De la fin de la Guerre au début des années soixante-dix, la production croît régulièrement ainsi que la superficie cultivée. On a pu écrire que le thé mauricien offrait un meilleur revenu que la canne aux petits exploitants et que l'extension de cette culture aux dépens de celle de la canne était souhaitable[1]. Mais à partir de 1972, la croissance de la théiculture est brisée : en témoignent la stagnation de la production et des exportations, le gonflement des stocks, la baisse des surfaces cultivées, la baisse des prix. Quelles sont les raisons de la fragilité de l'économie du thé à l'île Maurice ? On peut en relever plusieurs :

- certaines concernent la culture elle-même. La main-d'oeuvre est de loin la plus importante. Elle est insuffisante en période de cueillette et elle est chère ; les charges salariales représentent prés de la moitié du coût de la production. Il est à noter que les taux de salaires sont plus élevés que dans de nombreux pays du Tiers Monde, ce qui rend le thé mauricien moins compétitif sur le marché international ;

1. DUPON, J. F.- Les petits planteurs de thé à l'île Maurice. *Travaux et Documents,* n° 20, Talence, CEGET-CNRS, 1975.

- une deuxième raison est la qualité insuffisante du thé mauricien qui est liée aux déficiences de la recherche agronomique concernant en particulier les techniques de renouvellement de la plantation. La faiblesse des rendements est également un sujet de préoccupation surtout dans les petites exploitations où les techniques de production sont archaïques. Les rendements moyens se situent aux environs de 10 tonnes à l'ha, en 1984 ;

- une troisième raison de la fragilité de l'économie du thé à Maurice est l'inconstance des prix internationaux. Un exemple récent est fourni par les années 1984 et 1985 : les cours mondiaux étaient élevés dans la seconde moitié de 1984 et ont baissé progressivement depuis février 1985. Ainsi sur le marché de Londres, les cours étaient inférieurs de 35 % en juin 1985 par rapport à ceux de juin 1984. La baisse des revenus des exportations de thé en découle : elle a été de 29 % entre 1984 et 1985. Et pourtant une partie des exportations s'effectue à des prix préférentiels supérieurs aux cours mondiaux. Les exportations vers l'Afrique du Sud ont fortement diminué depuis 1983 pour des raisons essentiellement politiques. En 1985, les principaux clients du thé mauricien sont la Grande-Bretagne (65,7 % en valeur), le Pakistan (14,6 %), et les Pays-Bas (6 %). Les exportations représentent 86 % du tonnage de la production. La consommation intérieure est en légère progression ; elle est de 1 130 tonnes en 1985.

B - Les cultures vivrières et légumières

Depuis quelques années, les Pouvoirs Publics essaient de promouvoir une politique de développement des cultures vivrières et de l'élevage pour atteindre l'autosuffisance alimentaire. Cela entraînerait la diminution des importations et la réduction du déficit de la balance commerciale. Deux moyens privilégiés sont utilisés :

- encourager les petits producteurs paysans en organisant la commercialisation de leurs produits ;
- inciter les grandes plantations à diversifier leur production sur une partie de leur exploitation.

Quelques productions sont particulièrement touchées par cette évolution (milliers de tonnes) :

	1981	1985
Pomme de terre	16	23,3
Maïs	1	4,9
Légumes verts	28	37

Une étude récente de la chambre d'agriculture désigne comme produits prioritaires dont il faut accroître la production, le maïs, les lentilles et les pois, la viande rouge qui constituent un tiers dans la valeur des produits alimentaires importés.

II.- LA DIVERSIFICATION INDUSTRIELLE

L'économie insulaire de plantation est caractérisée par une industrie sucrière relativement développée et un circuit de production artisanale. Le développement économique lié à la décolonisation et à l'indépendance de l'île a consisté en la mise en place d'un secteur industriel moderne et diversifié afin d'utiliser une part croissante de la population active, de réduire l'hémorragie des devises, et éventuellement d'accroître les exportations. A l'île Maurice, la politique de modernisation et de diversification industrielle a été réalisée au cours du dernier quart de siècle en deux périodes : de 1961 à 1970, le développement des industries de substitution d'importation ; de 1971 à nos jours, la création d'industries d'exportation.

Le rapport Meade avait déjà attiré l'attention des Pouvoirs Publics sur les risques à long terme d'une économie de plantation fondée sur la monoculture de la canne et une industrie sucrière exclusive[2]. Il avait recommandé une diversification de l'économie fondée en particulier sur la création de nouvelles industries.

A - Les industries de substitution d'importation

Dès 1961, des aménagements aux lois fiscales existantes et la création des "Development certificates" ou "Certificats de développement" ont accordé des avantages substantiels aux entreprises désireuses de créer de nouvelles unités de production : citons entre autres des réductions et des exonérations d'impôts sur le revenu, des réductions de droits de douane, des protections tarifaires etc... Par ailleurs, l'aide au financement est assurée à partir de 1964, par la Banque de Développement, ex-Banque de l'Agriculture, chargée de favoriser la mise en route de projets industriels.

Cette politique a entraîné la création d'un nombre appréciable d'entreprises : de 1966 à 1973, on en compte 87 dotées de 6 458 emplois[3]. Ce sont en général des entreprises de petite taille où les capitaux sont essentiellement d'origine mauricienne, provenant en partie des sociétés sucrières qui

---

2. MEADE, J. E.- *The Economic and social structure of Mauritius*. London, Frank Cass,1968.
3. LEFÈVRE, D.- *L'organisation de l'espace à Maurice et à la Réunion*. Thèse de Doctorat d'Etat, Université de Nice, 1986 (non publiée).

participent ainsi à l'effort de diversification de l'économie de plantation. En dépit des efforts accomplis, et des réalisations faites, les industries de substitution d'importation se révélèrent décevantes par leur dynamisme insuffisant, c'est-à-dire leur faible capacité de création d'emplois, et leur coût de production élevé entraînant une augmentation du coût de la vie locale. Les buts recherchés au départ étaient donc loin d'être atteints : résorption du chômage et économie de devises. D'où la mise en place d'une nouvelle politique industrielle à partir de 1970.

B - La création des zones franches avec des industries d'exportation

Suivant l'exemple de nombreux pays du Tiers Monde où les zones franches se sont multipliées à partir des années soixante-dix, le gouvernement mauricien indépendant accorde des avantages considérables à des entreprises dotées d'"Export Certificate" ou "Certificat d'exportation", localisées dans des zones franches industrielles ou "Export Processing Zone" (EPZ) : citons entre autres avantages, la réduction ou l'exemption de taxes, l'exemption des impôts sur le revenu, l'exemption des droits d'importation, la possibilité d'emprunts à taux d'intérêt réduits, une législation du travail particulièrement favorable etc...

L'île Maurice offrait de sérieuses garanties pour attirer les capitaux en grande partie étrangers : une démocratie parlementaire relativement stable, une main-d'oeuvre abondante, qualifiée et bon marché, tout au moins au début. On estime à environ 55 % la participation étrangère au financement des entreprises créées dans les zones franches[4]. Citons parmi les pays investisseurs Hong-Kong, la France, l'Inde. Il est certain que ces pays ont été sensibles aux possibilités d'accès des marchandises mauriciennes dans la Communauté économique européenne (la Convention de Lomé permet à l'île Maurice d'écouler 90 % de sa production industrielle sur les marchés européens) et dans le Commonwealth britannique.

Les industries d'exportation de la zone franche sont créatrices de nombreux emplois. La période de 1971 à 1976 a été marquée par une forte croissance des entreprises et du nombre des emplois ; 77 entreprises et plus de 16 500 emplois furent créés. Depuis 1976 la progression s'est fortement ralentie jusqu'en 1983. En huit ans, 89 entreprises et 5 950 emplois nouveaux furent créés dans la zone franche. Depuis 1983-1984, on assiste à une nette reprise de l'activité industrielle d'exportation. En une année, 50 entreprises et 10 327 emplois nouveaux furent créés dans ce secteur. Au total en 1984, 179 entreprises industrielles employaient 33 751 personnes dans la zone franche de Maurice.

4. CURRIE, J.- Investment : The growing role of export processing zones. *The Economist Intelligence Unit.* Special report, n° 64, Londres, 1979.

C - Principales branches de l'industrie mauricienne

Trois principaux secteurs dominent l'industrie mauricienne : l'industrie textile, l'industrie mécanique, l'industrie agro-alimentaire. L'industrie textile s'est hissée au premier rang depuis 1981 avec des unités de production à la taille sans cesse croissante. L'industrie agro-alimentaire occupe la deuxième place et les industries électro-mécaniques ont rétrogradé à la troisième place au cours des vingt dernières années. Les unités de production sont de taille médiocre (62 salariés en 1981).

La prépondérance de l'industrie textile est particulièrement nette dans la zone franche : en 1984, 7,70 % du nombre des entreprises, et 87 % des employés travaillent dans le textile, et plus particulièrement dans la bonneterie et la confection. Rappelons que Maurice est l'un des tout premiers producteurs de pull-overs dans le monde. Les autres entreprises, plus modestes, concernent la taille des diamants et la joaillerie, la fabrication de jouets, d'objets en matière plastique, de modèles réduits etc...

La diversification industrielle a permis de rompre le quasi-monopole de l'industrie sucrière dans l'économie insulaire coloniale. Rappelons qu'en 1985, 19 usines emploient moins de 6 000 personnes et ont produit 645 000 tonnes de sucre. En valeur ajoutée, l'industrie sucrière représente 9 % de la production industrielle totale et 13,4 % de la valeur de la production des industries de transformation, en 1984. A titre de comparaison, notons que les industries de la zone franche représentent 26,2 % de la valeur de la production industrielle totale, et les autres industries de transformation, 30,2 %.

D - Limites et problèmes de la diversification industrielle

La diversification industrielle a permis incontestablement de donner du travail à un nombre accru de Mauriciens. De 1972 à 1984, les effectifs du secteur manufacturier, dans les établissements de plus de 10 employés, sont passés de 10 306 à 55 327 personnes, et ont donc été multipliés par 5,3. Le secteur manufacturier ou industrie de transformation occupe, en 1984, 87,1 % de la main-d'oeuvre industrielle totale, soit 27,6 % de la population active totale mauricienne. Dernier avantage de cette diversification industrielle : la création d'industries à main-d'oeuvre favorise l'emploi féminin. Deux chiffres le prouvent : plus de 40 % de la population active féminine travaillent dans le secteur industriel ; plus de 80 % des employés des industries de la zone franche sont des femmes.

Si l'expérience mauricienne est généralement considérée comme étant un succès en matière de création de zone franche et d'industrie d'exportation, il n'en reste pas moins qu'elle est relativement fragile et que les problèmes se dessinent à l'horizon. Par définition, les zones franches sont des structures dépendantes de l'extérieur. Cette dépendance concerne essentiellement les capitaux, la technologie et les marchés. Il apparaît que la participation étrangère dans le financement des industries de la zone franche est, à l'île Maurice, inférieure à celle des autres zones franches, en particulier celles de l'Asie du Sud-Est (Corée du Sud, Taïwan et Malaisie). Cela est dû en grande partie à la prédominance de l'industrie textile, industrie à faible technologie où la participation financière locale est importante.

La création d'industries à haute technologie, dites de la "seconde génération", pose le problème de la dépendance à l'égard du savoir-faire étranger. C'est le cas en particulier de l'industrie électronique où les capitaux et les techniques de pointe sont exclusivement étrangers. Souvent ce sont des filiales des sociétés multinationales soumises à la dure loi de la concurrence ; la baisse de rentabilité du capital investi dans une zone franche entraîne le départ vers d'autres cieux plus rentables. Or la compétitivité de l'île Maurice risque d'être remise en cause avec l'augmentation du coût de la production, liée à celle de l'infrastructure et de la main-d'oeuvre ; ce qui expliquerait le repli de certaines entreprises étrangères -comme la plus importante usine d'électronique de la zone franche appartenant à la multinationale américaine Litronix- et l'implantation d'industries nouvelles dans les zones franches plus rentables comme en Inde ou en Malaisie.

D'autres facteurs locaux accentuent ces risques de fragilité : le développement insuffisant des industries locales d'accompagnement comme la peinture, le carton d'emballage, les ateliers de machines-outils etc... ; une certaine congestion portuaire en période de pointe ; la faible productivité du travail marquée par une instabilité et un absentéisme du personnel ; un équilibre politique précaire, sous la menace permanente du communalisme.

La tentation est grande à l'île Maurice de transformer l'île en une nouvelle Hong-Kong, profitant de l'incertitude liée à la prochaine rétrocession de ce territoire à la Chine populaire. Mais ne devient pas Hong-Kong qui veut ! Pourtant une série de mesures ont été préconisées -les "27 remèdes"- afin d'améliorer la productivité du travail, le fonctionnement interne des zones franches, par la création en particulier d'une zone franche de services en 1981. A Maurice comme ailleurs, l'industrialisation en zone franche se heurte à la même contradiction interne : la compétitivité exige le maintien de salaires relativement bas ; or, la politique sociale d'un gouvernement national a pour objectif la croissance du niveau de vie moyen, grâce en particulier à l'augmentation des salaires. Sortir de cette contradiction suppose, entre autres conditions, le passage d'une génération industrielle à main-d'oeuvre abondante et bon marché à une deuxième génération d'industries de pointe à haute valeur marchande. Ce qui n'est pas encore le cas à l'île Maurice. Et ceci devrait faire réfléchir tous ceux qui souhaitent créer des zones franches en y voyant la panacée universelle, comme c'est le cas dans l'île de la Réunion voisine.

III.- LE DÉVELOPPEMENT TOURISTIQUE : DERNIER ATOUT DE LA DIVERSIFICATION ÉCONOMIQUE

Le tourisme tropical international est une des composantes inévitables de toute stratégie de développement insulaire, surtout depuis une vingtaine d'années. Il contribue à la diversification des activités économiques, à l'équilibre de la balance des paiements, à la création de nouveaux emplois, etc... Avec l'Indépendance, en 1968, le tourisme est classé comme une des priorités du développement ; 1971 est décrété l'an I du tourisme ; en 1974 est confiée à la Mission d'Aménagement du Territoire la tâche d'élaborer un plan d'aménagement touristique. Au départ les Pouvoirs Publics optent pour un tourisme de luxe destiné aux classes aisées ; et depuis le début des années quatre-vingts, on met l'accent sur un tourisme des classes moyennes[5].

Le parc hôtelier mauricien appartient en majeure partie aux capitaux locaux provenant de l'industrie sucrière et de l'import-export : 75 % en 1980, selon Mario Serviable. Citons deux groupes parmi les plus importants : le "Mauritius Hotel Group", (hôtels Morne Brabant, Trou aux Biches, le Chaland), et le groupe Wheal (La Pirogue, l'Hotel des Isles). Le capital étranger est représenté par une chaîne sud africaine "Southern Sun" (Hotel St Géran) et Air France (Dinarobin). La MATIM a élaboré un plan d'aménagement touristique en 1974 afin de contrôler et de rationaliser les implantations littorales. Elle a fixé un niveau maximal de 280 000 touristes par an et 6 550 chambres, soit une norme de 6 m² de plage et 0,25 m de linéaire par personne. Rappelons qu'en Europe les chiffres sont de 0,7 m linéaire et aux Etats-Unis de 1,2 m.

Une caractéristique essentielle du tourisme à Maurice est sa grande dépendance à l'égard de l'extérieur. Le tourisme tropical est essentiellement un tourisme international qui dépend étroitement de la richesse économique des pays industrialisés fournisseurs et de la stratégie des organismes décideurs, comme les compagnies aériennes, les agences de voyage et autres tour-operators. L'exemple d'Air France avec Jet Tour et le Méridien est significatif. Le relatif éloignement de Maurice par rapport aux pays émetteurs fait que le coût du transport reste élevé, et son extension limitée à des couches sociales aisées. Deux nuances toutefois à cette constatation générale : les pays voisins et riches de la Réunion et de l'Afrique du Sud fournissent un contingent élevé de visiteurs ; une récente évolution offre la possibilité d'utiliser des vols charters à des prix réduits à partir de l'Europe, par une population à revenus moyens. Il n'existe à l'heure actuelle aucun projet sérieux d'équipement destiné à la population locale. Il est évident qu'à cette forte dépendance à l'égard de

---

5. SERVIABLE, M.- *L'aménagement touristique des îles du sud-ouest de l'océan Indien.* Thèse de 3ème cycle.

l'extérieur s'ajoutent des facteurs de variation locaux comme l'instabilité ou les troubles politiques, les dégâts liés aux cyclones catastrophiques, et parfois des réactions de rejet de la population locale à l'égard du tourisme, ce qui est fort peu le cas, il faut le reconnaître, à Maurice.

A Maurice, l'essentiel du parc hôtelier destiné au tourisme balnéaire international a été mis en place entre 1971 et 1975. En 1983, l'île compte 55 hôtels et 4 900 lits ; 13 établissements ont plus de 100 lits. Et on note une très forte concentration sur les plages : 60 % des hôtels et 82 % des lits sont en position littorale. En général, ce sont des établissements intégrés offrant tout le confort et tous les équipements souhaités par une clientèle variée et exigeante. A ces équipements hôteliers structurés s'ajoutent des bungalows ou campements conçus soit exclusivement pour la location ou comme des résidences secondaires, régulièrement ou occasionnellement louées. Ce secteur touristique "informel" est difficile à appréhender, et dans certain cas, semi-clandestin.

Le nombre et l'origine des touristes sont difficiles à appréhender. (A l'île Maurice, un touriste est défini comme quelqu'un qui séjourne plus de 24 heures et moins de six mois, jusqu'en 1964, et moins d'un an depuis). Les années soixante-dix constituent l'âge d'or du tourisme mauricien : 15 553 touristes en 1968 et 128 360 en 1979 ; après une période de stagnation de 1979 à 1983, la reprise semble amorcée en 1984, où on compte 139 670 touristes, et 148 860 en 1985 ; en terme de nuitées, on compte plus de 1 600 000 nuitées en 1984 dans l'île.

Les principaux pays de départ sont : la Réunion (72 390) ; la France métropolitaine (22 950) ; l'Afrique du Sud (33 410) ; le Royaume-Uni (14 150) ; la RFA (7 720) ; l'Inde (7 180) ; la Suisse (7 370) ; Madagascar (6 820) ; viennent ensuite l'Italie, l'Australie.

La durée du séjour est très variable : 11 jours en moyenne. Le tourisme mauricien a un caractère saisonnier mais on est frappé par l'évolution récente vers une répartition plus équilibrée au cours de l'année. Cela est rendu possible grâce à l'afflux des Réunionnais. Le taux de remplissage, difficile à évaluer, varie selon les saisons : 40 % pendant les mois creux et 60 à 70 % durant les périodes de pointe. A l'infrastructure hôtelière classique s'ajoutent les "campements" ou bungalows privés en bord de mer ; ils sont trois mille environ dont 20 % sont loués aux touristes. Le tourisme a certes contribué à accroître la création d'emplois et de richesses à l'île Maurice. Mais cette activité à forte dépendance externe n'offre dans les conditions actuelles qu'une faible valeur ajoutée.

*   *

*

L'économie mauricienne est une économie de transition entre une économie de plantation et une économie "pseudo-industrielle". L'économie sucrière (agricole et industrielle) ne représente que 12,8 % du produit intérieur brut en 1985 ; l'industrie manufacturière 20 % dont 9,5 % proviennent de la zone franche et le secteur hôtels-restaurants-commerces étroitement associé au tourisme compte pour 13,4 % du PIB.

Les progrès de l'industrialisation sont visibles dans l'évolution de la population active entre 1972 et 1983 :

	1972	1983
Secteur primaire	42 %	29 %
Secteur secondaire	11 %	24 %
dont industries manufacturières	(7,8 %)	(19,7 %)
Secteur tertiaire	47 %	47 %
dont services administratifs	(28,5 %)	(28,5 %)

L'accroissement de la population active dans le secteur manufacturier est un fait significatif facilité par la disponibilité d'une main-d'oeuvre bon marché. Les efforts de diversification agricole, industrielle et touristique se sont heurtés pendant longtemps à la résistance des secteurs dominants traditionnels comme l'économie sucrière et l'import-export qui bénéficient de rente de situation. Le pouvoir politique semble disposer de moyens pour accélérer le développement. En dépit des efforts faits et des résultats encourageants obtenus, la situation de transition actuelle reste fragile.

Résumé : L'économie mauricienne a été longtemps dominée par la culture de la canne et l'industrie du sucre dans le cadre de structures de plantation. En 1970, le sucre représentait encore 89 % des exportations en valeur, employait 39 % de la main-d'oeuvre, et les exportations sucrières constituaient 37 % du PNB mauricien. Pourtant, dès la fin de la Seconde Guerre mondiale, plusieurs projets de diversification agricole furent mis en place. Le plus important d'entre eux a été celui du thé suivi plus tardivement par des projets de développement des cultures vivrières et de l'élevage afin de satisfaire le plus possible les besoins autochtones et ce faisant réduire les importations de produits alimentaires. A partir de 1960, on note aussi le développement d'industries diverses, qui permet de créer de nouveaux emplois pour une population croissante tout en réduisant les importations coûteuses de produits de consommation. A partir de 1971, on assiste au redéploiement de la politique industrielle vers des produits d'exportation procurant à la fois plus d'emplois et plus de devises dans le cadre de zones franches d'industries d'exportation ("Export Processing Zones"). Parallèlement on assiste à la mise en place d'une politique du tourisme qui est promu au rang de véritable pilier du développement. L'île Maurice tente ainsi de se libérer progressivement du monopole de l'économie sucrière de plantation, qui continue toutefois d'occuper une place dominante.

Mots-clés : Economie agricole, thé, canne à sucre, industrialisation, tourisme, Maurice.

Summary : *Attempts to diversify a plantation economy : the example of the island of Mauritius.*- The economy of the island of Mauritius has for a long time been dominated by the cultivation of sugar cane and related industries in the framework of the plantation structures. In 1970 sugar still represented 89 % of export value, employed 39 % of the work force, and sugar exports represented 37 % of the GNP of Mauritius. However, at the end of the Second World War several projects for agricultural diversification were set up. The most important of these was for the cultivation of tea and this was followed later by projects for developing food-producing crops and livestock, in order to satisfy as far as possible the needs of the indigenous population and also reduce imports of foodstuffs. From 1960 we note also the development of various industries, which meant the creation of employment for a growing population while reducing costly imports of consumer goods. From 1971 we see the redeployment of industrial policy towards products for export, in order to provide both more jobs and also more currency in the context of the Export Processing Zones. At the same time, a policy of tourism has been established which has become the real strength of the island's economy. Mauritius is thus attempting to free itself progressively of the monopoly of the sugar plantation economy, which nevertheless still occupies a dominant place.

Keywords : Agricultural economy ; Tea ; Sugar cane ; Industrialization ; Tourism ; Mauritius.

La diversification agricole à l'île Maurice : une plantation de thé
(cliché M.F. Perrin)

LES ZONES FRANCHES INDUSTRIELLES DANS LES ÉTATS INSULAIRES : LE CAS DE MAURICE

par Catherine HEIN

Depuis la fin des années 1960, on assiste à une volonté croissante de la part des Pays en Voie de Développement (PVD) de créer des zones franches industrielles (Export Processing Zones, EPZs). Selon Currie (1985), il y avait en 1984, 79 zones franches industrielles dans 35 PVD. Maurice, qui a mis en place sa zone franche industrielle à la fin de 1970, a été un pionnier dans l'application de cette idée, et le premier à le faire dans le monde africain. Aussi, ses 15 années d'expérience donnent la possibilité d'étudier sur une période relativement longue les effets de la création d'une zone franche industrielle sur l'économie nationale comme sur l'emploi.

Une zone franche industrielle a été définie comme un espace individualisé administrativement et parfois géographiquement, doté d'un statut spécial permettant la libre importation d'équipement et de matières premières pour la fabrication de produits destinés à l'exportation (Basile et Germidis, 1984, p. 20). Parmi les pays ayant des zones franches industrielles, Frobel (1986) mentionne 12 petits Etats insulaires ; mais dans 2 seulement -Maurice et la Barbade- les industries emploient une main-d'oeuvre importante. D'autres petits Etats insulaires qui ne prévoient pas un statut spécial pour les industries tournées vers l'exportation n'en sont pas moins exportateurs de catégories de marchandises similaires : c'est le cas de Chypre, des îles Cook, de Kiribati et de Malte. La distinction est bien fine entre un système prévoyant un statut administratif spécial et un système valable pour le pays entier, favorisant au maximum les industries d'exportation. En fait, à Maurice, depuis des années, on a tendu à réduire la différence entre les conditions consenties aux industries de la zone franche et celles hors zone afin d'encourager les entreprises travaillant pour le marché local à développer leurs exportations.

Le présent article repose sur une étude préparée pour le "Multinational Enterprises Programme" du BIT (Hein, 1986). La première partie décrit brièvement l'expérience mauricienne, généralement considérée comme un grand succès, et la seconde explique cette réussite et en tire les leçons pour les autres petits Etats insulaires.

I.- LA ZONE FRANCHE INDUSTRIELLE DE MAURICE

Quant le gouvernement mauricien créa la zone franche industrielle en 1970, il était déjà devenu évident que la politique suivie dans les années 1960 pour remplacer les importations par des productions locales n'avait eu que des effets limités et insuffisants sur la croissance éonomique et sur l'emploi. Le manque de terres signifiait de plus qu'il n'y avait pas d'espoir de création d'emplois dans l'agriculture.

A ce moment, on évaluait à 20 % de la main-d'oeuvre les chômeurs totaux ou partiels, et considérant la rapide croissance de la population en âge de travailler, il paraissait tout juste possible de maintenir à son modeste niveau d'alors (environ 200 $ US par habitant) le revenu moyen en vendant sur le marché mondial des marchandises produites à meilleur compte à Maurice qu'ailleurs.

Géographiquement, la zone franche industrielle de Maurice n'a jamais été limitée à des localisations spécifiques, mais c'est plutôt un ensemble d'entreprises à statut particulier dispersées dans toute l'île. En 1982, environ un quart des usines se trouvait dans les deux zones industrielles de la ville principale, Port-Louis, le reste se répartissant ailleurs à Port-Louis (16 %), dans les autres villes (29 %) et dans les régions rurales (29 %). Cette dispersion signifiait que les possibilités d'emplois touchaient l'ensemble de l'île et non pas seulement la ville principale.

A - La croissance de la zone franche industrielle

Le tableau I donne les principaux indicateurs de la croissance de la zone franche industrielle de Maurice : nombre d'entreprises, création d'emplois et valeur des exportations. Ces chiffres montrent le rapide développement des activités : en 1984, les exportations des "industries franches" atteignaient 2 100 millions de Roupies (FOB), presque 42 % de l'ensemble des exportations, alors que le sucre et les mélasses, les principales expéditions traditionnelles, comptaient pour environ 50 %. En 1985, le nombre d'emplois dépasse 53 000, soit le quart des emplois dans les grandes entreprises.

Naturellement, les exportations brutes de la zone franche industrielle doivent être considérées en rapport avec les importations. En 1984, la zone franche industrielle a importé pour 1 200 millions de Roupies, et le gain net est

950 millions de Roupies, soit 44 % des exportations en valeur brute, ce qui n'est pas une mince contribution à l'économie mauricienne. Les industries franches participaient alors pour 6,4 % au PIB, contre 11,7 % pour le sucre. De plus, l'étude détaillée des productions en 1982 montre que 37 % des consommations intermédiaires de la zone franche industrielle sont constituées de marchandises et de services locaux.

Années	Nombre d'entreprises	Emploi	Exportations brutes (millions de roupies)
1971	9	644	3,9
1972	19	2 588	12
1973	32	5 721	45
1974	45	10 669	135,60
1975	66	11 407	196,40
1976	85	17 403	308,60
1977	89	17 474	433,40
1978	85	18 323	484,50
1979	94	20 742	620,10
1980	101	21 642	894,50
1981	107	23 601	1 087,10
1982	115	23 870	1 235,50
1983	146	25 526	1 306,80
1984	197	37 573	2 100
1985	277	53 440	3 283

Tableau I.- *Indicateurs de croissance dans la zone franche de Maurice pour la période 1971-1985*
Sources : Wong Ng, 1985, pp. 22-23. Economist Intelligence Unit, 1986 for 1985

La croissance de la zone franche industrielle n'a pas été absolument régulière, comme le montre le tableau I. Après un rapide développement en 1971-1976 à partir d'un point de départ modeste, on a assisté à un certain ralentissement entre 1977 et 1982, puis à une nouvelle phase de croissance accélérée depuis 1983. Le ralentissement de 1976-77 peut s'expliquer par l'effondrement des investissements en provenance du secteur sucrier local, après le boom sur le sucre des années 1973-75 et par le manque d'enthousiasme des investisseurs locaux et étrangers, à la suite des décisions gouvernementales d'augmenter les salaires et les primes, parfois même avec effet rétroactif. En 1981-82, c'est la récession mondiale et la décision de certains pays d'imposer des quotas aux importations qui pèsent sur leur croissance. Par contre depuis 1982 la reprise d'un essor accéléré est due à l'amélioration économique aux Etats-Unis et dans les pays développés, aux incertitudes concernant le futur de Hong Kong, aux difficultés d'autres zones franches industrielles (Sri Lanka) et aux efforts nouveaux de promotion entrepris par le gouvernement d'"'Alliance" élu en 1983.

B - Les types d'industries

Le tableau II montre les types d'industries bénéficiant du statut de zone franche industrielle avec la valeur de leurs exportations en 1976 et 1982.

	Exportations			
Industries	Millions de roupies		Pourcentage	
	1976	1982	1976	1982
Textile et habillement	202,8	863	65,7	69,9
Electronique	61,3	2,4	19,9	0,2
Joaillerie et diamants	7,1	78,9	2,3	6,4
Jouets et décorations de Noël	7,4	29,8	2,3	2,4
Autres	30	261,4	9,7	21,1
Total	308,6	1 235,5	100	100

Tableau II.- *Répartition des exportations par types d'industrie en 1976 et 1982*
Source : P. Forget, 1983, p. 18.

Quoique l'entreprise pionnière dans la zone franche industrielle ait été le piquage des pierres précieuses (rubis) pour les montres, l'activité dominante a été le secteur textile, en particulier l'habillement. Dans le domaine des lainages tricotés, Maurice est devenue le troisième producteur mondial de chandails (Joint Commitee for the Promotion of Industry, 1983).

Comme le montre le tableau II, l'industrie électronique représentait 20 % des exportations en 1976, mais a depuis pratiquement disparu de la zone franche industrielle. On peut attribuer ceci aux difficultés d'industries qui deviennent vite obsolètes dans un secteur où les technologies comme les marchés changent rapidement et où il faut des investissements considérables.

Quoique les textiles et l'habillement soient à l'évidence la base industrielle de la zone franche industrielle, il y a eu récemment des efforts de diversification, avec la création de petites usines produisant des montres et des pendules, des objets en cuir, des montures de lunettes et des mouches pour la pêche.

Le succès du tricot à Maurice est, au moins partiellement, le résultat de sa capacité à se conformer aux règlements d'origine pour obtenir le libre accès au marché de la Communauté Economique Européenne. C'est aussi le principal secteur à avoir réalisé dans la zone franche industrielle une importante intégration verticale : les filatures et les teintureries locales couvrent environ les deux tiers des besoins du secteur laine (Nixon, 1985). D'un autre côté, les industriels de l'habillement ont été gênés pour suivre la réglementation de la CEE concernant l'origine car souvent ils n'utilisaient pas des tissus venant soit de Maurice, soit de la CEE.

C - Destination des exportations

Les principaux marchés vers lesquels les industries franches de Maurice exportent apparaissent dans le tableau III. Il y a à l'évidence une prépondérance écrasante -de l'ordre de 80 %- de la CEE, avec un rôle éminent, quoique déclinant, du marché français. Les Etats-Unis comptent pour plus de la moitié du reste (14 % en 1983), et leur part s'accroît au fil des années.

	1976		1982		1983	
	Millions de roupies	%	Millions de roupies	%	Millions de roupies	%
1) Pays de la CEE dont :	248,4	80,2	992	80,2	1 009,3 (a)	77,2 (a)
France	(159,6)	(51,7)	(404,6)	(32,7)	(413,7) (b)	(31,66) (b)
Belgique	(13,4)	(4,3)	(64,6)	(5,2)	(67,6)	(5,2)
RFA	(43,9)	(13,3)	(157,8)	(12,8)	(162,3)	(12,4)
Royaume Uni	(19,6)	(6,3)	(199,2)	(16,1)	(226,2)	(17,3)
2) Etats-Unis	35,9	11,6	161,4	13,1	183	14
3) Autres	25,3	8,2	82,1	6,7	114,5	8,8
Total	309,6	100	1235,5	100	1306,8	100

Tableau III.- *Répartition des exportations des zones franches industrielles par pays de destination en 1976, 1982 et 1983*

Source : P. Forget, 1983, table 2. 3. 4. Central Statistical Office, 1985b, table 2. 23.

(a) France (y compris la Réunion), Belgique, Pays-Bas, Italie, Royaume-Uni, R.F.A.

(b) non compris la Réunion

Le rapide succès des tricots de Maurice dans la CEE et en Amérique du Nord a entraîné des mesures de restriction de la part des pays importateurs. La France, le plus gros acheteur européen, a négocié un accord de limitation volontaire des expéditions mauriciennes en 1976, d'où le recul constaté dans le tableau III. Ces restrictions forcèrent Maurice à chercher de nouveaux marchés, avec un certain succès dans le cas des Etats-Unis et du Canada. Mais, à leur tour, les Etats-Unis en 1981 puis le Canada en 1984 ont imposé des quotas d'importation de tricots mauriciens, et plus récemment, ont étendu la mesure à tout l'habillement.

D - Propriété des entreprises

Un caractère important des industries franches de Maurice a toujours été la forte participation des capitaux locaux. Une étude récente sur la propriété des principales sociétés existant en 1984 (pour le BIT - Hein, 1986) a démontré que 31 % des firmes étaient propriété mauricienne, 14 % propriété d'investisseurs étrangers tandis que 55 % associaient des capitaux mauriciens et étrangers. Au total, 56 % des actions appartenaient à des étrangers et 44 % à des Mauriciens. Il n'y a pas de limite légale à la participation étrangère mais le gouvernement préfère une participation locale minimum de 30 %.

Parmi les investisseurs étrangers, ceux de Hong Kong et les Français étaient de loin en tête, chacun avec des capitaux dans 22 firmes. Cependant, Hong Kong est la plus importante source de capitaux étrangers (les 2/3 du total) et fournit 37 % de l'investissement total de la zone franche industrielle en 1984.

E - L'impact sur l'emploi

Le tableau IV permet de comparer l'emploi dans les industries franches avec l'emploi industriel total et le total des salariés travaillant dans les entreprises d'au moins 10 personnes. Comme on le voit, à la fin de 1985, la zone franche industrielle fournissait 85 % des emplois industriels et un quart du personnel des "grandes" entreprises. Les usines hors zone franche industrielle travaillant pour le marché local se sont maintenues à environ 10 000 emplois pendant toute la période 1971-1985.

Du point de vue de la création d'emplois, la zone franche industrielle a été le secteur de pointe dans l'économie mauricienne. Comme le montre le tableau V, de 1975 à 1985 c'est l'industrie qui a créé le plus d'emplois (40 000), devançant de loin les services (12 000). Par contre, certains secteurs ont vu l'emploi diminuer, notamment l'agriculture qui a perdu près de 12 000 emplois. En fait, à la fin de 1985, les industries franches employaient plus de personnes que l'industrie sucrière, qui avait été l'employeur principal pendant quelque…150 ans !

	Nombre d'emplois (en milliers)				
	(1) dans la ZFIE (b)	(2) Ensemble de l'industrie	(3) Entreprises d'au moins 10 salariés	(1)/(2) (en %)	(1)/(3) (en %)
1971	0,6	9,8	142,5	6	0
1972	2,6	11,6	148,2	22	2
1973	5,7	15,7	157,8	36	4
1974	11	20,8	167,2	53	6
1975	11,4	22,5	172,8	51	7
1976	17,4	29,3	184,5	59	9
1977	17,5	33,2	194,7	60	9
1978	18,3	33,1	198,7	55	9
1979	20,7	35,6	199,4	58	10
1980	21,6	36,4	197,5	59	11
1981	23,6	37,2	196,3	63	12
1982	23,9	36,9	195,1	65	12
1983	25,5	38,3	193,8	67	13
1984	37,6	48,5	200,4	78	19
1985	53,4	62,9	215,4	85	25

Tableau IV.- *Emplois dans les zones franches industrielles, l'industrie en général et les entreprises de 10 salariés et plus entre 1971 et 1985* (a).
Source : Central Statistical Office, 1985a and 1981 ; Wong Ng, 1985 ; Government of Mauritius, Ministry of Economic Planning and Development, 1986.
(a) les chiffres de la Zone Franche Industrielle de la colonne 1 se rapportent au mois de Décembre et ceux des colonnes 2 et 3 au mois de Septembre de chaque année.
(b) ZFIE : Zone franche industrielle d'exportation.

Ainsi les effets sur l'emploi du développement de la zone franche industrielle ont été substantiels et plus importants que dans la plupart des autres pays où de telles statistiques sont disponibles. En pourcentage des actifs, la zone franche industrielle de Maurice emploie nettement plus que les autres zones industrielles franches d'Asie où on est en général à moins de 1 %, sauf en Malaisie (2 %) et à Singapour (10 %) (Maex, 1983). Dans le monde Caraïbe, il n'y a guère qu'à la Barbade (11 %) et à Porto Rico (19 %) que l'on atteint des valeurs importantes (voir annexe 1). En dehors de Porto Rico, le plus important ensemble d'industries franches est à Haïti, avec 60 000 emplois en 1982, comparable donc à la zone franche industrielle de Maurice, mais cela ne représente qu'une bien plus faible proportion des actifs du pays.

L'industrie du vêtement s'est taillée dès le départ la part du lion de l'emploi dans la zone franche industrielle. En décembre 1984, 86,6 % de la

Secteur d'activité	1975 (milliers)	1985 (milliers)	Evolution en pourcentage
Agriculture et pêche	64,5	52,7	-11,8
Sucre (a)	57,8	47,6	-11,2
Thé (a)	4,7	3,4	-1,3
Tabac	1,3	1	-0,3
Autres	0,7	1,4	+ 1,9
Mines et carrières	0,2	0,2	0
Industrie de transformation	22,5	62,9	40,4
Electricité et eau	3	3,8	0,8
Construction	6	5	-1
Commerce de gros, de détail, restaurants et hôtels	6,5	9,2	2,7
Transport, stockage et communications	9,4	8,7	-0,7
Finances, asurances, immobilier, affaires	2,8	5,2	2,4
Services	51,1	63,2	12,1
dont gouvernement Central	40,9	50	9,1
Local	3,6	5,1	1,5
Autres	6,6	8,1	1,5
Activités non précisées ci-dessus	6,9	4,5	-2,4
Total	172,8	215,4	42,6

Tableau V.- *Emploi par secteur d'activité dans les entreprises d'au moins 10 personnes en 1975 et 1985.*

Source : Central Statistical Office, 1985c, table 5 ; Government of Mauritius, Ministry of Economic Planning and Development, 1986.

(a) y compris les usines.

nain-d'oeuvre des industries franches servait dans le textile et l'habillement, et près de 50 % dans le seul tricot. Bien qu'il y ait un assez grand nombre d'entreprises en-dehors du secteur textile (87 sur 197), elles n'emploient en tout qu'un petit nombre de personnes, 13,4 % de l'ensemble.

Le trait le plus frappant de l'emploi dans les industries franches de Maurice (et de la plupart des autres zones franches industrielles), c'est la prépondérance des femmes, qui depuis le départ, représente quelque 80 % du total. L'utilisation massive de femmes dans les usines de la zone franche industrielle s'est traduite d'ailleurs par une hausse substantielle de leur place dans l'emploi du pays de 19 % en 1970 à un tiers en 1985. Il faut remarquer qu'au milieu des années 1980, la politique gouvernementale tend à créer plus d'emplois pour les hommes dans les industries franches -d'où l'abolition du salaire minimum pour les hommes à la fin 1984, qui reste maintenu pour les femmes- mais il est vrai que celui des hommes était sensiblement plus élevé. De fait, les chiffres les plus récents (mars 1986) montrent que le pourcentage des hommes dans la zone franche industrielle est passé à 30 %.

A Maurice, il n'y a aucun plafond ou quota pour l'emploi d'étrangers dans les industries franches, bien qu'ils dussent acquérir un permis de travail. En 1984, il y avait 213 "expatriés" travaillant dans les entreprises de la zone franche industrielle, 0,6 % de l'emploi total (chiffre du Ministère du Commerce et de l'Industrie). En pourcentage , c'est moins qu'en 1976 où les 200 étrangers constituaient 1,1 % du total. La dépendance vis-à-vis des cadres étrangers semble donc se réduire et on assiste à une "mauritianisation" de l'emploi au fur et à mesure que les locaux apprennent les nouvelles technologies et acquièrent de nouvelles compétences.

Une des critiques majeures faites à l'emploi dans les zones franches industrielles est sa nature fondamentalement instable parce que les entreprises font du "camping industriel" et menacent perpétuellement de se déplacer vers un autre pays offrant de meilleures perspectives, surtout lorsque les exemptions de taxes arrivent à expiration. Le tableau VI montre comment les chiffres annuels de l'emploi ont été affectés par les fermetures d'entreprises et les réductions de personnel pour la période 1978-1983 durant laquelle les industries franches étaient dans une phase de difficultés. Ces chiffres montrent que 1982 a été la pire année pour la perte d'emplois (15 % de ceux existant fin 1981 perdus dans l'année). Toutes les autres années, les disparitions ont été compensées et au-delà par des créations.

Evolution	1978	1979	1980	1981	1982	1983
Création d'emplois dans des entreprises nouvelles	514	855	304	1 145	1 499	2 491
Création d'emplois par développement d'entreprises existantes	3 314	2 862	2 101	3 639	1 823	2 258
A. Total des créations d'emplois	*3 828*	*3 717*	*2 405*	*4 784*	*3 322*	*4 749*
Emplois perdus par fermeture d'entreprises	1 647	274	161	1 929	1 425	1 733
Emplois perdus par réduction d'effectifs	1 332	1 024	1 642	598	2 022	966
B. Total pertes d'emplois	*2 979*	*1 298*	*1 803*	*2 527*	*3 447*	*2 699*
C. Evolution nette de l'emploi (A-B)	*+ 849*	*+ 2 419*	*+ 602*	*+ 2 257*	*-125*	*+ 2 050*
Total de l'emploi	*18 323*	*20 742*	*21 344*	*23 601*	*23 476*	*25 526*

Tableau VI.- *L'emploi dans la zone industrielle franche de Maurice 1978-1983 (décembre)*

Source : Central Statistical Office, 1985b, table 2. 16.

NB : Les chiffres ont été remis par le Ministère de l'Industrie et se réfèrent à l'ensemble du secteur industriel, y compris les petits établissements, les travailleurs à domicile et les entreprises de cultures florales.

II.- LES RAISONS DU SUCCÈS DE LA ZONE FRANCHE INDUSTRIELLE DE MAURICE ONT-ELLES UN CARACTÈRE D'EXEMPLARITÉ POUR D'AUTRES PVD INSULAIRES ?

Pour expliquer le succès de la zone franche industrielle de Maurice, il est nécessaire de faire référence à des conditions favorables liées à l'histoire socio-économique de l'île. Sans cet arrière plan, les mesures juridiques et économiques d'incitation mises en place par le gouvernement n'auraient vraisemblablement pas pu agir par elles-mêmes.

A - Les conditions générales favorables

1 - La main-d'oeuvre

La Banque Mondiale remarquait récemment (1983, p. 20) que la meilleure ressource de Maurice était sa main-d'oeuvre éduquée travaillant pour des salaires peu élevés. Depuis les années 1950, l'enseignement primaire est gratuit et largement répandu, et de ce fait, même au début des années 1970, le niveau d'éducation des travailleurs potentiels était nettement supérieur à celui de bien des pays en voie de développement. Savoir lire, écrire et compter constitue un atout aux yeux des employeurs parce que cela facilite l'adaptation à l'environnement industriel. Sur ce plan d'ailleurs, nombre d'autres PVD insulaires présentent le même avantage par comparaison à certains pays en voie de développement continentaux.

Le chômage a toujours été un problème chronique à Maurice et de ce fait, il y a toujours eu un vaste vivier de main-d'oeuvre disponible. Certains PVD insulaires avec une population faible, dispersée ou totalement utilisée déjà peuvent ne pas avoir une main-d'oeuvre suffisante en nombre ou assez concentrée géographiquement ; ce fut le cas des Maldives dans les années 1980, où l'on dut importer des travailleurs pour faire marcher les industries d'exportation de Gan.

En même temps, et peut être justement du fait du chômage chronique, les salaires mauriciens ont toujours été relativement bas suivant les normes internationales, quoiqu'il n'y ait pas eu d'étude précise concernant les motivations des investisseurs étrangers ; une étude portant à la fin des années 1970 sur un petit nombre d'entrepreneurs de Hong Kong montre que la faiblesse des salaires constitue l'atout essentiel (Busjeet, 1980, cité dans Welles, 1983). En fait, au début des années 1980, les salaires horaires dans l'industrie de l'habillement étaient à Maurice à peu près le quart de ceux de Hong Kong (Hein, 1986).

Il n'est pas évident que l'acceptation de ces salaires modestes soit la même dans tous les PVD insulaires, en particulier là où il y a des terres disponibles pour constituer des exploitations indépendantes. Ainsi nombre d'insulaires des îles du Pacifique, que l'on décrit parfois comme vivant dans une prospère économie de subsistance et comme ayant atteint un certain niveau de satisfaction, temporaire ou peut-être même semi-permanent (Banque Asiatique de Développement, 1979, p. 373),pourraient bien ne pas être désireux de s'employer dans des industries franches. Dans certaines îles, d'autres sources de revenus -comme les mandats envoyés au pays par les émigrés- peuvent réduire le désir de s'employer dans une zone franche industrielle.

2 - L'existence d'un tissu économique local

Comme nous le notions plus haut, entrepreneurs et capitaux locaux ont joué un rôle important dans le développement de la zone franche industrielle de Maurice, et nombre d'entreprises associent capitaux locaux et étrangers. Il est probable que les investisseurs extérieurs ont été encouragés par l'existence d'hommes d'affaires locaux désireux et capables de s'intégrer dans de telles associations. Cela inspire confiance dans les possibilités d'avenir du pays et en même temps facilite les contacts avec l'administration et la main-d'oeuvre locales. La diversité ethnique des hommes d'affaires mauriciens et leur bilinguisme Français-Anglais (avec parfois en plus le Chinois) constituent probablement un atout supplémentaire permettant d'attirer des investisseurs de cultures différentes.

De plus, le tissu économique offre des facilités normales dans des pays développés mais qui ne sont pas toujours disponibles dans les PVD - réseau de banques et d'assurances, bons transports intérieurs et systèmes de communication. Le développement parallèle du tourisme a aussi aidé à attirer investisseurs, techniciens et le cas échéant, acheteurs des productions des industries franches.

Il est peut-être difficile pour d'autres PVD insulaires de prétendre créer un environnement économique comparable à celui de Maurice. Certaines îles ont un héritage multiculturel comparable à celui de Maurice, avec des liens sociaux et économiques avec des pays plus développés, mais d'autres pas. Dans de plus petits Etats insulaires, il ne serait pas possible d'avoir sur place une gamme complète de gens aptes à couvrir les différents besoins en services. Certes, il est possible de faire venir quelques "expatriés" dans des secteurs bien définis comme l'ont fait certains petits paradis fiscaux insulaires, mais on ne peut guère importer tout un environnement économique nouveau.

3 - La stabilité politique

La stabilité politique du pays d'accueil et l'assurance d'une continuité des politiques est un facteur essentiel dans les décisions d'investissement, et en particulier dans le cas des zones industrielles franches où l'élément attractif est constitué justement par les décisions gouvernementales et leur mise en oeuvre. De fait, une étude des multinationales industrielles originaires de Hong Kong a montré que la stabilité politique était de loin le facteur le plus important dans la détermination des pays d'accueil (Currie, 1985). Il est donc probable que le choix de Maurice par un certain nombre de financiers de Hong Kong a été facilité par le fait qu'il s'agit d'une démocratie parlementaire avec de nombreux partis politiques, des élections régulières dans le calme, une presse libre et un consensus assez général dans la population concernant le choix de la zone franche industrielle, seule solution susceptible de créer des emplois à une échelle suffisante pour faire face à la pression démographique. La politique officielle du gouvernement a toujours été le soutien des industries franches depuis leur création, malgré trois élections générales et deux changements majeurs dans la direction des affaires politiques.

Pour l'investisseur étranger (ou local), l'importance attachée à la stabilité politique peut être reliée au besoin d'être sûr que la règle du jeu ne risque pas d'être changée. Ce n'est probablement pas une coïncidence si, à Maurice, les hausses de salaires rétroactives et les primes additionnelles de fin d'année rendues obligatoires en 1975-76 ont été suivies par une période de recul. Les investisseurs doivent aussi pouvoir se sentir confiants dans la juste application des règles du jeu, sans favoritisme. Or dans les petites îles où la médisance est fréquente et où les relations sont fortement personnalisées, il est parfois difficile d'arriver, dans la pratique, à une égalité de traitement pour tous. Aussi est-il important que les règles du jeu soient bien définies avec un minimum de dérive du fait d'interventions arbitraires du gouvernement.

B - Incitations officielles et infrastructures comme facteurs de développement de la zone franche industrielle

1 - Les incitations à l'investissement

Dans la zone franche industrielle de Maurice, elles ont été décrites comme "très larges comparées à d'autres" (Banque Mondiale, 1983, p. 21). Le même rapport note d'ailleurs qu'il n'est pas besoin que les encouragements soient supérieurs à ceux des autres pays, mais seulement du même ordre. Au départ, les entreprises ont reçu une complète exemption de l'impôt sur les sociétés pour 10 ans, et en 1980, cette disposition fut prolongée avec des taux d'exemption décroissants : 50 % de la 11e à la 15e année, 25 % de la 16e à la 20e. Depuis 1985, de nouvelles dispositions prévoient 15 % d'impôt pendant toute la vie de la société. Les industries n'appartenant pas à la zone franche industrielle, à condition d'exporter plus de 10 % de leur chiffre d'affaires, bénéficièrent également de réductions d'impôts. L'exemption de taxes sur les dividendes, initialement pour 5 ans, fut prolongée jusqu'à 10 ans en 1985. D'autres encouragements à l'investissement existent : financement prioritaire par la Banque de Développement de Maurice, prêts et escompte sur les factures d'exportation à des taux préférentiels par les banques commerciales, libre rapatriement des profits et dividendes, et garantie contre toute nationalisation.

La définition d'un ensemble de mesures d'incitation comme à Maurice est assez simple. Naturellement, certains gouvernements peuvent avoir comme politique de ne pas encourager l'entreprise privée ou l'investissement étranger soit de façon générale soit dans des secteurs particuliers de l'économie. Cette répugnance se comprend bien dans le cas de l'économie d'une petite île qui peut légitimement craindre d'être dominée par une ou deux entreprises même de taille très modeste à l'échelle mondiale. Dans certains pays, l'ambiguïté de l'attitude gouvernementale vis-à-vis du développement des industries tournées vers l'exportation s'est traduite par un manque de définition nette des règles du jeu, par un caractère non systématique des incitations, ce qui n'est pas à même d'attirer les investisseurs. Par exemple, le "guide des entrepreneurs" d'un PVD insulaire indique que les projets approuvés "peuvent demander des exemptions de droits de douane sur les équipements de base pendant la période de démarrage" et que "cette période sera définie par les départements techniques concernés sur une base individuelle". Le guide continue en précisant que toutes les exemptions seront envisagées de façon spécifique sur recommandation des organismes techniques de l'Etat. Peut-on parler de "politique d'investissement" avec des pratiques aussi discrétionnaires ?

2 - Les infrastructures

Nombre d'études ont montré que de bons systèmes de transport et de communication étaient une préoccupation majeure des investisseurs au moment du choix d'un pays d'accueil (cf par exemple Currie, 1985). Il est évident que c'est un point essentiel pour une île comme Maurice qui est loin à la fois de ses principaux marchés et de ses principaux fournisseurs. En fait, malgré des relations maritimes et aériennes régulières avec l'Europe, principal débouché de la zone franche industrielle, le coût et la fréquence de ces liaisons ont été des facteurs limitatifs de la croissance des industries franches. Depuis 1981, l'achèvement de quais en eau profonde a mis fin à la congestion portuaire et réduit les temps de rotation des navires. La proximité de la Réunion qui a des besoins d'importations considérables et relativement peu de produits exportables a facilité les mouvements d'avions-cargo vers la France à des conditions intéressantes ; mais récemment Air-France a eu des difficultés à faire face en période de pointe (Economist Intelligence Unit, 1986). La venue massive de touristes (140 000 en 1984) est aussi une des raisons de l'établissement de vols quotidiens vers l'Europe.

Dès la mise en place de la zone franche industrielle, Maurice a bénéficié d'un système de télécommunications locales et internationales de niveau correct, qui a été graduellement modernisé et totalement automatisé. Lorsque les projets en cours seront achevés, Maurice aura un des réseaux de télécommunication les plus modernes de toute l'Afrique (Economist Intelligence Unit, 1986).

Les infrastructures peuvent être très coûteuses, en particulier pour de très petits Etats où des équipements comme un quai en eau profonde ou un aéroport international accessible aux gros porteurs peuvent difficilement se justifier. Cependant, pour des industries d'exportations dans les années 1980, de telles infrastructures apparaissent des éléments nécessaires et leur absence peut être un obstacle majeur au développement d'industries d'exportation dans certaines petites îles éloignées des grandes routes maritimes et aériennes.

3 - Les accords internationaux

Un atout majeur de Maurice aux yeux des investisseurs a été le libre accès pour les produits de l'île dans les pays de la CEE suivant les dispositions de la Convention de Lomé. Maurice a été le premier membre du Commonwealth à devenir un membre associé de la CEE (avant même l'entrée de la Grande Bretagne) et a bénéficié de la libre entrée de ses produits dès 1972 lorsqu'elle a signé la Convention de Yaoundé. Pour les investisseurs de Hong Kong qui se heurtaient à un sytème de quotas dans nombre de pays occidentaux, cela a dû être un facteur déterminant de l'implantation à Maurice.

La plupart des petits PVD insulaires ont des liens économiques traditionnels avec au moins un des pays industrialisés, et aussi participent à des accords de marché comme la Convention de Lomé III, SPARTECA et l'Organisation du Bassin Caribéen. En termes d'accession aux marchés, les petits pays peuvent avoir en fait un avantage : leur part de marché dans les grandes puissances économiques restant par définition relativement petite, leurs produits risquent moins d'attirer des mesures protectionnistes. Cependant, l'exemple de Maurice illustre le danger des barrières douanières qui peuvent se lever lorsqu'un marché est pénétré avec succès et donc la nécessité de négociations politiques permanentes sur le plan international, chose coûteuse pour un petit pays.

4 - Législation du travail et politique des salaires

Les lois sur le travail et les conditions de l'emploi dans les zones industrielles franches font partie des incitations pour attirer les investisseurs. Par comparaison avec les autres secteurs de l'économie, il y a quatre différences essentielles dans les conditions d'emploi à l'intérieur de la zone franche industrielle qui subsistent en 1985, alors que d'autres points -congés annuels, congés de maternité, indemnités pour licenciement abusif- ont toujours été les mêmes que dans le reste de l'industrie dès le départ de la zone franche industrielle. La première différence concerne la plus grande flexibilité de l'emploi : les contraintes pesant sur les sociétés pour justifier la réduction de leur main-d'oeuvre et dédommager le personnel licencié ont toujours été plus limitées dans la zone franche industrielle que dans les autres secteurs, en particulier au début. La seconde différence, c'est que les heures supplémentaires sont obligatoires dans la zone franche industrielle en cas de besoin et calculées sur une base hebdomadaire et non quotidienne. En troisième lieu, les femmes peuvent participer à des équipes de nuit dans la zone franche industrielle.

Enfin, le salaire minimum légal a toujours été plus faible dans la zone franche industrielle que dans les autres secteurs. Par exemple, en 1984, le salaire minimum quotidien pour un homme était de 30 roupies dans la zone franche industrielle, contre 41 roupies pour un ouvrier agricole du sucre. Depuis environ 1979, le gouvernement a suivi une politique de limitation des salaires de façon à maintenir la compétitivité internationale de la zone franche industrielle. La roupie a été dévaluée de 30 % en 1979 et à nouveau de 20 % en 1981, et les hausses de salaires n'ont pas compensé l'accroissement correspondant du coût de la vie. Exprimé en dollars américains, le salaire minimum des femmes a en fait diminué de 1,60 $ par jour en 1980 à 1,27 en 1984 (Hein, 1986).

Dans la mesure où l'une des raisons essentielles pour l'installation des industries dans les zones franches des Pays en Voie de Développement est la faiblesse des salaires et des coûts salariaux, les politiques de l'emploi sont à l'évidence un facteur important d'attraction des zones franches industrielles. Une rapide hausse de salaires ou un taux de change irréaliste réduisent le pouvoir attractif d'un pays. De plus, il apparait qu'une politique de flexibilité de l'emploi doit être suivie pour que les employeurs puissent avoir une certaine souplesse pour embaucher et licencier. Cependant, empêcher l'existence d'une activité syndicale comme dans certaines zones franches industrielles (mais pas à Maurice : cf Dror,1984) peut apparaître comme inutile, et même en fait risque d'aggraver le climat social plutôt que d'amener la paix dans les relations à l'intérieur de l'entreprise.

*   *

*

Il est difficile d'envisager a posteriori une autre stratégie de développement que les industries d'exportation, susceptible de produire des résultats comparables pour l'économie mauricienne. On mesure bien la transformation de la structure même des activités de l'île en considérant qu'en 1985, l'emploi dans la zone franche industrielle a dépassé celui de l'industrie sucrière. Depuis son lancement, la zone industrielle franche a été la principale source de création d'emplois, si bien qu'en 1985 elle entre pour 25 % du secteur organisé. Pour d'autres petits pays insulaires avec peu de ressources naturelles, et se trouvant devant les mêmes problèmes de création d'emploi, l'incitation au développement d'industries d'exportation (ou de services) fondées sur des matières premières importées pourrait bien être l'une des rares options de développement à leur disposition.

Pays/Territoire	Année	Emplois dans les zones franches (en milliers)	Total des emplois (en milliers)	Part (en %) des zones franches sur le marché des emplois
Petites îles				
Maurice	1985	53,3	215,4	25
Bahrein	1982	4,6	141,1	3
Tonga	1980	1		
Antigua et Barbuda		...		
Antilles néerlandaises	1982	0,4	80,7	0,5
Bahamas		...		
Barbade	1985	10	93,1a	11
Dominique		...		
Monserrat	1984	0,1	4,7b	2
St. Kitts et Nevis		...		
Ste-Lucie		...		
St-Vincent		...		
Grandes îles				
République Dominicaine	1984	20,5	1 784,2c	1
Haïti	1982	60	1 869,40	3
Jamaïque	1982	3,5	756,30	0,5
Puerto Rico	1981	140	742	19

ANNEXE

Importance des zones franches sur le marché de l'emploi
dans divers pays insulaires en développement
Source : FRÖBEL *et al.*, 1986, table IV-1. ILO *Year Book of Labour Statistics 1985*,
Tables 3A and 2B

(a) en 1984
(b) en 1983
(c) en 1981

ORIENTATION BIBLIOGRAPHIQUE

ASIAN DEVELOPMENT BANK. (1979).- *South Pacific agricultural survey.-* Manilla.

BASILE, A. ; GERMIDIS, D. (1984).- *Investing in free export processing zones.-* Paris, OCDE.

CURRIE, J. (1985).- *Export processing zones in the 1980s*. London, Economist Intelligence Unit, Special report n° 190.

DROR, D. (1984).- Aspects of labour law and relations in selected export processing zones. *International Labour Review*, 123 (6).

ECONOMIST INTELLIGENCE UNIT. (1986).- *Madagascar, Mauritius, Seychelles, Comores,* Country Report n° 2.

FORGET, P. (1983).- *Wishing a future for the EPZ is not enough.*- Les Pailles, Mauritius, Henri & Cie.

FROBEL, F. ; HEINRICHS, J. ; KREYE, O. (1986).- *Umbruch in der Weltwirtschaft.*- Hamburg, Rowohlt.

HEIN, C. (1986).- *Multinational enterprises and employment in the Mauritian export processing zone.*- Geneva, ILO, Multinational Enterprises Programme working paper.

JOINT COMMITTEE FOR THE PROMOTION OF INDUSTRY. (1983).-*Invest in Mauritius : a guide for foreign investors.*- Port-Louis.

MAEX, R. (1983).- *Employment and multinationals in Asian export processing zones.*- Geneva, ILO, Multinational Enterprises Programme working paper.

MAURITIUS. Ministry of Economic Planning and Development. (1986).- *Economic Indicators,* n° 36, June.

MAURITIUS CENTRAL STATISTICAL OFFICE. (1981).- *Bi-annual Survey of Employment and Earnings, Sept. 1980.* Port-Louis, Government Printer.

MAURITIUS CENTRAL STATISTICAL OFFICE. (1985a).- *Annual Digest of Statistics 1984.*- Port-Louis, Government Printer.

MAURITIUS CENTRAL STATISTICAL OFFICE. (1985b).- *National Accounts 1984.*- Port-Louis, Government Printer.

MAURITIUS CENTRAL STATISTICAL OFFICE. (1985c).- *Bi-annual Survey of Employment and Earnings, Sept. 1984.* Port-Louis, Government Printer.

NIXON, B. (1985).- Knitting island. *Textile Horizons,* May.

WELLS, L. T. (1983).- *Third World multinationals : The rise of foreign investment from developing countries.*- Cambridge, Mass., The MIT Press.

WONG NG, D. T. Y. (1981).- Zone franche : le défi des années 80. *In* : PROSI (Port-Louis, Public Relations Office of the Sugar Industry), n° 147, Apr.

WONG NG, D. T. Y.- La Zone Franche : les étapes d'un "success story". *In* : PROSI n° 196, May 1985.

WORLD BANK. (1983).- *Mauritius : Adjustment and growth : Country economic memorandum.* Washington, DC.

DÉBATS

E. DOMMEN.- La part de la valeur du tourisme qui retourne dans le pays n'est pas moins élevée que pour les produits agricoles d'exportation, sucre, thé, coton, ... Le cas de Maurice est remarquable et rarissime. Le commerce international des produits manufacturés est hautement politisé (contingents, limitations américaines des importations dont le rythme de croissance dépasse un certain seuil, limitations soit-disant volontaires, etc...) ; ces mécanismes jouent en défaveur des petits pays, pour lesquels les coûts d'accès au marché et de négociations politiques préliminaires sont prohibitifs. Maurice, qui a un million d'habitants, n'est plus un petit pays, et peut jouer la politique du commerce de ses produits manufacturés, ce qui est beaucoup plus important que les coûts comparés.

F. DOUMENGE.- Dans les phénomènes insulaires, les relations personnelles et les liens culturels sont fondamentaux, il suffit de quelques personnalités affirmées pour monter de véritables empires et pour orienter les faits économiques. Les liens économiques entre Hong Kong, Maurice et la France, dans le domaine du textile, ne se sont pas créés au hasard. Dès 1960, des Mauriciens francophones d'origine chinoise, implantés à Hong Kong jouaient le rôle d'intermédiaires et d'entrepreneurs dans le textile pour toute la clientèle française en transit à Hong Kong. Les liens personnels jouant, l'industrie textile s'est développée à Maurice, avec des capitaux venant de Hong Kong, et la France en est devenue le principal client.

Résumé : Description de l'expérience menée à l'île Maurice en matière de développement d'une zone franche industrielle, à partir d'une étude préparée pour le "Multinational Enterprises Programme". Explication de sa réussite (en matière d'emploi et de revenu) afin de mettre en évidence les facteurs dont doivent tenir compte les autres petits pays insulaires confrontés au même type de développement.

Mots-clés : Zone industrielle, zone franche, industrialisation, Maurice.

Summary : *Export Processing Zones in island countries : the case of Mauritius.-* Description of the experiment in the island of Mauritius to develop an export processing zone, based on a study prepared for the "Multinational Enterprises Programme". Explanation of the success of the scheme regarding employment and revenue, to point out the factors that should be borne in mind by other small island countries considering the same type of development.

Keywords : Industrial zone ; Free zone ; Industrialization ; Mauritius.

Atelier de confection en cours de construction à l'île Maurice
(cliché G. Réaud-Thomas)

Le centre des affaires à Port-Louis, île Maurice
(cliché G. Réaud-Thomas)

Une rue principale de Curepipe, île Maurice
(cliché G. Réaud-Thomas)

MUTATIONS ÉCONOMIQUES ET SATURATION DU TISSU URBAIN DANS L'ÎLE DE MAHÉ (SEYCHELLES)

par Jean-Pierre DOUMENGE

L'archipel des Seychelles comprend 115 îles qui se dispersent sur une surface océanique immense. Le plus grand nombre d'entre elles comporte un substrat corallien. La vie y est difficile faute de réserves naturelles en eau douce. Aussi, la population locale (65 000 personnes) se concentre-t-elle dans quelques îles hautes granitiques où l'eau douce a toujours été abondante. Depuis 1770, date de l'arrivée des premiers colons, c'est Mahé, l'île granitique la plus vaste (154 km² sur un total de 444 km² pour l'ensemble de l'archipel) qui capte l'essentiel de la population seychelloise. Actuellement, 57 000 personnes y résident, soit près de 90 % de l'effectif national. L'île de Mahé constitue le "centre" vital des Seychelles. Son aménagement est primordial pour les Pouvoirs Publics locaux. Elle accueille la capitale, Victoria, où s'agglutinent 25 000 habitants et où se localisent l'essentiel des activités du pays. De par les contraintes physiques du site, la ville de Victoria déborde peu à peu de son cadre d'origine pour prendre l'allure d'une agglomération "tentaculaire". Cette poussée urbaine, qui semble devoir être irréversible, est une donnée relativement récente, contemporaine de la mutation de l'économie de l'archipel, qui a vu l'effritement de ses activités traditionnelles agricoles au profit des activités de services.

I.- DE L'ÉCONOMIE AGRICOLE A L'ÉCONOMIE DE SERVICES

L'économie de Mahé et d'une façon plus générale celle de l'ensemble des Iles Seychelles resta longtemps rurale. A la fin du XVIIIe siècle, et au début du XIXe siècle, on enregistra le développement de la culture cotonnière qui s'appuyait sur une main-d'oeuvre servile. Avec l'arrêt de la traite (1826) et l'abolition de l'esclavage (1835), l'économie cotonnière s'effondra. Les colons privilégièrent alors leurs plantations de cocotier, moins exigeantes en main-d'oeuvre et qui devenaient très rémunératrices avec l'augmentation sensible en Europe de la consommation d'huile de coco. Puis avec l'arrivée des commerçants chinois, on vit l'acclimatation (en 1866) de la vanille. Le cannelier prit le relais de la vanille à partir de 1904 (celle-ci souffrit d'une sécheresse exceptionnelle et surtout de la vanilline synthétique). La production de cannelle devait péricliter à son tour après 1960. Depuis 1962, on essaie de développer en compensation la théiculture, mais celle-ci est loin de faire face à la simple demande locale. Le développement urbain et touristique a stimulé récemment les productions maraîchères et l'élevage avicole ou bovin, mais l'inflexion de la politique gouvernementale en faveur du développement des fermes étatiques ou para-étatiques ne s'avère pas apte à développer le marché des produits agricoles; chaque grand établissement ou service de la Fonction Publique cherchant dans la pratique horticole la seule satisfaction des besoins de son personnel. Les petits exploitants hésitent à mettre leur force de travail en commun dans des organisations coopératives. Enfin, l'obligation qui leur est faite de ne plus pratiquer de vente directe, mais d'approvisionner un office national de vente des produits agricoles, a provoqué une rétraction grave du volume de certaines productions, d'autant plus que les habitudes alimentaires privilégient depuis longtemps diverses denrées d'importation (en particulier, riz et produits dérivés de diverses céréales). Au demeurant, l'étroitesse du marché national, la crise des produits d'exportation, l'exiguïté des terroirs (moins de 10 000 ha sont cultivables à Mahé), et la petitesse de la grande majorité des exploitations (moins d'un ha) ne permettent pas à l'agriculture seychelloise d'être compétitive.

Fort heureusement, la mise en service d'un aéroport international en 1971 a permis l'afflux des touristes (55 000 en moyenne chaque année), justifiant la multiplication des infrastructures hôtelières, ce qui a facilité le redémarrage de l'économie en injectant en particulier des capitaux dans l'industrie du bâtiment et les transports. En 1980, l'agriculture ne représente plus que 5 % du Produit Intérieur Brut, tout en intéressant encore 2 000 actifs. Avec 12 % du P.I.B. et 2 500 salariés, le tourisme présente une rentabilité bien supérieure. Mais les branches d'activités essentielles de l'économie contemporaine des Seychelles sont les industries et le bâtiment (15 % du P.I.B., 3 400 ouvriers et employés), la Fonction Publique (20 % du P.I.B. et 4 000 salariés), les transports, le commerce et les services (38 % du P.I.B. et 6 000 employés).

Les commerces (1 200 actifs) trouvent place principalement dans l'agglomération de Victoria. Il en va de même pour les services privés (3 200 employés) et la Fonction Publique. La totalité des industries s'intègre aussi au tissu urbain. Les activités menées dans la capitale et ses abords immédiats (Beauvallon, Pointe Larue) entrent à présent pour 85 % dans la constitution du P.I.B. La variété et le nombre des emplois tertiaires font qu'on s'y bouscule : en 1980, plus de 60 % des salariés seychellois y travaillent. Malheureusement, Victoria s'inscrit dans un site contraignant, ne permettant pas l'extension naturelle de l'espace urbanisé.

II.- MISE EN PLACE ET ÉVOLUTION DE L'ESPACE URBAIN ET DE LA POPULATION CITADINE A MAHÉ

Au début du XIXe siècle, Port-Royal, "chef-lieu des Seychelles" ne comptait guère plus d'une centaine de maisonnettes en bois. La prospérité du commerce du coton détermina à cette époque l'assainissement progressif des terrains proches du bord de mer. Dans les années 1850, on construisit une jetée. Le plan d'urbanisation de Victoria fut mis en pratique dans la seconde moitié du XIXe siècle. En 1901, le "bourg" abritait 21 % de la population de Mahé.

A la suite de la ruine brutale de la culture de la vanille, l'exode rural s'amplifia, si bien qu'en 1947, le tiers de la population de l'île de Mahé était déjà stabilisé à Victoria. Puis il y eut une longue période de léthargie : au début des années 1960, Victoria ne représentait toujours que 34 % de la population de l'île. A cette époque là, la ville de Victoria s'étendait en bord de mer depuis les Abattoirs (English River) jusqu'à Zig-Zag (Plaisance). Les premières pentes du Mont Buxton et de Bel Air étaient aussi aménagées. La route menant à la plage de Beauvallon comportait deux rangées ininterrompues de maisons. Il n'y avait à l'époque que deux hôtels sur la plage de Beauvallon, trois autres perdus dans la verdure de glacis. Hors de la plaine de Victoria, l'urbanisation était encore ponctuelle et de type strictement villageois (Anse Etoile, Grand Anse). Les lotissements ruraux qui commençaient à s'implanter le long des routes transversales étaient composés uniquement de petites exploitations agricoles basées sur la polyculture vivrière et d'infimes activités de plantation, (coprah, cannelle). En 1970, à la veille de l'entrée en service de l'aéroport international, la part des urbains dans la population insulaire était même en voie de régression. Victoria ne rassemblait plus que 30 % des habitants de Mahé.

L'ouverture d'un aéroport de grand gabarit à Pointe Larue et la multiplication des activités commerciales et de services liées au tourisme international vont stimuler à nouveau l'exode rural. Dès 1977, l'agglomération de Victoria rassemblait 42 % des habitants de Mahé. En 1985, on plafonne à 43 %. Ceci traduit parfaitement la saturation récente des infrastructures urbaines. Celles-ci n'ont plus rien à voir avec le "bourg" du début du siècle, ni avec la ville de l'entre-deux-guerres. Le "Grand Victoria" qui accueille à présent près de 25 000 habitants pour les six districts de English River, Mont Buxton, St-Louis, Bel Air, Mont Fleuri et Plaisance, comporte le front de mer aménagé en continu depuis la Bastille de la Pointe Conan (au nord de l'agglomération) jusqu'au Rocher de Brillant Point (au sud). Le tissu urbain gagne sans cesse le long des routes : au-delà de l'aéroport, à Pointe Larue et à l'Anse aux Pins, au-delà du col de St-Louis, le long des plages de Bel Ombre et de Beauvallon, mais aussi sur le pourtour de la pointe septentrionale de l'île (Glacis, Machabée, North East Point, De Quincey village). L'espace urbain englobe à présent le tiers nord de Mahé. Bien sûr, tout n'est pas construit ; les fortes pentes rendent de grandes étendues inconstructibles, mais les plaines littorales, dénommées localement "plateaux", proches de Victoria sont maintenant complètement incluses dans le tissu urbain. En altitude, l'agglomération progresse difficilement. Les routes Sans Souci et de la Misère ont un habitat distendu, car la moindre construction de qualité requiert d'importants travaux de terrassement. C'est là toutefois qu'on rencontre les plus belles villas et la population la plus fortunée de l'île.

Les contraintes du site (fortes pentes avec substrat granitique affleurant ou risques de glissements, selon les endroits) ne permettent de constructions à étages qu'en fond de baie, sur l'espace actuellement occupé par le centre du commerce et des affaires. Ceci favorise l'éclatement multidirectionnel de l'espace urbain et en général, une faible densité d'habitations à l'hectare (60 hab/ha en 1977). En définitive, guère plus de 410 ha sur 1 410 ha que compte le "Grand Victoria" font l'objet d'un aménagement au début des années 1980. Dès les années 1970, les équipements industriels quittèrent le centre-ville pour se localiser soit en bordure méridionale de l'agglomération, au lieu-dit le Rocher, sur la route de l'aéroport, soit sur un remblai maritime rendu nécessaire par la création d'un port en eau profonde. Depuis 1985, une nouvelle phase de remblaiement se développe à partir du port vers Brillant Point. On escompte ainsi gagner de 70 à 120 ha sur la mer pour les besoins tant industriels que résidentiels. En 1986, il manquait plus de 1 000 logements pour satisfaire la demande de la population urbaine résidant dans Mahé. L'agglomération de Victoria en comptait alors 4 300, soit une moyenne de 5,6 personnes par logement, ce qui est beaucoup. La progression de la population est particulièrement forte dans les quartiers périphériques de Victoria : à Plaisance par exemple, on passe de 1 789 habitants en 1960, à 2 540 en 1977 et à 5 643 en 1982. De même, au Mont Fleuri, on enregistre 957 habitants en 1960, 2 876 en 1977 et 4 719 en 1982. Enfin, pour l'ensemble Mont Buxton - English River, on passe de 2 034 habitants en 1960, à 3 555 en 1977 et à 5 907 en 1982. Au contraire, St-Louis, quartier central incluant le périmètre des commerces et des services, enregistre une stagnation de sa population, voire même une réduction dans certains secteurs. Corrélativement, on assiste à la dégradation des constructions trop souvent en tôle ondulée ou en bois (43 % du total) : en 1985, 54 % seulement des logements étaient considérés en "bon état".

En s'étirant sans cesse, l'agglomération de Victoria ne facilite pas le développement des réseaux collectifs : les routes restent très étroites ; la

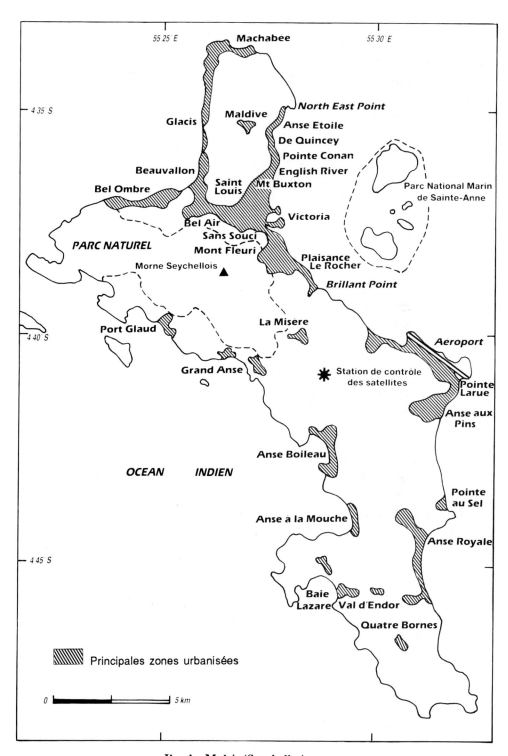

55 25′ E

Machabee

55 30′ E

4 35′ S

North East Point

Glacis

Maldive

Anse Etoile

De Quincey

Pointe Conan

English River

Beauvallon

Bel Ombre

Saint
Louis

Mt Buxton

Parc National Marin
de Sainte-Anne

Bel Air

Victoria

Sans Souci

PARC NATUREL

Mont Fleuri

Morne Seychellois ▲

Plaisance
Le Rocher

Brillant Point

La Misère

4 40′ S

Port Glaud

Grand Anse

Aeroport

✳ Station de contrôle
des satellites

Pointe
Larue

Anse aux
Pins

Anse Boileau

OCEAN   INDIEN

Pointe
au Sel

Anse à la Mouche

Anse Royale

4 45′ S

Baie
Lazare

Val d'Endor

Quatre Bornes

▨ Principales zones urbanisées

0 ▬▬▬▬▬ 5 km

Ile de Mahé (Seychelles)

Petit commerce et maison traditionnelle à Victoria (île de Mahé, Seychelles)
(cliché O. Chapuis)

Habitat populaire dans un quartier périphérique de Victoria (île de Mahé, Seychelles)
(cliché G. Réaud-Thomas)

desserte en électricité et en eau n'est pas toujours effective ; les réseaux d'assainissement sont quasi inexistants. Aux contraintes physiques du site qui empêchent une extension continue de l'espace bâti, se superposent parfois des réflexes de thésaurisation foncière chez les vieilles familles créoles : on ne vend un terrain constructible que lorsqu'un besoin de liquidités ou l'intervention de l'Etat y contraint. De toute façon, les disponibilités en terrains constructibles sans grand frais sont à présent extrêmement limitées dans Victoria, ce qui explique la saturation de l'agglomération.

III.- LES CHOIX A PRENDRE EN MATIÈRE D'AMÉNAGEMENT

A l'époque où l'agriculture constituait le fondement de l'activité économique, chacun vivait à proximité de sa terre de culture. Avec la multiplication des services, il n'y a plus obligatoirement identité entre la résidence et le lieu de travail. Le manque de logements dans l'agglomération de Victoria, le caractère relativement limité des distances à l'intérieur de Mahé, l'attachement au village natal, font que beaucoup de travailleurs effectuent chaque jour plusieurs va-et-vients. Ces mouvements pendulaires provoquent périodiquement la saturation du réseau routier, en particulier en début de matinée et en fin d'après-midi. Pour répondre à ce problème, les pouvoirs publics seychellois se trouvent devant trois possibilités :

- construire des axes de grand gabarit, compte tenu du site, c'est très onéreux. En fait, cela ne se conçoit que par la technique du remblaiement pour l'axe principal Victoria-aéroport de Pointe Larue.

- multiplier les activités artisanales ou de services dans les centres ruraux pour y stabiliser la main-d'oeuvre qui s'est détachée des activités agricoles. De fait, on a tenu compte jusqu'à présent de la qualité des sites naturels pour installer la plupart des hôtels hors de Victoria. Un premier groupe se localise sur la côte nord-ouest à Bel Ombre, Beauvallon et Glacis ; un second groupe plus au sud s'inscrit le long de Grande Anse ; le tout nouveau Val-Mer a choisi le site le plus méridional, à Baie Lazare ; le plus ancien est proche de l'aéroport, à l'Anse aux Pins. Mais ces établissements hôteliers (50 à 200 chambres) exigent des règles strictes d'organisation et un environnement de qualité pour atteindre une bonne rentabilité : de bonnes conditions de ravitaillement, une bonne desserte routière, des pôles d'intérêt variés pour les touristes (artisanat, récif, pêche, promenade). C'est dire si les possibilités d'implantation touristiques ne sont pas infinies. Le gouvernement local en a d'ailleurs conscience, puisqu'il aiguille les nouveaux projets vers Praslin.

En dehors du tourisme, les possibilités de développement d'activités secondaires ou tertiaires sont très réduites. Actuellement, on ne rencontre hors de l'agglomération de Victoria qu'une petite unité de conserves alimentaires, une distillerie pour la cannelle, quelques ateliers artisanaux dont un spécialisé dans les maquettes d'anciennes goëlettes. Les Pouvoirs Publics prévoient bien la création d'un "pôle urbain d'équilibre" dans la moitié méridionale de Mahé à l'Anse Royale, mais le volume local des activités de service ne permet pas d'envisager un grand "délestage" du centre des affaires de Victoria. Tout au plus pourrait-on y développer dans l'immédiat un centre commercial, social (hôpital) et culturel (établissement d'enseignement secondaire et technique).

- la troisième possibilité est donc d'optimiser la zone en cours de remblaiement entre le port et le rocher de Brillant Point, sur la façade méridionale de l'agglomération de Victoria, par la création des 1 000 logements qui font jusqu'à présent défaut.

A ce propos, deux écoles s'affrontent dans les sphères gouvernementales : certains responsables seychellois veulent limiter la zone de remblaiement, car il ne s'agit évidemment pas de terre gratuite. En conséquence, ils souhaitent la création de collectifs verticaux, dont l'assise spatiale serait moindre que celle des lotissements horizontaux. Mais d'autres responsables considèrent que ce type d'habitat va déterminer l'apparition de nouveaux problèmes sociaux puisqu'il n'est pas adapté aux besoins et au comportement de la population locale. Il est exact que cette population a toujours vécu dans de petits pavillons au milieu de jardins. En 1985, l'unique cité sociale établie à Victoria accueillait les policiers de l'agglomération et leurs familles. A Mahé, comme dans toutes les îles tropicales, on vit dehors ; l'adoption de modèles de construction importés des pays à climat froid (bénéficiaires à ce titre d'une tradition de vie à l'intérieur) suscite inévitablement des problèmes sauf si on s'adresse à une couche sociale relativement aisée qui a déjà fréquenté ce type d'habitat lors de séjours d'étude ou de travail dans des pays développés.

De plus en plus, Mahé fait figure "d'île-capitale" des Seychelles, à l'instar de Tahiti en Polynésie française. La résolution du problème posé par l'accroissement constant de Victoria nécessite la définition d'un aménagement global de Mahé. S'il est trop onéreux de multiplier des axes de grand gabarit, à l'exception de la nouvelle route "off shore" menant à l'aéroport, s'il est difficile de multiplier les collectifs verticaux dans Victoria, il ne reste plus que la possibilité de "décentraliser" des activités. D'ores et déjà, c'est le cas de l'hôtellerie. On pourrait envisager aussi l'implantation d'une zone franche pour la réalisation de productions destinées à l'exportation, mais cette possibilité n'est pas extensible à l'infini et l'île Maurice a pris beaucoup d'avance dans cette partie du monde. Le maraîchage pour l'approvisionnement urbain serait peut être une des clés du développement de Mahé, encore faudrait-il que cette activité puisse se réaliser librement faute de quoi elle périclitera très vite, ce qui entraînerait par contre-coup l'augmentation des importations déjà inflationnistes.

En définitive, le faible poids démographique de Mahé ne permet pas de rentabiliser les équipements collectifs rendus nécessaires par la poussée urbaine. Compte tenu d'un cadre naturel très contrasté, celle ci est extrêmement fragmentée mais il faut se dire qu'il s'agit d'un processus irréversible.

DÉBATS

C. HUETZ de LEMPS.- Aux Seychelles, l'attraction de Victoria ne s'exerce pas seulement sur Mahé, mais aussi sur Praslin, depuis que les relations aériennes (un quart d'heure de vol) ont été renforcées. On assiste même à des migrations pendulaires hebdomadaires ou quotidiennes, de gens de Praslin qui travaillent à Victoria. Par ailleurs, en ce qui concerne l'urbanisation, on retrouve le rôle des personnalités : il y a rivalité au sein même du gouvernement seychellois entre partisans de l'urbanisation par lotissements pavillonnaires et ceux qui préfèrent les grands ensembles. Le débat n'est pas seulement économique ou social, il est idéologique.

J. L. BONNIOL.- Il y a quelques mois aux Seychelles, c'étaient les derniers jours où les petits producteurs maraîchers indépendants avaient le droit de vendre leurs produits au marché. Ils allaient être socialisés avec les problèmes soulevés par J.P. DOUMENGE. Parallèlement, l'élevage des porcs allait être soumis à des contraintes précises d'hygiène et d'espace, empêchant ainsi l'élevage porcin familial traditionnel, qui constitue un appoint alimentaire essentiel. On voit donc l'effet du poids de l'idéologie. Par ailleurs, j'ai pu constater aussi l'importance de personnalités dans les îles, comme cet homme qui, à La Digue, malgré l'idéologie et les structures bureaucratiques, a su se constituer un véritable "royaume".

J. P. DOUMENGE.- L'interdiction d'élevage familial du porc aux Seychelles va avoir des conséquences très importantes, car 50 % des familles vivant en ville comme à la campagne en élevaient. En supprimant l'élevage traditionnel des porcs pour des raisons d'hygiène, on va créer à court terme un déséquilibre nutritionnel, car le porc constitue, avec le poisson, l'essentiel des ressources carnées ; les familles n'achèteront pas de porc d'élevage par manque de moyens financiers. De plus, le porc est une "poubelle" utile qui élimine de nombreux déchets. Or, l'unité d'incinération des déchets ainsi que le projet de tout à l'égout qui sont envisagés coûteraient très cher, en fonction du petit nombre d'habitants de l'île de Mahé, et de la topographie mouvementée des zones urbanisées ; pour éliminer les inconvénients dûs au relief, on a même envisagé de créer un centre urbain dans la seule véritable plaine, située au sud de l'aéroport.

Résumé : Mahé constitue l'île principale de l'archipel seychellois (154 km² sur un total de 444 km²). Cette île accueille à elle seule près de 90 % de la population seychelloise (57 000 habitants sur un total de 65 000 en 1985) ; environ 25 000 résident dans les six districts constituant la capitale Victoria. Cette ville, la seule de l'archipel, dispose à l'heure actuelle de faibles réserves foncières pour pouvoir accueillir les ménages et les entrepreneurs qui, de par leurs activités, désirent y séjourner. Or, de plus en plus les services urbains publics ou privés, captent une part importante, d'ores et déjà prédominante, de la population active du pays. Depuis la mise en service en 1971 de l'aéroport international (situé sur la côte orientale de l'île de Mahé), l'afflux des touristes a stimulé la construction et la mise en place des réseaux d'intérêt collectif tant à Mahé que dans les deux îles voisines de Praslin et La Digue. Il a suscité le développement des services, donc du cadre urbain, mais ce faisant il a désorganisé l'agriculture, secteur économique jadis prépondérant. Compte tenu de la saturation du site de Victoria et de l'importance des reliefs montagneux, les infrastructures touristiques majeures se sont développées sur le littoral en marge ou en dehors de l'agglomération de la "capitale". L'espace résidentiel pour sa part a tendance à proliférer de manière linéaire le long des principales routes, près du rivage. Le tiers septentrional de Mahé se trouve ainsi enserré dans une couronne urbanisée. Aussi les pouvoirs publics cherchent-ils à développer un "pôle urbain d'équilibre" au delà de Pointe Larue, à l'Anse aux Pins ou à l'Anse Royale, mais le handicap majeur à surmonter reste la faiblesse numérique de la population résidant à Mahé, qui rend prohibitif le coût des équipements collectifs.

Mots-clés : Zone urbanisée, aménagement du territoire, Seychelles, Mahé.

Summary : *Economic transformations and blocking process in the urban area of the Mahe island (Seychelles).*- Mahé is the main island in the Seychelles archipelago (154 km² out of a total of 444 km²). This island alone contains almost 90 % of the population of the Seychelles (57 000 inhabitants out of a total of 65 000 in 1985) ; of these about 25 000 live in the six districts that make up the capital, Victoria. This town, the only one in the archipelago, currently has only, very small reserves of land to welcome families and entrepreneurs who want to settle there. To a greater and greater extent, the public or private urban services are winning over a significant proportion, which is already predominant, of the active population. Since the international airport was opened in 1971 on the east coast of the island of Mahé the influx of tourists has stimulated construction and the establishment of urban infrastructure on Mahé and also on the two neighbouring islands of Praslin and La Digue. Services, aid-hence the urban environment, have been created, but in doing this, the agricultural sector, which had previously predominated, now became disrupted. Because the site of Victoria had become saturated and the mountain areas were too high, the main tourist infrastructures developed along the coast, on the edges of, or outside the built-up area of the "capital". Residential areas too tend to spread in a linear fashion along the main roads, near the shore. The northern third of Mahé has thus become hemmed in by an urban band. The local authorities are trying to develop an "urban point of balance" beyond Pointe Larue at l'Anse aux Pins or l'Anse Royale, but the major handicap to be overcome still remains the numerically small population of residents in Mahé which make the cost of providing collective facilities prohibitive.

Keywords : Urban area ; National and regional development ; Seychelles ; Mahé.

DE LA PRIMAUTÉ DES PLANTATIONS
A L'ÉCONOMIE DE SERVICES :
L'EXEMPLE DES HAWAII

par Christian HUETZ de LEMPS

Les îles Hawaii sont certainement l'archipel qui, dans le monde tropical, a connu la plus profonde mutation économique accompagnée d'une transformation étonnante des hiérarchies ethnique et sociale en l'espace d'un demi siècle. Jusqu'à la Seconde Guerre mondiale en effet, elles ont été un remarquable exemple non seulement d'économie, mais aussi de société construite par et pour les plantations, ici de canne à sucre et d'ananas. Mais les conséquences de la guerre, puis le resserrement des liens avec le continent américain, aboutissant à l'accession des Hawaii au rang de 50e Etat des Etats-Unis, ont profondément modifié leur paysage économique et social. Le très puissant développement des activités de services, en tête desquelles s'est irrésistiblement imposé le tourisme dans les années 1960, a relégué au second plan les plantations : celles-ci, par de constants efforts sur le plan des techniques de production, s'efforcent de survivre dans un contexte de très haut niveau de salaires qui les rend vulnérables face à la concurrence extérieure et remet constamment en cause leur rentabilité financière. En même temps, la société fortement hiérarchisée, en partie en fonction de critères ethniques, qui était directement associée à la primauté des plantations, s'est désagrégée au profit d'une nouvelle hiérarchie sociale dans laquelle les orientaux, descendants des immigrants venus travailler sur les plantations, ont su conquérir une place de premier plan.

I.- LES HAWAII, COLONIE DE PLANTATIONS DES ÉTATS-UNIS JUSQU'A LA SECONDE GUERRE MONDIALE

Pendant quelque trois quarts de siècle, les Hawaii ont vécu à l'heure des grandes plantations de canne à sucre et d'ananas qui ont dominé totalement l'économie, transformé la composition même de la population, et structuré la société de l'archipel.

A - La mise en place des grandes plantations aux Hawaii

Après la grande période de prospérité apportée par le rôle d'escale pour les baleiniers du monde entier jusque dans les années 1860, la recherche de spéculations agricoles susceptibles de prendre le relais d'une chasse déclinante s'intensifia. Déjà, on avait essayé toutes sortes de cultures, de la pomme de terre au blé, du coton au mûrier pour les vers à soie, du café à la canne à sucre. Cette dernière paraissait la plus riche de promesses, à condition de résoudre trois problèmes essentiels :

- celui de la **terre** ; le système foncier traditionnel conférait au Roi et par délégation aux chefs un droit éminent sur la terre dont la jouissance par d'autres était par définition révocable à tout instant. Cela était incompatible avec le développement de plantations nécessitant des investissements qui exigeaient en contrepartie l'assurance de la durée. Mais le problème foncier fut résolu dans les années 1849-51 lorsque le Roi d'Hawaii, sur les conseils de son entourage de missionnaires protestants notamment, décida de passer à un système fondé sur la propriété privée de la terre. Au cours d'un grand "Mahele" ou grand partage, furent réparties toutes les terres entre le Roi, les chefs et les anciens tenanciers qui devenaient ainsi petits propriétaires des terres qu'ils cultivaient. Naturellement très improvisé faute de cadastre et de personnel qualifié, ce grand partage ouvrait la porte en fait à un formidable transfert des terres aux planteurs et aux sociétés "haoles"[1] qui dura pendant toute la deuxième moitié du XIXe siècle, et même au-delà. C'est alors que se constituèrent les grands patrimoines fonciers caractéristiques encore de la structure actuelle de la propriété ;

- celui de la **main-d'oeuvre**, dans un archipel dont la population indigène était en sensible diminution et paraissait même en voie d'extinction ; ce problème se posait avec d'autant plus d'acuité que très vite les planteurs se rendirent compte que les Hawaiiens n'étaient pas faits pour les travaux harassants et répétitifs de la plantation. Il fallut donc très tôt envisager d'importer de la main-d'oeuvre sous contrat. L'originalité du système dans le cas des Hawaii vient de l'extraordinaire diversité des régions et des groupes ethniques sollicités. C'est que l'immigration dans l'archipel ne répondait pas en fait au seul but de fournir aux planteurs les travailleurs les moins coûteux et les plus dociles possibles. Il s'agissait aussi aux yeux de la monarchie indigène de faire venir des gens de groupes ethniques apparentés sur le plan racial et de ce fait susceptibles de revitaliser la souche hawaiienne en déclin ; enfin, aux yeux de ceux qui voyaient au loin se profiler pour les îles un avenir associé aux Etats-Unis, il était nécessaire d'amener des immigrants qui à terme pourraient

---

1. Haole : terme indigène signifiant "étranger" et désignant en fait les blancs, plus particulièrement les anglo-saxons.

être assimilés dans le creuset américain. C'est pourquoi se succédèrent et se superposèrent les apports de Chinois, de Japonais, de Coréens, de Philippins mais aussi d'Océaniens, de Portugais, d'Espagnols, d'Allemands, de Russes, de Porto Ricains, et même des Norvégiens, non compris bien sûr l'immigration libre de cadres et de travailleurs indépendants, souvent d'origine anglo-saxonne ;

- mais le problème qui conditionnait tout développement important des plantations, était celui des **débouchés**. Il ne fut résolu, après de nombreuses et difficiles négociations, qu'en 1876 avec la signature d'un Traité de Réciprocité entre le royaume hawaiien et les Etats-Unis. Cela signifiait qu'en échange du droit d'exporter librement un certain nombre de marchandises vers les Hawaii, les Etats-Unis, c'est-à-dire essentiellement la Californie, ouvraient toute grande la porte à quelques productions de l'archipel dont le sucre brut. C'est à partir de 1876 que se multiplièrent les plantations, grâce notamment à un afflux sans précédent de capitaux du continent. Même si elle n'a pas été directement fomentée par les planteurs, la révolution de 1893 qui renversa la monarchie indigène au profit d'une république "haole" ne fit qu'accentuer le rôle prépondérant des promoteurs de l'industrie sucrière. L'annexion par les Etats-Unis en 1898 devait donner au nouveau territoire l'accès libre et définitif au marché américain.

Dès lors, les plantations se multiplièrent, et la production de sucre brut, qui en 1900 ne dépassait pas 262 616 tonnes, franchit pour la première fois lors de la campagne 1930-1931 la barre du million de tonnes courtes. En même temps, dans les années 1900 apparaissaient les premières plantations d'ananas pour la fabrication de conserves de fruits, ce qui devait rapidement devenir un quasi-monopole mondial des Hawaii et le second pilier de l'économie de l'archipel. Dès lors, les Hawaii, territoire des Etats-Unis, purent apparaître comme une prospère colonie vivant des plantations de canne à sucre et d'ananas.

B - L'intégration économique : le système des "agences" et les "Big Five"

La réussite de l'économie de plantation aux Hawaii vient pour une large part de la mise en place d'une structure particulière dans laquelle les phénomènes de concurrence et de rivalités internes étaient largement subordonnés aux nécessités, pour l'ensemble des sociétés hawaiiennes, de s'affirmer face au monde extérieur. Contrairement à bon nombre de zones de plantations de type périphérique administrées depuis des centres souvent lointains, le système des plantations aux Hawaii s'est très tôt organisé de façon autocentrée avec un certain nombre de grandes compagnies locales ou "agences" contrôlant, au-delà des plantations, l'ensemble de l'économie de l'archipel.

C'est dès le troisième quart du XIXe siècle que commencèrent à apparaître les premiers éléments d'une organisation de l'industrie sucrière fondée sur des rapports étroits entre les plantations et des firmes commerciales d'Honolulu agissant comme représentantes et intermédiaires vis-à-vis du monde extérieur. La place prise par le négoce d'Honolulu dans ce qui apparaissait de plus en plus comme l'activité économique fondamentale de tout l'archipel s'explique aisément : les plantations elles-mêmes se dispersaient dans les différentes îles, tandis que pratiquement toutes les activités commerciales, en particulier les relations trans-Pacifique, étaient concentrées autour du port d'Honolulu. Pour créer une plantation, il fallait déjà un matériel considérable, que l'on ne pouvait se procurer que dans la capitale, soit grâce à la petite firme métallurgique locale Honolulu Iron Works, soit surtout par l'intermédiaire des firmes qui avaient noué depuis le temps des baleiniers des liens avec les Etats-Unis et l'Europe et se trouvaient à même d'assurer les commandes indispensables. Par la suite, le planteur avait constamment besoin de nouvelles machines, de multiples objets, outils et denrées, et il devait en sens inverse expédier son sucre. Or dans la plupart des cas, les mouillages utilisables par les plantations à la fin du XIXe siècle n'étaient accessibles qu'aux petits bateaux de la navigation côtière inter-îles, et non aux gros navires traversant les 3 800 kilomètres d'océan séparant l'archipel de San Francisco. Il fallait donc expédier le sucre d'abord vers Honolulu, plus rarement vers un autre véritable port comme Hilo, et de là l'embarquer pour la Californie où se trouvait l'essentiel des acheteurs. Pour le planteur plus ou moins isolé, presque totalement accaparé par les problèmes souvent difficiles de la mise en route et de la marche de son exploitation, Honolulu constituait ainsi la porte ouverte sur le monde extérieur, et l'on comprend qu'il ait volontiers pris l'habitude de s'en remettre au négoce d'Honolulu pour tout un ensemble d'opérations commerciales qu'il n'aurait guère pu assumer sans l'aide de celui-ci.

Dès le départ cependant, le rôle des agences fut beaucoup plus large qu'une simple fourniture de services commerciaux moyennant une honnête commission. Elles tinrent en effet une place considérable dans le financement de nombreuses entreprises sucrières. La création des plantations entraîna fort souvent des investissements très supérieurs à ce qui avait été prévu initialement. De plus, la nécessité de s'agrandir et de moderniser pour survivre, les fluctuations du revenu des récoltes liées aux conditions climatiques plus ou moins favorables et aux variations des prix, tout ceci plaçait, à un moment ou à un autre, les diverses plantations dans des situations telles qu'une nouvelle injection de capitaux était la condition même de leur existence. Tout naturellement alors, c'est vers la firme avec laquelle il avait des relations commerciales déjà étroites, que se tournait le planteur. Or il se trouvait que les négociants d'Honolulu disposaient de capitaux importants, libérés par le déclin rapide des échanges avec les baleiniers. Même lorsqu'ils n'avaient pas de capitaux, ils avaient des possibilités d'emprunt et de ventes d'actions sur place, aux Etats-Unis ou ailleurs, qui faisaient évidemment défaut aux plantations isolées.

Ainsi, on peut considérer que c'est de façon assez normale que se sont établis ces liens privilégiés entre les plantations et un certain nombre de firmes commerciales les représentant à Honolulu et vis-à-vis du monde extérieur. C'était, dans bien des cas, d'autant plus naturel d'ailleurs qu'avant les liens commerciaux existaient déjà des liens humains entre les différents participants. N'oublions pas en effet que la communauté "haole" de l'archipel était finalement très petite -2 500 personnes en 1878- et que donc ses différents membres se connaissaient souvent bien pour s'être cotoyés à Honolulu, au collège de Punahou par exemple ou dans les différentes occupations exercées avant l'aventure de la création d'une plantation. Cette importance des rapports humains est particulièrement évidente dans le cas des gens issus du fonds commun de la mission protestante : rappelons en effet que les Hawaii avaient été évangélisées à partir de 1820 par des missionnaires puritains venus de Nouvelle Angleterre qui constituèrent peu à peu, par des apports successifs et du fait de leur installation en familles constituées, le noyau le plus stable du peuplement blanc. C'est ainsi que la firme Castle & Cooke n'était en fait que le prolongement sur le plan civil, après 1851, de l'association de deux membres du 8e groupe de missionnaires arrivés de Boston en 1837, Samuel N. Castle et Amos S. Cooke, chargés en commun par le Board of Commissioners for Foreign Missions de Nouvelle Angleterre d'organiser sur place la répartition des marchandises destinées aux missionnaires. Il est évident que les deux hommes, qui avaient reçu l'autorisation de tenter leur chance comme commerçants à condition de continuer à prêcher et à s'occuper des intérêts des missionnaires, ne pouvaient que s'intéresser au démarrage d'une plantation comme celle de Kohala (NW d'Hawaii) dont le promoteur était le Révérend Elias Bond (1862). Castle & Cooke devint donc l'agent de la plantation, mais souscrivit aussi un certain nombre des 40 actions de 1 000 $, et S.N. Castle prit lui-même le poste de trésorier de la plantation qu'il garda 31 ans. On retrouve de même Castle & Cooke aux côtés du Révérend R. Amstrong lorsque celui-ci créa la plantation de Haiku (Maui) en 1858, et un peu plus tard la société d'Honolulu était là aussi pour épauler les fils de missionnaires S.T. Alexander et H.P. Baldwin lorsque ceux-ci lancèrent la plantation de Paia (centre nord de Maui).

Le système des "agences" était déjà largement développé en 1879, date à laquelle 9 firmes assuraient le service des 60 plantations existant alors. La plus importante agence était alors la firme allemande H. Hackfeld & Co. (19 plantations), suivie de J.H. Davies (9), W.G. Irwin & Co. (9), C. Brewer & Co. (8), Castle & Cooke (5), etc... L'une de ces agences, W.G. Irwin, prit une importance particulière en s'associant aux entreprises hawaiiennes du "Roi du Sucre" de l'Ouest américain, Claus Spreckels. En 1891, Irwin commercialisait

50 000 des 137 000 tonnes de sucre vendues par les Hawaii, investissait massivement dans les plantations, agissait comme agent pour le Bureau de l'Immigration pour le recrutement de travailleurs japonais, et s'intéressait de près au transport maritime entre l'archipel et le continent. En s'appuyant sur Irwin, Spreckels fut le premier à réaliser dans l'industrie sucrière hawaiienne une véritable intégration verticale, contrôlant le sucre de la production à la consommation, puisqu'il possédait à la fois les plantations, les embarcadères et les docks à Kahului (Maui), les navires et la raffinerie installée à San Francisco. Cela lui permettait de livrer son sucre à 2 cents la livre de moins que ses concurrents. La leçon d'efficacité donnée par cette forme d'organisation ne devait certes pas être perdue par les autres agents concurrents de Spreckels et Irwin.

Au moment de l'annexion des Hawaii par les Etats-Unis (1898), si les agences avaient déjà assez largement développé leur influence sur les plantations, elles n'en restaient pas moins elles-mêmes assez nombreuses et hétérogènes.Peu à peu cependant, d'importantes concentrations s'opérèrent. C'est ainsi qu'Irwin & Co, mise en difficulté par le retrait partiel de Spreckels des Hawaii, finit en 1910 par fusionner avec C. Brewer & Co. Quelques années plus tard, l'entrée en guerre des Etats-Unis contre l'Allemagne entraîna (1917) la confiscation des intérêts allemands, en particulier d'Hackfeld & Co dont les avoirs furent rachetés par une société American Factors Inc. créée à cette fin par un certain nombre des grands noms de l'oligarchie sucrière locale, Cooke, Wilcox, Atherton, etc... La crise de 1930 accéléra le mouvement, et à la veille de la Seconde Guerre mondiale, les cinq agences essentielles, les "Big Five", représentaient pratiquement toutes les plantations, tout en n'en possédant en général, il est vrai, qu'une part minoritaire ou faiblement majoritaire. En 1946 encore, American Factors possédait ainsi 52,5 % du capital de la plantation de Lihue (Kauai), 32,1 % de celle de Kekaha (Kauai), 25,9 % de Pioneer Mill (Maui), 19,1 % de l'Olaa Sugar Co et 15,3 % de l'Oahu Sugar Co. Le reste du capital se répartissait entre investisseurs locaux et continentaux et chaque société de plantation fonctionnait comme une entité indépendante, publiant chaque année un rapport d'activité détaillé (source d'information fondamentale !), même si le "Board of Directors" comprenait le plus souvent à sa tête un ou plusieurs membres de l'administration de celui des "Big Five" auquel chacune se trouvait rattachée.

Les agences avaient été les premières aussi à comprendre que l'efficacité exigeait une certaine coopération entre les planteurs. Ceux-ci étaient souvent de farouches individualistes, adeptes de la libre entreprise à l'état pur, même si à l'occasion ils s'entraidaient localement, d'où l'échec d'une première tentative, la Planter's Society en 1864. C'est en 1882, alors que planait sur les plantations hawaiiennes la menace mortelle d'une non-reconduction du Traité de Réciprocité signé pour 7 ans et attaqué sur le continent par divers groupes de pression, que les agences réunirent à Honolulu une assemblée générale des planteurs et des agences pour établir un front commun et organiser une Planter's Labor and Supply Co permettant l'échange d'informations techniques, économiques et sociales par le biais de la publication d'un périodique, le *Planter's Monthly*. Cette structure prit sa forme définitive en 1895 sous le nom de Hawaiian Sugar Planter's Association (H.S.P.A.). Son financement était assuré par un prélèvement sur les ventes de sucre des plantations membres (en 1935, 37 sur 39, pour 98 % de la production). Aux objectifs précédents -développement de l'industrie sucrière et plus généralement de l'agriculture dans l'archipel, garantie d'un approvisionnement en main-d'oeuvre suffisant- s'ajouta à partir de 1895 l'entretien d'une station expérimentale disposant d'un laboratoire et de vastes champs d'expérimentation dans la banlieue orientale d'Honolulu, à Makiki (1896). Cette station[2] a joué un rôle capital dans l'évolution technique des plantations hawaiiennes, de la création de nouvelles variétés de canne à la mise au point de machines et de matériel toujours plus efficaces, de l'étude des sols à la lutte contre parasites et maladies. Les résultats de ses activités, publiés dans la revue trimestrielle *Hawaiian Planters Records*, témoignent de l'importance et de la variété de ses recherches qui ont placé les producteurs hawaiiens à la pointe du progrès dans le monde pour tout ce qui est technique sucrière.

Un autre domaine dans lequel agences et planteurs sentirent bientôt les nécessités d'une coopération à l'échelle de l'archipel, est celui du raffinage du sucre brut. A quoi servait en effet de faire des progrès constants dans les techniques de production si l'on était toujours obligé de passer sous les fourches caudines des raffineurs ? Dans le cas des Hawaii, le raffinage était le fait du Roi du Sucre en Californie, Claus Spreckels qui avait un quasi-monopole dans l'ouest et fixait souverainement les prix d'achat aux planteurs hawaiiens. Tous les efforts de ceux-ci furent vains -envoi du sucre vers le NE des Etats-Unis via le Cap Horn, tentatives pour favoriser de petits raffineurs indépendants- jusqu'à ce qu'une union des grandes sociétés hawaiiennes permette la création en 1906 de la California and Hawaiian Sugar Refining Co avec la mise en route, dès 1907, d'une raffinerie à Crockett, dans la baie de San Francisco. En 1935, 29 plantations sur 35 avaient une participation dans la C&H qui, avec une capacité de 750 000 tonnes était alors la plus grosse raffinerie de sucre de canne du monde.

La création de la raffinerie coopérative de Crockett marquait une étape essentielle dans l'intégration verticale de l'industrie sucrière hawaiienne. Restait encore à s'affranchir de la servitude que représentait un contrôle extérieur des transports maritimes entre Hawaii et la côte californienne. Là encore, agences et planteurs se heurtèrent à Spreckels qui avait pris en mains

---

2. Transférée à Aiea à l'ouest de l'agglomération d'Honolulu dans les années 1970 pour libérer les terrains de Makiki localisés aujourd'hui en plein coeur de la ville.

dans les années 1880 ce secteur d'activité jusque-là bien déficient. Et puisque les tentatives en ordre dispersé échouèrent plus ou moins, c'est en unissant leurs forces que les agences parvinrent à résoudre le problème en investissant massivement dans la petite compagnie Matson dont elles firent une puissante société disposant en 1935 de 50 cargos et paquebots et jouissant d'un monopole quasi absolu des liaisons entre le continent et les Hawaii. C'était là un autre point capital en faveur de l'industrie sucrière hawaiienne qui pouvait ainsi bénéficier de bas tarifs pour ses transports vers Crockett, quitte pour Matson à augmenter un peu les tarifs pour les autres marchandises. C'était aussi un aspect important de la puissance des "Big Five" qui contrôlaient suffisamment Matson pour qu'aucune action contraire à leurs intérêts n'en fut à craindre[3].

Les agences d'ailleurs avaient la haute main aux Hawaii sur bien d'autres activités, de la production d'électricité au commerce de gros, des liaisons par barges entre les îles aux plus grandes banques locales, de la construction aux grands magasins ("Liberty House"). En fait, toute l'économie des Hawaii était plus ou moins sous l'autorité du secteur sucrier représenté par les agences.

Mais l'extraordinaire cohésion du système hawaiien ne se comprendrait pas si l'on raisonnait en termes purement économiques. A la remarquable intégration verticale réalisée dans le secteur sucrier, à la mise en place d'un système de coopération horizontale entre les producteurs hawaiiens face au monde extérieur, il faut ajouter la très profonde solidarité existant sur le plan humain entre les éléments moteurs du monde des affaires de l'archipel. Nous ne referons pas ici l'histoire de ce groupe que l'on a appelé parfois "l'oligarchie haole" qui a contrôlé pratiquement toute la vie économique et sociale de l'archipel pendant trois quarts de siècle, jusqu'aux lendemains de la Seconde Guerre mondiale. Cette histoire n'est rien d'autre en effet que l'histoire des Hawaii dans toute cette période, tellement le sort des îles était intimement lié à la prospérité de ce petit groupe. Issue de la descendance des missionnaires protestants d'une part, et des aventuriers, planteurs, marins ou marchands établis tout au long du XIXe siècle d'autre part, cette oligarchie s'est peu à peu définie et individualisée à partir du moment où le sucre est devenu roi. Dans toute la période comprise entre l'annexion et, disons 1950, les quelques dizaines de familles constituant cette "oligarchie" ont dirigé et possédé au moins en partie, les Big Five sucriers et bon nombre des autres sociétés, banques, etc..., ont disposé d'une grande partie de la terre, ont gouverné par l'intermédiaire du parti républicain, ont défini enfin le climat social et culturel et la hiérarchie des êtres et des races. Mais ce qui nous intéresse ici, c'est que par le biais des liens familiaux et amicaux unissant ces grandes lignées, s'est réalisée dans le domaine économique, ce qu'on pourrait appeler une intégration

---

3. En 1946 encore, 4 des Big Five étaient actionnaires de la Matson Navigation Co, Alexander & Baldwin détenant 16,8 % du capital, Castle & Cooke, "agent" de Matson en plus, 12,6 %, C. Brewer & Co 9,4 %, et American Factors 1,4 % soit 40,2 % au total.

horizontale de fait, les éléments de solidarité face au monde extérieur l'emportant presque toujours sur les rivalités et les concurrences. Rien d'étonnant d'ailleurs, puisque les mêmes familles, voire les mêmes hommes se retrouvaient dans les conseils d'administration des différentes firmes, même celles pouvant en théorie être considérées comme concurrentes. Sur les 40 sociétés côtées à la Bourse d'Honolulu en 1928, 38 comptaient au moins un des membres de cette aristocratie "kamaaina"[4] dans leur conseil d'administration ; 5 familles étaient représentées chacune dans 10 conseils et une autre, la famille Cooke, dans 18. En 1935 par exemple, la grande lignée Cooke était représentée par :

- Frank C. Atherton, fils de Juliette M. Cooke, Président de Castle & Cooke, de Home Insurance Co, Vice-président de American Factors, de Hawaiian Trust Co, de Territorial Hotel Co, membre du Conseil d'Administration de Hawaiian Pineapple Co, de Inter Island Steamship Co et de la Banque d'Hawaii ;

- Richard A. Cooke, cousin du précédent, Président du C.A de C. Brewer & Co, co-président de Hawaiian Electric Co, membre du conseil d'Administration de 6 autres sociétés importantes ;

- Clarence H. Cooke, frère du précédent, Président de la Banque d'Hawaii, vice président de Hawaiian Electric Co ;

- T. A. Cooke, frère du précédent : Vice-président de la Banque d'Hawaii.

On retrouverait la même imbrication des postes de direction chez les Dillingham, les Baldwin, les Waterhouse (d'ailleurs eux-mêmes apparentés par mariage aux Baldwin et aux Alexander), etc... Le petit nombre des hommes se retrouvant aux différents postes de direction, se connaissant bien, fréquentant les mêmes clubs à Honolulu, explique la remarquable cohésion du système hawaiien.

La domination de l'économie de plantation aux Hawaii s'est organisée d'abord autour de la production sucrière. Elle n'a fait que se renforcer avec le développement plus tardif -à partir des premières années du XXe siècle- des plantations d'ananas. Certes, celles-ci ont été, en partie du moins, le résultat d'initiatives extérieures à l'archipel avec l'implantation de grandes firmes de conserves alimentaires du continent, comme Libby, Mc Neill & Libby (1909), California Packing Corporation (1917), puis Del Monte. Cependant, les intérêts locaux ont toujours occupé une place importante, non seulement dans la période pionnière mais aussi par la suite avec le développement de l'Hawaiian Pineapple Co de "Jim" Dole, qui lui aussi avait des attaches avec le monde des missionnaires puritains. Hawaiian Pineapple Co prit très tôt d'ailleurs Castle & Cooke comme agent, et dans les périodes de difficultés,

---

4. Kamaaina : terme hawaiien désignant les gens anciennement installés dans l'archipel, par opposition aux blancs "malihini", nouveaux venus.

celle-ci ne ménagea pas son concours à Dole en échange d'une participation de plus en plus importante au capital de sa société. Très tôt, les planteurs d'ananas comprirent la leçon donnée par l'industrie sucrière, et commencèrent à s'organiser en une Pineapple Growers Association, épaulée sur le plan technique par un Pineapple Research Institute comprenant un laboratoire installé en liaison et à la limite du campus universitaire de Manoa, et des champs expérimentaux à Wahiawa, sur le plateau du centre ouest d'Oahu. Le PRI est à la base d'un certain nombre d'améliorations dans les techniques de la culture d'ananas, qui se sont diffusées dans le monde entier.

Ainsi à la veille de la Seconde Guerre mondiale, les Hawaii pouvaient apparaître comme des exemples remarquables d'une économie prospère fondée essentiellement sur les plus puissants et les plus modernes ensembles de plantations du monde du Pacifique. Fournissant 10 % de la consommation américaine de sucre, 90 % de la consommation mondiale de conserves d'ananas, les Hawaii disposaient d'une base économique remarquable fondée largement sur une structure sociale caractéristique et originale.

C - Une société fortement hiérarchisée

Presque par définition, les plantations ont engendré une société dont la structure reflétait largement la hiérarchie des emplois, mais se référait aussi à une hiérarchie fondée sur une différenciation ethnique. Nous ne reviendrons pas ici en détail sur la mise en place de cette société[5]. Rappelons simplement que sur les plantations même, dans les années 1880-1920, les critères raciaux intervenaient indiscutablement dans les perspectives de promotion à l'intérieur de la hiérarchie des emplois comme dans la grille des rémunérations. Mis à part les postes de manager et d'assistant manager, réservés par définition à des "haoles", généralement anglo-saxons, les emplois d'ouvriers qualifiés et de maîtrise revenaient beaucoup plus facilement à des Blancs (Anglo-saxons, Allemands, Portugais, etc) ou à des Hawaiiens qu'à des Asiatiques. De même, à qualification égale, les salaires des Blancs et des Hawaiiens étaient sensiblement plus élevés que ceux des Orientaux. En 1905 par exemple, le salaire moyen par jour d'un charpentier titulaire sur les plantations sucrières était de 4 $ pour un Américain, 3,02 $ pour un Allemand, 2,41 $ pour un Portugais, 2,11 $ pour un métis blanc hawaiien, 1,60 $ pour un Hawaiien, 1,49 $ pour un Chinois et 1,37 $ pour un Japonais. La différence était donc considérable, même si peut-être certains handicaps comme celui de la langue par exemple pouvaient réduire un peu l'efficacité d'emploi des Orientaux et expliquer un certain décalage dans les rémunérations.

5. Voir : *naissance et développement d'une société multiraciale : les îles Hawaii*.- Bordeaux, à paraître 1987.

Cette hiérarchie quasiment institutionnalisée à l'intérieur de la plantation se retrouvait dans les clichés prévalant dans la société hawaiienne prise dans son ensemble, pour des raisons d'ailleurs qui n'étaient pas économiques mais tournaient autour de la notion de la capacité d'intégration dans la société américaine[6]. Il n'y a jamais eu aux Hawaii cependant de disposition discriminatoire fondée sur des critères ethniques et les phénomènes de tensions entre races, même s'ils n'étaient pas absents, sont restés limités. En particulier, "l'oligarchie haole" a toujours manifesté une bienveillance quelque peu paternaliste (sans vouloir donner à ce terme la moindre nuance péjorative) vis-à-vis des indigènes hawaiiens comme des blancs latins, et a toujours souligné non sans raison que les orientaux installés aux Hawaii avaient eu des possibilités d'accéder à un bien-être sans commune mesure avec ce qu'ils auraient pu espérer dans leur pays d'origine. Finalement, c'est au niveau des relations petits Blancs-Orientaux ou plus encore Hawaiiens-Orientaux que se situaient les difficultés, compte non tenu bien sûr des problèmes nés de certaines formes de délinquance spécifique dans des groupes comme les Hawaiiens, les Porto Ricains ou les Philippins.

Cette société fortement hiérarchisée, très caractéristique des régions de plantations dans de nombreuses parties du monde, mais rendue ici particulièrement complexe du fait de la diversité des groupes ethniques en présence, n'est cependant pas restée figée jusqu'à la Seconde Guerre mondiale. Alors même que dans les années 1930, les plantations restaient les fondements de l'économie de l'archipel, certains aspects de la société qui en était issue commençaient à évoluer sensiblement. D'abord, une part croissante de la population, abandonnant les activités et les espaces ruraux, se concentrait dans les villes, c'est-à-dire pour l'essentiel dans l'agglomération d'Honolulu. De 39 306 habitants en 1900, la ville d'Honolulu était passée à 179 358 en 1940, soit 42,4 % de la population totale (contre 25,5 % 40 ans plus tôt). En considérant l'ensemble des villes de l'archipel, la population urbaine représentait à la veille de la Seconde Guerre mondiale 62,5 % du total. Or la ville ne peut que partiellement reproduire les hiérarchies du monde des plantations, et offre aux différents groupes ethniques d'autres possibilités de promotion économique et sociale.

Les Orientaux avaient d'ailleurs largement commencé à profiter de ces ouvertures dans le système social avant la Seconde Guerre mondiale. Quittant massivement l'univers des plantations, les Chinois avaient d'abord recréé leur espace traditionnel en se lançant dans une riziculture collective et commerciale, donc en fait très différente de leur système villageois initial. Ensuite ils ont monopolisé le petit commerce, en milieu rural comme en ville. Les Japonais ont pris aussi cette orientation commerçante, repoussant peu à peu les Chinois vers

---

6. Voir à ce propos l'excellent ouvrage de FUCHS, L.H.- *Hawaii Pono, a social history.* - New York.1961.

la ville et vers des formes de commerce et d'"affaires" plus sophistiquées. La lézarde dans l'édifice social qui à terme devait se révéler la plus riche de conséquences se situait à un autre niveau, celui de l'éducation. Les planteurs aux Hawaii étaient très conscients du fait que laisser les enfants d'immigrés orientaux s'engager dans des cycles scolaires longs, c'était les perdre définitivement pour les plantations et plus généralement pour tout ce qui est activité manuelle. Nombreux sont les textes émanant par exemple de managers de plantations dénonçant les risques d'inadéquation entre la formation scolaire et les emplois qui seraient effectivement disponibles dans les îles. Mais si la question a été posée ainsi à plusieurs reprises, les plus hautes autorités sociales de l'archipel, c'est-à-dire l'"oligarchie haole", ont toujours répondu dans le sens de l'ouverture la plus large du système éducatif. Chinois et Japonais notamment ont pleinement profité des chances que leur offrait la mise en place d'une infrastructure scolaire de type américain, et au prix de sacrifices familiaux souvent importants, ont poussé au maximum au moins une partie de leurs enfants, les garçons surtout ; en retour, ceux-ci ont manifesté un acharnement au travail qui explique leur réussite.

Certes, tout ceci ne s'est pas fait sans quelques frictions, "petits Blancs" ou Hawaiiens dénonçant l'abaissement du niveau scolaire dû à l'irruption massive de ces enfants d'immigrés orientaux. On mit même en place un second système scolaire (English Standard Language Schools) réservé aux enfants pouvant témoigner au départ d'une bonne connaissance de l'anglais. Mais les problèmes n'atteignirent jamais un niveau critique tant était grande la volonté des enfants orientaux de s'intégrer et d'acquérir par leur travail ce qu'ils n'avaient pas au départ dans le milieu familial. C'est pourquoi rapidement bon nombre de Chinois ou de Japonais purent entrer... dans les English Standard Language Schools.

Cette détermination des orientaux à assurer un maximum d'éducation à leurs enfants, caractéristique notamment de l'entre-deux-guerres, allait leur permettre de profiter pleinement des nouvelles chances qui s'offrirent à eux après la Seconde Guerre mondiale. Inversement le retard éducatif des Philippins -normal puisqu'ils étaient les plus récemment arrivés- mais aussi des Hawaiiens, voire parfois des Portugais qui n'ont pas attaché au succès scolaire le même prix que les Chinois ou les Japonais, explique leurs difficultés d'ascension sociale, voire la dégradation de leur situation face à une concurrence asiatique de plus en plus intense.

Ainsi, à la veille de la Seconde Guerre mondiale, les Hawaii restaient encore pour une large part sur le plan économique des îles à sucre et à ananas. Administrées en théorie depuis Washington en tant que Territoire des Etats-Unis, elles étaient en fait gérées par un puissant groupe local de vieilles familles qui contrôlaient aussi toute la vie politique par le biais du parti républicain. Mais l'édifice économique et social n'était certainement plus aussi solide en 1940 qu'il l'avait été au début du siècle, et la guerre allait accélérer considérablement une évolution qui s'amorçait déjà très nettement dans les décennies précédentes.

II.- LES RUPTURES : SECONDE GUERRE MONDIALE ET INTÉGRATION AUX ÉTATS-UNIS (1959)

En moins de vingt ans, plusieurs faits majeurs devaient transformer profondément la situation politique, économique et sociale de l'archipel, et faire disparaître pour une large part les structures caractéristiques de l'époque "coloniale".

A - La Seconde Guerre mondiale

Le 7 décembre 1941, grande date de l'histoire mondiale, marque aussi un tournant décisif pour l'archipel où se trouve Pearl Harbor. D'aimable annexe tropicale, voire de grande base navale un peu exotique, les Hawaii sont devenues le point nodal de tout l'effort américain contre le Japon, le point de passage obligé des hommes et des navires, la base logistique fondamentale de la reconquête. Alors qu'on comptait en moyenne 28 000 militaires dans l'archipel en 1940, on dépassait les 200 000 en 1943 pour atteindre 378 000 en 1944 et encore 300 000 en 1945. Il s'y ajoutait des dizaines de milliers d'ouvriers mobilisés sur le continent et amenés pour travailler dans le gigantesque complexe militaire d'Oahu. Au total, le passage au cours du conflit de plus de 2 millions d'hommes engagés dans la guerre eut des conséquences importantes, économiques bien sûr mais aussi sociales, raciales, voire morales et religieuses. Une foule d'idées, d'attitudes neuves pour les gens des Hawaii furent ainsi entrevues et marquèrent profondément les mentalités, en particulier à Oahu. Parmi les répercussions majeures, mentionnons, sans prétendre établir une hiérarchie d'importance entre des phénomènes de nature différente :

- Un afflux de dollars qui a certainement été très considérable, même s'il est difficile à calculer, et qui a profité à des catégories sociales très variées. Les plantations n'ont certes pas été pénalisées dans la mesure où le sucre et même l'ananas ont été classés denrées vitales pour l'effort de guerre (pour le moral des troupes dans le cas de l'ananas !), bénéficiant ainsi d'avantages comme le gel sur place de leur main-d'oeuvre qui sans cela aurait été irrésistiblement attirée par l'emploi dans les arsenaux, et comme la garantie d'achat de leur production. C'est cependant à Honolulu, dans les emplois paramilitaires, dans le commerce et dans les services de tous types travaillant pour les militaires que se déversèrent les sommes les plus considérables, permettant la constitution de "magots" qui seraient disponibles pour s'investir aussi bien dans l'immobilier que dans d'autres activités plus productrices lorsque la manne militaire se réduirait brutalement à la fin de la guerre : il n'y avait plus que 68 000 soldats, marins et aviateurs en moyenne en 1946, 34 000 en 1947 et seulement 21 000 en 1950. Dans toutes les activités gravitant autour de la guerre, les Orientaux surent remarquablement montrer leur sérieux, leur efficacité, en un mot leur fiabilité, et en tirèrent les bénéfices, qu'il s'agisse des Chinois, des Coréens, et même des Japonais.

- Les Japonais, malgré une situation morale un peu difficile au tout début du conflit, n'ont pas été éliminés de la scène hawaiienne comme l'ont été leurs compatriotes de Californie, internés dans des camps pendant la durée du conflit. Il n'y eut guère que quelques centaines de bonzes ou d'anciens officiers impériaux qui furent temporairement internés sur le continent, peut-être parce que le nombre même des Japonais aux Hawaii (37,3 % de la population de l'archipel en 1940) rendait une mesure d'enfermement difficilement applicable. Passés les premiers mois même, nombre de fils et de petits fils d'immigrants japonais, nés aux Hawaii, manifestèrent le désir de servir les Etats-Unis et l'armée commença à les enrôler dès juin 1942. Ils constituèrent le 100e Bataillon d'infanterie, puis le 442e Régiment de Combat, deux des unités les plus décorées de l'armée américaine, qui s'illustrèrent en Italie et en France. Les soldats d'ascendance japonaise représentèrent 50 % de ceux qui furent enrôlés pendant la guerre dans l'archipel, et fournirent 80 % des morts et 88 % des blessés, car ils se battirent avec un héroïsme et un mépris de la mort... typiquement japonais ! Ceci est capital, car la communauté d'origine nippone se trouva ainsi libérée de tout sentiment de culpabilité et acquit, avec la démobilisation, toute une élite de gens qui avaient beaucoup vu, comparé et réfléchi pendant ces années de contact avec les Américains du continent. Les plus fortes personnalités politiques, sociales et économiques du groupe japonais jusqu'à une date récente ont été fournies en grande partie par ces anciens combattants de la Seconde Guerre mondiale.

- Sur le plan ethnique, la guerre fut une période d'importants brassages, et même dans les groupes les plus solidement structurés et les plus endogames comme les Japonais, se multiplièrent unions libres et même mariages avec notamment des Blancs du continent. Certes, nombre de ces unions ne survécurent pas à la guerre, mais la perception du phénomène des mariages interraciaux en fut profondément modifiée, facilitant l'évolution vers une société multiraciale plus largement ouverte et donc plus à même de se situer dans une économie dominée par les activités de services.

- Enfin, le contact entre ouvriers et soldats du continent et la main-d'oeuvre locale mit en évidence, aux yeux de celle-ci, l'archaïsme des rapports entre les sociétés de plantations et les ouvriers agricoles. Dès la levée de la loi martiale en 1944 (et même pendant celle-ci) commencèrent donc à se structurer des syndicats sur les plantations, très différents des organisations à base ethnique de l'avant-guerre car, dès le départ, ils s'affirmèrent comme multi-raciaux. Dès le 9 septembre 1946, unis sous la bannière du syndicat des dockers ILWU, les travailleurs des plantations sucrières se mirent en grève. Le conflit dura 75 jours, coûta 20 millions de $ aux employeurs et aboutit au déman-tèlement du système "paternaliste" d'avant-guerre. Les ouvriers agricoles recevaient de fortes augmentations de salaire, et le système des avantages en nature (logement, soins médicaux, etc) était en grande partie abandonné. Une grève dure se produisit de la même façon sur les plantations d'ananas l'année suivante. C'était le début d'une profonde transformation du secteur des plantations.

B - Les ruptures des années 1950

La logique des transformations accélérées sinon engendrées par la guerre aboutit dans les années 1950 à une véritable série de ruptures par rapport au passé "colonial" de l'archipel, ruptures qui devaient être en quelque sorte synthétisées et concrétisées à la fin de la décennie par l'accession des Hawaii au rang de 50e Etat des Etats-Unis.

- La première de ces ruptures se situe à l'intérieur même du système des plantations : bien qu'elles eussent toujours été en avance sur le plan des techniques, les plantations hawaiiennes n'en restaient pas moins, à la veille de la Seconde Guerre mondiale encore, fondées sur l'utilisation d'une main-d'oeuvre très nombreuse et relativement peu payée suivant les normes américaines -même si les salaires étaient très au-dessus de ce qu'auraient pu espérer trouver les ouvriers agricoles dans leur pays d'origine ou dans d'autres régions de plantations du monde tropical. Dans les années 1930-40, il y avait en moyenne un peu plus de 50 000 salariés sur les plantations sucrières de l'archipel, pour une production tournant autour du million de tonnes courtes. Pendant la guerre, le nombre d'employés diminua parce qu'il était impossible d'en recruter dans le cadre de l'économie de guerre. Il fallut donc déjà envisager des techniques permettant de s'adapter à la pénurie d'hommes. Mais c'est au moment de la grève de 1946 que les planteurs durent se rendre à l'évidence : la fulgurante hausse des salaires qui allait s'en suivre rendait nécessaire des économies draconniennes de main-d'oeuvre, imposait en fait de remplacer l'homme par la machine.

Heureusement, les nécessités de la guerre avaient permis déjà de tester des méthodes nouvelles, en particulier pour la récolte. Les gros bulldozers à rateau frontal pour couper la canne, les grues à chenille pour la charger sur d'énormes semi-remorques se substituèrent aux coupeurs et aux chargeurs d'autrefois. De 1940 à 1960, pour une production équivalente, le nombre des employés payés à l'heure est tombé de 35 062 à 10 346.

Sur les plantations d'ananas, après la dure grève de 1947, l'évolution des salaires dut suivre l'exemple de l'industrie sucrière. Par contre les perspectives de mécanisation des opérations apparurent très vite beaucoup plus limitées : c'est là l'une des raisons fondamentales de la crise de l'ananas qui commença à toucher l'archipel en fait dès la fin des années 1950[7].

- La deuxième rupture fondamentale des années 1950 est d'ordre économique. Elle correspond en premier lieu à l'essor des activités de services dont le poids économique dépassa rapidement celui de l'agriculture. En 1950 encore, le sucre et l'ananas fournissaient 225 millions de dollars à l'économie hawaiienne, contre 171 millions pour les bases militaires et le tourisme. Dès 1951, ces derniers l'emportaient (242 millions de dollars contre 230) (fig. 1). Le moteur était alors constitué par l'activité militaire, brutalement relancée par le déclenchement de la guerre de Corée en juin 1950. Elle devait rester en tête des secteurs économiques jusqu'en 1973, date à laquelle elle fut dépassée par le tourisme. Le tourisme quant à lui amorçait son formidable développement qui devait en 1960 l'amener à égaler pour la première fois la canne à sucre, définitivement dépassée en 1964.

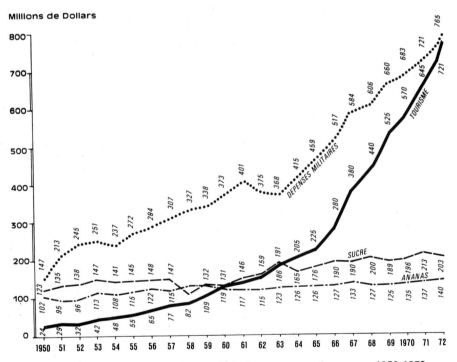

Figure 1.- La montée des "services". Principales sources de revenus 1950-1972
(chiffres en millions de dollars)

---

7. HUETZ de LEMPS, C.- Le déclin des plantations d'ananas aux Hawaii. *In* : Mélanges Papy. Bordeaux, 1975, pp. 149-158.

En second lieu, le contrôle presque total que les grosses sociétés locales étaient parvenues à obtenir sur pratiquement tous les aspects de la vie économique de l'archipel commença à être vivement contesté au lendemain de la guerre. Des sociétés du continent, commerciales ou autres, parvinrent peu à peu à faire éclater le monopole des Big Five et à s'installer aux îles. En même temps, des secteurs d'activité en pleine expansion (construction, immobilier, etc) permettaient à une nouvelle génération d'entreprises, dont bon nombre créées par des orientaux, de voir le jour. Quant aux grosses sociétés locales, attaquées dans leur fief, elles réagirent en cherchant de nouveaux horizons pour leurs investissements, en particulier sur le continent américain. Ouverture des Hawaii aux intérêts continentaux, implantations des "Hawaiiens" sur le mainland, cela signifiait au total une intégration économique de plus en plus poussée de l'archipel dans l'ensemble américain.

- Le phénomène d'alignement sur le reste des Etats-Unis est tout aussi net dans les années 1950 en ce qui concerne la vie politique. De l'annexion aux lendemains de la Deuxième Guerre mondiale, passé le petit sursaut nationaliste indigène des premières années, toute la politique aux Hawaii a été dominée par le parti républicain, émanation directe de l'aristocratie "haole" et des intérêts des grandes plantations. Le bipartisme était biaisé par les pressions considérables émanant de cette oligarchie, par le petit nombre des électeurs par rapport à la population totale, et par la médiocrité et les divisions du parti démocrate. Mais à partir de 1950, une nouvelle génération d'hommes politiques, en particulier orientaux, parmi lesquels bon nombre d'anciens combattants japonais, propulsa le parti démocrate vers un net succès au parlement territorial aux élections de 1954, en attendant les grandes victoires de 1956 et 1958, les républicains ne conservant plus que le poste de gouverneur. Là encore, un pas décisif avait été fait vers une plus nette assimilation aux situations continentales.

C - L'intégration aux Etats-Unis

Cette évolution devait aboutir de façon logique à une véritable intégration de l'archipel aux Etats-Unis, c'est-à-dire au passage du statut "semi colonial" de Territoire à celui d'Etat. C'est au début de 1959 que le Congrès finit par voter l'admission de l'Alaska et des Hawaii au rang de 49e et 50e Etats des Etats-Unis, ce qui fut ratifié localement par référendum à une énorme majorité (17 oui pour un non). Les Hawaii retrouvaient ainsi une certaine autonomie de gestion intérieure, n'étant plus sous la tutelle directe du Congrès et du Président, et acquéraient une plus grande capacité d'intervention dans les affaires nationales et d'action dans la défense des intérêts des Hawaii dans l'Union. Economiquement, socialement, voire même psychologiquement, l'impact de ce rattachement devait être considérable dans l'archipel et dans ses rapports avec les autres parties du territoire américain.

III.- LES HAWAII AUJOURD'HUI : PROSPÉRITÉ ET SUPRÉMATIE DES ACTIVITÉS DE SERVICE

Depuis maintenant un peu plus d'un quart de siècle, les Hawaii sont un Etat à part entière des Etats-Unis, et les grandes directions de leur évolution, ébauchées dans les années 1950, n'ont fait que se confirmer et se renforcer. En même temps s'est affirmée une prospérité qui hissait les Hawaii dans le peloton de tête des Etats américains pour le revenu par habitant. De 1959 à 1985, le PNB d'Hawaii est passé de 1 572,4 millions de dollars à 16 294 millions ! Même en tenant compte de l'érosion monétaire, cela représente pratiquement un triplement du PNB en dollars constants. Or ce ne sont bien sûr ni l'agriculture ni l'industrie qui peuvent rendre compte de cet essor, mais bien la formidable expansion des activités de service, en particulier du tourisme et de la fonction militaire.

A - La difficile survie des plantations et la place de l'agriculture aujourd'hui

L'histoire des plantations des Hawaii, canne à sucre comme ananas, est dans les 25 dernières années celle d'une lente contraction par abandon des secteurs géographiquement les plus marginaux et donc les plus en difficulté sur le plan financier. Ceci est particulièrement vrai pour la canne à sucre, dont les plantations du Sud-Est (Waimanalo) et du Nord d'Oahu (Kahuku), de l'extrême Nord (Kohala) et de l'Est d'Hawaii (Puna), insuffisamment arrosées ou ensoleillées, donnaient des rendements relativement faibles ou avaient des coûts de production qui les plaçaient par trop fréquemment "dans le rouge". En même temps, se réalisait une concentration dans des sucreries hautement performantes : il n'y en a plus que 9 aujourd'hui, pour une production de 918 312 tonnes métriques en 1985. Malgré les contractions en surface (en 1968, il y avait 98 123 ha en canne[8] contre 76 020 aujourd'hui, soit une baisse de 22,5 %), la production dans les années 1983-85 n'est en recul que de 14,7 % par rapport à celle de 1966-68, du fait des augmentations de rendement liées au constant progrès des techniques qui place les Hawaii tout à fait à la tête des régions de canne à sucre dans le monde dans le domaine de l'efficacité.

Ce qui est surprenant finalement, c'est que les plantations de canne à sucre aient pu se maintenir dans le contexte d'un niveau de salaires extrêmement élevé. Tout compris, les travailleurs de la canne dans les champs gagnent en moyenne, en 1985, 104,12 $ par jour, ce qui en fait les salariés agricoles les mieux payés du monde. Le simple manoeuvre au bas de la grille touche, sans compter les avantages en nature, 7 dollars de l'heure (convention

---

8. Ce chiffre n'avait été dépassé que dans les années 1929-1936, où l'on avait atteint jusqu'à 103 014 ha.

salariale ILWU-Plantations pour la période allant jusqu'au 31.1.1986). Il a donc fallu continuer les efforts pour économiser la main-d'oeuvre et aujourd'hui l'ensemble des plantations n'emploie plus que 6 910 personnes :

Sucreries	1 440
Culture	3 750
Employés de bureau	200
Divers	650
Cadres	870
Total	6 910

C'est en gros le huitième de ce qu'elles employaient il y a un demi siècle, pour une production à peine inférieure. C'est dire que les plantations hawaiiennes d'aujourd'hui n'ont plus rien à voir dans leur style de vie avec ce qu'elles étaient autrefois, ni avec ce que sont aujourd'hui les plantations dans une bonne partie du monde tropical. Leur structure financière a aussi totalement changé. Pour des raisons d'économie et d'efficacité, les grandes sociétés qui ne possédaient jusque dans les années 1950 qu'une part du capital ont complété le rachat de celui-ci pour faire des plantations de simples départements au sein d'un ensemble d'activités de plus en plus diversifiées aussi bien économiquement que géographiquement. Incidemment, le travail du géographe s'en trouve fort compliqué, car il n'est plus possible d'obtenir actuellement des comptabilités détaillées au niveau de chaque unité de production, mais au mieux un bilan global à l'échelle du secteur d'activité.

Aux Hawaii donc le sucre brut est produit dans de véritables exploitations agro-industrielles du type des entreprises les plus modernes du continent pour d'autres grandes cultures. Malgré cette mutation, d'ailleurs, elles ont connu des moments bien difficiles qui ont fait craindre pour leur survie même, d'une part de 1974 à 1981 pendant la période d'abandon du Sugar Act et de la politique de protection de la production domestique, d'autre part du fait de réglementations de plus en plus strictes concernant la protection de l'environnement et imposant donc de lourds investissements pour se mettre en conformité avec elles.

La transformation des plantations d'ananas se situe dans le même contexte d'une main-d'oeuvre agricole exorbitante. Mais leur évolution a été quelque peu différente pour trois raisons :

- d'abord, contrairement au sucre protégé dans le cadre du Sugar Act jusqu'en 1974, et depuis 1981 dans celui de l'US Farm Act, les conserves d'ananas sont directement soumises à la concurrence des productions étrangères même sur le marché américain. Or depuis la Deuxième Guerre mondiale, la fabrication des conserves d'ananas dans le monde a cessé d'être un quasi-monopole hawaiien, et on a assisté à l'émergence de nouveaux et puissants producteurs (Malaisie, Formose, Thaïlande, Philippines, voire Afrique du Sud et Australie) visant à la fois le marché américain et des marchés extérieurs qui jusque là étaient largement ouverts aux conserves hawaiiennes (cas de la Côte d'Ivoire exportant vers la CEE, ou d'Okinawa vers le Japon). Dans l'ensemble, les producteurs du Sud-Est asiatique n'ont pas de problèmes de cherté de main-d'oeuvre comparables à ceux des Hawaii. L'ouvrier agricole philippin gagne en effet en un jour ce que gagne l'ouvrier agricole hawaiien... en une heure ! Comme le fret sur les lignes internationales est moins cher que le prix du transport sur la liaison "intérieure" Hawaii-Californie, la distance ne joue pas en faveur de l'archipel, et les conserves d'ananas étrangères peuvent arriver bien moins chères que celles des Hawaii dans les supermarchés continentaux ;

- ensuite, la culture de l'ananas n'a pas pu être mécanisée de façon aussi poussée que celle de la canne à sucre. En particulier, pour planter et pour récolter, malgré la mise au point aux Hawaii de machines remarquables utilisées aujourd'hui dans le monde entier, il faut encore de nombreux ouvriers pour mettre les plants dans les bandes de polyéthylène comme pour, 16 à 24 mois après, choisir et cueillir les fruits mûrs qu'on place sur les immenses bras-tapis roulants des machines à récolter. Il faut donc encore une main-d'oeuvre assez importante dans les champs, comme d'ailleurs dans les usines pour retirer par exemple les imperfections laissées dans les cylindres de fruit par les machines dérivées de la fameuse Ginaca ;

- enfin, comme on l'a vu, les grandes plantations d'ananas étaient en partie aux mains de grandes sociétés du continent qui, devant la hausse des coûts de production aux Hawaii et les perspectives d'implantation dans des pays asiatiques à main-d'oeuvre abondante et peu coûteuse, n'ont pas hésité à abandonner leurs plantations dans l'archipel pour investir aux Philippines ou en Thaïlande. Successivement, Libby, Del Monte, Hawaiian Fruit Packers (Stokely-Van Camp), Haserot & Co ont ainsi liquidé leurs installations hawaiiennes, de vastes espaces de terres pauvres et sèches retournant alors à la friche (Ouest Molokai). Finalement, ce sont aujourd'hui des sociétés essentiellement locales qui continuent la culture de l'ananas pour la conserve aux Hawaii, Maui Land & Pineapple Co (Alexander & Baldwin) et surtout Dole (Castle & Cooke). Castle & Cooke n'en a pas moins investi massivement aux Philippines (Mindanao), et a diversifié sa production pour la fourniture d'ananas frais dans toutes les grandes villes du continent reliées aux Hawaii par une noria continuelle d'avions gros porteurs chargés de touristes, eux-mêmes consommateurs et promoteurs à leur retour de l'ananas frais des Hawaii. Quoiqu'il en soit, les superficies en ananas sont tombées de 29 900 ha encore en 1960 à 14 200 en 1984, et les quantités de fruits traités par les conserveries ont baissé de 32,8 % entre 1975 et 1985. Certes les revenus tirés de l'ananas sont passés de 1960 à 1985 de 119,4 millions de dollars à 222,5. Mais en tenant compte de l'inflation, cela représente en réalité une chute de 45 % environ.

L'agriculture hawaiienne repose aujourd'hui sur un troisième pilier, l'agriculture diversifiée et l'élevage, qui en 1985 par exemple ont fourni 215 millions de dollars, soit l'équivalent à peu près de l'ananas. C'est un secteur en fait très divers, puisqu'on y trouve :

- de véritables plantations de macadamias, créées dans les 40 dernières années pour la production de "noix de macadamia". Elles ressemblent à des noisettes qui, décortiquées et passées dans l'huile de coprah bouillante, servent d'amuse-gueule à l'apéritif ou bien sont utilisées, enrobées de chocolat, dans la confiserie. S'il y a un certain nombre de petits exploitants, la majeure partie des surfaces est à mettre au compte de grands vergers, dans l'île d'Hawaii essentiellement , possédés par de grosses sociétés (Castle & Cooke) ou encore par de grandes personnalités continentales, du monde du spectacle par exemple (James Stewart, Julie Andrews) qui ont trouvé là un moyen intelligent de placer des capitaux bénéficiant de larges exemptions fiscales parce qu'il s'agit d'investissements agricoles. En tout cas, si les noix de macadamia n'ont rapporté qu'à peine plus d'un million de dollars en 1963, en 1985, on a dépassé pour la première fois les 30 millions de dollars. C'est que la demande reste très forte, tant sur le marché américain que sur le marché japonais, et les perspectives d'avenir restent brillantes ;

- cependant, le secteur fleurs et plantes ornementales l'emporte encore nettement avec des ventes de 44,2 millions de dollars en 1985, dont 55 % sont expédiées vers le continent et parfois l'étranger. Plus de la moitié de la production d'orchidées dendrobium, presque tous les anthuriums partent ainsi vers les fleuristes des grandes villes américaines. Ce sont surtout des petites et des moyennes exploitations qui fournissent ce type de denrées ;

- le café est une des plus anciennes cultures d'exportation des Hawaii. Aujourd'hui étroitement localisés dans la région de Kona à l'Ouest de l'île d'Hawaii, les caféiers sont cultivés dans de petites exploitations par des paysans d'ascendance asiatique, le plus souvent japonais ou philippins. La très haute qualité du café, et le fait que c'est le seul café produit à l'intérieur des Etats justifient de hauts prix : les 771 tonnes de café ont rapporté 4,7 millions de dollars en 1985 ;

- fournis par de petits exploitants, d'origine asiatique également pour la plupart, les fruits (ananas exclus) et légumes (42,8 millions de $ en 1985) sont destinés au marché local, même si certains fruits comme les papayes sont aussi largement exportés ;

- enfin, d'autres productions végétales sont encore plus ou moins au stade de l'expérimentation commerciale comme les semences de maïs ou le maïs doux. Leur avenir dépendra de la rentabilité de spéculations qui en cas de succès trouveraient des surfaces disponibles dans certains espaces abandonnés par la canne à sucre ou l'ananas ;

- l'élevage, entièrement destiné, lui, au marché local, est très divers, puisqu'il comporte d'énormes ranches à Maui et Hawaii notamment (le ranch Parker à Hawaii, qui dépassa un temps les 100 000 hectares, fut longtemps le plus grand ranch des Etats-Unis possédé par une seule personne), mais aussi de multiples petites et moyennes exploitations fournissant volailles, oeufs, porcs, etc. Le lait est produit dans de grandes fermes laitières à Oahu notamment (11 400 vaches laitières en tout), avec des rendements qui n'ont rien à envier au continent. Cependant, pour la viande de boeuf comme pour les produits laitiers ou les volailles, la production hawaiienne est très insuffisante et concurrencée par les importations du continent (Californie), voire de l'étranger (Nouvelle-Zélande).

Ainsi l'agriculture, malgré ses difficultés, malgré les menaces qui périodiquement pèsent sur elle dans la mesure où elle est tributaire de la politique agricole générale des Etats-Unis, reste un secteur actif dont le volume du revenu n'est certes pas négligeable en chiffres bruts : en 1985, l'ensemble des activités agricoles a fourni 778,3 millions de dollars. Après tout, cela suffirait à placer les Hawaii dans la hiérarchie des PNB mondiaux autour du 145e rang, devant nombre de "grands" pays africains comme la Mauritanie, le Togo, la Centrafrique ou le Tchad, et très loin devant la plupart des petits Etats insulaires du Pacifique et des Caraïbes. Par leur seul revenu agricole par habitant, les Hawaii arriveraient même autour du 130e rang dans la hiérarchie mondiale des PNB par habitant. C'est dire qu'il ne faut pas se laisser aller à négliger l'agriculture en considérant seulement sa place relativement modeste dans les activités économiques de l'archipel. L'ensemble du revenu agricole ne représente il est vrai que l'équivalent de 4,8 % du produit national brut, et son poids ne cesse de diminuer, puisqu'en 1959 par exemple, on en était encore à 19,3 % ! Même constatation d'ailleurs dans le domaine des emplois, puisque aujourd'hui tout le secteur de l'agriculture en fournit 19 250, soit 4,25 % des personnes ayant un travail, et ceci en comptant les ouvriers des sucreries et des usines de conserves d'ananas, ces dernières étant cependant beaucoup plus "urbaines" que rurales puisque situées, pour la plus importante du moins, sur le port d'Honolulu. Et là encore, le recul depuis 25 ans est impressionnant, puisque l'agriculture offrait encore 15,7 % des emplois en 1959 (33 900 personnes). Ce qui est très remarquable ici, et très différent de ce qui s'est passé par exemple dans de nombreuses îles des Antilles, voire même à Porto Rico, c'est que le déclin de l'emploi dans les plantations et plus généralement dans l'agriculture n'a pas eu de conséquences sociales sérieuses et n'a pas entraîné un accroissement du chômage tant était fort l'appel réalisé par les autres activités en pleine expansion.

B - L'extraordinaire essor des activités de services

Le formidable développement économique des Hawaii, un peu paradoxal quand même pour un archipel "isolé" à 4 000 kilomètres de la côte américaine et à 6 500 kilomètres du Japon, est dû à l'importance qu'y ont pris certaines activités de services très spécifiques, bases militaires et tourisme, auxquelles s'ajoutent "en aval" d'innombrables types de services caractéristiques d'une population à très haut niveau de vie.

La croissance de l'économie hawaiienne ne pouvait en effet s'appuyer sur un quelconque développement industriel comme cela a été le cas à Porto Rico par exemple. L'industrie aux Hawaii se limite par définition à quelques petites entreprises travaillant pour un marché local, qui, il est vrai, n'est pas négligeable puisqu'il y a en gros un million d'habitants à très haut niveau de vie, plus les touristes. C'est aussi pour les besoins de l'archipel que se sont installées deux raffineries de pétrole dans le secteur de Barbers' Point au sud-ouest d'Oahu : elles ne suffisent d'ailleurs pas à satisfaire une consommation très importante dans certains types de produits raffinés comme les carburéacteurs. L'industrie différenciée fournit aussi bien des denrées alimentaires et des boissons que des machines agricoles, des meubles, du matériel d'équipement de maison, et de l'habillement avec en particulier des modèles "typiquement hawaiiens" (chemises "aloha", robes "muumuu") utilisés sur place par les résidents et les touristes mais aussi commercialisés sur le continent. En tout, l'industrie emploie 16 500 personnes, en y comprenant le personnel des raffineries, soit 3,6 % du total de l'emploi.

Faut-il y ajouter les quelque 16 950 employés dans "l'industrie de la construction" ? Il s'agit là certes d'un secteur dont l'activité est considérable (les constructions achevées en 1985 représentant 1,43 milliard de dollars), mais qui varie de façon sensible suivant les données de la conjoncture, c'est-à-dire en fait du niveau d'activité des autres secteurs, avec souvent un décalage de plusieurs mois à plusieurs années en fonction du temps de construction des édifices. Par bien des côtés en tous cas, la construction se situe à la limite entre l'industrie et les services.

Les deux véritables fondements de la prospérité actuelle des Hawaii sont indiscutablement les bases militaires et le tourisme. En 1985, les bases militaires ont représenté un apport de 2 159 millions de dollars, 13,2 % du PNB de l'Etat, et le tourisme 4,9 milliards de dollars (30,0 % du PNB) (fig. 2). En 1959, la situation était inverse, les bases militaires atteignant 21,5 % (338 millions de $) et le tourisme seulement 6,9 % (109 millions). C'est en 1972 que pour la première fois le tourisme a dépassé le secteur militaire comme première ressource de l'archipel.

Nous n'insisterons pas ici sur les raisons géopolitiques et historiques qui font des Hawaii aujourd'hui la clef de voûte du système stratégique américain

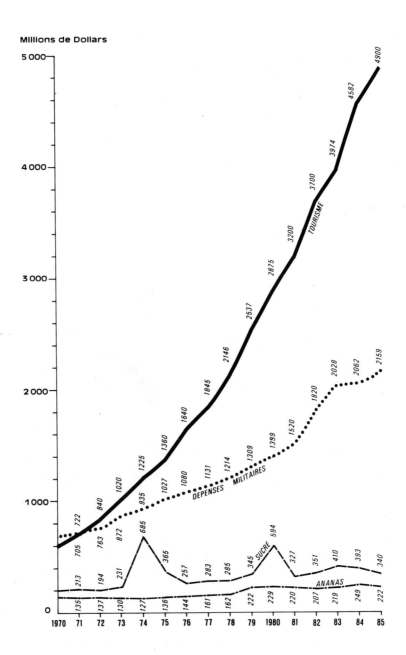

Figure 2.- Le rôle prépondérant du tourisme dans l'économie hawaiienne.

et le siège du haut commandement des Forces Armées des Etats-Unis dans tout le Pacifique. Pour les Hawaii, cela représente d'abord 56 400 militaires stationnés dans l'archipel en 1985, plus 64 281 membres de leurs familles. Face aux 933 200 civils, ces 120 500 militaires et apparentés constituent donc une masse importante, qui, il est vrai, n'a guère varié d'une année sur l'autre depuis un quart de siècle (fig. 3), d'où un recul en pourcentage de la population résidente totale (18,1 % en 1959, 11,4 % en 1985). Il s'y ajoute sur le plan de l'emploi plus de 20 000 postes de travail occupés par des civils "locaux" dans les bases militaires.

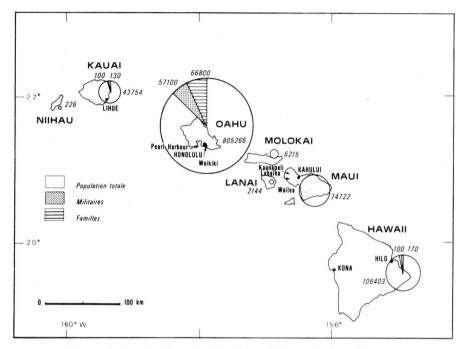

**Figure 3.- Les îles Hawaii : répartition de la population résidente
(militaires et familles compris)**

En dehors des soldes des militaires dépensées dans l'archipel et des salaires des employés civils, la présence des forces armées signifie également des achats considérables dans tous les domaines à des fournisseurs civils et de multiples contrats passés avec des entreprises locales. C'est une constante de la politique des trois armes que d'avoir ainsi recours aux possibilités de "l'environnement" non militaire.

Depuis une quinzaine d'années déjà, le tourisme est devenu la première ressource de l'archipel, et son poids n'a cessé de se renforcer. C'est aujourd'hui la base même de la prospérité des Hawaii, et son évolution conditionne l'avenir économique des îles. Nous ne discuterons pas ici des facteurs du développement touristique de l'archipel, pas plus que nous ne décrirons les aspects de ce tourisme[9]. Qu'il suffise de rappeler que les Hawaii sont un des tout premiers

9. HUETZ de LEMPS, C.- Un exemple de macrocéphalie touristique : les îles Hawaii. *In* : Actes du Colloque SEPANRIT, Avril 1987, à paraître prochainement (Collection Iles et Archipels n° 10)

foyers touristiques du monde : en 1985, 4 884 110 visiteurs y ont séjourné au moins une nuit ; 3 200 000 venaient des Etats-Unis, 279 000 du Canada et seulement 59 000 d'Europe, tandis que le Japon confirmait sa place de brillant second avec 855 000 visiteurs, que le reste de l'Asie ne dépassait pas 131 000 arrivées et que l'Océanie (Australie, Nouvelle-Zélande et les archipels du Pacifique) atteignait le chiffre respectable de 323 000. C'est pour une bonne part à ce tourisme que Honolulu doit d'être devenu un des 10 aéroports américains les plus actifs. Les visiteurs américains par exemple séjournent en moyenne 10,7 jours dans l'archipel, tandis que les Japonais ne restent que 5 jours, mais il est vrai que ces derniers dépensent 250 dollars par jour en hôtel, restaurant, distractions, transports terrestres et cadeaux, contre 100 $ pour les Américains ou les Canadiens (1985).

Ce qui nous intéresse ici, c'est surtout l'impact économique du tourisme, qui n'est pas toujours facile à cerner. Considérons par exemple l'emploi : le personnel des hôtels en 1985 ne dépassait pas 28 050 personnes, 6,2 % du total. Mais il faut y ajouter une grande partie des restaurants qui vivent de la clientèle des touristes, les loueurs de voitures ou de bateaux, les "tour operators", et une masse considérable de commerces qui dépendent totalement ou partiellement des visiteurs. N'oublions pas non plus les compagnies aériennes intérieures et les aéroports, ou encore les producteurs de fruits et de légumes fournissant les hôtels. Dans le même ordre d'idée, il est très difficile de saisir quel est l'impact réel des dollars touristiques dans l'économie de l'archipel. Générateurs de richesses et d'emplois, ils se multiplient suivant un taux que l'on évalue à 172 $ pour 100 $ de dépenses initiales. Cette capacité d'engendrer d'autres ressources "en cascade" concerne d'ailleurs l'ensemble des sources de revenus "primaires".

Ainsi, en l'espace de quelques décennies, c'est à une transformation totale de l'économie hawaiienne que l'on a pu assister. L'agriculture est devenue secondaire face au formidable essor des activités tertiaires parmi lesquelles la fonction militaire et le tourisme ont un rôle moteur. Certes, les chiffres bruts que nous avons présentés jusqu'ici doivent être pris en tenant compte du fait qu'une partie des sommes dépensées par les touristes ou les militaires, ainsi qu'une partie des ventes de sucre brut ou de conserves d'ananas servent à rémunérer des capitaux continentaux ou étrangers, ou à acheter directement sur le continent des denrées ou des marchandises destinées aux touristes ou aux militaires, et échappent ainsi aux circuits économiques de l'archipel que ces dollars "en transit" n'irriguent donc pas. Des études précises ont été conduites en ce domaine par les spécialistes du Research Dept. de la First Hawaiian Bank. Ils sont arrivés à la conclusion que 79 % des dollars dépensés dans le secteur "bases militaires" restaient dans l'archipel et contribuaient donc à vivifier son économie. Pour le sucre, c'était 67 %, pour le tourisme 54 % et pour l'ananas 53 %. Dans le cas de ce dernier, la disparition de la majeure partie des investissements continentaux rend probable une élevation du taux d'"hawaiianisation" des revenus autour de 60 %. A la lumière de ces pourcentages, on peut rectifier en quelque sorte les chiffres de revenus des 4 grandes ressources de l'archipel (tabl. I). La correction ainsi apportée ne bouleverse pas bien sûr l'ordre d'importance des ressources, même si elle renforce le poids relatif des bases militaires.

1985 (Millions de $)	Revenu brut	Coefficient d'hawaiianisation	Revenu net pour l'archipel
Sucre	340,8	67	228,3
Ananas	222,5	60	133,5
Bases militaires	2 159,50	79	1 706
Tourisme	4 900	54	2 646

Tableau I.- *Ressources "réelles" de l'archipel*

Naturellement, dans cette société de type "post industriel" qui s'est développée aux Hawaii, les activités tertiaires se sont multipliées dans de nombreuses directions. Citons par exemple le secteur public -gouvernement fédéral, de l'Etat, des comtés- dont les effectifs sont passés de 48 320 à 93 300 personnes de 1959 à 1985[10]. C'est un gonflement assez important, dû essentiellement au gouvernement local, car les effectifs fédéraux civils ne sont passés que de 26 200 à 32 400 employés. Quoiqu'il en soit, la part de l'emploi public dans l'emploi total a plutôt légèrement reculé, de 22,3 % en 1959 à 20,5 % en 1985. Par contre, dans les activités commerciales, on est passé de 39 810 emplois en 1959 (18,4 % du total) à 115 500 en 1985 (25,4 %). Au total donc, si l'on établit une répartition de l'emploi[11] par grand secteur, on arrive pour l'archipel aux chiffres suivants :

10. Mais il faut remarquer que, contrairement aux DOM français par exemple dont l'économie est largement soutenue par des transferts d'argent public d'origine métropolitaine, les Hawaii ne reçoivent pas plus d'argent fédéral (traitements, subventions, etc) qu'elles n'en retrocèdent sous forme d'impôts et de taxes - à condition bien sûr de mettre à part les dépenses militaires. En 1985 par exemple, d'après les chiffres de la Bank of Hawaii, les dépenses fédérales civiles aux Hawaii ont atteint 2 408,5 millions de dollars, alors que les recettes fédérales prélevées dans l'archipel se chiffraient à 2 367 millions de dollars, soit un "bénéfice" modeste de 41,5 millions. Il est vrai qu'avant 1979, le gouvernement fédéral tirait plus d'argent de l'archipel qu'il n'en dépensait dans les activités civiles (1960. Recettes fédérales aux Hawaii 258,8 millions de dollars. Dépenses fédérales civiles 112,7 millions. Mais le gouvernement fédéral dépensait en plus 373,1 millions de dollars dans les bases militaires).
11. Chômeurs non compris

	Nombre	% de l'emploi total
Primaire	20 000	4,4
(agriculture[12], pêche)		
Secondaire	34 000	7,5
(y compris la construction		
et le raffinage pétrolier)		
Tertiaire	400 000	88,1

La "tertiarisation" de l'économie hawaiienne tient tout entière dans ce dernier chiffre.

C - Les conséquences de la mutation de l'économie hawaiienne

1 - La prospérité et les transformations dans la hiérarchie sociale et ethnique

Les transformations de l'économie hawaiienne se sont accompagnées d'un accroissement important du niveau de vie des populations, d'une prospérité évidente de l'archipel dans son ensemble, même si certains groupes ethniques ou certaines catégories sociales ont moins bien pu ou su profiter de ces mutations. Si l'on considère le revenu individuel (personal income) celui-ci est passé de 2 103 à 13 814 $ de 1959 à 1985. Certes, il y a l'érosion monétaire, mais en raisonnant en dollars constants d'après l'indice des prix à la consommation, on trouve quand même, exprimée en dollars de 1967, une hausse de 2 497 à 4 695 $ (+ 88 %) depuis l'accession de l'archipel au rang d'Etat des Etats-Unis. En tous cas, en 1985, les Hawaii se situent dans le peloton de tête des Etats américains pour le revenu par habitant : avec 13 814 $, elles sont au 18e rang, pratiquement au niveau de la moyenne américaine (13 867 $). Certes, la position relative de l'archipel s'est quelque peu dégradée depuis la "crise", puisque en 1970, Hawaii était au 7e rang avec un revenu individuel supérieur de 15,4 % à la moyenne nationale. En contrepartie de ce haut niveau de revenu il est vrai, Honolulu arrive au premier rang des grandes villes américaines pour le coût de la vie. Mais la répartition même des revenus réduit un peu les conséquences sociales de cette cherté : en effet les Hawaii sont caractérisées par comparaison avec l'ensemble des Etats-Unis à la fois par un sensiblement plus faible pourcentage de familles en-dessous du seuil de pauvreté (7,8 % contre 9,6 % en moyenne aux Etats-Unis, 34e rang des Etats) et par un pourcentage de millionnaires (en dollars) beaucoup plus faible (80 pour 100 000 habitants contre 175 en moyenne aux Etats-Unis,

---

12. Y compris employés des sucreries et des conserveries d'ananas

43e rang). C'est dire qu'il y a aux Hawaii une masse considérable de gens sinon riches, du moins à l'aise sur le plan financier, ce qui se traduit par un niveau de consommation très élevé.

Certes, tout le monde n'a pas profité au même titre de cette prospérité. En particulier, on a assisté à un bouleversement des hiérarchies sociale et ethnique qui donnaient un cadre bien défini à la société d'avant la Deuxième Guerre mondiale. Nous ne développerons pas ici ce thème, analysé longuement par ailleurs[13]. Qu'il nous suffise de rappeler par exemple que par le biais du commerce, de l'instruction, de la politique, les orientaux, en particulier les Chinois, les Japonais, les Coréens, ont su remarquablement s'insérer dans le nouveau contexte économique tandis que d'autres groupes, métis d'Hawaiiens voire même Portugais, réussissaient souvent moins bien et voyaient ainsi leur position relative se dégrader.

2 - L'accentuation des déséquilibres régionaux

La primauté d'une économie fondée sur les activités de services s'est traduite dans un premier temps par une accentuation des déséquilibres régionaux, dans la mesure où les deux piliers de cette économie nouvelle étaient pour l'essentiel concentrés à Oahu. Pratiquement toute l'activité militaire, et jusqu'au début des années 1960, presque tout le tourisme, se localisaient pour l'une autour du gigantesque complexe militaire de Pearl Harbor à l'ouest d'Honolulu, pour l'autre à Waikiki au sud-est de la ville. La puissante expansion de ces deux secteurs, jointe au tassement de l'emploi agricole, se traduisit en fait jusqu'au milieu des années 1960 par une stagnation, voire un déclin de la population des îles autres qu'Oahu tandis que celle-ci voyait le nombre de ses habitants s'accroître considérablement. De 1940 à 1965, la population de Kauai a diminué de 27,8 %, celle de Maui de 23 %, et celle d'Hawaii de 20,3 %, tandis que celle d'Oahu gagnait 139,7 % passant de 61 à 82,7 % de la population totale de l'archipel (tabl. II).

Depuis 1965 cependant, la tendance semble renversée et les autres îles voient leur population croître plus vite que celle d'Oahu, ramenant la part de celle-ci à 77,3 % en 1985. La raison fondamentale, c'est que le tourisme, très largement concentré à Oahu jusqu'au début des années 1960, tend ensuite à essaimer dans les autres îles, plus calmes et où le terrain est moins cher. Petit à petit s'ébauchent à Maui, puis Kauai et Hawaii, demain à Molokai et peut-être à Lanai, de véritables complexes touristiques dont certains, à Maui notamment, atteignent déjà une dimension suffisante pour prendre une

13. HUETZ de LEMPS, C.- Naissance et développement d'une société multiraciale : les îles Hawaii. Bordeaux, PUB, 1987 (à paraître prochainement).

	1940	1950	1960	1965	1970	1975	1980	1985
Population totale	422 770	499 794	632 772	746 650	769 913	886 200	968 900	1 053 885
dont Oahu	257 696	353 020	500 409	617 774	630 528	718 600	764 800	814 642
% du total	61	70,5	79	82,7	81,8	81,1	78,9	77,3
Hawaii	73 276	68 350	61 332	58 385	63 468	77 400	93 000	109 159
Maui (14)	55 979	48 519	42 855	44 499	46 156	56 800	71 600	85 303
Kauai (15)	35 818	29 905	28 176	25 992	29 761	33 400	39 400	44 781
Ensemble "autres îles"	165 074	146 774	132 363	128 876	139 385	167 600	204 000	239 243
% du total	39	29,4	20,9	17,2	18,1	18,9	21,1	22,7

Tableau II.- *Répartition géographique de la population résidente (militaires compris)*

existence propre, autonome par rapport à Waikiki qui jusque là était le point de passage obligé et le lieu d'où l'on rayonnait brièvement vers les autres îles (tabl. III).

	Nbre de chambres total	Oahu	Hawaii	Maui	Kauai	% des îles autres qu'Oahu
1959	6 825	5 716	581	291	237	16,2
1965	14 827	11 083	1 387	1 497	860	25,2
1970	32 289	22 531	3 435	3 695	2 628	30,2
1975	42 648	25 851	6 045	7 232	3 520	39,4
1980	56 769	33 967	6 705	11 359	4 738	40,2
1985	66 308	39 010	7 280	14 096	5 922	41,2

Tableau III.- *Répartition géographique de l'infrastructure hôtelière*

Comme les autres activités des îles en dehors d'Oahu sont en stagnation ou en recul, en particulier l'agriculture, c'est de façon évidente le développement du tourisme qui après avoir renforcé les déséquilibres régionaux, tend aujourd'hui par sa diffusion dans l'ensemble de l'archipel, à les réduire.

3 - Dépendance et fragilité ?

Le poids essentiel des services dans l'économie hawaiienne a amené certains observateurs à souligner le renforcement de la dépendance de l'archipel vis-à-vis de l'extérieur et une certaine fragilité qui en serait la conséquence.

14. Y compris Molokai et Lanai
15. Y compris Niihau

a - Une économie "dépendante" ?

Cette notion de dépendance de l'économie hawaiienne par rapport au reste des Etats-Unis peut être considérée sous trois angles différents.

. D'abord les Hawaii dépendent de façon indiscutable du "mainland", voire de l'étranger, pour leur ravitaillement en denrées alimentaires, en produits manufacturés et en sources d'énergie. Il n'y a guère qu'en sucre, en ananas et divers autres fruits et légumes tropicaux ou encore en lait frais que les Hawaii parviennent à s'auto-fournir à 100 % ; pour la viande, les volailles, bon nombre de légumes, les produits locaux n'arrivent à couvrir qu'une partie des besoins, et sont donc en concurrence parfois difficile vis-à-vis des productions continentales. Notons d'ailleurs que même l'élevage local est dans une certaine mesure lui aussi tributaire d'importations, d'aliments composés par exemple. Enfin, pour les céréales, les beurres et fromages et bien d'autres aliments, il faut tout importer. La nécessité de faire venir de l'extérieur la plus grande partie des denrées consommées n'est pas un fait nouveau, puisque c'était vrai déjà du temps de la primauté des plantations. Simplement la population étant moins nombreuse, le niveau de vie moins élevé, l'alimentation moins diversifiée, et pendant un temps, un peu de riz étant produit sur place, la dépendance était certainement un peu moins grande. Ceci est vrai également pour les produits manufacturés : l'industrie aux Hawaii est, nous l'avons vu, des plus modestes, et ne peut de toutes façons fonctionner qu'avec des matières premières extérieures ; ainsi il faut importer en fonction des besoins, qui sont à la dimension d'une population à très haut niveau de vie, mais pas assez nombreuse pour constituer un marché justifiant des implantations industrielles rentables sur place. Quant aux sources d'énergie, en dehors de la bagasse brûlée dans les sucreries qui couvre et au-delà leur consommation d'électricité, il n'y a presque rien, la porosité des basaltes ne laissant pas assez d'eau à l'écoulement superficiel pour permettre de véritables aménagements hydroélectriques. Quant à l'énergie solaire, l'énergie éolienne et la géothermie, elles ont permis la réalisation parfois coûteuse de quelques petits équipements et la rédaction de nombreux discours. Il n'est donc pas question de pouvoir se passer du pétrole brut indonésien raffiné à Barbers' Point à l'extrémité sud-ouest d'Oahu ou des produits raffinés venant de Californie notamment. Au total, la balance commerciale des Hawaii est très fortement déficitaire, et l'écart entre la valeur des marchandises importées et celle des exportations tant vers le continent que vers l'étranger ne fait que s'accroître (tabl. IV).

Comme on le voit, le volume des échanges a beaucoup augmenté : même exprimé en dollars constants, il a augmenté de 205 % de 1959 à 1983. Tout naturellement, l'essentiel de ces échanges se fait avec le reste des Etats-Unis, et par exemple 78,1 % des entrées de marchandises proviennent en 1983 des 49 autres Etats de l'Union.

	Importations			Exportations (vers le continent et l'étranger)	Taux de couverture des importations par les exportations (E/I) %
	du continent	de l'étranger	Totales		
1959	465,20	34,20	499,40	276,10	55,3
1965	1 093,20	96,80	1 189,90	331,60	27,8
1970	1 256,80	174,70	1 431,50	358,60	25
1975	2 044,80	798,20	2 843,00	874,30	30,7
1980	4 779,70	1 459,70	6 239,40	1 562,40	25
1983	4 878,20	1 365,50	6 243,70	1 439,20	23

Tableau IV.- *Les échanges des Hawaii avec l'extérieur*
(Valeur des marchandises en millions de dollars)

. Un deuxième volet de la notion de dépendance appliquée aux Hawaii, c'est le rôle essentiel qu'y jouent les investissements extérieurs, continentaux ou étrangers. Ceci est d'ailleurs une vieille histoire aux Hawaii : même si, grâce aux capitaux amassés pendant l'ère des baleiniers (1830-1870), des sociétés commerciales locales ont pu participer, nous l'avons vu, au financement de l'essor de l'industrie sucrière, le gros de l'argent nécessaire est venu d'ailleurs, du continent américain surtout. Cela a été encore plus vrai peut être pour l'ananas. Mais naturellement, la formidable expansion de l'économie hawaiienne depuis la Deuxième Guerre mondiale a été largement soutenue par un puissant flux de capitaux extérieurs. Dans un secteur comme le tourisme par exemple, l'originalité peut-être des deux dernières décennies, c'est l'importance des capitaux étrangers aux côtés des investissements du "mainland". De 1959 à août 1984, l'ensemble des investissements non américains aux Hawaii a atteint 2 263 millions de dollars, sans compter 257 millions de $ de projets en cours d'exécution. Les trois postes essentiels sont les hôtels (634 millions), les condominiums (immeubles en copropriété, 450 millions) et le reste du foncier et de l'immobilier (770 millions) auquel on peut ajouter les golfs (39 millions), comptabilisés à part. A eux seuls, les Japonais représentent 69,7 % de ces investissements étrangers (1 578 millions) ce qui n'est pas étonnant si l'on songe qu'en plus de l'intérêt géographique, économique et sentimental qui peut attirer les investisseurs nippons, les prix pour les terrains et les immeubles pratiqués aux Hawaii peuvent paraître encore bien doux par comparaison avec les chiffres astronomiques atteints au Japon. Loin derrière les Japonais arrivent les gens de Hong Kong (226 millions), les Britanniques (164 millions) et les Canadiens (160 millions).

Si les capitalistes du continent, du Japon ou de Hong Kong investissent de plus en plus volontiers aux Hawaii, en contrepartie, les sociétés hawaiiennes, qui longtemps ont limité leurs horizons à la domination la plus complète possible de l'archipel, se sont dans les 30 dernières années totalement ouvertes sur le monde extérieur, tournant de plus en plus les yeux vers le continent, voire vers tout le Bassin Pacifique et parfois au-delà. En fait, les "Big Five" sont devenues de puissantes compagnies souvent multinationales, avec des chiffres d'affaires considérables dont une faible partie se localise géographiquement aux Hawaii. La plus importante, AMFAC avait en 1984 un C.A. de 2 392 millions de dollars et 22 000 employés, Castle & Cooke 1 520 millions de dollars et 35 000 employés ! En fait, on assiste aux Hawaii dans les dernières décennies, à une intégration de plus en plus poussée de l'activité économique et financière dans l'ensemble américain, voire Pacifique, le terme intégration nous paraissant ici beaucoup plus juste que celui de dépendance.

. La dernière face de la "dépendance" hawaiienne peut être envisagée sous l'angle du manque total de contrôle sur l'avenir des ressources qui font aujourd'hui vivre l'archipel. Là encore, ce n'est pas nouveau : les plantations de sucre et d'ananas ont toujours été fondamentalement dépendantes des marchés extérieurs et de politiques tarifaires sur lesquels l'archipel n'a jamais pu peser bien lourd. Aujourd'hui évidemment, tout dépend en théorie de la politique militaire des Etats-Unis et de leur rôle dans le Pacifique d'une part, et de la situation et de la politique des marchés "émetteurs" de touristes d'autre part. Mais il est totalement impensable que les Etats-Unis renoncent à être une puissance mondiale, et rien ne permet de penser à un désarmement général dans un avenir proche ou lointain. La probabilité est plutôt dans le sens d'un renforcement du rôle stratégique des Hawaii. Quant au tourisme, s'il paraît échapper quelque peu au contrôle des régions de destination (pas entièrement cependant, si l'on songe au rôle essentiel de la publicité pour attirer la clientèle), il paraît de moins en moins gravement affecté par les fluctuations économiques dans les régions de départ, en particulier lorsqu'il s'agit d'un tourisme "intérieur" comme les relations entre le "mainland" et Hawaii. Mais nous touchons déjà ici au deuxième trait souvent attribué à l'économie hawaiienne d'aujourd'hui, la fragilité.

b - Une économie "fragile" ?

Là encore, il est possible d'envisager cette notion de fragilité de deux façons.

. Pour certains, c'est le tourisme lui-même qui est une activité fondamentalement menacée d'instabilité pour deux raisons : d'une part, il répercute en les exagérant les fluctuations économiques et monétaires affectant les pays fournisseurs de touristes, et d'autre part, les positions acquises peuvent toujours être remises en cause du fait d'une concurrence acharnée entre les destinations touristiques.

A l'évidence, le tourisme se fait l'écho de la situation économique dans les régions "productrices" de touristes. Lors de la grande crise de 1929/30 par exemple, le nombre de visiteurs aux Hawaii était tombé de 22 190 en 1929 à 10 111 en 1933, et il fallut attendre 1936 pour retrouver le chiffre de 1929. Depuis la Deuxième Guerre mondiale, la croissance du tourisme s'est considérablement ralentie en 1958, 1961 et 1971, et à chaque fois cela correspondait à une récesssion ou à un palier de l'activité économique sur le continent. Depuis 1973, on note de même deux périodes de très faible croissance ou même de stagnation du tourisme -1973-1975 et 1979-1981, 1983 et 1985 marquant aussi une fort modeste augmentation par rapport aux années 1982 et 1984. Cela peut être mis en parallèle avec les grandes phases de la crise aux Etats-Unis et accessoirement dans le monde. Mais notons que, à l'inverse de ce qui s'était passé dans les années 1930, aucune année n'a été caractérisée par une véritable réduction d'activité du tourisme. Au pire, il y a eu interruption de la croissance, et globalement , de 1973 à 1985, on est passé de 2 630 952 visiteurs séjournant au moins une nuit dans l'archipel à... 4 834 110 ! La plupart des secteurs de l'économie continentale auraient été fort heureux de connaître une évolution comparable dans les douze dernières années ! On serait donc à la limite tenté de dire qu'aux Hawaii du moins, le tourisme répercute, en les estompant et non en les exagérant, les fluctuations de l'économie du reste des Etats-Unis. Cette constatation correspond à une évolution majeure du tourisme, qui n'est plus l'activité de luxe dont on se passe en période de crise, mais une forme de valorisation des loisirs jugée si indispensable que l'on sacrifiera volontiers d'autres formes de consommation pour sauvegarder celle-ci. En d'autres termes, on retardera plutôt l'achat d'une nouvelle voiture par exemple que le départ prévu aux Hawaii... Il est possible donc de parler d'une sensibilité du tourisme à la conjoncture, mais sa fragilité n'est pas plus forte, dans le cas des Hawaii du moins, parce qu'elles sont pleinement intégrées aux Etats-Unis, que celle de l'ensemble de l'économie américaine.

Faut-il parler aussi de fragilité à cause de la concurrence acharnée que se livrent les grandes destinations touristiques du monde tropical ? On sait que la mode joue dans le domaine touristique un rôle important. La force des Hawaii, c'est d'être toujours restées à la mode et d'avoir su, grâce à un constant effort de promotion mené entre autres par le Hawaii Visitors Bureau, conserver l'image désirable d'un paradis exotique. L'archipel est d'ailleurs en train de réussir en ce domaine un passage que certains redoutaient : alors que jusqu'au début des années 1980, la clientèle américaine des Hawaii était majoritairement constituée de gens découvrant l'archipel pour la première fois, depuis quelques années, il y a plus de touristes revenant dans les îles pour un 2e, 3e ou 4e séjour que de nouveaux venus. Cela signifie que les Hawaii ne font plus partie des destinations touristiques "périphériques" qui, elles, peuvent être affectées par des phénomènes passagers d'engouement et de désaffection, mais ont atteint au contraire une véritable maturité.

On peut cependant se demander si le tourisme est un moteur suffisant pour assurer à lui seul la croissance économique de l'archipel. En effet, malgré son essor dans le contexte de la crise, depuis 1971 il n'a pas pu maintenir les Hawaii au 7e rang des Etats américains pour le revenu individuel : l'archipel a lentement rétrogradé jusqu'à la 18e place aujourd'hui. Par contre, l'économie hawaiienne a conservé assez de dynamisme pour n'être que faiblement affectée par le chômage dans toute cette période : l'archipel a sur ce plan bénéficié constamment de taux inférieurs à la moyenne nationale, et en dehors de 1975-76 où l'on a atteint jusqu'à 9,8 % de sans-emploi, les chômeurs n'ont pas dépassé 5 à 8 % de la main-d'oeuvre (5,6 % en 1985).

En fait, le véritable défaut de la cuirasse pour les Hawaii n'est pas lié à la structure de leur économie, mais à leur nature insulaire même qui les met à la merci d'une interruption des relations maritimes et aériennes avec le monde extérieur. Que survienne une grève des dockers dans les ports de la côte ouest, ou une grève des marins américains (rappelons que le monopole du pavillon existe dans les relations "intérieures" Continent-Hawaii), et en quelques semaines l'archipel se trouve menacé partiellement d'asphyxie, faute de ravitaillement, faute de matières premières, faute de débouchés : les prix montent, le chômage augmente. Or de 1946 à 1972 par exemple, on n'a pas enregistré moins de 83 conflits sociaux représentant 1 582 jours de perturbation dans les seuls transports maritimes ! Lorsque la grève touche les transports aériens, c'est l'activité touristique qui risque de s'effondrer.

Ainsi l'insularité place les Hawaii dans une situation particulière et très inconfortable. C'est pourquoi les représentants des Hawaii au Congrès ont cherché, sans réel succès d'ailleurs, à obtenir une législation particulière pour le 50e Etat assurant en cas de grève une sorte de "service minimum" dans les relations avec le continent. Mais cette fragilité n'est en tout cas pas vraiment liée à la nature de l'économie hawaiienne, même si l'on peut considérer que le haut niveau de développement économique est responsable de l'ampleur des besoins à couvrir par des importations et donc de la gravité de la menace en cas de cessation des relations avec l'extérieur.

Ainsi, en moins d'un demi siècle, l'économie et la société des Hawaii se sont radicalement transformées. La domination des plantations, le modèle de hiérarchie ethnique et sociale qui en découlait ont pratiquement disparu au profit d'une économie extravertie presque totalement dépendante des activités tertiaires et d'une société multi raciale beaucoup plus ouverte et où bon nombre de vieux clivages ont disparu, même si parfois de nouvelles différenciations sont apparues. Toute cette évolution, cette mutation pourrait-on dire est en fait le résultat d'une intégration de plus en plus poussée de l'archipel dans l'ensemble américain, intégration qui s'accompagne d'ailleurs, et ce n'est pas contradictoire, d'une ouverture de plus en plus grande sur l'ensemble du Pacifique[16].

Résumé : Jusqu'à la Seconde Guerre mondiale, l'archipel des Hawaii a pu être considéré comme un exemple remarquable non seulement d'économie mais aussi de société construite par et pour les plantations. Cinq "agences" (les fameuses "Big Five") dominaient toute la vie économique, provoquant l'immigration massive de Japonais, de Chinois, de Philippins, de Coréens, de Portugais, d'Espagnols, d'Allemands et d'insulaires du Pacifique. Ces nouveaux venus ont rapidement submergé une population indigène déclinante. Un petit groupe de familles proche des missionnaires puritains et du parti républicain, présents dans les différents Conseils d'Administration, contrôlaient l'archipel. A partir de 1946, la survie des plantations n'a été possible que par une révolution technique qui a permis d'économiser la main-d'oeuvre. Actuellement, l'essor formidable que connaissent les Hawaii (50e Etat des Etats-Unis depuis 1959, redevenues la clef de voûte du système américain de défense dans le Pacifique) se fonde sur l'apport des bases stratégiques - plus de 2 milliards de dollars en 1984 - et surtout sur le tourisme - plus de 4,5 milliards de dollars - dont le développement s'est trouvé favorisé par la multiplication des avions à réaction de grande capacité. A leur suite se sont développées une multitude d'activités de services. De nouvelles générations d'hommes d'affaires, en grande partie orientaux, et descendants des immigrés venus travailler sur les plantations se sont alors affirmées. A la révolution économique s'est en effet ajoutée une évolution sociale et même politique, marquée depuis les années 1950 par la domination des Orientaux et du parti démocrate. Au plan spatial, le passage de l'économie de plantation à une économie principalement de services s'est traduite par le renforcement du poids d'Honolulu et de l'île d'Oahu.

Mots-clés : Plantation industrielle, canne à sucre, ananas, services, tourisme, Hawaii.

Summary : *From a plantation economy to a service economy : the example of the Hawaiian Islands.*- Until the Second World War, the Hawaiian archipelago could be considered as a remarkable example, not only in its economy, but also in its society, constructed by and for the plantations. Five "agencies", the famous "Big Five", dominated all economic life, giving rise to immigration on a massive scale of Japanese, Chinese, Philippinos, Koreans, Portuguese, Spanish, German and other Pacific islanders. These newcomers quickly submerged an already declining native population. A small group of families close to the Puritan missionaries and the Republican party, and present in the various Administration Councils controlled the islands. After 1946 the plantations could no longer survive except with a technical revolution which economized on the labour required. The rapid expansion that the Hawaiian Islands are now

16. HUETZ de LEMPS, C.- Les Hawaii, 50e Etat des Etats-Unis et point nodal de l'influence américaine dans le Pacifique. *Historiens et géographes*, n° 312, Déc. 1986 - janv. 1987, pp. 525-533.

enjoying (50th State of the United States since 1959, has once again become the keystone of the American defence system in the Pacific) was founded on the strategic bases - contribution of more than 2 billion dollars in 1984 - and more especially on tourism - more than 4,5 billion dollars - which was particularly favoured by the increase in the numbers of large capacity jets. Next came a multitude of service activities. New generations of business men, for the most part Oriental, and descendants of the immigrants who had come to work on the plantations then asserted themselves. To the economic revolution has been added a social revolution, and even a political one too, evident since the 1950's with the domination of the Orientals and the Democratic Party. On a spatial level, the transition from plantation economy to an economy mainly of service industries has reinforced the strong position of Honolulu and the island of Oahu.

Keywords : Industrial plantation ; Sugar cane ; Pineapple ; Services ; Tourim ; Hawaii.

Transformation de l'agriculture de plantation aux îles Hawaii :
mécanisation de la récolte de canne à sucre
(cliché C. Huetz de Lemps)

Le développement des activités de services :
le front de mer et le centre des affaires de Waikiki
(cliché C. Huetz de Lemps)

Essor du tourisme aux îles Hawaii :
la plage de Waikiki bordée par de grands hôtels internationaux
(cliché C. Huetz de Lemps)

L'ÉCONOMIE MARTINIQUAISE : DÉVELOPPEMENT SANS CROISSANCE

par Claude de MIRAS

Développement, sous développement, croissance ou encore excroissance ? En tout état de cause, la forme interrogative s'impose à propos de l'économie martiniquaise, de son mode de développement et de ses perspectives d'évolution. Le poids de son histoire, l'exiguïté de cette entité (325 000 habitants sur 1 100 km²), sa situation dans la zone Caraïbe à 7 000 kilomètres de la France métropolitaine constituent, en première analyse, une situation géo-politique et économique assez peu académique.

Pour le moins, il apparaît que l'analyse et l'intelligibilité de ce mode de développement particulier sont encore à parfaire : ni l'approche en termes de situation coloniale ou celle de crise de l'économie de plantation ou encore le distingo entre développement social d'une part et économique d'autre part, n'épuisent totalement la question de sa nature profonde. Sans prétendre à notre tour livrer la clef de sa compréhension, nous tenterons de formuler certaines hypothèses sur la structure, les fondements et les transformations de cette économie insulaire. L'intérêt de ce débat est à la fois théorique puisqu'il s'agit de caractériser l'objet économique en question, et opportun localement dans le contexte de relance de la production martiniquaise prônée par les Autorités Régionales.

Nous envisagerons successivement l'économie martiniquaise ; l'économie de transferts ; la production locale.

I.- L'ÉCONOMIE MARTINIQUAISE : UNE ÉCONOMIE EN TRANSITION

Avec la départementalisation juridique (19 mars 1946) et son application socio-économique, particulièrement à partir des années 60, l'économie martiniquaise a subi une mutation profonde mais pas pour autant intégrale. En première hypothèse, nous poserons que l'économie martiniquaise est passée en 30 ans d'une économie coloniale traditionnelle, fondée sur la plantation

cannière et l'exportation du sucre puis du rhum, à un système économique particulier basé sur l'afflux de transferts publics externes comme élément essentiel de développement.

Même si cette mutation de l'appareil économique a été fondamentale, comme en atteste l'évolution des ratios de structure, la substitution de "l'économie de transferts" à l'économie coloniale n'est pas, jusqu'à ce jour, totale : d'une part, l'économie martiniquaise reste marquée par l'empreinte coloniale (au plan de la structure foncière par exemple, les exploitations agricoles de moins de 3 hectares représentent 85 % du nombre total d'exploitations mais n'occupent que 18 % de la surface agricole totale), d'autre part, l'économie de transferts ne recouvre pas intégralement toute l'économie réelle puisque subsiste une économie de plantation moribonde, quand elle n'est pas protégée, et qu'existe une économie informelle composite. Nous voudrions montrer qu'au-delà de la crise de l'économie de plantation ou plus généralement de celle de l'agriculture martiniquaise, c'est le processus même de la production qui est en question face à la montée de l'économie de transferts. Nous rappellerons les stigmates de l'effondrement de l'économie de plantation à travers la spéculation typique qu'était ici, et demeure passionnellement, la canne à sucre. Puis nous observerons le recul continu de l'agriculture locale ; enfin nous généraliserons l'observation à l'ensemble de la production primaire et secondaire.

A - L'effondrement de l'économie de plantation en Martinique comme système de production

Sans refaire la genèse de la crise qui affecte aujourd'hui le secteur de la canne à sucre, nous rappellerons brièvement, sur trois plans, l'importance du recul de cette spéculation, symbole de l'économie de plantation.

1 - Évolution du nombre des exploitations cannières

"Au début des années 60, la canne à sucre continue à dominer la vie de l'île puisque 14 000 hectares de canne font vivre 5 à 6 000 foyers de petits planteurs et emploient 6 000 ouvriers permanents"[1]. "Les productions de sucre et de rhum sont assurées par deux usines à sucre et 13 distilleries agricoles. Ces établissements reçoivent les livraisons de 1 249 planteurs de canne (en 1980)..."[2]. Ainsi, en 20 ans, l'économie cannière a perdu en moyenne chaque année près de 8 % du nombre de ses exploitants.

1. FERRE, J.F. (1976).- La canne à sucre. Les industries du sucre et du rhum à la Martinique. Evolution contemporaine (1950-1974).- Talence, Centre d'Etudes de Géographie Tropicale du CNRS (Travaux et Documents de Géographie Tropicale. 24).
2. MARTINIQUE. Direction Départementale de l'Agriculture. Fort-de-France. (1981).- Bilan de l'agriculture martiniquaise.

2 - Réduction des surfaces plantées

Les surfaces totales plantées en canne (jachères comprises) ont évolué comme le nombre d'exploitants :

1961	:	14	000	hectares
1971	:	7	000	hectares
1981	:	5	000	hectares

Le rétrécissement du domaine cannier est considérable : en vingt ans, cette spéculation a perdu près des 2/3 de son potentiel foncier et chaque année, en moyenne sur la période, ce sont 5 % des surfaces plantées qui disparaissent.

3 - Réduction corrélative des quantités de cannes coupées

Les volumes de cannes manipulées se réduisent en même temps que la population active et les surfaces plantées :

1963	:	1 231	000	tonnes coupées[3]
1971	:	514	375	tonnes[4]
1981	:	242	000	tonnes[4]

Soit, en près de 20 ans, une chute annuelle moyenne de plus de 8 % de la production de canne : la réduction du nombre d'actifs et des surfaces plantées n'a jamais été contrebalancée par une amélioration de la productivité des hommes ou une augmentation du rendement des terres. En conséquence, la production de sucre a chuté dans des proportions considérables :

1961	:	90	000	tonnes
1971	:	28	274	tonnes
1981	:	2	900	tonnes

Par contre, sur la période, l'activité rhumière est restée stationnaire, oscillant autour de 100 000 HAP (hectolitres d'alcool pur). Mais au-delà du déclin de l'économie cannière ou de la crise de l'économie de plantation, c'est le recul généralisé des activités primaires en Martinique depuis deux décennies qui pose question.

B - Le recul global de l'agriculture martiniquaise

On observe en Martinique un rétrécissement continu de la valeur ajoutée agricole dans le Produit Intérieur Brut Marchand (tabl. I).

Il est symptomatique de constater que la situation n'est pas différente en Guadeloupe : la crise de l'économie de plantation sévit aussi dans l'île soeur

3. FERRE, J.F. (1976).- *Ibidem* page 73.
4. INSEE.- *Comptes Economiques de la Martinique.* Série 1970-1978. *Archives et Documents,* n° 15. Série 1975-1980. *Archives et Documents,* n° 68.

Année	1949	1958	1970	1980
Valeur ajoutée	63,23	120,7	226,1	361,6
% du PIB	35,6	30,4	14,1	5,6

Tableau I.- *Valeur ajoutée agricole dans le Produit Intérieur Brut en Martinique*
Source : INSEE. Comptes Economiques de la Martinique.
(En millions de francs courants)

et dans ces deux économies insulaires nous observerons que paradoxalement l'effondrement similaire du secteur primaire n'affecte en rien l'augmentation de leur PIB respectif (tabl. II). La persistance et la profondeur de cette involution sectorielle et les modifications de structure qui vont affecter l'économie marchande et non marchande locales, obligent à considérer qu'il s'agit, en l'occurrence, d'une mutation systématique de l'économie (ce qui ne signifie pas que la "superstructure" -rapports sociaux ou idéologies- ait évolué au même rythme).

Année	1949	1958	1970	1980
Valeur ajoutée	74	123,9	332,1	378,8
% du PIB	47,4	34,8	25	6,3

Tableau II.- *Valeur ajoutée agricole dans le Produit Intérieur Brut de la Guadeloupe*
Source : INSEE. Comptes Economiques de la Guadeloupe.
(En millions de francs courants)

C - L'affaiblissement de la production locale et la montée de l'économie de transferts en Martinique

La substitution progressive d'un mode de développement par l'autre est vérifiée par la divergence entre les résultats du secteur primaire (en baisse réelle) et la croissance continue du PIB (en hausse réelle) (tabl. III). Alors que le PIB réel de l'agriculture martiniquaise chute de l'indice 100 à l'indice 68 en 14 ans (soit un taux annuel moyen de décroissance de plus de 2,7 %), dans le même temps, le PIB total est multiplié par 1,85 en termes réels (soit une augmentation annuelle moyenne supérieure à 4,5 %). En corollaire, on observe que la part relative de l'agriculture dans le PIB global de la Martinique passe de 15,28 % (1966) à 5,6 % (1980) ; rappelons que le secteur primaire représentait 34,3 % pendant la période 1940-50.

Année	PIB DE L'AGRICULTURE		PIB TOTAL	
	Ind. Nom.	Ind. Réel	Ind. Nom.	Ind. Réel
1966	100	100	100	100
1970	143,31	117,17	152,89	126,77
1975	215,04	107,62	320,73	160,52
1980	226,02	67,95	616,77	185,43

Tableau III.- *Comparaison du PIB de l'agriculture et du PIB total en Martinique*

Source : INSEE. Comptes Economiques de la Martinique.

Symétriquement, les exportations, mesurées en valeur réelle, voient leur importance diminuer :

1966	:	indice : 100	% du PIB : 22,19
1970	:	: 60	: 10,42 %
1975	:	: 88	: 12,14 %
1980	:	: 64	: 7,6 %

Et en ce qui concerne le secteur secondaire, durant les deux dernières décennies, son poids relatif a évolué à la baisse dans le Produit Intérieur Brut :

1968	:	: 16,99 %
1970	:	: 10,62 %
1975	:	: 11,59 %
1979	:	: 8,10 %

Il est donc patent que le secteur primaire, les exportations, et le secteur secondaire ont évolué à l'opposé du PIB en Martinique : l'origine de la valeur et des marchandises échangées à l'intérieur de cette économie insulaire sont de moins en moins la contrepartie de la production primaire et secondaire locales.

A contrario, l'injection de plus en plus importante de fonds d'Etat sous la forme de dépenses publiques (salaires, aides sociales, subventions) mais aussi d'éxonérations, d'abattements fiscaux et de financement de déficits publics va déplacer le centre de gravité de l'économie martiniquaise en modifiant profondément sa physionomie. Le poids relatif croissant des dépenses publiques va impulser ce mode de développement dans lequel la production sous toutes ses formes est marginalisée (tabl. IV).

Année	Dépenses Publiques / PIB	Secteurs Prim + Secd / PIB
1950	24,80 %	53,00 %
1960	35,80 %	-
1963	40,10 %	-
1967	66,10 %	30,00 %
1970	65,00 %	26,60 %
1979	55,70 %	18,60 %
1980	62,20 %	16,90 %
1981	62,60 % (a)	-

Tableau IV.- *Proportion des dépenses publiques et des secteurs productifs / PIB en Martinique*

(Sources : CRUSOL, J.- *Les économies insulaires de la Caraïbe.*- Editions Caribéennes, 1980, pp. 281 ; *Transferts et Finances Publiques Locales en Martinique.*- Préfecture de la Martinique, déc. 1982 ; INSEE.- *Comptes économiques*).

(a) : notons que les ponctions opérées par l'Etat ne modifient pas la portée du raisonnement, puisque les tranferts nets représentent structurellement près de la moitié du PIB

II.- L'ÉCONOMIE DE TRANSFERTS

A - Considérations préalables

Le passage progressif de l'économie martiniquaise dans l'économie de transferts est le résultat nécessaire de la politique de "rattrapage" telle qu'elle a été envisagée après la départementalisation *de jure*. Cette mise à niveau, encore partielle, a été elle-même la conséquence obligée du choix de développement que la France a fait pour les Départements d'Outre-Mer autour des années 60.

Sans analyser ici les fondements géo-politiques, idéologiques ou histo-iques de cette volonté, il est clair qu'à une époque où le mouvement de la décolonisation sonnait le glas de l'empire français, le maintien de ces îles dans l'orbite immédiate de la France imposait une mutation économique fondamentale qui sorte ces entités insulaires de la situation économique coloniale caractérisée, entre autres, par la très forte inégalité socio-économique des différentes communautés et un faible revenu moyen par tête. Concrètement, au strict plan de la politique économique, il s'agissait pour l'Etat d'accroître significativement le niveau de vie moyen des populations concernées dans des délais et des conditions qui désamorcent les tensions inhérentes aux sociétés coloniales et leur tendance ou leur volonté séparatistes.

Dès 1950, nous l'avons vu, la part des dépenses publiques dans le Produit Intérieur martiniquais commence à augmenter. Déjà, en 1948, le FIDOM et la Caisse Centrale de Coopération Economique sont créés et produisent leurs premiers résultats, encore modestes, au début des années 50. En 1956, la SATEC (Société d'Assistance Technique et de Crédit) est instituée pour intervenir dans le domaine économique. A partir de 1958, les effets socio-économiques de la départementalisation s'accélèrent et vont, en dix ans, faire entrer la Martinique de plain-pied dans l'économie de transferts. Car ce qui, à l'origine, était pensé comme une "aide au développement", susceptible d'induire une croissance de la valeur ajoutée produite localement (infrastructure économique, agriculture, tourisme, pêche) est devenu, au fil des décennies, le fondement même de ce développement : de 1950 à 1980, le montant des transferts publics nets courants a été multiplié par plus de 80 (de 40,05 millions à 3 276,8 millions soit une croissance nominale théorique de près de 16 % l'an ; dans le même temps, les effectifs totaux des agents de l'Etat et des collectivités locales ont plus que quadruplé (5 516 agents de l'Etat et des collectivités locales au recensement de 1954 ; 26 440 fonctionnaires et assimilés en 1979-1980).

L'application progressive des lois sociales, l'extension massive du secteur public et de ses interventions économiques, la budgétisation accélérée de l'économie ont été la cheville ouvrière de cette stratégie économique de plus en plus détachée de la production comme processus de création de valeur ajoutée : l'économie productive coloniale allait peu à peu marquer le pas au profit d'un développement sans croissance.

B - Dynamique de l'évolution des structures économiques de la Martinique

La première caractéristique de cette évolution est relative au **rythme de passage** à l'économie de transferts. Cette mutation n'a pas été linéaire mais, schématiquement, s'est opérée à taux croissant de 1950 à 1965 puis à taux décroissant jusqu'en 1980. Que l'on considère le volume relatif des transferts dans le PIB, l'évolution de l'emploi public, le poids relatif du primaire ou encore le taux de couverture des importations par les exportations, tous ces paramètres confirment que le changement de polarité de l'économie s'est réalisé en grande partie dans la période 1960/1970, puis sa pénétration s'est poursuivie pour achever la conversion du mode de développement de l'économie départementale :

- nous l'avons vu, entre 1950 et 1967, les dépenses publiques brutes se sont accrues trois fois plus vite que le PIB jusqu'à atteindre une sorte de ratio de structure ou au moins un plafond qui les situe aujourd'hui encore à hauteur des 2/3 du PIB (ce plafonnement relatif est sans rapport avec la capacité de financement du budget national ; il traduit une structuration de l'économie dans laquelle, schématiquement et en toute hypothèse, 50 % du PIB correspondraient à l'injection primaire des transferts nets et 50 autres pour cent à leurs effets secondaires) ;

- en passant de 5 516 agents en 1954 à 16 561 en 1967, les effectifs de la Fonction Publique sont multipliés par trois en 12 ans ; les 12 années suivantes (de 1968 à 1979), l'emploi public n'a augmenté que de 50 % avec une nette tendance à se stabiliser ces dernières années ;

- le taux de couverture des importations par les exportations est tombé de 0,8 à 0,2 entre 1950 et 1970 ; depuis lors, il oscille autour de ce dernier ratio.

La seconde caractéristique se rapporte à l'**évolution des structures économiques.** Rappelons la physionomie de l'économie martiniquaise telle qu'elle était structurée en 1950 :

Secteur Primaire	:	36 % du PIB
Secteur Secondaire	:	20 %
Secteur Tertiaire	:	30 %
Administration	:	14 %

Sur la période 70/80, homogène du point de vue des statistiques disponibles, considérons la part relative des secteurs d'activité en termes de valeur ajoutée brute (tabl. V). Si le rythme de cette évolution confirme notre première observation chronologique, la transformation des structures illustre aussi le déplacement du centre de gravité de l'économie martiniquaise du secteur primaire exportateur vers le tertiaire et l'Administration, ce glissement de la production vers l'improduction s'accompagnant paradoxalement d'une hausse continue et réelle du revenu par tête. Mais le paradoxe n'est qu'apparent, car, du point de vue de l'économie politique, l'origine de la valeur en circulation dans l'économie martiniquaise s'est déplacée en passant progressivement du travail agricole local au budget national. Du même coup, l'état des forces productives locales, à productivité et à rendement faibles, a de moins en moins déterminé le niveau du revenu disponible de l'île qui s'est trouvé par contre arrimé aux flux des transferts publics.

Cette économie de transferts, maintenant bien implantée, se caractérise par la primauté économique de l'Etat en tant que générateur de valeur

	1970	1975	1980
Agriculture	16,28 %	12,29 %	6,60 %
Sucre, Rhum, Alcool	2,13 %	2,09 %	0,94 %
Autres I.A.A.	1,61 %	1,92 %	1,27 %
Energie	1,66 %	2,82 %	2,10 %
Industrie	2,34 %	3,24 %	3,69 %
Batiments et TP	6,63 %	5,93 %	4,25 %
Commerce	21,10 %	18,51 %	16,77 %
Transp. Télécom.	2,81 %	3,69 %	4,13 %
Services marchands	13,24 %	11,30 %	18,12 %
Hôtels, Cafés, Rest.	0,86 %	2,45 %	3,77 %
Administration	31,34 %	35,76 %	38,36 %

Tableau V. - *Part relative des secteurs d'activité en termes de*
valeur ajoutée brute en Martinique
Source : INSEE

économique nouvelle. L'Etat représente de toute évidence le secteur entraînant de l'ensemble de l'économie locale :

- près de 50 % des rémunérations versées dans le département le sont par les administrations publiques (Etat, Organismes divers d'administration centrale, Administrations publiques locales) ;

- plus de 66 % du revenu disponible brut des ménages sont constitués par des versements publics ;

- la formation brute de capital fixe est, pour moitié, financée par des fonds publics.

Mais cette impulsion déterminante de l'Etat est singulière du fait de son caractère non-productif : la richesse distribuée localement par l'Etat n'est pas la contrepartie d'une activité marchande de production (la valeur ajoutée publique non-marchande représente cent fois la V.A.P. marchande). Le corollaire de cette situation est la primauté nécessaire et symétrique d'un secteur tertiaire, situé à l'aval des flux publics, répondant à la demande finale induite par les salaires et l'aide sociale versés par l'Etat.

Mais, en définitive, cette description de l'architecture économique de la Martinique est patente pour l'observateur, encore faut-il qu'il ait dépassé les clichés rebattus à propos de l'économie martiniquaise et qui tiennent trop souvent lieu d'analyse (Martinique = économie agricole, ou encore Martinique = économie développée ou sous-développée selon les cas).

Ce sont davantage la portée et les implications de ce système économique qui constituent la question de fond : la situation martiniquaise ne renverrait-elle pas, en toute hypothèse, à un modèle de développement spécifique que nous avons dénommé, en première analyse, l'économie de transferts, et dont la nature, le fonctionnement et les limites ne peuvent être confondus avec celle de l'économie de production ? La réponse n'est pas sans conséquence sur les choix possibles de développement.

C - Réflexions théoriques à propos de l'économie de transferts

Industrialisation (c'est-à-dire multiplication et articulation des activités productives) et transferts publics ne constituent-ils pas, parmi d'autres, deux processus distincts de mobilisation du surplus économique. Mais plus que différents, ne seraient-ils pas antinomiques ? Valeur ajoutée et valeur importée ne sont-elles pas, dans leur rationalité et, en l'occurrence, dans l'histoire économique contemporaine de la Martinique, exclusive l'une de l'autre ? Au plan macro-économique, le détour par l'acte de production comme source de valeur ne se justifie plus en économie de transferts puisque ces derniers se substituent progressivement, en termes relatifs ou absolus, au surplus dégagé de la production et iront financer l'échange et l'accumulation essentiellement dans la sphère de la circulation ou dans des domaines improductifs.

Dans une économie de production, qu'elle soit d'ailleurs de type "développé" ou "en développement", les luttes politiques et sociales se cristallisent précisément autour des conditions de création et de répartition de la plus-value issue de l'acte productif : en Europe, la montée séculaire de la bourgeoisie puis l'émergence des luttes des travailleurs en sont l'illustration à l'échelle de l'histoire.

Dans une économie de transferts, l'accès aux fonds publics constitue l'enjeu principal. Le détour par la production, comme moyen de réaliser sa force de travail ou d'en dégager une plus-value, devient superfétatoire puisque la richesse est préexistante. Il s'agit seulement pour les individus et les groupes concernés de disposer de leur quote-part selon des modalités de répartition propres à l'économie de transferts. En conséquence, dans l'économie de transferts, l'industrie et l'ensemble des activités productives sont sapées dans leur ressort profond : la création de valeurs d'échange est inéluctablement évincée par les transferts publics et leur double, l'importation.

Communément, l'impact de ce mode de développement sur la réalité économique est perçu localement de façon ambivalente : d'une part, les retombées "positives" (résumons-les rapidement au niveau de vie) et les effets "négatifs" sont totalement disjoints dans l'appréciation qui est portée généralement sur l'économie martiniquaise, alors qu'il s'agit des deux composantes totalement imbriquées d'un même mode de développement ; d'autre part, ces aspects "négatifs" ne le sont que par rapport à la norme que constitue, implicitement, dans ce genre d'appréciation, l'économie de production : ainsi le déséquilibre du commerce extérieur, l'hypertrophie du tertiaire, l'absence d'une production locale majeure, etc... ne sont pathologiques que pour les économies classiques, développées ou sous-développées, et qui doivent faire face à des contraintes macro-économiques incontournables. Or, cette économie de transferts y échappe totalement, n'ayant pas à assurer ces grands équilibres macro-économiques puisqu'elle appartient à un ensemble plus vaste qui en a la charge ultime.

Du point de vue de la rationalité économique, la structure de l'économie martiniquaise est la projection nécessaire du fonctionnement de l'économie de transferts. En ce sens, l'économie martiniquaise n'est pas "artificielle", elle est conséquente. L'hypertrophie du tertiaire est à la hauteur d'une consommation finale soutenue par les transferts publics et leur circulation primaire et secondaire locales. L'origine et l'importance du surplus externe provoquent, pour sa distribution et sa gestion, le gonflement de l'Administration et la désaffection des agents à l'égard de la production, marginalisée. L'absence de frontière économique avec la France métropolitaine et l'Europe, et le différentiel de productivité accentuent la précarité de la production locale. Enfin le niveau de vie, statistiquement équivalent à celui d'Israël ou de l'Espagne, s'élève au rythme des flux des transferts publics.

Si l'on devait chercher des situations analogues à travers le monde, il faudrait en premier lieu engager une comparaison avec les autres Départements d'Outre-Mer qui montrerait comment la spécificité économique martiniquaise trouve ses fondements du côté de l'économie de transferts qui impulse les DOM. Mais les économies jeunes, mono-exportatrices d'une matière première dont le cours est temporairement surévalué, peuvent aussi être rapprochées, par certains aspects, de la situation martiniquaise. Certes, dans les DOM, les transferts, par définition, ne sont pas la contre-partie d'une exportation marchande, mais dans les deux cas, le niveau de richesse en circulation n'est pas l'équivalent de la valeur ajoutée interne (l'envolée des cours mondiaux d'une matière première renvoie à des variations de prix et non pas de valeur). Les mêmes causes paraissent produire les mêmes effets : l'impact multiplicateur et industrialisant de la rente est nul, la consommation finale interne s'accélère, les importations de biens de consommation augmentent en conséquence, et les activités de services ou improductives s'étendent.

Dans l'économie de rente (type pays exportateurs de pétrole de 1975 à 1982), il existe non seulement une contrepartie visible à la rente, mais l'allocation de cette rente et son partage à l'intérieur de l'économie considérée s'opèrent de façon autonome sous le seul contrôle des élites locales. Il y a là une composante importante de la vie politique et de la structuration sociale de ces économies de rente.

Dans le cas de l'économie martiniquaise, la distribution des transferts est réalisée principalement depuis la France métropolitaine, autant par la fixation des salaires de la Fonction Publique et des prestations sociales que par les règles de Finance Publique qui orientent la circulation des transferts publics dans l'économie martiniquaise (il faudra cependant apprécier si la décentralisation module effectivement cette détermination externe). Mais économie de rente ou économie de transferts, la conséquence au plan de l'industrialisation, et donc de la croissance, reste identique : l'étroitesse du tissu productif est le résultat de la disponibilité d'un surplus sans contrevaleur ajoutée locale et qui, par son poids dominant dans l'économie, en détermine la rationalité et le fonctionnement.

En conclusion, il convient donc de distinguer radicalement économie de production et économie de transferts si l'on veut mettre à plat la réalité économique martiniquaise. Ce binôme offre un questionnement au sein duquel se tient, pour une part sans doute, l'élucidation de la situation économique de l'île et l'explication d'une certaine impuissance des intentions en matière d'industrialisation.

III.- LA PRODUCTION LOCALE : NÉCESSITÉ, PROJET OU MYTHE ?

Tel que se donne à voir le projet de développement de la production locale, comme perspective de rééquilibrage de l'économie martiniquaise, il devrait permettre : de réduire les contradictions de l'économie de transferts et la dépendance économique externe ; de permettre au pouvoir politique local de se constituer autour de la gestion endogène des fonds publics internes et externes et non plus d'être l'instance d'une redistribution formelle ; de libérer l'esprit de création et d'entreprise dans la société martiniquaise alors moins mobilisée par la quête de la manne publique mais davantage stimulée par sa propre capacité à créer de la valeur sous forme de marchandises et de techniques.

Vers cet horizon économique et politique converge un large consensus de la classe politique et intellectuelle. Toutes les énergies ou, au moins les intentions, s'orientent vers cette nouvelle économie politique qui vise à rien de moins qu'à réintroduire la valeur-travail (au sens de l'économie classique) dans l'économie martiniquaise. Mais la légitimité des intentions politiques et l'intérêt du projet économique tel qu'il est affiché, ne suffisent pas à infléchir l'économie réelle même s'ils sont les prémices du développement. Sa définition, ses moyens et la stratégie qu'il suppose sont à conforter. Cependant, si le projet de la réactivation de la production locale suscite une unanimité formelle, les perspectives ou les problématiques qu'il recouvre ne sont pas analogues.

Constatons, en premier lieu, que le thème en lui-même n'est pas nouveau : le Parti Progressiste Martiniquais, dès sa constitution, en avril 1958,

avait fixé l'objectif de promouvoir l'industrialisation de la Martinique. En outre, quelques titres de la littérature économique s'y rapportant
témoignent de la pérennité de cette problématique : *La fausse croissance*
(J.M. Albertini, 1965)[5] ;*Vrai ou faux développement dans les DOM ?*
(M. Yang-Ting, 1968)[6] ; *Que faire pour développer la Martinique ?*
(A. Le Sausse, 1972)[7], auquel il conviendrait d'ajouter le discours techno-
cratique tel qu'il est livré dans les Plans nationaux successifs. Précisons ensuite
la diversité des positions autour du même thème en considérant leurs tenants
et aboutissants.

On peut sérier quatre objectifs généraux à cette perspective de développement économique de la Martinique : préparer l'économie martiniquaise à
une chute probable, selon les tenants de cette thèse, des transferts en provenance
d'une économie nationale mise à mal par une récession durable ; rétablir,
pour les uns, les grands équilibres de l'économie de l'île : commerce extérieur,
hypertrophie du tertiaire, réveil des potentialités agricoles ; réduire un sous-
emploi important par la création d'emplois dans des secteurs productifs à
développer ; constituer, pour d'autres, un tissu productif autonome, dans la
perspective d'une modification du statut politique de l'île (évidemment, ces
positions ne s'excluent pas, et peuvent s'emboîter et se compléter selon les
idéologies ou les stratégies qui les produisent).

Si la légitimité et la logique interne de ces différentes problématiques du
développement de la production matérielle en Martinique sont indiscutables,
l'analyse de leur contenu économique paraît tout-à-fait indispensable. Nous
voudrions y contribuer ici en livrant les quelques réflexions suivantes.

La première position insiste sur la **charge que constituent les
transferts publics** destinés à l'Outre-Mer français, sur le budget national,
en conjecturant que la résorption du déficit national passera immanquablement par la compression du déficit des finances publiques locales et "la
stabilisation des dépenses publiques à la Martinique" (Jean Crusol.- Trois
Scénarios pour l'An 2 000. *Quotidien France-Antilles* du 12 avril 1984).
Cette hypothèse méritait effectivement dans les années 80-84 une particulière
attention du fait de la conjoncture économique métropolitaine récessive
même s'il nous semblait déjà à l'époque que cette thèse donnait une primauté
excessive à la seule logique comptable.

5. ALBERTINI, J.M.- *La fausse croissance*.- Fonds St. Jacques, Martinique, Centre de Recherches Caraïbes
de l'Université de Montréal, 1965. (Collection de Réimpression du Centre de Recherches Caraïbes. n° 5).
6. YANG-TING, M. (1968).- *Vrai ou faux développement dans les DOM* ? - 2eme ed. Fort-de-France,
Librairie Relouzat.
7. LE SAUSSE, A. (1972).- *Que faire pour développer la Martinique* ? Fort-de-France, Editions
Désormeaux, 1972.

S'il est indubitable que la rigueur économique produit ses effets sur toutes les lignes budgétaires, il faut considérer que le budget de l'Etat traduit aussi -et toujours- des choix politiques et des priorités stratégiques. Sauf à raisonner dans des situations économiques véritablement catastrophiques, rapprocher déficit budgétaire national et transferts nets au profit des DOM pour augurer de leur baisse, escamote totalement l'enjeu stratégique que constituent à l'évidence les DOM.

Le montant des transferts nets destinés aux Départements de l'Outre-Mer dépend d'au moins trois paramètres, eux-mêmes pondérés de façon évolutive selon les conjonctures locale, nationale et internationale, politique et économique. Il s'agit effectivement d'une alchimie complexe que l'on peut tout de même caractériser par les éléments suivants : la capacité économique de l'Etat à financer ses objectifs, le coût social et l'impact politique locaux des choix budgétaires faits à Paris et enfin la stratégie géo-politique de l'Etat. Privilégier un seul de ces paramètres biaise la prévision.

Un enseignement peut aussi sans doute être tiré des 15 dernières années qui ont vu l'économie française basculer d'une situation de croissance soutenue à celle d'une crise durable au tournant de 1974. Une rétrospective de l'évolution du PIB des DOM (Guadeloupe, Martinique et Réunion), en termes constants, livre trois observations particulières :

- de 1970 à 1980, le taux moyen annuel de croissance réelle a été le suivant :

PIB France	: 3,42 %
PIB Martinique	: 3,71 %
Dépenses Budget Général France	: 4 %
PIB Réunion	: 4,25 %
PIB Guadeloupe	: 5,32 %

- la tendance de croissance des économies des Départements d'Outre-Mer est légèrement supérieure à celle de l'économie nationale ; en outre sur la période, la croissance réelle a été positive malgré les chocs de 1973 et 1979 ;

- les mouvements de l'économie nationale se répercutent directement sur le PIB réel des DOM : le tassement du PIB réel national en 1973 et 1979 a fait chuter le niveau du PIB réel dans les trois DOM aux mêmes périodes ;

- le taux de croissance annuel réel du PIB, après 1973/1974, reste positif mais évolue selon une tendance moins favorable. Le même phéno-mène semble devoir se produire en 1979/1980.

Il est sûr que les DOM sont affectés par les mouvements de l'économie nationale, à la hausse ou à la baisse. Mais l'austérité qui est à l'oeuvre en France depuis environ 1983 n'a pas rejailli dans les DOM de façon parti-culièrement sévère ; au contraire même, l'application de certaines mesures d'austérité n'y est pas intégrale (taxation des alcools par exemple) car des variables politico-stratégiques limitent ici la marge de manoeuvre des pouvoirs publics. Cette voie étroite de mise en oeuvre des mesures d'austérité pourrait se traduire théoriquement par une élasticité "coût marginal socio-politique local/économies budgétaires marginales réalisées" toujours supérieure ou égale à 1 dans les DOM.

A la mi-86 la conjoncture politique, vient effectivement infirmer la thèse "récessionniste". Si la conjoncture budgétaire nationale reste fortement marquée par l'austérité, les mesures particulières prises à l'égard des DOM, à travers le projet de loi-programme, attestent la pérennité de l'économie de transferts, et ce en vertu de considérations politico-économiques dans lesquelles le niveau du déficit national n'est certainement pas l'élément déterminant.

La seconde thèse considère logiquement que le rétablissement des grands équilibres de l'économie martiniquaise passe par le **redressement de la production locale**. La faiblesse du taux de couverture des besoins essentiels des populations et plus généralement le déséquilibre des échanges extérieurs, la structure largement improductive de l'économie de l'île, sont autant de symptômes qui plaident en faveur d'une relance de la production locale. Mais malgré le caractère patent des écarts entre besoins et ressources locales, il convient de s'arrêter un instant pour en préciser la nature. Une certaine rigueur sémantique évitera de s'engager dans un raisonnement paralogique utilisant une terminologie qui traduit une attitude passionnelle de l'observateur plutôt qu'un dysfonctionnement économique.

Sans avoir l'ambition de nous engager dans l'analyse épistémologique de la notion de déséquilibre économique, nous avancerons que cette catégorie devient opératoire lorsque, du point de vue dynamique, se développe une interaction entre le fonctionnement de l'économie et l'évolution déviante d'un paramètre macro-économique. L'équilibre général du système (c'est-à-dire sa reproduction à l'identique) est alors rompu et nécessite des mesures de politique économique destinées soit à revenir à l'état d'équilibre antérieur, soit à atteindre un autre niveau d'équilibre d'expansion ou de récession.

Dans le cadre de l'économie de transferts qui est à l'oeuvre en Martinique, il est clair que la variable stratégique est l'évolution des flux réels des transferts nets publics, alors que les autres paramètres (hormis le chômage) peuvent être considérés comme des épiphénomènes car, non seulement ils sont objectivement sans effet négatif sur la reproduction de l'économie de transferts, mais ils sont au contraire l'expression inéluctable de son fonctionnement effectif.

Au plan du diagnostic, considérer par exemple l'écart entre importations et exportations de la Martinique comme un déséquilibre économique revient à confondre, d'une part les symptômes nécessaires au fonctionnement organique de ce mode de développement et, d'autre part les dysfonctionnements qui remettraient en cause l'équilibre général du système et sa reproduction. Du strict point de vue de la rationalité du système en question, le redressement de ces "déséquilibres" n'a aucun caractère impérieux puisque l'économie de transferts se caractérise par l'absence des contraintes macro-économiques classiques : pas de réserves de change à protéger, pas de parité monétaire propre à défendre, pas de financement du développement à assurer à partir des résultats d'exportation. L'absence de corrélation entre les paramètres "déséquilibrés" de l'économie martiniquaise et l'évolution du PIB montre que l'écart statistique n'est pas nécessairement synonyme de déséquilibre économique. Autrement dit, se pencher sur les résultats du commerce extérieur de la Martinique ou sur la configuration sectorielle de son économie oblige nécessairement à s'interroger sur le fonctionnement même de l'économie de transferts, mais à prendre aussi en compte l'autre versant du problème, à savoir le PIB et son évolution positive qui sont, en définitive, la cause de ces "déséquilibres".

Mais en tout état de cause, ce que nous avons appelé des épiphénomènes économiques peuvent, pour diverses raisons, être crédités localement d'une charge socio-politique importante et, à ce titre, faire l'objet d'une thérapie économique sans pour autant être le signe d'un déséquilibre économique. Mais l'efficacité du traitement trouvera rapidement ses limites en vertu de la démonstration que nous avons ébauchée.

Le troisième objectif qui peut être assigné au développement de la production locale a trait à la **résorption du chômage**. En 1980, la part des chômeurs dans la population active était supérieure à 28,6 %[8] dont près de la moitié étaient des jeunes à la recherche d'un premier emploi. En conséquence, il est indispensable que le développement de la production locale contribue à atténuer ce fort sous-emploi.

Mais si l'intention est légitime, elle mérite néanmoins quelques observations autant sur l'acuité du problème que sur sa résolution. En premier lieu, on peut observer que le taux de sous-emploi est stable depuis 10 ans au moins : en 1972, le nombre de chômeurs était de 32 000 individus pour une population active totale de 121 000 personnes : la Martinique ne paraît pas confrontée aujourd'hui à un problème d'emploi statistiquement plus aigu que par le passé. La question est de savoir comment vont évoluer les facteurs qui ont jusqu'ici amorti socialement le poids de ce sous-emploi : émigration vers la France métropolitaine, travail clandestin individuel et secteur informel, solidarité institutionnelle ou familiale. Dans ce domaine, et faute d'investigations socio-économiques fines, le catastrophisme des uns vaut autant que le tranquille optimisme des autre.

Même si seulement 17,4 % des chômeurs sont des chefs de ménage (la majorité ayant des enfants encore à charge) et que d'ici 1990 "la pression démographique sur le marché du travail devrait s'atténuer du fait de l'arrivée aux âges d'activité des générations moins nombreuses nées dans les années 1970 (*L'Emploi en Martinique* 1979-1980[8], p. 18), il n'en reste pas moins qu'il y a là, virtuellement, un facteur puissant de tensions socio-économiques car même si la situation statistique du sous-emploi est stable, sa perception socio-politique peut se modifier considérablement.

Au plan du diagnostic, il est tentant de rapprocher la faiblesse de la production locale avec le taux élevé de sous-emploi en considérant que l'une entraîne l'autre, et symétriquement, que la création d'emplois passe immanquablement par la relance de la production. D'une part, de 1970 à 1980, on observe que la part des secteurs productifs, primaire et secondaire, dans la valeur ajoutée totale a diminué de 30,65 % à 18,85 % alors que dans le même temps le taux de chômage restait stable (27 %). Le niveau de sous-emploi paraît donc peu corrélé à l'affaiblissement de la production locale. D'autre part, river la création d'emplois à l'expansion de la production locale revient à envisager une création d'emplois conditionnelle. En outre, lier les deux objectifs, risque peut-être aussi de les compromettre également : envisager une industrialisation ou une relance de l'agriculture selon une configuration utilisatrice de main-d'oeuvre grève sa productivité (à moins de tomber dans une perspective d'activités exportatrices de main-d'oeuvre type sud-est asiatique dont on sait le faible niveau des rémunérations du travail) et donc, à terme, remettre en question et les emplois créés et la pérénité du processus productif.

Il n'y a pas d'un côté, les "bons" emplois, industriels, et de l'autre, les "mauvais" emplois, tertiaires. Ce qui est en question, c'est l'articulation et la complémentarité inter-sectorielle et leur effet cumulatif sur la valeur ajoutée totale créée dans une économie donnée. Privilégier une stratégie d'emplois à partir du seul secteur productif, c'est se priver d'une maîtrise globale de l'allocation de la force de travail dans l'économie martiniquaise ; c'est aussi laisser en friche, à court et moyen termes, des opportunités d'emplois offertes dans certains secteurs entraînés par l'économie de transferts, dans lesquels les débouchés sont sûrs puisque naturellement protégés des importations. Nous avons écarté le truisme qui consiste à affirmer que s'il y avait -en plus de l'emploi actuel tertiaire public et privé- un secteur d'embauche dans la production, le sous-emploi serait résorbé. En effet cette prénotion vaut, d'une part, pour tout secteur créateur d'emplois qu'il soit productif ou improductif : s'il y avait plus d'emplois, il y aurait moins de chômage ! D'autre part, elle ignore que l'industrie, dans le mode de développement actuel, reste structurellement un faible pourvoyeur d'emplois (18 000 personnes en 1967, 20 000 en 1972 et 16 320 en 1979) car essentiellement tournée vers le marché intérieur naturellement étroit (325 000 personnes) et économiquement réduit (importations).

8. DOMENACH, H. ; GUENGUANT, J.P.- L'emploi en Martinique. 1979-1980. *Les Dossiers Antilles-Guyane*, n° 7. Service Interrégional INSEE.

La réhabilitation et la renaissance de la production locale sont impératives pour les tenants de la thèse d'une modification, à terme, du **statut politique de l'île.** Sans préjuger de l'évolution politique future, il est indéniable qu'une telle éventualité bouleverserait les fondements de l'économie martiniquaise et que les transferts publics externes disparaitraient au profit d'une valeur ajoutée locale et de l'aide internationale. Mais une fois posé le principe politique, surgit la question de la stratégie économique, c'est-à-dire les modalités de l'action volontariste qui, d'ailleurs, interpelle tout projet économique d'industrialisation.

Quelques aspects de ce questionnement pourraient être : comment se situer, résister ou s'intégrer dans la division internationale du travail ? Cette industrialisation doit-elle se faire en priorité à partir d'un secteur capitaliste privé, d'un secteur coopératif ou d'un secteur public ? Le capital et le savoir-faire extérieurs sont-ils partie prenante dans ce projet ? Comment les attirer ? Comment les contrôler ? S'agit-il de faire entrer les Martiniquais dans la production en tant que détenteurs des moyens de production ou comme gérants et ouvriers ? Comment rassurer les investisseurs privés qui exigent stabilité politique et libéralisme économique alors que paradoxalement, en Martinique, le développement social a été réalisé par ceux que l'on situe plutôt dans la mouvance des puissances d'argent, et que la croissance économique trouve maintenant un écho du côté des tenants de la justice et de l'égalité économique ?

*   *

*

La puissance et les résultats de l'économie de transferts, la pénétration de sa logique dans les pratiques économiques les plus quotidiennes constituent sans doute des obstacles importants à une métamorphose spontanée et rapide de l'économie martiniquaise. La transition devra s'opérer en évitant que l'économie de transferts avance masquée à travers le projet même de production locale. En effet, cette perspective de croissance de la production peut parfaitement, si l'on y prend garde, conforter le mode de développement actuel, fondé sur les transferts publics, en trouvant dans le thème de la "production locale" une occasion supplémentaire d'en appeler aux ressources extérieures et en créant autour de ce projet un ensemble d'instances et de fonctions économiques improductives.

Plus fondamentalement, se posera le paradoxe ou, en tout état de cause, le problème d'une initiative privée impulsée par l'Etat. La politique de promotion d'un milieu d'entrepreneurs locaux a trop tendance, si on se réfère aux expériences ouest-africaines dans ce domaine, à se limiter au recyclage des fonds publics au profit (en l'occurrence, il s'agirait plutôt d'une rente !) d'intérêts privés plus affairistes qu'entreprenants. Des firmes locales se créent, certes, mais dans des conditions de coûts collectifs et de précarité économiques considérables. Mais, pour l'instant, le leitmotiv de la production locale apparaît plus comme l'expression vitale d'un projet de société que comme un impératif économique urgent et immédiat, ce qui confère à cette problématique un caractère ambivalent, à la fois futur en tant que projet mais présent comme référence constante, mais aussi économique par destination et idéologique par fonction.

Pour comprendre l'essence de ce projet, il faut quitter les perspectives économicistes et rechercher son fondement dans l'idéologie. Avec une terminologie approximative, nous dirons que le coût psychologique de l'économie de transferts, ou encore ce que d'aucuns expriment à travers la notion morale de dignité est en partie explicatif de la ténacité du thème. Le mode de développement actuel suivant lequel fonctionne l'économie martiniquaise est considéré par certaines fractions de la population comme une forme d'assistanat institutionnalisé ; le germe de ce sentiment est implicitement contenu d'ailleurs dans le principe de la "solidarité nationale" auquel les départementalistes font légitimement référence pour expliquer le flux des transferts publics au bénéfice des DOM. Si ce financement externe produit certes des effets économiques positifs évidents, ce principe engendre quelque part l'impression que les DOM seraient dans un état de sinistre permanent.

Sans doute, l'idéologie, humaniste et progressiste, qui a été l'instigatrice de la départementalisation et de son évolution, n'est pas totalement étrangère à ce sentiment local d'assistance institutionnelle. De plus, l'absence d'une exportation marchande matérielle, faisant face aux transferts publics, peut faire croire à l'inexistence de toute contre-partie et donc conforter la thèse de l'assistanat et celle de la solidarité : pourtant d'un strict point de vue stratégique et national, la contribution objective, non pas productive mais géo-politique, des DOM est tout-à-fait claire. Encore faudrait-il qu'elle soit reconnue dans ses implications économiques et que cette fonction des DOM, sur le plan franco-international tempère le principe désuet et condescendant de "solidarité". Précisons, si besoin était, que la stratégie géo-politique de la France est considérée dans ce raisonnement comme une donnée.

La nature profonde du projet de développement de la production locale oblige donc à distinguer l'idéologique de l'économique. Comme mythe, seul le large consensus que suscite l'idée de "production locale" et sa capacité à fonctionner comme dessein collectif suffisent à le justifier et à le nourrir : il peut rester une prénotion c'est-à-dire une idée conçue antérieurement à (voire à l'écart de) l'étude scientifique des faits. Mais comme projet, la production locale et la croissance deviennent objet de la réflexion économique.

DÉBATS

F. DOUMENGE.- Est-ce que dans la comptabilité globale de la Martinique on tient compte de l'épargne forcée de 7 % de leur salaire mensuel, réalisée par les fonction-

naires de Martinique, comme par ceux de l'Hexagone, au titre des cotisations obligatoires de retraite ? L'Etat doublant le montant de la cotisation, tout traitement de la
fonction publique s'accompagne d'une épargne forcée de 14 % par mois. Or, il y a
environ 50 000 fonctionnaires actuellement en Martinique ; on a ainsi à peu près
10 000 F./an/fonctionnaire d'épargne forcée pour un salaire mensuel de 6 000 F., soit
500 millions de francs/an pour l'ensemble de la Martinique. Au bout de trente sept
années et demie, les fonctionnaires martiniquais auront donc capitalisé 18,75 milliards
de francs. D'ici une quinzaine d'années, quand les fonctionnaires actuels seront à la
retraite, c'est environ 2,5 milliards de francs qui seront versés en retour de cette épargne
forcée. Lorsque j'étais Recteur de l'Académie des Antilles-Guyane je distribuais pour
la seule Martinique près d'1 milliard de francs par an en salaires ; les instituteurs
percevaient globalement trois fois le montant de l'économie bananière. C'est dire si
cette économie de "fonctionnaires" est devenue colossale.

C. de MIRAS.- C'est un aspect qu'il faut en effet souligner, mais quelle sera la
destination économique de ces réserves monétaires ? Seront-elles investies dans le
circuit de production ou accélèreront-elles le phénomène de consommation déjà
largement engagé ?

F. DOUMENGE.- Les fonctionnaires martiniquais pratiquent actuellement une
épargne directe en investissant dans la construction de résidences secondaires, qui
deviendront leur résidence principale de retraite. La Martinique devient une immense
banlieue de Fort-de-France ; sur les 1 000 km² de l'île, il y aura bientôt 500 km²
urbanisés, qui seront entretenus par les retraites de la fonction publique.
L'investissement se faisant dans l'immobilier, la valorisation foncière nourrit une partie
de l'accroissement de la richesse brute de la Martinique.

C. de MIRAS.- Il y a effectivement investissement, mais il n'est pas productif.

J. HOUBERT.- Les modèles présentés par M. C. HUETZ de LEMPS et par
M. de MIRAS sont très intéressants à comparer : il s'agit d'îles ayant à l'origine une
économie tropicale de plantation, qui ont été assimilées à des Etats industrialisés très
avancés. Aux Hawaii, le résultat est un véritable développement productif, tandis qu'à
la Martinique et dans les autres D.O.M., l'intégration dans l'Etat industriel avancé a eu
pour résultat l'étouffement de tout développement productif. Pourquoi ?

F. DOUMENGE.- C'est là où la notion de seuil et d'espace doit jouer. Le seul espace
français d'outre-mer où s'est développé une structure de production industrielle lourde,
c'est la Nouvelle-Calédonie (15 000 km²). L'industrie métallurgique a pu s'y
développer car il y a des ressources minières et de l'espace. Les Hawaii aussi disposent
d'espace (16 000 km²). Il est difficile de comparer les Hawaii et la Martinique car la
superficie et la population de ces deux territoires sont à des échelles totalement
différentes. D'où l'utilité de la classification des territoires (indice côtier, indice d'éloignement, indice d'endémisme) pour établir des comparaisons.

Résumé : La forme interrogative s'impose à propos de l'économie martiniquaise, de son
mode de développement et de son évolution. D'une part, les diverses thèses en présence
ne sont pas totalement satisfaisantes pour comprendre la situation actuelle de cette
économie. D'autre part, on peut s'interroger sur le projet de relance de la production
locale et sur la rationalité de cette économie. Avec la départementalisation juridique

(19 mars 1946) et son application socio-économique à partir des années 1960, l'économie martiniquaise va subir une mutation profonde : effondrement de l'économie de plantation, recul général de l'agriculture, stagnation des activités industrielles et plus généralement développement de "l'improduction". A contrario, l'injection de plus en plus importante de fonds d'Etat sous la forme de dépenses publiques va déplacer le centre de gravité de l'économie martiniquaise. Le poids relatif croissant des dépenses publiques va impulser ce mode de développement dans lequel la production sous toutes ses formes est marginalisée. Une économie de transferts s'est mise en place de par la volonté de l'Etat métropolitain qui désirait accroître de manière significative le niveau de vie des Martiniquais dans des délais suffisamment brefs pour qu'ils lui permettent de désamorcer toute revendication séparatiste.

Mots-clés : Développement économique, plantation, fonction publique, Martinique.

Summary : *The economy of Martinique : development without growth.*- There is a question mark over the economy of Martinique, the form its development has taken, and its evolution. On the one hand, the various opposing theses on the subject are not entirely satisfactory if one is to understand the present state of this economy. On the other hand, we might wonder about the revival of local production, and the rationality of this economy. When departmentalization became law (19 March, 1946) and its socio-economic application began to be effective in the 1960's the economy of Martinique underwent a deep-seated transformation : the plantation economy collapsed, there was a general decline in agriculture, industrial activity stagnated, and generally speaking a state of "unproductiveness" set in. At the opposite end of the scale, the injection by the State of larger and larger amounts of capital in the form of public spending had the effect of displacing the centre of gravity of the Martinique economy. The extent of this public spending increased constantly relative to other sources and gave impetus to the mode of development in which production in all its forms becomes marginalized. A transfer economy was established, according to the will of the metropolitan State who wanted significantly to improve the standard of living of the population of Martinique in a short enough time-scale to enable them to defuse any separatist claims.

Keywords : Economic development ; Plantation ; Public service ; Martinique.

Plantation de bananiers
(cliché M.F. Perrin)

Plantation d'ananas
(cliché G. Réaud-Thomas)

HAÏTI EN QUÊTE D'AVENIR

par Pierre-Jean ROCA

La République d'Haïti était, il y a peu de temps encore, sous les feux de l'actualité. Le départ précipité du "président à vie", Jean-Claude Duvalier, fils de "Papa Doc", le trop célèbre dictateur, a donné lieu à la diffusion de toute une série d'informations qui ne peuvent que conforter le grand public dans l'idée que le pays demeure tel qu'il a toujours été : la population, malnutrie et sous-scolarisée, est maintenue dans les ténèbres de la sorcellerie vaudou ; corruption et violence, y compris, dans un premier temps, actes de vengeance vis-à-vis des fameux *makout*, puis, dans un second temps, réorganisation de ceux-ci à l'intérieur de l'armée, font l'histoire immédiate de tout un peuple... Il nous faut, bien sûr, aller au-delà de cette actualité fragmentaire, et prendre le temps, maintenant que le bruit médiatique s'est apaisé, d'essayer de comprendre ce qui a changé dans la situation d'Haïti et de voir quels sont les germes d'un nouvel avenir. Du passé, il n'a pas été fait table rase, des "mornes" haïtiens encore moins, et c'est en remontant l'histoire des interventions de développement, des politiques d'aménagement, et des réactions de la paysannerie dans ces situations, qu'on a les meilleures chances de mesurer les potentialités du présent.

I.- LE POIDS D'UN RELATIF ISOLEMENT ET DE PROBLÈMES DÉJA ANCIENS

A - Un relatif isolement

Au regard de l'économie haïtienne, le café est le premier produit d'exportation : l'évolution de ses cours ainsi que les fluctuations de la production étaient jusqu'à présent les indicateurs prédictifs les plus fiables des bonnes et des mauvaises années des finances de l'Etat[1]. Pourtant les expor-

---

1. GIRAULT, C. : cf. orientation bibliographique.

tations de ce produit ne représentent que 1,2 % du commerce mondial en moyenne. De plus, la République d'Haïti n'est pas exportatrice de matières premières d'importance et son industrialisation n'est que balbutiante : ce pays pèse donc d'un faible poids sur la scène internationale.

Son grand voisin, les USA, n'a économiquement besoin ni de sa main-d'oeuvre ni d'aucune de ses productions agricoles. Il n'a pas non plus l'absolue nécessité de se voir accorder l'hospitalité, ou même seulement la bienveillance, pour ses navires de guerre et ses bases militaires, dont la région est déjà bien pourvue[2]. De même on est frappé, quoique la domination s'exerce bel et bien par d'autres voies, par la faiblesse des conséquences directes qu'a eu pour Haïti, le gigantesque plan nord-américain de consolidation du contrôle économique et politique que constitue le Caribbean Basin Initiative.

Les réfugiés économiques, "boat-people" de l'Ouest, qui de 1971 à 1982 fuyaient sur des embarcations de fortune, la misère engendrée par les Duvalier, ont posé aux USA un tout autre problème : leur arrivée sur les côtes de Floride était jugée comme tout à fait indésirable du fait des difficultés, d'une part à les intégrer, d'autre part à reconnaître l'immigration clandestine des citoyens ressortissant "d'un pays ami"... N'avait-on pas, à l'époque, autorisé les garde-côtes étasuniens à venir patrouiller jusque dans les eaux territoriales haïtiennes pour empêcher les éventuels candidats au départ d'aller jusqu'au bout de leur projet ? N'est-ce pas une certaine presse étasunienne qui, prenant le relais, a accusé les Haïtiens d'être porteurs du SIDA ? Relations distanciées et réflexe du "cordon sanitaire" caractérisent donc, en partie, les rapports USA-Haïti. En partie seulement car le géant économique continue de peser de toute son influence et surtout de toute son aide pour que la ligne politique des dirigeants ne s'écarte pas de ce que l'on souhaite à Washington pour l'ensemble des îles Caraïbes et des pays de l'Amérique Centrale...

Du côté de sa petite voisine, la République Dominicaine, Haïti est ignorée, presque méprisée : la frontière est linguistique et les histoires des deux nations sont si différentes. Le commerce de la République Dominicaine, contrebande mise à part, est tourné vers d'autres destinations que Port-au-Prince.

Tout cela trace, à grands traits, le tableau d'un relatif isolement : la dictature des Duvalier, qui a duré 29 ans, n'a pas peu contribué à celui-ci. François, le père, avait fermé le pays aux étrangers, Jean-Claude, le fils, un instant séduit par la ré-ouverture que lui demandaient de façon pressante les bailleurs de fonds internationaux, n'a pas su résister aux projets de mise en coupe réglée du pays par son beau-père et ses courtisans : la confiance des investisseurs, et même des entreprises touristiques, ne lui aura pas été accordée longtemps.

---

2. FOUCHER, M. : cf. orientation bibliographique., notamment la carte p. 22 et 23.

B - L'agriculture, pilier chancelant de l'économie nationale

Les problèmes de survie auxquels sont confrontées de larges fractions de la population plongent leurs racines dans des situations beaucoup plus anciennes que celles que nous venons d'évoquer : des caractéristiques structurelles de la pauvreté persistent depuis des décades et certaines, comme par exemple la parcellisation de la terre, s'aggravent.

Plus de 70 % de la population haïtienne vivent très directement du travail de la terre : c'est ce constat de base qui doit guider les interrogations sur l'avenir d'Haïti et la raison pour laquelle il nous faut privilégier un point de vue rural. De la même façon, il faut dès le départ considérer, au-delà de l'insularité d'Haïti et de son relatif isolement, l'insularisme au second degré que subit la paysannerie : elle est depuis toujours reléguée, bien que majoritaire numériquement, dans les seconds rôles de la vie politique : les *moun andéyo*, littéralement "gens du dehors", c'est-à-dire les habitants de la campagne, sont traités, parce qu'ils sont analphabètes (à 80 %), inorganisés et aussi descendants directs des esclaves, comme des sous -citoyens.

En toile de fond de cet état de fait, plusieurs tendances et caractères structurels sont significatifs sur le long terme :

- l'agriculture est depuis la colonisation le *potó-mitan* (pilier principal de la charpente) de l'économie haïtienne ; pourtant la part de l'activité agricole dans la formation du PNB, ne cesse, au fil des années de décliner :

1956-1960	1976	1977	1978	1979	1980	1981-1984
49 %	38,1 %	35,6 %	34,6 %	34,2 %	32,2 %	31 %

- la part, *ad valorem*, de l'agriculture dans les exportations subit des fluctuations liées, comme on l'a dit, à celles des cours du café ; cette part varie à l'intérieur d'une fourchette entre 41 et 60 % ;

- il faut aussi souligner la quasi-stagnation de la production agricole. Malgré la variabilité enregistrée selon les sources statistiques, on peut retenir quelques repères : la production annuelle de riz se situe autour de 100 à 120 000 t., celle de maïs oscille entre 170 et 240 000 t et celle de sorgho reste stable aux alentours de 110 000 t ;

- contrastant avec cette production stagnante, la population continue, pour sa part, de croître à un taux de 1,4 % par an, chiffre d'ailleurs relativement faible si on le compare au taux moyen enregistré en Amérique Latine sur la même période (1971-1982) à savoir 2,8 %. Le taux d'accroissement de la population haïtienne est d'ailleurs en train de baisser puisque durant la période 1950-1971, il était de 1,6 % par an ;

- les conditions naturelles du pays ne sont guère favorables puisque 63 % de la superficie correspondent à des terres dont les pentes sont supérieures à 20 % et que l'étagement altitudinal se répartit de la façon suivante :

les terres de   0 à 200 m occupent 20 % de la superficie
"   "   "   200 à 500 m   "   "   "   40 %   "   "   "   "
"   "   "   500 à 800 m   "   "   "   20 %   "   "   "   "
"   "   " plus de 800 m   "   "   "   20 %   "   "   "   "

- les facteurs d'exiguïté du territoire national et de pression démographique se conjuguent pour donner des densités très fortes :

densité moyenne :   168 hab./km²
densité/terre cultivée : 393 hab./km²
densité de population économiquement active dans l'agriculture/terre cultivée : 311 ruraux actifs/km² de terre cultivée.

II.- DEUX FACETTES MAL CONNUES DU PROBLÈME PAYSAN

Au-delà des chiffres, il y a la complexité du fonctionnement des systèmes agraires. Deux coups de projecteur, un dans l'espace, l'autre dans le temps mettent en lumière deux facettes mal connues du problème paysan en Haïti, d'une part celle des structures foncières, d'autre part celle de l'évolution de la condition des paysans les plus pauvres obligés de vendre leur force de travail.

A - Les pesanteurs du foncier

1 - La complexité de la situation foncière actuelle

L'absence d'état civil, de recensement exhaustif de la population et de cadastre donnent une première vision de l'ampleur du problème. La complexité de la définition des statuts fonciers (héritier, propriétaire, fermier de-moitié, fermier de l'Etat, exploitant de terre indivise, etc...) et la difficulté à cerner les statuts matrimoniaux (le *plasaj*, concubinage régulier, se justifie, entre autres, par le désir d'exploiter et de contrôler plus de terre) sont deux autres éléments à prendre en compte. Trois pratiques finissent de compliquer le tableau général :

- le partage des terres à l'héritage en présence d'un arpenteur donnait lieu jusqu'à présent, à l'établissement de papiers "officiels" garantissant le droit de propriété avec un maximum de sécurité. Mais cette procédure était fort coûteuse pour les paysans, car fréquemment, l'arpenteur se faisait "payer" par le don d'une terre. Ceci avait pour conséquence d'accroître d'une part la parcellisation, d'autre part l'éclatement du domaine "familial" hors du champ de pouvoir du lignage, tout en favorisant l'accumulation de terre par les arpenteurs qui constituent, par exemple dans l'Artibonite, les plus gros propriétaires fonciers ;

- tous les descendants prétendant à un partage héritent à la fois du père et de la mère. Quatre enfants ayant à se répartir deux parcelles de leur père et deux de leur mère, se diviseront le "domaine" en seize parcelles ;
- sur les terres de faible rapport, les héritiers choisissent la plupart du temps de laisser les parcelles en indivision. Tant qu'il n'y a pas de possibilité d'augmenter le rapport ou qu'il n'y a aucune évolution prévisible de la situation foncière (pas d'enquête cadastrale) les choses restent en l'état. Que, pour une raison ou pour une autre, cette situation soit modifiée (projet d'irrigation par exemple) et tous les prétendants vont se "révéler" et réclamer leur dû.

2 - L'histoire du foncier

L'histoire agraire d'Haïti est "marquée violemment" par le problème foncier : le contrôle des terres a, de tous temps, représenté un enjeu considérable. Au lendemain de l'Indépendance, en 1805, est publié, déjà, le décret sur la vérification générale des titres de propriété ; en 1812, c'est la mise en vente de certaines terres du Domaine National ; en 1821, Boyer crée la "concession conditionnelle" ; de 1870 à 1890 les terres sont distribuées à titre de récompense pour les militaires et les civils par les dirigeants désireux d'asseoir leur pouvoir, etc... Cette pratique sera d'ailleurs reprise par les Duvalier (les "colonels" du palais "possédaient" tous des terres à riz dans le triangle irrigué du Bas-Artibonite).

3 - Le passé récent : la déstructuration sociale

A la campagne, l'imbroglio foncier -on cite parfois trois ou quatre générations de titres de propriété, tous légaux et officiels mais datant de différentes époques pour la même parcelle de terre- est tout à la fois le reflet et un des facteurs de la déstructuration des liens sociaux. A l'intérieur d'un bourg, il est peut-être caricatural de dire que tout le monde se méfie de tout le monde, par contre on peut avancer que chacun surveille son voisin ; même à l'intérieur des lignages la défiance est de règle. La dictature jouait sur "l'oppression en cascade" chacun se dédommageant des méfaits subis à cause d'un plus puissant que lui sur la personne d'un plus faible ; ainsi le chef de section achetait sa "charge" auprès du commandant de district et vendait les postes d'adjoints aux "habitants" qui étaient en mesure de "payer cash"... Tout cela a contribué à envenimer les conflits terriens (les vols de terre commis par des *makout* sont innombrables) et à ne pas fixer la situation, chacun espérant se faire justice à la faveur d'un changement des rapports de force locaux.

4 - Ne pas isoler le foncier

Le problème du foncier est un des facteurs qui contribue à "l'insécurité" économique des paysans ; celle-ci justifie le fait qu'ils n'investissent que rarement, quand un surplus se dégage de leur activité, dans la sphère de la production. Sans revenir sur les mécanismes de la paupérisation et de la décapitalisation en milieu rural, il est clair que les circuits commerciaux, les moyens de stockage, de transport et de transformation, la régulation de l'offre par rapport à la demande solvable (consommateurs urbains) sont hors d'atteinte du contrôle paysan. Tout cela contribue à faire tourner le système "campagne-ville-marché international" en drainant la richesse à l'extérieur de la paysannerie. Ceci souligne bien le fait qu'une réforme agraire, appelée de leurs vœux par l'ensemble des partis politiques progressistes, mais aussi par les évêques (déclaration du 11 avril 1986), ne saurait résoudre tous les problèmes du monde paysan : l'évolution de la condition de salarié agricole présente, dans cet ordre d'idée, comment revenus et conditions nutritionnelles peuvent être liés.

B - Le "pouvoir-manger" des ouvriers agricoles et son évolution

Rien n'illustre mieux la dégradation des conditions de vie à la campagne que l'évolution des revenus monétaires des ouvriers agricoles. Mais, objectera-t-on, comment comparer les salaires distribués il y a trente ans à ceux des années quatre-vingt ? La conversion d'un revenu en pouvoir d'achat de nourriture autorise la comparaison, si on admet que les besoins nutritionnels de base d'un homme n'ont pas varié dans de grandes proportions sur trente ans . Si, de plus, on prend en compte les fluctuations saisonnières des prix des mêmes produits vivriers -cela pour tenir compte des calendriers culturaux différents d'un produit à l'autre-, l'évolution du "pouvoir-manger" est alors fondée sur une approche quantitative raisonnablement fiable : il s'agit d'analyser sous deux hypothèses, l'une haute, correspondant au prix de la journée de travail le plus élevé, l'autre basse, correspondant au prix le moins rémunérateur, ce que ces deux revenus permettent d'acheter à trois époques de l'année, en juillet, octobre et décembre.

Le tableau I[3] montre que si, en 1948, la journée de travail était payée entre 0,60 et 0,75 gourde, ce salaire permettait de s'acheter au minimum 1,7 "marmite"[4] de maïs et au maximum 5 marmites selon les saisons. Par contre en 1980, la journée de travail rapporte entre 1,4 gourde et 2 gourdes : ce salaire ne rend possible que l'achat d'une quantité de maïs variant entre 0,3 marmite et 0,7 marmite. La même analyse effectuée sur un autre produit vivrier de base, à savoir le haricot confirme les premières conclusions : le pouvoir-manger a bel et bien diminué dans un rapport de 1 à 1/5 ou 1/7 (selon

---

3. Les données des années cinquante sont tirées de METRAUX, A., celles des années quatre-vingts ont été relévées sur le terrain en 1980, ROCA P.J., thèse (cf. orientation bibliographique).
4. Unité de mesure volumique correspondant à 2,5 Kg de maïs.

qu'on prend le rapport des meilleures ou des plus mauvaises "productivités" des deux périodes). En clair, cela voudrait dire qu'une journée de travail de 1948 équivaudrait à 5 ou 7 journées de 1980.

	Journée de travail (gourde)	MAIS		HARICOT	
		Prix (1) (1 marmite)	Quantité (2) correspondante	Prix (1 marmite)	Quantité correspondante
1948	0,60	0,35 0,25 0,15	1,7 2,4 4	0,50 0,30 0,30	1,2 2 2
	0,75	0,35 0,25 0,15	2,1 3 5	0,50 0,30 0,30	1,5 2,5 2,5
1980	1,40	3,50 2,70 4,20	0,4 0,5 0,3	6,40 11 13,5	0,2 0,1 0,1
	2	3,50 2,70 4,20	0,5 0,7 0,4	6,40 11 13,5	0,3 0,2 0,1

Tableau I.- *Rémunération du travail et pouvoir d'achat*
(comparaison 1948-1980)

(1) : Les trois prix relevés correspondent aux observations effectuées en juillet, octobre et décembre

(2) : Quantité correspondante du produit en question payable avec le salaire d'une journée de travail

S'il est certain que les conditions de vie des paysans ne se sont guère améliorées durant toutes ces années, au moins pourrait-on espérer que des efforts, même improductifs à court terme, ont été tentés pour inverser les tendances à la dégradation. L'examen des politiques de développement agricole et l'analyse de leurs ressorts vont malheureusement nous montrer le contraire.

III.- L'APPLICATION DU MODÈLE "DÉVELOPPEMENTISTE"

A - Les politiques "d'aide" et le concept d'aménagement du territoire

L'histoire de l'aide externe en Haïti commence durant la période de l'occupation américaine (1915-1934) : expérimentations agricoles, démonstrations et diffusions sont organisées par le Département de l'Agriculture, relayé par un réseau de fermes-écoles. L'aide nord-américaine va ainsi se poursuivre (projets de la Société Haïtiano-Américaine de Développement Agricole, puis du SCIPA, puis de l'Office de Développement de la Vallée de l'Artibonite (ODVA), puis du Poté Kolé, etc...) jusqu'à ce que F. Duvalier décide de fermer le Point-Quatre (Agence américaine de développement).

L'aide multilatérale fera, pour sa part, une entrée remarquée sur la scène haïtienne par une des premières missions en date des Nations Unies (1948); quant au projet UNESCO de la vallée de Marbial, en 1949, il donne son essor idéologique au développement communautaire. Après la période de fermeture du pays, pendant les années les plus sombres de la dictature de 1963 à 1971, J.C. Duvalier reprendra la vieille idée des présidents d'antan : "Haïti n'a pas de forces suffisantes pour s'en sortir par elle-même, il faut faire appel à l'aide étrangère".

Notons au passage la belle continuité de pensée politique entre les dirigeants d'Haïti d'avant-hier, d'hier et d'aujourd'hui. Déjà en 1883, le président Salomon pensait à faire appel au capital étranger ; en 1934, Stenio Vincent, alors chef de la République, expliquait sa vision du développement[5] :

"Mais voici le cultivateur haïtien sur sa terre (...). La terre est là, les hommes sont là. Le reste, c'est l'affaire des entreprises d'exploitation agricole. Grandes ou petites, elles nécessiteront toujours des capitaux. Ces capitaux ne peuvent être que des capitaux étrangers puisque le capital haïtien n'existe pas. Au lieu de les repousser, notre devoir est de les attirer et de les protéger. C'est ce que commande l'intérêt national le plus évident".

Etrange convergence de vues, Me Latortue, ministre de la Justice, déclarait il y a quelques mois[6] :

"Plus d'emplois doivent être créés dans le pays afin d'inciter les gens à y rester. Nous avons beaucoup de possibilités telles la terre, l'eau... seul l'argent nous fait défaut (...). Le Conseil National de Gouvernement a des promesses financières du côté de l'OEA, de l'ONU et d'organisations européennes..."

---

5. Discours du 16 mars 1934.
6. Cité par *Haïti Information Libre*, n° 16, Janvier 1987.

Revenons-en aux années soixante-dix, pour remarquer que c'est bien dans cette ligne de pensée que Duvalier fils rouvre le pays à l'aide externe à partir de 1974 et tente d'en contrôler la répartition à travers deux outils : la planification et la régionalisation . Les trois plans quinquennaux qui verront le jour de 1971 à 1986 sont les fruits du travail du CONADEP (Conseil National de Développement et de Planification), transformé en 1978 en Ministère du Plan : même si les objectifs fixés sont peu réalistes -et ne seront jamais atteints- du moins le partage du pays en zones contrôlées chacune par des bailleurs de fonds étrangers va-t-il se réaliser[7] ; à la fin des années 70, les projets de l'USAID s'intéressaient surtout à la région du Sud et à celle du Nord-Ouest ; les Canadiens "contrôlaient" Petit-Goave et Petit-Trou de Nippes ; la France était présente à Jacmel, sur le transect de Madian-Salagnac et dans le Nord (où elle cohabitait avec la Banque Mondiale) ; l'Allemagne finançait l'ODPG dans le secteur des Gonaïves et l'IICA, agence agricole de l'OEA, apportait son soutien à l'ODVA dans la plaine de l'Artibonite... Aménager le territoire consistait donc, d'abord, à découper l'espace national en régions bien délimitées où chaque agence bilatérale ou multilatérale pouvait définir ses priorités et ses méthodes : somme toute les techniciens nationaux n'avaient plus qu'à suivre et à s'adapter ; quant aux paysans concernés, ils s'apercevront bien vite que les interventions pilotées de l'extérieur se conjuguent, à quelques rares exceptions près, sur le même modèle, au moins en ce qui concerne les objectifs et le domaine d'intervention, à savoir la sphère technique...

B - Logique paysanne contre rationalité technique

1 - La vulgarisation agricole

En matière de développement agricole, l'action des organismes publics, des projets officiels ou des ONG a porté en priorité sur l'accroissement de la production. Les voies et les moyens ont différé dans le temps et suivant les programmes, mais à peu de choses près, tout se déroulait toujours selon le schéma suivant : mise en place d'agents résidents sur l'aire du projet, expérimentation-démonstration des "nouvelles techniques", diffusion-vente des intrants, suivi-conseil de quelques agriculteurs...

Les actions entreprises ont été, dès lors, menées sur la base du raisonne-ment suivant : nombre d'Haïtiens souffrent de malnutrition, parce que la production agricole est insuffisante. Pour augmenter celle-ci on ne peut que suivre deux voies : ou bien on augmente la surface cultivée -ce qui est impossible dans un pays où la terre est déjà surutilisée (cf. l'agriculture, pilier

---

7. HUA-BUTON, N. : cf orientation bibliographique.

chancelant de l'économie nationale)-, ou bien on augmente les rendements[8]. Pour atteindre cet objectif, l'obstacle majeur se doit d'être identifié : pour la majorité des experts, les techniques culturales[9] employées par les paysans sont seules en cause ; au mieux qualifiées de "traditionnelles", souvent jugées comme "primitives", elles ont toujours été évaluées comme inadéquates. Il faut donc leur substituer d'autres techniques et d'autres moyens de production ; il faut introduire un nouveau paquet technologique. Dans la plupart des projets mis sur pied dans les années 70, les semences améliorées ont été employées comme "fer de lance" de cette nouvelle croisade.

Les semences hybrides de maïs, en particulier celles fournies par la firme nord-américaine Pioneer, n'ont jamais été refusées par les paysans... quand on leur en faisait cadeau ! Après quelques essais ils s'en sont détournés pour les motifs suivants : le maïs amélioré est plus sensible au stress hydrique que le *mayi péyi* (maïs local). Que survienne une petite période sèche au moment de la floraison et le rendement du maïs amélioré chutera dans des proportions beaucoup plus importantes que le maïs local : les vulgarisateurs agricoles ont oublié que pour révéler toutes ses potentialités génétiques, ce genre de semence doit être accompagné de ses deux compagnons de route, celle qui mène à la Révolution Verte, à savoir engrais et irrigation.

Les paysans ont aussi expliqué que le maïs amélioré se conservait moins bien que le maïs local : le premier, sélectionné sur son faible rapport grain/paille -afin de donner un ensilage nutritif pour "nos" vaches- a des spathes courtes et minces ne recouvrant pas bien le panicule ; le second est relativement mieux protégé dans ses enveloppes ; après quelques semaines de conservation, le maïs local, attaché sous forme de *makorn*[10], aura subi des pertes relativement moins importantes que le maïs Pioneer...

On pourrait prendre bien d'autres exemples quant à l'inadaptation des innovations proposées. Le sorgho amélioré, à paille courte, ne pouvait profiter de la lumière et ne grandissait pas : il est toujours cultivé en association avec le maïs et le pois d'Angole ; alors que ces plantes ne font pas concurrence à la variété traditionnelle haute et tardive, elles étouffent l'hybride court et hâtif. De même le riz amélioré, lui aussi à paille courte, idéal pour la récolte mécanisée, pourrissait sur pied chaque fois qu'un mauvais contrôle de la lame d'eau des casiers rizicoles faisait que son panicule était immergé pendant que les riz voisins, traditionnels à paille haute, dressaient fièrement leurs têtes bien au-dessus du plus haut niveau de la crue. Dans le même ordre d'idée, on notera que l'emploi du tracteur s'est heurté à un environnement technique et

---

8. Notons que peu de projets ont essayé de promouvoir la réduction des pertes post-récoltes sans doute pour ne pas empiéter sur le domaine du négoce et des spéculateurs qui contrôlent le stockage et la distribution.
9. Au sens large, y compris donc le matériel végétal
10. *makorn* : ensemble de 5 à 6 panicules de maïs, encore protégés par leurs enveloppes et attachés entre eux. Les *makorn* sont liées par une corde et hissées dans un arbre.

institutionnel mal préparé (pas de mécanicien, pas de pièces de rechange, pas de calendrier de travail, etc...). En tout état de cause, un changement isolé dans la chaîne des actes de production, de la semence jusqu'à la transformation des produits, s'est souvent révélé être inutile : on avait oublié que la force d'une chaîne est la force de son maillon le plus faible. La suite ininterrompue d'échecs enregistrés dans la sphère du transfert technique pouvait au moins prouver que les vrais problèmes étaient ailleurs.

2 - Paradigmes d'aujourd'hui et de toujours

A quoi pouvons-nous donc résumer les interventions de développement qui se sont déroulées dans la sphère de l'agriculture haïtienne ? Il semble que l'on puisse avancer qu'elles sont toutes fondées sur trois paradigmes[11]. Le premier s'énonce dans un seul mot d'ordre : augmenter la production agricole par la substitution d'un nouveau paquet technologique aux techniques et moyens traditionnels. On a vu que dans le cas d'Haïti, l'application de ce schéma n'avait pas été suivie de résultats heureux ; soulignons au passage que lorsque les opérations reposant sur de telles prémisses réussissent, ce sont, en général, ceux qui ont une position dominante dans les rapports sociaux qui en profitent le plus.

Augmenter la productivité du travail en spécialisant les activités, en prônant la mécanisation et la division des tâches, ce qui conduit à une moindre utilisation de main-d'oeuvre, voilà qui résume bien le second paradigme. En Haïti, la mécanisation agricole n'a jamais eu une emprise telle que la masse des chômeurs ruraux augmente à cause de cela.

Le troisième paradigme est, de façon quasi-générale, lié aux opérations de développement agricole bilatérales ou multilatérales : la région d'intervention est bien circonscrite ; à l'intérieur de ces limites géographiques, les experts étrangers réalisent des aménagements visibles et quantifiables sans se poser de questions sur les bénéficiaires éventuels ou sur les acteurs sociaux qui s'approprieront les nouveaux moyens de production. La conjugaison du premier et du troisième de nos paradigmes, outre la division du pays en régions inféodées à un projet donné (cf. les politiques d'aide), a conduit, en Haïti, à privilégier les zones où l'objectif d'augmentation de la production aurait pu, eu égard aux conditions naturelles, être atteint plus facilement : les plaines irrigables ont été l'objet de la sollicitude de très nombreux projets (par exemple la plaine des Cayes, la plaine du Nord, la plaine de l'Artibonite) et du coup les terres hautes et pentues ont été délaissées... L'érosion n'en aura été, dans ces zones, que plus violente ; la fertilité des parties aval des bassins-versants en aura, aussi, subi les conséquences.

11. ROCA, P.J. (1987) : cf orientation bibliographique.

Face à la logique des techniciens -produire plus et mieux à moindre coût-, celle des paysans vise un tout autre but : autant la pratique des cultures associées -étalement des risques dans le temps-, que le mélange des variétés, que la pratique du re-semis, que la dispersion des parcelles d'une même exploitation -répartition des risques dans l'espace-, que l'élevage pratiqué comme une épargne, montrent à l'évidence que c'est avant tout à minimiser les risques que tendent tous les efforts des paysans. Le contexte de la dictature n'était guère favorable pour qu'ils se sentent en sécurité : la spéculation allait bon train, le racket était fréquent et les vols de terre étaient monnaie courante. Aujourd'hui la situation du paysan a-t-elle changé ? Les projets étasuniens actuels, repeuplement porcin dans des élevages dont la technicité est hors de portée du paysan et application mécaniste de la théorie des avantages comparatifs qui vise à décourager la production de produits vivriers pour favoriser celle de café, augurent-ils d'un autre avenir pour la paysannerie ? Aux paradigmes du développement rural que nous connaissons déjà s'ajoutera-t-il celui, préalable, d'une production dont les bénéfices reviendraient, en priorité et en toute sécurité, aux paysans ?

*   *

*

Il serait faux de dire que le 7 février 1986 n'a rien changé à la situation de la population haïtienne. La parole a été libérée, la presse est maintenant beaucoup plus indépendante du Pouvoir, les radios ne subissent plus de pression d'ordre politique. A la campagne, les paysans ont le droit de s'exprimer et de s'organiser comme ils l'entendent. Déjà l'Association Nationale des Agronomes Haïtiens a mis la question de la réforme foncière à l'ordre du jour en organisant à la mi-décembre 86, une semaine de travail réunissant groupements de base paysans et représentants du mouvement d'Action Démocratique, de la Caritas, de la Mission Alpha et du Groupe de Recherches pour le Développement. Allant dans le même sens, tout en complétant cette réflexion, vient d'avoir lieu du 15 au 20 mars 1987 le Congrès National des Groupements Paysans sur le thème de l'organisation du monde rural[12]. Les signes d'une nouvelle donne ne manquent donc pas, mais les mutations à réaliser ne sont pas pour autant faciles à entreprendre.

Deux menaces restent à éloigner pour que la paysannerie se fasse entendre : la première se nomme Etats-Unis ; le contexte géopolitique des Caraïbes et de l'Amérique Centrale est tel qu'il serait bien surprenant que les USA, qui ont déjà mis en place le Conseil National de Gouvernement et qui

12. Le thème choisi pour ce congrès, "l'organisation ou la mort", dénote bien le caractère de pressante urgence ressentie par le monde paysan. "Il est nécessaire qu'il se structure pour faire entendre sa voix", déclarait, il y a peu un de ses leaders les plus connus.

le soutiennent, laissent se développer une expérience de pouvoir populaire à leurs portes. L'absence d'alternative au projet développementiste constitue la deuxième menace que rien ne change : il faudrait que la paysannerie puisse créer un espace économique un tant soi peu autonome. La protection des productions locales évitant la mise en compétition de celles-ci avec celles des agricultures étrangères à plus fortes productivités devrait être la condition de base de la survie de la paysannerie, condition qui, en l'état actuel des politiques des bailleurs de fonds, a bien des chances de ne pas être réalisée.

ORIENTATION BIBLIOGRAPHIQUE

FOUCHER, M.- Le bassin méditerranéen d'Amérique : approches géopolitiques. *Hérodote*, n° 27, 1982, Paris, pp. 16-39.

GIRAULT, C.- *Le commerce du café en Haïti*.- Paris, Editions du CNRS, 1981, 293 p.

HUA - BUTON, N.- Développement rural. Planche et notice n° 23. *In* : Atlas d'Haïti, CEGET - CNRS, Bordeaux III, 1985.

MÉTRAUX, A.- *L'homme et la terre dans la vallée de Marbial, Haïti*.- Paris, UNESCO, 1951, 162 p.

ROCA, P.J.- *Les agrosystèmes de la région de Desarmes : adaptations et blocages de la société agraire*.- Thèse de 3e cycle, Bordeaux III, 1985, 489 p.

ROCA, P.J.- Différentes approches des systèmes agraires. *In* : Terres, comptoirs et silos, Editions de l'ORSTOM, Paris, 1987, pp 75-94.

DÉBATS

U. FLEISCHMANN.- Les contrastes notés entre l'exposé de M. de MIRAS et celui de M. ROCA sont très instructifs. Qui pourra prendre en charge l'économie haïtienne pour en faire une économie de transferts ?

C. de MIRAS.- L'aide internationale en Haïti est croissante. Est-ce que cette économie haïtienne transformée rentre dans le cas de figure de l'économie de transferts ? C'est semble-t-il un modèle qui ne s'en éloigne pas tellement par l'essence même des mécanismes. L'agriculture avait déjà fourni le maximum de ressources ; on a vu les seuils de subsistance auxquels est arrivé le paysannat ; un glissement s'est donc opéré du secteur primaire vers l'aide internationale, de la production vers les transferts. On n'est donc pas très loin de l'économie de transferts.

F. DOUMENGE.- Un grand Etat moderne et industriel peut consacrer tous les 20 ou 25 ans environ, 2 % de son PIB pour prendre en charge artificiellement 2 % de sa population. La France peut donc assurer le transfert de 2 % de son PIB en faveur des 1 100 000 habitants des D.O.M. et des T.O.M.. Les U.S.A. ont pu intégrer dans leur économie, 2 % de leur population correspondant aux Hawaï, aux Samoa et à Guam, dans les années 1925-1955, puis à Porto Rico dans les années 1950-1980 ; ils peuvent envisager maintenant de soutenir l'économie des Caraïbes, mais Haïti a plus de 2 % de la population des U.S.A..

P. J. ROCA.- Je me permettrai de tirer de vos arguments d'autres conclusions. Le rapport entre la population des D.O.M. - T.O.M. et celle de la France est comparable à celui de la population d'Haïti par rapport à celle des Etats-Unis. Les Etats-Unis sont bien en train d'essayer de prendre en charge les 5 000 000 d'Haïtiens, car l'immigration haïtienne clandestine sur les côtes de Floride leur pose de nombreux problèmes. Par ailleurs, les Etats-Unis sont désarçonnés par les cultures vivrières associées, souvent sur de très fortes pentes (maïs, sorgho) ; ils considèrent ces cultures comme marginales et voudraient les remplacer par du café, ignorant tout de l'écologie du café. Les U.S.A. voudraient nourrir 5 millions d'Haïtiens en supprimant les cultures vivrières !

Résumé : La République d'Haïti pèse d'un poids relativement faible sur la scène internationale : ses exportations de café, première source de devises, ne représentent que 1,2 % du commerce mondial. Elle est de plus tenue à l'écart par ses voisins, en particulier par la République Dominicaine et par les Etats-Unis d'Amérique. Au-delà de cet enfermement la paysannerie haïtienne subit un autre isolement : les "moun andeyo" ou "gens du dehors", à savoir les habitants de la campagne, pourtant numériquement majoritaires, sont considérés comme des citoyens de seconde zone. Les politiques d'aménagement du monde rural ont plus été guidées par le souci d'attirer l'aide internationale que par celui de mobiliser les capacités du monde paysan. La chute de la dictature en février 1986 va-t-elle permettre une évolution des projets de développement qui soit bénéfique à tous les Haïtiens ?

Mots-clés : Economie agricole, développement économique, pouvoir d'achat, aide au développement, Haïti.

Summary : *Haiti in search of a future*.- The Republic of Haiti is only a lightweight on the international economy scene : its primary source of currency, are coffee exports, and these represent only 1,2 % of the world market. Her neighbours also have a tendency to stand apart, especially the Dominican Republic and the United States. On top of this restriction, the Haitians also suffer another form of isolation : the "moun andeyo" or "people from outside", these are the inhabitants of the country areas, who although they form the majority, numerically speaking, are looked down on as second-class citizens. Development policies for the rural areas have been geared more towards attracting international aid than to mobilizing the potential of the peasantry. The fall of the dictatorship in February 1986 will perhaps make way for development projects to emerge which will be of benefit to all Haitians.

Keywords : Agricultural economy ; Economic development ; Purchasing power ; Development aid ; Haiti politics ; Legal status.

Chapitre IV

Statut politique et devenir des pays insulaires

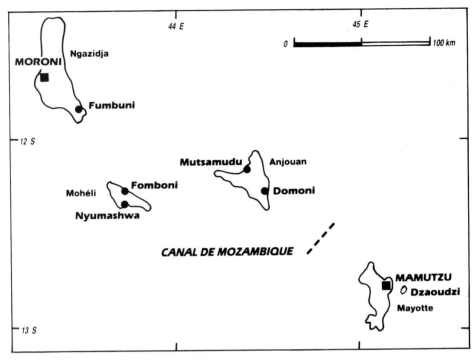

République Islamique des Comores et île de Mayotte

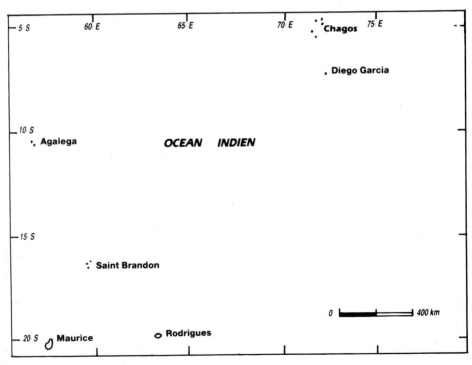

Maurice et ses Dépendances

L'ARCHIPEL ÉCARTELÉ : PROBLÈMES DE LA GESTION DE L'ÉTAT MULTI-INSULAIRE DES COMORES

par Pierre VÉRIN

Poser le problème de la gestion de l'Etat multi-insulaire, c'est s'interroger sur le problème de son existence et de sa survie, puisque chaque île qui le compose peut se considérer à elle seule, à un moment ou à un autre, comme une unité de décision et de gestion en matière économique et politique[1].

Les Comores, **archipel de quatre îles (Ngazidja, Mohéli, Anjouan et Mayotte)** de l'océan Indien occidental n'ont que 2 033 km² de superficie totale, moins que la Réunion (2 512 km²), et relèvent du fait de leur éclatement physique de ce phénomène de multi-insularité, source naturelle de division, même si les composantes partagent ensemble une unité réelle de civilisation et de langue.

Le comorien (*shimasiwa*) est un dénominateur commun aux deux groupes de dialectes ; ceux de l'est (*shimaore*[2] et *shindzwani*) étant d'ailleurs particulièrement proches. Mieux il existe une profonde communauté de civilisation cimentée par un islam omniprésent mais généreux et tolérant. Enfin, trois quarts de siècle de colonisation avaient façonné jusqu'en 1975 une manière de vivre ensemble (Battistini, R. et Vérin, P., 1985, pp. 9-10).

Cette unité de l'archipel avait été aménagée sous la colonisation, car avant la venue des Français, aucun sultanat n'avait réussi à faire l'unification. Certaines îles furent même, de façon quasi permanente, déchirées par des guerres civiles. A Ngazidja, les sultanats se regroupèrent au XIXe siècle en deux confédérations antagonistes. Il en était de même à Mohéli où les unités sociales étaient regroupées par un ensemble nordiste (Fomboni), rival de celui du sud (Nyumashwa). Anjouan, où les oppositions entre Mutsamudu et

---

1. Sur la viabilité de petits pays insulaires, consulter l'étude de base de F. DOUMENGE (1983).
2. Le *shimaore* (ROMBI, 1983) est une langue bantoue ; le malgache du Nord est utilisé dans un certain nombre de villages, mais les locuteurs sont bilingues (GUEUNIER, N., 1985).

Domoni restaient latentes, exerçait une suzeraineté sur Mayotte ; mais des usur-
pateurs malgaches vinrent se tailler une principauté à Mayotte (Andriantsoly)
et à Mohéli (Ramanetaka)[3].

La **colonisation française** commença à Mayotte à partir de 1841, puis
s'étendit après 1886 aux autres îles. Les protectorats de droit interne se
transformèrent en administration directe pure et simple et, à partir de 1912,
l'archipel fut même rattaché à Madagascar devenant ainsi "une colonie de
colonie" pour ne retrouver une certaine autonomie qu'à partir de 1956.

Durant cette époque coloniale, les compagnies complétèrent leurs appro-
priations sur les trois quarts de la superficie du territoire. A la canne à sucre
abandonnée à l'aube du XXe siècle succéda une mise en valeur fondée sur la
vanille et les plantes à parfums (ylang-ylang notamment).

Les îles étaient administrées par un petit nombre de fonctionnaires qui
pliaient devant la toute puissance des compagnies et ne purent guère développer
des infrastructures, à l'exception peut-être de Baumer, qui, à Ngazidja, réalisa,
vers les années 40, une oeuvre considérable avec des méthodes très directives.

Privés de terre, les Comoriens se réfugièrent dans l'univers coutumier
des cités-états (*midji*) vidées de leur contenu politique, mais ils se consolèrent
dans l'islam qui leur offrait la félicité éternelle d'un autre monde qui serait
refusé aux colonisateurs athées. La puissance publique respecta si bien la
religion et les coutumes qu'on a pu dire de cette période que "si la France n'avait
rien fait, du moins n'avait-elle rien défait".

L'**autonomie** allait au contraire stimuler le développement économique
de l'archipel. A partir de 1960, on commença à bitumer les routes ; le président
Saïd Mohamed Cheikh incita les compagnies à rétrocéder les terres à la
population en plein essor démographique. Les Comoriens s'initièrent jusqu'en
1975 à la vie parlementaire ; mais alors que l'échéance de l'Indépendance
s'approchait, les Comoriens réclamaient une prise en charge toujours plus
grande,par la Métropole,des dépenses de santé et d'enseignement.

On pouvait croire que cette autonomie prolongée allait permettre à
l'archipel d'accéder à une indépendance sans complications que prévoyaient
les "accords Stasi" de 1973. En 1973, "le Président Abdallah disposait
d'une confortable majorité électorale et de l'appui de la France prête à
accorder au Territoire d'Outre-Mer l'Indépendance et à offrir sa coopération"
(Vérin, E., 1987). C'était sans compter sur les incertitudes des politiciens
français et le particularisme de Mayotte qui allaient provoquer l'éclatement. Il
est vrai que la gestion de l'état autonome avait un peu oublié Mayotte ; mais le
mécontentement et la frustration ont surtout eu leur source dans le transfert de
la capitale de Dzaoudzi à Moroni. Ce transfert décidé en 1958 fut échelonné
jusqu'en 1966. Plusieurs centaines d'emplois occupés par des Mahorais

---

3. Sur cette période troublée, consulter la thèse très complète de J. MARTIN.

disparurent au profit des habitants de Moroni. Le Président Saïd Mohamed Cheikh reçut, en 1966, un mauvais accueil dans l'île contestataire où "afin de résister à ce qui était perçu comme une domination, le mouvement populaire mahorais se structura en parti soldat. Pour rappeler à la tutelle métropolitaine l'opposition à l'élargissement de l'autonomie, le parti mahorais invita ses adhérents à voter en sens opposé aux autres îles" (en 1969 pour M. Poher et non pour M. Pompidou) (Vérin, E., 1987).

Lorsque l'**Indépendance des Comores** fut envisagée à partir de 1971, les déclarations contradictoires des responsables français allaient créer la confusion ; certains insistant sur le choix île par île (Rey en 1971, Messmer en 1972), tandis que M. Stasi acceptait le principe de l'Indépendance globale par les accords du 15 juin 1973. Durant le premier semestre 1975, le mouvement mahorais réussit à s'allier avec une partie de l'opposition comorienne pour mettre en échec l'application des accords Stasi. Lorsque le Parlement français imposa en juin 1975 l'Indépendance sous condition d'une constitution acceptée par les quatre îles, ce fut la rupture : Indépendance unilatérale du 6 juillet 1975 à Moroni, coup d'état "départementaliste" début août à Dzaoudzi. L'archipel connaissait désormais l'éclatement[4].

De la fin de 1975 à mai 1978, les trois îles indépendantes de Ngazidja, Mohéli et Anjouan furent gouvernées par un régime révolutionnaire, tandis que Mayotte s'installa dans un statut de collectivité de droit français sans pour autant obtenir le statut de département. Le gouvernement français, malgré la détermination des leaders du parti mahorais, veut jusqu'à aujourd'hui éviter la brouille avec Moroni, capitale d'un Etat ami qui a su gagner à sa cause la faveur de l'opinion francophone et internationale.

L'équilibre reste fragile et provisoire, mais il n'en demeure pas moins que l'histoire des dix dernières années a engendré deux unités politiques qui fonctionnent séparément mais entretiennent des liens réels. La revendication comorienne sur la quatrième île cimente d'ailleurs la détermination des Mahorais ; 15 % seulement d'entre eux sont acquis au principe de la réunification, mais il faut rappeler que l'ossature du parti des "serrer la main" a été absorbée ou expulsée après 1975.

Le régime révolutionnaire d'Ali Soilih avait fait porter l'essentiel des efforts économiques et financiers sur la création de "Moudirias" où l'on devait

---

4. Et cela en contradiction évidente avec la position officielle du Président GISCARD d'ESTAING qui déclara dans une conférence de presse du 24 octobre 1974 : "Est-il raisonnable d'imaginer qu'une partie de l'archipel devienne indépendante et qu'une île, quelle que soit la sympathie qu'on puisse éprouver pour ses habitants, conserve un statut différent ? Je crois qu'il faut accepter les réalités contemporaines. Les Comores sont une unité, ont toujours été une unité ; il est naturel que leur sort soit un, soit commun, même si, en effet, certains d'entre eux pouvaient souhaiter -et ceci naturellement nous touche et bien que nous ne puissions pas, ne devions-nous pas en tirer des conséquences- même si certains pouvaient souhaiter une autre solution. Nous n'avons pas, à l'occasion de l'Indépendance d'un territoire, à proposer de briser l'unité de ce qui a toujours été l'unique archipel des Comores" (Conférence de presse du 24 octobre 1974).

administrer, gérer et faire du commerce ; à ce projet qui n'eut pas le temps de fonctionner s'ajouta un programme routier sur emprunts arabes. Depuis 1979, la République Fédérale Islamique a amplifié l'effort sur les infrastructures routières, portuaires et énergétiques. Ces investissements massifs impliquent de lourdes charges de remboursement et diminuent d'autant plus les budgets de fonctionnement qui sont faibles.

A **Mayotte**, au contraire, le budget de fonctionnement est deux fois supérieur en valeur à celui de la République Fédérale ; mais jusqu'en 1985, les investissements y ont été faibles. Ils sont aujourd'hui essentiellement à base de dons de sources française et européenne. Si la République Fédérale Islamique a réussi à développer des relations diplomatiques avec le monde occidental et les pays arabes modérés, Mayotte, elle, reste isolée de l'extérieur avec une administration très "tournante" ; un préfet chaque année ou presque, et des services animés par des Volontaires de l'Assistance Technique (V.A.T.) qui en font "une île sans mémoire où il faut toujours tout réexpliquer aux responsables". A cet isolement administratif correspond un isolement dans le transport aérien. On refuse systématiquement à Air-Comores la liaison qui permettrait la correspondance avec la ligne d'Air-France Paris-Moroni pour préférer une liaison subventionnée de Réunion-Air-Service qui organise à un coût élevé le détour par Saint-Denis de la Réunion.

La Constitution fédérale de la République Islamique qui prévoyait l'accueil de la quatrième île n'a pu fonctionner pour réaliser cet objectif d'intégration. La raison en a été essentiellement financière, puisque les gouvernorats qui devaient percevoir 40 % des recettes n'ont su établir l'assiette de celles-ci. Chaque entité insulaire fonctionne selon son propre code : d'un côté démocratie des notables, de l'autre démocratie dominée par le parti-soldat qui peut aller jusqu'à infliger des amendes coutumières aux récalcitrants des villages mahorais.

Malgré la **revendication comorienne** permanente, des rapports d'osmose sont maintenus entre les trois îles indépendantes d'une part, et Mayotte d'autre part. Mayotte demeure un pont d'accès à la nationalité française, génératrice d'avantages matériels et le solde migratoire est de 600 personnes par an en faveur de l'île restée française. L'abolition des visas de courte durée a facilité la circulation des personnes qui se fait, bien sûr, dans les deux sens ; les Mahorais viennent à la République Islamique maintenir les liens familiaux, chercher une place dans un lycée ou à l'Ecole d'Enseignement Supérieur. Les marchandises circulent également dans les deux sens, principalement des réexportations (riz, hydrocarbures, produits de consommation de luxe). La monnaie comorienne et le franc français sont tous les deux acceptés de part et d'autre.

Il n'en demeure pas moins que l'objectif mahorais est d'obtenir la réalisation de **transferts sociaux** massifs à l'imitation de La Réunion. Ce système, comme l'a vu de Miras (1986), privilégie "l'improduction". La couverture des importations n'est déjà réalisée qu'à 4 % à Mayotte, tandis qu'elle atteint 70 % à Moroni lorsque les cours de la vanille sont favorables. Dans cette optique, peu importe si le S.M.I.G. élevé bénéficie essentiellement aux fonctionnaires de Mayotte ou si le coprah n'y est plus ramassé. Seule compte l'importance du transfert vers un idéal de parité sociale, générateur de développement sans croissance. A Moroni, au contraire, on pourrait croire qu'on s'oriente vers un niveau de vie moins élevé, surtout pour ceux qui ne sont pas fonctionnaires.

En réalité, la logique du transfert d'origine extérieur devrait aussi jouer si l'aide internationale ou bilatérale était mieux appliquée. Or, l'effet induit est faible, car trop souvent les missions d'experts prennent le pas sur les financements.

Comme dans toute situation ambiguë, on est à tout moment menacé de **déséquilibre**, puique chacune des parties concernées considère à sa manière que la situation est précaire. La modération des Comoriens se reflète dans le discours du 6 juillet 1986 prononcé par le Grand Mufti à l'occasion de la fête de l'Indépendance. Celui-ci a comparé Mayotte à une chambre d'amis où l'invité s'incruste un peu longtemps. De leur côté, les leaders du parti mahorais cherchent à persuader la Métropole que la départementalisation est pour eux la seule garantie de statut politique, mais ils ont découvert le bénéfice du statut de collectivité qui leur permet d'intervenir pour distribuer une aide française massive.

Même si la solution ne va, pour l'instant, ni vers la départementalisation, ni vers la réunification, on ne saurait ignorer le dynamisme des situations :

- d'un côté, le parti mahorais commence à voir son audience diminuer et de jeunes politiciens affirment préférer l'autonomie à la départementalisation ;

- d'autre part, la République Islamique doit toujours être sur ses gardes pour freiner les effets des situations centrifuges. Mohéli s'estime, elle aussi, souvent oubliée, et Anjouan reste soudée à l'ensemble, grâce à la personnalité du Président ; mais une mainmise trop grande des politiciens de Ngazidja sur l'appareil de l'Etat pourrait nourrir le séparatisme et inciter Anjouan à réclamer, elle aussi, son aéroport international.

La tendance à l'éclatement qu'a créé la "mayottisation" est donc une tentation permanente. Disons aussi que le bilan de cette petite nation écartelée doit être conservé en mémoire pour tous ceux que tenterait l'Indépendance dans certains DOM-TOM.

ORIENTATION BIBLIOGRAPHIQUE

BATTISTINI, R. ; VÉRIN, P. (1985).- *Géographie des Comores*.- Paris, Agence de Coopération Culturelle et Technique ; Paris, Nathan, 145 p.

DOUMENGE, F. (1983).- *Aspects de la viabilité des petits pays insulaires Etude descriptive*.- Conférence des Nations Unies sur le commerce et le développement, TD/B/950, 38 p. multigr.

GUEUNIER, N. (1985).- *La tradition du conte de langue malgache à Mayotte, Comores*.- (Thèse d'Etat, Paris VII, à paraître)

MARTIN, J. (1983).- *Comores, quatre îles entre pirates et planteurs*. T.I : Razzias malgaches et rivalités internationales 611 p. ; T. II : Genèse, vie et mort du protectorat, 478 p. Paris, L'Harmattan.

MIRAS, C. (de) (1986).- L'économie martiniquaise : développement sans croissance. *In* : Iles, insularité, insularisme. Colloque de Bordeaux - Talence CNRS-GRECO.

ROMBI, M. F. (1983).- *Le shimaore (Ile de Mayotte, Comores). Première approche d'un parler de la langue comorienne*. - Paris, SELAF, 265 p.

VÉRIN, E. (1987).- *Les Comores dans l'Indépendance unilatérale*. Sous presse, 120 p.

Résumé : L'existence de la multi-insularité est en soi une cause de division, même si le groupe d'îles qui compose l'Etat possède une unité réelle de civilisation et de langue. Ainsi depuis 1975, dans l'archipel des Comores deux forces s'opposent : d'une part, la volonté par le pouvoir moronien de récupérer l'île qui manque à son territoire national ; d'autre part, le désir mahorais d'échapper à cette force soutenue par la communauté internationale. Cette opposition n'est pas aussi marquée qu'on pourrait le croire, puisque les deux fractions de l'archipel se raccrochent politiquement et économiquement à la France. L'ambiguïté franco-comorienne facilite ainsi la circulation des personnes et des biens. Simultanément, on assiste à des tensions inter-insulaires dans les îles appartenant à la République Islamique et à une tentation indépendantiste de la part de certains mahorais.

Mots-clés : Politique, statut juridique, indépendance, Comores, Mayotte.

Summary : *A devided archipelago : management of the multi-island State of Comores*.- Multi-insularity is of itself a cause of division, even when the group of islands making up the State have a true unity in their civilization and language. Thus, since 1975 in the Comores archipelago, two forces are in opposition : on the one hand is the wish of the *Moronian* powers to regain the island that is missing from their national territory ; on the other hand is the wish of the *Mahores* to escape this power wielded by the international community. This contrast in views is not as marked as one might think as the two parts of the archipelago are linked politically and economically with France. The Franco-*Comorian* ambiguity facilitates the movement of people and goods. We are witnessing, at one and the same time, inter-island tension in those islands belonging to the Islamic Republic and attempts to achieve independence on the part of certain *Mahores*.

Keywords : Independence ; The Comoros islands ; Mayotte.

L'INDÉPENDANCE DE MAURICE ET SES DÉPENDANCES

par Jean HOUBERT

L'Ile Maurice est arrivée à l'Indépendance avec son propre "mini-empire" colonial : les Chagos, Rodrigues, Agalega et Saint-Brandon. Maurice et ses dépendances formaient un ensemble très hétérogène à tous les points de vue : ethnique, économique et politique.

La situation coloniale de Maurice était d'autant plus complexe qu'il y avait eu deux colonisateurs avec des traditions bien différentes, qui avaient donné aux îles des rôles différents, et qui avaient été associés à des vagues d'immigrants d'origines ethniques hétérogènes. L'Indépendance d'une telle colonie mettait inévitablement en cause l'équilibre interne en même temps que le problème, aujourd'hui classique, de l'intégrité territoriale des nouveaux Etats, surtout s'ils sont des archipels. Dans le cas de Maurice, le problème se posait en termes soit de démembrement soit d'autodétermination[1]. La problématique de la décolonisation insulaire se compliquait par la dépendance de la bourgeoisie d'Etat à l'égard du colonisateur qui l'avait fait naître tandis que la hiérarchie créole à la tête d'une économie structurellement dépendante de l'étranger refusait l'Indépendance.

Nous examinerons surtout le problème des relations entre l'île Maurice et les autres îles attachées ou détachées d'elle à l'Indépendance. Je n'insisterai sur la lutte politique interne à l'île Maurice que pour mieux comprendre les relations entre îles. La question du démembrement s'est posée dans le stade final de la décolonisation de Maurice au sujet des Chagos. Cette question était liée à l'évolution de la stratégie militaire anglo-américaine dans l'océan Indien. J'insisterai donc sur la dimension internationale dans une première partie où je traite de la question des Chagos. Dans une deuxième partie, j'examinerai le problème de Rodrigues autour de la question de l'autodétermination.

---

1. La résolution 1514 de l'Assemblée Générale des Nations Unies, du 14 déc. 1960, qu'on a surnommée la Charte de la Décolonisation, se fondait sur deux principes qu'il n'était pas facile de concilier : le non-démembrement de la colonie dans la décolonisation en effet, ne pouvait se concilier avec le principe d'autodétermination qu'en ignorant la situation coloniale interne à la colonie.

I.- LE DÉMEMBREMENT DU TERRITOIRE

La politique de décolonisation dans la région de l'océan Indien ne signifiait aucunement l'abandon de l'hégémonie occidentale sur la mer. Bien au contraire, en relâchant le contrôle direct sur la périphérie de l'Asie, la dominance thalassocratique devenait encore plus importante. D'autant plus que l'Inde, tout en conservant son régime hérité de la décolonisation et restant membre du Commonwealth, refusait de s'aligner militairement sur l'Occident et adoptait une politique de non-alignement qui allait glisser vers l'Union Soviétique à mesure que se précisait la menace chinoise sur la Grande Péninsule.

Avec la décolonisation de l'Asie du Sud donc, les îles de l'océan Indien retrouvaient une importance géostratégique de premier plan. Il n'était pas nécessaire cependant de retenir toutes les îles dans le giron colonial afin d'atteindre les buts stratégiques. La Grande-Bretagne était à la recherche d'une nouvelle formule militaire qui permettrait d'étendre la décolonisation aux îles tout en renforçant le dispositif stratégique dans l'océan Indien. L'attaque chinoise sur l'Inde accéléra les recherches que les Anglais et les Américains menaient en commun pour un dispositif militaire océanique approprié à l'âge nucléaire et à la décolonisation. Le projet initial des Anglais prévoyait tout un réseau de bases sur les îles permettant de rejoindre d'Ouest en Est l'Australie et l'Asie du Sud-Est à partir de l'Atlantique et de l'Afrique. Les facilités militaires déjà existantes au Kenya, à Maurice, aux Seychelles, aux Maldives, aux îles Cocos devaient jouer un rôle dans ce plan qui devait permettre aussi de donner plus de garantie d'aide militaire à l'Inde en cas d'une nouvelle agression chinoise. Les Américains, cependant, tout en étant disposés à porter secours à l'Inde, voyaient l'océan Indien surtout à partir du Pacifique ; pour eux le plan anglais comprenait des territoires beaucoup trop peuplés à l'âge de la décolonisation pour l'établissement du genre de bases qu'ils avaient en vue. L'idéal pour le Pentagone serait un ou deux îlots au milieu de l'océan, loin des curieux, sans habitants, et capables d'être aménagés pour servir de bases de communication avec un port où les plus gros sous-marins nucléaires pourraient relâcher, stocker leurs fusées, et faire des réparations bien à l'abri. Il devrait avoir aussi assez d'espace pour une piste capable de servir aux plus gros avions de type B52 et stocker le carburant nécessaire. De toutes les îles que les planificateurs visitèrent, Diego Garcia dans les Chagos répondait le mieux aux critères désirés pour une base militaire. Le seul inconvénient du point de vue des Américains, était qu'elle faisait partie du territoire de Maurice et qu'elle était habitée. Le Pentagone avait insisté pour que le site retenu ne soit sous la souveraineté d'aucun pays du tiers monde et soit complètement inhabité afin d'éviter des complications politiques, surtout que le Congrès était contre l'établissement de nouvelles bases américaines dans le tiers monde.

Trois groupes d'îles inhabitées avaient été amputés aux Seychelles en contrepartie de la construction d'un aéroport de classe internationale à Mahé, et regroupés avec les Chagos enlevés de Maurice pour faire une nouvelle colonie, la BIOT-Territoire Britannique de l'océan Indien. S'étant ainsi appropriés les îles nécessaires pour l'aménagement du nouveau dispositif militaire, les Anglais étaient enchantés de pouvoir se débarrasser de Maurice et des Seychelles, colonies créoles où ils s'étaient toujours sentis des intrus. Des colonies qui de surcroît avaient des problèmes démographiques et économiques dont l'Angleterre tenait à ce qu'ils ne retombassent pas sur elle à un moment où son économie était en panne et que le racisme montait en flèche. Les Anglais ayant abandonné l'idée d'un réseau de communications d'Ouest en Est à travers l'océan purent se servir du retour des îles de la BIOT aux Seychelles comme récompense à ses protégés d'avoir accepté une indépendance dont ils ne voulaient pas. La BIOT désormais réduite aux Chagos dépeuplées n'a qu'une présence anglaise symbolique : Diego Garcia est en fait américaine.

Maurice a collaboré pleinement au démembrement de son propre territoire et à l'expulsion des "îlois", c'est-à-dire des îliens pour faire place à la base militaire. Si elle l'a fait ce n'est certainement pas pour la somme dérisoire qu'elle a reçue des Anglais en contrepartie de la perte d'un territoire dont l'importance stratégique se mesure à l'échelle mondiale. Maurice s'est démembré à la veille de l'Indépendance, et en pleine connaissance du but militaire auquel son démembrement allait servir, afin d'accroître les chances du prolongement au pouvoir d'une fraction ethnique de la bourgeoisie d'Etat protégée par les Anglais.

Une curieuse coupure ethnique entre pouvoir politique et pouvoir économique avait caractérisé l'île Maurice coloniale. Les administrateurs anglais détenaient le pouvoir politique tandis que le pouvoir économique restait entre les mains de la ploutocratie créole. Ces deux fractions de la classe dirigeante étaient bien sûr alliées dans le système colonial mais l'alliance était conflictuelle. Sur le plan ethnique, les créoles ne s'identifient pas aux colonisateurs britanniques. Sans le pouvoir d'état, la hiérarchie créole n'avait pas pu compléter son hégémonie sociale et culturelle en créolisant les engagés indiens aussi intégralement qu'elle avait pu le faire pour les esclaves noirs. Avec la décolonisation, les administrateurs britanniques ont favorisé la montée d'une nouvelle fraction de la bourgeoisie sortie des engagés indiens. Cette nouvelle bourgeoisie d'Etat ne s'est pas fondue dans la hiérarchie créole mais a embrassé les institutions anglaises qui la faisaient accéder au pouvoir politique appuyé sur une majorité ethnique. Ainsi l'équilibre entre pouvoir économique et pouvoir politique désormais démocratisé, mais toujours sur une base ethnique, survivait à la décolonisation. Cette politique a failli échouer au moment de l'Indépendance. Les descendants des engagés sont loin de former un seul bloc politique. En sauvant de la créolisation des lambeaux de culture ancestrale ils l'ont, par là-même, préservée des divisions régionales, de castes, de religions, qui, articulées aux structures coloniales, pouvaient servir d'assises à une pluralité de groupements politiques. Les créoles alliés aux autres minorités ethniques, dans la conjoncture économique de l'Indépendance, étaient non seulement arrivés à l'équilibre mais auraient bien pu ravir le pouvoir politique aux protégés des Anglais. Pour éviter de perdre le pouvoir dans cette étape ultime de la décolonisation, la nouvelle bourgeoisie d'Etat était prête à tous les marchandages.

Les Anglais bien résolus à imposer l'Indépendance voulaient cependant obtenir la collaboration de Maurice pour le démembrement de son territoire et l'expulsion des îliens. Londres a donc laissé croire à ses protégés que s'ils faisaient des difficultés pour les Chagos, les Britanniques seraient disposés à laisser les Mauriciens décider eux-mêmes de l'Indépendance par référendum. La bourgeoisie d'Etat ne voulait absolument pas courir le risque de voir les créoles à la tête des minorités gagner le référendum et ensuite cumuler les pouvoirs politique et économique. Elle a donc accordé son entière collaboration pour le démembrement du territoire et l'expulsion des îliens. En retour, les Anglais ont refusé l'autodétermination par référendum et ont imposé l'Indépendance. Ainsi, l'Indépendance de Maurice, loin d'être le résultat d'une lutte de libération nationale contre les colonisateurs a été préparée par eux de longue date puis imposée. Les Anglais ont cependant desservi l'image patriotique que leurs protégés voulaient se donner et ont réduit leur légitimité en les associant au démembrement du territoire dès la naissance du nouvel Etat. Du même coup, en amenant Maurice à collaborer au démembrement de son territoire, l'Angleterre affaiblissait à l'avance la position mauricienne dans une éventuelle revendication de souveraineté sur les Chagos. Mais les protégés ont cependant été récompensés par la présence des troupes anglaises pour leur permettre de bien asseoir leur pouvoir et de roder leur collaboration avec la ploutocratie. Quant au sort des îliens, la hiérarchie créole se souciait encore moins de quelques Noirs pauvres tout à fait au bas de l'échelle sociale que la bourgeoisie d'Etat hindoue qui a marchandé leur expulsion.

En marge de l'économie sucrière, le capital mauricien exploitait les petites dépendances à travers un système très archaïque. L'Etat n'y existait pas sauf que les îles lui appartenaient. Ces îles étaient louées à bail à une Compagnie de plantation de cocotiers. Tels les premiers colons qui n'obtenaient des concessions qu'à condition d'avoir des esclaves pour les exploiter, la Compagnie en obtenant son bail recevait en même temps le pouvoir quasi absolu sur les îliens. Ceux-ci ne pouvaient avoir accès à la terre qu'à travers la Compagnie, seul employeur dans les îles. Le maigre salaire qu'ils recevaient ne pouvait être dépensé sur place qu'à la boutique de la Compagnie. Celle-ci encourageait les îliens à produire légumes, porcs et volailles, ainsi qu'à faire la pêche dans le lagon pour leur propre nourriture. Ainsi, le coût de la reproduction de la force de travail de la plantation ne retombait pas entièrement sur la Compagnie mais sur les travailleurs eux-mêmes. Quand la main-d'oeuvre des îliens ne suffisait pas, la Compagnie recrutait à Maurice ou aux Seychelles. Le coprah produit par l'exploitation était exporté à Maurice par le bateau qui apportait les quelques marchandises de la Compagnie. Une ou deux fois par an, l'Etat se manifestait sous la forme d'un magistrat, d'un médecin, d'un policier, le temps de l'embarquement de la cargaison de coprah. En pratique, l'administrateur de la Compagnie, toujours un créole blanc ou métissé, représentait le pouvoir politique en même temps que le pouvoir économique dans les îles. La culture créole n'a probablement jamais atteint un niveau d'appauvrissement aussi bas que dans les petites dépendances de Maurice.

Les îliens n'existaient que par et pour la Compagnie qui redéployait parfois des sociétés entières d'îliens d'une île à une autre selon ses besoins. Les Anglais qui pourtant ne cessent jamais de parler des Droits de l'Homme, ont adopté le même raisonnement que la Compagnie en expulsant les îliens : ceux-ci, disaient-ils, n'étaient pas des propriétaires dans les îles ; ils n'étaient donc que des employés de la Compagnie et devaient disparaître avec elle. L'Angleterre a donné à la Compagnie plus du double de la somme qu'elle accorda aux îliens à travers le gouvernement mauricien. La Compagnie était chargée de refouler les îliens à Maurice sur un petit cargo comptant seulement une dizaine de places pour passagers, mais qui transporta jusqu'à cent personnes à la fois, empilées dans les cales sur le coprah et l'équipement récupéré. Quand les menaces de la Compagnie ne suffisaient pas à faire partir les îliens, ils étaient embarqués de force. Arrivés à Port-Louis, où la plupart n'avaient ni famille ni connaissances, ils devaient se débrouiller sans ressources car les ministres mauriciens s'étaient bien gardés de leur distribuer l'argent qu'ils avaient reçu des Anglais. Argent que les Anglais avaient eux-mêmes reçu des Américains pour dépeupler les Chagos. Le gouvernement britannique et l'administration américaine ont tout fait pour cacher cet épisode honteux de la militarisation de l'océan Indien. Ils ont systématiquement menti à la Chambre des Communes et au Congrès pour faire croire que les îles étaient inhabitées. Afin de ne pas passer par le Congrès pour les crédits, l'administration trouva un moyen de compenser les Anglais en leur faisant grâce d'une somme qu'ils devaient sur l'achat des fusées Polaris. Ce n'est que dix ans plus tard et grâce aux recherches assidues de quelques sénateurs américains qu'une partie de cette sordide affaire fut révélée dans la grande presse internationale[2].

2. L'Indépendance de Maurice a fait l'objet de plusieurs articles que j'ai publiés. On verra notamment : HOUBERT, J.- Mauritius, Independence and Dependence. *The Journal of Modern African Studies*, vol. 19, n° 1 : p. 75-106 et HOUBERT, J.- Mauritius, Politics and Pluralism at the Periphery. *Annuaire des Pays de l'océan Indien,* vol. 9, p. 1082-83. La position de Ramgoolam, *Le Monde,* 13-3-1976, est intenable. Déjà en 1961, c'est-à-dire au début même du projet, il avait déclaré que Maurice n'adopterait pas une politique de non-alignement qui l'écarterait du dispositif militaire britannique O.E.N.S. (London, 26-6-1961). Les documents publiés par le gouvernement M.M.M.-P.S.M. confirment les autres sources à savoir que

En attendant, les îliens végétaient dans les taudis de Port-Louis. Ils n'avaient pas été tout à fait oubliés à Maurice cependant. Le Mouvement Militant Mauricien (M.M.M.), nouveau parti politique, né au lendemain de l'Indépendance, sur une base de classe et non "communaliste", attachait une importance toute particulière à la politique internationale dans l'océan Indien et s'était intéressé à la question des Chagos dès le début. L'Inde qui avait pris position contre le démembrement de Maurice avait fait du départ des Américains de Diego Garcia le point central de sa politique dans l'océan Indien depuis la guerre du Bangladesh. Le M.M.M. s'était rallié à cette thèse avec d'autant plus d'enthousiasme que les vues de l'Inde ont toujours une résonance dans la politique intérieure mauricienne. Dans la région des îles, les nouveaux régimes de Madagascar et des Seychelles appuyaient le M.M.M. qui s'était fait l'avocat des îliens en même temps qu'il condamnait le régime qui avait collaboré au démembrement du territoire et ainsi à la militarisation de l'océan Indien. Les Nations Unies et les instances du tiers monde approuvaient le projet de l'océan Indien, zones de paix. Le scandale des îliens avait fini par faire la une des journaux partout dans le monde. Le régime de Maurice isolé s'accrochait aux Anglais pour survivre. Mais Madame Thatcher ne lui fit que de vagues promesses indiquant que les Chagos reviendraient à Maurice quand l'Occident n'en aurait plus besoin pour la défense du monde libre. Ce qui n'est pas pour demain.

L'évolution géopolitique a transformé le rôle de la base de Diego Garcia, dont le but n'a jamais été la protection des pétroliers en route vers l'Europe ou le Japon. Aujourd'hui, le déploiement de sous-marins nucléaires lance-engins a cédé la priorité à l'équilibre des forces conventionnelles dans la région. Depuis la chute du régime du Shah d'Iran et l'entrée des forces soviétiques en Afghanistan, Diego Garcia est devenu la pièce maîtresse de la stratégie dite d'endiguement. L'équipement de la force de déploiement rapide prévu pour arrêter l'armée rouge sur le Golfe est prépositionné à Diego Garcia. La flotte de surface autour de deux porte-avions croise dans la mer d'Oman à partir de Diego Garcia. Sans ce point d'appui, toute la stratégie de la puissance maritime aurait moins de crédibilité par rapport à la puissance continentale. Dans cette nouvelle conjoncture, les pays de l'océan Indien se sont divisés sur la politique à adopter envers les Américains à Diego Garcia[3].

Ramgoolam était bien informé et qu'il a donné son plein accord, *Week-End,* 12-6-83 ; cependant, il avait voulu obtenir plus au début et c'est en partie pourquoi les Anglais ont adopté la tactique du chantage, *Le Mauricien,* 28-12-64 ; 13-8-65 : "L'archipel des Chagos est formé de 60 îles et écueils coralliens, rassemblés en cinq groupes, dont trois étaient habités, autour du grand banc des Chagos. Diego Garcia à 2 150 kilomètres de Maurice est un atoll en forme de fer à cheval de 24 kilomètres de long pour 6 de large. Le livre de SCOTT (R.) *Limunia, the lesser Dependencies of Mauritius,* (London, 1961) donne beaucoup d'informations sur les Chagos.

3. Il existe aujourd'hui une volumineuse bibliographie sur Diego Garcia et la militarisation de l'océan Indien. On verra le chapitre sur Diego Garcia dans BEZBORUAH (Monoranjan).- *U.S. strategy in the Indian Ocean, the international response,* London, 1977 ; et JAWATKAR (K.S.) *Diego Garcia in International Diplo*

Maurice, après l'éclatement du gouvernement de gauche, s'est rapprochée des Etats-Unis qui lui ont accordé des concessions pour l'entrée de ses produits textiles sur le marché américain. Maurice fournit aujourd'hui des poulets, des fruits et des légumes à la base américaine qui emploie quelques centaines de Mauriciens. Le passage du M.M.M. au pouvoir cependant n'a pas été sans effets pour les îliens et les îles. Après un long marchandage, Londres a enfin accordé une compensation de quatre millions de livres aux îliens.

Cet accord n'affecte pas la revendication de souveraineté mauricienne sur les Chagos. Le M.M.M. a fait réinclure les Chagos sur la carte des territoires de l'Etat mauricien et a poussé le gouvernement à réouvrir le dossier de Tromelin[4]. Le gouvernement mauricien a repris le bail de la Compagnie qui exploitait Agalega. Une piste d'avion est prévue pour relier les 400 habitants d'Agalega à Maurice[5]. A Saint-Brandon, où il n'y a pas de population permanente et où une Compagnie de pêche exploite une cinquantaine de pêcheurs, surtout rodrigais, sous contrat de six mois dans la production de poisson salé et frigorifié pour le marché mauricien, les conditions de travail ont été améliorées[6]. L'Etat mauricien a surtout maintenu l'aide à Rodrigues à un niveau relativement élevé.

macy, New Delhi, 1982. J'ai fait une présentation des principaux titres dans une chronique sur l'Inde dans l'océan Indien qui paraîtra dans le prochain volume de l'*Annuaire des Pays de l'O.I.*, vol. 10. Maurice, qui avait été très chagrinée que la Grande-Bretagne n'ait pas renouvelé l'accord qui lui permettait d'intervenir à Maurice *The Times*, 18-4-1975, avait été enchantée par l'éclatement du front des Pays Non Alignés de l'océan Indien. Ramgoolam avait claironné : "Tout le monde s'accorde à reconnaître la présence des Américains à Diego Garcia, même la Conférence des Non-Alignés est venue justifier la présence des Américains dans cette partie du monde *"International Herald Tribune"*, 14-4-1981, *Le Monde*, 14-2-1981.
4. Tromelin, située à 500 kilomètres à l'est de Madagascar, est un banc de sable de 1 500 mètres de long sur 400 de large et 4,6 mètres d'altitude ; elle avait fait partie des "dépendances" de l'Isle de France au moment de la prise de Maurice par les Anglais. Maurice avait hérité du contentieux qui avait opposé la France à la Grande-Bretagne mais Port-Louis avait volontairement oublié la question jusqu'à ce que le M.M.M. vienne faire reprendre le dossier. Voir ORAISON, A. et MILLO, F. "A qui appartient le récif de Tromelin ?" *In* : Annuaire des Pays de l'océan Indien, 1978 (Aix-en-Provence, 1980) et dans le même volume de l'A.P.O.I., pp. 253-262 la position de Maurice par P.R. CHOU-LEUNG "L'île Tromelin, territoire mauricien". Monsieur DEBRE étant revenu à la charge sur la question, le Ministre des Affaires Etrangères de la France avait dit qu'il ne fallait pas "prendre trop au tragique l'attitude de Maurice", *Journal de l'Ile de la Réunion*, 20-2-1981.
5. Agalega, située à 935 kilomètres au nord-ouest de Maurice, se compose de deux îles reliées par un banc de sable. La superficie totale est de 70 km² Les 400 îliens sont surtout sur l'île du Sud tandis que le mouillage est à l'île du Nord. Depuis 1976, Agalega est sous la juridiction du Premier Ministre. La production de coprah a chuté depuis la reprise du bail de la Compagnie de 240 tonnes en 1975 à 80 tonnes en 1979. Les exportations qui avaient une valeur de 1,10 million de roupies en 1974 sont tombées à 0,43 million en 1977. Tandis que les importations augmentaient de 0,20 million de roupies en 1974 à 1,36 million en 1977. DINAN, P.- *Dix ans d'Economie Mauricienne* (Port-Louis, 1980), p. 126. L'aide de la France était prévue pour la construction de la piste d'avion. *Journal de l'Ile de la Réunion*, 26-2-1981. Les rats restent un problème à Agalega bien qu'on en ait tué plus de 60 000 par an.
6. Saint-Brandon est l'île principale de l'archipel de Cargados Carajos à 400 kilomètres au nord-est de Maurice et se compose de 22 îles et îlots, dont l'ensemble ne dépasse pas 2 km².

II.- RODRIGUES OU L'INDÉPENDANCE EN QUESTION

Les Rodrigais avaient été unanimes à dire non à l'Indépendance dans l'Etat mauricien. Ce refus du statut que le décolonisateur leur imposait reflète de profondes différences de structures entre Rodrigues et Maurice. Rodrigues est une véritable paysannerie contrairement au mode de production capitaliste sorti de la grande plantation sucrière à Maurice. Elle est la seule dépendance de Maurice -voire le seul pays créole de l'océan Indien- à connaître le mode de production paysan. Rodrigues n'avait pas connu l'immigration massive d'engagés indiens qui avaient transformé de façon radicale et permanente la composition ethnique de Maurice. Elle est donc restée homogènement créole : 98 % de la population est créole pour à peine 30 % à Maurice. Le taux d'accroissement de la population à Rodrigues est le double de celui de Maurice. Le produit brut par tête d'habitant est le huitième de celui de Maurice. Avec moins de 100 dollars par habitant par an, Rodrigues se situe au bas de l'échelle des pays les plus pauvres du tiers monde tandis que Maurice est dans le peloton de tête. En revanche, on ne voit pas à Rodrigues des mendiants comme à Maurice. Les paysans rodrigais sont plus égaux dans leur misère que les Mauriciens relativement plus riches[7].

Il n'y a aucun doute que le petit capital commercial ait pris une bonne part du faible surplus produit par les paysans rodrigais. Exploitation d'autant plus facile que la situation insulaire et la distance du marché donnaient aux commerçants et aux armateurs un monopole leur permettant de dicter les prix aux paysans. Cette exploitation cependant n'explique pas pourquoi le mode de production paysan a survécu à Rodrigues et, partant, la pauvreté de Rodrigues, par rapport à Maurice. Il n'est pas évident que le mode de production paysan, même avec des circonstances écologiques bien supérieures à celles de Rodrigues, soit capable de générer un surplus suffisant pour permettre l'accumulation nécessaire au décollage économique. Les paysans sont pauvres, moins parce qu'ils sont exploités que parce que leur mode de production les empêche de s'arracher d'eux-mêmes de la misère ancestrale[8]. Les paysans

---

7. L'ouvrage de référence indispensable sur Rodrigues reste : NORTH-COOMBES, A.- *The Island of Rodrigues* (Port-Louis, 1971) qu'on complètera par les *Reports on Rodrigues,* publiés annuellement par le Gouvernement de Maurice. Pour tout ce qui se rapporte à la géographie humaine, non seulement, de Rodrigues mais aussi des petites dépendances de Maurice, l'admirable travail du Professeur DUPON est essentiel. DUPON, J.F.- *Contraintes insulaires et fait colonial aux Mascareignes et aux Seychelles* (Paris, 4 vol., 1976). On verra aussi du même auteur : *Recueil de Documents pour servir à l'Histoire de Rodrigues* (Port-Louis, 1969). Rodrigues est à 600 kilomètres à l'est de Maurice. Avec ses 105 km² (15 de long et 7 de large) Rodrigues est de loin la plus grande "dépendance" de Maurice. L'île émerge d'un banc corallien long de 55 kilomètres et large de 30.

8. Une école néo-marxiste d'anthropologie économique explique la pauvreté des sociétés paysannes du tiers monde par le concept d'"articulation". Le mode de production capitaliste ne déplace pas le mode paysan, comme MARX l'avait cru, mais s'articule avec lui pour l'exploiter tout en le préservant. REY, P.P.- *Les alliances de classes* (Paris, 1978) et MEILLASSOUX, C.- From reproduction to production, *Economy and Society,* vol. 1, n° 1, 1972.

rodrigais ne contribuaient pas à l'accumulation du capital à Maurice. Pour leur part, les Mauriciens n'avaient certainement pas, jusqu'à récemment, contribué à élever le niveau de vie à Rodrigues.

La ploutocratie n'était pas intéressée à investir dans l'île qui, géographiquement, ne se prêtait pas à la culture du sucre. L'Angleterre avait occupé Rodrigues pour des raisons de stratégie militaire. L'île avait servi de base pour l'invasion de Maurice et de la Réunion. Mais si la Réunion, sous le vent de Maurice, ne présentait pas d'intérêt stratégique du temps de la marine à voile et pouvait donc retourner à la France, Rodrigues, au vent, devait rester dépendance de Maurice sous l'empire colonial. La vapeur et le sucre allaient plonger Rodrigues dans un oubli presque total de la part des autorités britanniques et de la ploutocratie[9].

Les quelques esclaves Noirs qui se trouvaient à Rodrigues à l'abolition se répandirent à travers l'île et occupèrent les terres qu'ils pouvaient défricher par le feu, produisant avec une technique des plus sommaires ce qu'il fallait pour vivre. Plus tard et peu à peu, l'Etat régularisa cette situation en laissant les paysans sur la terre mais en imposant un petit loyer qui bien souvent n'était pas acquitté. L'Etat reprit aussi les quelques terres qui avaient été concédées mais que les propriétaires n'avaient guère cultivées. De sorte qu'aujourd'hui l'Eglise catholique, qui possède une soixantaine d'arpents, est de loin le plus grand propriétaire à Rodrigues, en dehors de l'Etat.

Parallèlement aux paysans, des pêcheurs mauriciens créoles métissés vinrent se fixer à Rodrigues - surtout à Port-Mathurin et sur le littoral nord et ouest. Ces pêcheurs ont refoulé les autres Rodrigais vers l'intérieur de l'île. C'est sans doute là l'origine de la coupure sociale, basée en partie sur la couleur de la peau, qu'on trouve aujourd'hui entre créoles rouges de la côte et créoles noirs de la montagne. Mais maintenant des noirs sont pêcheurs comme des rouges sont agriculteurs.

Sans investissements, les techniques de l'agriculture et de la pêche à Rodrigues étaient restées des plus rudimentaires. A la longue, la fragile écologie de l'île ne résista pas à l'exploitation primitive, à la destruction des forêts, à la culture itinérante sur brûlis et aux troupeaux de chèvres. Les pêcheurs avec des barques trop légères pour affronter la mer et l'alizé en dehors des brisants, ont surexploité le lagon. Dans les notes du Professeur Dupon, l'île avait été réduite à un squelette et le lagon irrémédiablement appauvri avant que les autorités britanniques décidassent d'agir. Il fallait faire quelque chose, d'abord pour éviter la catastrophe malthusienne, le manque de Chimènes ayant limité la population de Rodrigues tout au long de son histoire. Mais dans les

---

9. Rodrigues avait eu une importance de position pour les marins au temps de l'incertitude des longitudes. Elle servit de repère pour les navires en route pour les Indes ou Maurice. Mais Rodrigues n'aura jamais un rôle maritime même à cette époque à cause des récifs qui rendent son approche dangereuse. Les Rodrigais auront même la réputation de pilleurs d'épaves.

30 dernières années, la poussée démographique s'était accélérée beaucoup plus vite que les paysans ne pouvaient produire de subsistance dans une île qui dépérissait. Ensuite, avec la décolonisation bien enclenchée à Maurice, il fallait essayer de renflouer un peu Rodrigues avant de la pousser dans l'Indépendance mauricienne.

Il s'agissait de réhabiliter la terre de Rodrigues par un programme de terrassement, d'irrigation et de reboisement, qui demandait un investissement que les paysans n'auraient jamais pu faire par eux-mêmes. Le programme de réhabilitation a eu un succès indéniable et l'Etat mauricien l'a continué depuis l'Indépendance, lui consacrant des ressources assez importantes[10]. Parallèlement, un effort réel était fait pour l'infrastructure ; Rodrigues a maintenant une vingtaine de kilomètres de routes asphaltées. L'île est reliée à Maurice par avion plusieurs fois par semaine. Le port a été approfondi et aménagé. Beaucoup reste à faire notamment pour l'eau, l'électricité, l'emmagasinage, la pêche lointaine.

Mais même si l'Etat avait pu faire plus, le problème rodrigais n'aurait pas été résolu. D'abord, le programme de réhabilitation, s'il arrive à freiner l'appauvrissement du milieu naturel, entraîne à son tour un effet pervers. Les paysans employés par l'Etat aux travaux de rénovation ne s'occupent plus de leurs fermes. Ils produisent moins et importent davantage de nourriture et surtout de boissons de Maurice. Toutes proportions gardées, le syndrome de la départementalisation s'est installé à Rodrigues : plus l'Etat consacre de ressources à Rodrigues, moins les Rodrigais produisent ce qu'ils consomment ; plus ils se sentent assistés, plus ils sont aliénés à l'Etat mauricien.

L'héritage anti-mauricien trouve son fondement non seulement dans l'appauvrissement du milieu naturel mais dans un retard humain presque aussi dramatique. Les Rodrigais sont arrivés à l'Indépendance avec un taux d'analphabètes hors de toutes proportions avec celui de Maurice. Même les Rodrigais qui arrivaient à apprendre à lire et à écrire l'oubliaient vite dans un pays sans journaux, sans livres[11]. L'Etat était représenté à Rodrigues par un magistrat appuyé sur quelques fonctionnaires et policiers mauriciens. Véritable petit potentat, le magistrat cumulait les pouvoirs exécutif et judiciaire. Les Rodrigais n'avaient jamais eu le droit de vote et n'avaient aucun organisme

---

10. Les dépenses du gouvernement à Rodrigues ont augmenté de 0,457 million de roupies en 1950 à 3,212 millions en 1960. Le Plan de 75-80 prévoyait un investissement de 5,1 millions de roupies pour atteindre l'autosuffisance alimentaire et un surplus pour l'exportation. Les prévisions du Plan n'ont pu être atteintes. De plus, la réhabilitation des terres n'a jamais réussi à fournir de l'emploi à tous les demandeurs. Le compte rendu du nouveau Gouvernement en 1982 insistait sur la nécessité d'un ralentissement de la poussée démographique car l'île ne pourrait pas, dans le meilleur des cas, supporter plus de 50 000 habitants et qu'il faudrait trouver 300 nouveaux emplois tous les ans jusqu'en 1990, *Mauritius five year plan 1975-1980* (Port-Louis, 1976). *The State of the Mauritian Economy in 1982* (Port-Louis, 1982).

11. En 1962, pour une population de 18 335 habitants il y avait 11 236 illettrés et seulement 786 avaient atteint le niveau de fin d'études primaires.

politique représentatif ni au niveau local ni au niveau de Maurice. La montée à Maurice d'une nouvelle bourgeoisie d'Etat par l'échelle scolaire et politique avait laissé Rodrigues complètement à l'écart. Les chefs créoles qui avaient lancé le syndicalisme et le parti travailliste à Maurice furent même déportés à Rodrigues pour faire place aux hindous modérés qui ont canalisé et désamorcé la lutte des classes dans une politique "communaliste". Pénalisés par le retard scolaire et politique, les Rodrigais acceptent mal aujourd'hui de se voir au bas de l'échelle tandis que tous les bons postes à Rodrigues vont aux Mauriciens. Des Mauriciens qui sont loin d'être les meilleurs car, malgré les allocations et autres primes de séjour, Rodrigues n'est pas prisée par les fonctionnaires qui se comportent parfois comme les pires colonialistes envers les autochtones[12].

Les experts du bureau colonial ont d'abord songé à ne pas donner le droit de vote aux Rodrigais dans l'Indépendance. Ce qui d'ailleurs arrangeait très bien la bourgeoisie d'Etat à Maurice. En revanche, en accordant le vote aux Rodrigais, les Britanniques s'assuraient que l'île ne leur resterait pas sur les bras car les créoles de Maurice auraient un intérêt politique à s'accrocher à Rodrigues. En effet, la balance ethnique et le découpage des circonscriptions à Maurice font que Rodrigues représente un appoint électoral non négligeable pour les minorités. Les Rodrigais ne sont pas classés comme une communauté dans la constitution communaliste de Maurice. Ils se retrouvent dans la Population Générale, catégorie résiduelle à Maurice pour les créoles, qui sont pourtant les autochtones - pour ainsi dire[13].

Les Rodrigais votant pour la première fois dans leur histoire, ont plébiscité le Parti Mauricien qui se voulait le défenseur des paysans à Rodrigues en même temps que celui du capital à Maurice. Il se voulait parti national à Maurice en même temps qu'il exprimait le nationalisme anti-mauricien des Rodrigais. Le Parti Mauricien se fondait sur le vote unanime des Rodrigais contre l'Indépendance dans l'Etat mauricien pour réclamer la sécession de Rodrigues qui resterait associée à la Grande-Bretagne. Option tout à fait exclue à l'avance par les Anglais, qui de toute façon n'était que de la pure surenchère, car la séparation de Rodrigues aurait enlevé deux sièges au Parti Mauricien[14].

---

12. Voir par exemple le discours du député P.M.S.D. rodrigais, Clément ROUSSETY, au Parlement de Maurice et la réponse de RAMGOOLAM dans *"Mauritius Legislative Assembly Debates"*, 21 nov. 1967, n° 22-2-1967, cols. 1752-1756.

13. Voir : DE SMITH, S.A.- Mauritius : Constitutionalism in a Plural Society, *Modern Law Review*, vol. 31 n° 6, November 1968, p. 601-622. L'auteur était le conseiller constitutionnel du Bureau Colonial pour l'Indépendance de Maurice. Aussi la réponse du Secrétaire d'Etat pour les colonies à la Chambre des Communes : "It was never the intention that the island of Rodrigues and the other dependencies of Mauritius should be included in the electoral districts... under the Constitution...", 21-12-1966, *Report on Mauritius* (Port-Louis, 1967), p. 5.

14. Voir par exemple la position des deux députés P.M.S.D. de Rodrigues, Guy OLLINY et Clément ROUSSETY, dans : *Mauritius Legislative Assembly Debates*, n° 157, 1967, 22 August 1967, cols. 903-905 et 917. Le télégramme de RAMGOOLAM à Lord SHEPHERD pour sa position sur la sécession de Rodrigues dans *Mauritius Legislative Assembly Debates*, n° 22, 1968, 27-2-1968 : Appendix 2, pp. 47-48.

Le Parti disait que Rodrigues était une colonie de Maurice exploitée par un gouvernement hindou mais il s'empressait de rejoindre ce même gouvernement. Si à Maurice les dépenses de l'Etat contribuent à reproduire la force de travail en même temps qu'elles gagnent des voix parmi le prolétariat du sucre, en revanche le capital n'a rien à gagner aux dépenses de l'Etat pour la subvention des paysans à Rodrigues. Par contre, la réorientation des dépenses de l'Etat pour amener les paysans à retourner sur leurs fermes et produire leur propre subsistance ne peut qu'être approuvée par le capital mais elle fait perdre des voix au Parti Mauricien. Empêtré dans ses contradicitons, divisé entre ses protecteurs et ses partisans puis abandonné par les uns et les autres, le Parti Mauricien s'est écroulé sous les coups du M.M.M. à Maurice pendant que l'Organisation du Peuple Rodrigais l'écrasait dans l'île voisine.

Plutôt que d'avoir un seul parti politique à cheval sur deux îles structurellement hétérogènes, le M.M.M., le seul grand parti national trans-ethnique à Maurice, avait choisi de ne pas faire la même chose. Il avait appuyé l'O.P.R. à Rodrigues afin de canaliser le nationalisme rodrigais dans une direction favorable à la gauche dans un ensemble Maurice-Rodrigues. L'O.P.R., très proche du M.M.M., s'inspire aussi du catholicisme dont l'influence s'étend bien au-delà de l'évangélisation à Rodrigues. En effet, la carence de l'Etat colonial et le désintérêt de la ploutocratie avaient laissé l'Eglise comme seule organisation qui structurait la vie des paysans. Serge Clair, premier Rodrigais à être ordonné prêtre, fondateur et dirigeant de l'O.P.R., doit sans aucun doute une partie de son succès à l'Eglise malgré les contacts du Parti Mauricien, auprès de la hiérarchie. L'O.P.R. avait trouvé, en étroite collaboration avec le M.M.M., la formule de "deux peuples dans le même état-nation". Cette formule prévoyait une réforme des institutions qui allait bien plus loin que l'établissement d'un ministère pour Rodrigues. Un conseil élu au suffrage universel par les Rodrigais devait partager avec l'Etat la responsabilité pour toutes les affaires de Rodrigues. L'aide de l'Etat devait aller globalement au Conseil qui se chargerait d'établir les priorités du développement de Rodrigues. La formation des Rodrigais devait être accélérée de façon à ce qu'ils puissent accéder dans les meilleurs délais aux postes de responsabilités à Rodrigues. Seule une autonomie très poussée était susceptible de contrer l'Indépendance[15].

Aussi, *The Times*, 3-1-1968, pour le refus de droit de sécession à Rodrigues. OLLINY fit une mise au point sur le sujet dans *Week-End*, 15-2-1981. DUVAL avait dans une polémique avec ALLAS, candidat rodrigais aux élections de 1967, affirmé que le sort de Rodrigues était "indissolublement lié à Maurice", *Le Mauricien*, 23-5-1967.

15. Sur l'Organisation du Peuple Rodrigais voir CADOUX, C.- A l'écoute de l'île Rodrigues. *Annuaire des Pays de l'océan Indien*, vol. 4. 1977, (Aix-en Provence, 1979). Aussi, *Week-End*, 25-3-1977 et 15-2-1981. Serge CLAIR avait déclaré : "l'O.P.R. ne lutte pas pour l'indépendance de Rodrigues. Nous faisons partie de la nation mauricienne et nous le resterons. Nous voulons une autonomie au niveau de l'administration et de la planification économique".

La montée du M.M.M. et celle de l'O.P.R. avaient fait reprendre la surenchère de l'Indépendance rodrigaise. Le Parti Mauricien, peut-être avec l'aval de milieux de droite à la Réunion, avait laissé croire à Rodrigues qu'elle pourrait être récupérée par la France si elle se séparait de Maurice[16]. Il est vrai que Rodrigues, comme toutes les îles créoles de l'océan Indien, est restée sentimentalement attachée à la France. Les Rodrigais ne demanderaient pas mieux si la France voulait vraiment reprendre l'île. DOM-TOM pour DOM-TOM, il vaut mieux être celui d'un grand pays riche et généreux que celui de l'île Maurice qui compte ses roupies. Duval devait déclarer que si les communistes arrivaient au pouvoir à Maurice, il pousserait à l'Indépendance puis il défendrait l'Occident à partir de Rodrigues[17]. Comme quoi Rodrigues a vraiment du coeur !

L'O.P.R. n'a pas résisté à l'éclatement du M.M.M. ; France Felicité, coéquipier de Serge Clair dans la victoire, a été tenté par le pouvoir tandis que le fondateur de l'O.P.R., fidèle à ses affinités avec le M.M.M., est resté dans l'opposition. Felicité, ministre de Rodrigues dans un gouvernement communaliste aux abois, adapte cette plaie de la politique mauricienne à Rodrigues : il monte les noirs contre les rouges pour tenter d'isoler Serge Clair qui, à son tour, exacerbe le nationalisme rodrigais pour atténuer les clivages internes dans l'île. Ainsi la dialectique politique amène l'O.P.R. à reprendre à son compte la menace d'Indépendance[18].

* *
*

Sur la question des Chagos, le jugement moral est clair : l'Angleterre qui devait faire la guerre afin que les habitants des îles Malouines puissent choisir librement de rester Britanniques -c'était bien sûr des blancs parlant anglais-

---

16. La France avait une importante activité de coopération à Rodrigues avec un Centre Culturel, l'aide médicale. Le premier dentiste que l'île ait jamais eu était un coopérant français. La France en 1970 avait offert son aide pour le téléphone et un important projet d'électrification de l'île. DOLLOT, L.- L'île Maurice et ses dépendances. Notes et Etudes de la Documentation Française (Paris), n° 3794, 1971. D'après B. DAVID, alors Président du Parti Travailliste, la France aurait fait pression sur le Gouvernement mauricien pour lui céder Rodrigues : Le Mauricien, 9-10-1978. Que ces rumeurs soient fondées ou non, il est certain que le Parti Mauricien s'en est servi pour se maintenir à Rodrigues. Ainsi DUVAL lors d'un congrès du Parti Mauricien à Rodrigues le 29 août 1976, avait prôné le détachement de Maurice et le rattachement à la France : Le Militant, 9-9-1976. Le genre de propagande du P.M.S.O. est bien rendu par les extraits de cette lettre ouverte de Rodrigais au Président de l'O.U.A. et aux Chefs d'Etats Africains publié dans Le Populaire du 2-7-1976, le journal de DUVAL : "Rodrigues a été livrée à Sir Seewoosagur Ramgoolam par les impérialistes britanniques... Ramgoolam se prépare à vendre Rodrigues avec tous ses habitants à une puissance impérialiste pour y installer une base atomique... L'appel de 30 000 Noirs écrasés par l'expansion impérialiste... vous conjure de nous venir en aide et de réclamer notre droit à l'autodétermination".
17. Le Quotidien de la Réunion, qui fait état d'une rencontre entre LE PEN et DUVAL à la Réunion, cité par Le Mauricien du 28-10-1980. A Maurice, DUVAL avait parlé de sécession, Le Mauricien, 21-8-1980 et encore Week- End, 8-2-1981.
18. Le Mauricien, 24-4-1982, et au récent meeting de l'O.P.R. où Serge CLAIR avait eu une foule dix fois plus nombreuse pour fêter son 10ème anniversaire, que France FELICITE, disposant pourtant des ressources de l'Etat et de l'appui des partis au pouvoir à Maurice : Le Mauricien, 9-9-1986.

cette même Angleterre a porté une scandaleuse atteinte aux droits de l'homme en expulsant les îliens. Il est vrai que les îliens étaient dans un semi-servage aux Chagos. Mais celà ne justifie pas leur refoulement sans consentement dans les taudis de Port-Louis.

Sur le plan politique, il est certain que les anglo-américains avaient planifié de longue date leur redéploiement stratégique dans l'océan Indien et qu'ils étaient bien décidés d'avoir l'usage de Diego Garcia. Les Anglais auraient pu amputer les Chagos sans le consentement de Maurice. En associant Maurice au démembrement de son territoire, les Anglais ont réduit la force morale et politique d'une revendication de souveraineté mauricienne sur les Chagos. L'argument que Maurice aurait pu conserver la souveraineté sur les Chagos et les louer aux Américains pour plusieurs millions de dollars par an ne me paraît pas plausible. Les Américains n'auraient jamais voulu laisser une base de l'importance de Diego Garcia à la merci des revirements de la politique mauricienne. C'est pour ne pas avoir à intervenir dans la politique intérieure de Maurice qu'ils ont insisté pour l'amputation des îles et l'expulsion des habitants une fois pour toutes. Il est vrai que les Anglais et les Américains ont aidé le régime de Maurice mais la base à Diego Garcia n'a pas empêché l'arrivée du M.M.M. au pouvoir et il n'y a pas de preuve que l'éclatement du gouvernement de gauche fut dû à l'intervention étrangère.

Le capital mauricien avait exploité les îliens sans vergogne à travers une structure archaïque remontant à l'esclavage et à la marine à voile. Cette forme d'exploitation était sans doute condamnée à terme par l'Indépendance mais les communautés îliennes peuvent-elles survivre sans cette forme d'exploitation ? Les anglo-américains, avec la collaboration de la bourgeoisie d'Etat à Maurice, ont brutalement mis fin à la vie îlienne aux Chagos. Mais combien de temps survivront les îliens à Agalega maintenant qu'il n'y a plus de Compagnie exploitante ? L'Etat mauricien consentira-t-il à subventionner Agalega en permanence ? Sans l'aide de l'Etat une paysannerie à Agalega serait encore moins viable qu'à Rodrigues.

Rodrigues a été plus ignorée qu'exploitée par le capital mauricien. Le problème de Rodrigues découle de la coexistence dans un même Etat d'une formation sociale capitaliste, d'une formation sociale paysanne et d'une hétérogénéité ethnique entre les deux îles. Ce problème avait été masqué par le régime colonial qui faisait de Rodrigues une dépendance de Maurice. Mais le problème a surgi politiquement sous la forme d'un rejet de l'Etat mauricien aussitôt que les Rodrigais ont pu se prononcer. Depuis, l'aliénation des Rodrigais a grandi avec l'aide de Maurice qui dans les structures actuelles ne fait qu'accroître la dépendance de Rodrigues. Comment arriver à réconcilier l'égalité indispensable dans un Etat démocratique avec l'hétérogénéité des modes de production ? Maurice n'a ni les moyens de retenir Rodrigues par la force ni ceux de l'assimilation par la départementalisation. Aujourd'hui, avec les zones économiques exclusives valorisant les Etats archipels, Maurice arrivera-t-elle à trouver une formule de décolonisation pour ses dépendances qui puisse resserrer les liens entre les îles ?

Résumé : A Maurice, jeune Etat indépendant, le concept de "dépendance" révèle deux réalités :

- des îles éloignées de plusieurs centaines ou milliers de kilomètres de Port-Louis. Ces îles éparses jouent un rôle important dans la politique internationale, en tant que bases stratégiques et sont donc l'enjeu de luttes d'influence très importantes qui retentissent sur la politique intérieure de Maurice, car ces tensions sont accentuées par la rivalité existant entre la fraction créole et la fraction d'origine indienne de la bourgeoisie mauricienne, chacune luttant pour obtenir une position prédominante dans le pouvoir d'Etat. Ces groupes ethniques ont des positions différentes en matière de revendications territoriales ou de statut des "Dépendances". Chaque île revendiquée ou dépendante pose d'ailleurs un problème particulier ;

- un statut de relative infériorité de Maurice par rapport à la Grande-Bretagne qui limite d'autant sa marge de manoeuvre en matière de revendication ou de contrôle territorial.

Mots-clés : Politique, statut juridique, indépendance, Maurice, Rodrigues, Chagos Archipel.

Summary : *The independence of Mauritius and its Dependencies' evolution.-* In Mauritius, a newly independent State, the concept of "dependency" reveals two realities :

- islands that are several hundreds or even thousands of kilometres from Port Louis. These scattered islands have an important role in international politics as strategic bases, and they are therefore of key importance in the major struggles for influence which rage through the internal politics of Mauritius. Tensions are accentuated by the rivalry between the Creole section of the population and that part of the middle-classes who are of Indian origin. Each group is battling to gain a superior position in State power. These ethnic groups occupy different positions with regard to their territorial claims, or the status of the "Dependencies". Each island that is claimed or dependent also poses specific problems ;

- the status of the island of Mauritius which is infererior relative to that of Great Britain. This restricts the scope of its manoeuvres in the question of protests or territorial control.

Keywords : Politics ; Legal status ; Independence ; Mauritius ; Rodrigues ; Chagos archipelago.

INSULARISME ET DÉSORDRE POLITIQUE : AUTOUR DU CAS DE SRI LANKA

par André du CASTEL

Pour les terriens, les îles sont à la fois des proies qui s'offrent et des pièges qui se referment. Les navigateurs essayent volontiers d'y transférer leurs appétits, leur puissance, leur culture ; depuis qu'Ulysse a été charmé par Circé, beaucoup ont appris à leurs dépens la difficulté de repartir. Les civilisations dites insulaires sont souvent le fruit d'une civilisation antérieure, fécondée par des conquérants ensorcelés.

Dès lors apparaît la dialectique des rapports entre continentaux et îliens, entre conquérants et conquis. Les civilisations résultantes se révèlent parfois étouffantes et parfois étouffées. Les habitants des archipels nippon et britannique ont facilement digéré l'influence politique et religieuse de leurs voisins, avant de partir à leur tour à la conquête du Monde. Au contraire, confrontés à des rapports de forces moins favorables, d'autres civilisations insulaires sont restées la proie de leurs conquérants, qui ont assimilé les unes -ainsi en Méditerranée occidentale- et anéanti les autres, ainsi telles victimes des conquêtes coloniales...

Tous les cas, pourtant, ne sont pas aussi clairs. La synthèse parfois échoue entre deux civilisations, qui alors s'affrontent sans résultat décisif. La majorité ne vient pas à bout d'une minorité appuyée de l'extérieur ; deux peuples s'opposent, et parfois deux Etats. Le désordre politique apparaît d'autant plus grave qu'il repose sur la nature profonde des hommes et que les pressions extérieures se font sur eux plus pressantes. Ainsi en va-t-il pour une série d'îles de dimensions moyennes, auxquelles se sont intéressés à l'excès leurs voisins continentaux et qui ont subi -ou connaissent encore- la "partition", coupure entre deux Etats naguère unis. Classées selon leur importance démographique -approchant le million ou dépassant les 14 millions d'habitants- cinq îles seront ici prises en considération : Chypre, Timor, Irlande, Haïti, et Sri Lanka - la plus peuplée d'entre elles[1].

---

1. Voir en annexe une présentation succincte de ces cinq ensembles insulaires.

Dans ces îles au sort incertain, les pouvoirs politiques unifiés se révèlent fragiles - et pourtant la partition n'y apporte que rarement une solution durable.

I.- LES POUVOIRS UNIFIÉS SONT FRAGILES

A - Divergences ethniques

Les cinq îles retenues connaissent une opposition profonde entre les civilisations qu'ont créées la majorité et la minorité. Les divergences y reposent sur des bases ethniques, c'est-à-dire d'abord religieuses et linguistiques.

En ces îles, **la religion** lie les hommes entre eux, en même temps qu'à leurs dieux ; elle est partout présente.

A **Sri Lanka**, la majorité cinghalaise est presque unanimement bouddhiste ; elle voit son île comme le "dhammadipa" -le pays de la doctrine orthodoxe-, et confie volontiers sa défense au Sangha, c'est-à-dire à "l'église" bouddhique, à ses bhikkhus et à leurs vénérables, souvent intransigeants - tel le "mahanayake" du chapitre d'Asgiriya. En réponse, la minorité tamoule souligne son appartenance au monde hindou, de part et d'autre du détroit de Palk ; elle n'hésite pas à tuer ses adversaires -moines ou laïcs-, quand ils se recueillent sous les arbres Bô d'Anuradhapura, rejets du figuier à l'ombre duquel le Bouddha connut l'éveil (14 mai 1985).

A **Chypre**, la majorité grecque aime se rappeler que le concile d'Ephèse avait déjà approuvé sa demande d'autonomie et déclaré son église autocéphale ; elle s'enorgueillit d'avoir conservé ses institutions malgré quatre siècles de pressions exercées par l'Eglise latine et une durée presque égale de domination ottomane. Les Chypriotes grecs, eux aussi, voient volontiers leur île comme le refuge de leur orthodoxie ; ils ont été fiers de choisir en 1959 pour premier chef d'Etat Mgr Makarios, leur archevêque et ethnarque. En réponse, bien naturellement, les Chypriotes turcs se veulent musulmans fervents, plus encore peut-être que leurs homologues d'Anatolie.

Si l'Angleterre d'Henry VIII était mûre pour la Réforme, **l'Irlande** ne l'était nullement ; patrie de Saint Patrick et l'une des sources du monachisme chrétien, elle s'est efforcée elle aussi, pendant des siècles, de défendre son orthodoxie. Les conquérants anglais répliquèrent en votant, à partir de 1691, des lois discriminatoires calquées sur la législation française contre les Huguenots ; mais les victimes constituaient ici la majorité, qu'il fallut successivement priver de ses droits politiques, administratifs et judiciaires, la brimant même dans ses activités économiques et dans l'éducation de ses enfants. Au prix de sanglantes guerres, de l'exil et de la déportation, les Irlandais luttèrent pour leur foi jusqu'à la reconnaissance en 1921 d'un "Etat libre d'Irlande", devenu indépendant en 1949 mais toujours privé des comtés nordiques. Depuis la partition, le conflit s'est transféré à l'Irlande du Nord où subsiste une minorité atteignant 34 % de catholiques, insatisfaits et combatifs.

Au lendemain de la Révolution portugaise des oeillets, les populations christianisées de **Timor** oriental proclamèrent leur indépendance ; leurs prêtres animent aujourd'hui encore la guerilla contre l'envahisseur indonésien, tant il est vrai que les oppositions religieuses impliquent la nature profonde des hommes, dans les îles du Pacifique comme dans celles de l'Atlantique, de la Méditerranée ou de l'océan Indien.

La langue, comme instrument de culture et signe de reconnaissance, joue elle aussi un rôle essentiel dans la cohésion des groupes humains. Dans leur espace restreint, les habitants d'une île tolèrent moins qu'ailleurs les incompréhensions linguistiques.

Parmi les cas étudiés, l'île d'**Haïti** -l'ancienne Saint Domingue- est la seule où la partition n'ait jamais été remise en question par les armes. Pourtant, le catholicisme y prévaut partout -même teinté ici ou là de pratiques vaudoues-, tandis qu'à travers la langue, les oppositions essentielles se rattachent à l'histoire, à la culture, à l'activité économique.

A **Chypre**, au contraire, la corrélation est presque parfaite entre les clivages linguistique et religieux : 76 % d'orthodoxes parlent grec, 18 % de musulmans parlent turc ; il ne reste que 6 % pour les autres minorités, arménienne ou maronite surtout. Les deux communautés majeures sont d'autant mieux typées qu'elles peuvent chacune se référer à une origine et à une protection continentales, Grèce ou Turquie.

A **Sri Lanka**, l'homogénéité des diverses Communautés se révèle un peu moins rigoureuse : 91 % des Cinghalais sont bouddhistes et 84 % des Tamouls sont hindous, laissant place à quelques chrétiens parmi eux (8 % chez les Cinghalais, 10 % chez les Tamouls). Au total, les Cinghalais représentent 73 % des îliens, les Tamouls 19 % et les autres minorités 8 % ("Maures" musulmans de langue tamoule pour l'essentiel)[2].

Ainsi le facteur linguistique pèse-t-il souvent dans le même sens que le facteur religieux, rendant plus profond le fossé entre communautés, plus séduisante l'idée de partition entre Etats séparés - comme à Chypre ou Haïti. Pourtant le poids de ce facteur se fait parfois plus léger. Face aux multiples dialectes tribaux, le portugais ne s'était guère mieux implanté à Timor-Est que ne le fait aujourd'hui encore l'indonésien plus à l'ouest. Quant à la langue gaëlique, confrontée à l'universalité de l'anglais, elle s'efface progressivement de la conscience nationale irlandaise.

Les facteurs constituant l'identité d'un peuple ne sauraient s'inscrire dans un catalogue universel, aux coefficients connus.

---

2. LAMBALLE, A.- Le *problème tamoul à Sri Lanka*. Paris, L'Harmattan/Presses Universitaires d'Aix-Marseille, 1985.

B - Autres fractures

Même lorsque les communautés majoritaire et minoritaire bénéficient de quelques traits communs -parfois la langue, parfois la religion-, le pouvoir politique se heurte à d'autres fractures irréductibles. Le pouvoir unifié reste alors fragile, que son titulaire soit la minorité conquérante ou la majorité démographique.

Lorsqu'une île est subjuguée, les **conquérants** et leurs protégés ne peuvent guère imposer une domination perpétuelle. Après quelques années, ou quelques siècles, les premiers finissent par se lasser - ou la majorité par se réveiller.

La décolonisation britannique a profondément marqué l'histoire récente de **Chypre** et de **Sri Lanka**. Dans les deux cas, elle a laissé le pouvoir à la communauté la plus nombreuse, lors même que les autorités coloniales avaient pu pencher en faveur de la minorité. Comme en d'autres territoires de leur Empire et spécialement en Inde, les Britanniques sont passés sans transition de la règle "Divide and rule" à la formulation opposée "Divide and leave". Le pouvoir indigène changea brusquement de mains.

Le Royaume-Uni n'a pas marqué la même hâte pour abandonner l'**Irlande** toute proche aux patriotes irlandais. Si les catholiques comptent aujourd'hui pour 93 % dans la jeune République et 34 % seulement dans le Nord insulaire, leur nombre moyen reste au niveau de 74 % pour l'île entière. Les protestants du Nord ont été portés de manière bien factice au rang de majorité locale. De tels artifices, expérimentés ailleurs, résistent rarement à de longs et sanglants combats.

Pour autant, le gouvernement par la **majorité** reste fragile s'il est mal toléré par les puissances appuyant la minorité. Les indigènes de Timor oriental n'ont guère eu le temps d'apprécier la décolonisation décidée par les Portugais en leur faveur. Plus complexes apparaissent les cas de Sri Lanka et surtout de Chypre.

Au **Sri Lanka**, les Tamouls ne comptent que pour 3 millions sur 16, mais ils espèrent tacitement l'appui des 50 millions de Tamouls vivant en Inde, sinon des 750 millions de citoyens indiens ; à ce compte, ce sont les Cinghalais qui s'estiment menacés. Chaque communauté cultive ainsi la peur, qui est bien mauvaise conseillère : quand elle s'enfle, les exigences se font plus lourdes et les combats plus brutaux ; le pouvoir en place se raidit et les insurgés exigent leur pleine indépendance.

Tandis qu'à Sri Lanka l'une des parties cherche un appui continental, les Turcs et les Grecs de **Chypre** revendiquent, les uns comme les autres, une solidarité extérieure, sinon une mère-patrie. Dans l'île, les Grecs sont majoritaires ; sur les terres environnantes ce sont les Turcs. A la revendication de l'Enosis - rattachement à la Grèce -répondait celle du Taksim- partition de l'île... Les faits ont vite suivi les imaginations ; au coup de force des colonels grecs a répondu l'invasion par l'armée turque en juillet 1974.

La partition apparaît facilement comme une tentation de la dernière chance, pour l'une des communautés du moins.

II.- LA PARTITION S'AVÈRE SOUVENT MAUVAISE SOLUTION

Aucune des îles étudiées n'a le caractère d'un continent. Avec des surfaces comprises entre 9 000 et 84 000 km², elles enferment leurs habitants en un espace clos où aucune ville, aucun canton ne peut ignorer les autres. S'il est vrai que l'île d'Haïti reste divisée depuis trois siècles, la partition n'est vieille que de 65 ans en Irlande et 12 ans à Chypre ; elle a brutalement disparu de Timor, et n'a pas revu le jour à Sri Lanka depuis la domination britannique. L'histoire ne présente guère la partition comme une recette durable dans les îles moyennes...

Si, toutefois, une règle générale se dégage des évènements particuliers, ce sera la complexité des jeux ; car au-delà des acteurs insulaires interviennent les puissances continentales ; les minorités locales ne trouvent leur assurance que grâce à de tels appuis. Cependant, les solutions imposées de l'extérieur se révèlent rarement satisfaisantes ; il n'est de paix durable que dans l'accord de toutes les parties : les communautés locales avant même leurs garants.

Les **solutions imposées** ne se perpétuent que s'il existe un rapport de force très inégal entre les parties. Ainsi, depuis le départ des Portugais, **Timor-Est** lutte apparemment sans espoir contre un occupant trois cents fois plus peuplé que lui.

Il en a été différemment dans le cas de **Chypre**. A l'heure du retrait britannique, les Etats-Unis prirent l'initiative d'un rapprochement entre leurs alliés grecs et turcs, en vue de préparer une indépendance excluant l'union avec la Grèce et le partage entre les Grecs et les Turcs de l'île. Le 19 février 1959, des accords créant le nouvel Etat furent signés à Londres par les Premiers Ministres du Royaume-Uni, de Grèce et de Turquie, puis acceptés par les représentants des deux communautés insulaires. Les accords comprenaient : un traité de garantie entre Chypre d'une part, la Grèce, le Royaume-Uni et la Turquie d'autre part ; un traité d'alliance entre Chypre, la Grèce, et la Turquie ; une déclaration du Gouvernement britannique au sujet des bases militaires et la garantie de leur intégrité par les trois nouveaux alliés ; la mise en place de commissions chargées en particulier de rédiger un projet de constitution chypriote.

La Constitution, signée au mois de mai 1960, partagea les pouvoirs entre communautés grecque et turque selon un rapport général de 7 à 3. Après avoir survécu aux occupations phénicienne, égyptienne, romaine, française, vénitienne, turque et britannique, les Chypriotes accédaient à l'Indépendance en mineurs ; leur destin était remis entre les mains de garants sur lesquels ils n'avaient guère de prise. Aussi a-t-il suffi d'un coup de force grec et de la réplique turque pour que tout l'équilibre soit renversé ; depuis le mois de juillet 1974, 20 000 soldats turcs protègent une minorité portée unilatéralement au rang d'Etat fédéré (février 1975), puis de République "turque" (15 novembre 1983).

La population des deux parties est désormais appelée à recoudre une plaie creusée par la rivalité de ceux-là mêmes qui auraient dû la protéger.

Si la Grande-Bretagne lassée a, dans une large mesure, abandonné le sort des Chypriotes à la bonne volonté de leurs voisins, elle semble décidée dans le cas de l'**Irlande**, à impliquer de plus en plus largement les Irlandais eux mêmes, ceux du Nord bien sûr, mais aussi ceux de la République autonome.

L'entrée simultanée des deux Etats dans le Marché Commun en 1973 a été d'heureux augure. Bien que les hostilités se poursuivent en Irlande, de récentes décisions apparaissent constructives : mettant entre parenthèses l'avenir constitutionnel de l'Ulster, un accord signé le 15 novembre 1985 entre les deux Premiers Ministres a conféré au Gouvernement de Dublin un rôle consultatif dans la gestion des affaires locales et a institué une "Conférence intergouvernementale" permanente, chargée de suivre l'évolution du conflit. Malgré l'opposition accrue des Unionistes, le dialogue s'est élargi et le dénouement apparaît un peu moins éloigné.

Héritière de l'Empire britannique, l'Union indienne se trouve elle aussi directement impliquée dans un conflit insulaire : les Tamouls de **Sri Lanka** et certains de leurs cousins en Inde la pressent d'aider à la naissance d'un "Tamil Eelam", c'est-à-dire à la partition de l'île. Cinquante fois plus peuplée que Ceylan, l'Inde peut, par son attitude, influencer profondément l'avenir des deux pays. Différant en cela de son grand-père J. Nehru[3] ou de sa mère I. Gandhi[4], l'actuel Premier Ministre indien semble aujourd'hui assez sage pour laisser le premier rôle aux diverses communautés cinghalaises.

Depuis les règnes mythiques des dieux Kubera et Ravana, Ceylan appartient au Monde indien. Aujourd'hui, l'Inde accueille 120 000 réfugiés ou combattants, venus de l'île ; son gouvernement doit arbitrer entre les intérêts de l'Union entière et les sentiments de solidarité ressentis par les Tamouls continentaux envers leurs cousins insulaires. Or plusieurs communautés indiennes, du Penjâb à l'extrême Nord-Est, revendiquent l'indépendance : quel encourageant précédent verraient-elles dans la naissance d'un "Eelam" tamoul à Sri Lanka !... Au reste, l'Inde sait ce qu'est l'attrait du vide : son abstention

---

3. KODIKARA, S. - Strategic factors in interstate relations in South Asia. *In* : "Strategy and Defense", Canberra Papers N°19, 1979.
4. BASHIR AHMAD. - The propects of peace in South Asia, 1986. *In* : Regional Studies. Islamabad, Eté 1986.

appellerait l'intervention d'autres puissances. Déjà en 1971 les Grands de ce Monde s'étaient accordés pour mener la rébellion, et aujourd'hui les parties en présence font appel à des tiers - Israël ou Pakistan du côté gouvernemental, O.L.P. ou Corée du Nord du côté des rebelles... En aucun cas, l'Inde ne pourra rester neutre.

Cependant, l'Inde se veut puissance arbitrale plutôt que partisane. Après les deux séries de négociations menées en 1985 à Timphu (Bhoutan), le Premier Ministre Rajiv Gandhi a clairement fait connaître sa volonté : que Sri Lanka demeure un seul Etat, avec le gouvernement que choisira l'ensemble de son peuple[5]. Cette attitude de principe ne l'empêche pas d'agir sur deux plans : limitation des activités menées par des combattants tamouls sur le territoire indien ; présentation des structures indiennes comme éventuelle inspiration pour un fédéralisme cinghalais. Au mois de juin 1986, le Président Jayewardene a présenté un nouveau plan de paix accordant -malgré l'opposition bouddhiste et cinghalaise- une large autonomie aux régions du Nord et de l'Est à majorité tamoule ; l'Inde voit là un pas dans la bonne voie, et supporte mal le refus jusqu'à présent opposé par les rebelles.

Si la partition de l'île n'est guère contestée à Haïti et si elle s'est effondrée devant la force des armes à Timor, elle pose aujourd'hui un problème politique fondamental aux communautés de Chypre, d'Irlande et de Sri Lanka. Malgré les affrontements qui se poursuivent, les deux dernières années ont, en chacune de ces îles, fait briller quelque espoir :
- le 17 janvier 1985, le Secrétaire Général des Nations Unies a présenté un plan pour la réunification de Chypre, où la tâche principale incombe aux communautés insulaires ;
- le 15 novembre 1985, la République d'Irlande et la Grande-Bretagne se sont accordées pour surveiller les confrontations entre communautés ;
- le 8 novembre 1986, les principaux chefs de la guerilla tamoule réfugiés en Inde ont été assignés à résidence et invités à reprendre les négociations avec le gouvernement de Colombo.

Ces trois séries d'évènements ont des traits communs : recherche d'une solution fédérale entre les parties directement concernées ; intervention mesurée des puissances voisines, en tant que garantes de solutions à trouver sur place. Si de nouveaux pas sont, dans le proche avenir, franchis dans cette même direction, l'alliance de la raison et de la force pourrait prêter quelque durée à de prochaines organisations de type fédéral. Les communautés insulaires, instruites par l'histoire, s'habitueraient de nouveau à vivre ensemble et à partager certaines habitudes. Ces îles qui ont, dans le passé, tant apporté à la civilisation retrouveraient leur vocation au progrès dans la concorde.

5. *IDSA News Review on South Asia*, novembre 1985.

Iles	Surface ('000 km2)	Population ('000 habitants) (1)	PIB par habitant (US $) (2)
Chypre (dont "République Turque")	9,2 (3,4)	670 (b) (150) (a)	3 950 (e) (2 500 ?) (d)
Timor (dont Timor Oriental)	33,9 (14,9)	1 500 (560) (c)	540 (Indonésie entière) (e) (100 ?) (d)
Irlande (dont l'Irlande du Nord)	84 (70,3)	5 055 (3 570)	7 746 (Grande Bretagne) 5 098
Haïti (Saint-Domingue) (dont République d'Haïti)	76,5 (27,7)	11 600 (5 180)	693 (379)
Sri Lanka (dont "Eelam" revendiqué par les Tamouls)	65,6 (13 ?)	15 800 (2 700 ?) (a)	360 (e) (360 ?) (d)

Annexe

Chiffres extraits de "L'Etat du Monde 1986", Editions "La Découverte", Paris 1986

(1) Sauf deux estimations faites par l'auteur (a), les chiffres de populations se rapportent à 1985 (derniers recensements utilisables : 1981 ou 1982, sauf b : 1976 ; c : 1965)
(2) Sauf trois estimations faites par l'auteur (d), les chiffres donnés pour le Produit Intérieur Brut se rapportent aux années 1984 (e) ou 1985.

Résumé : Le désordre politique à Sri Lanka n'est pas seulement imputable au heurt des deux ethnies principales. Il implique - aujourd'hui comme hier - une série de Puissances extérieures, au premier rang desquelles l'Union Indienne. Aussi après l'exposé des spécificités des populations en présence et le rappel de leurs attaches étrangères, on fera ressortir les difficultés de la construction nationale à Sri Lanka. Puis on énumèrera les solutions qui ont été successivement apportées par les habitants de l'Ile à la dialectique nation-peuples : l'annexion ; la partition ; le fédéralisme. Une comparaison avec certaines situations comparables - surtout en Irlande et à Chypre - permettra d'apprécier l'actuel équilibre des forces en présence.

Mots-clés : Politique, pouvoir, civilisation, statut juridique, milieu insulaire, Sri Lanka.

Summary : *Insularism and political disorder : the case of Sri Lanka.*- The political disorder in Sri Lanka cannot be entirely blamed on the confrontation of the two main ethnic groups. Today, as in the past, a series of external Powers are involved, among which, in one of the foremost positions is the Indian Union. The characteristics of the various populations will be described, along with their main links with foreign powers, and thus we shall try to show up some of the main difficulties in building the nation of Sri Lanka. We shall then mention the solutions which have in turn been attempted by the inhabitants of the island in the nation-people dialectic : annexation ; partition ; federalism. Comparisons are drawn with certain comparable situations, especially in Ireland and Cyprus, in order to judge the current equilibrium between the force at work.

Keywords : Politics ; Power ; Civilization ; Legal status ; Island environment ; Sri Lanka.

STATUT CONSTITUTIONNEL INSULAIRE ET ESPACE AUTONOME DANS LE PACIFIQUE

par Paul DE DECKKER

Sur les vingt-cinq entités politiques insulaires que compte le Bassin du Pacifique, onze ont accédé actuellement à l'Indépendance constitutionnelle. Les Samoa occidentales obtiennent ce statut en 1962 pour l'avoir revendiqué au Conseil de Tutelle des Nations Unies qui avait confié l'administration de cet archipel à la Nouvelle-Zélande dans le but de le conduire à l'Indépendance. Il en est de même en 1968 pour Nauru qui, après avoir racheté à l'Australie l'actif immobilisé de l'industrie d'extraction de ses gisements de phosphate, accède également à l'autonomie économique en 1970. Cette même année, le royaume de Tonga, protectorat britannique depuis 1900, se voit restaurer par Londres son indépendance. Tonga établit la monarchie constitutionnelle en 1975. Sous l'impulsion du Ratu Kamisese Mara, la Grande-Bretagne accorde aussi aux îles Fidji l'Indépendance et le statut de dominion, membre du Commonwealth en 1970. Pour éviter tout conflit potentiel entre la communauté fidjienne indigène et la communauté indienne allochtone, amenée dans l'archipel de 1879 à 1916 pour le travail des plantations, Londres fit passer des lois visant à réserver la propriété foncière aux premiers occupants du pays. Le dynamisme démographique de cette population indienne fait qu'elle dépasse aujourd'hui les Fidjiens par le nombre (respectivement 270 000 et 320 000). La stabilité socio-politique depuis l'Indépendance doit beaucoup à la diplomatie et au calibre politique du Ratu Mara, Premier Ministre depuis 1970.

En 1960, sous la pression constante du Comité des 24 des Nations Unies, le Gouvernement néo-zélandais soutint la Déclaration de l'Assemblée Générale des Nations Unies d'accorder l'autodétermination aux peuples colonisés. Trois alternatives étaient proposées : indépendance totale, intégration à la puissance coloniale ou tutélaire, autonomie interne avec celle-ci. En juillet 1963, après consultation de l'Assemblée Législative des îles Cook l'année précédente, la Nouvelle-Zélande leur offrit de se prononcer sur leur statut d'avenir. Les îles Cook choisirent l'autonomie interne avec rétention de la citoyenneté néo-zélandaise pour leurs ressortissants ainsi qu'un chef d'Etat commun, la Reine d'Angleterre. Cette autonomie interne, en association libre avec la Nouvelle-Zélande, est accordée en 1965. Elle prévoit que les relations extérieures au Bassin Pacifique soient confiées à la Nouvelle-Zélande ainsi que la monnaie et la défense. La même proposition fut faite en 1963 aux habitants de Niue mais l'Assemblée Législative de l'île souhaita la voir reportée ultérieurement. Annexée à la Nouvelle-Zélande comme les îles Cook en 1901, Niue prend son autonomie interne en association libre avec son ancienne métropole en 1974.

Un second mouvement de décolonisation (1975-1980) débuta par l'Indépendance de la Papouasie-Nouvelle-Guinée, tutelle de l'ONU administrée par l'Australie. Ce pays choisit la voie de l'Indépendance qui lui est accordée en 1975 après deux années et demie d'autonomie interne. Londres poursuivit son retrait du Pacifique en accordant de sa propre volonté l'Indépendance à ses colonies et protectorats insulaires. Les Salomon et Tuvalu (Ellice) y accèdent en 1978, Kiribati (Gilbert) l'année suivante. Le condominium des Nouvelles-Hébrides, parangon des rivalités franco-britanniques d'antan dans la région, obtient la sienne dans la difficulté et les troubles en 1980 pour former la République de Vanuatu.

A l'évidence, la Grande-Bretagne s'est retirée du Pacifique parce qu'elle n'avait plus rien à y faire sur le plan d'une gestion coloniale surannée. Pourquoi, en effet, vouloir conserver des poussières d'îles sans intérêt économique réel[1] ? Déjà au début du XXe siècle, elle s'était reposée sur ses deux satellites pour leur confier l'administration coloniale de certaines îles dont elle n'avait pris possession que pour empêcher une autre puissance européenne de s'y implanter. Australiens comme Néo-Zélandais souhaitaient d'ailleurs jouer ce rôle de "second couteau" colonial : à la Nouvelle-Zélande les Cook, Niue et Tokelau ; à l'Australie la Papouasie. Après la Première Guerre mondiale, Londres pesa de tout son poids sur la décision de la SDN pour faire attribuer à ses deux dominions les possessions allemandes que tous deux avaient occupées militairement au début des hostilités : Samoa occidentales, Nouvelle-Guinée et archipel Bismarck. Quant à la possession allemande de Nauru, ses richesses en phosphate, rappelons-le, firent l'objet d'une répartition "équitable" entre les trois. Après le démantèlement de son empire colonial des Indes et d'Afrique, Londres perçoit son avenir au niveau du Commonwealth ; à Wellington et à Canberra de prendre le relais dans l'espace Pacifique.

Dans le tableau I, nous donnons quelques précisions sur les vingt-cinq entités insulaires réparties dans le Bassin Pacifique. Seul un pays est passé d'une juridiction coloniale à une autre depuis 1962: Irian Jaya. Beaucoup serait à dire à propos de cet état de fait.

---

1. Alors que la CPS est financée à 97 % par les pouvoirs métropolitains, le Forum l'est par la Nouvelle-Zélande et l'Australie à concurrence de 66 % de ses besoins budgétaires, le reste étant réparti entre les 11 autres Etats.

Avant de passer à l'étude de la **dimension régionale** dans le Pacifique insulaire, il nous paraît judicieux d'examiner brièvement sa réalité économique. Les trois principaux secteurs d'activité dans la plupart des milieux insulaires (plus de la moitié) sont, par ordre d'importance, l'agriculture (incluant la pêche), les services et le commerce de gros ou de détail. Mêlant la subsistance à l'exportation privilégiée de quelques produits agricoles, les activités de production permettent à la plupart des îles engagées dans ce type d'économie de conserver les fondements de leur mode de vie traditionnel auquel elles sont d'ailleurs très attachées tout en les faisant s'ouvrir quelque peu sur l'économie de marché par l'intermédiaire d'une métropole ou d'une sphère économique plus puissante acceptant d'écouler à des taux préférentiels leur production, peu concurrentielle sur le marché mondial. Le quart de la production mondiale de coprah provient du Pacifique mais ce marché s'écroule depuis quelques années face à la concurrence d'un produit de substitution, l'huile de soja. Si les exportations agricoles (fruits, canne à sucre, café, thé, etc.) constituent souvent la quasi-totalité des revenus propres des archipels polynésiens, il faut noter qu'en Mélanésie s'y ajoutent les ressources minières et forestières dont la valeur à l'exportation, comme le cuivre de Papouasie-Nouvelle-Guinée, le nickel en Nouvelle-Calédonie ou le bois aux Salomon, dépasse celle de l'ensemble des autres exportations. Mais cette ouverture des îles sur l'économie de marché, même lorsqu'elle est faible, perturbe les systèmes traditionnels: émergence de disparités socio-économiques entre ville et campagne, très forte émigration urbaine des jeunes faisant vaciller la pyramide des âges dans les milieux ruraux, dépendance accrue par rapport à l'extérieur pour le développement des infrastructures urbaines et des activités liées au tourisme, etc. Mises à part quelques exceptions notoires, les secteurs de l'industrie et des activités de transformation sont rares et ne semblent pas former, lorsqu'ils existent, un facteur déterminant de maintien d'une domination politique extérieure. Il n'en est pas de même, bien sûr, avec les implantations militaires dans le Pacifique Nord et Sud et qui, tout en jouant un rôle décisif sur les mutations économiques et culturelles encourues par les milieux insulaires concernés, forment la raison intrinsèque de leur dépendance politique.

Dans les tableaux II et III nous avons cherché à examiner les **réalités économiques statistiques** des divers milieux insulaires dans la mesure de la disponibilité des données. Ces tableaux n'ont pas la prétention de présenter une photographie exacte du commerce extérieur, de l'aide financière et de ses flux dans le Pacifique ; les chiffres, pour la plupart, portent sur l'année 1980 et ne tiennent pas compte des événements politiques ou autres qui ont pu affecter certains archipels comme le Vanuatu, par exemple, accédant à l'Indépendance cette même année. Mis à part pour trois territoires (Nauru, Samoa américaines et Papouasie-Nouvelle-Guinée), toutes les balances commerciales sont

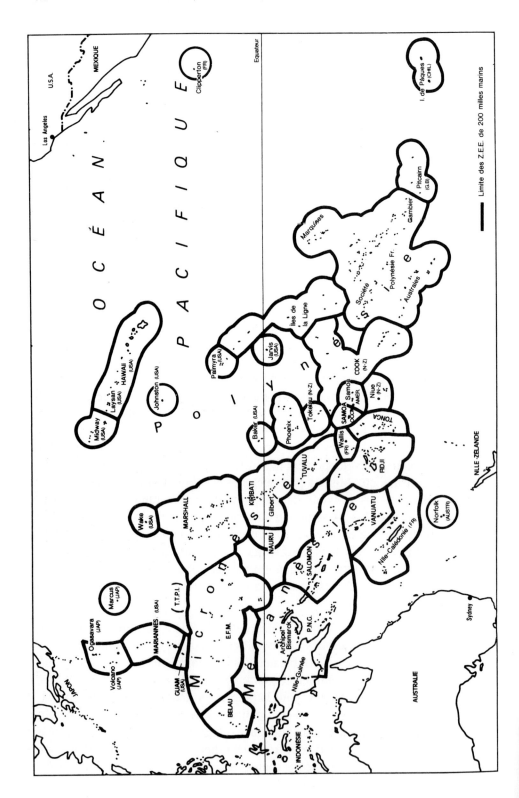

Etats	Population estimée (1985)	Superficie km2	Juridiction marine (1000 km2) ZEE	Densité	Population urbaine %	Capitale	Statut politique
BELAU	12 120	494	629	25	63	Koror	US 1945 (1)
COOK	17 900	240	1 830	75	27	Avarua	NZ 1965 (1901)
E.F. MICRONÉSIE	73 200	701	2 978	104	26	Ponape	US 1945 (1)
FIDJI	650 000	18 272	1 290	35	37	Suva	ind 1970 (2)
GUAM	105 800	541	436	196	0,8403	Agana	US 1898
HAWAII	1 023 200	16 641	2 160	61	86	Honolulu	US 1898
IRIAN JAYA	1 175 850	421 980	720	3	21	Jayapura	Indonésie 1962
KIRIBATI	58 600	690	3 550	196	36	Bairiki	ind 1979
MARIANNES DU NORD	19 600	478	1 825	36	94	Saipan	US 1945
MARSHALL	30 880	112	2 130	276	60	Majuro	US 1945 (1)
NAURU	8 400	21	320	85	100	Yaren	ind 1968
NIUE	3 400	259	390	13	21	Alofi	NZ 1974 (1901)
NOUVELLE-CALÉDONIE	145 370	19 103	1 740	7	61	Nouméa	F 1853
PAPOUASIE-Nle-GUINEE	3 200 000	462 243	3 120	6	11	Port Moresby	ind 1975
PAQUES	2 100	166	370	13	100	Hanga Roa	Chili 1888
PITCAIRN	54	5	800	11	-	Adamstown	GB 1838
POLYNÉSIE FRANÇAISE	160 000	3 265	5 030	45	59	Papeete	F 1842
SAMOA AMÉRICAINES	32 400	197	390	164	43	Utulei	US 1900
SAMOA OCCIDENTALES	156 400	2 935	120	53	21	Apia	ind 1962
SALOMON	248 000	27 556	1 340	8	9	Honiara	ind 1978
TOKELAU	1 600	10	290	160	-	Fakaofo	NZ 1925
TONGA	99 000	699	700	139	26	Nuku'alofa	ind 1970
TUVALU	7 500	26	900	288	30	Funafuti	ind 1978
VANUATU	117 500	11 880	680	10	28	Port-Vila	ind 1980
WALLIS & FUTUNA	11 900	255	300	47	-	Mata-Utu	F 1887

Tableau I.- *Les vingt-cinq entités insulaires du Pacifique*

(1) Actuellement : Républiques autonomes en libre association avec les Etats-Unis. (2) ind : Etat indépendant

déficitaires ; celle de la Polynésie française, archipel stratégique, atteint une ampleur non égalée par les autres. A ce sujet, il est regrettable que les statistiques concernant les entités de la Micronésie américaine ne soient pas consultables car l'on constaterait, comme le suggère nettement les flux d'assitance financière en provenance des Etats-Unis, que le déficit de leur balance commerciale est semblable proportionnellement à celui de la Polynésie française. D'autre part, on remarque aussi l'importance relative des exportations en provenance de Mélanésie ; elles sont surtout le fait des ressources minières. A ce sujet, cette sous-région se différencie nettement des deux autres qui n'ont que quelques produits agricoles à proposer sur les marchés extérieurs. Deux exceptions toutefois : Nauru et son phosphate, les Samoa américaines et ses conserveries de thon. Il est également intéressant de noter que la Mélanésie, comptant plus de cinq fois la population de la Micronésie et de la Polynésie réunies (sans tenir compte des Hawaii et d'Irian Jaya), perçoit une aide financière extérieure égale en valeur à celle que reçoivent les deux autres conjointement. L'élément militaire y est pour beaucoup. On remarquera enfin l'aide massive que l'Australie accorde à son ancienne colonie néo-guinéenne ; elle reflète l'effort de développement dans la dépendance économique. Le budget de la Papouasie-Nouvelle-Guinée est alimenté pour plus de 50 % par Canberra. Il en est de même avec nombre d'archipels qui dépendent bien souvent d'un seul donneur, les rendant sujets à des pressions diverses. L'aide apportée par le Japon provient principalement des redevances payées aux gouvernements insulaires qui lui autorise l'accès à leurs zones de pêche étendues à la juridiction des 200 milles. L'aide de la CEE provient des accords de Lomé établis dans le cadre de la Convention CEE/ACP. L'importance du soutien financier allemand à la Papouasie-Nouvelle-Guinée et aux Samoa occidentales ne se comprend qu'au travers de liens historiques anciens relevant de la colonisation ; pour le royaume de Tonga, des relations bilatérales lient le roi Taufa'ahau Tupou IV au gouvernement de Bonn.

Les **activités commerciales** dans les îles sont opérées surtout par des compagnies australiennes (Burns Philp par exemple) qui jouissent d'une mainmise totale sur le commerce de gros dans les milieux insulaires comme le révèle une étude des profits réalisés. L'Australie et la Nouvelle-Zélande vendent en valeur trois fois plus qu'elles n'achètent aux îles. Peu important pour elles deux au regard de la masse globale de leur commerce, ces échanges n'en sont pas moins vitaux pour les économies insulaires dont les gouvernements s'efforcent d'accroître les volumes de production au détriment parfois de l'auto-suffisance alimentaire locale, d'où les importations croissantes de nourriture congelée ou de conserve. Par exemple, la Nouvelle-Zélande importe plus de bananes en provenance d'Equateur qu'elle ne le fait à partir de ses voisins insulaires.

	Exportations	Importations	Balance Commerciale	Aide Totale	Aide Bilatérale	PNB Per Capita (Aus $)	Aide Totale Per Capita (Aus $)
BELAU							
COOK	3 612	20 353	- 16 741	9 300	8 700	941	520
E.F. MICRONÉSIE				150 615	150 615	705	1 101
FIDJI	328 557	493 284	- 164 727	29 600	27 700	1 084	47
GUAM				83 772	83 772	4 125	791
HAWAII						8 473	
IRIAN JAYA							
KIRIBATI	2 407	16 851	- 14 444	16 800	16 300	762	287
MARIANNES DU NORD							
MARSHALL							
NAURU	77 354	10 558	+ 66 797	0	0	19 500	0
NIUE	266	2 916	- 2 650	3 200	2 900	216	970
NOUVELLE-CALÉDONIE	350 060	398 191	- 48 131	173 400	173 400	3 905	1 234
PAPOUASIE-Nle-GUINEE	898 338	888 536	+ 9 802	285 400	251 600	519	95
PAQUES							
PITCAIRN							
POLYNÉSIE FRANCAISE	26 589	477 617	- 451 028	139 800	139 800	4 784	944
SAMOA AMÉRICAINES	111 533	83 491	+ 28 042	35 351	35 351	4 097	1 091
SAMOA OCCIDENTALES	15 525	56 421	- 40 896	21 000	12 000	351	135
SALOMON	64 000	64 784	- 784	30 900	27 200	382	137
TOKELAU	32	318	- 286	1 700	1 600	438	1 063
TONGA	6 764	30 135	- 23 371	13 100	11 300	431	134
TUVALU	86	3 147	- 3 061	4 300	3 900	306	573
VANUATU	31 397	63 804	- 32 407	38 000	38 000	452	325
WALLIS & FUTUNA	0	6 136	- 6 136	7 300	7 300	870	676

Tableau II.- *Commerce extérieur et aide financière dans le Pacifique (1980)* (Milliers AUS $)

PAYS DONNEURS / RECIPIENDAIRES	AUSTRALIE	CANADA	RFA	FRANCE	JAPON	NZ	PAYS-BAS	GB	USA	ADB	CEE	UNDP	TOTAL (1)
COOK	183	34	17	-	-	7 796	103	-	-	44	-	549	8 726
FIDJI	15 341	64	-	-	802	3 631	163	8 358	569	7 482	3 975	1 094	41 479
GUAM	-	-	-	-	-	-	-	-	83 772	-	-	-	83 772
KIRIBATI	3 933	69	-	-	1 985	240	-	11 940	3	-	535	351	19 056
NAURU	-	-	-	-	-	-	-	-	-	-	-	-	-
NIUE	20	-	-	-	-	2 849	38	-	-	-	-	282	3 189
NLLE-CALÉDONIE	-	-	-	173 400	-	-	-	-	-	-	-	-	173 400
P.N.G.	235 624	-	2 390	286	-	2 506	.	420	1 080	12 230	325	2 193	257 054
POLYNÉSIE FRANCAISE	-	-	-	139 800	-	-	-	-	-	-	-	-	139 800
SAMOA AMÉRICAINES	-	-	-	-	-	-	-	-	35 351	-	-	-	35 351
SAMOA OCCIDENTALES	2 220	31	4 064	92	4 178	3 664	716	196	-	3 215	2 208	1 265	21 849
SALOMON	4 244	-	-	-	353	575	19	20 361	487	3 154	389	687	30 269
TTPI	-	-	-	-	-	-	.	-	150 615	-	-	209	150 824
TOKELAU	-	-	-	-	-	1 418	-	-	-	-	-	-	1 418
TONGA	3 058	51	8 655	96	17	2 310	2	1 914	63	1 225	2 232	498	20 121
TUVALU	1 159	34	-	-	-	165	-	2 568	324	-	17	262	4 529
VANUATU	3 057	-	-	20 000	-	1 646	-	17 666	18	-	4 826	460	47 673
WALLIS & FUTUNA	-	-	-	7 300	-	-	-	-	-	-	-	-	7 300
PROJETS REGIONAUX	3 148	-	-	572	82	9 579	37	1 208	2 370	-	2 443	3 212	22 651
TOTAUX	271 987	283	15 126	341 546	7 417	36 379	1 078	64 631	274 652	27 350	16 950	11 062	1 068 461

Tableau III.- *Flux d'aide financière au développement , 1980*

(AUS $ 1 000)

(1) le total de ces flux approche souvent le montant de l'aide bilatérale entre Etats (cf. Tabl. II).

Source : SEVELE, F.- South Pacific Economies 1980. *Statistical Summary* Nouméa, CPS, 1982, p. 25.

En ce qui concerne les **activités liées au tourisme** que la plupart des gouvernements insulaires s'efforcent de promouvoir (troisième source de revenu du Pacifique insulaire), les infrastructures hôtelières sont habituellement possédées par des compagnies transnationales (Quantas, Air New Zealand, UTA, Club Méditerranée, etc.). On estime habituellement que 25 % des revenus provenant de cette forme de tourisme restent dans les îles. Pourtant, un tourisme pensé et opéré localement, sans hôtels de luxe dispendieux, est réalisable comme l'expérience effectuée à Rarotonga le démontre. Alors qu'un consortium regroupant le gouvernement des Cook, Air New Zealand et une association hôtelière néo-zélandaise a englouti des millions de dollars pour implanter une infrastructure touristique de luxe dans l'île, de petits hôtels et motels, à capitaux rarotongiens privés, se sont montés et connaissent un taux d'occupation nettement supérieur au seuil de rentabilité. Mais ces initiatives sont rares et n'obtiennent pas toujours l'aval des milieux politiques sur place comme le démontre le Vanuatu qui, clamant son statut de non-aligné lors de toutes les assemblées et conférences régionales, s'est empressé récemment de confier son développement touristique à des consortiums transnationaux australiens.

La notion d'**espace régional** dans le Pacifique apparaît de façon précise avec la création de la Commission du Pacifique Sud (CPS) en 1947 lorsque les six puissances coloniales occidentales du Bassin décidèrent de se doter d'une instance institutionnelle visant à promouvoir le développement socio-économique dans les territoires insulaires sous leur tutelle respective. Investissant tous les pouvoirs décisionnels entre les mains de commissaires métropolitains et s'interdisant de traiter de questions d'ordre politique, la CPS devint une instance quelque peu anachronique dès que se mit à souffler, à partir de 1960, le vent des indépendances. Participant aux conférences triennales, les élites des milieux insulaires se voyaient restreintes à ne pouvoir émettre que des avis consultatifs. Elles s'efforcèrent pourtant, mais sans réel succès, de secouer les structures coloniales lourdes de l'organisation pour tenter de les aménager en fonction de préoccupations qu'elles jugeaient plus importantes.

En 1971, les micro-Etats indépendants et l'archipel des Cook, de par son statut d'associé libre avec la Nouvelle-Zélande, fondent parallèlement à la CPS le *South Pacific Forum* auquel ils invitent l'Australie et la Nouvelle-Zélande à se joindre. Non seulement dans cette enceinte sera-t-il possible d'évoquer et de traiter de questions à caractère politique comme les essais nucléaires effectués par la France en Polynésie ou des mouvements de décolonisation d'autres entités insulaires, mais aussi de définir les priorités à donner au développement socio-économique selon les aspirations propres des territoires concernés. En 1972, le Forum se munit d'un levier économique, *le South Pacific Bureau for Economic Cooperation* (SPEC) pour coordonner les diverses actions décidées parmi ses membres, qui se doivent d'être indépendants ou à gouvernement autonome en association libre.

En offrant la possibilité à l'Australie et à la Nouvelle-Zélande de se joindre à eux, ces Etats nouvellement indépendants le font en fonction de trois raisons majeures. Premièrement, de par leur situation géographique, toutes deux font partie du Bassin Pacifique Sud ; deuxièmement, elles représentent le pouvoir économique dominant dans la région, avec lequel il faudra compter et, enfin, au sein même de la CPS, toutes deux ont montré, lors de diverses négociations, leur solidarité avec les milieux insulaires qui se souviennent aussi de leurs prises de positions officielles respectives à l'ONU à l'égard de la décolonisation. En se rattachant au Forum, la Nouvelle-Zélande et l'Australie accroissent leur rôle de "grands frères" que nous avons déjà évoqué, concrétisant ainsi des aspirations anciennes sur un plan institutionnel.

L'annuaire des institutions régionales du Pacifique[2] indique l'existence de près de 200 organisations à caractères gouvernemental, religieux, culturel, sportif, commercial, économique ou scientifique, reflétant nettement le dynamisme de la coopération régionale collective. Sans doute, faut-il voir dans ce nombre important d'organisations et d'associations instituées, le désir profond de briser les isolements insulaires et de mettre en commun les ressources humaines, culturelles et économiques afin d'accroître le sentiment de communauté du Pacifique insulaire au détriment des identités sous-régionales (Mélanésie, Polynésie, Micronésie) et de servir les intérêts mutuels (Convention CEE/ACP[3], pêcheries, navigation aérienne et maritime, etc.). Si les neuf Etats indépendants et les deux archipels en association libre avec la Nouvelle-Zélande forment un bloc soudé à l'égard des relations avec les puissances extérieures, la réalité est quelque peu différente au niveau des relations intra-Pacifique. Ancien centre de l'empire britannique dans le Pacifique insulaire, Fidji a su tirer profit de la formation de ses élites et de son statut d'indépendance acquis en 1970 pour attirer à Suva la plupart des organismes régionaux et institutions internationales. Une certaine amertume, voire certains ressentiments de la part des autres Etats à l'égard de cette attitude fidjienne, jugée par trop gloutonne, permet de songer à un redéploiement plus équilibré de l'implantation des institutions régionales. D'autre part, les fondements de leurs structures socio-économiques traditionnelles[4] ainsi que leurs ressources minières et forestières laissent présager pour la Mélanésie à moyen terme un démarrage économique qui, même limité, les différenciera de plus en plus des micro-Etats polynésiens à ressource agricole souvent unique.

2. INSTITUTE OF PACIFIC STUDIES.- *Directory of Pacific Regional Institutions*.- Suva, University of the South Pacific - ESCAP, 1982.
3. L'un des premiers rôles du SPEC fut ainsi de permettre aux Samoa occidentales, à Fidji et au Royaume de Tonga de former un front commun de négociation pour la première Conférence de Lomé en 1975.
4. Voir à ce sujet, FINNEY, B. R.- *Big-Men and Business, Entrepreneurship and Economic Growth in the New Guinea Highlands*.- Honolulu, Univ. Press of Hawaii, 1973.

Au-delà de ces quelques réserves émises quant à l'avenir respectif des sous-régions, il nous paraît intéressant d'examiner brièvement et à titre d'exemple, le rôle de l'une des institutions régionales, l'**Agence des Pêcheries du Pacifique Sud**, émanation du Forum. La presse spécialisée s'y est intéressée ces derniers mois dans la mesure où des décisions récentes de certains de ses membres peuvent risquer d'entraîner des conséquences inattendues sur un plan purement géo-stratégique.

Par son ampleur économique, le thon est le second produit de la pêche au monde (après les crevettes) ; 70 % des prises mondiales de thon (bonites, thons rouges et thons blancs) sont effectuées dans le Bassin Pacifique. Sa partie occidentale, où est située la plupart des Etats insulaires, en donne deux fois plus que sa partie orientale. Il est généralement accepté qu'un régime juridique spécial soit appliqué à certains produits de la pêche comme les saumons par exemple. Frayant en rivière mais passant leur vie en haute mer, ils relèvent en théorie de la juridiction de leur pays d'origine et ne devraient pas être pêchés en haute mer car le seul moyen de déterminer les quotas de prise à ne pas dépasser ne peut se faire qu'à l'entrée de leur rivière d'origine. Certains pays préconisent que les poissons à long parcours migratoire fassent l'objet de tels régimes juridiques spéciaux, sous l'autorité d'une instance internationale qui serait seule à même de déterminer les quotas de prise à l'intérieur des zones des 200 milles et dans les eaux internationales, de façon à ne pas mettre en danger le renouvellement naturel des espèces concernées. C'est le cas des Etats-Unis qui ne reconnaissent toutefois pas la validité des juridictions nationales étendues aux 200 milles pour les poissons migrateurs. En ce qui concerne le thon et sa pêche, les zones côtières des territoires américains ne sont pas sujettes à cette réglementation et ceci tant que ne sera pas instituée, selon le souhait de Washington, une instance internationale visant à définir et à régir les quotas de prise. La consommation américaine de thon est la plus importante au monde et la législation des Etats-Unis impose une taxe d'importation élevée lorsque le traitement des produits de cette pêche n'est pas effectué en territoire américain, raison pour laquelle les conserveries de thon sont installées principalement à Pago Pago aux Samoa américaines (107 millions de Aus$ à l'exportation en 1980)[5]. Toutefois, Washington laisse à la discrétion des entreprises de pêche américaines, réunies sous l'égide de l'ATA (*American Tunaboat Owners Association*) de négocier des accords bilatéraux avec les Etats insulaires pour ce qui relève des zones sous leur juridiction. Mais sur les 400 millions de US $ qu'ont représenté en 1981 les captures de thon dans ces eaux territoriales, seuls 13 millions ont été payés en redevance aux gouvernements insulaires.

---

5. A titre de comparaison, les exportations de thon des autres archipels s'élèvent à 41 millions de Aus $ en Papouasie-Nouvelle-Guinée, à 24 aux Salomon, à 9 aux Fidji, à 0,06 à Tonga et à 0,04 à Tuvalu, seuls exportateurs de la région. *South Pacific Economies 1980 : Statistical Summary*, 1982, p. 11.

Se concertant à l'Agence des Pêcheries du Pacifique Sud, créée à Suva pour promouvoir la conservation et l'utilisation rationnelles des ressources régionales en poissons, les Etats insulaires du Forum ont un point de vue diamétralement différent de celui des Américains. En effet, le thon leur offre la seule possibilité de retirer un bénéfice immédat de l'extension de leur juridiction à la zone des 200 milles. Certes, certains archipels sont en mesure économiquement de pouvoir établir une petite industrie de pêche côtière, mais l'environnement est tel qu'il ne peut supporter une pêche intense au-delà des besoins d'auto-consommation. En ce qui concerne la pêche hauturière, les mêmes archipels n'ont pas actuellement la capacité de maintenir une flotte de pêche (au moins dix navires) ni la technologie, les finances, l'eau et l'électricît nécessaires à la transformation des produits en conserve. On comprend donc l'importance que représentent pour eux les redevances à percevoir des sociétés qui pêchent dans les zones sous leur juridiction. Mais quel moyen de pression ont-ils ? Lorsque les îles Salomon confisquèrent en 1984 un bâtiment de pêche américain, surpris à braconner à l'intérieur de la zone sous juridiction salomonaise, les Etats-Unis imposèrent un embargo sur les exportations de poisson de cet Etat où est d'ailleurs basée aujourd'hui la South Pacific Fisheries Agency (Honiara), installée précédemment à Fidji. Le même cas de figure s'était produit en 1982 en Papouasie-Nouvelle-Guinée.

Le rôle de l'Agence de Honiara ira croissant car si un pays comme les Etats-Unis peut se permettre d'être interdit autour d'un archipel, il lui sera difficile de poursuivre ses activités de pêche dans le Pacifique Sud si l'ensemble des micro-Etats se solidarise pour l'exclure d'une énorme étendue océanique. Mais quels sont les moyens pour rendre effective cette exclusion ? Il n'en existe sans doute pas. Mais certains Etats peuvent recourir à d'autres types de pression comme la voie empruntée par la République de Kiribati.

En 1976 déjà, le Royaume de Tonga s'était proposé d'accorder l'accès de ses eaux territoriales à l'URSS ainsi qu'une île pour y servir de base de ravitaillement, ceci contre redevance. L'opposition catégorique des Néo-Zélandais et des Australiens à cette initiative tongienne et un surcroît soudain de fonds d'assistance accordés au royaume par la République fédérale d'Allemagne firent capoter le projet soviétique. Mais face à l'intransigeance du gouvernement américain qui se refuse à reconnaître les zones économiques exclusives des Etats insulaires, et contre lequel viennent s'ajouter depuis quelques années d'autres griefs ou doléances, à savoir les tergiversations de Washington à l'égard de la décolonisation de ses territoires micronésiens, son refus de condamner les essais nucléaires français à Mururoa et sa brouille avec la Nouvelle-Zélande au regard du Traité de l'ANZUS, il était prévisible qu'un des Etats du Forum allait relancer, tôt ou tard, les négociations avec l'URSS pour tenter de débloquer l'impasse dont ils rendent Washington responsable. Insistons bien sur le fait que les micro-Etats insulaires sont plus concernés par leur fragilité économique que par les rapports de force à l'échelle mondiale tels que les envisagent Washington et Moscou, qu'ils ne peuvent comprendre pourquoi les thoniers américains, avec le soutien plus que tacite de leur gouvernement, les privent d'un revenu auquel ils jugent avoir droit et qui leur permettrait d'accroître leurs ressources financières.

Le Président de la République de Kiribati, Ieremiah Tabai a donc signé un accord en août 1985 avec les Soviétiques, tout en précisant que l'accès aux eaux territoriales de son pays serait uniquement d'ordre commercial, qu'il ne tolèrerait pas de présence physique soviétique permanente dans l'une des trente-trois îles de la République, que cet accord n'impliquait pas de changement idéologique chez les 60 000 habitants de Kiribati... L'accord s'est effectué sur la base d'une redevance avoisinant les 10 % du budget national annuel de Kiribati[6].

Certaines îles sont donc amenées à prendre des positions radicales pour tenter de forcer les Etats-Unis à tenir compte de leurs revendications légitimes. S'il peut paraître surprenant qu'un Etat de 60 000 personnes soit à même d'exercer des pressions sur les Etats-Unis, il faut se rendre à l'évidence que les enjeux dépassent le cadre même de ce micro-Etat et les quelque 3,5 millions de km² que représente sa zone maritime exclusive. En effet, admise à pêcher dans les eaux sous juridiction étendue d'une île du Pacifique, l'Union Soviétique pourrait accéder aux assemblées régionales se tenant à Honiara et y partager avec les autres partenaires insulaires des données concernant les pêcheries et améliorer dans le même temps son image de marque avec tout ce que cela peut impliquer aux yeux de Washington... Un nouveau pas semble d'ailleurs avoir été tout récemment franchi par le Vanuatu qui a cherché à obtenir de l'URSS un contrat semblable à celui conclu avec le Kiribati, en accordant également à Moscou la jouissance d'une base de repli dans l'archipel.

*   *

*

Il n'est pas de conférence réunissant les membres du Forum du Pacifique Sud qui ne se termine par une déclaration enjoignant la France d'accorder l'indépendance à la Nouvelle-Calédonie et d'arrêter des essais nucléaires en Polynésie française. Si la France a joué un rôle moteur important à l'égard des indépendances qui sont survenues dans le Pacifique en appliquant la "loi-cadre" de 1956 dans ses deux Etablissements d'Océanie, on se doit de constater que le cours de l'histoire -celui lié aux fondements de la Cinquième République- l'a contrainte, un temps, à faire marche arrière, puis à temporiser

---

6. Cet accord n'a pas été renouvelé l'année suivante les Soviétiques n'étant pas prêts à suivre les augmentations de redevance voulues par la République de Kiribati.

avant de reprendre la voie de l'autonomie interne. La trop grande rigidité des institutions de la France est en partie responsable du double langage, des atermoiements et des conflits qui ont pu en découler.

Si la France a mauvaise presse en Australasie et dans les Iles, c'est en partie pour n'avoir pas voulu tenir compte de la réalité régionale. Son attitude a paru trop souvent arrogante. Il est permis d'espérer qu'à l'avenir les choses changent quelque peu. En effet, la Polynésie française devrait prochainement se rattacher au Forum du Pacifique Sud de par son nouveau statut d'autonomie interne, décrété par la loi 84-820, entrée en application le 6 septembre 1984. Une meilleure compréhension de la position de la France ne pourra qu'en surgir. La création d'un Secrétariat d'Etat chargé du Pacifique Sud dans le Gouvernement de la République , dont le portefeuille a été confié au Président du Gouvernement de la Polynésie française, M. Gaston Flosse, abonde également ment dans ce sens.

ORIENTATION BIBLIOGRAPHIQUE

AMRASHI, A. ; GOOD, K. ; MORTIMER, R. (1979).- *Development and Dependency, the Political Economy of Papua New Guinea*.- Melbourne, OUP.
CROCOMBE, R. ; ALI, A. (ed.) (1983).- *Foreign Forces in Pacific Politic* - Suva, USP.
HOWE, K.R. (1984).- *Where the Waves Fall*.- Sydney, G. ALLEN & UNWIN.
HUETZ de LEMPS, C. (1984).- *Les îles Salomon*.- Talence, CRET-CEGET.
NAROKOBI, B. (1980).- *The Melanesian Way*.- Suva, USP.

Résumé : Depuis que le mouvement des Indépendances s'est produit dans le Pacifique insulaire, onze archipels sur vingt-cinq ont accédé à un statut constitutionnel autonome. En association avec l'Australie et la Nouvelle-Zélande, ces archipels ont fondé une instance régionale, "The South Pacific Forum", doté de divers leviers politiques et économiques visant à favoriser une intégration régionale. Après avoir analysé la genèse et le fonctionnement de cette instance, sera entreprise une comparaison avec la Commission du Pacifique Sud (organisme à buts quelque peu similaires, institué en 1947 à l'instigation des six puissances coloniales présentes alors dans la région). Enfin l'avenir réservé aux milieux archipélagiques du Pacifique (au travers des sous-ensembles régionaux, de leurs spécificités écologiques et sociale ainsi que celle de leurs ressources) est envisagé à partir de références économiques.
Mots-clés : Statut juridique, commerce extérieur, aide financière, Pacifique îles.

Summary : *Island constitutional status and regional autonomy in the Pacific ocean.*- Since the Independence movement began in the Pacific islands, eleven out of twenty-five archipelagoes have attained a constitutionally autonomous status. In association with Australia and New Zealand these archipelagoes have founded a regional body, "The South Pacific Forum", equipped with various political and economical levers to encourage regional integration. After analysing the creation and functioning of this body, we shall draw comparisons with the South Pacific Commission (an organism with fairly similar aims, instituted in 1947 at the instigation of the six colonial powers then present in the region). Lastly we consider the future in store for the archipelagos of the Pacific (through regional sub-groups, their ecological specificity, and their resources) based on economic references.

Keywords : Legal status ; Foreign trade ; Monetary aid ; Pacific Islands.

Conclusion

RAPPORT DE SYNTHÈSE :
ÎLES, INSULARITÉ, "INSULARISME"

par Alain HUETZ de LEMPS

La richesse des communications faites au cours de ce Colloque ne facilite pas la tâche de celui qui doit présenter le rapport de synthèse. Nous nous efforcerons de mettre en valeur ce qui nous a paru le plus important ; nous rappellerons d'abord les caractères originaux du monde insulaire tels qu'ils sont apparus au cours de nos débats ; nous analyserons ensuite le passage de l'économie de plantation à l'économie de services et nous aborderons enfin les problèmes liés au statut politique des îles et aux disparités régionales.

I.- L'ORIGINALITÉ DES ÎLES

A - Ile et insularité

Dès le début du Colloque, **G. Lasserre** a rappelé la définition de l'île donnée par le Dictionnaire : "une île est une terre isolée de tous côtés par les eaux". Donc l'île se caractérise d'abord par son rivage, d'où l'importance de la notion d'"indice côtier" (**F. Doumenge**) ; pour qu'il y ait véritablement "insularité", il faut que la superficie émergée ne soit pas trop importante et les vastes terres comme Madagascar, la Nouvelle-Guinée et a fortiori l'Australie, ont été naturellement exclues des débats parce qu'il ne s'agit plus de véritables îles mais de morceaux de continent.

Même pour les îles d'étendue modeste, la notion d'échelle reste une notion fondamentale, qui concerne non seulement la superficie (l'émiettement des îles doit beaucoup à la remontée du niveau des mers, lors de la transgression flandrienne qui a suivi la dernière grande glaciation), mais aussi la population, les problèmes insulaires étant évidemment tout à fait différents selon l'importance du groupe humain considéré.

L'indice côtier doit être complété par un indice d'isolement et un indice d'endémisme : la flore et la faune des îles sont en général très originales et présentent une très forte proportion d'espèces qu'on ne trouve nulle part ailleurs (endémiques). Mais plus l'isolement est grand, plus le nombre des espèces diminue et cet appauvrissement s'accompagne de la conservation de formes reliques, qui, sans concurrence locale, peuvent momentanément proliférer mais sont toujours fragiles et menacées de disparition (**F. Doumenge**).

Dans le cadre de ces contraintes écologiques incontournables, l'homme s'est installé dans les îles et celles-ci doivent leur diversité actuelle plus encore à leur histoire qu'à leur caractère insulaire. Certes habiter une île, c'est vivre sur une terre irrémédiablement limitée mais, comme l'a souligné **J. Benoist**, même si le rivage est un facteur d'isolement, ce n'est pas la seule barrière qui sépare les groupes humains et les barrières sociales ne coïncident pas automatiquement et obligatoirement avec les limites de l'île. La mer est d'ailleurs considérée à la fois comme protectrice et comme répulsive, parfois même meurtrière (**J. Poirier** et **S. Clapier-Valladon**).

L'insularité imprègne le vécu de chacun, les insulaires ont le sentiment d'appartenir à un monde à part, ils en sont fiers quelle que soit leur origine ethnique, culturelle, sociale. Leur mémoire collective est largement alimentée par le mythe et ils ont souvent la préoccupation de l'ancêtre fondateur. Dans ce domaine, la frontière est bien marquée entre le monde insulaire et le monde extérieur. Pour ce dernier, les mythes sont contradictoires : l'île guérit, bonifie, c'est une terre paradisiaque, d'abondance et de sensualité ; le "bon sauvage" du XVIIIe siècle était un insulaire ; mais l'île c'est aussi le refuge des hors-la-loi, la terre d'exil des indésirables (**J. Poirier** et **S. Clapier-Valladon**).

En s'installant dans l'île, l'homme en a détruit le précaire équilibre écologique. Le milieu naturel a été bouleversé, de nombreuses espèces ont disparu ou sont en voie de disparition. **Y. Monnier** a montré comment l'installation d'un complexe hôtelier à Saint-Martin a provoqué la destruction de la végétation naturelle de l'Anse Marcel : un paysage artificiel lui est substitué, un paysage qui exige un entretien coûteux et dépend d'équipements fragiles tels que les usines de dessalement d'eau de mer. Comme il ne serait ni possible ni souhaitable de paralyser le développement touristique et économique au nom de la protection de la nature, **Y. Monnier** suggère l'installation de réserves où pourraient être conservés les groupements végétaux les plus originaux.

B - La définition du créole et de la créolité

Le terme de créole est assez ambigu et n'a pas partout la même signification (**H. Gerbeau**), mais on peut considérer que les îles où s'est constituée une véritable société créole étaient, au moment de la colonisation, désertes ou peu peuplées : elles doivent donc l'essentiel de leur population à des apports humains extérieurs et d'origines différentes. Le lien semble étroit avec l'installation des plantations, en particulier de canne à sucre, qui ont engendré une véritable "société de plantation".

La créolité est à la fois un fait linguistique et un fait de société. Au point de vue linguistique, il y a plusieurs "créoles", des créoles d'origine française dans nos anciennes colonies de plantation, Guadeloupe, Martinique, Réunion mais aussi Maurice, Seychelles..., des créoles d'origine anglaise, d'origine portugaise comme dans les îles du Cap-Vert ou même d'origine néerlandaise comme le papiamento de Curaçao. Le créole est dans une certaine mesure un handicap, un désavantage pour ceux qui ne parlent rien d'autre, ce qui rend nécessaire la connaissance d'une langue comme le français, l'anglais, le portugais... (**U. Fleischmann**). Dans le désir d'affirmer leur identité, certains insulaires ont donné une place importante au créole, devenu langue officielle de plusieurs Etats comme les Seychelles ; dans certaines îles dépendantes, le créole est souvent utilisé comme moyen de lutte contre l'acculturation, l'assimilation...

Mais plus encore qu'un fait linguistique, la créolité est un phénomène de société. Le créole a un mode de vie particulier, une littérature, une musique, une cuisine originales ; ainsi la créolité des îles du Cap-Vert n'est ni portugaise, ni africaine. Il y a, semble-t-il, des degrés dans la créolisation (**J.P. Jardel**). Les cultures créoles véritables correspondent à un peuplement relativement ancien et à un métissage poussé de la population : le "crioulo" cap-verdien est un mulâtre. Par contre, il n'y a pas de créole lorsque la population, plus homogène, a gardé des liens étroits avec son pays d'origine : les habitants de Madère, portugais, ne peuvent pas être appelés "crioulos". Le créole n'existe pas non plus lorsque les apports extérieurs sont relativement récents ; dans ce cas, il y a souvent juxtaposition de groupes ethniques sans brassage ni métissage permettant l'apparition d'une société créole.

Il serait fort utile de dresser un inventaire des îles dont les habitants peuvent être appelés "créoles". Peut-on parler de créole pour la petite communauté de métis de culture européenne qui, à Suva (Fidji) est "coincée" entre les deux groupes dominants, les Fidjiens d'origine mélanésienne et les Indiens descendants des travailleurs des plantations sucrières ? Au Vanuatu, le "bichelamar" n'est plus un simple "pidjin", mais devient une véritable langue, reconnue officiellement, alors qu'il n'y a pas de société créole. Par contre en Polynésie française, une société créole formée de "demis" (métis), est en train de se constituer mais il n'y a pas de langue créole puisque le Polynésien est resté la langue véhiculaire. En Nouvelle-Calédonie, **A. Saussol** a montré qu'il n'y avait pas de véritables créoles : la colonisation est relativement récente, l'économie de plantation n'a pas tenu une place importante et le métissage a été limité : le métis calédonien se rattache selon le cas à l'un des deux groupes, européen ou mélanésien. L'absence de fusion ethnoculturelle interdit la création d'une "identité collective" unique. Toutefois, à Nouméa même, apparaît une société pluri-ethnique qui évoluera peut-être vers la créolité.

Il faut enfin se demander dans quelle mesure certains mouvements en faveur de la créolité ne sont pas artificiels. Quelle est la part de la recherche authentique de l'identité culturelle et celle de la construction artificielle d'intellectuels refusant les normes des sociétés "occidentales".

C - L'importance du facteur démographique

Aucune communication n'a été spécialement consacrée aux problèmes de population, mais les questions démographiques ont été évoquées à diverses reprises au cours du Colloque.

L'histoire du peuplement permet non seulement de retracer l'évolution de la population mais également de mettre en valeur l'originalité de chaque île. Le particularisme insulaire est lié parfois à l'origine des habitants, comme à Saint-Barthélemy, parfois à une spécialisation économique, comme aux Saintes : les habitants de Terre-de-Haut sont des pêcheurs qui n'ont pas participé à l'économie de plantation et ont donc conservé une certaine indivi- dualité (**J.L. Bonniol**).

D'abord terres d'immigration, les îles sont devenues pour la plupart des terres d'émigration. Le renversement est souvent très brutal sur les îles aux dimensions exiguës. L'équilibre est fragile. Jadis, la forte mortalité infantile, combinée souvent avec une restriction volontaire des naissances, limitait le croît démographique. Aujourd'hui la population de nombreux archipels augmente très rapidement ; cet essor peut aboutir à des situations catastro- phiques : le cas de Rodrigues (Maurice) évoqué par **F. Doumenge** est significatif ; l'île est capable de nourrir 10 000 ou 12 000 habitants, mais sûrement pas les quelque 40 000 qu'elle a aujourd'hui.

Plus que de la densité de la population, l'intensité de l'émigration dépend des ressources fournies par le milieu insulaire. Dans les cas extrêmes, il y a abandon pur et simple, par exemple à la suite de l'épuisement de richesses du sous-sol comme pour les phosphates de Makatea et d'Ocean Island. Les difficultés de vie peuvent également provoquer des départs massifs. Dans les Orcades extérieures, les derniers habitants luttent pour conserver leur école et leur médecin (**D. Lowenthal**).

Les îles les plus peuplées entretiennent des courants d'émigration vers quelques destinations privilégiées : les Guadeloupéens, Martiniquais, Réunionnais vont vers la France métropolitaine, les Jamaïcains en Grande Bretagne, les Canariens en Espagne continentale ou au Venezuela... La plupart des émigrants gardent des liens avec leur terre d'origine. Ils envoient de l'argent à leur famille restée dans l'île, ce qui permet souvent d'y maintenir des activités marginales ; ceux qui ont réussi viennent passer leurs vacances dans l'île-mère, ce qui est aujourd'hui facile grâce aux transports aériens ; certains rentrent définitivement au moment de leur retraite et n'hésitent pas à faire construire des maisons somptueuses, comme à Madère. Ces migrations aboutissent à une "tertiarisation" croissante des activités insulaires.

II.- LE PASSAGE DE L'ÉCONOMIE DE PLANTATION A L'ÉCONOMIE DE SERVICES

Ce thème essentiel a donné lieu au plus grand nombre de communications et d'échanges de vue. Trois aspects fondamentaux se sont dégagés : le déclin de l'agriculture, les difficultés de l'industrialisation, le poids de plus en plus grand des "services".

A - Le déclin de l'agriculture

Ce déclin affecte presque toutes les îles. Dans de nombreux cas il s'agit d'un recul absolu, dans quelques autres, le déclin n'est que relatif, mais de toute façon, on peut considérer que l'économie de plantation traditionnelle est en train de disparaître. Celle-ci reposait le plus souvent sur la culture de la canne à sucre, qui a été à l'origine du peuplement de beaucoup d'îles. Or c'est la plantation sucrière qui a le plus régressé et dont l'avenir est le plus menacé.

Quelques efforts ont été faits pour substituer ou ajouter d'autres cultures d'exportation : ainsi le bananier dans les Antilles françaises, le théier à Maurice. On a aussi cherché à développer les cultures vivrières pour la satisfaction des besoins alimentaires locaux (**Singaravélou**). Mais ces substitutions n'ont pas empêché la régression globale du secteur agricole.

Le déclin de l'économie de plantation est plus ou moins rapide, et plus ou moins complet, selon les îles. La Martinique ne produit presque plus de sucre et doit en importer pour sa propre consommation ; la canne subsiste surtout pour la production d'un rhum de qualité. La production agricole représentait 35,6 % du PIB en 1949, seulement 5,6 % en 1980. Le recul est analogue en Guadeloupe (passant pour la même période de 47,6 % à 6,3 %).

Dans l'île de la Réunion, où la production de sucre reste importante, le secteur primaire utilisait 66 % des actifs en 1946 et seulement 14,8 en 1982 (**R. Squarzoni**) ; la part de la filière "sucre" dans la valeur ajoutée brute est passée de 10 % en 1970 à 5 % en 1982. A Maurice, la canne occupe encore l'essentiel de la superficie cultivée mais la place du sucre dans l'économie insulaire ne cesse de se restreindre : moins de 13 % du PIB ; **Singaravélou** a souligné les efforts entrepris pour développer le thé et les productions vivrières mais les résultats n'ont pas toujours été probants. Aux Hawaii également, le secteur primaire ne tient plus qu'une place restreinte, 5 % du PIB (**C. Huetz de Lemps**).

Il faut d'ailleurs remarquer que les productions agricoles destinées à l'exportation ne subsistent souvent que grâce au maintien de liens privilégiés noués à l'époque coloniale : les Départements d'Outre-Mer français bénéficient de la protection accordée par la Métropole ; Maurice, les Fidji, les anciennes Antilles anglaises font partie des pays ACP soutenus par la Convention de Lomé ; les Hawaii constituent le 50e Etat des Etats-Unis d'Amérique ; tous entrent donc dans le système des marchés privilégiés. La survie des plantations est donc pour une large part artificielle.

L'effondrement de l'économie de plantation tient à la conjonction de plusieurs causes. Dans de nombreuses îles, la faible étendue et le morcellement des terres cultivées ont rendu difficiles la modernisation et la concentration industrielles nécessaires. Souvent aussi, il y a eu un véritable rejet psychologique de la plantation. En Martinique, où les chômeurs représentent pourtant 28,6 % de la population active en 1982, les quelques plantations qui subsistent doivent faire appel à des Haïtiens ou des Dominicains pour la coupe de la canne, travail considéré par les Martiniquais comme dégradant et insuffisamment payé.

Le recul des cultures d'exportation est lié pour une large part à l'élévation du niveau de vie des populations insulaires, à une hausse des salaires qui, en général, n'a pu être compensée par un accroissement de la productivité. Rares sont les plantations sucrières qui, comme celles des Hawaii, ont réussi à maintenir leur production jusqu'à ces dernières années en remplaçant l'homme par la machine ; les 7 000 travailleurs du début des années 1980 produisaient autant de sucre que les 50 000 des années 1930 ; par contre, les plantations d'ananas plus exigeantes en main-d'oeuvre, luttent beaucoup plus difficilement et sont à la limite de la rentabilité.

Au total donc, la plantation traditionnelle semble difficilement compatible avec une économie insulaire moderne et elle est, en tout état de cause, incapable de faire vivre décemment une population croissante.

B - Les difficultés de l'industrialisation

La création d'entreprises industrielles a été considérée pendant longtemps comme la solution aux difficultés économiques et aux problèmes de l'emploi. Les communications présentées au Colloque montrent qu'à l'exception de Maurice, la croissance industrielle a été faible ou nulle.

Le développement industriel de Maurice a commencé par l'implantation d'industries destinées à substituer des produits locaux aux produits importés, mais les objectifs n'ont pas été atteints. Une deuxième phase d'industrialisation a suivi, avec la création des "Export Processing Zones" (EPZ), c'est-à-dire des zones franches où les industriels peuvent importer librement les matières premières et les équipements destinés à produire pour l'exportation. Comme l'ont très bien montré **C. Hein** et **E. Dommen**, le succès des zones franches créées à partir de 1970 à Maurice a été spectaculaire : en 1971, on comptait 9 entreprises avec 644 salariés, en 1985, 277 avec 53 440 salariés, soit le quart de tous les actifs mauriciens ; en mars 1986 on arrivait à 61 000 salariés. Les exportations de produits manufacturés ont représenté, en 1985, 52,3 % des recettes d'exportation, reléguant le sucre au deuxième rang et même en tenant compte des importations nécessaires à ces industries nouvelles, le gain net est considérable (**P. Saddul**). Ces entreprises dispersées un peu partout dans l'île appartiennent pour 70 % au secteur des textiles ; elles confectionnent en particulier des tricots et des pull-overs exportés dans la CEE et aux Etats-Unis.

Cette réussite s'explique d'abord par les incitations financières et les avantages fiscaux accordés par le gouvernement, par l'intérêt montré par les investisseurs étrangers, en particulier ceux de Hong-Kong et de France, pour des entreprises auxquelles les Mauriciens eux-mêmes participaient financièrement, par l'appartenance de Maurice aux pays ACP, par la stabilité politique d'un pays bien équipé, par la qualité de la main-d'oeuvre. Mais les principales causes du succès ne sont-elles pas la flexibilité de la législation sociale et le niveau encore bas des salaires ? Au début de 1980, ceux-ci étaient en moyenne le quart de ceux de Hong-Kong.

Nous trouvons là un problème essentiel : pour que de telles entreprises puissent rester rentables face à la concurrence des grands producteurs d'Asie orientale ou d'Amérique latine, il faut qu'elles trouvent une main-d'oeuvre abondante et bon marché. Avec un million d'habitants et un revenu par habitant encore faible, Maurice se trouvait dans ce cas. Il est évident que la solution des zones franches d'exportation n'est pas applicable à de trop petites entités insulaires ou à des îles dont les habitants ont des salaires relativement élevés.

Peu d'îles possèdent des ressources minières importantes et le plus souvent, l'extraction n'est pas suffisante pour permettre l'implantation d'industries de traitement. La Nouvelle-Calédonie est une heureuse exception, avec la production des mattes de nickel dans l'usine de Doniambo (Nouméa).

Quant au développement d'industries pour la consommation locale, il est en général rendu difficile par l'exiguïté du marché. Pour accroître la clientèle, il faudrait concevoir le regroupement des îles en quelques grands secteurs géographiques, Antilles, sud ouest de l'océan Indien, Pacifique tropical, ce qui permettrait d'élaborer de véritables plans de développement comme l'a suggéré **J.C. Giacottino**.

Mais en attendant, dans la plupart des îles, la part de l'industrie dans le PIB a tendance à diminuer : ainsi en Martinique, le secteur secondaire est passé de 17 à 8 % du PIB entre 1968 et 1979 (**C. de Miras**). De même, dans l'île de la Réunion, l'industrie stagne et sa part dans l'emploi baisse : le secteur secondaire représentait 24,7 % des actifs en 1954 et seulement 16,5 % en 1982 ; les rémunérations sont trop élevées pour que l'on puisse envisager autre chose que la création d'entreprises à haute productivité, donc utilisant peu de main-d'oeuvre. On peut craindre que dans les DOM la croissance industrielle ne soit qu'un rêve (**R. Squarzoni**).

C - L'essor des activités de services

Dans la majorité des îles, les activités de services ont pris aujourd'hui la première place : le secteur tertiaire représente dans les petits Etats insulaires entre 59 et 79 % du PIB alors que la moyenne est de 44 % pour les pays en développement et de 57 % pour l'ensemble du monde (**E. Dommen** et **N. Lebalé**).

Les activités de services sont extrêmement variées. Certaines îles ont profité de leur rôle stratégique : les îles Hawaii constituent une formidable base militaire qui a rapporté à l'archipel plus de 2 milliards de dollars en 1984 (**C. Huetz de Lemps**). Tout le monde connaît la place tenue par le Centre d'Expérimentation du Pacifique en Polynésie française. Mais parfois, l'importance même des installations militaires a provoqué l'expulsion des habitants de l'île. C'est le cas de Diego Garcia, dans l'archipel des Chagos, dont **J. Houbert** a retracé l'histoire mouvementée.

Une activité de services qui a connu un essor spectaculaire est le tourisme. Celui-ci s'est développé parallèlement à l'expansion des transports aériens. La construction d'un aéroport international constitue une des conditions nécessaires pour la création des grands complexes hôteliers. En quelques années, toute l'économie d'un archipel peut être bouleversée : l'exemple des Seychelles est significatif. Avant 1971, date de la mise en service de l'aéroport, l'économie de Mahé reposait encore sur l'exploitation de cocoteraies plus ou moins dégradées et les trois quarts de la population active appartenaient au secteur primaire. Dix ans plus tard, le tourisme fournit 70 % des rentrées de devises, et le secteur tertiaire emploie les deux tiers de la population active.

On peut se demander si la présence d'un aéroport international ne condamne pas une île à se convertir au tourisme ; c'est pour se protéger d'une invasion touristique qu'ils considèrent comme dangereuse que les habitants de certaines îles comme Barbuda ou Saint-Barthélemy se contentent de petits terrains d'aviation. Mais résisteront-ils longtemps ?

Le développement du tourisme dans les îles pose de nombreux problèmes qui seront de nouveau abordés dans un autre Colloque, organisé à Bordeaux en Avril 1987 par la Société pour l'Etude, la Protection et l'Aménagement de la Nature dans les Régions Inter-Tropicales (SEPANRIT) et le Centre de Recherches sur les Espaces Tropicaux (CRET). Il ne faut pas négliger les phénomènes de dégradation du milieu naturel évoqués par **Y. Monnier** pour Saint Martin, ni les bouleversements des équilibres sociaux qu'a rappelés **D. Lowenthal**, en s'appuyant sur l'exemple de Nassau, où l'afflux des touristes a pratiquement fait disparaître la société locale.

Mais il serait abusif de ne voir que le côté négatif. Le tourisme est créateur d'emplois et fournisseur de devises, même en tenant compte, dans l'évaluation des bénéfices, de la valeur des importations destinées à la satisfaction de cette activité touristique : aux Seychelles en 1980, 60 % des recettes du tourisme international auraient été en fait annulées par les "intrants importés" mais cette proportion d'intrants n'est pas sensiblement différente de celle qui affecte les autres secteurs de l'économie (**E. Dommen** et **N. Lebalé**). Aux Hawaii, susceptibles de fournir elles-mêmes une bonne partie de ce que les touristes peuvent désirer, 53 % des dépenses touristiques resteraient dans l'archipel. Par contre à Maurice, on estime que dans le prix total payé par un touriste étranger, la part qui revient au pays ne représente que 16 %.

Alors que le rôle d'escale, de relais, d'entrepôt de nombreuses îles a beaucoup décliné et que les "pavillons de complaisance" les plus importants ne sont pas insulaires, quelques îles sont devenues des centres internationaux d'affaires "offshore", dont l'activité a été bien mise en lumière par **E. Dommen** et **N. Lebalé**. Ainsi 6 000 compagnies internationales sont enregistrées aux Bermudes, sans compter quelque 1 200 "sociétés d'assurances captives", propriétés de leurs propres clients, les grandes multinationales. Les Iles Caïmanes sont devenues en 1982 un paradis fiscal : elles ont déjà attiré 455 banques "offshore". Comme l'a souligné **F. Doumenge**, l'informatique et les télécommunications vont favoriser de plus en plus des centres de services installés dans des îles peu peuplées.

L'ingéniosité des insulaires donne parfois naissance à des activités plus ou moins avouables, telles que la contrebande et quelques petites îles antillaises devraient leur prospérité récente au trafic de drogue... Plus modeste, Tuvalu, au coeur du Pacifique, se contente de la vente des timbres-poste de collection, qui couvre aisément le budget ordinaire des 7 349 habitants (**E. Dommen** et **N. Lebalé**).

Les activités de services tiennent une place particulièrement grande dans les DOM français. Il s'agit là d'une conséquence de la départementalisation de 1946. La mise en place d'une infrastructure moderne d'équipements collectifs complets, d'une protection sociale efficace s'est traduite par une augmentation rapide du nombre des fonctionnaires et par une injection massive de capitaux métropolitains. Grâce à l'essor des services, le PIB a considérablement augmenté et les DOM sont passés de l'économie de plantation à une "économie de transferts". Aujourd'hui en Martinique, les deux-tiers du revenu disponible brut des ménages sont constitués par les dépenses publiques brutes (**C. de Miras**). La situation n'est guère différente à la Réunion, où le secteur tertiaire est passé de 20,7 % des actifs en 1954 à 68,7 % en 1982 : 65 000 emplois supplémentaires ont été créés dans ce secteur entre ces deux recensements (**J.Y. Rochoux**) ; cette "tertiarisation" s'est accompagnée d'une progression rapide des emplois féminins dans les secrétariats, bureaux, commerces et dans l'enseignement ; elle a eu également comme conséquence l'arrivée d'un nombre croissant de Métropolitains : ils étaient 1 722 en 1954, ils sont probablement 30 000 actuellement. Les emplois masculins occupés par les Métropolitains représentent pratiquement tout le croît des emplois masculins dans l'île (**R. Squarzoni**).

Une discussion pourrait s'engager pour savoir si cette "économie de transferts" ou "économie à moteur externe", est malsaine et si, dans les conditions actuelles, elle est inévitable. La charge représentée par le chômage est considérable : en 1980, 28,6 % des actifs de la Martinique étaient sans emploi. Quant à la balance commerciale, elle est évidemment très déséquilibrée : en 1985, le taux de couverture était de 14,1 % à la Réunion.

Est-il possible de rééquilibrer l'économie des DOM par le développement d'une production locale, agricole ou industrielle ? De toute façon, même si la loi-programme du gouvernement actuel permet une relance de la production, les transferts resteront le fondement de l'économie des DOM, comme l'a bien montré **C. de Miras**. **F. Doumenge** a insisté sur les sommes considérables que représentent les cotisations de retraite des fonctionnaires. Cette épargne forcée constitue une réserve monétaire dont l'utilisation est incertaine mais qui semble pour une large part s'orienter vers des investissements fonciers.

Quel que soit leur statut politique, les îles dépendent presque toujours de l'extérieur et plus le niveau de vie des habitants s'améliore, plus cette dépendance s'accroît. Il est caractéristique que les îles dont le PIB par habitant est le plus élevé sont celles qui font partie de grandes nations, les Hawaii, les DOM. Les autres, en particulier les petits Etats insulaires, sont pour la plupart dans la même situation de dépendance, aussi bien par le développement d'activités comme le tourisme, que par l'appel à l'aide financière des organismes internationaux et ils sont souvent impliqués dans des rivalités politico-économiques qui les dépassent.

III.- LA DIVERSITÉ DES STATUTS ET LES DISPARITÉS RÉGIONALES

A - Le morcellement politique

Le particularisme des îles tend au morcellement politique, même lorsque le groupe d'îles possède une unité de civilisation et de langue (**P. Vérin**). Ainsi les deux Départements français d'Outre-Mer, la Guadeloupe et la Martinique, n'ont pu se mettre d'accord au moment de la création des "Régions" pour constituer un seul ensemble et chacun possède donc son propre Conseil Régional, qui se superpose au Conseil Général départemental.

L'individualisme insulaire a favorisé l'éclatement de certains archipels au moment de leur accession à l'Indépendance et a abouti à la prolifération de micro-Etats d'une viabilité douteuse : dans le Pacifique central, la colonie anglaise des Gilbert et Ellice a donné naissance à deux minuscules entités politiques, Kiribati et Tuvalu (**P. De Deckker**). Au moment où s'est constituée la République islamique des Comores (1975) une des quatre îles principales de l'archipel, Mayotte, a demandé à rester française. Les Petites Antilles anglaises ont constitué plusieurs Etats indépendants, la plupart réduits à une seule île.

Même lorsque l'unité de l'archipel a été respectée, des tensions peuvent continuer à exister. Aux Comores, Anjouan et Mohéli s'inquiètent du renforcement du pouvoir central au profit de la Grande Comore (Ngazidja). Dans la République du Cap-Vert, qui comporte neuf îles principales, le particularisme est très vivace et le gouvernement hésite entre les deux politiques possibles : créer un Etat centralisé autour de l'île principale Santiago, ou accorder une large autonomie aux grandes îles (**M. Lesourd** et **G. Réaud-Thomas**).

Inversement, des efforts de regroupement sont parfois tentés. Dans les West Indies anglaises, ils ont tous échoué jusqu'à présent (**J.C. Giacottino**). En Océanie, la Commission du Pacifique Sud a essayé de coordonner des actions de développement ; plus politique, le South Pacific Forum regroupe les Etats insulaires de la région, mais subit une forte influence de l'Australie et de la Nouvelle-Zélande.

B - Les déséquilibres internes

Les archipels sont souvent confrontés à des problèmes de déséquilibres démographiques et économiques et ces disparités régionales ont fait l'objet de plusieurs communications.

De nombreux archipels comportent une île principale, où se trouve la capitale, et des dépendances plus ou moins marginalisées ; ce sont souvent ces îles périphériques qui conservent le mieux les activités traditionnelles ; ainsi les Saintes ou la Désirade par rapport à la Guadeloupe (**J.L. Bonniol**), la Digue par rapport à Mahé aux Seychelles, Rodrigues ou Agalega par rapport à Maurice (**J. Houbert**). Mais les habitants de ces îles ont souvent l'impression d'être délaissés ; ils souffrent de leur état de dépendance ; beaucoup émigrent vers l'île principale ou vers l'étranger et ceux qui restent prennent fréquemment une mentalité d'assistés.

La concentration des activités dans l'agglomération-capitale est un phénomène qui est caractéristique de nombreux archipels et qui a été bien mis en valeur par **J.P. Doumenge** à propos de Victoria, dans l'île de Mahé où se localisent 90 % de la population de l'Etat seychellois. A une toute autre échelle, dans les îles Hawaii, le développement a d'abord profité à l'île d'Oahu et à sa capitale Honolulu, mais depuis 1970, les autres îles ont connu un développement spectaculaire qui a permis un certain rééquilibrage (**C. Huetz de Lemps**).

Lorsque l'île principale d'un archipel est suffisamment grande, les disparités régionales peuvent apparaître à l'intérieur même de cette île. A Haïti, les habitants de la campagne sont considérés comme des citoyens de seconde zone (**P.J. Roca**). A Maurice, le déséquilibre entre le Nord et le Sud de l'île est lié à la fois à des causes physiques et à des faits humains (**P. Saddul**). Dans l'île de la Réunion, qui n'a pourtant que 2 512 km², **D. Lefèvre** a souligné les profondes disparités socio-spatiales qui s'établissent au profit du littoral, en particulier de la métropole régionale de Saint-Denis, et au détriment de l'intérieur montagneux. Le désenclavement des "Hauts" de la Réunion passe probablement par le développement d'un tourisme de chambres d'hôtes susceptible de compléter les ressources locales (**H. Berron**).

Dans certains cas, le déséquilibre peut s'appuyer sur des différences ethniques. A Viti Levu, principale île des Fidji, la population d'origine indienne est surtout concentrée dans l'Ouest et le Nord-Ouest de l'île, la grande région de la canne à sucre, mais la juxtaposition de ces deux groupes qui se mélangent peu ne met pas en danger, pour l'instant, l'unité de l'Etat. Par contre le Sri Lanka (Ceylan) est déchiré par le conflit qui oppose les Cinghalais et les Tamouls (**A. du Castel**).

C - L'immensité des espaces maritimes

Les problèmes posés par l'exploitation des mers qui entourent les îles et les archipels ont été évoqués à diverses reprises sans qu'il y ait de communication centrée sur cette question. Un fait fondamental est que grâce au nouveau "Droit de la mer" adopté par la Conférence des Nations Unies de 1982, la délimitation d'une zone économique exclusive jusqu'à 200 milles marins (plus de 360 km) des côtes a donné le contrôle d'immenses espaces maritimes à des Etats minuscules. Avec 444 km² de terres émergées, dispersées en 115 îles et îlots, les Seychelles se trouvent aujourd'hui contrôler plus d'un million de km² d'océan. On retrouve des phénomènes analogues dans le Pacifique, avec la Polynésie française, Kiribati, Nauru, etc...

L'isolement mis en valeur par **F. Doumenge** au début du Colloque devient alors une force, une richesse potentielle considérable. De minuscules Etats n'hésitent pas à discuter âprement des droits de pêche avec les plus grandes nations, par exemple les Salomon avec les Etats-Unis, Kiribati et le Vanuatu avec l'URSS, les Seychelles avec la France et l'Espagne. En dépit de la création de quelques sociétés conjointes (*joint ventures*), l'exploitation des richesses marines est surtout réalisée par des gens de l'extérieur et dans les négociations, les arrières pensées politiques sont toujours présentes. Certaines îles ont une importance stratégique qui leur assure la sollicitude des Grandes Puissances...

En conclusion, ce Colloque a permis de mesurer une fois encore l'extraordinaire diversité des îles et des problèmes insulaires. Il n'y a pas deux îles, deux archipels semblables. Chaque île constitue un milieu géographique original, tant par ses caractéristiques physiques que par son passé et le niveau de son développement économique. Il nous paraît donc plus que jamais nécessaire de multiplier les monographies de caractère scientifique, historique, géographique, sociologique, les bilans économiques des îles et archipels. C'est dans cette optique qu'il faut se féliciter de la prochaine mise en route d'un Atlas de Maurice qui doit associer étroitement les chercheurs mauriciens et les chercheurs français, sous l'égide de l'Institut Mahatma Gandhi, le GRECO "Océan Indien" et l'Université de Bordeaux III.